HISTOIRE

DE L'ABBAYE DE SAINT-GERMAIN

D'AUXERRE.

AUXERRE, IMPRIMERIE, LIBRAIRIE ET LITHOGRAPHIE CH. GALLOT,
Rue Croix-de-Pierre, 17.

Eglise de St Germain.
Portail du côté du Cloitre

HISTOIRE

DE

L'ABBAYE DE SAINT-GERMAIN

D'AUXERRE,

ORDRE DE SAINT BENOIT ET DE LA CONGRÉGATION
DE SAINT MAUR,

ORNÉE DE PLUSIEURS PLANS ET VUES DE L'ABBAYE,

PAR V.-B. HENRY,

Curé-Doyen de Quarré-les-Tombes, Chanoine honoraire de la Métropole de Sens, et Membre de plusieurs Sociétés savantes.

A AUXERRE,
Chez Ch. GALLOT, libraire-éditeur, rue Croix-de-Pierre, 17.
1853.

INTRODUCTION.

La vie des peuples renferme certaines époques vers lesquelles les yeux et la pensée sont ramenés incessamment, attirés, soit par l'éclat des choses accomplies, soit par la grandeur des personnages qui ont occupé la scène. Aujourd'hui que les esprits éclairés et impartiaux aiment à rendre justice à la magnificence des grandes institutions catholiques, il n'est plus permis d'ignorer la position importante que les monastères ont occupée dans la civilisation chrétienne.

L'abbaye de Saint-Germain a existé près de quatorze cents ans ; elle s'est maintenue révérée et honorée à travers toutes les périodes de la civilisation française. Une foule de moines n'ont pas cessé de prier dans ses cloîtres vastes et silencieux. Dans tous les siècles, elle a ouvert sa demeure sacrée pour servir d'asile à la vertu et à l'innocence contre les vices et la corruption de la société ; dans tous les temps aussi, elle a trouvé des ames qui, supérieures aux faux jugements des hommes, ont préféré l'obscurité de ses cloîtres aux joies du siècle, et se sont arrachées aux amusements et aux honneurs du monde, pour se livrer aux exercices de l'humilité et de la pénitence. Ces traits d'héroïsme chrétien, dont tant de milliers de moines ont donné l'exemple, sont un des plus beaux triomphes de la religion. Des abbés, ignorés du monde, ont prouvé qu'ils savaient, beaucoup mieux que la philosophie, élever l'homme au-dessus des passions et des faiblesses de l'humanité. Le monde lui-même n'a cessé de payer un tribut public de respect et d'hommages à ces ames nobles et courageuses qui se consacraient, dans la retraite, à la pratique des plus sublimes conseils de l'Evangile. Ce n'est que dans ces derniers temps, que de vains et orgueilleux raisonneurs ont osé traiter de faiblesse les victoires que la religion remportait sur la nature.

L'histoire du couvent de Saint-Germain est celle des mœurs du peuple auxerrois. Le clergé et les différents Ordres religieux ont toujours été, dans cette contrée, éminemment populaires. Leur cause a été celle de la grande majorité de la population, témoins ces nombreux monastères de l'un et de l'autre sexe, que l'on rencontrait à la ville et aux environs. L'armée cléricale, tant séculière que régulière, se recrutait presque exclusivement au milieu de ce peuple. Cette contrée, alors dépourvue d'industrie, de commerce, en un mot, de tout ce qui constitue la vie et le mouvement de nos sociétés modernes, fournissait abondamment des sujets. Dans ses monastères, on trouvait des frères bienveillants, d'indulgents propriétaires, des consolations et du pain. Ces avantages réels avaient uni naturellement la masse du peuple aux intérêts de l'Eglise. Il ne fallut rien moins que le fléau de la commende pour déconsidérer et amoindrir insensiblement le corps des moines. Comme un arbre, dont les racines sont profondes, alors même que la sève réparatrice a cessé de nourrir sa tige et ses rameaux, reste longtemps debout, ainsi il fallut à la philosophie le travail de deux siècles pour amener l'édit de 1790 qui ferma les monastères.

Aujourd'hui qu'on entend prêcher la nécessité des associations industrielles et agricoles, de l'organisation du travail, on comprend que les hommes, dont la mission était de soutenir la religion, aient aussi senti la nécessité de l'association religieuse, pour répondre au besoin de ces ames qui aspirent au recueillement et à la sainteté, pour satisfaire aussi ce désenchantement du cœur humain, qui désire quitter le monde pour embrasser une vie austère et contemplative.

Nos écrivains modernes ont présenté l'histoire sous toutes les couleurs, selon les préjugés qu'ils avaient puisés dans leurs études de prédilection. Combien ont cru faire un acte de courage, en frappant de grands coups contre la religion! Rien de plus commun, dans les écrits du dix-huitième siècle, que ces diatribes contre l'oisiveté des moines, leurs richesses accumulées, contre l'empiétement des papes, le crédit des évêques à la cour. Depuis soixante ans, c'est l'élément plébéien qu'on a préconisé et qui a servi de matière à l'histoire. Le clergé, comme la noblesse, a été dédaigné, et ses titres de gloire ont été refoulés dans la poussière des bibliothèques. Viendront, un jour, des écrivains qui, nés avec une vocation spéciale pour les compositions historiques, détruiront, sur le vû des pièces, de grandes illusions, et réduiront de gigantesques renommées. En attendant un pareil travail, essayons de reproduire les titres de gloire d'une florissante corporation qui n'est plus, mais qui a emporté dans la tombe des droits à notre estime et à notre reconnaissance. Nous nous croirons amplement dédommagé si nous pouvons, par cet essai, déterminer une main plus habile que la nôtre à écrire la brillante histoire de l'abbaye de Saint-Germain, car elle occupe une place éminente au milieu des merveilles de la civilisation chrétienne; elle est la première corporation religieuse du diocèse d'Auxerre, elle règne, au moyen âge, par ses saints, par ses relations toutes-puissantes avec les rois de la terre et les pontifes romains. Elle semble avoir une part de ce glorieux ascendant que les papes conquièrent sur les empires et sur les têtes couronnées. Ses abbés sont des hommes éminents par leur science et par leur sainteté. On les arrache à leur solitude pour les porter sur les siéges épiscopaux. Au-dessus d'eux tous apparaît la belle figure de saint Germain, qui répand sur tout l'Ordre un éclat tel, que bien peu de renommées peuvent lui être comparées. Que dire de ces catacombes qu'une foule considérable assiége pour y déposer ses hommages et son tribut de vénération? de ces épreuves de la Providence, d'où les moines sortent plus grands et plus admirables! Mais n'anticipons pas sur leur histoire.

M. Leclerc, avocat à Auxerre, a donné, dans l'*Annuaire de l'Yonne*, en 1841, une notice consciencieuse sur l'abbaye de Saint-Germain. La multitude de faits, privés de détails, qu'il a groupés en quelques pages, déroge à l'intérêt qui s'attache à cette grande histoire. Pour lui donner le développement et le degré de certitude convenables, nous avons puisé aux sources qui ont servi à dom Viole et aux auteurs de la *Gaule chrétienne;* nous avons consulté ce grand nombre de chartes originales, que l'on conserve aux archives de la préfecture, et dont plusieurs datent du douzième et du treizième siècle. Nous avons surtout parcouru le gros cartulaire manuscrit de Saint-Germain, du même temps, où se trouvent rapportées les bulles des papes, les chartes des rois, des évêques, des princes et des seigneurs. Nous avons aussi consulté celui de la pitance, également du treizième siècle. Nous avons lu le travail de dom Viole, et celui de dom Cotron, qui nous ont aussi fourni quelques matériaux. Lorsque nous n'indiquerons pas d'où nous avons puisé un fait, on pourra croire que nous avons écrit sur la foi de dom Viole.

Nous avons encore consulté la *Gaule chrétienne*, ouvrage composé par les religieux de la congrégation de Saint-Maur, qui occupaient l'abbaye de Saint-Germain. C'est pourquoi on a lieu de croire qu'ils auront apporté tout le soin possible à la rédaction des vingt-et-une pages in-folio qu'ils ont publiées sur ce monastère, sans comprendre quelques pièces justificatives. L'abbé Lebeuf nous a aussi fourni de précieux documents. Enfin, nous n'avons rien négligé pour évoquer les vieux souvenirs et recueillir tous les faits qui attestent la gloire et l'ancienne importance de l'abbaye de Saint-Germain.

On peut décrire les actes extérieurs de la vie claustrale, son gouvernement, ses rapports avec le siècle ; mais comment peindre la sublimité de la vie intérieure de tant de moines, qui ne tenaient plus à la terre que par les plus indispensables besoins de la vie, et dont la conversation était dans le Ciel. Une sainte des derniers temps, Marie-de-l'Incarnation, disait qu'elle avait toujours eu une haute opinion de la vertu des cloîtres ; mais lorsqu'elle y fut entrée et qu'elle eut vu de près la vie intérieure qu'on y mène, elle s'écriait qu'elle n'avait jamais compris à quel degré de vertu on peut s'élever. Cette partie de l'histoire échappe à l'écrivain, surtout aux détracteurs des monastères, qui veulent tout expliquer par des motifs humains, et qui ne comprennent pas combien est douce et puissante la grâce qui arrache une ame aux espérances trompeuses du monde pour l'attacher entièrement au service de Dieu : ils voient le sacrifice et ils ne connaissent pas les consolations dont il est accompagné.

Pour écrire dignement l'histoire des moines, rendre leurs pensées, peindre leur vie toute d'abnégation, il faudrait joindre au talent d'écrire la foi qui les animaient. De nos jours, des hommes, qui en ont à peine un léger sentiment, donnent sur les abbayes des notices froides et sans vie. On voit que leurs auteurs sont dans une sphère étrangère. Ils croient égayer leur lecteur en glissant quelques bons mots sur la vie des cénobites. La postérité, exempte de préventions, saura faire justice de ces puériles réflexions, car elle ne salue que les noms de ceux qui lui apportent le respect des vertus, le souvenir des dévouements et des martyres.

Parmi ces moines illustres qui ont vaincu le paganisme et civilisé le monde, s'il faut citer des noms propres, on remarque au premier rang : Augustin en Angleterre, Boniface en Allemagne, Hildephonse en Espagne. Le Danemark, la Suède, la Saxe, la Westphalie, la Frise, la Thuringe, la Bohême, les Pays-Bas, ont vu des moines pénétrer les premiers dans leurs forêts, gravir leurs montagnes pour étendre partout le règne de la foi. Dans nos contrées, ils partagèrent aussi les périls et les travaux de l'apostolat. Que dire des anciennes et magnifiques conquêtes des divers Ordres religieux dans toutes les parties du monde, où ils ont formé des chrétientés florissantes, où l'on a vu revivre, avec la foi, l'innocence des premières mœurs? Ils ont soumis aux lois de l'Evangile des peuples qui avaient échappé aux armes des conquérants. Buffon n'a-t il pas dit que « les missions ont formé plus d'hommes dans les nations barbares, que les armées victorieuses qui les avaient subjuguées? (1) » Qu'on interroge ces peuples ignorants, superstitieux et sanguinaires répandus sur tant de plages et d'îles lointaines ; qu'on leur demande à qui ils doivent la lumière qui est venue les éclairer : presque tous répondront qu'ils en sont redevables au dévouement de quelque Ordre religieux.

Parmi les dépositaires des lettres et des sciences, dont nos contemporains sont si fiers, on remarque saint Grégoire-le-Grand, Bède, Egbert, Paul, diacre, Alcuin, Jean Scot, Hincmar, Mabillon, d'Achery et tant d'autres, tous formés dans les cloîtres. Sans sortir de Saint-Germain, nous voyons des littérateurs distingués. Héric savait le grec; il mit en vers latins la vie de saint Germain, et ouvrit avec éclat cette longue suite d'hommes supérieurs que nous verrons illustrer l'abbaye qui lui était dédiée. Glabert, Guy de Munois, dom Viole, se sont fait un nom dans l'histoire. Remi, ce grand dialecticien, ce prince des études, cet esprit subtil et pénétrant du neuvième siècle, après s'être formé à Saint-Germain où il enseigna, ouvrit des écoles publiques à Reims et à Paris,

---

(1) Histoire naturelle, t. 5, p. 506.

La providence avait évidemment suscité les moines pour être les bienfaiteurs de l'humanité et les soutiens nés de la grande famille chrétienne. On les voit se prêter à tous les mouvements de la vie littéraire, politique et religieuse de l'Europe ; ils répondent partout aux besoins des esprits en remplissant, durant de longs siècles, une mission de charité, de science et d'opposition à toute tyrannie. En effet, ils suivent, peu à peu, les progrès de la société, et se tiennent toujours prêts à lui donner leur appui pour la faire entrer dans la large émancipation que l'Evangile est venu apporter aux hommes. On voit naître, parmi eux, de grands personnages qui aident puissamment les papes dans le gouvernement de l'Eglise, les évêques dans celui de leurs diocèses ; la royauté elle-même dans celui de la patrie ; Suger gouverne la France ; saint Bernard dirige l'ébranlement des populations pour les croisades. Il ne se tient pas une assemblée religieuse ou politique, sans que les représentants de la puissance claustrale n'y assistent et n'y délibèrent avec autorité. Ils siégent aux conseils des rois comme dans les conciles de la chrétienté. Les plus grands intérêts des peuples sont soumis à leur arbitrage. Ils dominent de leur autorité morale l'Eglise, les rois, les nations. Le monde est à leurs pieds. On les vénère parce qu'ils sont saints : ils opposent la pureté à la corruption des mœurs, la pauvreté à la richesse, la soumission à une indépendance sans frein. Partout la sévérité et l'innocence de leur vie leur soumettent les cœurs. Dans leurs maisons de recueillement viennent s'ensevelir les ennuis du trône, les fatigues de la grandeur et le dégoût des plaisirs. On ne doit donc pas juger les monastères par quelques abus inséparables de toutes les choses humaines, mais par leur caractère essentiellement religieux, c'est-à-dire moral, intellectuel, littéraire, laborieux, et auquel, à dire vrai, nos mœurs relâchées n'ont rien à reprocher.

Arrive-t-il qu'un Ordre cesse d'être en rapport avec les nécessités qui l'ont créé, ou qu'il ait dévié des voies saintes que lui avait tracées son fondateur, une réforme survient : une main ferme saisit les rênes de son gouvernement, et aussitôt on croit voir naître un autre institut qui surpasse le premier et le remplace. Depuis l'établissement de l'Eglise, cette succession de corporations religieuses n'a jamais manqué aux diverses situations de la société chrétienne. Ces belles et utiles institutions ont besoin d'une grande liberté d'action pour prospérer et pour grandir. Aussitôt que le pouvoir civil touche à leur indépendance, on les voit arriver à leur déclin.

Quel beau spectacle que celui de ces moines qui, se sentant appelés à une plus haute perfection, se confinent, par goût, dans les solitudes! Là, rien ne peut les détourner de leurs pratiques pleines de rigueur, ni troubler leurs méditations austères. Calmes sous la protectrice influence d'un recueillement ineffable et de tous les instants, détrompés des vanités terrestres, détachés à jamais des plaisirs d'ici-bas, ils ne vivent que par l'esprit ; ils vaquent sans relâche et sans se lasser à l'œuvre de leur salut. Tout en défrichant les landes de leurs forêts, ils défrichent aussi leur ame, dont ils extirpent impitoyablement les vices et les faiblesses, pour y semer, à pleines mains, l'humilité, la bienfaisance fraternelle, le fervent amour de Dieu.

Les monuments du zèle et de la charité des moines se reproduisent partout dans l'histoire. L'Eglise n'oubliera pas qu'à l'époque de la féodalité, par leurs communications entre eux, par leurs voyages, ils ont été le lien d'unité qui rattachait les membres divers de l'Eglise catholique. Qu'on se rappelle les longues luttes qu'ils ont soutenues, au moyen-âge, pour la liberté des peuples. Notre civilisation n'est-elle pas fille et héritière du christianisme? Nos lois, dans ce qu'elles renferment de plus sage, n'ont-elles pas été prises dans la règle des moines, dans les décrets des conciles et dans les Capitulaires de Charlemagne? Il faut apprendre au grand nombre, qui l'ignore, ce que la civilisation doit à l'Eglise et ce qu'elle a à craindre en se séparant d'elle; ce que les hommes d'Etat, qui sont si avares de liberté envers le clergé, doivent à ceux qui ont créé cette liberté elle-même.

Le monde entier connaît les aumônes des moines. Il n'est pas jusqu'à l'architecture qui ne se soit inspirée à la vue de leurs établissements, qui résumaient toute la magnificence des institutions catholiques. Ils ont aussi été les gardiens des sciences et des arts. L'Eglise leur doit, en grande partie, sa liturgie, la conservation des ouvrages des Pères ; car le cloître a été et sera toujours la demeure la plus propre pour acquérir, à la fois, beaucoup de connaissances et beaucoup de vertus.

Les moines ont recueilli les matériaux les plus précieux de notre histoire. Sans leurs veilles laborieuses, des siècles entiers seraient ensevelis dans l'oubli; ils ont été acteurs et historiens du grand drame qu'ils écrivent. Ils ont laissé sur l'Eglise et sur les couvents de vastes recueils, où les esprits studieux vont puiser aujourd'hui de précieux renseignements. Trouveront-ils, à leur tour, ces historiens des siècles passés, des lecteurs bienveillants et sympathiques qui aimeront à méditer sur les ruines de leurs établissements, qui mettront de côté les questions de politique et de spéculations commerciales, pour contempler ce qu'il y a de grave et d'élevé dans une existence religieuse et territoriale de quatorze siècles?

DIVISION CHRONOLOGIQUE.

On peut diviser l'histoire de l'Abbaye de Saint-Germain en quatre époques différentes : 1° l'histoire des abbés réguliers, parmi lesquels on voit déjà apparaître quelques laïques. Ils ont occupé le siège abbatial pendant 390 ans, depuis l'an 450 jusqu'en 840, si l'on veut fixer leur origine à saint Germain, fondateur de l'Ordre. On cite, durant cette période, environ douze abbés, dont plusieurs sont honorés comme saints.

2° L'histoire des abbés laïques jusqu'à Heldric, en 989. Cette époque renferme un espace de 149 ans, et fournit environ quinze titulaires.

3° Le retour aux abbés réguliers qui ont porté la crosse jusqu'à la commende, en 1540, ce qui renferme un espace de 550 ans, durant lesquels on en compte vingt-sept.

4° Le règne des commendataires, qui dure 250 ans et finit avec l'abbaye elle-même, en 1790, après avoir donné douze abbés.

Tours et façade de l'Eglise de St Germain

HISTOIRE

DE

L'ABBAYE DE SAINT-GERMAIN

D'AUXERRE.

On n'a rien de certain sur l'époque de la fondation du monastère de Saint-Germain. Tout ce qu'on en sait, c'est qu'il remonte aux premiers siècles du Christianisme. Les fidèles ne s'occupaient alors que du Ciel. Il fallait faire violence à leur modestie pour les obliger à écrire quelques lignes pour la postérité. Ce fut à la prière de saint Censure, évêque d'Auxerre, et de saint Patient, évêque de Lyon, que Constance, prêtre de cette dernière ville, écrivit l'histoire de saint Germain, vers l'an 490. On croit généralement que ce saint n'est pas le fondateur immédiat du monastère qui a porté son nom. Il établit seulement, au nord de la ville d'Auxerre, dans un lieu élevé, où il avait sa demeure, un oratoire, sous l'invocation de saint Maurice, qu'il mit sous la direction d'un vertueux prêtre nommé Saturne. Un portail très ancien, qui servait d'entrée au monastère, semblait indiquer qu'en ce lieu se trouvait la résidence des préfets romains (1). Il n'est pas probable,

---

(1) Ce portail, démoli en 1824, faisait face à la rue du Collége et paraissait être du siècle de saint Germain. Il était bâti de grosses

comme l'avance l'abbé Lebeuf, que le fond appartînt au prêtre Saturne (1). Dom Viole pense qu'il y eut une congrégation du vivant de saint Germain ; car le pieux évêque dota cet établissement de trois terres considérables, qui sont Guerchy, Moulins, près de Toucy, et Corvol, ce qu'il n'eût point fait pour un oratoire confié à un seul homme (2). Il connaissait trop bien son siècle pour avoir négligé un si puissant moyen de salut déjà connu dans l'Eglise des Gaules (3). Un monastère n'était pas alors une simple maison de prières, c'était un asile pour toutes les douleurs et contre toutes les oppressions; c'était l'hospice de toutes les souffrances humaines. C'est pourquoi, après saint Germain, on en élève partout, et ils se multiplient d'une manière évidemment providentielle.

Notre Saint bâtit encore, au-delà de l'Yonne, un monastère de Saint-Côme et Saint-Damien, appelé depuis Saint-

---

pierres brunes, carrées et taillées dans le goût des anciens murs romains. Au milieu était représenté un homme de guerre, tenant une sorte de bouclier carré à la main droite, et une pique de l'autre. Le désir de trouver, dans ce bas-relief, un sujet religieux, faisait prendre ce guerrier pour saint Maurice. Aux deux côtés de ce portail étaient aussi représentés deux hommes armés, tenant également de la main gauche un bouclier rond et de l'autre une pique. Ces types, entièrement semblables à ceux que l'on voit sur les médailles du Bas-Empire, font croire que cet établissement avait appartenu aux Romains et que c'était la résidence des gouverneurs. Ce morceau d'antiquité traversa les siècles barbares sous la garde des moines, amis des arts. En 1824, dans un siècle de lumières, on le démolit, avec indifférence, sous prétexte d'élargir une rue où personne ne passe.

(1) Lebeuf, Prise d'Auxerre, p. 11.
(2) *Herici de mirac. S. G.*, liv. 1, ch. 25. *Labb., bibliot. mss.*, t. 1, p. 542. *Ibid, hist. episcop Autiss.*, p. 415.
(3) Le premier monastère connu dans les Gaules est celui de Ligugé, fondé par saint Martin en 360. On pense que peu après il y eut aussi à Auxerre un monastère de Saint-Martin, dans lequel se retira sainte Marthe, épouse de saint Amatre. Il était près du lieu où fut fondé depuis Saint-Côme et Saint-Damien.

Marien, où il se retirait pour se livrer à la prière. Il éleva aussi, à Auxerre, un oratoire en l'honneur de saint Alban, dont il avait apporté des reliques de la Grande-Bretagne. On lui attribue également la fondation du monastère de Saint-Julien. Aussitôt que ses dépouilles mortelles furent déposées dans l'oratoire de Saint-Maurice, ce lieu prit son nom, et devint célèbre par le concours des fidèles qui s'y rendaient de toutes parts pour implorer sa protection. Les évêques d'Auxerre, ses successeurs, voulurent être inhumés auprès de son tombeau. Ce fut alors, selon quelques auteurs, que l'esprit de Dieu porta ces prélats et quelques saints personnages à réunir une communauté autour du corps de saint Germain, pour y prier, à son exemple, le jour et la nuit. Il serait impossible, comme nous l'avons dit, de fixer la date de cette fondation. Ainsi il est à peu près certain que notre saint aurait remis, en mourant, l'exécution de ce projet aux mains de Dieu, entre lesquelles rien ne se perd, car ce n'est souvent qu'après la mort des justes que leurs bonnes inspirations se répandent, comme une odeur suave, autour de leur tombeau.

Guy de Munois, qui était abbé de Saint-Germain en 1285, entreprit d'écrire la vie de tous ses prédécesseurs, en remontant à l'origine du monastère. Quoiqu'il eût entre les mains beaucoup de chartes fort anciennes, il avoue qu'il ne trouve rien de certain jusqu'à Heldric, en 989, c'est pourquoi il en fait son point de départ pour écrire son histoire. Supprimer une période historique parce qu'on ne trouve pas assez de matériaux pour la mettre au grand jour, ce n'est pas lever la difficulté. Dom Viole, qui avait fait une étude toute particulière de l'histoire de son abbaye, en fait remonter la fondation à saint Germain, et compte vingt-huit abbés jusqu'à Heldric, mais il regarde les premiers comme des archiprêtres, ou grands vicaires de l'évêque d'Auxerre. On pense encore que la plupart ont dû être abbés de Saint-Côme et Saint-Damien; car autrement ces dignataires seraient tous demeurés dans l'oubli jusqu'en 1139.

Comme le nom du grand saint Germain va paraître, à chaque page, sous les yeux du lecteur, il convient de rapporter les principaux traits de sa vie.

Germain, cet homme extraordinaire, dont le nom retentit encore dans l'Eglise entière, naquit à Auxerre vers l'an 380, de famille noble. Son père se nommait Rustique et sa mère Germanille. Il fit ses premières études dans les plus célèbres écoles des Gaules; ensuite il alla à Rome étudier l'éloquence et le droit civil. Bientôt il se trouva en état de plaider devant le préfet du prétoire. Il épousa Eustachie, femme distinguée par sa famille, ses richesses et ses vertus.

Ses talents supérieurs, son esprit élevé, joints à sa haute naissance, le firent connaître à l'empereur Honorius, qui lui confia le gouvernement de plusieurs provinces, parmi lesquelles se trouvait Auxerre, où il fixa sa résidence ordinaire. Sa douceur, son amour constant pour la justice, le faisaient admirer de tous ceux qui étaient en rapport avec lui, mais ses vertus étaient toutes humaines. Il ne connaissait point cet esprit d'humilité, de mortification, de prière, qui est la base du Christianisme. Sa récréation accoutumée était la chasse. Pour s'attirer l'admiration des citoyens, il suspendait à un arbre qui se trouvait au milieu de la ville, les têtes des bêtes fauves qu'il avait tuées. Comme cette vanité, reste du paganisme, était un scandale pour les fidèles, l'évêque saint Amatre coupa l'arbre en son absence. Cette sainte hardiesse mit Germain en colère et donna quelque crainte au prélat.

Cependant saint Amatre, sentant approcher sa fin, désirait vivement avoir Germain pour successeur. Il ne douta pas que cet homme de bien, déjà si favorable à la religion, ne fit le bonheur de son diocèse, s'il pouvait l'enrôler dans son clergé. Après avoir consulté le Seigneur, il fait part de son projet secrètement aux fidèles et s'occupe de le mettre à exécution. Au jour convenu, on se rend à l'église; Germain y vient également; aussitôt les portes se ferment, l'évêque s'approchant de lui, déclare qu'il doit être son successeur, que c'est le vœu de la ville, celui du diocèse, et par conséquent la volonté de Dieu. Germain consterné croit reconnaître en effet la voix du ciel, il le remercie et se soumet. On lui coupe les cheveux, on le revêt de l'habit ecclésiastique, et on entonne un cantique d'actions de grâces.

Saint Amatre étant mort, peu de temps après, les vœux du clergé et du peuple furent unanimes en faveur de saint Germain, qui fut sacré le 7 juillet 418. Il descendit donc du faîte des honneurs du monde pour embrasser la vie pauvre et mortifiée de Jésus-Christ; en effet, devenu évêque, ce ne fut plus le même homme: il vécut avec sa femme comme avec sa sœur; il distribua ses biens aux pauvres et aux églises. Sa cathédrale eut la terre d'Appoigny, où son père et sa mère avaient été inhumés; le grand et le petit Varzy, Toucy, Poilly, Marcigny et Perrigny. Le monastère de Saint-Côme et Saint-Damien hérita des terres de Monceaux, de Fontenoy et de Mézilles. Déchargé des embarras que causent les biens de ce monde, Germain embrassa une pénitence si austère, qu'elle surpasserait toute croyance si on la rapprochait de nos mœurs relâchées. Il jeûnait continuellement, ne faisant qu'un repas par jour, quelquefois même que deux par semaine; il ne mangeait que du pain d'orge et ne buvait que de l'eau. Le jour de Pâques et celui de Noël seulement, il prenait un peu de vin trempé d'eau; il portait continuellement le cilice, dormait tout habillé sur des planches couvertes de cendres. Il pratiquait encore d'autres austérités rapportées par les auteurs de sa vie. Il portait toujours sur lui les reliques de quelques saints, exerçait l'hospitalité envers tout le monde, lavait les pieds des pauvres et les servait de ses mains à table. C'est en menant cette vie humble et pénitente, qu'il entreprend de planter la croix au sommet de la société où il se trouve. Son ame brûlait d'amour pour Dieu et de zèle pour procurer sa gloire. On lui doit la découverte des tombeaux de plusieurs saints, entre autres de ceux qui étaient morts durant la persécution d'Aurélien. Le lieu de leur martyre se nommait Coucy; notre saint ayant fait retirer leurs corps d'une citerne où on les avait jetés, bâtit sur le lieu même, en leur honneur, une église et un monastère, qui ont donné naissance à la commune de Saints-en-Puisaye (1). La tête de saint Prisque, l'un de ces martyrs, avait été emportée par un chrétien nommé Cot; saint Germain, ayant découvert cette précieuse relique, construisit à l'endroit même une église autour de laquelle le concours des pèlerins forma la petite ville de Saint-Bris.

Nous ne suivrons pas le saint évêque dans ses deux voyages d'Angleterre. Dans le premier, qu'il fit avec saint Loup, de Troyes, il vit sainte Geneviève, dont il prédit le haut degré de sainteté; il était accompagné dans le second de Sévère, nommé à l'archevêché de Trêves. Nous ne dirons pas comment il confondit l'hérésie de Pélage : on peut lire ces récits dans les différents auteurs de sa vie. Après avoir opéré, pendant ces deux voyages, des choses étonnantes pour la gloire de Dieu, notre saint reprit le chemin de la France, emportant avec lui les regrets de la Grande-Bretagne.

(1) On montre, dans l'église de Saints-en-Puisaye, auprès de l'autel, le puits d'où saint Germain retira les corps des martyrs. Cette église possède encore un grand nombre de reliques de ces saints, qu'elle offre à la vénération publique.

A son retour, il trouva ses diocésains accablés d'impôts. Comme il aimait sincèrement ce peuple qui lui était confié, il se mit aussitôt en route pour aller demander son soulagement au gouverneur des Gaules, dont la résidence était à Arles. Le préfet, qui connaissait déjà les grandes choses que la renommée publiait de lui, ne pouvait assez admirer l'air majestueux de son visage, la sagesse de ses discours et l'étendue de sa charité; mais le pieux évêque ayant rendu la santé à sa femme, qui souffrait depuis longtemps d'une fièvre quarte, il reçut de riches présents et obtint la diminution des impôts qu'il était venu demander.

Germain, à son retour de chacun des voyages que la charité lui avait fait entreprendre, se retirait dans sa cellule de Saint-Côme et Saint-Damien, dont Héric a tracé un portrait effrayant; car elle était si étroite et si gênante pour la nature, qu'on y était dans une pénitence continuelle (1). C'est là qu'il retrempait son ame dans une oraison sublime.

Un nouveau motif de charité lui fit entreprendre un autre voyage qui occasionna sa mort. Les habitants de l'Armorique s'étant révoltés, Zocharich, roi des Alains, fut envoyé pour les punir. Aussitôt, tout ce peuple consterné envoya une députation au saint évêque pour le supplier d'implorer son pardon. Sa charité, qui ne connaissait point de bornes, se rend à ces prières. Comme le temps pressait, il se met de suite en marche et ne tarde pas à rencontrer le prince barbare, qui s'avance pour punir les rebelles; il veut lui parler : celui-ci refuse de l'entendre. Alors, saint Germain, inspiré de Dieu, saute à la bride de son cheval et l'oblige à s'arrêter. Zocharich se sent désarmé, l'écoute, accepte des propositions de paix, et consent à se retirer avec ses troupes, à condition que l'on obtiendra

---

(1) Héric, Labb., t. 1, p. 557.

la grâce qu'il demande d'Aëtius ou de l'empereur. Sans perdre de temps, saint Germain part pour Ravenne, où Valentinien III faisait sa résidence. Les peuples, instruits de son passage par la renommée, accouraient à sa rencontre, demandant sa bénédiction et lui présentant leurs malades pour qu'il les guérît. L'empereur, ainsi que Placidie, sa mère, le reçurent avec de grandes démonstrations de foi. Notre saint obtint sans peine la grâce qu'il était venu solliciter pour les habitants de l'Armorique, mais, par une seconde révolte, ils empêchèrent l'effet de la protection de celui qui s'était fait leur médiateur.

Pendant son séjour à Ravenne, saint Germain sentit approcher ses derniers moments. Le 25 juillet, il tomba malade. Celui qui l'appelait à la joie des bienheureux hâtait sa dernière heure. L'impératrice vint le visiter et lui offrir ses services. Ce ne fut pas sans peine qu'elle lui promit de faire transporter son corps à Auxerre, comme il le demandait. Durant sa maladie, on ne cessa de réciter auprès de lui des psaumes et de chanter des cantiques, selon la louable coutume de ce temps-là. Enfin, il rendit paisiblement son ame à son créateur, le 31 juillet 448, après trente années et vingt jours d'épiscopat. Un long voyage, des privations continuelles, la nouvelle révolte de ceux dont il était venu solliciter la grâce, précipitèrent les jours d'une vie si précieuse pour le diocèse d'Auxerre.

L'impératrice eut son reliquaire. Six évêques, présents à sa mort, partagèrent ses vêtements; on embauma son corps, que l'on revêtit d'un suaire de soie et d'ornements précieux; ensuite, on le déposa dans un cercueil de cyprès. L'empereur fit les frais du convoi qui fut des plus magnifiques. Le peuple accourait en foule dans les lieux où passait la pompe funèbre, pour témoigner sa vénération pour le serviteur de Dieu. Bientôt on rencontra le clergé d'Auxerre qui venait recevoir les dépouilles mortelles de son pasteur. Enfin, le corps du saint évêque arriva dans sa ville épiscopale, cinquante jours après sa mort. On l'exposa pendant une semaine à la vénération publique, et il fut enterré, le 1er octobre, dans l'oratoire de Saint-Maurice, qu'il avait fondé.

Quelle foi ! quelle affection pour son pasteur ! Quel est le clergé qui ferait aujourd'hui deux cents lieues pour aller chercher le corps de son évêque ? Ajoutons que ces voyages se faisaient alors à pied. On prenait des bateaux lorsqu'on rencontrait des rivières sur la direction de la route. On ne connaissait pas les véhicules si répandus de nos jours. On a cru retrouver, dans ces derniers temps, la trace du voyage de saint Germain, en suivant la voie consulaire par Vienne, Milan et Ravenne. On prit sans doute la même route en ramenant son corps.

Les historiens ont donné plusieurs versions sur l'itinéraire du convoi. Un écrivain anonyme le fait passer par le Mont-Cenis et par Suze. Héric le dirige par les Alpes Pennines et par les Alpes grecques.

Notre Saint, pour aller en Italie, dut suivre la route la plus courte alors pratiquée dans les Gaules : c'était celle qui passait par Vézelay ou par Alise, ensuite par Autun, Vienne et Milan. L'histoire ne dit pas en quel endroit on traversa les Alpes. M. Vaudey, curé de Saint-Georges, qui a parcouru, en archéologue éclairé, ces contrées qui l'ont vu naître, a suivi la trace de saint Germain et a constaté son passage par les lieux qui portent son nom, ainsi que par la dévotion que les peuples de ces contrées conservent pour lui. Cet ecclésiastique s'est encore mis en relations avec le docteur Gal, chanoine de la collégiale de Saint-Ours, qui lui adressa une savante dissertation sur cet itinéraire, depuis Novare, Verceil, Aoste, etc., jusqu'en Savoie. En 1845, comme il visitait la chaîne des Alpes et parcourait la province et le diocèse d'Aoste, il fut agréablement surpris de trouver parmi les fidèles, depuis le petit Saint-Bernard jusqu'auprès d'Ivrée, une grande et sincère dévotion envers saint Germain. Il remarquait ici un autel, là une chapelle, plus loin une église sous son invocation.

Un fait surtout digne de remarque, c'est que, dans cette contrée, on met les enfants sous la protection du saint évêque; on les porte à certains pélerinages, non-seulement quand ils sont malades, mais même lorsqu'ils sont en parfaite santé, pour y recevoir sa bénédiction. Les prières usitées dans cette cérémonie sont toutes particulières et assez longues.

M. Gal dit que l'usage de donner cette bénédiction aux enfants malades s'est établi, non-seulement dans toutes les stations où le corps de saint Germain fut déposé, mais encore qu'il a lieu dans beaucoup d'églises et de chapelles bien éloignées de son passage. Ensuite il décrit la route qu'on suivit en montrant sur cette voie des églises, des chapelles, des croix dédiées en son honneur (1). Héric

---

(1) Dans le Novarais, dit-il, une charte de l'an 840 y fait figurer un courtil de Saint-Germain et une *villa* du même nom.

De Novare à Verceil, il n'y a que neuf milles d'Italie. Dans la dernière de ces villes, l'histoire nous a conservé le lieu précis de la station où saint Germain s'arrêta, en allant à Ravenne, et où son corps fut déposé lors de sa translation. Sollicité par l'évêque, saint Albin, de consacrer la cathédrale qu'on venait de rebâtir, sous le vocable de saint Eusèbe, il promit de le faire en revenant de Ravenne, où il allait en toute hâte; elle eut lieu, en effet, mais par la seule présence de son corps, ce qui fut regardé comme une consécration merveilleuse, et on en célèbre encore la dédicace ce jour-là.

A cinq milles de Verceil, au couchant, on rencontre sur la route un grand bourg qui porte le nom de Saint-Germain, et qui est sans doute le même dont fait mention une charte de 1071. Le corps fut porté de là à Quinto, à cinq milles romains et au couchant d'Ivrée, près de Borgo-Franco Il y a, en ce lieu, une grande et magnifique chapelle qui lui est dédiée. Jusqu'en 1200, époque de la construction de Borgo, elle servait d'église paroissiale, mais alors on en bâtit une nouvelle,

en disait autant au huitième siècle. On retrouve encore aujourd'hui tous ces monuments.

sous le vocable de saint Maurice et de saint Germain. Néanmoins, on a coutume d'aller vénérer le saint Pontife dans l'église primitive. Il s'y fait un grand concours de fidèles qui y viennent de loin et apportent avec eux leurs enfants.

On entre ensuite dans la vallée d'Aoste, et là, au nord-est, au pied du célèbre fort du Bard, se trouve une église paroissiale où saint Germain est vénéré sur un autel latéral; on y porte aussi des enfants.

A une heure de marche, on arrive à Arnad, dont l'église, selon la tradition, lui fut autrefois dédiée. A trois heures environ de ce bourg, on atteint Montjavet (*Mons-Jovis*). Sur ce promontoire et au bord de l'antique voie romaine, on remarque, sous la même invocation, une église dont l'origine se perd dans la nuit des temps. Sa juridiction était considérable, elle s'étendait jusqu'à Champ-de-Praz. On s'y rend encore de paroisses assez éloignées pour invoquer le grand thaumaturge et y apporter des enfants pour recevoir sa bénédiction.

Dans l'église du bourg de Saint-Vincent, à une heure de marche de Saint-Germain, on donne aussi sa bénédiction aux enfants, et l'on descend, pour cette cérémonie, dans la crypte qui est sous le chœur.

De saint-Vincent au bourg de Chambave, connu par son vin muscat, à une heure et demie de chemin, on trouve encore une chapelle de Saint-Germain, puis une autre dans une église qui s'élève sur la colline, au nord.

De là on arrive à la cité d'Aoste, où saint Germain était honoré autrefois dans l'église des Cordeliers; depuis la suppression du couvent, sous le régime français, la relique du saint évêque fut transportée dans l'insigne collégiale de Saint-Pierre et Saint-Ours, au faubourg. Un chanoine est chargé de donner la bénédiction aux enfants qu'on y porte en grand nombre. Cette pratique de religion est reçue dans toutes les classes de la société.

A deux petites lieues de la cité, dans l'église de Saint-Léger d'Aimaville, se trouve un autel de saint Germain et de saint Léonard. Cette église, dont le sanctuaire est tourné à l'occident, est construite sur une autre église souterraine bien orientée; elle mérite l'intérêt des archéologues.

Enfin, à six heures de marche de Saint-Léger, sur la route du petit Saint-Bernard, se trouve le hameau de la Balme. Dans l'antique chapelle de ce village, on voit sur un autel l'image de saint Germain, et récemment on a fait faire une nouvelle statue. La tradition rapporte que son corps s'arrêta dans ce lieu.

Saint Germain fit une impression profonde sur son siècle. Toutes les populations étaient alors plongées dans l'affliction. L'empire romain s'écroulait de toutes parts. Les nations étrangères envahissaient les Gaules. Les peuples gémissaient sous le poids des charges publiques. Tout-à-coup ils aperçoivent un homme riche, un gouverneur de province, qui renonce, pour l'amour de Jésus-Christ, aux honneurs, aux plaisirs, pour voler au secours du peuple. Il partage ses grands biens aux pauvres et aux églises; il offre sa haute protection à tous. Sa vie est toute céleste. Le paganisme, qui tombait, n'avait jamais rien offert de si grand. Le peuple des villes et des campagnes se jette à ses pieds. Chaque parole qui tombe de sa bouche est prise pour un oracle. Cet homme d'une charité vraie, si différente de

De la Balme, le cortége se rendit à la Colonne-Joux, aujourd'hui le petit Saint-Bernard, où s'était arrêté le clergé d'Auxerre. Ce fut, sans doute, dans le trajet de la Balme à la Thuile, à Pont-Serrant et même jusqu'à Villard-de-Scéz, que les populations accourues en foule, pour vénérer le grand thaumaturge, brisaient les rochers, aplanissaient les obstacles des chemins, réparaient les ponts et portaient le corps; car ce passage devait être, comme il est encore aujourd'hui, des plus difficiles à traverser. Ce fut sur les Alpes grecques ou graïennes (petit Saint-Bernard) que les commissaires impériaux et les six évêques qui accompagnaient le convoi, le remirent entre les mains du prêtre Saturne et de sa suite. Une chapelle fut bâtie dans ce lieu; une autre se trouve dans le hameau de Saint-Germain, dépendant du diocèse de Scéz; elle jouissait d'une grande célébrité avant 1792; elle avait pu remplacer celle du petit Mont-Joux, dont parle Héric; les murs étaient couverts *d'ex-voto*.

Les églises dédiées à Saint-Germain, à travers la Tarentaise, prouvent que le convoi y passa et y fit des stations. La Savoie n'est pas en arrière de la vallée d'Aoste, pour le culte du saint évêque. On sait que saint François de Sales avait une grande vénération pour le thaumaturge des Gaules, comme il l'appelait. L'absence de renseignements nous empêche de suivre la trace du convoi jusqu'à Vienne. Voyez *Description des Saintes Grottes*, annotées par M. Quantin, 1846, p. 116 et suivantes.

notre froid égoïsme, a un cœur qui bat de toutes ses forces pour ses frères; il hait la tyrannie qui pèse sur eux; il s'enferre dans les chaînes de leur servitude pour souffrir avec eux, ou les aider à les briser; il les encourage, les console, en faisant plonger leurs regards dans les gloires du paradis; enfin, il les ranime, les rafraîchit du souffle de sa foi, comme de ses espérances. Peut-on ne pas chérir un homme qui vous aime si fortement, qui vous offre sa protection, sa fortune, son cœur, toute sa personne enfin? On aime un tel homme et on finit par penser comme lui, par croire comme lui, par aimer Dieu et le prochain comme lui. La ville d'Auxerre change de face, la cité romaine disparaît; c'est la ville chrétienne, la ville qui va écrire à la tête de sa liturgie : *La sainte Église d'Auxerre.* Telle est la puissance d'un homme que le génie anime et que l'Esprit-Saint vivifie.

N'est-ce pas l'histoire des grands hommes, c'est-à-dire des saints que l'Église produisit au cinquième siècle. Il fallait, avec les nouveaux chrétiens, l'éloquence des faits, la logique palpable des prodiges: et Dieu donne à son Église saint Martin de Tours, le plus grand thaumaturge de l'église gallicane, saint Germain d'Auxerre, saint Loup de Troyes, saint Remy et saint Waast d'Arras, saint Éloi, saint Claude, saint Agricole de Châlons, saint Césaire d'Arles. Alors que tout s'écroule dans l'ancien monde, l'Église, soutenue par l'héroïsme de nos grands hommes, s'élève au-dessus des ruines. La vie de ces premiers évêques des Gaules semble, en effet, fabuleuse, tant on en a dit de bien. Ces hommes apparaissent comme des astres au milieu d'une société dégradée, avilie par le paganisme, pressurée par les exactions des proconsuls et les invasions des barbares, pour l'éclairer et la guider; ils sacrifient leurs grands biens, leur santé, pour le soulagement de l'humanité opprimée. Les populations, frappés d'un désintéressement jusque-là sans exemple, et d'un amour qu'elles ne comprennent pas, se jettent aux pieds de ces envoyés de Dieu, leur demandent la guérison de leurs malades, la cessation des fléaux du ciel. Leur confiance est si grande, qu'elles croient pouvoir tout obtenir par leur médiation. En effet, à leur aspect les armées barbares s'arrêtent (1), les bourreaux sont désarmés, les prisons s'ouvrent (2). S'ils meurent, la langue n'a pas assez de richesse d'expressions pour publier leurs bienfaits. Le comte Ghérard, homme puissant par son rang et sa fortune, qui fut le fondateur de l'abbaye de Vézelay, de celle de Poultiers et de tant

(1) On montre encore à Troyes, près de l'hôpital, le lieu où saint Loup, évêque de cette ville, arrêta Attila, roi des Huns. Le prince barbare, frappé de respect à la vue de cet homme vénérable, suspend la marche de son armée et épargne la ville.

(2) Saint Germain traversant une certaine rue, à Ravenne, entendit une foule de prisonniers qui, instruits de son passage, lui demandaient leur grâce à grands cris; il va trouver l'Empereur, obtient leur élargissement, fait ouvrir la porte de la prison, et cette foule de détenus accompagne son libérateur jusqu'à l'église, pour remercier Dieu avec lui de son heureuse délivrance. L'historien Constance dit qu'il se mit en prière, et qu'aussitôt les portes des prisons s'ouvrirent et que les chaînes des prisonniers se rompirent. *Viole, vie de saint Germain,* p. *121.*

Fortunat rapporte que saint Germain, évêque de Paris, étant passé à Avallon, descendit chez le comte de cette ville. Celui-ci ne crut pouvoir mieux fêter son hôte qu'en lui remettant les clefs de la prison. Le Saint, plein de joie de pouvoir faire des heureux, y court aussitôt, et annonce aux détenus qu'au nom de Jésus-Christ, il les rend à la liberté. Ces actes de charité lui étaient si familiers, qu'on le représente avec des clefs à la main. *Courtépée,* t. 7.

Jusqu'en 1789, lorsque l'évêque de Nevers prenait possession de son siége, en traversant une certaine rue, le concierge lui remettait les clefs des prisons. Après la cérémonie, il envoyait un homme de loi interroger les détenus. Sur son rapport, il se transportait aux prisons, et, après une exhortation paternelle adressée aux malheureux qui y étaient renfermés, il les renvoyait libres et quittes envers la société, quelques crimes qu'ils eussent commis. *Album du Nivernais,* p. *135.*

d'autres, a reçu de si grands éloges de la part des moines, ses historiens, à cause du bien qu'il avait fait aux maisons religieuses, aux églises et aux pauvres, que sa vie a fini par devenir un roman, et qu'aujourd'hui on n'a rien de certain sur cet homme de bien. C'est l'histoire de l'humanité. Les anciens n'ont-ils pas mis au rang de leurs dieux ou de leurs demi-dieux, ces hommes fameux, dont le courage les avait délivrés des brigands qui infestaient leur territoire. Que n'a-t-on pas dit, dans ces derniers temps, d'un saint Vincent-de-Paul, ce héros chrétien qui a tant honoré l'humanité? Ces grands hommes sont comme des reflets de la divinité dont ils sont les images. Toute la religion se réduit à la pratique de la charité, c'est-à-dire à aimer Dieu et le prochain. C'est pourquoi, toutes les fois qu'on verra paraître un homme animé de cette vertu suprême, les populations souffrantes pousseront des cris d'allégresse, parce que, diront-elles, un père veille sur nous. Ces réflexions aideront à comprendre pourquoi saint Germain a reçu tant d'éloges et pourquoi on lui a attribué tant de miracles. Sa vie a été écrite par Constance, prêtre de Lyon, environ quarante-deux ans après sa mort.

Nous laissons à d'autres à tracer le tableau magnifique que présente son pontificat. Ses trente années sur le siége d'Auxerre ont fait faire un pas immense à la civilisation. Il se présente sur le passage des barbares, protégeant les populations vaincues, d'une part, convertissant et civilisant les hordes conquérantes de l'autre. Soutenu de l'héroïsme de son clergé et de la sagesse de ses institutions tutélaires, il se place entre les vainqueurs et les vaincus. Rien de prodigieux comme son activité : deux voyages en Angleterre, un dans le Midi, un troisième en Italie, et tant d'autres dont on ne nous a point parlé. Germain se trouve dans les temples, dans les hospices, dans les prisons, dans les camps, dans les cours, partout où il y a un malheur à réparer, un crime à pardonner, une victime à sauver, une erreur à foudroyer, une grande chose à exécuter.

Un fait qui domine tous les autres et qui justifie la haute idée que les peuples ont eue de lui, c'est le grand nombre d'églises, de villes, de bourgs, de villages qu'on rencontre de toutes parts, portant son nom. Il n'est pas jusqu'à la plus ancienne basilique de la capitale qui ne soit dédiée à saint Germain l'Auxerrois.

« Je ne finirais point, dit l'abbé Lebeuf, si j'entreprenais de rapporter le nombre d'églises qui sont sous son invocation, puisque, dans le seul diocèse de Sens, on en compte près de quarante. Les savants collecteurs des Actes des Saints avouent, dans les préliminaires de sa vie, que l'ancienne Église des Gaules le préférait à tous les saints de la nation, et l'égalait même au grand saint Martin, puisqu'il y a, selon eux, presque autant d'églises de son nom que de celui du saint évêque de Tours... Je crois pouvoir ajouter, continue-t-il, que saint Germain est, avec saint Martin, le seul dont les Églises de France aient dit dans les hymnes de l'office public, qu'il égalait les apôtres. On a chanté, de saint Martin, une strophe qui commence par ces mots : *Martine par Apostolis* (Martin égal aux Apôtres), et on en chante, dans toutes les provinces du royaume, une autre composée, dès le neuvième siècle, avec cette strophe :

> *Germanus admirabilis,*
> *Est hujus auctor gaudii,*
> *Quo nemo post Apostolos,*
> *Alter fuit præstantior* (1). »

Le témoignage du jésuite Alford est formel là-dessus, pour ce qui regarde la Grande-Bretagne, puisqu'il assure

---

(1) L'admirable Germain est l'auteur de ce jour de joie. Depuis les Apôtres, aucun saint n'a brillé dans l'église par autant de vertus.

qu'on y a élevé, sous son nom, des églises, des monastères, des autels et même des villes. La Savoie, le Piémont, le Milanais et autres quartiers de l'Italie, ont aussi, comme nous l'avons vu, leurs églises du titre de Saint-Germain.

Un ouvrage de Paul Britio (1), évêque d'Albe, écrit en italien, confirme les mêmes faits. « Les miracles opérés par saint Germain, dans le passage qu'il fit pendant sa vie et après sa mort par le Piémont, furent si nombreux et si éclatants, que non-seulement on trouve beaucoup d'églises, d'autels et de chapelles qui lui sont dédiés, mais encore quelques terres et nobles châteaux qui conservent, avec le nom, le véritable souvenir de saint Germain. » Constance, Grégoire de Tours, Héric et beaucoup d'autres se sont plu à peindre ses vertus, à raconter ses miracles et à le présenter comme le plus illustre personnage et le pontife le plus accompli de son siècle.

Pour ne rien omettre de ce qui a rapport à l'histoire du monastère de Saint-Germain, nous parlerons d'abord de ses abbés jusqu'à Heldric, en 989. Ces hommes, pour la plupart recommandables par la sainteté de leur vie, ont illustré la ville d'Auxerre.

SAINT SATURNE.

Le nouveau monastère, situé assez loin de la ville pour n'en pas entendre le bruit, s'étendait, au levant, jusqu'à la rivière, qui baignait ses jardins. Le quai, le port, les promenades, et surtout la grande route, n'existaient pas encore.

Saturne, un des hommes les plus éminents et les plus

---

(1) *In Carmagnola*, 1648, t. 1, p. 212. Descript. des saintes grottes, 1846, p. 119.

vénérables de son siècle, fut élevé au sacerdoce par saint Germain, dont il avait été le disciple bien-aimé. La confiance dont l'homme de Dieu l'avait environné, justifie pleinement le titre de saint que l'Eglise d'Auxerre lui a décerné. On croit qu'il remplissait les fonctions d'archidiacre en l'absence du saint évêque et qu'il gouvernait le diocèse. Ayant appris sa mort, il en avertit le clergé de la ville et se mit en marche avec lui pour aller au devant de son corps.

En 494, Clotilde, nièce de Gondebault, roi de Bourgogne, ayant passé à Auxerre en allant célébrer ses noces avec Clovis, vint prier devant le tombeau de saint Germain. Cette princesse s'étonna de voir reposer les reliques de ce grand saint dans une église aussi modeste que l'était alors l'oratoire de Saint-Maurice. C'est pourquoi elle forma la résolution d'en bâtir une qui répondît à sa haute destination. En quittant Auxerre, elle donna des ordres pour qu'on en commençât immédiatement les travaux. On croit qu'elle fut construite de l'an 496 à l'an 510. Il serait difficile aujourd'hui de se faire une idée des constructions de sainte Clotilde, à cause du changement que cette église a éprouvé dans la suite des siècles. Héric lui donne le titre de basilique et ajoute qu'elle était spacieuse et remarquable par son architecture (1). La nef, que l'on croyait avoir fait partie de cet ancien édifice, fut démolie en 1820. Elle avait trente-neuf mètres de longueur, en y comprenant la travée, qui subsiste encore, à l'entrée de la partie que l'on a conservée. Sa largeur était de vingt mètres. Les côtés latéraux en avaient dix et demi de hauteur, sous clef. Une seconde nef latérale, haute de cinq mètres, superposée à la première, régnait en forme de tribune autour de la grande, comme on le voit dans un plan conservé dans le

---

(1) *Ingentis fabricæ atque operosæ amplitudinis.* Héric, l. 1, cap. 26.

manuscrit de dom Cotron (1). On pense qu'une partie du portail, démoli en 1820, n'appartenait pas au siècle de Clotilde, car alors les constructions étaient romanes.

Ce portail avait deux tours si différentes l'une de l'autre, qu'on jugeait qu'évidemment elles n'étaient pas du même temps. La tour carrée, au couchant, dite de Saint-Maurice, avec ses quatre ouvertures ogivales superposées, et son toit surbaissé, était de même date que le portail. Elle a aussi été démolie en 1820, avec le pignon qui la joignait à l'autre et dont la pointe était décorée d'une statue de la Vierge, de grande dimension, les mains croisées sur la poitrine, et revêtue d'une longue robe plissée et richement ornée. Cette statue semblait dominer tout l'édifice, et indiquait l'honneur que la Reine du Ciel recevait dans l'abbaye. La tour du levant trouva grâce devant les démolisseurs. Sa forme svelte, sa flèche en pierre qui s'élance dans la nue, fixent au loin l'attention des voyageurs.

En avant des deux tours et du pignon qui les reliait ensemble, se trouvait un autre portail formant trois arceaux, qui figuraient autant de portes, quoiqu'il n'y en eût qu'une seule, dans celui du milieu. Au-dessus de ces arceaux s'élevaient trois pointes de pignon, qui répondaient aux deux tours et au pignon monumental dont il a été parlé. Chaque pignon renfermait, dans des niches, divers statues et emblêmes. On voit que l'artiste, animé d'une foi vive, avait un ardent désir d'exciter dans l'ame de ses admirateurs l'horreur du vice et l'amour de la vertu. Outre la Vierge qui occupait le sommet de la façade, on voyait sur le pignon du milieu, le Père éternel, assis sur un trône, entouré d'un ornement elliptique; à droite et à gauche étaient un lion, un taureau, un aigle et un ange, caractères symboliques des quatre évangelistes.

(1) Page 466.

Le pignon répondant à l'ancienne tour représentait saint Germain revêtu de ses habits pontificaux, tenant son bâton pastoral d'une main, et de l'autre donnant sa bénédiction à la ville d'Auxerre. Deux archidiacres placés à ses côtés, semblaient l'assister. Les mutilations faites aux figures du troisième pignon, ne permettaient pas de distinguer ce qu'elles représentaient; c'était sans doute encore une scène de la vie de saint Germain, car le personnage du milieu était un évêque. Au-dessus de sa tête, un ange à genoux, les mains jointes, les ailes étendues, offrait à l'Éternel les prières de l'homme de Dieu.

Un coup d'œil jeté sur les dessins de ce portail, qu'on a reproduit à diverses reprises, donneront une idée plus complète de ce monument que les descriptions qu'on pourrait en faire.

Le pavé de la nef de l'église de sainte Clotilde n'était pas au niveau de celui des rues de la ville. Comme le terrain avait une pente rapide, on avait été obligé de l'abaisser de trois mètres pour ne pas avoir trop d'élévation à l'autre extrémité.

Voici le jugement que l'abbé Lebeuf portait sur l'antiquité de l'église de Saint-Germain. « Elle a un chœur du quatorzième siècle ; il n'y a que la nef, les tours et le portail qui sont de quelques siècles auparavant. La tour la plus basse est très ancienne ; mais rien n'y surpasse, en antiquité, les restes qu'on y aperçoit derrière la grande tour, du côté de Saint-Loup : leur structure, qui est de pierres de taille, taillées, les unes en rond, les autres en forme de croix, d'autres en lozanges, avec des figures d'animaux, d'un travail tout particulier, porte à croire qu'ils ont fait partie de l'édifice bâti par sainte Clotilde, dans le goût mérovingiaque (1). »

(1) Leb., Prise d'Auxerre.

La nouvelle église prit le nom de saint Germain. Durant le séjour que la princesse fit à Auxerre, la mort enleva un évêque de sa suite, nommé Loup, qui fut enterré auprès de ce saint patron. Son tombeau se voyait encore au huitième siècle, avec cette inscription en latin et en caractères gothiques (1) : « Ici repose saint Loup, évêque d'heureuse mémoire, qui vint de la Haute-Bourgogne avec la reine Clotilde, dans le temps qu'elle faisait bâtir l'église de Saint-Germain. Il tomba malade dans cette ville et y mourut le 15 juin. »

Ce lieu étant le plus vénéré de toute la ville d'Auxerre, on y transporta le baptistère (2). Un ancien martyrologe de Corbie en place la dédicace au 15 avril, sans en marquer l'année. Dans ces premiers temps, on ne baptisait que les adultes, et seulement à la fête de Pâques, à moins qu'il n'y eût péril de mort. Le dix-huitième canon du concile d'Auxerre, de l'année 590, l'ordonne expressément.

Clotaire Ier, fils de Clotilde et de Clovis, se chargea d'orner et d'enrichir la basilique que sa mère avait élevée. Il fit décorer le tombeau de saint Germain d'une coupole ou voûte d'argent doré. Son épouse Ingonde donna, pour le service de l'église, de riches ornements, des vases d'or et

---

(1) Les caractères gothiques n'indiquent pas toujours une haute antiquité : ils commencèrent lors de la décadence des arts et des sciences. On donna à ces nouvelles lettres, fruits d'imaginations fantastiques, le nom des Goths, qui venaient de renverser l'empire romain. Au treizième siècle, l'écriture gothique eut une phase brillante, les caractères s'arrondirent en formes gracieuses. L'usage de ces lettres devint alors général : elles perdirent dans l'opinion publique au quinzième siècle et disparurent au seizième, car elles furent abolies sous Henri II. On doit à l'imprimerie le retour à un mode d'écriture clair et régulier.

(2) Viole, mém., t. 2., p. 808. Ce baptistère était sous la tour de Saint-Maurice.

d'argent du plus grand prix, parmi lesquels on remarquait un calice d'or fin orné de pierres précieuses.

A cette époque, Grégoire de Tours, et après lui Héric, rapportent qu'un trésorier d'Auvergne, nommé Nunnius, s'en retournant de Sens par Auxerre, alla faire sa prière devant le tombeau de saint Germain. Se voyant seul, il tire son épée et en enlève un éclat, dont il s'empare comme d'une relique, et l'emporte dans son pays. Pour réparer sa témérité, dont il se sentit puni de Dieu, il bâtit à Moissac une église en l'honneur de ce saint, et y déposa sa relique. Grégoire de Tours avait visité cette église avec saint Avit, évêque de Clermont.

Saint Germain était alors en grande vénération. Les miracles opérés par son intercession, et surtout par ses reliques, animaient la confiance des nouveaux chrétiens. Pour juger les faits dont nous parlons, il faut se transporter au sixième siècle. On y voit des fidèles dans leur première ferveur. Tout ce qu'ils apprennent de la religion chrétienne les émeut, les frappe : ils croient, ils prient, ils invoquent les saints. Tout ce qui leur arrive de bonheur, ils l'attribuent aux amis de Dieu, qu'ils ont invoqués. Heureux temps, où la foi remplissait le cœur des fidèles ! Ils ignoraient le vide effroyable que le scepticisme laisse aujourd'hui dans les ames.

SAINT MACHAIRE.

Saint Machaire avait renoncé au monde dès sa jeunesse. Il vivait dans un parfait détachement des choses créées. Appelé à gouverner le monastère de Saint-Germain, son exemple donnait un grand poids à ses exhortations ; c'est aux saints qu'il appartient de former les saints. Plusieurs religieux, que l'Église honore aujourd'hui d'un culte particulier, se sont formés à son école. Tels furent saint Valery et saint Blimond, auxquels il donna l'habit de religion.

Quelques auteurs (1) pensent que saint Valery fit profession à Autumon, en Auvergne, où il était né, et que, dans le dessein de se perfectionner dans la vertu, il vint dans l'abbaye de Saint-Germain d'Auxerre, où l'on suivait une règle très austère. Après y avoir passé quelques années, il apprit la réputation de sainteté dont jouissaient les moines de Luxeuil, et se sentit un grand désir d'aller les visiter; car les saints de la terre se comprennent de loin et cherchent à se rapprocher pour s'édifier mutuellement. Il savait aussi que saint Colomban, qui gouvernait Luxeuil, était un grand maître de la vie spirituelle. Saint Machaire se rendit aux désirs de Valery, lui donna sa bénédiction, et l'envoya dans ce monastère, où il demeura plusieurs années. Saint Colomban ayant été obligé de le quitter, Valery le gouverna à sa place. Plus tard, il fonda celui de Leuconay. Ses jeûnes étaient si rigoureux qu'il passait plusieurs jours sans manger. Des branches d'arbres étendues par terre lui servaient de lit. Malgré sa grande régularité, il se regardait comme un moine négligent et inutile, ne craignant rien tant, après le péché, que d'avoir une réputation de vertu et de sainteté. Mais laissons la vie de saint Valery, qui s'éloigne de notre sujet, puisqu'il n'est plus à Saint-Germain. Saint Blimond qui y était entré quelque temps après lui, se sentant aussi le désir d'avancer dans la perfection, demanda comme lui d'aller à Luxeuil. Saint Machaire, qui ne désirait que la plus grande gloire de Dieu et le salut de ses moines, lui accorda sa demande.

Ce fut dans ce même temps, environ l'an 500, que saint

---

(1) Dom Viole lui fait prendre l'habit religieux à Saint-Germain. Raimbert de Leuconay, qui a écrit sa vie, et Mabillon, act. Ben., t. 2, disent que ce fut à Autumon.

Marien, né dans le Berry, fut reçu à Auxerre au nombre des moines de Saint-Côme et Saint-Damien. Il fit de grands progrès dans la perfection. L'abbé mit son humilité à une épreuve aussi longue qu'humiliante, en lui ordonnant d'aller garder les troupeaux du monastère à Mézilles, dans une propriété de l'abbaye. Le Saint obéit à ce commandement avec autant de promptitude que les hommes en mettent à courir aux places et aux honneurs. L'abnégation, la douceur, l'humilité et l'obéissance, étaient ses vertus dominantes. L'habitude qu'il avait contractée d'être toujours uni à Dieu par la prière, purifia tellement ses affections, qu'il ne tenait plus à la terre. Le Seigneur honora sa patience et sa simplicité du don des miracles, en sorte qu'il devint célèbre dans le diocèse d'Auxerre.

Parmi les différents traits de sa vie, on rapporte que des voleurs, ayant enlevé une partie de son troupeau, s'enfoncèrent dans le bois. Ces misérables, après avoir marché longtemps, se trouvèrent le soir auprès de sa cellule; le Saint les ayant aperçus, court à leur rencontre, les presse d'entrer chez lui, et leur prodigue tous les services de l'hospitalité monastique. Les ravisseurs, confus de tant de bonté, et frappés de son air vénérable, non-seulement lui rendirent ce qu'ils avaient enlevé, mais encore, l'un d'eux, qui était payen, voulut recevoir le baptême de ses mains (1).

Saint Marien mourut dans l'abbaye de Fontenet (2), à sept lieues de Mézilles, le 29 août 548. Son corps fut rapporté, avec une grande pompe, dans son monastère qui bientôt prit son nom. Ses reliques, objet d'une grande vénération, furent portées, lors du passage des Normands,

---

(1) Dom Cotron, p. 464.
(2) Ce monastère, de l'Ordre de Grammont, était près de Corvol-l'Orgueilleux.

dans les saintes grottes de Saint-Germain, où elles sont demeurées.

Le vénérable Machaire mourut vers l'an 585 (1), laissant le monastère rempli du souvenir de ses vertus. Saint Aunaire, évêque d'Auxerre, n'oublia pas en mourant les moines de Saint-Germain; il leur laissa la moitié de ses biens parmi lesquels se trouvait la terre de Corbeil, en Gâtinais, celle de Domecy-sur-le-Vault, celle de Vézelay, de *Calminiacum* dans l'Avallonais, et de Bouilly dans le Sénonais.

Les religieux de Saint-Germain suivaient la règle des monastères d'Orient; elle était aussi pratiquée dans les établissements que saint Hilaire et saint Martin avaient érigés dans les Gaules. Les fondateurs des grands monastères avaient la liberté de se faire une règle particulière. Ils la composaient d'anciennes pratiques auxquelles ils en ajoutaient quelques nouvelles. De là ce mélange de la règle de saint Benoît, de celle de saint Colomban et de celle des moines d'Orient, qui subsista encore quelque temps. Charlemagne et Louis-le-Débonnaire, désirant établir l'uniformité dans les monastères, travaillèrent à introduire la règle de saint Benoît dans tous ceux qui se trouvaient sur les terres de leur obéissance. Il fut décidé,

---

(1) Quelques auteurs ont pensé que saint Machaire n'était autre que saint Aunaire, évêque d'Auxerre, dont le vrai nom était Aunachaire; on aura fait Machaire, par erreur de copiste.

Il est rapporté dans la vie de saint Valery que le monastère où il se retira était situé dans une plaine auprès d'Auxerre, ce qui indiquerait celui de saint Côme et saint Damien. On y lit encore que ce saint avançait dans la perfection, sous les yeux de saint Aunaire. Comme ces auteurs ont pu tomber dans quelques erreurs sur les localités et sur les noms propres, nous avons laissé subsister l'opinion du père Viole. Si saint Aunaire est le même que saint Machaire, il aura été abbé avant de monter sur le siège épiscopal d'Auxerre. Leb., hist. des évêq. d'Auxerre, p. 122 et 125. Viole, p. 815.

dans le concile tenu à Aix-la-Chapelle, en 802, ainsi que dans d'autres assemblées, qu'elle serait seule observée dans tous les monastères de France.

Saint Machaire, après avoir pris conseil de tout ce que l'Église d'Auxerre offrait alors de plus vertueux et de plus éclairé, l'avait aussi adoptée pour le sien, et lui avait ainsi imprimé l'ordre et la régularité qui devaient le mettre à l'abri des variations auxquelles les institutions nouvelles sont exposées. Cette règle commença à être observée à Saint-Germain en 580, alors que saint Aunaire était évêque d'Auxerre.

Ceci nous conduit naturellement à dire un mot de saint Benoît, cet homme célèbre, dont la règle a servi de base au gouvernement du monastère de Saint-Germain pendant plus de mille ans. En 494, comme il était à peine âgé de quatorze ans et quoiqu'issu de l'une des plus illustres familles de Rome, il quitta la ville éternelle, abandonnant richesses, honneurs, plaisirs, tout enfin, pour se livrer, loin du bruit et des dangers du monde, à la prière et à l'adoration. Sa dévotion ardente envers la mère de Dieu, lui donne la force de surmonter de violentes tentations. Il s'arrête dans la Campanie, sur les montagnes de Sublac. Là il fait connaissance de saint Romain qui l'instruit des devoirs de la vie monastique, lui donne l'habit religieux, et le conduit dans une caverne presque inaccessible.

Le pieux ermite vécut dans cette retraite de la vie des anges. Quelques racines suffisaient à sa subsistance. La méditation nourrissait son ame. Il étudiait au pied de la croix la science qui fait les saints, et il acquérait, au milieu des travaux de la pénitence, la précieuse connaissance de la conduite des ames. Bientôt, des bergers découvrent sa retraite ; le bruit de ses austérités et de ses vertus se répand au loin, et une foule de disciples se rangent sous sa conduite. Sa réputation grandit tellement, que la jalousie porte des impies à attenter à ses jours; mais une protection céleste le couvrait déjà.

Vers l'an 500, de nombreux monastères s'élèvent sous sa direction. C'est alors qu'il écrivit ces règles admirables de la vie religieuse, qui furent adoptées par tous les moines d'Occident dont il fut surnommé le patriarche. Parmi les sénateurs qui vont le visiter dans le désert, on distingue Boéce, son proche parent, ministre de Théodoric, et Tertule, son oncle. Celui-ci, émerveillé de la ferveur des moines et de l'ordre qui règne parmi eux, leur confie son fils Placide, âgé seulement de sept ans; Equice, autre sénateur, leur laisse aussi le sien nommé Maur, qui n'en comptait que douze.

Les deux novices comprirent leur maître. Le premier le soutint puissamment, le second continua son œuvre. C'est avec eux que saint Benoît fonda la fameuse abbaye du Mont-Cassin, dont les enfants devaient se répandre dans toutes les parties du globe pour édifier le monde. Ce fut là le commencement de la maison-mère de l'Ordre des Bénédictins, la plus célèbre de toutes.

La France, la première, prêta l'oreille aux bruits lointains de prodiges et de miracles. L'évêque du Mans députe une ambassade solennelle à l'illustre patriarche, pour lui demander des moines. Saint Benoît, se rendant à la prière qui lui est faite, choisit Maur, son disciple bien-aimé, et quatre moines, pour propager sa doctrine dans les Gaules. Les ambassadeurs leur servent de guide. Maur emporte avec lui le poids du pain et la mesure du vin dont ils devaient user, chaque jour, ainsi que la règle de l'Ordre, écrite de la propre main du saint fondateur, qui avait ajouté au bas : *Livre du pécheur Benoît*. Ils arrivent tous à Auxerre vers la fin du carême (1); c'est à cette même

(1) Voyez dom Cotron, p. 485.

époque, le 21 mars 543, que le saint patriarche rendait son ame à Dieu. Maur visita saint Romain, qui bâtissait le monastère de Fontrouge (1), près de Druyes. On croit que c'est ce dernier qui nourrit saint Benoît dans sa retraite, et que ce fut l'invasion des barbares en Italie qui l'obligea à chercher un asile dans les Gaules.

Le séjour de ces religieux à Auxerre y fit connaître l'Ordre de saint Benoît. Les prodiges de vertu qui avaient lieu au Mont-Cassin firent l'entretien des moines qui ne tardèrent pas à embrasser la même règle. Saint Maur, poursuivant sa route, alla fonder le monastère de Glanfeuil en Anjou, et celui de Saint-Maur-sur-Loire.

On remarque, dans la règle de Saint-Benoît, l'ouvrage d'un homme consommé dans la science du salut, et suscité dans les desseins de la Providence pour conduire les ames à la plus sublime perfection. Le pape Grégoire ne pouvait se lasser d'admirer l'esprit de sagesse et de discernement qui y règne. Aussi la préférait-il à toutes les autres. Elle est principalement fondée sur le silence, la solitude, la prière, l'humilité et l'obéissance. Le fameux Cosme de Médicis et plusieurs législateurs après lui, qui la lurent et la méditèrent, la regardaient comme une source féconde de maximes propres à gouverner les hommes. Conçue et élaborée au pied de la croix, elle a dirigé des milliers de moines dans les voies de la perfection chrétienne.

Cette règle donne à l'abbé le gouvernement de tout le monastère; elle prescrit, outre la méditation qui doit se faire depuis la fin de Matines jusqu'au point du jour, sept heures de travail manuel par jour, et deux heures de lecture spirituelle; elle défend l'usage de la viande, et accorde à chaque religieux une hémine de vin et une livre et demie de pain.

(1) En latin *Fons Rogi*, à six lieues d'Auxerre.

Dans le prologue, le saint patriarche étale aux yeux des hommes les douceurs que l'on goûte dans la religion, et il invite les frères à s'armer de courage pour vaincre leurs passions. « Ecoute, dit-il, ô mon fils, les avis d'un père qui t'aime : rapproche-toi par l'obéissance et le travail de celui dont tu t'es éloigné par la désobéissance et la paresse. C'est à vous que je m'adresse, qui que vous soyez, à vous qui renoncez à vos passions pour vous engager dans la milice de Jésus-Christ, le véritable roi. Ceignez-vous des armes éclatantes et invincibles de l'obéissance ; qu'une ardente prière précède toutes vos œuvres, afin que celui qui vous a déjà admis au nombre de ses enfants ne soit point attristé par vos mauvaises actions. »

« En entendant ces paroles de l'Ecriture : « Il est temps de nous réveiller de notre sommeil, » sortons de notre assoupissement et ouvrons les yeux à la lumière céleste. Ecoutons, comme pour la première fois de notre vie, l'Ecriture qui nous crie : « N'endurcissez point vos cœurs ; que celui qui a des oreilles pour entendre, comprenne ce que l'Esprit-Saint enseigne. » Et qu'enseigne-t-il ? «Venez, mon fils, écoutez-moi. Je vous apprendrai à craindre le Seigneur ; courez, tandis que vous avez les lumières de la vie, de peur que les ténèbres de la mort ne vous saisissent.» Ensuite, ajoute saint Benoît, le Seigneur, jetant les yeux sur la multitude de son peuple, s'écrie à haute voix : « Où est l'homme qui veut la vie et qui désire couler des jours heureux. » Si, en entendant ces paroles, vous les prenez pour vous et dites : C'est moi ; Dieu vous répond : « Si vous voulez avoir la vraie et éternelle vie, éloignez-vous du mal et faites le bien ; recherchez la paix.... » Lorsque vous aurez fait cela, le Seigneur vous dira : « Mes yeux sont sur vous, et mes oreilles sont attentives à écouter vos prières ; avant même que vous ne m'invoquiez, je vous exaucerai.» Y a-t-il, mes très-chers frères, quelque chose de plus doux que ces paroles si pressantes du Seigneur, pour nous montrer le chemin de la vie. »

» Armés de la foi, l'Evangile à la main, marchons dans la voie du salut, afin que nous méritions par nos bonnes œuvres de voir dans son royaume celui qui nous a appelés…. Que ceux qui ont la crainte du Seigneur ne tirent point une vaine gloire de leur régularité; mais qu'ils rapportent tout à Dieu, qui opère en eux de grandes choses, qu'ils disent avec le Prophète : « C'est à vous, Seigneur et non à nous, qu'appartient toute gloire. » Paul, apôtre, ne rapportait rien à lui-même du succès de ses prédications, car il disait : « Ce que je suis, je le dois à la grâce…. » S'il en coûte un peu pour se corriger de ses défauts, pour conserver la charité, il ne faut pas perdre courage. Les commencements de la vie chrétienne demandent des sacrifices. Mais quand on est fidèle à observer la loi, le cœur s'y complaît, il éprouve une joie indicible à accomplir les commandements de Dieu. Celui qui passe ainsi ses jours dans un monastère, sa patience lui donne une part à la passion de Jésus-Christ, et il acquiert un droit à posséder son royaume. » Ce peu de mots donne une idée du zèle brûlant qui animait le patriarche des moines d'Occident.

De toutes les vertus, il n'en est point sur lesquelles saint Benoît insistât davantage, dans la pratique, que sur l'humilité. Il en marque douze degrés dans sa règle. On ne saurait trop les recommander, d'après saint Thomas; comme ils sont très-importants, nous allons les rapporter succinctement : 1° Craindre Dieu et ses jugements, marcher sans cesse humilié en sa divine présence, et s'exciter à une vive componction de cœur. 2° Renoncer parfaitement à sa volonté propre, à l'exemple du fils de Dieu qui dit: « Je ne suis pas venu faire ma volonté, mais celle de celui qui m'a envoyé. » 3° Obéir, pour l'amour de Dieu, promptement et sans réserve. 4° Supporter avec patience les souffrances, les injures, les adversités. 5° Découvrir humblement ses plus secrètes pensées à son supérieur ou à son directeur. 6° Etre content et se réjouir dans les humiliations; se plaire à exercer les plus bas ministères, à porter des habits pauvres, à aimer la simplicité et la pauvreté, se regarder comme un mauvais et indigne serviteur dans tout ce qui est commandé. 7° S'estimer et se croire intérieurement le plus misérable, le dernier des hommes, et le plus grand des pécheurs, (1). 8° Eviter la singularité dans ses paroles et dans ses actions. 9° Aimer à observer le silence. 10° Se garder d'une vaine joie et d'un rire immodéré. 11° Ne point parler d'une voix haute, mais avec douceur et gravité. 12° Etre humble dans toutes ses actions extérieures; avoir les yeux baissés, à l'exemple de Manassès, pénitent, et du publicain de l'Evangile. Saint Benoît appuie ces différents degrés d'humilité de citations de l'Ecriture, et il ajoute que, quand on aura passé par chacun d'eux, on arrivera à cette charité parfaite qui bannit la crainte, et qu'on observera la loi de Dieu naturellement, et sans éprouver la moindre gêne. Nous aurons souvent occasion de revenir sur cette règle qui forma le miroir de la vie des moines de Saint-Germain (2).

Saint Benoît n'était pas versé dans la littérature profane. Mais saint Grégoire dit que son ignorance était accompa-

---

(1) Qu'on ne pense pas qu'il y ait de l'exagération dans cette maxime. Il y aurait de l'orgueil et de la présomption à se préférer au dernier des pécheurs, parce que les jugements de Dieu nous sont inconnus, comme l'ont observé saint Augustin, saint Thomas et saint Bernard. Si les plus grands pécheurs eussent reçu autant de grâces que nous, ils en auraient fait un meilleur usage, et se seraient préservés de ces chutes qui ont souillé leur innocence. Il n'y a pas de mal qu'un homme fait, dit saint Augustin, qu'un autre ne puisse faire, si la grâce de Dieu l'abandonne. Saint Paul ne nous ordonne-t-il pas de ne nous jamais préférer à qui que ce soit?

(2) *Regula, s. Bened*, cap. 7.

gnée d'une vraie lumière et d'une vraie sagesse. On lui applique ce que le grand Arsène disait de saint Antoine, que son alphabet valait beaucoup mieux que toutes les vaines sciences du monde. Ce n'est pas sans étonnement que l'on remarque dans la simple législation d'un cloître la solution des problèmes de la science politique et tous les mystères des institutions sociales.

Nos législateurs n'ont rien écrit de plus sage, de plus libéral que ce que saint Benoît méditait dans sa cellule, au sixième siècle. Tous les religieux sont égaux devant la règle, comme ils le sont devant Dieu. Le chef est éligible. Ce sont les moines eux-mêmes qui donnent leur voix pour placer un abbé à leur tête. Lui, à son tour, ne peut que veiller à l'observation du réglement. Les corrections sont écrites dans la règle; les récompenses seront données dans les cieux; récompenses sublimes, si différentes de celles de nos lois humaines, qui évaluent le prix des bonnes actions à une certaine quantité d'argent.

WINEBAUD.

Dans un concile ou synode tenu à Auxerre, sous l'épiscopat de saint Aunaire, en 590, Winebaud souscrivit, comme titulaire de Saint-Germain, avec huit autres abbés du diocèse. Comme il parait le premier après l'évêque, on en conclut que son monastère tenait le premier rang. Les auteurs de la *Gaule chrétienne* commencent par lui la série des abbés de Saint-Germain, avouant qu'ils ignorent le nom des premiers. Ils mettent saint Valery sous la direction de Winebaud, et rapportent sa mort à l'an 600.

SAINT PALLADE.

C'est dans l'abbaye de Saint-Germain que saint Pallade

se sanctifia et devint par son savoir et sa piété une des gloires de l'Église d'Auxerre. Il se consacra, dès sa jeunesse, au service du Seigneur, reçut l'ordre de la prêtrise de l'évêque saint Didier, qui avait pour lui une haute estime. De profondes réflexions sur la gloire que Dieu réserve à ses serviteurs, l'avaient entièrement détaché du monde. Non content de former les moines à la perfection par ses discours et par ses exemples, il travaillait encore à détruire les restes de superstition qui avaient survécu parmi le peuple. Les abbés de cette époque et même certains moines animés du désir de procurer la gloire de Dieu, sortaient du monastère pour instruire les habitants des campagnes, qui vivaient dans une grande ignorance des vérités de la foi. Il fallait traduire à ces peuples enfants l'enseignement sublime de la religion dans un langage vulgaire, sous des formes saisissantes, étaler à leurs yeux, dans la pompe des cérémonies, dans les fêtes multipliées, toutes les suaves magnificences du culte catholique. Cet apostolat fut souvent réservé aux moines ; le peuple voulait les voir, il les écoutait avec surprise, et bientôt il brisait ce qu'il avait adoré.

Saint Pallade reçut pour son monastère de riches présents de l'évêque saint Didier. On remarque un vase d'argent du poids de trente-sept livres. L'histoire d'Énée y était retracée avec des inscriptions en lettres grecques. On y lisait aussi le nom *Thorsomodus*, qu'on pense avoir été celui d'un roi Goth, auquel ce vase aurait appartenu. Le portrait de Neptune avec son trident, était gravé sur une aiguière du poids de trois livres ; le total des présents en argenterie que fit le saint évêque s'élevait à cent dix-neuf livres et cinq onces. Il voulut encore qu'en inhumant son corps à Saint-Germain, on employât cent sous d'or pur pour orner son tombeau, comme c'était alors la coutume parmi les grands personnages. On a vu que Clotaire avait appliqué une lame d'argent doré à la voûte qui était au-dessus de celui de saint Germain. Le pieux évêque légua aussi à la mense de l'abbaye plusieurs villages avec les maisons, les terres, les prés, les bois et les troupeaux qui en dépendaient, comme Orgy, dans la paroisse de Chevannes, Marcy, dans celle de Saint-Georges, Nantelle et Poiry, dans celle de Vaux. Il ajouta encore d'autres terres, entre autres les Baudières, dépendant de la paroisse d'Héry, dans le diocèse de Sens, Rouvray, qui en est éloigné d'une lieue, Sessy et Saint-Fargeau. Leur revenu était destiné à entretenir l'hôpital du monastère. Saint-Didier était un des plus riches et des plus puissants seigneurs de son temps. Dieu lui ayant fait voir le néant des grandeurs de la terre, il se consacra à son service et fit un saint usage de ses richesses.

Lorsque la religion chrétienne fut prêchée dans les Gaules, elle trouva la société dans une dégradation étonnante. Les Romains, vainqueurs du pays, avaient établi des proconsuls qui croyaient avoir rempli leur mission lorsqu'ils étaient parvenus à comprimer les révoltes et à faire payer de lourds impôts. On ne tenait aucun compte des souffrances du peuple, qui languissait dans la misère. La religion, qui est venue consoler tout ce qui pleure, soulager tout ce qui souffre, établit des hôpitaux dans les villes et sur les grands chemins. L'empire avait bien les siens, mais c'était seulement pour ses soldats. Les moines se chargèrent de cette œuvre admirable. L'abbaye de Saint-Germain avait à Auxerre même, et dans sa propre enceinte, trois hôpitaux, l'un pour les familiers, c'est-à-dire pour les religieux et les habitants des campagnes dépendant du monastère; l'autre pour les riches, et le troisième pour les pauvres et les étrangers. Les auteurs de ces belles fondations ne sont point connus. Telle est la destinée des institutions catholiques. Dieu conduit souvent les choses de façon que nul ne puisse en être appelé l'auteur, afin qu'il ne s'y rattache aucun nom humain.

Ces admirables hôtelleries n'étaient pas seulement ouvertes aux malades, mais à tous les voyageurs; l'étranger y était accueilli avec l'amitié la plus cordiale, parce qu'elle était fondée sur l'Evangile, où le fils de Dieu dit, en parlant de ceux qui exercent l'hospitalité : *Celui qui vous reçoit, me reçoit.* Il a dit aussi qu'un verre d'eau donné en son nom aurait sa récompense. Dans ces maisons, le voyageur trouvait tous les secours que pouvait réclamer son état d'épuisement ou de fatigue. Lorsqu'il se retirait, on lui demandait, pour tout payement, qu'il voulût bien se ressouvenir de la communauté dans ses prières. Qu'il y a loin de cet accueil fraternel, fondé sur la charité chrétienne, à ces secours philanthropiques que l'on délivre, de nos jours, sur les certificats d'un maire ou d'un médecin ! La religion savait élever le cœur du peuple, susceptible de si nobles élans, et mériter sa reconnaissance par de généreux sacrifices.

A ces époques extraordinaires de création, on touchait encore au foyer divin qui vivifia la foi primitive. On sentait toujours la chaleur qu'il répandait sur tout ce qui l'approchait. Si tout est tiède près de nous, tout était brûlant dans le cœur des premiers fidèles. Leur inépuisable charité n'enfantait que des merveilles.

L'abbaye de Saint-Germain était aussi, dans ce temps, un asile très-respecté. Ce fut encore la religion qui étendit ses bras pour accueillir le proscrit que la barbarie poursuivait pour le mettre à mort, presque sans forme de jugement. Ceci est une preuve frappante du respect qu'on avait pour les lieux saints dans ces temps malheureux et montre combien sont puissants les obstacles que la religion oppose à la violence et à la tyrannie. Cette mesure prévenait les homicides si fréquents, par suite du droit sauvage accordé aux vengeances privées qui étaient héréditaires et solidaires parmi les familles germaniques. Pour un coupable protégé, l'Eglise sauvait cent opprimés. L'abbaye de Saint-Martin de Tours et celle de Saint-Germain d'Auxerre, illustrées par les grands hommes qui avaient présidé à leur fondation, et par les moines qui les habitaient, passaient pour les lieux les plus révérés de la France. Les grands comme les petits, qui avaient encouru la colère du prince ou d'un maître brutal, n'avaient pas plutôt touché le seuil de ces saintes maisons, que leur vie ne courait plus de dangers. Dieu lui-même les prenait sous sa protection. Quel que fût l'audacieux qui aurait violé ces asiles, il eût été réputé infâme et sacrilége. Les moines se chargeaient de pourvoir aux nécessités de leurs hôtes pauvres; les hommes puissants, qui y venaient quelquefois avec une suite nombreuse, pourvoyaient eux-mêmes à leurs besoins.

L'infortuné Mérovée, fils de Chilpéric, fut reçu dans l'asile de Saint-Germain vers l'an 576. Ce prince, poursuivi par Frédégonde, sa belle-mère, qui ne pouvait lui pardonner d'avoir épousé Brunehaut, sa tante, s'était enfui dans l'église de Saint-Martin de Tours. Son père et cette indigne marâtre menacèrent le monastère de pillage et de destruction, si on ne le leur remettait pas. Grégoire, alors évêque de ce siége et historien de ces événements, ne se laissa pas ébranler par ces menaces. Cependant, Mérovée, ne voulant pas qu'un lieu aussi saint fût exposé à la profanation à cause de lui, s'échappa et s'enfuit en Bourgogne auprès de son oncle Gontran. Erpon l'arrêta près d'Auxerre, mais, trompant sa vigilance, le prince s'arracha de ses mains, et eut le bonheur de gagner l'asile de Saint-Germain, qui lui assura la liberté et la vie.

On voit, par un passage d'Héric (1), qu'on n'osait même

(1) *Labb.*, *bibl. mss. Herici de mirac.*, t. 1, p. 550.

pas jurer sur l'autel de la basilique de Saint-Germain, pour une chose vraie; que ceux qui, pour un mensonge, juraient sur le seuil de la porte, étaient punis sur-le-champ; que les uns étaient morts subitement, que d'autres avaient perdu la raison, ou avaient éprouvé les effets de la vengeance céleste. Telle était la persuasion du peuple au huitième siècle.

L'asile, l'hôpital, et l'hôtellerie demandaient des appartements plus spacieux que ceux qui étaient destinés aux moines; c'est pourquoi les bâtiments des grandes abbayes étaient si considérables. Les mœurs simples de ces époques reculées n'exigeaient pas pour ces édifices autant de dépenses que de nos jours, où une éducation molle oblige à tant de précautions sanitaires. Les salles destinées, soit aux hôtes, soit aux religieux, étaient immenses. En 1150, le dortoir des moines de Pontigny qui servait en même temps à l'abbé avait cent-sept pas de longueur.

La mort ayant enlevé, vers l'an 621, l'évêque saint Didier, tous les regards se portèrent sur l'abbé Pallade pour le remplacer. Sa modestie, son humilité, ne purent le soustraire aux vœux du peuple et du clergé. Quel que fût son amour pour la retraite, il consentit pour le bien de l'Eglise à monter sur le siége épiscopal d'Auxerre. Ses vertus, renfermées jusqu'alors dans le silence et l'obscurité du cloître, parurent au grand jour. Sa porte était continuellement ouverte à tout le monde. Il avait une prédilection particulière pour les pauvres, les malades et les affligés. Ses instructions, soutenues par la sainteté de sa vie, produisaient des fruits merveilleux. Non-seulement, il convertit un grand nombre de pécheurs, mais il engagea encore beaucoup de personnes de l'un et de l'autre sexe à renoncer au monde. Il fonda divers monastères, dans lesquels plusieurs de ceux qu'il avait convertis reçurent de ses mains l'habit religieux.

Comme ce saint évêque avait apporté, en montant sur le siége épiscopal, moins de fortune que ses prédécesseurs, le roi Dagobert vint à son secours pour lui aider à soutenir son rang et lui fit présent de trois terres : Migennes, Vincelles et Trucy. Notre saint les employa aussitôt en bonnes œuvres. Il fonda le monastère de Saint-Julien, près de la ville, au levant, et y plaça des vierges et des veuves. Il dota aussitôt cet établissement de grands biens qu'il retira à des églises très-riches. Ce monastère renfermait trois églises, dans chacune desquelles l'abbesse devait faire célébrer tous les jours une messe, outre celle de communauté, et nourrir douze pauvres. Tous les jeudis elle était encore tenue d'en faire célébrer une dans l'église de Saint-Etienne, de s'y rendre processionnellement avec la communauté, et de nourrir trente pauvres. Le Jeudi-Saint elle devait en nourrir soixante et les habiller. Ces aumônes et ces prières étaient pour le roi Dagobert et la famille royale, pour l'évêque d'Auxerre, pour ses prédécesseurs et ses successeurs. L'acte de fondation est de l'an 635 (1). Les moines, en distribuant du pain aux classes pauvres, leur donnaient aussi des instructions, ils suivaient le malheureux dans sa chaumière, et voulaient le voir à l'église. Sa position était bien différente de celle qui lui est échue depuis la suppression des cloîtres.

Saint Pallade fonda encore un autre monastère près des murs de la cité, au midi, et le dédia à saint Eusèbe de Verceil. Il le fit entourer de murailles de tous côtés, comme il avait fait pour celui de Saint-Julien.

Nous ne suivrons pas le pieux évêque dans tout ce qu'il entreprit pour la gloire de Dieu, durant les trente-six ans qu'il tint le siége épiscopal. Il mourut vers l'an 657, et fut inhumé dans la basilique de Saint-Eusèbe qu'il avait bâtie.

(1) Hist. de l'abb. de Saint-Julien, p. 17 et suiv.

Sa souscription, conservée au bas de deux chartes, marque sa profonde humilité : *Palladius, peccator* (1), c'est-à-dire, *Pallade, pécheur*. L'histoire des évêques d'Auxerre parle des miracles qui s'opérèrent sur son tombeau. Il fut canonisé par Guy, l'un de ses successeurs, vers le milieu du dixième siècle. Ce prélat ayant fait ouvrir son tombeau, ainsi que celui de saint Tétrice, le 30 juillet 945, ramassa avec piété leurs ossements et les renferma dans des châsses, qu'il fit placer au-dessus de l'autel, afin qu'ils fussent mieux exposés à la vénération des fidèles, et qu'il ressentît lui-même plus puissamment leur intercession. Ces reliques furent conservées dans l'église de Saint-Eusèbe jusqu'au désastre des huguenots, en 1567.

LUPONE.

Cet abbé est cité dans le titre de fondation du monastère de Notre-Dame-la-d'Hors. Il avait vendu à saint Vigile, qui en était le fondateur, certains emplacements, proche al porte de Paris. Quoique dans ce titre, appelé le testament de saint Vigile, il ne soit pas désigné comme titulaire de Saint-Germain, le père Viole n'hésite pas à le ranger parmi les abbés de cette maison, parce que les propriétés qu'il céda ont dû faire partie de celles que le monastère possédait, dans cette contrée, de temps immémorial.

SAINT TÉTRIQUE.

L'édification que l'Eglise d'Auxerre reçut de l'abbaye de Saint-Germain, durant les premiers siècles de sa fondation, fut telle qu'on pouvait lui appliquer cette prophétie d'I-

---

(1) Leb., mém., t. 1, p. 158 et 159.

saïe, touchant la loi nouvelle: « La solitude sera dans l'allégresse; elle fleurira comme le lis; elle sera dans la joie et les louanges (1). » Là, on voyait des moines marchant sur les traces de Jésus-Christ, parlant peu, descendant souvent dans leur intérieur pour se connaître eux-mêmes, et contractant la sainte habitude d'avoir leur conversation dans le Ciel.

Un des abbés les plus recommandables que le monastère ait possédés, fut Tétrique ou Tétrice, que l'Eglise a mis au nombre des saints, à cause de l'extraordinaire pureté de mœurs qu'il montra dès son enfance. Il naquit, dans le comté de Sens, de parents vertueux qui le formèrent à la piété. Il quitta le monde de leur consentement, et alla finir son éducation à Saint-Germain. Son zèle pour la perfection le distingua bientôt des autres frères, qui l'élurent d'une voix unanime pour leur abbé. Il se livra alors, avec plus d'ardeur, aux exercices de la prière et de la pénitence. Il prit un soin particulier des pauvres, classe si nombreuse dans ces siècles où le commerce était presque nul et où les troubles de l'Etat enlevaient les ressources de tant de familles. Le siége d'Auxerre étant venu à vaquer, le saint abbé en fut élu évêque (2). Comme son humilité le portait à fuir cette dignité, on l'enleva presque par force de son monastère, pour le placer sur le trône épiscopal (3). Sa vie répondit à l'attente du peuple et du clergé. Il annonça souvent la parole de Dieu, et tint des synodes; mais la discipline qu'il s'efforçait de faire fleurir dans son diocèse lui attira des ennemis. Son archidiacre (4), comme on croit, ne pouvant vivre avec un pasteur aussi vigilant, forma le

---

(1) Isaïe xxxv, 1, 2, 6, 7.
(2) *Lab., bibl. mss.*, t. 1, p. 428.
(3) Viole, mss., t. 2, p. 819.
(4) *Lab., bibl. mss.*, t. 1, p. 429.

dessein de le tuer. Etant donc entré un jour chez lui, il le trouva endormi sur un banc et lui plongea un poignard dans le sein. C'était le 18 mai 706 ou 707. Il fut inhumé dans l'église de Saint-Eusèbe. Les évêques, ses successeurs, firent bâtir, sur le lieu de son martyre, un oratoire de son nom qui, sous le règne de Charles-le-Chauve, était très-fréquenté.

QUINTILIAN.

Quintilian ou Quintilien, né en Puisaye, d'une famille distinguée par ses vertus, sa noblesse et ses grands biens, embrassa la vie religieuse dans le monastère de Saint-Germain, et en devint abbé. Son père nommé aussi Quintilian, était seigneur du pays; il avait fondé dans cette contrée le monastère de Moutiers, avec un hôpital, pour recevoir les étrangers, mais spécialement les pèlerins qui allaient à Rome.

Quintilian, enseveli dans la retraite avec ses moines, cultivait en paix les vertus religieuses, lorsque le clergé et le peuple d'Auxerre l'élurent pour évêque. L'obéissance qu'il devait à l'Église, lui fit quitter sa chère solitude, mais non sans verser beaucoup de larmes. Il mourut quelque temps après, et alla, dans une vie meilleure, recevoir la récompense de ses vertus. Son corps fut inhumé à Saint-Germain, auprès de ceux de ses prédécesseurs. On lui donne le titre de bienheureux (1).

Lorsqu'il fallait élire un évêque, le clergé et le peuple s'assemblaient au monastère de Saint-Germain. La sainteté

---

(1) Lebeuf lui donne onze ans d'épiscopat; il pense que Cillien, dont on fait un autre évêque d'Auxerre, est le même que Quintillien. Leb., mém., t. 1, p. 163.

du lieu semblait les éclairer sur le choix qu'ils avaient à faire. L'élu avait coutume de passer plusieurs jours en prières, sur le tombeau du saint fondateur, afin d'obtenir la protection de ce grand pasteur des ames, pour gouverner dignement le troupeau qui lui était confié. De là vint cette coutume que l'évêque d'Auxerre se rendait toujours à Saint-Germain, où il passait une semaine, ou un jour et une nuit, au moins, avant de prendre possession de son diocèse (2).

Un prélat était alors un personnage bien autrement important qu'il ne l'est de nos jours; c'était l'unique puissance des églises provinciales. Il était le maître et le distributeur des richesses ecclésiastiques, dans toute l'étendue du territoire diocésain; il était le représentant de l'opinion publique et religieuse, le protecteur et le modérateur de toute la partie civile de son peuple. Les synodes et les conciles provinciaux venaient fortifier son influence. Les vaincus se plaçaient sous l'égide de son pouvoir tutélaire; les vainqueurs eux-mêmes fléchissaient le genou devant ce chef de la religion chrétienne. Les descendants de Charlemagne connurent, par expérience, de quel poids les évêques français pesaient dans la balance des nations.

Leur pouvoir sur le temporel des églises les rend tout-puissants pour le bien de leur diocèse. Ils nourrissent les pauvres, ils fondent des monastères, ils bâtissent de nouvelles églises, et multiplient, de toutes parts, les monuments de leur charité.

Dans ces temps de trouble et de servitude, la religion prenait en main la direction de la société tout entière; elle faisait, dans les conciles et les synodes, des lois pour le gouvernement temporel des peuples; elle se chargeait des pauvres; elle accueillait dans ses monastères les hommes sans emploi et les pécheurs mêmes que la société repous-

---

(2) *Gall. chr.*, t. 12, col. 368.

sait; les filles, que leur abandon dans le monde exposait à des dangers évidents, avaient aussi leurs maisons de refuge ; enfin, elle rachetait les captifs, protégeait les orphelins, et amnistiait les prisonniers. Cette amnistie était accordée par les plus grands serviteurs de Dieu, au nom de Jésus-Christ, souvent au passage de quelques reliques. Saint-Vigile est assassiné auprès de Soissons, en 684, victime de son zèle. En rapportant son corps à Auxerre, on traversa la ville de Sens. Tout-à-coup les portes des prisons s'ouvrent miraculeusement ; les chaînes des détenus se rompent. Toute cette foule de misérables, accourue à la suite du convoi, l'accompagne jusqu'à Auxerre. Plusieurs déposent leurs chaînes sur le tombeau du saint. Laissant à part le miracle, qui peut être l'ouvrage de l'historien mal informé, le fait certain, c'est qu'au passage des reliques, la liberté fut donnée à tous les prisonniers (1). Lorsqu'on porta en terre le corps de saint Amatre, les prisons d'Auxerre s'ouvrirent également, et les détenus recouvrèrent la liberté. Quelle influence une grâce obtenue par l'intercession d'un saint, ne devait-elle pas avoir sur le moral de ces prisonniers? La reconnaissance retournait à Dieu, l'auteur de tout bien, et le coupable était corrigé.

Depuis longtemps, les grands convoitent les biens des églises. Les invasions sarrazines leur fournirent l'occasion de s'en emparer. Les Sarrazins, ces féroces vainqueurs, avaient étendu leurs conquêtes en Espagne, et jeté l'épouvante dans le royaume de France, où ils pénètrent les armes à la main. Ils poussent leurs succès jusqu'à Auxerre et à Sens. Le pillage des monastères, le massacre et l'incendie marquent leur passage; chassés de nos pays par saint Ebbon, archevêque de Sens, ils se replient sur Poitiers, où Charles-Martel les joint avec l'armée française,

---

(1) Leb., mém., t. 1, p. 143 et 25.

et remporta sur eux une victoire complète. Pour récompenser les officiers de son armée, ce prince s'empara du droit qu'avaient les évêques sur le temporel des églises et des monastères, en forma autant de bénéfices, dont il disposa en leur faveur. Ces militaires prirent le titre d'abbés, et ne laissèrent aux moines que le strict nécessaire pour vivre. Charles-Martel ne leur avait donné que l'usufruit des biens; mais, à la faveur des troubles du royaume, ils en disposèrent en maîtres, les vendirent ou en gratifièrent leur famille. Le monastère de Saint-Germain perdit ainsi les terres de Guerchy, de Moulins, de Corvol, qui avaient été données par saint Germain lui-même; les autres biens, légués par saint Aunaire et saint Didier, passèrent aussi en des mains étrangères. On espéra d'abord recouvrer ces propriétés si injustement enlevées; mais les spoliateurs furent maintenus dans leurs possessions.

Pépin, fils de Charles-Martel, étant monté sur le trône en 750, se montra favorable à la religion, il écouta les plaintes des moines de Saint-Germain; mais il n'osa pas leur faire restituer leurs biens: il crut les dédommager en leur donnant un abbé régulier et en leur permettant d'avoir quatre bateaux sur les rivières, pour transporter les provisions du monastère sans payer de droits. Ce privilége fut confirmé par Charlemagne, dans un titre daté d'Aix-la-Chapelle. Ce prince demanda à l'évêque d'Auxerre, saint Aaron, la main de saint Germain, pour en faire présent au monastère de Cuzan, qu'il avait fondé, et à qui il avait donné le nom de ce grand saint. Il paraît qu'il entendait par là un reliquaire en forme de main, dans lequel se trouvaient des choses qui avaient touché le corps du saint évêque, ou qui avaient servi à son usage, car son tombeau ne fut ouvert pour la première fois qu'en 841.

Le monastère trouva une compensation de ses pertes

dans les donations d'Haymard, évêque d'Auxerre. Il concéda, pour la subsistance des moines, le village d'Annay-sur-Loire, avec les bâtiments, les serfs, les bois et autres dépendances ; il y ajouta un village du Gâtinais, appelé Pontnaissant, et tout ce qui en faisait partie. Il ajouta encore, pour doter l'hôpital, Néron et Lignorelles, avec leurs dépendances.

Le prieuré de Moutiers fut donné à l'abbaye à la suite des malheurs de cette époque. Dans le plus épais des forêts de la Puisaye, non loin de Saint-Sauveur, se trouvait une chapelle dédiée à la Vierge, sous le vocable de Notre-Dame de-Mélédrat. La tradition du pays assurait qu'elle était bâtie sur l'emplacement d'un des quatre autels que les Druides avaient consacrés dans les Gaules *à la vierge qui devait enfanter* (1). Cette chapelle était devenue célèbre par le concours des pèlerins qui s'y rendaient, surtout depuis que Quintilien, père de l'abbé de Saint-Germain, eut fondé auprès, vers l'an 700, une celle, ou petit monastère, d'où lui vint le nom de *Moustier* ou *Moutier*, et y eut joint un hôpital pour recevoir les Bretons ou Anglais, qui passaient par là en allant visiter les lieux saints de Rome. Ces faits sont attestés par Glabert et par les trois auteurs qui ont écrit la vie des premiers évêques d'Auxerre, vers l'an 873. Moutiers devint bientôt un monastère que sa beauté et son importance signalèrent à l'intérêt de l'Eglise d'Auxerre. Il réunit jusqu'à vingt-six religieux qui célébraient l'office du jour et celui de la nuit dans une église dite de Saint-Germain qui joignait celle de Notre-Dame (2). Cet état brillant ne subsista pas longtemps. Vers l'an 730, Charles-Martel donna ce monastère, ainsi que beaucoup d'autres du diocèse, à des séculiers qui s'emparèrent des

---

(1) *Virgini paritura*, dom Viole, mss., t. 2, p. 1295.
(1) *Gall. chr.*, t. 2, col. 570.

revenus et s'approprièrent les biens. Ce fut dans ces circonstances que les religieux, menacés d'une ruine prochaine, s'associèrent du consentement de leur abbé laïque, le comte Conrard, au monastère de Saint-Germain. Cette association fut confirmée par le roi Charles-le-Chauve, en 884, et par un concile tenu à Piste-sur-Andelle, en Normandie. L'original de la pétition des moines de Notre-Dame-de-Mélédrat, adressée à l'abbaye de Saint-Germain, et signée par eux, fut produite par l'abbé de Beaujeu, pour soutenir les droits de ce prieuré, en 1512. Cette pièce fut détruite par les huguenots. Le monastère y est désigné sous le nom de Celle. Cependant, il a toujours été qualifié du titre d'abbaye : il portait une crosse dans ses armes (1).

(1) L'abbé Heldric fut le restaurateur de ce monastère en 996.
Vers l'an 1160, le comte Guillaume IV lui accorda plusieurs franchises. Le prieur dom Martin le libéra de quatre-vingts livres de dettes, somme considérable pour ce temps-là. Il reconstruisit les cloîtres, le dortoir, le chapitre, l'infirmerie, le réfectoire, les cuisines ; il rebâtit les murailles de clôture, fit des acquisitions de bois et de moulins à Saint-Amand et à Annay. Les guerres de Bourgogne, les pestes et autres calamités qui affligèrent la Puisaye, dans les siècles suivants, ruinèrent tellement ce prieuré, que les édifices, les frères, tout manqua à la fois. C'est pourquoi, en 1414, le pape Jean XXII supprima son titre et attacha ses biens à la fabrique de l'église de Saint-Germain. Moutiers cessa dès-lors d'être un prieuré titulaire, quoique l'abbé de saint Germain y envoyât des frères pour faire le service divin.
Le frère Jacques de Nanton en avait les biens à bail, en 1460, moyennant cinquante-deux livres de rente, savoir : quarante pour la fabrique et douze pour les religieux. Le soin qu'il prit de tenir les bâtiments en bon état, le fit surnommer le bon prieur. Au bout de neuf ans d'administration, en butte aux vexations des officiers d'Antoine de Chabannes, seigneur de Saint-Fargeau et grand maître de France, il fut obligé de donner sa démission ; il fut ensuite élu abbé de Queures, où il périt malheureusement d'une chute sur un escalier.
Les abbés commendataires prirent la régie des biens de ce prieuré en 1540 et s'en approprièrent tous les revenus, en disant que, d'après leur bulle de Rome et la bulle d'annexe à la fabrique de Saint-Germain.

ALÉGRECQUE.

Durant les guerres civiles de Louis-le-Débonnaire et de ses enfants, les chartes du monastère de Saint-Germain furent perdues, et avec elles le nom des abbés réguliers. établis par Pépin et par Charlemagne. *La Gaule chrétienne* parle d'un titulaire du nom de Burgoalde qui aurait précédé Alégrecque et qui vivait en 816. Celui-ci obtint du roi Louis-le-Débonnaire une charte datée d'Aix-la-Chapelle, le dix mars de cette année, dans laquelle le monarque dit : « Nous faisons savoir aux évêques, aux abbés, aux ducs, aux comtes..... à tous les fidèles de l'Eglise de Dieu, que le vénérable Alégrecque, abbé du monastère de Saint-Germain, situé dans un faubourg d'Auxerre, a porté à notre connaissance les concessions que le roi Pépin, notre aïeul, Karl (Charlemagne), d'heureuse mémoire, notre auguste et très-pieux père, et plusieurs rois francs, nos prédécesseurs, ont faites à son monastère, en vue des récompenses éternelles, savoir, qu'ils pouvaient avoir quatre bateaux sur la Loire ou sur tout autre fleuve, pour transporter les provisions du monastère sans payer de droits. » Puis le roi ajoute : « Pour l'amour de Dieu, et par vénération pour le pontife saint Germain, nous voulons aussi qu'ils aient quatre bateaux sur la Loire ou sur tout autre fleuve hors du diocèse d'Auxerre, sans qu'on puisse exiger de droits sous quelque prétexte que ce soit (1). »

l'entretien de l'église était à leur charge. Pierre de Lyon réduisit les frères, qui étaient cinq depuis un siècle, à un seul. Toutes les réclamations des religieux furent en pure perte. *Lab., bibl. mss., voy. Cartul., f. 100, bulle d'annexe du pape Jean XXII.*

(1) Cartul. de Saint-Germain, feuille 56. Cette pièce est imprimée dans les capitul. de Baluze, t. 2, p. 144, et dans les annales du P. Le Cointe, t. 7. p. 563.

Alégrecque, distingué par ses talents et par ses vertus, fut député par l'évêque d'Auxerre, au concile d'Aix-la-Chapelle. Il en rapporta non-seulement les décrets, mais encore les réglements d'Euticius, c'est-à-dire les lois, les usages et les coutumes de saint Benoît d'Aniane. De son temps, beaucoup de moines d'une sainteté éminente florissaient dans son abbaye. Sachant que rien, dans l'Eglise, n'est plus grand que de travailler au salut des ames, ils se chargeaient toujours du ministère de la parole. Les monastères les plus renommés de ce temps-là, tels que Corbie, Saint-Médard, évangélisaient aussi les peuples des villes et des campagnes. Les religieux de Saint-Germain se livrèrent aux fonctions pastorales jusqu'à l'abbé Hugues de Montaigu ou saint Hugues, vers l'an 1100, c'est-à-dire aussi longtemps qu'ils crurent que la gloire de Dieu et le salut du prochain réclamaient les secours de leur ministère (1).

Nous sommes arrivés à une des époques les plus florissantes de l'abbaye. Sous le règne de Charlemagne, prince zélé pour la propagation de la foi et pour le maintien de la discipline ecclésiastique, on tint beaucoup de synodes. La foi brille d'un nouvel éclat ; les fidèles, animés du désir de travailler à leur perfection, peuplent les monastères. Celui de Saint-Germain renfermait alors plus de six cents moines. Ces nombreux cénobites s'appliquaient alors à l'instruction de la jeunesse. Quoiqu'on ne dissertât pas beaucoup sur la vie religieuse, on mettait en pratique dans l'abbaye ce que saint Thomas a prouvé depuis par l'exemple de Jésus-Christ, celui de la sainte Vierge et des apôtres, qu'il n'y a pas d'état plus parfait que celui où les fonctions de la vie active sont sanctifiées par les exercices de la vie contemplative. Dès leur fondation, les moines de Saint-Germain instruisent les ignorants dans les vérités de la foi ; plus tard, ils

---

(1) *Gall. chr.*, t. 12, p. 570.

accueillent les étrangers, soignent les malades dans leurs hôpitaux, et ouvrent un asile aux proscrits. Toujours disposés à se prêter aux besoins du temps, ils secondent, au neuvième siècle, le génie de Charlemagne, qui mettait les lettres en honneur parmi ses sujets, voulant dissiper l'ignorance grossière qui régnait parmi eux. Ils ouvrent alors une école publique où l'on enseigne la grammaire, le calcul, le chant et les autres sciences ecclésiastiques. Les évêques en fondent également dans leurs maisons épiscopales. Le fameux Alcuin, religieux, fut nommé inspecteur général de toutes les écoles de France.

Celle qui fut établie à Saint-Germain devint une des plus célèbres du royaume. On y vit accourir des princes, des gentilshommes, enfin, toute la noblesse du pays. Le nombre des étudiants fut porté à deux mille, on dit même jusqu'à cinq mille (1). Les moines se chargeaient eux-mêmes de cette nombreuse jeunesse, qu'ils se partageaient dans leur vaste établissement. Le travail, la récréation, et jusqu'au sommeil de chacun de ces enfants, étaient l'objet de leur attention continuelle. Les portes de leur école étaient ouvertes à toutes les classes de la société. Les mœurs grossières et parfois féroces que l'on remarquait parmi le peuple et parmi la noblesse, gagnèrent singulièrement à cette éducation chrétienne, donnée par des moines dont la plupart étaient de grands serviteurs de Dieu. Ils développaient peu à peu dans les masses ce qu'il y a en elles de bon, de confiant et de généreux.

Charles-le-Chauve plaça son fils Lothaire dans les écoles de Saint-Germain. Atton et Bauson, cousins de Lothaire, Hucbalde, docteur fameux, Abbon, Ebrard, princes teutoniques, y firent leurs études. Dans le dixième siècle,

---

(1) Dom Viole a écrit 2000, une main étrangère a écrit au-dessus 5000.

Héribert, comte d'Aquitaine, y envoya son fils, Hugues de Vermandois, qui y passa plusieurs années. On en vit sortir des élèves et des maîtres d'un mérite distingué, tels que Héric, la lumière de cette école par l'universalité de ses connaissances, et Remy d'Auxerre, le digne héritier de sa chaire et de son savoir; il fut appelé à Reims par l'archevêque Foulques, pour rétablir les écoles de cette ville. De là il passa à Paris, où il ouvrit, vers l'an 900, la première école publique. Son enseignement embrassait les sciences divines et profanes. On était convaincu qu'étant bien étudiées, elles se prêtaient un mutuel appui. Il a laissé des commentaires sur presque toute l'Ecriture-Sainte (1). Rodolphe Glabert, le chroniqueur le plus renommé du onzième siècle, sortait aussi de l'école de Saint-Germain. Vers l'an 1140, saint Thomas de Cantorbéry vint y étudier le droit et s'y livrer aussi à l'enseignement. On voit qu'on s'exerçait à Saint-Germain sur les matières les plus dignes, par leur grandeur et par leur importance, d'occuper l'intelligence humaine. De tels travaux supposent une bibliothèque avancée et des ressources littéraires bien rares ailleurs.

Sur la fin du neuvième siècle, saint Odon, depuis abbé de Cluny, fut un des successeurs de Remy dans cette école célèbre. La bonne éducation que saint Germain, évêque de Paris, avait reçue à Avallon et à Luzy, du saint prêtre Scopillon, son parent, prouve que les sciences n'étaient pas négligées dans les villes voisines.

Les écoles de Saint-Germain conservèrent presque toute leur splendeur et toute leur réputation jusqu'au onzième siècle; alors on trouve l'abbé Heldric, peintre et

---

(1) On a de lui une exposition de la messe, des commentaires sur les petits prophètes, sur les épîtres de saint Paul, l'Apocalypse et les psaumes. Cologne, in-folio. Il mourut en 908. Voyez Lebeuf, mém., t. 2. p. 481

poète, et Achard, son successeur, qualifié d'homme très-érudit.

Tout en applaudissant aux succès de ces écoles, on ne peut s'empêcher de dire que les maîtres qui les dirigeaient, nous ont laissé des écrits qui manquent de critique et de discernement dans le choix des faits. Héric rapporte une foule de miracles de saint Germain, dont plusieurs sont si singuliers qu'on se refuse à y croire. On voit qu'il admettait sans examen ce qui se débitait parmi le peuple, ne distinguant point les événements qui portaient l'empreinte du doigt de Dieu de ceux qui étaient dus à l'ignorance et aux passions humaines. Néanmoins cet ouvrage le mieux écrit de l'époque dut édifier la piété des fidèles et étendre leur admiration pour le saint héros qu'il célèbre. Les œuvres de Rémy, soit qu'il établisse les vérités de la religion, soit qu'il réponde aux difficultés qu'on lui propose, annoncent un esprit vaste et profond. Si on considère le temps où il fournissait sa carrière, et le champ à peine défriché dans lequel il travaillait, on doit lui passer bien des imperfections, et le regarder comme un homme suscité pour ouvrir, dans les écoles, la voie des sciences.

Glabert s'appuye sur ce faux principe que Dieu punit ordinairement les méchants dans cette vie et qu'il récompense les bons; c'est pourquoi il relève de prétendus miracles, ramenant ainsi les chrétiens à l'état de l'ancien testament, où les promesses et les menaces étaient temporelles. Il exposait ainsi la religion au mépris, puisque nous voyons tous les jours des usurpateurs du bien d'autrui demeurer impunis et prospérer dans le siècle. D'ailleurs, si tout péché était puni ici-bas, rien ne serait réservé pour le jugement dernier, et si Dieu ne vengeait sur la terre aucun crime, on croirait qu'il n'y a pas de Providence. Les faux principes émis par Glabert étaient reçus généralement du temps de nos savants.

La rareté des livres rendait l'étude des sciences très-difficile. Depuis que les Sarrasins étaient maîtres de l'Egypte, on ne voyait plus de papier en Europe. On fut obligé d'écrire tous les ouvrages sur parchemin. Comme il était d'un prix trop élevé, les manuscrits devinrent très-chers. L'invention du papier de chiffons, au onzième siècle, facilita singulièrement l'étude et le progrès des sciences.

Les moines de Saint-Germain, au milieu de leur vie si pleine d'occupations utiles, pouvaient encore se créer de laborieux loisirs, qu'ils employaient à recueillir et à augmenter le précieux dépôt des lettres grecques et latines, en transcrivant les manuscrits. Cette occupation était inséparable de l'étude à laquelle ils étaient obligés de se livrer pour instruire les autres. On conserve à la bibliothèque d'Auxerre de beaux manuscrits qui sont leur ouvrage. Comme la coutume des premiers siècles de la monarchie obligeait les grands seigneurs à faire au roi des dons annuels, les moines de Saint-Germain offrirent, au septième, un exemplaire de la vie manuscrite de leur saint patron, dont le prince parut très satisfait (1), ce qui montre le prix qu'on attachait à un livre.

SAINT HÉRIBALDE.

Il était fils d'un riche et noble Bavarois, nommé Anthelme. Il fut élevé avec soin dans les maximes de la piété chrétienne et dans la connaissance des lettres, mais à peine fut-il à la cour de Louis-le-Débonnaire qu'il en prit l'esprit avec le goût des vanités. Son habileté dans les affaires lui acquit une grande considération. Il fut nommé premier chapelain du palais. Le roi l'envoya encore en ambassade auprès du pape Etienne, en 816. Héribalde, voyant que le

(1) Courtépée, t. VII.

prince se relâchait des sages résolutions qu'il avait prises, et qu'il commençait à donner les abbayes aux seigneurs laïques, demanda pour lui-même celle de Saint-Germain, qui lui fut accordée, à condition qu'il y aurait un abbé régulier. Telle était la faiblesse du monarque et le faux jugement que l'on portait sur les affaires de l'Eglise; il répugnait à sa conscience d'aller contre les canons en s'opposant à la libre élection des abbés, mais il crut pouvoir en nommer un second qui serait maître du temporel du monastère et qui pensionnerait les moines. Héribalde, encore plein des idées du monde, accepta cette condition et s'imagina que, sans blesser sa conscience, il pouvait dissiper en profusions le patrimoine des religieux. Dieu, qui avait sur lui des desseins de miséricorde, ménagea une circonstance qui lui ouvrit les yeux sur l'état déplorable où il se trouvait. Etant tombé dangereusement malade, il fit de sérieuses réflexions sur les vanités du monde, et résolut de changer de vie. En effet, après avoir recouvré la santé, il devint aussi recueilli, aussi édifiant qu'il avait été dissipé et mondain. Il donna beaucoup de temps à la prière, durant laquelle il répandait des larmes abondantes; il distribua de grandes aumônes. Ses historiens, sans nous donner de détails à ce sujet, disent qu'il était admirable dans la manière dont il faisait cette distribution. L'évêché d'Auxerre étant venu à vaquer, le peuple et le clergé réunirent leurs suffrages en sa faveur. Lebeuf ajoute que l'influence de Louis-le-Débonnaire se fit trop sentir à cette élection (1). Héribalde, devenu évêque, se démit de l'abbaye de Saint-Germain et rendit aux moines la liberté d'élection. On peut lire, dans les mémoires de l'auteur que nous venons de citer, la manière dont il illustra le siége d'Auxerre. Comme il aimait les sciences, il fit venir

(1) Leb., mém., t. 1. p. 176. *Gesta episcop. Autiss.*

des maîtres célèbres, fonda des écoles et obligea les chanoines à s'appliquer aux sciences ecclésiastiques. Le chant et les cérémonies de l'Église acquirent, sous sa direction, un nouveau lustre. Il embellit la cathédrale, profita de son crédit à la cour pour lui faire restituer quelques terres qui lui avaient été enlevées. Il assista à plusieurs conciles et fut un des évêques remarquables de son temps.

Il fit présent à la basilique de Saint-Germain d'une table d'argent et permit aux moines de transporter, dans leur monastère, le corps de saint Romain, solitaire de Druyes, qui reposait depuis quelque temps dans l'église de Saint-Amatre. A sa mort, arrivée le 15 avril 856, son corps fut déposé à Saint-Germain. Son tombeau est le premier que l'on rencontre, à gauche, en entrant dans les cryptes. Il apparut quelque temps après à un moine, le suppliant avec instance de demander qu'on fît pour lui des aumônes, des prières, et surtout qu'on offrît le saint sacrifice de la messe. Saint Abbon, son frère, en écrivit à Hincmar, archevêque de Reims, qui avait été en relation avec lui, et qui lui donne le titre de Vénérable (1). Les suffrages qu'il réclame ne répugnent point à la sainteté de sa vie; car bien des saints ont passé par les flammes du purgatoire. Sa plus ancienne épitaphe le qualifie *de sainte mémoire* (2).

DIEUDONNÉ.

Cet abbé dut son élévation aux largesses de Louis-le-Débonnaire. Héribalde, qui était toujours maître des biens du monastère, ne tarda pas, comme on l'a vu, à sentir l'inconvenance de ce partage du temporel et du spirituel.

---

(1) *Heribaldum venerandæ memoriæ.* Dom Cotron, mém., p. 585. Flodoard, hist. de Reims, lib. 3, cap. 2.

(2) *Sanctæ recordationis.*

Après sa démission, Dieudonné obtint du roi une charte (1) qui autorisait désormais les moines de Saint-Germain à élire leurs abbés. Après sa mort, qui arriva vers l'an 831, ils s'assemblèrent pour procéder à l'élection de son successeur.

LE BIENHEUREUX CHRÉTIEN.

La nomination de Chrétien fut un jour de bonheur pour les moines. Leur abbé était pris au milieu d'eux par une élection canonique. Ils reprenaient l'administration de leurs biens, la faculté de nourrir les pauvres et d'exercer d'autres bonnes œuvres que l'avidité des titulaires laïques avaient suspendues. La sérénité qui régnait sur le visage de Chrétien marquait la joie spirituelle de son ame. Son élévation n'enfla point son cœur. Il se montra aussi humble, revêtu de cette dignité, qu'il l'avait été comme simple moine (2). Il se distingua seulement par l'affection qu'il portait aux frères. Il s'appliqua à maintenir parmi eux l'esprit de prière et de mortification qui frappait les peuples de respect et d'admiration, et continua l'œuvre de ses prédécesseurs en se livrant à la prédication pour venir en aide au clergé séculier.

Ce fut alors qu'éclata ce funeste mécontentement entre Louis-le-Débonnaire et ses trois fils, Lothaire, Pépin et Louis. L'évêque d'Auxerre entra dans le parti de ces enfants rebelles. Chrétien demeura attaché au monarque infortuné; c'est pourquoi il fut chassé de son monastère; les chartes furent mises au pillage; la liberté d'élire les abbés fut retirée. Mais bientôt le roi, ayant recouvré ses droits, fit venir Chrétien, le remercia de sa fidélité, et rendit à

(1) Cartul de S.-G., feuil. 22.
(2) Leb., mém., t. 1, p. 185.

son monastère la liberté d'élection. Il lui accorda une nouvelle charte, datée de Lucy-la-Ville, la vingt-deuxième année de son règne, indiction treizième, ce qui répond à l'an 835. Dans cette pièce (1), le monarque le qualifie de vénérable. Il est vrai que c'était un titre attaché à sa dignité.

« Dieudonné, abbé de Saint-Germain, votre prédécesseur, lui dit le roi, nous avait demandé qu'il fût permis aux moines de son monastère d'élire leur abbé, conformément à la règle de saint Benoît; nous nous étions rendu à ses justes prières et nous avions accordé cette permission pour l'amour de Dieu; mais, au milieu des troubles qui ont traversé notre règne, durant lesquels vous nous êtes resté fidèle, cette permission leur fut retirée. Nous obtempérons aujourd'hui à votre demande; nous voulons, nous ordonnons qu'aussitôt qu'un abbé sera décédé, les moines puissent s'assembler pour l'élection de l'un d'entre eux, s'il s'en trouve qui soit digne de remplir cette place, qui puisse, par la sagesse de son administration, conserver le règlement de l'Ordre dans toute sa pureté, et fléchir la miséricorde de Dieu par de continuelles prières pour moi, pour mon épouse, mes enfants, la paix et la stabilité du vaste empire qui nous est confié. »

Le roi retint quelque temps Chrétien auprès de sa personne, le mena même à Aix-la-Chapelle, où il souscrivit, en qualité d'abbé de Saint-Germain, un privilége accordé aux religieux de Saint-Rémi de Sens (2). L'évêque Héribalde avait suivi Lothaire jusqu'en Italie, d'où il revint après que ce prince eut fait la paix avec son père.

A la mort de Louis-le-Débonnaire, la division éclata entre ses trois fils. Ils se livrèrent une sanglante bataille dans les plaines de Fontenoy-en-Puisaye, à six lieues, au

---

(1) Cartul. de S.-G., feuil. 24. *Gall. chr.*, t. XII, col. 571.
(2) Concil. du P. Labbe, an 816.

sud, d'Auxerre. Le combat fut si acharné que cent mille Français, dit-on, restèrent sur la place; car tous les soldats de l'Europe s'y trouvaient sous les armes. La victoire se déclara en faveur de Louis et de Charles, qui avaient formé ensemble une ligue défensive. Lothaire, désespéré, s'enfuit presque seul à Aix-la-Chapelle, puis en Italie.

Cette même année (841), Charles, dit le Chauve, qui avait pris le titre de roi après la mort de son père, passa une partie du carême dans l'abbaye de Saint-Germain, où il s'était arrêté pour implorer le secours de son saint fondateur contre ses frères. Après la bataille de Fontenoy ou Fontenay, comme l'a désignée l'histoire, il revint au monastère avec Louis, et y séjourna encore quelque temps. Ce fut à leur prière qu'eut lieu la première translation du corps de saint Germain (1). Cette cérémonie se fit avec une grande pompe; les évêques voisins, tout le clergé, toute la noblesse des environs s'y rendirent avec un pieux empressement. Une foule de peuple y était aussi accourue, les uns pour obtenir des guérisons, les autres pour voir l'assemblée. L'église était parée avec une grande magnificence; les deux princes occupaient chacun un trône. L'évêque d'Auxerre, le vénérable Héribalde, était chargé des cérémonies de ce grand jour. Le sépulcre ayant été ouvert, le corps du saint fut trouvé dans le même état où il était lorsque, quatre cents ans auparavant, on l'apporta d'Italie; il était si bien conservé qu'on eût dit qu'il venait de mourir. Il portait toujours les vêtements somptueux dont on l'avait couvert le jour de sa sépulture. La guérison miraculeuse d'un sourd-muet nommé Hélène, due à ses mérites, vint ajouter à l'éclat de cette cérémonie. Ce fut un dimanche, 28 août 841, qu'eut lieu cette première translation (2).

(1) Leb., mém., t. 2, p. 51.
(2) Ibib., t. 1, p. 190.

Charles-le-Chauve ne voulut pas se retirer sans laisser au monastère des marques de sa munificence royale. « Après avoir assisté, dit-il, à la translation du très-saint corps du bienheureux saint Germain, confesseur du Christ, nous avons voulu, à l'imitation de la Majesté céleste, honorer l'abbaye de son nom par une donation publique de quelques propriétés pour l'entretien des frères qui y servent Dieu. » C'est pourquoi il fait don de trois terres : Lucy(1), Môlay et Montelon, situées dans l'Auxerrois, le Tonnerrois et l'Avallonais. « Que personne, ajoute-t-il, ne se permette de changer l'usage de notre donation, ni de rien réclamer aux moines à cette occasion; que tout ce qu'ils recevront ainsi soit employé pour leurs besoins, l'augmentation de leur domaine, et que cela vienne en aide pour le salut de notre ame. » La charte est datée du 5 janvier, la dix-neuvième année de son règne.

Dom Viole dit qu'après le sanglant débat des enfants de Louis-le-Débonnaire, Chrétien se retira dans l'abbaye de Moutiers-Saint-Jean, dont il fut élu abbé, et que c'est de là qu'il fut tiré, vers l'an 860, pour être évêque d'Auxerre. Lebeuf et dom Mabillon ont douté que ce Chrétien fût le même que celui qui fut abbé de Saint-Germain. Le premier place saint Abbon, qui suit, avant Chrétien, car tous deux auraient passé du siége abbatial de Saint-Germain à l'évêché d'Auxerre. Nous suivons ici dom Viole. La chronologie de ces temps reculés est si incertaine, que les plus habiles sont souvent réduits à des conjectures. Quoi qu'il en soit, lorsque l'évêque Chrétien mourut, son corps, ainsi qu'il l'avait demandé, fut inhumé dans l'église de Saint-Germain. On croit que ses ossements sont ceux que Séguier,

(1) *Luciacum Urum*, qui doit être Lucy-sur-Cure, *Modelagium* et *Montem Alonem*. *Urus*, mot travesti par les copistes, doit désigner le nom de la Cure. Cartul. de S.-G., feuil. 25.

l'un de ses successeurs, vit, en 1636, dans un petit tombeau placé près de ceux de saint Alode et de ceux de saint Urse, et qui étaient enveloppés dans une espèce d'étoffe noire. Lorsqu'on peignit les grottes, en 1655, on écrivit son nom au-dessus de cet endroit de la muraille.

En 845, les moines de Saint-Père-de-Chartres, chassés de leur monastère par Hélie, évêque et comte de cette ville, se présentèrent à Saint-Germain pour y recevoir l'hospitalité ; ils furent reçus avec tant de charité qu'ils s'y fixèrent pour toute leur vie.

Nous voici arrivés à l'époque de la féodalité. Les gouvernements des provinces, les duchés, les comtés, les marquisats, qui, jusqu'alors, n'avaient été que de simples commissions, devinrent des fiefs héréditaires et préparèrent à la France une multitude de petits souverains. Cette révolution changea la face des campagnes. D'autres mœurs, d'autres usages durent naturellement surgir de ce nouveau mode de gouvernement. On attribue cet abaissement de la majesté royale à la faiblesse de Charles-le-Chauve. On ne lui tient pas compte de l'esprit d'insubordination qui avait germé parmi les grands sous le règne de son prédécesseur, et qu'il n'était guère possible de comprimer.

SAINT ABBON.

Après le bienheureux Chrétien, la chronique de dom Viole donne pour abbé laïque Charles-le-Chauve lui-même. Parce que le comté d'Auxerre lui échut en 838, on en conclut qu'il dut retenir l'abbaye de Saint-Germain sous son nom, pour jouir de ses revenus, comme il garda celle de Saint-Waast d'Arras, lorsqu'il fut parvenu au trône. Cette preuve ne parait pas assez fondée pour le ranger au nombre des abbés de Saint-Germain. Il est certain que le monarque conserva toute sa vie une prédilection particulière pour ce monastère. Toutes les fois que les affaires de l'État l'obligeaient à passer par Auxerre, il s'y arrêtait volontiers. Il y passa les fêtes de Noël de l'année 867. C'est durant ce séjour qu'il expédia une charte datée du 27 décembre, par laquelle il accorde à Hugues, abbé de Saint-Martin de Tours, le petit monastère de Chablis, dédié à Saint-Loup (1). C'est autour de cet établissement que s'est formée insensiblement la ville de ce nom. L'année suivante, ce prince, étant à Pouilly-sur-Loire, approuva la fondation de l'abbaye de Vézelay (2), autre illustration monastique, qui grandit avec les siècles, et qui remplit l'Avallonais et le Nivernais du bruit de ses vertus religieuses.

Abbon ou Albon est qualifié de saint et d'abbé de Saint-Germain dans son épitaphe, que l'on voit dans les saintes grottes. Les auteurs du livre des évêques ne lui donnent que le titre de simple moine. Il avait reçu une éducation distinguée : il était savant dans le droit canon et les belles-lettres; il s'exprimait avec facilité et ne manquait pas d'éloquence lorsqu'il parlait en public. Ces belles qualités, jointes à une naissance illustre, à une pureté incorruptible, ne tardèrent pas à le faire connaître à la cour. Il fut envoyé en ambassade, par Charles-le-Chauve, auprès de Lothaire, en 843. Son intégrité, sa droiture, au milieu d'une cour où régnaient la division et la corruption, lui attira des ennemis. Il fut disgracié et privé de ses biens. C'est alors que, dégoûté des grandeurs du monde, il vint trouver son frère Héribalde, évêque d'Auxerre; après avoir pris son avis, il entra dans l'abbaye de Saint-Germain comme simple moine. Il ne tarda pas à imiter les modèles de vertu qu'il avait sous les yeux. La prière et la lecture

---

(1) Leb., mém., t. 2, p. 58.
(2) Ibid.

de l'Écriture-Sainte faisaient sa principale occupation. Enfin, il fut élu abbé et se trouva chargé d'une nombreuse communauté qu'il gouverna avec autant de prudence que de sagesse. L'évêque son frère étant mort, le roi, comme s'il eût voulu réparer l'injustice qu'on lui avait faite en le bannissant de sa cour, recommanda sa nomination au clergé d'Auxerre, qui l'élut canoniquement. Durant le peu de temps qu'il tint le siége de cette ville, il justifia pleinement le choix qu'on avait fait de sa personne. Il jeta les fondements d'une pyramide, au couchant de la cathédrale. C'était un clocher ou tour auquel on donnait ce nom. Il fit présent à cette église d'une croix d'or garnie de pierres précieuses. Il s'occupait de couvrir le grand-autel d'une table d'or pur et de pierres précieuses, lorsque la mort le prévint. On trouva chez lui une grande quantité d'or qu'il avait amassée pour mettre ce dessein à exécution. Lorsque la foi est vive, les sacrifices les plus grands pour la décoration des temples se font avec joie. La seule croix dont il est parlé ici valait une somme considérable. On n'a jamais célébré la fête de saint Abbon ; on l'invoquait seulement dans les Litanies que l'on chantait à l'abbaye. Son épitaphe porte que ce fut un prélat de *sainte mémoire* (1). Le 8 novembre, on ornait son tombeau, comme ceux des autres saints ; car c'était un ancien usage, dans l'église de Saint-Germain, de parer, ce jour-là, les tombeaux de tous les saints qui y reposent.

Vers l'an 850, le clergé de Verdun élut pour évêque un moine de Saint-Germain, nommé Atton. Dans ces temps de ferveur religieuse, on ne croyait pouvoir trouver que dans un monastère des hommes assez ornés de sainteté pour monter sur les siéges épiscopaux. Au dixième siècle, celui de Cantorbéry, en Angleterre, ne devait être occupé que

(1) *Sanctæ recordationis.*

par un homme qui eût professé la vie monastique; c'était là, en effet, que l'on puisait cette éducation forte dans la foi, ces grands principes de charité, de zèle, de désintéressement, qui rendent éminemment propre aux fonctions pastorales. C'est pourquoi les évêques de ces siècles avaient, presque tous, les vertus qui font les saints.

Abbés laïques jusqu'a Heldric, en 989, ce qui renferme une période d'environ cent quarante-neuf ans.

CONRARD.

L'abbaye de Saint-Germain, qui semblait sortie des mains des laïques, y retomba presque aussitôt. Dans ces temps d'anarchie, on oubliait la loi pour ne voir que ce qui flattait la cupidité. Les grandes richesses des monastères devenaient pour eux un fléau. Elles tentaient l'avarice des nobles et excitaient continuellement l'ambition des clercs. Si les abbés eussent toujours, à l'exemple de saint Chrysostôme, compté ces biens comme un embarras, et s'ils avaient été aussi réservés que saint Augustin à en acquérir de nouveaux, ils auraient épargné bien des tribulations à leurs monastères.

Conrard l'aîné (1), oncle maternel de Charles-le-Chauve, comptait parmi ses grands biens le comté de Paris et celui d'Auxerre; il obtint aussi, vers l'an 850, du roi son neveu, l'abbaye de Saint-Germain. Héric, son contemporain, en fait le plus grand éloge, ainsi que d'Adélaïs, sa femme, qui

---

(1) On l'appelle l'aîné pour le distinguer sans doute de ses frères dont il était le premier né. Quelques généalogistes le qualifient de comte d'Altorf ou Alfort : c'est le nom que lui donne Moréry. On le nommait aussi le comte Allemand, parce qu'il possédait des terres du côté du Rhin.

fut aussi d'une naissance illustre. Il dit (1) que Conrard était un prince très-célèbre, associé aux rois, occupant à la cour le premier rang et jouissant d'une très-haute considération. Ils avaient, lui et son épouse, une foi vive et sincère. Quoique élevés dans un siècle d'ignorance et de mœurs grossières, leur religion était éclairée : ils n'usèrent que modérément des biens de ce monde, ils étaient si pieux et si purs l'un et l'autre, qu'il serait difficile de juger lequel des deux avait le plus de dévotion envers les saints, et de zèle pour le soulagement des pauvres. Il me sera permis de dire, ajoute Héric, sans blesser personne, que de mon temps, où un si grand nombre de séculiers aspirent après les dignités ecclésiastiques, ce sont les premiers et les seuls que j'ai vus, qui, après avoir pris possession des églises, n'aient pas satisfait leur avarice aux dépens des serviteurs de Dieu. L'usage de voir les biens des monastères entre les mains des laïques avait tellement prévalu, qu'Héric n'élève, à ce sujet, aucune plainte.

Dans ce même temps, le comte Conrard fut attaqué d'une fluxion sur un œil, dont il éprouvait les douleurs les plus vives. Les médecins qui, jusque-là, n'avaient pu lui procurer aucun soulagement, avaient pris jour pour employer le fer et le feu. Le pieux comte passa la nuit dans une grande inquiétude, n'attendant plus aucun secours de l'art; dans cette extrémité, il s'adressa à Dieu et lui demanda, par l'intercession de saint Germain, une guérison qu'il ne pouvait attendre des hommes. Il vint donc dans l'église du monastère pendant que les moines achevaient matines, et se prosterna devant le tombeau du saint. Cette situation augmente encore sa douleur. Sans perdre courage, il ramasse des herbes répandues sur le pavé et les tient appliquées sur son œil avec la main qu'il retire

(1) Lab., bibl., mss. *Herici de mirac.*, t. 1., p. 556.

peu après, ne sentant plus de douleur. Il était guéri. Aussitôt il dépose ses bracelets d'or sur le tombeau et se retire ensuite, pénétré de la plus vive vénération; il forme le dessein de rebâtir l'église et en fait part à son épouse, qui l'encourage dans cette sainte entreprise. On dresse un plan du nouveau bâtiment, les travaux sont poussés avec vigueur et terminés en peu de temps.

Héric nous apprend qu'on envoya des frères jusqu'à Arles et à Marseille, pour se procurer les marbres nécessaires à l'ornement du nouveau sanctuaire. Il ajoute qu'on en rassembla de tous côtés une grande quantité provenant d'édifices qui tombaient en ruines; quelquefois on les abandonnait aux frères sur leur simple demande, d'autres fois à prix d'argent (1). C'était sans doute des restes des temples païens qui croulaient de toutes parts. Ces précieux matériaux ont disparu depuis, car on ne rencontre rien, dans les saintes grottes, qui atteste le riche butin que les moines avaient fait au détriment des fausses divinités pour parer les autels du vrai Dieu.

On ne peut plus se faire une idée des constructions de Conrard, à moins que la belle église que nous voyons aujourd'hui n'ait été bâtie sur les fondations de la sienne. On peut lui attribuer la tour qui reste de l'ancien portail. Tous les connaisseurs, et en particulier l'anglais Hope, dans son histoire de l'architecture, la range parmi les monuments du style lombard ou saxon, qui furent élevés en grand nombre au neuvième, au dixième et au onzième siècles. Durant cette époque, Conrard est le seul homme qui ait pu élever cette tour magnifique, l'un des monuments dont s'honore la ville d'Auxerre. Cet édifice, construit de la base au sommet en pierres de moyen appareil, est destiné à durer aussi longtemps que les pyramides

---

(1) *Herici de mirac.*, lib. II, cap. 6.

d'Egypte. La vue que nous en avons reproduite à la tête de cet ouvrage, en donnera une plus juste idée que toutes les descriptions qu'on pourrait faire. Ainsi, dans l'ancien portail dont il reste des lithographies, la tour du couchant, le portail et même le pignon seraient de sainte Clotilde, la tour du levant viendrait du comte Conrard. Si elle n'est pas son ouvrage, on peut dire que celui qui en est l'auteur a échappé à l'histoire.

Lebeuf, en citant Héric et un passage trouvé dans la bibliothèque de Pétau, publiée par le père Labbe, dit que l'augmentation que Conrard fit à l'église, consiste dans la construction des grottes du côté de l'orient, au-dessus desquelles il éleva un dôme où fut transféré le grand-autel. Ce dôme, au-dessus des cryptes, n'était autre chose qu'un prolongement de l'église de sainte Clotilde. Héric ne trouvant rien dans cette nouvelle construction, qui fût d'un haut intérêt, a pu n'en pas entretenir ses lecteurs. Les cryptes, au contraire, ouvrage d'un goût nouveau, l'ont tellement frappé d'étonnement, qu'il en parle avec admiration (1). Si Conrard, issu de sang royal, qui était si riche et si généreux, qu'il rendait aux églises les revenus qu'il en percevait, n'avait bâti que les grottes, ç'aurait été une dépense peu importante pour un tel personnage. Mais si l'on considère que les cryptes qui occupent tout le dessous du chœur sont appuyées sur les murs mêmes de l'église actuelle, on conviendra que, pour les construire, il a fallu jeter les fondements de l'édifice que nous voyons. Pour exécuter ce projet, le comte aura abattu le rond-point de la basilique de Sainte-Clotilde, et y aura ajouté un prolongement de soixante-deux mètres. Pour se conformer à la pente du sol, il aura établi l'assiette des cryptes deux

---

(1) *Ipsam ecclesiam, miro cryptarum opere, a parte Orientis, addito decoravit.* Labb., bibl. mss, t. 1, p. 551.

mètres et demi plus bas que celle de l'église. Selon le goût du temps, la voûte aura été basse, les piliers rapprochés. L'art encore timide n'osait hasarder ces arceaux qu'on a élevés depuis, qui, appuyés sur de faibles colonnes auxquelles les vastes fenêtres qui les séparent donnent quelque chose de merveilleux, semblent jetés dans les airs. Lorsque la cathédrale d'Auxerre et tant d'autres somptueux édifices eurent été élevés au treizième siècle, l'église de Saint-Germain ne se trouvant plus à la hauteur des chefs-d'œuvre du temps, ni en rapport avec la fortune de ses maîtres, ceux-ci voulurent aussi posséder un de ces temples que nos pères ont jugé dignes de la majesté du Dieu qu'ils adoraient. C'est pourquoi sa réédification fut entreprise à grands frais en 1277, comme on le verra plus loin. Pour conserver les cryptes, on aura bâti la nouvelle église sur les fondements de l'ancienne, peut-être ajouta-t-on la chapelle de la Vierge ainsi que les chapelles souterraines qui se trouvent au-dessous, car elles paraissent se détacher du plan primitif. Il semble aussi que cette église laisse quelque chose à désirer sur sa largeur; ceci ferait croire qu'on fut lié par les dispositions de celle que bâtit Conrard, car elle n'égale pas la basilique de Pontigny, et encore moins celle de Vézelay, qui appartenaient à des abbayes dont la fortune n'était pas plus considérable que celle de Saint-Germain, et qui, comme elle, n'avaient pas à représenter dans une grande ville. Cependant l'édifice élevé par Conrard était remarquable pour son siècle; il répondait au nombre des frères et à l'importance du monastère.

Pour avoir une idée des cryptes de Saint-Germain, où tant de saints sont endormis du sommeil de la paix, qu'on se représente une nef ou bas côté, faisant le tour du sanctuaire comme dans nos cathédrales; c'est cette même nef, plus basse que l'église d'environ deux mètres et demi, et voûtée à la hauteur de trois mètres quatre-vingts centimètres, qu'on appelle les cryptes ou saintes grottes. Il faut descendre quinze marches pour y arriver. Le terrain, qui est en pente, a permis de pratiquer des fenêtres qui l'éclairent faiblement. Leur longueur est de dix-huit mètres sur quatre de largeur. Si on y ajoute la chapelle de sainte Maxime (1) à l'extrémité, qui a quatorze mètres de profondeur sur sept de largeur, la longueur totale des cryptes est de trente-deux mètres sur treize de largeur au transsept. Au-dessus règne une tribune environnant le sanctuaire, où l'on monte par deux escaliers de neuf marches chacun. Au-dessus de la porte des cryptes, au nord, on lit ces mots de l'Exode : *Ne appropies hûc, solve calceamentum de pedibus tuis* (2). « Avant d'approcher d'ici, détachez votre chaussure de vos pieds. » Ce sont les paroles que Dieu adressa à Moïse, lorsqu'il lui apparut dans un buisson ardent. Au-dessus de l'autre porte, au sud, on lit cet autre passage de l'Exode : *Locus enim in quo stas terra sancta est* (3). « La terre sur laquelle vous marchez est sainte. »

Le caractère architectural du monument répond à la date que lui assigne l'histoire. Les voûtes, à plein cintre, retombent sur des pilastres massifs à moulures d'une grande simplicité. Les deux colonnes qui soutiennent les voûtes des passages latéraux sont remarquables par le mélange d'architecture ancienne, où l'on voit une partie du chapiteau ionien.

La chapelle de sainte Maxime paraît être du treizième

---

(1) C'est dans cette chapelle, placée à l'extrémité orientale, que l'on dit la messe, les dimanches, pendant l'hiver, pour les personnes de l'hôpital.

(2) Exode, ch. III, v. 5.

(3) Ibid.

siècle, époque de la reconstruction de l'église. La crypte inférieure, sous le vocable de saint Clément, est de même date, car on y voit aussi des arcades ogivales, des baies à trilobes, des voûtes pareilles soutenues par de fortes nervures qui s'appuient sur tous les piliers latéraux.

Celle de saint Germain n'a plus sa voûte de lames d'argent, ni son reliquaire si riche d'or et de pierreries. Ses murs nus ont été enduits récemment d'une couleur jaune. La voûte, en berceau, retombe sur quatre colonnes monolythes et sans bases, dont les chapiteaux, qui paraissent antérieurs au dixième siècle, sont d'une grande richesse de dessin, comme on peut le voir sur le plan que nous donnons des saintes grottes. Ces colonnes tronquées, cette voûte si simple, annoncent une destruction dont l'histoire ne fait pas mention, peut-être celle des huguenots, qui se seront acharnés sur le lieu le plus vénérable de la basilique. La position des affaires de l'abbaye aura fait ajourner la reconstruction de cette chapelle qui ne put avoir lieu depuis. En résumé, les cryptes sont une église bâtie sous l'église principale; elle a ses nefs, son sanctuaire et sa chapelle absidale.

Les caveaux de la basilique de Saint-Denis, où l'on voit les tombeaux de nos rois, offrent beaucoup d'analogie avec les cryptes de Saint-Germain. Celles-ci ont dû être exécutées sur ce même plan. L'enfoncement qu'on remarque au centre est dû à quelque révolution, ainsi que nous l'avons fait observer, et ne se trouve pas à Saint-Denis. La chapelle de saint-Germain, qui est sous cet enfoncement, est si irrégulière dans son architecture, qu'on ne ne peut croire que les princes et les rois qui environnaient ce grand saint de tant de vénération, l'aient laissée dans cet état.

En parcourant ces vénérables souterrains, on est frappé du recueillement qui règne dans cet intérieur sombre où reposent les dépouilles mortelles de tant de saints. On voit, çà et là, des caveaux fermés par des trappes en bois avec de gros anneaux pour les soulever ; au-dedans, à cinq ou six pieds de profondeur, on remarque des sarcophages en pierre où sont renfermées les précieuses dépouilles des saints. Ce sont des évêques d'Auxerre, des abbés de Saint-Germain. On voit sur la muraille leurs portraits peints à fresque avec la crosse et la mitre en tête. Leur front paisible et radieux fait pressentir le bonheur dont ils jouissent dans une meilleure vie. Les tableaux sévères de ces hommes qui furent plus grands que le monde, semblent se montrer là pour faire la censure des déréglements du siècle. Ces fresques, aujourd'hui détériorées, furent peintes en 1655, par Henri de Roquemont, religieux du monastère, sous la direction du prieur dom Coquelin.

On voit encore dans les saintes grottes quelques sculptures, des tombeaux de toutes formes, des inscriptions. Au fond de la belle et majestueuse chapelle de sainte Maxime, on remarque le rétable de l'autel à colonnes torses, des vitraux peints (1). Celle de saint Germain occupe le centre de ces richesses de la foi. La statue du saint évêque, revêtu de ses ornements pontificaux, forme le rétable de l'autel. On voit encore son tombeau en pierre et la fosse profonde où il reposa longtemps. Nous aurons souvent occasion de revenir sur cette intéressante partie de l'église.

L'étendue des cryptes montre que leur fondateur espérait que, dans la suite des siècles, un grand nombre de serviteurs de Dieu viendraient dormir près de leurs prédécesseurs. Dieu en a disposé autrement, inclinons-nous.

---

(1) Ces vitraux, de date récente, sont dus à M. Boutrais, chapelain de l'hôpital.

Ces cryptes ou saintes grottes, comme on les a toujours appelées, étant destinées à recueillir les corps saints placés en différents endroits de l'église, marquent la décadence de la foi envers les reliques. Jusque-là, loin de les dérober à la vue, on les exposait sur le pavé des églises pour donner aux fidèles la faculté de venir les honorer. Grégoire de Tours, qui vivait au sixième siècle, rapporte qu'alors on voyait çà et là des tombeaux près desquels on allait prier. Il est probable que plusieurs des successeurs de saint Germain ont été inhumés dans la cathédrale ou dans d'autres églises, et qu'ils ont été portés plus tard dans celle de l'abbaye. Ceux qui ont écrit, dans la suite, l'histoire des évêques d'Auxerre, en voyant leurs tombeaux à Saint-Germain, ont cru qu'ils y avaient été déposés immédiatement après leur mort. Les épitaphes, presque toutes d'une rédaction uniforme, ont été composées ou retouchées par le même auteur, qui pourrait être Héric, mort vers l'an 880.

La foi aux reliques des saints créa, au cinquième siècle, les cercueils en pierre dans lesquels les ossements pouvaient se conserver autant que le monde. Ces tombes, d'abord en usage pour les fidèles qui mouraient en odeur de sainteté, passèrent tellement en coutume, qu'au septième siècle l'usage en était général.

A cette époque, le culte des reliques était peut-être poussé à l'excès. On faisait cent lieues pour aller prier au tombeau d'un saint, comme si les saints ne pouvaient pas être invoqués partout. Des imposteurs abusaient de la bonne foi des peuples, présentaient de fausses reliques pour attirer les offrandes, et inventaient des légendes. Les attentats d'une piété peu éclairée pour enlever les corps saints, obligeaient à prendre des mesures de sûreté; c'est pourquoi les reliques les plus vénérées étaient déposées sous des portes de fer. Des gardiens préposés à leur conservation veillaient auprès le jour et la nuit, et y entretenaient une ou plusieurs lampes continuellement allumées. Héric rapporte que, de son temps, l'église de Saint-Germain avait aussi des moines pour gardiens, et que sept lampes y brûlaient le jour et la nuit ; il veut que l'on soit très-sévère envers ces gardiens, afin qu'ils ne s'abandonnent pas au sommeil et qu'ils ne laissent pas s'éteindre ces lampes. Pour montrer combien les saints voulaient qu'on apportât de soin à la garde de leurs reliques vénérées, il ajoute que plusieurs fois des gardiens endormis s'étaient senti éveiller miraculeusement (1). On enchâssait les reliques dans l'or et l'argent. Les fidèles en gardaient dans leurs maisons ou en portaient sur eux-mêmes, comme saint Germain le faisait toujours. Ce culte envers les amis de Dieu était bien propre à porter les hommes à la vertu ; il leur rappelait qu'un bonheur pareil à celui des saints qu'ils vénéraient, leur était réservé s'ils imitaient leurs exemples.

Conrad, toujours occupé à faire du bien aux moines, et surtout à ceux dont il avait le gouvernement, détacha quatre terres de la mense abbatiale et les unit à celle des moines. Il y ajouta encore l'abbaye de Moutiers-en-Puisaye et obtint du roi Charles-le-Chauve une charte qui déclarait que ce monastère ne serait jamais séparé de celui de Saint-Germain. On ignore le lieu de la sépulture de cet homme, digne d'une éternelle mémoire pour ses vertus, son humilité, ses grandes aumônes et son tendre attachement envers l'Eglise. Dom Viole pense qu'il mourut en 866 (2).

---

(1) *Labb., bibl. mss.*, t. 1, p. 545.
(2) *Leb., mém.*, t. 2, p. 55.

HUGUES-L'ABBÉ.

L'abbaye est définitivement tombée entre les mains des laïques. En attendant des temps plus heureux, la vigilance des doyens préservera les moines du relâchement, et le rang éminent de leurs abbés séculiers les soustraira aux avanies que tant d'autres éprouveront.

Hugues était fils de Conrad; il succéda à son père dans l'abbaye de Saint-Germain, environ l'an 853. Il était cousin-germain de Charles-le-Chauve. Lebeuf pense qu'il était aussi comte d'Auxerre (1). On l'a surnommé l'Abbé, à cause du grand nombre de monastères qu'il possédait. Il était en effet titulaire de Saint-Bertin, de Saint-Waast d'Arras; il jouissait même de l'évêché de Cologne. D'ailleurs le nom d'abbé était devenu un titre dont se qualifiaient les grands seigneurs propriétaires d'abbayes. Hugues fut chargé de fonctions importantes sous trois rois : Charles-le-Chauve, Louis-le-Bègue et Carloman. Tandis que le jeune Lothaire tenait les rênes de l'état, il demeura maître du royaume qu'il gouverna avec autant d'autorité que s'il eût lui-même porté la couronne. Il a le titre d'abbé dans une charte où Charles-le-Chauve confirme aux moines de Saint-Germain le domaine assigné pour leur entretien et auquel il ajouta la seigneurie d'Eglény, ainsi que la rivière qui passe auprès (2). Il se déchargea sur le doyen du soin du luminaire et de celui des festins que les abbés avaient coutume de servir régulièrement aux moines le jour des grandes fêtes. Il convint de la somme qu'il lui remettrait pour acquitter ces charges. Cette transaction fut appuyée par le roi, qui y apposa son

---

(1) Leb., mém., t. 2, p. 58 et 59; *Gall. chr.*, t. 12, p. 372 et suiv.
(2) Leb., mém., t. 2, pr. p. 5.

sceau. L'histoire loue la piété de Hugues-l'Abbé, ainsi que son amour de la justice et la pureté de ses mœurs (1).

Charles-le-Chauve, se trouvant à l'abbaye de Saint-Germain, en 858, pria les moines de faire une seconde translation du corps de leur saint patron. Ce prince était venu chercher, dans la vie paisible du cloître, des consolations qu'il ne pouvait trouver parmi des sujets traîtres et perfides. Là, resté presque seul après que son armée l'eût abandonné à Brienne pour suivre l'étendard de Louis, son frère, il oublie la politique et cherche dans l'obscurité ce bonheur que l'on trouve rarement dans les cours; il se livre à des œuvres pies, presse la translation du corps de saint Germain, à laquelle il assiste avec le plus grand recueillement. La cérémonie eut lieu le jour de l'Epiphanie de l'année 859 (2). Héric dit qu'on n'y voyait pas un grand nombre d'évêques, mais beaucoup de prêtres d'une vertu éprouvée, qui accompagnaient le roi dans cette circonstance solennelle. On chanta des psaumes et des hymnes pendant longtemps. Ensuite le monarque, pénétré d'un profond respect, ouvrit le sépulcre lui-même : les restes précieux de saint Germain furent trouvés intacts. Dieu seul, ajoute Héric, connaît la sincérité des vœux et des prières que fit le prince en présence de ces reliques vénérables, et avec quelle contrition il s'offrit, dans son malheur, en holocauste au roi des rois. Les évêques seuls purent toucher le corps du saint. On enleva les riches vêtements qui le couvraient et on les distribua comme autant de trésors. Le roi le revêtit de nouveau d'étoffes précieuses, fit brûler des parfums en abondance, et laissa partout des traces de sa munificence royale. Il voulut que chaque année on célébrât l'anniversaire de cette translation, qui eut lieu

---

(1) Hist. de l'abb. de Saint-Julien, p. 45.
(2) *Héric., lib. 2, cap. 9.*

dix-neuf ans après la première. Le corps de saint Germain qui, jusqu'alors, était demeuré dans l'église exposé à la vénération des fidèles, fut transporté au milieu des saintes grottes dans la chapelle qui, depuis, a toujours porté son nom.

Charles-le-Chauve resta deux mois dans l'abbaye. La confiance qu'il avait mise dans saint Germain ne fut pas trompée. Tandis qu'il prie, son ennemi, qui pouvait le perdre sans retour, s'il eût su profiter de la victoire, s'amuse à faire des largesses aux chefs des factieux, donne des ordres pour assembler les évêques, renvoie une partie de son armée de peur que ses désordres ne lui aliènent l'esprit des peuples. Charles, informé de ce qui se passait, rassemble ses troupes, s'avance à marches forcées et présente la bataille à son frère, comme il le croyait encore à Auxerre. Vaincre et recouvrer ses pertes fut pour lui l'affaire d'un jour (1). Il fut grand à Saint-Germain, ce roi que l'histoire accuse d'avoir été sans talent et sans vigueur, et qui, au lieu de combattre les Danois ou Normands, leur opposait de l'or. Il fut loué et aimé des savants qu'il protégeait. Il était sincèrement religieux. Les évêques, auxquels il donna une trop grande autorité, contribuèrent à ses malheurs.

Le monastère de Saint-Germain était, à cette époque, une citadelle de premier ordre, qui s'étendait jusqu'à la porte de Saint-Siméon et renfermait tout le bourg de Saint-Loup : c'était le nom de la paroisse sur laquelle se trouvait l'abbaye. Les troubles sans cesse renaissants auxquels la France était en proie, avaient obligé les abbés à tirer parti de la situation avantageuse de leur établissement. Le côté du nord avait ses défenses naturelles. Les murailles, descendant l'escarpe de la colline, venaient

(1) Hist. de Fr. Velly, t. 2, p. 84.

prendre fièrement l'Yonne pour fossé. Une ceinture de fortifications élevées et flanquées de tours, défendaient les abords des autres parties. Ce fut un des motifs qui engageaient les princes et les rois à s'y retirer, comme dans une place forte où ils trouvaient à la fois les consolations de la religion et leur sûreté personnelle. Pendant les irruptions des Normands, on y transportait de fort loin les trésors des églises et des monastères pour les soustraire au pillage. Loup de Ferrière nous apprend qu'on y déposa les ornements de son abbaye (1).

Il n'y avait pas un an que Charles-le-Chauve avait quitté Saint-Germain, que déjà les moines étaient en butte à toutes sortes de vexations. L'abbé porta leurs plaintes au pied du trône. Le roi leur expédia immédiatement une charte dans laquelle il leur accorda des privilèges très-étendus. « Hugues, abbé de Saint-Germain, dit le monarque, qui nous est très-cher et qui tient à nous par les liens du sang, a rappelé à notre mémoire les faveurs que le roi Louis, notre père, marchant sur les traces de ses aïeux, avait accordées pour l'amour de Dieu à l'abbaye de Saint-Germain, dont il avait pris la défense, en plaçant ses privilèges sous sa puissante protection. Voulant aussi nous-même, en vue du divin amour, couvrir de notre appui paternel ce même monastère, ainsi que la congrégation qui se livre, dans son enceinte, au service de Dieu, nous défendons à l'évêque du diocèse, ainsi qu'à tout autre, d'exercer aucune autorité dans votre monastère, ni de disposer des biens qui vous appartiennent, soit pour lui-même, soit pour qui que ce soit. » Le roi ne fait que prononcer le maintien d'un privilège accordé par le pape Nicolas Ier, dans une bulle qu'on n'a plus. Ensuite il ajoute: « Que personne n'exige d'argent de vous, soit dans la

(1) Epitre 125. Leb., mém., t 2, p. 54.

poursuite de vos procès, soit à titre d'impôt, soit à titre de logement ou de cautionnement; cette exemption s'étend à tous les hommes qui dépendent de votre monastère ou qui pourraient en dépendre dans la suite, qu'ils soient libres ou esclaves; les moines peuvent acheter toutes sortes de marchandises dans la ville, dans les campagnes et jusque sur les ports, sans payer de droits; il est fait don aux serviteurs de Dieu de tout ce qui pourrait revenir au trésor public. » Pour donner plus de sanction à sa décision, le prince y apposa le sceau de son anneau. Cette charte fut confirmée par Carloman en 884, par Charles-le-Gros deux ans après, par le roi Eudes en 889, elle fut renouvelée par Louis d'Outre-Mer en 936, et par le roi Robert en 1005 (1). Chacun d'eux y ajoutait les modifications que comportaient l'esprit de son siècle et la situation du monastère.

Aucun prince n'a expédié autant de chartes en faveur de Saint-Germain, et ne lui a fait plus de bien que Charles-le-Chauve et son fils Lothaire, que nous allons voir à la tête du gouvernement de l'abbaye. La châsse de Saint-Germain, qui valait des sommes immenses, à cause de l'or et des pierreries dont elle était enrichie, venait en grande partie de la libéralité de ces deux princes.

LOTHAIRE DE FRANCE.

Le roi Charles avait placé son fils Lothaire dans l'abbaye de Saint-Germain pour y faire son éducation. Ce prince, né d'Ermentrude, première femme du monarque, vers l'an 848, était boiteux. Son père, qui le destinait au service des autels, le fit abbé de ce monastère à l'âge de treize ans; il lui donna en même temps celui de Moutier-Saint-Jean, où il fut ordonné clerc en 861. Sa dévotion

(1) Cartul. de S.-G., f. 30, 32, 33 et 35; Leb., mém., t. 2, pr. p. 3.

pour saint Germain était très-grande : c'est pourquoi il fit mettre son corps dans une châsse d'or ornée de pierres précieuses, et fit une fondation pour qu'une lampe brûlât continuellement auprès. Il chargea lui-même Héric, son précepteur, de mettre sa vie en vers latins. Lothaire était devenu abbé de Saint-Germain par la cession que lui en avait faite Hugues-l'Abbé, son cousin, vers l'an 860. Cinq ans après, le roi son père passa à Auxerre avec une suite nombreuse, et logea au monastère. Il était accompagné de Loup de Ferrière. Ils furent reçus avec tant de marques d'honneur et tant de bienveillance, que Loup de Ferrière envoya, depuis, une lettre aux moines, dans laquelle il les remercie de l'accueil plein de tendresse dont il avait été en particulier l'objet. Cette lettre a été publiée dans ses œuvres.

Charles-le-Chauve, dans sa sollicitude pour les moines de Saint-Germain, qui lui étaient chers à plus d'un titre, accorda, en 864, une charte dans laquelle il fait l'énumération des biens attachés à leur mense, qu'il range sous sa protection royale. Les religieux la firent approuver ensuite dans un concile assemblé à Pistes-sur-Andelle. Voici quelques-unes de ces propriétés qui nous rappellent l'ancienneté des lieux où elles étaient situées. Nous omettons beaucoup de noms que la faute des copistes et les changements survenus dans la localité à la suite des siècles, rendent difficiles à reconnaître. Le roi déclare l'abbaye propriétaire d'Héry, d'Hauterive en entier, de la moitié d'Aucep avec l'église. Il la reconnaît aussi revêtue de la propriété de diverses métairies situées à Orgy, à Poilly et surtout à Montelon, à Lucy et à Magny, où se trouvent jusqu'à vingt-quatre métairies destinées, par la volonté des rois, à l'usage des moines. Le monarque parle de celle de Mélédrat, attachée au monastère par la libéralité royale; de la terre de Quincy, de celle de Coucy, dont les religieux réservaient les revenus pour le portier et les domestiques de l'abbaye. Il met ensuite au nombre de leurs propriétés une métairie à Seignelay, avec des vignes, et une aux Baudières. Dans la même charte, il fait mention d'autres biens donnés, par différentes personnes, en aumônes, et pour obtenir les honneurs de la sépulture à Saint-Germain. Il y ajoute les terres de Néron, de Lignorelles, données par Hérimare, homme noble, et celle de Venouse avec ses dépendances, destinées à nourrir les pauvres. Il cite encore une métairie avec des vignes à Bassou, et beaucoup d'autres. Le prince veut qu'à certaines fêtes des saints, le prévôt ou le doyen prépare un festin aux moines; qu'on fasse, sur le revenu du monastère, une part pour les hôtes riches ou pauvres, comme on le pratiquait autrefois ; qu'on prenne aussi sur ces revenus pour les réparations du monastère. Il défend aux abbés d'employer le reste à d'autres usages qu'à celui des serviteurs de Dieu, et il veut que l'abbaye jouisse paisiblement de tout ce que les moines apportent en entrant en religion, ainsi que des offrandes que les gens de bien pourront leur faire (1).

La même année, qui était la vingt-quatrième de son règne, Charles-le-Chauve, étant à Auxerre, expédia une autre charte dans laquelle il approuva l'échange que les moines avaient fait avec Conrad de la terre de Môlay et de celle d'Acliny, aujourd'hui Églény, pour celle de Requeneux, qui se composait de seize métairies. Celle d'Églény en réunissait trois avec deux moulins et un droit de pêche. Requeneux avait été donné par le roi pour la dot de Valdrade, lorsqu'elle épousa Conrad-le-Jeune, qu'on croit fils du fondateur des grottes de Saint-Germain (2).

En 862, pendant que Lothaire était abbé, le roi son

---

(1) *Gall. christ.*, t. 12, *instr.*, p. 98.
(2) Cartul., f. 25. Leb, mém., t. 2, pr. p. 5.

père envoya plusieurs religieux en ambassade vers le pape Nicolas Ier. Après s'être acquittés heureusement de leur mission, ils obtinrent du pontife que le monastère de Saint-Germain serait soumis directement au Saint-Siége. Ils rapportèrent, en outre, de riches présents. Le pape leur avait donné une grande partie du corps de saint Urbain, de celui de saint Tiburce, ainsi que des reliques de saint Sébastien et des sept frères martyrs. Ils visitèrent en passant le fameux monastère d'Agaune, dans le diocèse de Sion, vers la Suisse. Ils obtinrent, après bien des instances, une partie du corps de saint Maurice, et la tête de saint Innocent, l'un de ses capitaines. Le duc Hubert, frère de la reine Titeberge, délaissée par le jeune Lothaire, était abbé séculier de ce monastère. Dieu signala l'authenticité des précieux trésors qu'ils apportaient, par plusieurs miracles opérés pendant la route (1) ; ce qui montre que les fidèles accouraient sur le passage des reliques, portant avec eux leurs malades, et que plusieurs se trouvaient guéris. Il est certain que ces miracles, accordés à la foi vive des peuples, n'étaient pas rares alors. Toute la communauté de Saint-Germain alla au-devant des reliques en chantant des psaumes et des hymnes. Ce présent du pape, auquel on attachait le plus grand prix, consola les frères au milieu des tribulations qu'ils éprouvaient.

Enfin, toute l'église de Saint-Germain étant terminée, on s'occupa de la consécration des divers autels qu'elle renfermait. Chrétien, évêque d'Auxerre, pria Erkenraüs, de Châlons-sur-Marne, de faire la consécration des cryptes, se réservant, comme chef du diocèse, celle des augmentations faites à l'église, parmi lesquelles se trouvait, dans la partie occidentale, l'oratoire de saint Jean-Baptiste. Cette dédicace à laquelle toute la ville prit part, se fit le 20 mai

---

(1) *Herici de mirac.*, c. 14.

865 (1) avec une pompe extraordinaire. Déjà à la prière du roi Charles-le-Chauve, on avait devancé la consécration de la chapelle où reposait le corps de saint Germain. Ce passage, tiré de dom Viole, démontre qu'outre les cryptes, on avait rebâti l'église en tout ou en partie. L'évêque d'Auxerre et les moines firent présent au prélat consécrateur d'une portion considérable des reliques de saint Urbain, martyr. Il les reçut sous le nom du saint pape Urbain Ier, et les destina à une abbaye de son diocèse qu'il dédia à ce glorieux pontife. Il ne restait plus qu'à déposer les corps saints dans la nouvelle église.

Héric nous a laissé le récit de cette translation. « Aussitôt, dit-il, que les constructions furent terminées, et que le clergé et le peuple fidèle eurent trouvé cette demeure assez pourvue d'ornements pour renfermer les précieux gages des corps saints, on y transporta d'abord les ossements des martyrs et les corps des bienheureux pontifes qui avaient gouverné l'Église d'Auxerre et qui y avaient reçu leur sépulture. On les rangea autour du corps du grand saint Germain, afin de placer sous une même voûte ceux que le palais des cieux réunissait déjà. A droite, on déposa dans un même cercueil les ossements du bienheureux Urbain, pape, avec la tête de saint Innocent, martyr. Plus loin, on mit le corps du vénérable Alode, ensuite ceux de trois saints évêques : Urse, Romain et Théodose. A l'orient, au-delà de l'autel, on déposa les membres vénérés de saint Aunaire, confesseur et évêque. Les reliques du glorieux martyr Tiburce occupent le côté gauche avec celles de cinq pontifes, savoir : saint Fraterne, martyr, saint Censure, saint Grégoire, saint Didier et saint Loup près de saint Moré, qui reçut la couronne du martyre étant encore enfant. » La situation présente des

(1) Leb., mém., t. I, p. 186. Dom Viole, mém., t. 2, p. 844.

saintes grottes est toujours conforme à la description qu'en fait Héric.

Au neuvième siècle, l'esprit public, relativement à la vénération des reliques, change sensiblement. Le peuple est serf, il n'a plus la liberté d'aller, comme auparavant, en pélerinage. Les églises et les abbayes sont possédées par des laïques qui s'emparent des offrandes. Qu'on ajoute à cela les guerres, les pestes, les malheurs publics qui détournent le peuple de ces actes de dévotion : de sorte qu'Héribalde, évêque d'Auxerre, après y avoir réfléchi mûrement, fit enlever de la cathédrale et des autres églises de la ville les tombeaux des saints qu'on y vénérait, et les fit transporter à Saint-Germain, dans l'église souterraine dont les portes ferment. Ainsi les reliques sont soustraites aux regards : on ne peut plus les visiter que rarement. Les saintes grottes ont été depuis un dépôt de corps saints.

Pour donner une idée plus exacte des cryptes de Saint-Germain, nous allons les parcourir en indiquant successivement les chapelles particulières et les saints qui y reposent. Nous prendrons pour guide la description donnée par dom Fournier, et le procès-verbal de la visite des tombeaux faite par l'évêque Séguier, en 1634 et 1636. Nous devancerons les dates pour quelques saints qui y ont été déposés depuis la première translation.

Après avoir descendu quinze degrés, on arrive dans cette demeure vénérable : on voit d'abord à gauche, dans un caveau profond de deux mètres, le tombeau de saint Héribalde. C'est le plus beau sarcophage en pierre que l'on y remarque. Ce saint évêque, qui fut aussi abbé de Saint-Germain, montra une grande patience dans les maladies. Sa prière était continuelle et ses aumônes sans réserve. A quelques pas de lui, sous une voûte un peu plus profonde, on rencontre les tombeaux de trois autres évêques d'Auxerre, savoir : celui de saint Fraterne, qui mourut martyr, celui de saint Abbon, d'abord abbé de Saint-Germain, puis évêque. En 1636, son corps fut trouvé revêtu d'un cilice et couvert par-dessus d'un habit monastique. Le troisième tombeau est celui de saint Censure, mort vers l'an 500 (1). On lui doit la vie de saint Germain qu'il fit écrire par Constance. Saint Sidoine Appollinaire, avait pour lui tant d'estime, qu'il lui marque que s'il veut l'honorer d'une réponse, il regardera sa lettre comme tombée du ciel. On lit sur la muraille trois inscriptions qui indiquent le nom de chacun de ces évêques : *Ici repose, d'heureuse mémoire, saint Fraterne, evesque et martyr, lequel au mesme jour qu'il fut eslu et sacré fut martyrisé et occis, qui fut le vingt-neuf de septembre, inhumé en l'esglise de Saint-Germain.* On peut voir, à la fin de cet ouvrage, les diverses épitaphes des évêques et des abbés qui ont été recueillies avec soin.

Au-dessus du lieu où se trouve le corps de saint Censure, on remarqua, lors de la visite des tombeaux, une châsse ou coffre de bois rempli de reliques de divers saints, enveloppées séparément dans des morceaux de soie. Une vieille inscription portait que c'était des restes de plusieurs saints trouvés autrefois derrière l'autel matutinal, nom que l'on donnait à celui qui est derrière le grand. Comme la châsse tombait de vétusté, l'évêque la fit déposer dans l'armoire d'un gros pilier dont il va être parlé.

Venait ensuite la chapelle de saint Benoît et de saint Romain. Le corps de ce dernier abbé avait été apporté du monastère de Font-Rouge (2) dans l'église de Saint-Amatre et transféré, en 845, dans les saintes grottes. La moitié de

---

(1) *Gesta episcop. Autiss.*, p. 418.

(2) On montrait encore, au dix-huitième siècle, une chambre près de l'église de Druyes, qu'on disait avoir fait partie de ce monastère, fondé par saint Romain, et avoir servi à son usage.

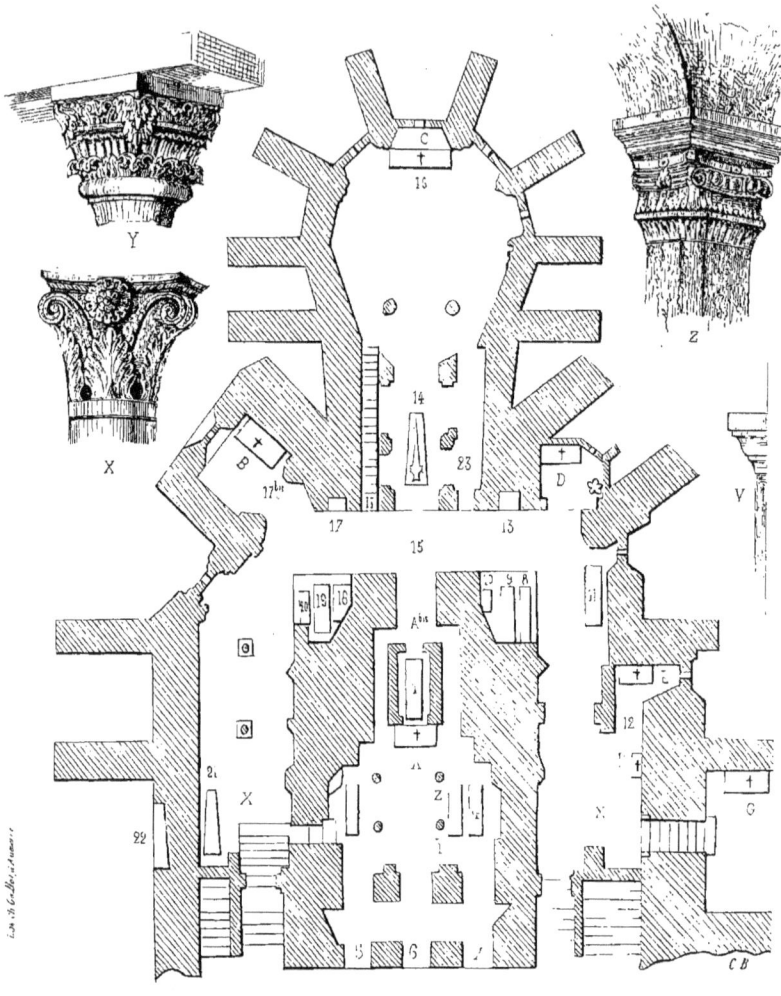

ses reliques fut donnée à Ansegise, archevêque de Sens, en 876, et le reste déposé dans une même châsse, avec celles de saint Aunaire, dans un lieu élevé derrière le grand autel, où elles sont demeurées jusqu'à la dévastation des huguenots, en 1567. Elles furent jetées alors confusément sur le pavé de l'église. La châsse fut emportée par les fougueux religionnaires, et les reliques qu'elle contenait recueillies avec d'autres par des gens de bien, furent enfin déposées, en 1636, dans un gros pilier des saintes grottes. Cette sorte d'armoire, qui avait environ trois mètres trente-trois centimètres de profondeur avec une largeur et une hauteur proportionnées, renfermait déjà plus de vingt-cinq corps qu'on croyait appartenir à des saints, parce qu'on n'a jamais donné la sépulture dans les cryptes qu'à des fidèles morts en odeur de sainteté. On pense que ces corps sont ceux des religieux de Saint-Marien, qui furent martyrisés par les Normands. La chronique de ce monastère rapporte que saint Geran, évêque d'Auxerre, fit transporter dans les saintes grottes, le 24 septembre 912, le corps de saint Marien (1) et ceux de ses religieux qui avaient souffert le martyre. Le lieu où ils furent déposés ayant été muré immédiatement après, leur servit de sépulture et les conserva jusqu'à nos jours avec les vêtements qu'ils portaient au moment de leur mort glorieuse. Les huguenots n'en eurent pas connaissance, ce qui les préserva de la profanation. On lisait seulement au dehors le mot *Polyandrion*, qui signifie en grec : lieu où reposent beaucoup de corps.

Lorsqu'en 1636, l'évêque Séguier visita solennellement les saintes grottes, il ouvrit cette armoire et la fit murer de nouveau, n'en laissant subsister qu'une petite d'environ

---

(1) La paroisse de Mézilles, qui l'a adopté pour son patron, célèbre ce même jour sa translation avec une grande pompe.

un mètre de hauteur sur un demi de profondeur. Il garnit l'intérieur de gradins, qu'il ferma de rideaux d'étoffe précieuse, d'une vître et d'une porte avec serrure. On y plaça les reliques échappées aux profanations des huguenots, et la châsse trouvée dans le tombeau de saint Censure. En 1663, les religieux mirent la plus grande partie de ces reliques, ainsi que celles d'une seconde et d'une troisième armoire, dans deux châsses de bois doré, qui furent portées dans la cathédrale en 1793 (1), comme nous le verrons plus loin.

A côté se trouve l'entrée de l'escalier qui descend à la chapelle de saint Clément. On compte cinquante marches depuis la porte de l'église jusqu'à cette chapelle, et lorsqu'on y est descendu, on n'est qu'à moitié de la pente qui conduit à la rivière. Là, on remarque trois chapelles bâties l'une au-dessus de l'autre: ce sont celles de saint Clément, de sainte Maxime et de la Vierge. La voûte des deux premières est terminée par dix arêtes aboutissant à un rond-point qui a trois mètres cinquante centimètres d'élévation. L'entrée de la chapelle de saint Clément est soutenue par deux piliers octogones. Les religieuses de Saint-Augustin, chargées du service de l'hôpital, l'avaient choisie pour le lieu de leur inhumation. Les sœurs de Saint-Vincent-de-Paul, qui les remplacèrent en 1836, lui conservèrent la même destination. Elle est aussi claire et aussi saine que celles qui sont au-dessus (2).

Nous voici arrivés au fond des saintes grottes. Là se trouve la chapelle intéressante de sainte Maxime, dont la voûte est portée par deux rangées de colonnes. Sa largeur, près

---

(1) Relation historique sur les reliques de la cathédrale et sur celles de l'église de Saint-Germain. Auxerre, 1797.

(2) En 1793, elle servit de logement au jardinier de la maison d'éducation établie dans l'abbaye : c'est pourquoi on y voit une cheminée.

de l'autel, est de sept mètres. On remarque, sur la muraille, une main, reste d'une fresque représentant cette sainte, qui semble montrer du doigt que son corps est enterré sous l'autel. Les huguenots ont effacé l'inscription. Sainte Maxime est une des cinq vierges qui suivirent le corps de saint Germain lorsqu'on le rapporta d'Italie. Elle passa le reste de ses jours auprès de son tombeau dans les exercices de la piété chrétienne.

En 1636, on voyait son portrait et celui de ses compagnes peints sur la muraille avec cette inscription : *Cy gist le corps de madame sainte Maxime, qui accompagna saint Germain, de Ravenne jusqu'en ce monastère, avec sainte Pallaie, sainte Magnance, sainte Camille et sainte Porcaire.*

A l'entrée de cette chapelle se trouve un tombeau fermé par une trappe, où repose le corps de saint Marien; au-dessus est un bas-relief représentant une croix de chevalier du temple. Il est rapporté, dans un procès-verbal rédigé en français et où l'on remarque plusieurs circonstances omises dans celui de l'évêque d'Auxerre, de l'an 1636, qu'on trouva le pied droit de saint Marien encore dans son soulier; il avait tant de fraîcheur qu'on eût dit que le saint était mort récemment (1). L'évêque saint Geran, qui endossa la cuirasse pour repousser les Normands, repose auprès de lui (2). Une inscription placée au fond de cette chapelle apprend que le corps de saint Optat, évêque d'Auxerre, celui de saint Sanctin et celui de saint Mémo-

---

(1) Descript. des saintes grottes, p. 59.
(2) L'abbé Lebeuf pense que son corps est toujours à Soissons; les autres historiens conviennent qu'il mourut dans cette ville, mais ils disent que son corps fut rapporté à Auxerre. Une fresque, que l'on remarque près de son tombeau, représente une crosse et une pique en sautoir avec une mitre au-dessus, et au bas un casque et un trophée d'armes avec ces mots : *Sic sacra tuetur.* C'est ainsi qu'il défend les choses saintes. *Descript. des saintes grottes*, p. 69.

rien, deux prêtres de son diocèse avec lesquels il était lié d'une étroite amitié, reposent dans le même tombeau que l'on croit renfermé dans la muraille. La dépouille mortelle de saint Grégoire, qui gisait près du grand autel, a été descendue solennellement dans cette chapelle en 1820. L'histoire loue la pénitence de ce prélat, qui menait, au milieu du monde, une vie aussi mortifiée que celle des anciens anachorètes. Cette même chapelle renferme deux mosaïques couvertes par le parquet de l'autel : l'une représente David tenant d'une main l'épée et de l'autre la tête de Goliath ; la seconde montre le corps de ce géant étendu par terre, ayant la tête tranchée. Ces mosaïques faisaient partie du pavé du sanctuaire de l'église. Lorsqu'on la répara, en 1676, on les transporta dans la chapelle de sainte Maxime.

En la quittant, on traverse la nef en passant sur le tombeau de saint Aunaire et sur celui de saint Didier, puis on se trouve en face de celui de saint Germain dont il a déjà été parlé. On voit son énorme sarcophage en pierre, élevé d'un mètre au-dessus du pavé, et le caveau profond où il reposa longtemps. Ici pas d'inscription ; le visiteur comme le pèlerin reconnait qu'il est devant le tombeau du grand évêque ; un marchepied, placé auprès, les invite à s'agenouiller et à lui adresser une prière. Bientôt on n'aura plus d'autres reliques de saint Germain que cette pierre de son tombeau, qui sera aussi précieuse aux fidèles que l'était autrefois la poussière des églises des martyrs, qu'on ramassait avec respect et à laquelle on attribuait un pouvoir surnaturel. En suivant un couloir, qui en fait le tour, on arrive devant l'autel du saint, qui occupe le centre des saintes grottes et qui se trouve précisément au-dessous du grand autel de l'église. On se rend aussi dans cette chapelle par une entrée plus rapprochée de celle des saintes grottes. Sa longueur est de quatre mètres soixante centimètres, et sa largeur de sept mètres soixante. La voûte en berceau retombe sur quatre colonnettes hautes d'environ trois mètres. La lueur sombre qui arrive en cet endroit éloigné des fenêtres, ajoute à l'impression involontaire dont le vrai chrétien ne peut se défendre. Il se trouve, en effet, au milieu d'une foule de corps saints que Dieu doit revêtir un jour de gloire. Il lui semble voir rangés autour de lui tous ces bienheureux attendant sonner l'heure de la résurrection pour s'élever dans les cieux brillants de clarté et d'immortalité.

Près de l'autel de saint Germain, du côté de l'épître, est un caveau où l'on remarque deux tombeaux à demi enfoncés dans la terre. Le plus rapproché est celui de saint Théodose, évêque d'Auxerre, qui mérita, par la sainteté de sa vie, d'avoir sa sépulture dans ce lieu vénérable. Il mourut en 513, âgé de 75 ans. A l'ouverture de son tombeau, en 1634, on trouva son corps presque réduit en cendres ; on y remarquait encore une partie de ses sandales. L'évêque d'Auxerre atteste dans son procès-verbal qu'en ce moment beaucoup d'assistants avaient senti s'exhaler une odeur très-suave et toute céleste. Dom Fournier assure, dans la description des saintes grottes, avoir vu aussi bon nombre de personnes qui avaient éprouvé la même sensation à la seule ouverture du caveau, et qu'elles lui avaient demandé si on n'y entretenait pas des odeurs. L'autre tombeau renferme les restes mortels de saint Romain, évêque d'Auxerre et martyr: Héric dit que ce fut un homme d'une vie très-sainte. En 1636, on trouva son corps presque réduit en cendres et mêlé de beaucoup de poussière qui s'était introduite par les fentes du sarcophage. On voyait auprès une fresque représentant un évêque avec cette inscription : *Ci-gît le corps de saint Romain...*

Au fond de la même chapelle, au midi, repose saint Eleuthère, évêque d'Auxerre. Son tombeau et ceux de plusieurs autres saints sont rangés les uns au-dessus des autres et comme cachés dans la muraille. L'évêque d'Auxerre, dans sa visite, en compta six placés deux à deux : ce sont les sarcophages d'autant de personnages éminents par leur sainteté, dont les noms ne sont pas venus jusqu'à nous. On se contenta d'en ouvrir un seul qui paraissait plus grand que les autres, et on remarqua qu'il contenait plus d'ossements qu'il n'en faut pour composer un corps humain. Il s'y trouva, en outre, un second cercueil de pierre de cinquante centimètres de longueur, qui renfermait le corps d'un enfant dont les ossements paraissaient couverts de sang et de terre détrempée. Il existe dans ce mur une autre cavité remplie de reliques et fermée par une petite grille de fer. On pense que ces tombeaux sont ceux des martyrs que les barbares immolèrent à Auxerre dans leurs irruptions. Après leur passage, les fidèles auront ramassé leurs précieux restes parmi lesquels se trouvait le corps d'un enfant qu'ils avaient égorgé. Son petit tombeau fut tiré de celui dans lequel il était renfermé et exposé à la vénération des fidèles. Saint Loup, cet évêque qui faisait partie de la suite de la reine Clotilde, lorsqu'elle vint à Auxerre, repose aussi dans la chapelle de saint Germain, dans un caveau du côté de l'Evangile. En 1636, on visita son corps qui était d'une très-haute taille; quelques parties étaient réduites en cendres.

Revenons dans la nef circulaire des saintes grottes, que nous avons quittée pour visiter la chapelle de saint Germain, et suivons-la jusqu'à la sortie. A côté de la chapelle de sainte Maxime, on trouve celle de Notre-Dame-de-Consolation et de saint Martin. Le pilier qui les sépare renferme une armoire dans laquelle se trouvaient plusieurs reliques très-respectables; c'étaient divers ossements provenant des châsses que les huguenots avaient profanées. De pieux fidèles les avaient ramassés et remis aux religieux qui les avaient renfermés dans un tombeau en pierre qu'on déposa dans cette armoire, qui resta murée jusqu'en 1636. Une croix, peinte sur l'entrée, indiquait le lieu du précieux dépôt et excitait la piété des fidèles qui allaient la baiser par respect. On verra plus loin un miracle éclatant arrivé à l'occasion de ces reliques, sur l'authenticité desquelles deux personnes avaient élevé des doutes. On croit que c'étaient celles que renfermaient les châsses de saint Marien, de saint Aunaire, l'un des plus dignes prélats qui aient gouverné l'Eglise d'Auxerre, de saint Romain, abbé, de saint Urbain, de saint Tiburce, de saint Thibaut, de saint Didier, qui répandit tant de bienfaits sur les églises et sur les monastères, et de sainte Eugénie. Cette glorieuse martyre a été célèbre dans tout le monde chrétien. Le pape Jean X remit, vers l'an 931, son corps à Gaudry, évêque d'Auxerre, qui le partagea entre sa cathédrale, l'église de Saint-Germain et celle de Varzy, qui est dédiée en son honneur. En 1793, ces reliques furent transportées avec d'autres à la cathédrale, où elles subirent des profanations, comme on le verra plus loin. L'armoire où elles étaient contenues, demeurée ouverte depuis cette époque, laisse voir aux visiteurs une croix en pierre de taille, longue d'un mètre seize centimètres, et large de soixante-six centimètres. Elle fut trouvée en 1630 au milieu du grand autel lorsqu'on le démolit. Elle a plusieurs cavités remplies autrefois de saintes reliques. A l'extrémité d'un des bras se trouvait une petite fiole de verre contenant de la terre détrempée de sang. On la regarda comme une relique de saint Maurice, qui avait appartenu à saint Germain.

On entre ensuite dans la chapelle de saint Martin et de Notre-Dame-de-Consolation. C'est là que, lors du passage des Normands, les reliques de saint Martin reposèrent pendant trente-un ans. A trois pas de l'entrée, près de la muraille, on voit un caveau où se trouvent les restes de saint Betton, évêque d'Auxerre, renfermés dans un sépulcre de pierre. Lorsqu'on visita les tombeaux, en 1636, le corps de cet homme si humble et si mortifié fut trouvé revêtu d'un froc ou habit monastique pareil à celui que l'on remarqua sur saint Abbon, et par-dessous il portait un cilice si rude que dom Viole, présent à cette cérémonie, ajoute que l'on ne put retenir ses larmes, à la vue d'un instrument de pénitence si effrayant pour la nature. Il avait été élevé dès son enfance dans l'abbaye de Sainte-Colombe de Sens, où il avait pris l'habit de religieux, et il était abbé de cette maison lorsque, vers l'an 915, il fut élu évêque d'Auxerre. M. Viart, curé de la cathédrale, fit déposer dans la chapelle de saint Martin, vers 1820, un reliquaire dans lequel on voit des restes vénérés de sainte Chantal, de sainte Marie-de-l'Incarnation, de saint Edme, de saint Fulgence, de saint Constantin, de saint Séverien, de saint Amand, de sainte Juconde et de plusieurs autres.

Vis-à-vis du tombeau de saint Betton, sous une voûte un peu plus basse que les autres, reposent les corps de trois saints évêques d'Auxerre, chacun dans un tombeau en pierre un peu enfoncé dans la terre. Dans le premier, du côté de saint Betton, est saint Alode, disciple de saint Germain et son successeur. L'histoire dit qu'il fut l'héritier des vertus de son maître, et qu'il mourut plein de mérites (1). Le second est celui de saint Urse, qui vécut renfermé dans une cellule auprès de l'église de Saint-Amatre. Pendant un incendie, le peuple courut à lui pour implorer le secours de ses prières; le saint ayant donné le bâton sur lequel il s'appuyait, on le jeta dans les flammes qui s'éteignirent aussitôt. Ce fut peu après qu'on l'arracha de sa cellule pour le porter sur le siége épiscopal d'Auxerre. Le

---

(1) *Hist. episcop. Autiss.*, c. 8, p. 417.

troisième tombeau est celui du bienheureux Chrétien. Les historiens louent sa simplicité, son humilité et son affabilité envers tout le monde. Le procès-verbal, dressé en 1636, dit que le corps de saint Alode et celui de saint Urse étaient d'une grandeur extraordinaire.

Avant de sortir des saintes grottes, on voit à gauche la chapelle de Notre-Dame-des-Anges, ainsi nommée parce que c'était une tradition parmi les moines qu'on y avait entendu chanter le *Salve Regina* par les Anges; c'est pourquoi cette hymne à la vierge est notée sur la muraille. On croit que l'évêque saint Ethère y est inhumé. En 1636, on trouva sous l'autel différentes reliques avec cette inscription : *Cet autel est dédié à saint Laurent, à saint Vincent, lévite et martyr, à saint Léger, aux saints Innocents et à tous les saints.* Une ancienne tradition assurait que saint Germain avait célébré les divins mystères sur cet autel qui avait été apporté depuis dans les saintes grottes.

Enfin une dernière demeure est la chapelle de la Très-Sainte-Trinité. Au haut de la porte sont représentées les trois personnes divines; à leurs pieds on lit ces mots en latin : *le principe et la fin* (1), pour marquer que la sainte Trinité est le principe de toute sainteté, et que tout doit retourner à elle. On descend sept marches pour y arriver. Lorsqu'en 1820 on démolit la nef de l'église, on y jeta confusément tous les ossements que l'on trouva dans la terre ou dans les tombes; ensuite on creusa, à l'extrémité du côté du couchant, une fosse profonde où ils furent inhumés tous ensemble. Ces ossements avaient appartenu à de saints abbés, à de fervents religieux et à d'insignes bienfaiteurs du monastère; ce qui rend désormais la chapelle de la très-sainte Trinité grandement vénérable.

En sortant des saintes grottes, on voit, à gauche, près

(1) *Principium et finis.*

de la muraille, un soldat armé de toutes pièces : c'est saint Maurice, chef de la légion Thébéenne, et ancien patron de l'église. Si cette vue pouvait vous inspirer quelque crainte, un ange placé à ses côtés vient vous rassurer par ces paroles en latin (1) : *Ne craignez point, vous êtes en sûreté sous la garde d'un si vaillant soldat.*

Après avoir quitté les saintes grottes, on remarque, à gauche, près de la muraille où se trouvait l'orgue, un caveau fermé d'une grande pierre : c'est le tombeau de saint Hugues, évêque d'Auxerre, qui fut quinze ans abbé de Saint-Germain. Le corps de saint Félix et celui de saint Moré, martyrisés encore enfants, furent retirés des saintes grottes, en 1370, et placés au-dessus de l'entrée, à droite, pour être exposés à la vénération publique. Une peinture à fresque représentait ces deux enfants, à genoux, offrant leur cou aux bourreaux. Le bienheureux Jean, évêque d'Auxerre, si grand par son humilité, fut enterré d'abord sous l'égoût de l'église de Saint-Germain, comme il l'avait demandé, et reporté ensuite dans l'intérieur, devant l'autel de saint Pierre, où il repose encore.

On croit que le corps de saint Droctoalde, celui du bienheureux Quintilien, celui de saint Aidulphe, celui de saint Angelelme, tous évêques d'Auxerre, et dont les aumônes comme la piété sont couronnées par la vénération des siècles, reposent aussi à Saint-Germain. Des reliquaires, placés autrefois au-dessus du grand autel, contenaient de précieux restes des martyrs de Saints-en-Puisaye. Qu'on ajoute à ce nombre étonnant de saints personnages, tant de pieux cénobites qui ont vécu dans le silence et l'obscurité du cloître et qui sont maintenant dans le sein de Dieu, et on conclura que l'ancienne abbaye de Saint-Germain est un des sanctuaires les plus vénérables qui soient dans

---

(1) *Hoc milite tuti.*

l'univers. C'est avec raison qu'on a écrit sur la muraille, en entrant dans les saintes grottes, ce vers latin :

Vix est in toto sanctior orbe locus.
A peine est-il un lieu plus saint dans l'univers.

On peut ajouter à tant d'inhumations recommandables celles de saint Saturne, abbé, de Sabaric, de Cilien, évêques d'Auxerre, et de Gaudry, voué à Dieu et à saint Germain dès sa naissance. Il fut élevé dans le monastère dont il devint abbé, et ensuite évêque du diocèse. Richard, moine de Saint-Germain, puis évêque d'Auxerre, reçut également sa sépulture dans les saintes grottes. Hugues de Challon, autre évêque d'Auxerre, mourut dans l'abbaye sous l'habit monastique, en 1039. Gerlan, archevêque de Sens, qui y avait été moine, demanda, en mourant, d'y être enterré. Héric et le livre des évêques comptent encore bien des saints dont les corps y sont déposés et dont on ne peut montrer les tombeaux. Lorsque l'évêque Séguier les visita, il omit d'en examiner un certain nombre, dans la crainte de compromettre la solidité des murs dans lesquels ils se trouvaient engagés. En attendant qu'il plût à Dieu de les faire connaître, les moines leur rendaient un culte particulier dans leurs solennités ; ce qui fait dire à Héric, dans le deuxième livre des *Miracles de saint Germain* : « Peut-on refuser un tribut de vénération à cette demeure, qui réunit tant de titres de gloire, et qui a été honorée de faveurs si extraordinaires? Les Hébreux étaient saisis d'une sainte frayeur à la vue du Saint des Saints, parce que l'arche d'alliance s'y trouvait avec la verge d'Aaron et la manne descendue du ciel... Ne devons-nous pas plus de respect à ce lieu qu'on peut appeler le séjour de la plus haute sainteté, puisqu'il est illustré par les tombeaux de tant de héros chrétiens dont il nous rappelle les trophées et les victoires? Ce sanctuaire est ouvert à tout le monde, et plus le pécheur s'y présente souvent, plus il reçoit de récompenses de sa sainte importunité..... En un mot, cette enceinte a quelque chose de si grand, de si saint, de si auguste, que celui qui y entre peut croire qu'il partage les souffrances des martyrs, qu'il s'entretient avec les confesseurs, qu'il se réjouit avec les vierges, et qu'il règne déjà avec tous ces bienheureux dans le ciel. On y voit tant de lieux de prière, tant d'autels dressés en l'honneur des saints, qu'après les avoir tous visités et les avoir arrosés de ses larmes, on pourra se féliciter d'avoir passé une partie du jour en œuvres pies et en espérer un grand avantage spirituel. »

Un docteur de l'Eglise (1), décrivant la magnificence et le concours avec lesquels on célébrait les fêtes des martyrs, faisait cette réponse aux gentils qui condamnaient l'honneur que l'on rendait à leurs reliques : « Nous n'adorons point les martyrs, mais nous les honorons comme les vrais adorateurs de Dieu, nous renfermons précieusement leurs corps, nous érigeons des tabernacles sur leurs tombeaux, afin de nous animer à suivre leurs traces. La dévotion que nous avons pour eux n'est pas sans récompense, puisque nous jouissons de leur protection auprès de Dieu. »

Les villes comme les nations s'honorent par le culte qu'elles rendent aux grands caractères, aux vertus éminentes, ainsi qu'aux talents élevés, parce qu'elles en fécondent le germe. Une des gloires de la ville d'Auxerre, c'est de montrer les restes de tant de grands hommes et de pouvoir les proposer pour modèles aux générations nouvelles. Autrefois la présence des évêques, des abbés et des comtes de cette cité, comme celle d'autant de princes, donnaient la vie aux populations dont ils faisaient l'orgueil. Que le chrétien, que l'archéologue franchisse le

(1) S. Astère. Voy. Godes., Vie des Saints au 30 octobre.

seuil de la basilique de Saint-Germain, tout le passé de cette illustre église lui apparaît ; que de vertus, que de grandeur se résument à la vue des catacombes ! Combien elles l'emportent sur ces quelques statues que les villes élèvent aujourd'hui aux grands hommes auxquels elles se glorifient d'avoir donné le jour !

Voici des impressions de voyage qu'on lit dans l'*Univers* de 1840 : « On nous fit descendre parmi les tombeaux que renferment les catacombes de l'abbaye de Saint-Germain, et là reposent des hommes qui ont illustré la religion et la patrie par leur sagesse, leur science et leurs vertus. De nombreuses inscriptions y indiquent les faits, les temps, les âges. Imprudents ! nous osions lever les trappes qui servent d'entrée à ces temples du silence et de la mort ! Et si ces vénérables ossuaires s'étaient dressés devant nous ! Etions-nous dignes de fouler le sol sacré dont chaque parcelle contient peut-être un grain de la poussière d'un Amiot ou d'un saint Germain ? Qui donc aujourd'hui ne se sentirait pas écrasé par l'éclat de ces grandes majestés de la tombe (1). »

(1) Les cryptes de Saint-Germain sont fermées durant l'année, excepté pendant les deux octaves des fêtes du saint patron, au mois de juillet et au mois d'octobre. Le portier de l'hôpital y conduit les visiteurs qui se présentent et leur fait connaître ce qu'il y a de remarquable. Les chefs de l'établissement commettent une faute en ne laissant point de gardiens pendant les octaves. Des archéologues essayent témérairement d'ouvrir les tombeaux pour satisfaire leur curiosité. En les parcourant, en 1845, je remarquai que le couvercle de celui de saint Héribalde était à moitié renversé. Le portier me fit observer que c'était l'ouvrage de quelques curieux qui étaient descendus dans ce caveau pendant l'octave de la dernière fête de saint Germain. Déjà, en 1815, des officiers de l'armée alliée avaient rompu ce même tombeau en l'ouvrant. Beaucoup de reliques de saint Héribalde furent distribuées, à cette occasion, à des personnes pieuses.

Je ne parle pas des feuilletons qu'un journal de l'Yonne a donnés, en 1846, sur les saintes grottes, dans lesquelles l'auteur a vu des hiéro-

Revenons à l'excellent prince qui gouvernait l'abbaye de Saint-Germain. Le jeune Lothaire, qui donnait de si grandes espérances, ne tarda pas à être enlevé à la terre. Il tomba malade vers les fêtes de Noël de l'année 865, et mourut peu après dans de grands sentiments de foi. Il fut inhumé dans le monastère. Avant sa mort, il avait envoyé Boson, qui lui succéda dans le gouvernement de la maison, et quelques moines en députation vers son père, pour le supplier d'approuver les fondations qu'il avait faites en faveur de l'abbaye. Elles consistaient à nourrir un pauvre en son nom, à entretenir une lampe continuellement allumée devant le tombeau de saint Germain, et à célébrer tous les ans son anniversaire, ainsi que celui de son père et celui de sa mère. Le monarque approuva toutes ses dispositions; il ajouta, selon l'intention de Lothaire, que l'entretien de la lampe qu'il avait fondée ne dérogerait en rien à celles déjà entretenues dans l'église, et que le pauvre pour lequel il laissait aussi un revenu ne diminuerait pas le nombre de ceux que l'abbaye nourrissait. On ne lira pas sans intérêt un extrait de ce titre de fondation, car, en général, toutes les chartes expédiées par ce prince respirent des sentiments de foi qui l'honorent, lui et son siècle. « Nous sommes bien convaincus, dit-il, qu'en portant des secours temporels aux maisons religieuses, nous méritons la grâce de passer sur la terre des jours plus heureux, et que nous obtiendrons plus facilement les récompenses de la béatitude céleste. Nous portons à la connaissance de tous les fidèles de la sainte Eglise de Dieu que notre très-cher et très-aimé fils Lothaire, très-vénérable abbé du monastère du grand confesseur saint Germain,

---

glyphes, des souterrains où les prêtres cachaient autrefois les mystères de la religion. L'absurdité de ses interprétations paralyse l'esprit d'impiété qui forme le fond de ce misérable écrit.

excité, nous aimons à le croire, par une inspiration de la clémence divine, nous a supplié, par l'entremise du vénérable abbé Boson, notre fidèle serviteur, et par l'organe des moines de l'abbaye, que, pour le salut de son ame et pour mériter les récompenses éternelles, nous voulussions enrichir ce saint lieu par quelque don de notre munificence royale. Les pieuses dispositions de notre cher fils nous ont causé trop de joie pour que nous ne nous empressions pas de satisfaire à sa demande; c'est pourquoi nous donnons à cette sainte maison la terre de Bernay, qui se trouve aux environs d'Auxerre (1). »

Le roi entre dans quelques détails sur cette terre et sur la stabilité de sa donation. Ensuite il ajoute : « pour répondre à la demande que notre bien-aimé fils nous a adressée par l'abbé Boson et par les moines, les revenus d'une mense de la terre de Bernay seront destinés à l'entrétien d'une lampe qui brûlera à perpétuité devant le tombeau où sont les cendres très-sacrées de saint Germain. Elle ne devra pas diminuer le nombre de celles que l'on entretiént déjà. Le revenu d'une autre mense sera destiné à l'entretien d'un pauvre, ce qui ne devra pas empêcher les moines d'en nourrir autant qu'auparavant. Le reste du produit de la terre sera employé par les moines à faire un grand dîner, le jour qu'ils célébreront l'anniversaire de notre bien-aimé fils.

Après notre mort, continue le roi, et celle de la reine Irmindruide, notre épouse très-douce et très-aimée, les moines célébreront pour nous un anniversaire solennel. La terre que nous leur donnons demeurera, avec l'aide de Dieu, consacrée à leurs besoins, et afin que personne dans la suite des temps n'ose leur en contester la propriété, nous signons la donation que nous leur en faisons de

(1) Elle doit être aux environs de Diges.

notre propre main, et nous y apposons le sceau de nos armes (1). »

Héric fit l'éloge du jeune Lothaire dans une épître qu'il adressa au roi son père; il loue sa douceur, son obéissance, et le propose pour exemple aux gens du monde qui s'effraient au seul nom de pénitence. Il représente ce jeune prince élevé dans les grandeurs, d'une santé faible, et devenu néanmoins un modèle de toutes les vertus religieuses.

L'abbaye de Saint-Germain, l'école des princes, le séjour favori des rois, jouissait dans le monde de la plus haute considération; c'est pourquoi les moines et les écoliers y arrivaient en foule. Les bienfaits, si faciles aux grands, tombaient en abondance sur cette maison et mettaient les supérieurs à portée d'augmenter leurs aumônes, de multiplier le nombre des frères, et d'étendre le règne de Dieu.

BOSON.

Dans l'ambassade que Lothaire envoya, ainsi qu'il a été dit, à son père Charles-le-Chauve, pour le prier de consentir à ses dernières volontés, se trouvait Boson. En commentant quelques expressions du titre par lequel le prince se rend à toutes les demandes de son fils, dom Viole crut que Boson avait été moine de Saint-Germain et qu'il était alors abbé séculier. Cependant les historiens, qui n'ont pas manqué de rapporter cette ambassade, ne font aucune mention qu'il fût entré dans l'état religieux. Boson était un homme de cour, plein de talents pour la guerre et

(1) La charte est datée de Senlis, le dix des calendes de février, indiction quatorzième, la vingt-sixième année du règne du glorieux roi Charles. Cartul. de S.-G., feuil. 27 et 28.

pour l'administration. Charles-le-Chauve, en épousant sa sœur Richilde, en 866, lui donna l'abbaye de Saint-Germain, celle de Saint-Maurice-d'Agaune, l'année suivante, et d'autres aux environs d'Autun, qu'il céda lui-même à Thierry, comte de cette ville. Le monarque le fit encore capitaine de ses gardes, chambellan de son fils, Louis-le-Bègue, puis comte et gouverneur de Vienne et de Bourges. Il devint, dans la suite, vice-roi d'Aquitaine, duc de Pavie, vice-empereur d'Italie. Il se fit en outre reconnaître roi de Lombardie et de Provence, et enfin couronner roi de la Bourgogne cis-jurane par Aurélian, archevêque de Lyon, quelque temps après le décès de Louis-le-Bègue (1). Le pape Jean VIII lui confia l'administration du temporel de ses États. Il avait épousé Ermengarde, fille de l'empereur Louis II. Boson, chargé de richesses et d'honneurs, se démit de l'abbaye de Saint-Germain en faveur de Hugues-l'Abbé, qui l'avait déjà possédée, et mourut en 887. La terre de Molay, qu'il tenait de la libéralité du monarque et qu'il laissa au monastère, lui assura la reconnaissance des moines (2). Sa fille épousa Carloman, roi de France.

A côté de tant d'illustrations et d'honneurs, la Providence avait mis l'humiliation. Ces abbés laïques, si haut placés, ne paraissent à Saint-Germain que pour étaler leur faste, troubler la solitude des moines par leur suite bruyante, et dévorer la substance des pauvres. La foi qui régnait alors dans le monde, et surtout dans les monastères, soutenait la ferveur des religieux. Les doyens chargés du gouvernement de l'intérieur en étaient réellement les abbés, les autres n'en avaient que le nom. Ces hommes de bien, qui ont soutenu les moines par leurs exemples et leurs exhortations à travers les temps de calamités du

---

(1) Viole, mss, t. 2, p. 848. Velly, hist. de Fr., t. 2, p. 145.
(2) Cartul. de S.-G., f. 26.

neuvième et du dixième siècle, sont tombés dans l'oubli. Heureux de s'être assuré dans le ciel une immortalité plus durable que celle qu'ils auraient pu obtenir dans l'oublieuse mémoire des hommes!

Saint Germain était toujours en grande vénération, c'était le thaumaturge de la Bourgogne. Héric rapporte un grand nombre de miracles opérés par son intercession (1). En voici quelques-uns : Un paralytique nommé Adalrique, Sénonais de naissance, fut guéri en 869; un autre de la Touraine le fut également quatre ans après. Un homme des environs d'Auxerre, nommé Pierre, avait les genoux tellement courbés, que depuis longtemps il ne marchait plus; s'étant traîné un jour avec peine à l'aide de ses béquilles jusque dans une église de saint Germain, il recouvra l'usage des jambes. Pour attester la vérité du miracle, il suspendit ses béquilles au-dessus de la porte (2). Une femme de Guerchy, appelée Nanette, qui avait perdu l'usage de ses membres, se fait porter dans l'église de Poilly, recouvre la santé et s'en retourne pleine de joie dans sa maison. Une autre de Parly, nommée Berlinde, attaquée de la même infirmité, se fait conduire dans l'église sur une voiture, se met en prière, éprouve bientôt les effets de la protection de notre saint, et se retire en bénissant Dieu.

Agie, curé de Poilly, confessa avoir été guéri d'une fièvre quarte par l'intercession de saint Germain. Une femme du même lieu, nommée Doda, pour avoir travaillé un jour de dimanche à faire des tissus en laine, fut sur-le-champ paralysée des mains; mais, ayant reconnu sa faute, elle accourt au pied des autels, implore le secours du saint évêque, fait vœu qu'elle ne travaillera plus le dimanche,

---

(1) Ils composent deux livres formant ensemble trente-sept pages in-folio. Voy. *Labb., bibl. mss, t. 1, p. 551. Herici de mirac.*

(2) *Ibid, t. 1, p. 547.*

et recouvre l'usage de ses membres en présence de beaucoup de monde (1).

D'autres miracles, accompagnés de preuves irrécusables, sont rapportés par le même auteur. Tel fut celui que nous allons rapporter, qui est confirmé par le chapitre général de l'Ordre, et que dom Mabillon place en l'année 851. Le roi Charles s'était rendu dans un château qu'il avait auprès de Rouen. Parmi la foule immense accourue pour obtenir quelque secours, se trouvait une fille muette. Celle-ci, n'ayant pu trouver à loger dans le village près duquel se tenait le prince, se retira, pour passer la nuit, dans une chapelle de saint Germain, peu éloignée du château royal. Pendant cette nuit, le saint évêque lui apparut et lui adressa ces paroles: *Puisque tout le monde vous a refusé l'hospitalité, je vais vous dédommager autant que je le pourrai*, et en même temps il lui toucha la bouche; une sorte d'hémorragie, venant du gosier, s'étant déclarée, le lendemain

---

(1) Héric, cédant à son amour pour le merveilleux, raconte des miracles qui peignent les mœurs et la foi naïve des peuples chez lesquels ils sont arrivés. Ainsi dans le Morvan, encore peu habité, on entendait, dans les églises dédiées à saint Germain, les cloches sonner d'elles-mêmes aussitôt que l'heure des offices arrivait ; les anges suppléaient à la négligence des hommes. Les lampes qui brûlaient devant les autels venaient-elles à s'éteindre, elles s'allumaient aussi d'elles-mêmes ; un renard enlevait-il la poule d'un prêtre, il demeurait fixé involontairement, avec sa proie, sur le lieu même où il l'avait saisie, jusqu'à ce qu'on se fût emparé de lui. Héric déclare aussi qu'il n'entreprend pas de parler des fièvres et autres maladies graves guéries dans cette contrée par l'intercession de saint Germain. Ces miracles, ajoute-t-il, sont journaliers, en sorte qu'on n'y fait plus attention Chez ce peuple, où l'art de la médecine était à peu près inconnu, on réclamait le secours du ciel. On doit conclure de là que saint Germain était très-honoré dans le Morvan. On voit en effet que beaucoup d'églises, telles que celles de Saint-Germain-des-Champs, de Saint-Germain-de-Modéon, qui montre encore de ses reliques, celles de Chastellux, de Magny, de Chalaut, d'Ouroux, de Mhère, d'Anost, etc., lui sont dédiées. *Herici de mirac., apud Labb.,* t. 2, p. 551.

elle parlait distinctement. Elle raconta que saint Germain lui avait apparu avec un air majestueux, que sa taille était médiocre, et que ses cheveux, en partie blancs, le rendaient très-vénérable. On trouva que ces détails s'accordaient à la forme qu'on se rappelait avoir vue à saint Germain lors de sa dernière translation. Toute la cour et une infinité de personnes furent témoins du miracle opéré sur cette fille (1).

Les diverses irruptions des Normands avaient propagé la terreur dans toutes les provinces. En 864, on crut qu'ils allaient envahir la Bourgogne. On s'occupa aussitôt de mettre en sûreté les reliques de saint Germain, ainsi que la châsse précieuse dans laquelle le prince Lothaire les avait fait placer. On creusa donc une fosse très-profonde dans la chapelle obscure où il reposait au milieu des cryptes, et on y déposa cette châsse renfermée dans un tombeau en pierre qui fut recouvert de terre que l'on foula fortement. Ensuite on en mit au-dessus un autre qu'on cimenta avec soin de tous côtés, et qui ne renfermait que des fragments de son cercueil en cyprès, dans la persuasion que si les barbares brisaient le premier cercueil, ils n'iraient pas plus loin.

Les habitants de Tours s'occupèrent aussi des moyens de sauver les précieuses reliques de leur saint patron. Comme les Normands se portaient, en 889, sur la Touraine, l'abbé Hébernus, vingt-quatre moines, douze chanoines et un pareil nombre de citoyens attachés à leur service, chargèrent sur leurs épaules le corps de saint Martin, et se transportèrent avec leur trésor d'abord à Orléans où ils s'arrêtèrent ; mais ayant appris que les ennemis poursuivaient leur marche sur cette ville, ils passèrent à Saint-Benoît, et delà, toujours pressés par les Normands, ils

---

(1) *Lab., bibl. mss. Herici de mirac.*, t. 1, p. 548.

allèrent jusqu'à Chablis, où se trouvait un monastère dédié à ce saint thaumaturge et dépendant de celui de Tours. Assaillis bientôt par de nouvelles craintes, et ne se croyant pas en sûreté dans cette place trop peu fortifiée pour résister à une attaque, ils prirent le chemin d'Auxerre et vinrent enfin se fixer dans le monastère de Saint-Germain, qui méritait l'honneur de servir d'asile aux restes mortels du grand évêque de Tours. Ils déposèrent leur précieuse relique dans une chapelle des saintes grottes, qui a pris delà le nom de saint Martin. Les moines de Saint-Marien, par un secret pressentiment du malheur qui devait leur arriver, y portèrent aussi le corps de leur bienheureux patron.

Les annales du monastère de Fleury-sur-Loire rapportent un trait de bravoure d'un de nos abbés laïques (1). Les Normands, en quittant Orléans, se disposaient à venir piller ce monastère. Les moines, informés de leur marche, chargent à la hâte leur butin sur des chariots et prennent le chemin de leur terre de Marigny. Les barbares, trouvant l'abbaye abandonnée, se mettent à leur poursuite en suivant les traces des chariots. Hugues-l'Abbé, ayant appris cette nouvelle en revenant de la Bourgogne, et se sentant plein de confiance dans la protection de saint Benoît, secondé d'ailleurs par Girbold, comte d'Auxerre, fond sur eux avec le peu de troupes qu'il avait à sa disposition, les met en fuite et laisse le champ de bataille couvert de morts. Ces barbares, s'étant ralliés à d'autres corps d'armée qui les suivaient, pénétrèrent jusque dans la Bourgogne.

La ville d'Auxerre, que les Normands semblaient avoir épargnée, ne tarda pas à tenter leur cupidité; ils firent une excursion dans cette contrée, en 887, assiégèrent le monastère de Saint-Germain, qui fut pris et livré aux

(1) Leb., mém., t. 2, p. 59.

flammes, si nous en croyons la chronique de Limoges (1). Du reste, l'histoire ne nous apprend rien de ce qui s'est passé relativement aux reliques de saint Germain et à celles de saint Martin. On aime à suivre l'opinion de certains critiques qui pensent qu'il s'agit, dans la chronique, d'un autre monastère du même nom ou de celui de Saint-Marien, qui fut détruit par ces barbares. Vingt-cinq corps conservés dans une grande armoire des saintes grottes et portant des traces de feu, de coups de lance, passent pour être ceux de ces religieux qui tombèrent sous le fer des Normands. Après avoir été immolés inhumainement, ils eurent leur première sépulture sous les débris fumants de leur église. Qui pourrait dire ce qu'il y eut de résignation et de sacrifices dans ces vénérables moines, qui attendirent la mort prosternés au pied des autels ! car les monastères et surtout les églises excitaient l'ardeur de ces barbares pour le crime. Richard-le-Justicier, duc de Bourgogne, qui fut abbé de Saint-Germain, leur fit éprouver un échec auprès de Saint-Florentin. Ils opérèrent leur retraite par

(1) Quand on pense aux fortes murailles qui environnaient alors le monastère de Saint-Germain, on est porté à croire qu'il y a une erreur de copiste, et que la chronique veut parler de Saint-Marien, qui fut réellement brûlé et dont les moines furent massacrés. Charles-le-Chauve avait trouvé la place de Saint-Germain assez forte pour s'y réfugier en 858. Le roi Robert l'assiégea en vain en 1003; comment aurait-elle succombé en 887? La même chronique ne parle pas de la prise d'Auxerre. Dans un second passage de ces barbares, en 889, les faubourgs d'Auxerre tombèrent seuls en leur pouvoir. Lebeuf, en ajoutant ces deux mots : *fortè paris*, en marge de l'exemplaire du père Labbe, a pensé qu'il s'agissait d'une autre abbaye de ce nom. M. Leclerc, dans sa notice sur Saint-Germain, dans l'*Annuaire de l'Yonne*, a partagé son sentiment. Voici les deux passages de la chronique :

DCCCLXXXVII. *Monasterium sancti Germani a Normannis incensum est. Eodem anno Guiboldus* (Wibaut), *episcopus Autissiodorensis obiit.*

DCCCLXXXIX. *Normanni iterato Autissiodorum repetentes, suburbia ejus incenderunt.* Labb., t. 1, p. 555.

Avrolles, Champlost et Sens, en marquant partout leur passage par le meurtre, le pillage et l'incendie. Depuis bien des siècles, les barbares et l'Eglise se disputent le monde, les barbares pour le détruire, et l'église pour le sauver. Aux premiers la mission d'expiation par le sang et les ruines: à celle-ci une mission de paix, de salut et de civilisation. L'Eglise eut enfin la victoire en donnant jusqu'à son sang pour faire de ces hordes sanguinaires des chrétiens et des hommes.

En 878, selon la chronique de Saint-Pierre-le-Vif de Sens, de nouveaux trésors vinrent enrichir l'église de Saint-Germain. Formose, légat du pape Jean VIII, lui fit présent de plusieurs reliques précieuses que l'on joignit à celles de tant de saints personnages que l'on possédait déjà. L'abbaye de Saint-Germain put désormais se regarder, après l'église de Rome, comme le sanctuaire le plus vénérable de toute la chrétienté. En effet, les religieux bénédictins de la congrégation de saint Maur, qui ont fait une étude particulière de l'histoire ecclésiastique, ont écrit dans la *Gaule chrétienne*, dont ils sont en partie les auteurs, qu'après les catacombes de Rome, l'abbaye de Saint-Germain est le lieu le plus vénérable, non-seulement de la France, mais encore du monde entier (1). Les géographes écrivains et autres qui ont parlé de ce que le département de l'Yonne renfermait de plus intéressant, ont oublié de signaler l'église de Saint-Germain, qui n'a pas son égale dans toute la France, à cause du nombre extraordinaire de corps saints qu'elle renferme.

HUGUES-L'ABBÉ.

Cet abbé laïque, qui avait cédé le monastère de Saint-

---

(1) *Gall. chr.*, t. 12, col. 568.

Germain à Lothaire, le reprit des mains de Boson, vers l'an 876; il était duc de Bourgogne, premier ministre du roi, chef de la milice sous Charles-le-Chauve. Cédant aux instances d'Ansegise, archevêque de Sens, il promit de lui donner le corps de saint Romain, qui reposait dans son abbaye. Les moines, qu'il n'avait pas consultés, refusèrent de livrer la sainte relique. L'évêque de Nevers, que le métropolitain de Sens avait envoyé de sa part pour la recevoir de leurs mains, s'en retourna sans avoir rien obtenu. Ansegise vint lui-même accompagné de l'abbé Hugues et apporta en échange une autre châsse remplie d'ossements de divers martyrs (1). Les moines, pressés par leur abbé, y consentirent à condition qu'on leur laisserait une partie des reliques de saint Romain. Ils déposèrent ce qui leur en restait dans une châsse qui fut pillée par les Calvinistes. On voit le prix qu'on attachait toujours aux reliques des saints.

Hugues-l'Abbé, marchant sur les traces de son père Conrad et de sa mère Adelaïs, fit beaucoup de bien au monastère de Saint-Germain. Il donna pour le remède de l'ame de ses illustres parents, et en particulier pour le repos de celles de ses frères, la seigneurie de Til, provenant de son patrimoine. Il détacha de la mense abbatiale le domaine de Bouilly (2) pour l'ajouter au revenu destiné au soin des malades. Il fit approuver cette concession par le roi Louis-le-Bègue, afin que ses successeurs ne pussent revenir sur sa donation. Lorsque Carloman fut monté sur le trône, il obtint de ce prince une charte de confirmation

---

(1) Cette châsse a subsisté dans l'église de Saint-Germain jusqu'en 1656. On l'ouvrit alors, et on la trouva tellement consumée de vétusté, qu'on en retira les reliques pour les renfermer dans une armoire, en attendant qu'on pût les faire enchâsser plus richement.

(2) C'est Bouilly, près le Mont-Saint-Sulpice, que dom Viole appelle *Boilly*.

pour tous les biens et pour tous les priviléges de l'abbaye. C'était un titre du droit de propriété que les abbés eurent soin de faire renouveler par chacun des rois de la seconde race. D'après la disposition du cartulaire, la charte semblerait se rapporter à Charles-le-Simple. Hugues, aux prières duquel elle fut accordée, serait Hugues-le-Grand et non Hugues-l'Abbé. Ce titre, expédié à Ouaine (1), est datée du 30 juin, la quatorzième année du règne du roi Charles, indiction première. Lebeuf le rapporte à l'an 853 et l'attribue à Charles-le-Chauve (2). Le monarque, après avoir cité les principales terres de l'abbaye, telles que Héry, Hauterive, Pontnaissant, Moutiers, Aucep, Fetigny, Mercy, Orgy, Pourrain, Quincy, Coucy, Abondant, et quelques autres (3), ajoute à ses possessions la terre d'Eglény avec ses dépendances. Il veut que le revenu soit employé à former un supplément pour le vêtement des frères, et que le poisson qu'on en tirera soit servi par surcroît sur leur table. Ensuite il renouvelle les priviléges déjà accordés pour la sûreté des propriétés du monastère : il veut que les biens apportés par les frères à leur entrée en religion soient attachés à la mense du monastère à perpétuité.

Une autre charte, délivrée par le roi Charles la vingtième année de son règne, indiction septième, dit que les religieux de Saint-Germain et Hugues, leur abbé, qu'il appelle

---

(1) *Actum Odonâ*. Dans une autre charte du même prince, il est parlé de la vicairerie de Ouaine, *in vicariâ Odonense*. Les moines y possédaient trois métairies dans un lieu appelé en latin *Sidiliacus*. Ils y avaient un établissement dans lequel le roi ne dédaigna pas de s'arrêter, comme on le voit par la charte datée de ce lieu. Cartul. de Saint-Germain, f. 27.

(2) Leb., mém., t. 2, p. 34.

(3) Les autres terres, dont la désignation n'est pas bien reconnue, sont : *Caniacus, Lestralis, Desiniacus*, qui pourrait être Domecy-sur-le-Vault, et *Buiulliacus*. Cartul. de Saint-Germain, f. 26.

son parent (1), l'ont prié de confirmer les fondations établies pour l'entretien du luminaire de l'église, et de les autoriser à recevoir les bénédictions des frères, c'est le nom que l'on donnait aux repas fondés dans le monastère (2). Le roi appuie leur demande de tout le poids de son autorité et veut que l'argent destiné au luminaire soit remis entre les mains du doyen qui sera chargé de son entretien.

Ce prince confirma aussi les priviléges de l'abbaye, comme l'exemption de recevoir les évêques avec leur suite, le droit de rendre la justice dans toutes les terres du monastère, l'exemption de toute espèce de droits sur le sel et sur toute autre marchandise destinée au monastère, celui d'accepter tout ce qui serait offert à l'église, soit par ceux qui viendraient prendre l'habit de religion, soit par ceux qui y seraient inhumés. La charte est datée de Meaux, le 11 février 884. Déjà en 877, Charles-le-Chauve, se rendant aux prières des religieux, leur avait restitué une terre de franc-alleu : c'était Revisy et Sarmoise, situés sur le Serein, limite du comté de Sens (3). Ces villages, aujourd'hui détruits, étaient au levant des Baudières, dépendance d'Héry; le canton en a seulement retenu le nom (4). L'entrée de la forêt, qu'on appelle *les bois de Pontigny*, provenant de cette propriété, est demeurée au monastère jusqu'en 1790. Cette terre venait d'un seigneur nommé Andelbert ou Adalbert. Les moines lui en avaient abandonné la jouissance pendant sa vie ; mais comme il la laissait en friche, les officiers royaux s'en étaient emparés ; c'est cette restitution qu'ils obtinrent par la médiation du roi.

(1) *Propinquus noster*, ibid.
(2) C'est l'interprétation de dom Cotron sur ces mots du cartulaire : *Benedictiones fratrum*. P. 620.
(3) *In finibus comitatûs Senonici, in villis Revisiaco et Sarmatiâ, super fluvium Sedono*. Cartul. de S.-G., f. 24.
(4) On l'appelle *Revisy*.

Au neuvième siècle, l'abbaye de Saint-Germain acquit un nouveau lustre par les sépultures honorables qu'elle admit dans son enceinte. Les familles les plus distinguées du pays, des princes même sollicitaient, comme une insigne faveur, d'y être inhumés et de mêler leurs cendres à l'humble poussière des moines. Les uns n'avaient pas d'autres motifs que celui d'assurer à tout prix leur salut éternel; d'autres, effrayés des scandales de leur vie passée, et néanmoins animés par la foi, croyaient qu'appuyés des suffrages des moines, ils pourraient trouver grâce devant le souverain juge. Ces inhumations valurent au monastère des richesses considérables. Tous faisaient de magnifiques présents. En retour, la communauté accordait au défunt le suffrage de ses prières. Lorsque le corps arrivait à l'abbaye, les moines le recevaient en chantant des psaumes et assistaient à son inhumation. Le nom du nouveau bienfaiteur était rappelé dans les prières publiques parmi ceux des anciens, et s'il l'avait demandé, on célébrait pour le repos de son ame des services solennels. Autbert, comte d'Avallon, qu'on dit frère de Robert-le-Fort et de Hugues-l'Abbé, Théalde ou Thibault, gentilhomme troyen, et un de ses fils, Norgaud et ses frères, seigneurs de Grand-Champ, et plusieurs autres obtinrent, au neuvième siècle, les honneurs de la sépulture à Saint-Germain, comme on le voit dans le titre de Carloman que nous avons cité.

La sixième année de son règne, le 6 juin, ce prince adressa une longue charte au très-illustre Hugues, abbé de Saint-Germain (1). « Nous ne doutons pas, dit-il, qu'en prêtant une oreille favorable aux demandes des serviteurs de Dieu, nous n'obtenions plus facilement la gloire de la béatitude éternelle. L'abbé et les moines nous ont fait

(1) *Illustrissimus Hugo abbas monasterii sancti Germani Autissiodorensis.* Cartul. de S.-G., f. 50.

voir une bulle du pape Nicolas Ier, contenant les priviléges qu'il accorde à leur monastère. Ils nous ont aussi montré les différents titres par lesquels les évêques leur dispensent des faveurs particulières, ainsi que les ordres donnés par le roi Charles-le-Chauve, notre aïeul, pour la conservation des biens appartenant aux frères. Nous avons aussi pris connaissance des dons que de pieux fidèles, nos sujets, ont faits pour le remède de leurs ames, et que plusieurs princes, nos aïeux, ont approuvés.

Nous renouvelons, continue-t-il, avec tout le poids de notre autorité royale, les priviléges du monastère de Saint-Germain. Nous voulons que les moines demeurent à jamais paisibles possesseurs des biens qui sont entre leurs mains, et de ceux surtout qui viennent de la libéralité du glorieux prince Charles, notre aïeul, digne d'une éternelle reconnaissance, et que notre volonté exprimée dans cette charte soit portée à la connaissance de tous les fidèles. » Le roi donne les noms de plus de cinquante propriétés, tant villages que fermes ou bois, qui appartiennent au monastère de Saint-Germain. La plupart de ces localités ont déjà été citées dans cet ouvrage, quelques-unes seraient aujourd'hui difficiles à reconnaître. « Une partie de ces biens, dit le monarque, proviennent des aumônes des fidèles qui ont voulu mériter le ciel par leurs pieuses libéralités ou obtenir, dans le monastère, les honneurs de la sépulture. »

Ensuite il entre dans le détail des priviléges accordés au monastère par le roi Charles, pour l'amour de Dieu et pour la tranquillité des frères, tels que l'exemption de tout péage, de tout tribut, soit qu'ils achètent sur les ports, soit qu'ils fassent transporter des provisions par les rivières. C'est à la prière de l'abbé Hugues, ajoute Carloman, que nous prenons aussi toute la congrégation de Saint-Germain sous notre haute protection. Elle peut désormais vivre en paix. Qu'aucun évêque ni aucun de ses archidiacres ne se permette d'exercer sa juridiction sur ses terres; qu'aucun juge séculier ne traduise ses moines devant son tribunal, qu'aucun collecteur d'impôts ne se présente chez eux pour tirer quelque argent. Le roi étend la même protection sur les hommes qui habitent les terres de l'abbaye. Ce qui est remarquable, c'est qu'il défend aux abbés d'en détourner les revenus ou d'en faire part à leurs héritiers. Il veut que tout soit employé, avec la grâce de Dieu, à l'avantage de la communauté. Enfin, renouvelant une ordonnance de ses prédécesseurs, il veut que tout ce que les frères apporteront en entrant en religion, ou qui viendrait de la libéralité des fidèles, ne soit jamais détourné de sa destination (1).

Un autre titre, également émané du roi Carloman (2), nomme trois abbés, sans dire à quel monastère ces personnages appartenaient. On croit qu'ils possédèrent en même temps l'abbaye de Saint-Germain, ce qui n'était pas rare alors. Ces trois dignitaires sont le vénérable Hugues, le comte Guy, et Wulfard ou Wlfard, archi-chancelier. Tous trois se réunirent pour prier Carloman de donner à son chapelain Arvey, la terre d'Ormoy et la chapelle de Saint-Martin, aujourd'hui l'église de Chichy près d'Ormoy, encore dédiée à ce grand saint. Le prince entre, à ce sujet, dans le détail des fermes attachées à la terre d'Ormoy, qu'il dit faire partie du domaine royal.

Hugues-l'Abbé mourut avant l'année 886, et fut enterré à Saint-Germain. La charte qui parle de sa mort est du roi Charles-le-Gros. Ce prince y confirme les priviléges déjà accordés aux moines; puis il leur fait don de deux charretées de bois qu'ils pourront prendre, chaque année, dans la forêt de Bar, dépendante du comté d'Au-

(1) Cartul. de S.-G., f. 52.
(2) Ibid, feuil. 28.

xerre (1). Si les biographes font mourir Hugues-l'Abbé ailleurs qu'à Saint-Germain, les archives de ce monastère sont unanimes sur le lieu de sa sépulture (2).

ANSHÉRIC OU ANSCHÉRIC.

Ce n'est pas sans de puissants motifs que les moines recherchaient l'appui du roi. De nouvelles calamités vont fondre sur les cloîtres. Les pieux fidèles qui étaient venus s'y abriter pour se soustraire aux vexations du dehors, vont retrouver la croix ; mais, plus heureux que dans le monde, les exhortations qu'ils reçoivent, les exemples de résignation qu'ils ont sous les yeux, font de leurs tribulations autant de degrés pour achever saintement leur pélerinage.

Une fourmilière de petits tyranneaux (ce sont les expressions des auteurs du temps) (3), répandus dans les campagnes, mettent au pillage tout ce qui appartient aux moines. Ces tyranneaux étaient les nobles et les seigneurs des villages qui, s'étant rendus indépendants sous le règne de Charles-le-Chauve, purent tout oser à la faveur des troubles du royaume. En effet, la descente des Normands, leur séjour en Bourgogne, les guerres qui éclatent au-dedans après la mort de Charles-le-Gros, et qui se prolongent, presque sans interruption, jusqu'à l'élection de Hugues Capet, entretiennent l'anarchie dans les campagnes.

Le nouvel abbé de Saint-Germain était évêque de Paris

---

(1) Dom Viole. Leb., mém., t. 2, p. 41. Cartul. de S.-G., f. 52.
(2) Dom Viole dit qu'il mourut à Orléans et que son corps fut transporté à Saint-Germain pour y être inhumé.
(3) Ibid, t. 2, mss, p. 859.

et avait été gouverneur de cette ville pendant le siége des Normands (1). Il était fils de Tolbert, comte de Meaux ; on le fait aussi chancelier de France (2), sous le règne de Charles-le-Simple. Son crédit à la cour le rendit précieux au monastère. Il alla trouver Eudes, qui gouvernait alors la France, et le supplia d'étendre sa protection sur l'abbaye de Saint-Germain. Ce grand homme, qui en imposait aux séditieux et aux ennemis de l'Etat par sa fermeté et sa valeur, rendit un instant la paix aux moines. Les choses en étaient venues à ce point que, pour me servir des énergiques expressions de la charte, on voyait des hommes se déchaîner contre les serviteurs de Dieu avec une hostilité et une rage inconnues aux siècles passés. Non contents de se mettre en possession de leurs biens, ils se jetaient sur leur boire et leur manger avec la rapacité des loups (3). Il paraît qu'on s'introduisait jusque dans leurs appartements pour en enlever le vin et les autres provisions. Eudes renouvelle dans ses ordonnances les anciens priviléges du monastère qu'il prend sous sa protection spéciale. Il assure aux moines la libre jouissance de tous leurs biens, il défend aux évêques, aux juges royaux et à leurs officiers de les troubler dans leurs franchises. Il ajoute que s'ils étaient obligés, par suite des incursions des Normands, des guerres civiles

---

(1) Un auteur, nommé Abbo, fait son éloge dans ces deux vers latins, qui donnent une idée de la latinité du IXe siècle :

Nobilis egregiusque, sacro pompatus honore,
Totius Anschericus virtutis germine clarus.

Anshéric, distingué par sa noblesse et ses qualités personnelles, honoré du caractère épiscopal, se rendit célèbre par la pratique des plus pures vertus.

(2) Cartul. de S.-G., feuil. 35.
(3) *Ibid.*

ou autres calamités, de se retirer dans quelque place forte du royaume, ils doivent y jouir des mêmes priviléges que dans Auxerre. Toutes ces faveurs étaient exprimées dans deux chartes différentes datées de Paris, le 11 juillet de l'année 889, la deuxième de son règne (1). Une aussi haute protection effrayait, pour le moment, les ravisseurs du bien d'autrui, mais le protecteur était-il mort ou occupé à faire la guerre au loin, les mêmes dilapidations recommençaient : ce qui obligea les moines à avoir recours à des protecteurs plus rapprochés et non moins puissants; c'est pourquoi ils mirent leurs personnes et leurs propriétés sous la sauve-garde des ducs de Bourgogne. Ils ne tardèrent pas à s'en repentir. Tous les employés de ces princes, comme leurs maréchaussées ou leurs officiers et leurs soldats, se rendaient dans les fermes de l'abbaye, enlevaient les chevaux, le bétail, les grains, le fourrage, sous prétexte que le duc en avait besoin, et que d'ailleurs les moines lui devaient ces subsides pour la protection qu'il étendait sur eux. Ce pillage devint légal : on lui donna le nom de *droit de maréchaussée*. Il eut fallu aux moines de nouveaux protecteurs pour les défendre contre les premiers. C'est l'histoire de tous les grands protecteurs qui finissent par régner. On donnait à ces défenseurs le nom d'*avoués*.

Ces procédés barbares nous donnent une idée des mœurs de cette époque et en même temps du désordre et de la confusion que l'ignorance et les guerres civiles avaient jetés dans le gouvernement de l'Etat. On voit aussi l'audace effrénée que déployaient les gens de guerre, même les grands et ceux qui étaient revêtus de la magistrature; ils ne reconnaissaient que le droit du plus fort, et en appelaient sans cesse à leur épée.

(1) Cartul. de S.-G., f. 33 et 34.

C'est l'époque où les seigneurs du comté d'Auxerre fondèrent leur domination temporelle. Toujours prêts à se provoquer les uns les autres, ils ne se crurent plus en sûreté dans leurs maisons. Ils construisirent des tours fort hautes (1) à côté de leurs habitations, afin d'y trouver un refuge dans le danger. Ces châteaux protégeaient souvent le brigandage en assurant l'impunité à leurs maîtres. Dèslors les religieux furent aussi obligés de fortifier non-seulement leur monastère, mais encore leurs fiefs. *L'abbaye*, ferme située à Gurgy, qu'ils mirent en état de défense dans ces temps de détresse, et qui subsiste encore, peut nous donner une idée de ces sortes de travaux de sûreté : elle présente une enceinte carrée de la contenance d'environ un arpent. Les murs ont un mètre d'épaisseur. On voit que leur hauteur, qui est de trois à quatre mètres, a été réduite. On remarque à un angle les restes d'une tour, l'enceinte des fossés, ainsi que les vestiges d'un pont-levis. La tradition attribue aux moines de Saint-Germain le défrichement des terres de cette contrée.

Les campagnes étaient tombées dans un état complet de servitude. Le sol était au seigneur, qui abandonnait à ses serfs (c'est le nom que l'on donnait aux habitants) les prairies pour le labour et les bruyères pour y conduire le bétail ; comme la terre qu'il avait abandonnée ne lui

---

(1) La tour de Joigny était bâtie en 959. Héribert, évêque d'Auxerre, en fit construire une à Saint-Fargeau et une autre à Toucy, en 990. Celle de Seignelay fut fondée quatre ans plus tard ; celle de Ligny-le-Châtel avant l'an 1100. La tour de Saint-Bris, qui avait bravé tant de siècles, a été démolie en 1835. La ville spécula sur le prix des grosses pierres de grès dont elle était revêtue au dehors. Celle de Saint-Sauveur, plus considérable que cette dernière, subsiste encore ; elle est un peu ovale ; sa circonférence est de 50 mètres et sa hauteur de 17. On distingue encore l'ancienne tour de Saint-Fargeau parmi celles qui font partie du château. On voit un reste de celle de Toucy près de l'église.

rapportait rien, il en exigeait peu de chose, quelquefois un denier, une poule, une mesure de grain, quelques journées de travail. Aux yeux du seigneur, l'homme était le vrai revenu, c'était lui qui combattait pour sa défense, qui lui était dévoué à la vie et à la mort. Il ne reconnaissait pas d'autre maître, d'autre juge, d'autre capitaine que lui, en sorte que le seigneur mettait dans le dévouement et la loyauté de ses vassaux sa force et son orgueil. C'est pourquoi, à son ordre, tous prenaient les armes, couraient à la défense du château : de là naissaient une foule de petites ambitions qui, ne pouvant se satisfaire qu'aux dépens les unes des autres, étaient sans cesse en guerre ; aussi le pillage et les violences forment le type de cette singulière époque. On est étonné que des chrétiens ignorassent à un tel point les premiers éléments de la religion et de la politique, qu'ils se crussent permis de se faire justice eux-mêmes et de prendre les armes les uns contre les autres.

Les sciences, encore cultivées dans les cloîtres et dans les cathédrales par les clercs, étaient abandonnées du peuple et surtout des nobles, qui regardaient comme au-dessous d'eux de savoir lire ou écrire ; alors l'ignorance, qui n'est bonne à rien, se développait avec tous ses vices : de là ce caractère de violence, d'âpreté, de férocité. Que penser des bonnes mœurs? La concupiscence, qui est la même dans tous les hommes, ne manque pas de produire ses effets, si elle n'est retenue par la raison aidée de la grâce. Il eût fallu des lois nouvelles confiées à des mains fermes; mais où trouver des législateurs assez sages pour les dresser, et assez éloquents pour en persuader l'exécution. Cependant l'Eglise, qui triomphait de tout par la force de sa constitution, tenait des assemblées d'évêques et de seigneurs pour désarmer ces mains accoutumées au meurtre et au pillage. Elle employait la sanction des peines canoniques, sanction puissante et nécessaire au génie dur des peuples de cette époque. Elle usait, dans ce rude apostolat, de l'héroïsme accoutumé de ses papes, de ses évêques, de ses abbés, de son clergé. Elle parvint avec le temps à polir les mœurs et à enfanter des chefs-d'œuvre de civilisation.

Anshéric vivait encore en 909, mais il semble que, neuf ans auparavant, il s'était démis de l'abbaye de Saint-Germain.

RICHARD.

Il a été surnommé *le Justicier* à cause de sa rare intégrité. Il était duc de Bourgogne, comte d'Autun et d'Auxerre, abbé de plusieurs monastères, parmi lesquels se trouvaient celui de Sainte-Colombe et celui de Saint-Germain d'Auxerre, auquel il donna la terre d'Irancy, qui renfermait cinq métairies : il la détacha de la mense abbatiale pour l'ajouter à celle des moines, ce qui lui concilia leur affection. Le roi Charles-le-Simple approuva cette donation par une charte datée de Troyes, le 22 avril de l'an 900, dans laquelle Richard a le titre de comte d'Auxerre et d'abbé de Saint-Germain (1). Le monarque, après avoir dit que ce monastère est un lieu très-sacré, ajoute : « Nous voulons que les moines ne soient jamais troublés dans la jouissance de ses biens. Ils trouveront toujours en nous appui et protection, en reconnaissance de ce qu'ils ne cesseront de prier Dieu pour notre conservation, pour le salut de l'Etat et pour celui de l'abbé Richard, notre fidèle serviteur. » Le prince signa cette charte et y apposa le sceau de ses armes.

C'est tout ce que l'on sait de Richard, qui mourut à

---

(1) Leb., mém., t. 2, pr. p. 6; Cartul. de S.-G., feuil. 26.

Auxerre, le 1er septembre 921. Il fut enterré dans l'église de Sainte-Colombe, près de Sens. Son amour pour la justice, qui l'avait porté à grossir la mense des moines, ne put l'obliger à se démettre de l'abbaye, tant les hommes tiennent à leurs intérêts temporels. Comme son esprit droit sentait l'inconvenance de cette possession, il crut apaiser les remords de sa conscience en mettant à la tête du monastère le moine Waldric, homme d'une grande sainteté, auquel il donna le titre d'abbé, sans pour cela renoncer à ses droits temporels.

Il fut témoin de la déposition du corps de l'évêque saint Betton, dans les cryptes de l'église. Son tombeau est devant la chapelle de saint Martin avec une épitaphe en caractères gothiques (1).

WALDRIC.

Issu d'une famille noble de l'Auxerrois, Waldric, Gualdric ou Gaudry, fut voué, par ses parents, à Dieu et à saint Germain; c'est pourquoi il fut conduit dès sa plus tendre enfance dans le monastère de ce nom, où il fut élevé avec soin dans la piété et dans la connaissance des lettres (2). Il répondit aux soins de ses maîtres; son humilité, son obéissance le rendaient le modèle des religieux de son âge. Il priait avec assiduité, mortifiait son corps et montrait un grand amour pour les pauvres, vertu dont il avait trouvé de grands exemples dans sa famille. Le duc Richard, qui aimait sincèrement la religion et qui affectionnait Waldric, à cause de sa haute naissance, lui confia la direction du monastère avec le titre d'abbé. On lui donne aussi celui d'archimandrite. Il montra, dans cette charge, tant de

(1) Leb., mém., t. 1, p. 212.
(2) Lab., bibl. mss, t. 1, p. 442.

prudence et de sagesse, qu'il passait pour l'homme le plus éminent et le plus vénérable du diocèse. L'évêque d'Auxerre étant mort en 918, on l'élut d'une voix unanime pour monter sur le siége de cette ville. Ses historiens racontent de lui des traits admirables de charité. Son cœur, naturellement tendre et généreux, lui faisait aimer les pauvres dans la personne desquels il révérait Jésus-Christ même. Tous les jours, après la messe, une foule d'indigents s'assemblaient devant la maison épiscopale, il leur distribuait lui-même un pain ou un demi-pain, selon l'âge, et un bon verre de vin (1). Des clercs chantaient des psaumes autour de lui pendant cette distribution. En carême, il ajoutait de l'argent, et le jeudi saint il donnait des vêtements. Saint Betton, son prédécesseur sur le siége d'Auxerre, faisait asseoir douze pauvres à une table placée à côté de la sienne. Il leur distribuait le premier mets qu'on servait devant lui et y ajoutait un second plat. Pendant le repas, on faisait une lecture (2). Les évêques, les abbés, les grands mêmes, en qui reposait l'esprit de Dieu, se distinguaient par un amour extrême envers les pauvres. Une bonne œuvre de l'époque était de les nourrir; ils étaient alors en grand nombre, parce que le peuple en général était malheureux. Outre le soin particulier que le clergé prenait d'eux, on voyait de simples fidèles sacrifier tous leurs biens pour venir à leur secours. Il était rare qu'on les oubliât sur les testaments. Il semble que la Providence, qui veille à tout, avait bâti pour eux des monastères où ils étaient nourris, habillés, et toujours accueillis avec une cordiale amitié. On voyait là cette lutte admirable de la charité chrétienne : le pauvre remerciait le religieux qui lui donnait du pain, et le religieux, à son

(1) *Cum optimo calice vini. Lab., bibl. mss*, t. 1, p. 444.
(2) Leb., mém., t. 1, p. 211.

tour, remerciait le pauvre de ce qu'il lui fournissait un moyen de gagner le ciel. On ne savait lequel des deux se retirait le plus satisfait.

C'est vers ce temps-là, c'est-à-dire environ l'an 913, que le corps de saint Martin fut reporté à Tours, après avoir demeuré trente-un ans tant à Chablis qu'à Auxerre. L'histoire de cette translation, qu'on peut lire dans André Duchêne, est attribuée à saint Odon, abbé de Cluny; mais elle est mêlée de tant d'anachronismes, on y voit si peu de critique et tant d'événements surnaturels, qu'on doute que saint Odon, homme instruit, en soit l'auteur. On croit qu'elle a été écrite à Cluny, par un moine qui ne connaissait ni Auxerre, ni son histoire, car il cite parmi les évêques de ce siége des prélats dont le nom ne se retrouve nulle part. L'auteur a cru ajouter de l'intérêt à son récit en y mêlant du merveilleux, comme s'il eût voulu en faire une épopée homérique. Toutefois on peut croire que les faits qui y sont rapportés étaient reçus comme vrais, dans le temps où ils ont été écrits. On peut aussi les regarder comme une vive peinture des mœurs, des croyances et des institutions de ce temps-là. On y voit que la présence des reliques de saint Martin à Auxerre faisait une sensation extraordinaire; que les malades, qui désiraient obtenir des guérisons, passaient la nuit en prières devant son tombeau, que pendant ce temps le clergé et le peuple priaient et chantaient les louanges ou l'office du saint.

Quoique la légende attribuée à saint Odon soit tombée dans le domaine de l'histoire, nous n'en rapporterons que quelques traits, à cause du peu de confiance qu'elle mérite; en voici un passage : « Les habitants de Tours se rendent à Auxerre avec leur inappréciable trésor. L'évêque et la ville, instruits du bruit de leur arrivée, se précipitent en foule à leur rencontre, pour recevoir de tels hôtes avec les honneurs qu'ils méritent, et déposent le corps du grand saint Martin dans l'église de Saint-Germain, à côté du cercueil du grand saint Germain lui-même. Là d'innombrables miracles éclatent par la vertu du bienheureux Martin. Les aveugles voient, les boiteux marchent, les fiévreux guérissent, les étiques deviennent saufs, les lépreux se purifient, les paralytiques reprennent l'usage de leurs membres. La rumeur publique, qui ne laisse jamais rien secret, répand dans tout le pays les merveilles de tant de guérisons, et l'on voit arriver à Auxerre une telle multitude de malades, que s'il faut compter ce qui est innombrable, on peut dire que la population de la ville ressemble à une armée, au point que ses murs, ne suffisant point à la contenir, elle se répand dans les villages voisins pour y trouver un asile. » On peut conclure de ce passage qu'il y eut à Auxerre une grande affluence de pèlerins durant le temps que les reliques de saint Martin y reposèrent, et que les miracles, accordés à la foi des fidèles, étaient aussi nombreux qu'extraordinaires. Un pareil concours eut lieu au treizième siècle, au tombeau de sainte Magdeleine, à Vézelay, et à celui de saint Edme, à Pontigny. Le peuple, qui était serf, travaillait peu; sa foi naïve et confiante lui faisait faire de longs voyages pour aller au tombeau d'un saint demander une guérison.

La légende concernant les reliques de saint Martin, ajoute des faits qui passent toute croyance, comme les miracles que saint Germain refuse de faire par courtoisie pour son hôte vénérable, auquel il en laisse l'honneur. L'imagination populaire a entouré cette translation d'événements bien plus merveilleux encore, c'est la châsse de saint Germain, qu'on a portée pour reconduire celle de saint Martin, et qu'on ne peut rapporter à Auxerre, parce qu'on n'a pas été assez loin, ou bien c'est cette même châsse que l'on voit marcher en l'air, sans nulle assistance humaine pour accompagner le saint évêque jusqu'aux limites du diocèse (1).

Il est vrai que nous sommes aux temps de la plus grossière ignorance et des plus épaisses ténèbres du moyen-âge. Les sciences et les arts sommeillent. On ne trouve plus que les travaux de quelques cénobites ornant les missels de belles vignettes, ou transcrivant quelques ouvrages de l'antiquité dans la paix et l'obscurité du cloître. C'est pourquoi, à l'époque où nous sommes arrivés, on connaît à peine le passage des abbés au gouvernement du monastère. L'histoire marche la plupart du temps à l'aide de conjectures. L'Église d'Auxerre n'avait cependant pas abandonné sa mission civilisatrice, elle avait toujours des écoles; Jean, qui fut élevé à la dignité épiscopale au dixième siècle, avait été *écolâtre* de cette ville. Il fit même présent au monastère de Saint-Germain de livres *bien conditionnés* (2). Nous venons de voir que l'abbé Waldric y fut élevé dans la connaissance des belles-lettres.

RAOUL OU RODOLPHE.

Dom Viole conjecture que Raoul, qui fut duc de Bourgogne, comte d'Auxerre et enfin roi de France, a été abbé séculier de Saint-Germain, l'ayant hérité de son père, Richard-le-Justicier. Sa femme, Emme ou Emime, donna à un de ses protégés la terre de Quincy, dépendante de la mense conventuelle des religieux : ce qu'elle n'eût pu faire si son mari n'avait pas été abbé de ce monastère. On pense aussi que cette princesse avait des droits sur l'abbaye, comme petite-nièce de Hugues-l'Abbé. Elle se trouva atta-

---

(1) Dom Viole, vie de saint Germain.
(2) Leb., mém., t. 1, p. 250 et 251.

quée dans ce même temps d'une infirmité grave, et crut voir la main de Dieu s'appesantir sur elle-même, parce qu'elle avait enlevé la terre de Quincy. Elle se recommanda donc à saint Germain et promit de la restituer s'il lui obtenait sa guérison ; ce qu'elle fit aussitôt que sa prière eût été exaucée. Comme on ne trouve point à cette époque de confirmations de biens de la part du prince, on en conclut que l'abbé lui-même, étant à la tête des affaires de l'Etat, son nom en imposait assez à la mauvaise foi, sans qu'il fût besoin d'autre titre.

Raoul mourut à Auxerre, le 15 janvier 936. Son corps fut transporté à Sainte-Colombe, pour être inhumé auprès de celui de Richard, son père (1).

Le monastère de Saint-Germain ne pouvait suffire à enrichir ses abbés séculiers et à pourvoir à l'entretien des moines. Gaudry, évêque d'Auxerre, qui l'avait gouverné, ne cessa de porter à ces derniers une affection toute particulière ; non-seulement il leur envoyait des provisions, mais encore il se transportait parmi eux, leur faisait des exhortations pour les porter à l'observance de la règle. Il les engageait aussi à s'occuper du travail des mains pendant les intervalles qui séparaient les exercices religieux. L'oisiveté étant la mère de tous les vices, il voulait qu'ils ne fussent jamais sans quelque occupation.

Parmi les présents que ce pieux évêque fit à l'église de Saint-Germain, on remarque une table d'argent, pour orner l'autel de saint Jean-Baptiste, placé à l'entrée et proche de la plus vieille et de la plus petite des deux tours. Il y ajouta une couronne d'argent que l'on supendit devant l'autel de saint Germain. Etant mort le 24 avril 933, il fut

---

(1) Viole, mss, t. 2, p. 880. Le président Hénault le fait mourir à Autun.

inhumé devant celui de saint Jean-Baptiste, qu'il avait si richement orné (1).

HUGUES-LE-GRAND.

Cet homme déjà si riche, qui possède des provinces entières, qui met à contribution la sueur des peuples, qui vient de recueillir la succession de son beau-frère Raoul, veut aussi dépenser le revenu du patrimoine monastique, les dons des fidèles, la fortune des pauvres. Quelle figure va faire ce prince du siècle au milieu des paisibles religieux de Saint-Germain ?

L'histoire a conservé le souvenir des faveurs et des exemptions extraordinaires qu'il obtint pour son monastère. Les évêques d'Auxerre n'avaient pas cessé de réclamer contre les prétentions des abbés laïques, qui repoussaient leur juridiction, et qui s'attribuaient tant de droits sur le temporel du monastère. Hugues-le-Grand, à l'aide du crédit sans borne dont il jouissait à la cour, obtint du roi Louis-d'Outre-Mer. une confirmation des biens et des priviléges de l'abbaye, auxquels il fit ajouter quatre clauses : 1° qu'aucun évêque ou autre personne déléguée par lui ne pourrait rendre de jugement contre le monastère ; 2° que les biens des religieux et leurs serfs seraient exempts de toute espèce d'impôts ; 3° que l'abbé ne pourrait détourner les revenus de la maison, ni rien exiger des moines ; 4° qu'il ne pourrait aucunement disposer des offrandes qui leur seraient

---

(1) En 1716, comme on s'occupait de démolir la chapelle de saint Jean-Baptiste, on fit une fouille pour chercher le corps de l'évêque Gaudry et lui donner une sépulture plus honorable. On trouva un vaste tombeau construit en briques simples et sans inscription, mais on crut qu'il n'appartenait pas à cet évêque, qu'il avait été transporté ailleurs lorsqu'on bâtit le portique et que l'on réédifia la chapelle de saint Michel et celle de saint Jean-Baptiste. Leb., mém., t. 1, p. 217.

faites par ceux qui entreraient en religion, mais qu'elles leur appartiendraient totalement ; enfin que les évêques d'Auxerre n'auraient à l'avenir aucun droit sur le gouvernement de l'abbaye, et que, si l'un d'eux s'avisait de la demander au roi de France ou s'il la faisait demander pour lui par les moines de cette maison, non-seulement elle lui serait refusée, mais qu'en outre il serait condamné à une amende de cent livres d'or, laquelle serait partagée entre la chambre du roi et les moines. Le titre, passé à Auxerre, est du 26 juillet 936 (1). Cette exemption fut dans la suite le palladium des religieux, toutes les fois que les évêques d'Auxerre voulurent entreprendre quelque chose contre leurs immunités. Tous les monastères, toutes les corporations avaient leurs franchises qu'ils tenaient des papes ou des princes laïques, qui donnaient souvent des exemptions contraires aux canons. Plus tard, lorsque les maisons religieuses se multiplièrent, les abbés mettaient pour première clause, en les fondant, que l'évêque du lieu ne pourrait déroger en rien à leur règle ni attenter à leurs propriétés, car les prélats qui disposaient du temporel des monastères de leur diocèse, pouvaient les appauvrir tout-à-coup. Alors intervenaient les bulles des papes, qui rendaient inviolable tout ce qui leur appartenait.

Après la mort de Raoul, Hugues-le-Grand, son beau-frère, eut, touchant la succession au duché de Bourgogne, un grand démêlé avec Hugues-le-Noir, aussi son beau-frère. Louis-d'Outre-Mer les mit d'accord, en leur faisant partager cette province : Hugues-le-Noir eut, dans son lot, le comté d'Auxerre, et avec lui l'abbaye de Saint-Germain comme une annexe qui semblait en être inséparable, ainsi que du duché de Bourgogne.

Hugues-le-Grand mourut honoré des éloges de toute la

(1) Cartul. de S.-G., feuil. 53. *Gall. chr.*, t. XII, col. 576.

France qui perdait en lui un homme distingué. On a dit qu'il régna vingt ans sans être roi. Il fut surnommé *le Blanc* à cause de son teint, *le Grand* à cause de sa taille, *le Prince* à cause de son pouvoir, et *l'Abbé* à cause des monastères qu'il possédait. Il mourut à Dourdan (1) un dimanche, seizième de juin de l'année 956, et fut enterré à Saint-Denis.

HUGUES-LE-NOIR.

Il était fils du duc Richard, frère de Raoul ou Rodolphe, et beau-frère de Hugues-le-Grand. Il se rendit recommandable auprès des moines de Saint-Germain, en leur restituant la terre de Molay, qui avait été échangée pour celle de Requeneux, avec le comte Conrad. Elle fut unie au domaine royal, lors de l'exil de ce dernier, et donnée ensuite par Charles-le-Chauve à Boson, son beau-frère. Celui-ci la rendit gratuitement aux moines, pour le repos de l'ame de ce monarque, son illustre bienfaiteur, du consentement de Louis-le-Bègue. Pendant le règne suivant, la terre de Molay fut reprise aux religieux, et annexée de nouveau au domaine du roi. Les moines réclamèrent contre cette spoliation. Enfin leur abbé séculier leur fit rendre justice, et cette terre fut recouvrée en 937. La charte de concession donne à Hugues le titre de vénérable abbé. Dans une autre, délivrée six mois auparavant, le même prince est qualifié de duc et d'abbé, ce qui fait croire à dom Viole que le premier n'est pas le même que Hugues-le-Noir, qui mourut après l'an 947 (2). Quelques auteurs pensent qu'après sa mort, Hugues-le-

---

(1) Leb., mém., t. 1, p. 7, préface.
(2) Dom Viole, mss, t. 2, p. 885.

Grand reprit, pendant quelque temps, le gouvernement du monastère (1).

Un moine, nommé Gerlan, homme d'une grande sainteté, vivait alors à Saint-Germain. Ses vertus religieuses et ses talents personnels ne purent rester longtemps ensevelis dans le cloître. Le clergé de Sens l'élut pour son archevêque en 938 et l'enleva au monastère. Il mourut en 954. Son corps fut rapporté à Auxerre, comme il l'avait demandé, et inhumé solennellement dans l'église de Saint-Germain (2)

GISLEBERT.

Gislebert était fils de Richard-le-Justicier, selon Belleforêt, et seulement son gendre, si l'on en croit André Duchêne (3). Flodoard, auteur contemporain, le dit issu de Manassès de Vergy (4), qui jouissait d'un grand crédit à la cour du duc Richard ; il aurait obtenu sa fille pour son fils qui serait devenu abbé de Saint-Germain, comme héritier de Hugues-le-Noir, mort sans enfants. Gislebert vécut dans une grande intimité avec Hugues-le-Grand, qui gouvernait alors l'Etat. Comme il passait avec lui la fête de Pâques, en 955, il mourut subitement le mardi suivant, ainsi qu'on le voit dans la chronique de Sainte-Colombe de Sens. Il avait légué le duché de Bourgogne ou plutôt sa portion à Hugues, qui le suivit de près dans le tombeau.

OTHON.

Il était le deuxième fils de Hugues-le-Grand et frère de

---

(1) *Gall. chr.*, t. 7, col. 376.
(2) *Ibid.*, t. 7, col. 29. Dom Viole rapporte son élection à l'an 946.
(3) Dom Viole, mss, t. 2, p. 887.
(4) Courtépée, t. 1, p. 123.

Hugues Capet, roi de France. Il épousa la fille aînée de Gislebert, nommée Leudegarde. Celui-ci n'ayant point laissé d'enfants mâles, Othon eut la Bourgogne ainsi que les abbayes qui s'y trouvaient, comme c'était l'usage parmi les princes de sa famille, au rapport d'Aïmoin. Il mourut encore jeune et sans postérité, en 963, selon la chronique de Saint-Bénigne de Dijon. Il était pieux, appliqué à l'accomplissement des devoirs de la religion. Il avait surtout une dévotion particulière pour saint Germain, c'est pourquoi il demanda, en mourant, d'être enterré dans l'abbaye qui portait son nom.

Les moines virent encore, en 962, un frère sortir de leurs rangs, pour monter sur le siége épiscopal d'Auxerre. C'était Richard, d'une vertu éprouvée par un long séjour dans le cloitre, et d'une famille noble. Il mourut au bout de neuf ans d'épiscopat, et fut enterré à Saint-Germain. La noblesse, dans ces siècles d'esclavage, jouissait de la plus haute considération; l'esclave ou roturier était si peu estimé qu'il semblait inoui qu'il fût parvenu aux charges publiques. Le noble portait l'épée, disposait du sol et de ceux qui le cultivaient à son profit. On croyait même généralement que le ciel lui départissait des qualités qu'il refusait au reste des hommes. La religion rétablissait l'ordre en ouvrant les portes de ses monastères à tous les fidèles indistinctement; en prêchant, dans ses chaires, que tous les hommes sont frères, et qu'ils doivent s'aimer et se faire du bien les uns aux autres.

HENRI-LE-GRAND.

Ce troisième et dernier fils de Hugues-le-Grand prit possession de la Bourgogne immédiatement après la mort de son frère Othon, décédé sans enfants.

Après environ cent-cinquante ans de tribulations, les anciens monastères, dont les richesses avaient fait le malheur, en les livrant entre les mains des laïques, sortent enfin de l'esclavage. Le temps de la grossière ignorance se dissipe, la foi reprend ses droits sur les cœurs. On sent toute l'inconvenance d'un abbé séculier qui vient, avec sa suite, troubler le repos des serviteurs de Dieu et dissiper, en prodigalités, les dons des fidèles. Ce scandale, contre lequel les gens de biens n'avaient pas cessé de réclamer, va avoir un terme. Hugues Capet, qui cherchait à signaler son avénement au trône par quelque action d'éclat, remit aux moines la liberté d'élection, selon les anciens canons, dans tous les monastères qu'il possédait. Ces largesses eurent un profond retentissement. Tous les grands du royaume imitèrent son exemple: alors les moines recouvrèrent, avec leurs anciens droits, des richesses immenses. Cette libéralité valut au roi et aux grands les suffrages des moines et du clergé tout entier.

Le duc Henri, dont l'histoire loue la piété et l'amour pour le bien, n'avait pas attendu l'exemple de son frère. Il eût voulu posséder tous les monastères de France pour les affranchir en un seul jour. La chronique de Saint-Bénigne dit qu'il était réglé dans ses mœurs, qu'il excellait en douceur, qu'il honorait l'Église et ses ministres. Guy de Munois, dans son livre *des gestes des abbés de Saint-Germain*, l'appelle le juge et le protecteur des veuves, le père des orphelins, l'œil des aveugles, le pied des boiteux. Non-seulement il se défit avec joie de l'abbaye de Saint-Germain, mais encore il voulut y rétablir l'observance régulière. Pour atteindre ce but, il jeta les yeux sur saint Mayeul, abbé de Cluny, l'homme le plus saint et le plus capable qu'il connût. Il le supplia de se rendre à Saint-Germain, pour y rétablir la discipline que le passage de tant d'abbés séculiers n'avait que trop affaiblie. Le saint, qui brûlait de procurer la gloire de Dieu, accepta la proposition du duc. Son arrivée réjouit les moines, qui se répandirent en actions de grâces au pied des autels.

SAINT MAYEUL.

Ce grand homme, qui devait illustrer la vie monastique, naquit à Avignon, vers l'an 906, d'une famille noble et riche qui avait fait des dons considérables à l'abbaye de Cluny. Ayant perdu son père et sa mère encore jeune, il se retira à Mâcon chez un seigneur de ses parents. L'évêque de cette ville l'agrégea à son clergé et le fit chanoine. Quelque temps après, le jeune Mayeul se rendit à Lyon pour y étudier la philosophie : les progrès qu'il fit dans cette science lui attirèrent l'admiration de ses maîtres. Bientôt le peuple et le clergé de Besançon réunirent leurs suffrages en sa faveur pour en faire leur archevêque. En ayant été informé, il prit la fuite et se retira à Cluny, où il fit profession vers l'an 942. L'abbé de ce monastère, voulant se donner un successeur de son vivant, le fit nommer en sa place. Le saint montra dans cette fonction tant de sagesse, qu'il acquit l'estime et le respect non-seulement des moines et du clergé, mais encore de tous les grands personnages de son siècle avec lesquels il fut en correspondance et en relation intimes. L'empereur Othon-le-Grand lui donna l'inspection générale de tous les monastères de ses Etats. Cet homme extraordinaire, que la divine Providence semblait avoir suscité pour réformer les anciennes maisons religieuses, fut appelé de tous les côtés à la fois. Pour satisfaire l'empressement que les moines témoignaient de le voir et de l'entendre, il passait d'une abbaye dans une autre. Partout il était accueilli avec respect, écouté comme un envoyé du ciel. Les grands renonçaient, de toutes parts, aux abbayes qu'ils possédaient ; les moines devenus libres voulaient se retremper dans les devoirs de leur saint état. Au milieu de ce mouvement général vers le bien, saint Mayeul fut appelé successivement à Saint-Germain d'Auxerre, à Saint-Michel de Tonnerre, à Moutiers-Saint-Jean, à Saint-Pierre de Molosmes, à Saint-Vivant, à Bèze et en bien d'autres endroits, tant en France qu'en Italie. Tous ces monastères l'ont placé au rang de leurs abbés et lui-même prenait volontiers ce titre dans chacun d'eux, pour inspirer plus de confiance aux moines. Il trouva les esprits si bien disposés, et Dieu bénit tellement son apostolat, que la règle de saint Benoît fut remise en vigueur dans tous les établissements où il s'arrêta. Comme l'ambition et le prosélytisme n'entraient pour rien dans les démarches de ce saint homme, il laissa les monastères dans leur indépendance et ne prétendit nullement les assujettir à celui de Cluny, dont il était abbé. Cependant nous verrons plus tard cette illustre abbaye, dans l'enivrement de sa prospérité, prétendre à un droit de suprématie sur toutes celles où saint Mayeul avait établi la réforme.

Guy de Munois, dans sa chronique des abbés de Saint-Germain, élève bien haut la vertu de cet homme de Dieu. Ses discours avaient tant d'onction, son cœur paraissait si pénétré de ce qu'il prêchait, que les plus indifférents ne pouvaient résister à son éloquence entraînante. Dans le gouvernement intérieur du monastère, il était si doux, si humble ; il prévenait les frères de tant de marques de bonté, qu'il leur était impossible de ne pas aimer un homme qui voulait si ardemment leur perfection.

Mayeul arriva, à Saint-Germain, entouré de cette réputation de vertu et de sainteté qui donne tant d'empire sur l'esprit des hommes. Il était accompagné d'Heldric, son disciple. Ses exemples et ses exhortations furent si puissants, que la règle, qui venait d'éprouver des atteintes graves sous les titulaires laïques, reprit toute sa vigueur.

L'administration des abbés séculiers fut comme une longue persécution durant laquelle les plus sublimes vertus brillèrent parmi les moines : ils fournirent une carrière remplie de sacrifices et de dévouement. La pauvreté, le délaissement de la Providence, la patience dans les tribulations étaient leurs vertus ordinaires; ajoutons tant d'occasions d'exercer la charité envers une population appauvrie par les malheurs publics et abrutie par l'ignorance et l'esclavage. Si parfois la discipline éprouve des atteintes parmi eux, l'oppression sous laquelle ils gémissent semble les justifier aux yeux des peuples. La première fois que les annales du monastère parlent de relâchement, c'est lorsque saint Mayeul y entra pour y établir une réforme. Sous ce grand maître de la vie spirituelle, les moines eurent bientôt reconquis la vénération publique. On ignore à quelle époque il vint à Saint-Germain et le temps qu'il y demeura; on sait seulement que ce fut entre l'an 972 et l'an 989. Lorsqu'il jugea que sa présence n'y était plus nécessaire, il passa dans d'autres maisons, laissant pour abbé Heldric, son digne élève, l'imitateur de ses vertus et de son zèle. Saint Mayeul était au prieuré de Souvigny-en-Bourbonnais, lorsqu'il tomba malade. Une si belle vie devait être couronnée par une fin digne d'admiration. Les moines de ce monastère ont vu tout ce qu'il y avait de calme et de sérénité, d'espérance et de foi chez cet homme de bien qui allait recevoir la récompense de ses travaux. Il rendit l'esprit le onzième de mai de l'année 994, jour auquel on célèbre sa mémoire (1).

Saint Odilon, abbé de Cluny, son contemporain, parle de cet homme de Dieu avec autant d'emphase qu'il en avait mis à rapporter la translation des reliques de saint Martin.

(1) Dom Viole, mss., t. 2, p. 895.

« Mayeul, dit-il, fut cher à Dieu et aux hommes. Une foule innombrable de catholiques, les plus honorables prêtres, les moines les plus pieux, les vénérables abbés, le respectaient comme leur très-saint père ; les savants et saints évêques le traitaient comme un frère chéri; les empereurs, les impératrices, les rois et les princes du monde l'appelaient leur seigneur et leur maître. Honoré de tous les pontifes du siége apostolique, il était vraiment, dans ce temps-là, le prince de la religion monastique. L'illustre César, Othon-le-Grand, l'aimait de tout son cœur. La femme de l'empereur, l'auguste et sainte impératrice Adélaïde, aussi sincère dans sa charité qu'admirable dans sa piété, lui portait la plus tendre affection. Il n'était pas moins cordialement chéri par l'empereur Othon, leur fils, par Conrad, noble et pacifique frère de l'impératrice, et par Mathilde, sa glorieuse épouse; et plus tous ces éminents personnages voyaient Mayeul, plus ils s'attachaient à lui. Que dirai-je du très-noble Henri, duc de Bourgogne, de Lambert, homme très-illustre et très-noble comte; de Guillaume, de Richard, très-braves ducs d'Aquitaine et de Normandie ; des princes et des marquis italiens...? Le bienheureux Mayeul, par la grâce du Seigneur, a tellement été glorifié et exalté en présence des rois et des princes, en face de tout le peuple, que nous pouvons sans doute dire de lui ce que l'Ecclésiastique dit du grand serviteur de Dieu Moïse : Dieu l'a glorifié à la face des rois et lui a communiqué sa gloire. Après sa mort, le roi Hugues Capet honora de sa présence ses funérailles et son tombeau, où de nombreux miracles ne tardèrent pas à éclater. »

Le duc Henri, en affranchissant le monastère de Saint-Germain, n'avait pas, comme d'autres seigneurs, cédé à l'impulsion de son siècle : il avait suivi le mouvement de son cœur, car il avait consacré son existence au bonheur des autres. Il s'était voué uniquement à la bienfaisance. Il allait au-devant des besoins des malheureux, accueillant toujours la prière du pauvre. L'abbaye de Saint-Germain reçut continuellement des marques de sa munificence : il l'affranchit des droits de sauve-garde et de maréchaussée, qui pesaient sur elle depuis plus d'un siècle. La charte étend cette exemption sur les terres d'Héry, du Mont-Saint-Sulpice, de Chichy, d'Ormoy, d'Hauterive, de Néron, de Villiers-Vineux, de Bleigny, d'Irancy, de Diges, de Requeneux, de Bernay, de Molay et d'Aucep. Perrigny fut seulement déchargé de la sauve-garde. Les bons moines avaient imploré la protection des ducs de Bourgogne pour défendre leurs propriétés contre les envahissements des seigneurs du pays. C'était, pour eux, une occasion de se montrer grands et généreux. Le contraire arriva; car quoique plusieurs de ces princes eussent été abbés titulaires du monastère, nous avons vu que le passage de leurs troupes et leurs réquisitions lui avaient été très-onéreux ; c'est pourquoi l'affranchissement, par le duc Henri, de ces charges auxquelles Landry, comte d'Auxerre, donna son consentement, fut pour les moines une ère nouvelle de repos et de bonheur.

Pour leur assurer une liberté pleine et entière dans l'élection des abbés, le même duc fit délivrer une charte par Hugues Capet, son frère, en date du 11 octobre 995, dans laquelle il est dit que les moines de Saint-Germain jouiront, à perpétuité, de la liberté d'élire leurs abbés, conformément à la règle de saint Benoit, avec défense à quelque prince que ce soit de demander leur abbaye aux rois pour la posséder, comme cela avait déjà eu lieu. Pour assurer son indépendance, il la mit sous la protection immédiate du Saint-Siége. Enfin, il recommande aux rois de France et aux ducs de Bourgogne, ses successeurs, de veiller à l'exécution de ses dernières volontés : la charte ajoute qu'il aime l'abbaye de Saint-Germain, qu'il en a choisi le grand et illustre patron pour être son intercesseur auprès de Dieu dans les cieux (1). Que de bienfaits après tant de tribulations !

Encore un mot sur le grand duc Henri : il était plein de zèle pour la décoration des temples : il commença la construction de l'église collégiale de Beaune, il fournit des secours à l'abbé Guillaume pour rebâtir celle de Saint-Bénigne de Dijon, aujourd'hui la cathédrale de cette ville. Enfin, il ne se fit pas une œuvre pie en Bourgogne qu'il n'y eût une large part. Ses contemporains l'ont comblé d'éloges et lui ont décerné le titre de *Grand*, qu'il a mérité par ses bonnes œuvres et parce qu'il a fait des heureux. L'histoire n'est pas juste lorsqu'elle profane ce beau nom, en le donnant à ces ravageurs de provinces que l'on nomme conquérants, qui ne font que des malheureux. Hugues Capet appelait ce vertueux frère *le grand duc* (2).

Enfin, après une vie si pleine de mérites et de bonnes œuvres, le duc Henri mourut dans son château de Pouilly-sur-Saône, en 1002. Sa fin fut celle du juste qui va recueillir dans le ciel la récompense de ses bonnes œuvres sur la terre. Il avait demandé, par son testament, que son corps fût transféré dans l'abbaye de Saint-Germain d'Auxerre, et inhumé auprès de celui du duc Othon, son frère, ce qui montre que, de tous les monastères de Bourgogne, c'était celui pour lequel les deux ducs professaient plus de vénération (3). Honorée désormais des plus hautes marques de confiance des papes, des rois, des princes, l'abbaye de Saint-Germain va continuer son ascendant sur l'esprit des populations.

Jusqu'ici, l'histoire des abbés de ce monastère a présenté

(1) Cartul. de S.-G., feuil. 28.
(2) Courtép., t. 1, p. 127.
(3) Cartul. de S.-G., f 79.

beaucoup d'incertitude. Le père Viole avoue lui-même l'embarras qu'il a éprouvé dans ses recherches sur les titulaires tant réguliers que laïques. Cependant nous avons trouvé dans des chartes d'une authenticité incontestable, les noms de presque tous ceux qui ont été cités jusqu'ici : les erreurs ne pourraient tomber que sur des dates ou sur l'oubli de quelques-uns d'entre eux. Les titres du monastère ont été exposés à tant d'accidents divers, soit de la part des ennemis, soit de celle des abbés laïques, qui n'en connaissaient pas le prix, qu'on est étonné de retrouver encore une chronique de chaque siècle en particulier ; car, depuis l'invasion des Sarrasins, que d'événements sont venus affliger la communauté de Saint-Germain ! Que d'exemples de vertus sont demeurés dans l'oubli ! Que de moines ont illustré leur siècle par une sainteté éminente, et dont les mérites n'ont été connus que de Dieu et des frères du monastère !

A partir du dixième siècle, l'abbaye de Saint-Germain a ses historiens particuliers, ses chartes et autres monuments historiques : c'est là où nous puiserons les faits divers qui la recommandent au souvenir de la postérité.

HELDRIC.

RETOUR AUX ABBÉS RÉGULIERS QUI ONT PORTÉ LA CROSSE JUSQU'A LA COMMENDE, EN 1540, CE QUI RENFERME UN ESPACE DE 551 ANS, DURANT LESQUELS ON COMPTE VINGT-HUIT ABBÉS.

Saint Mayeul, auquel sa longue expérience avait donné une grande connaissance des hommes, avait désigné lui-même Heldric pour le remplacer, lorsqu'il quitta le monastère de Saint-Germain, vers l'an 980. C'était, pour nous servir des expressions de dom Viole, un homme d'un mérite distingué, d'une grande vertu, d'un esprit tout de feu et rempli de zèle pour l'observance régulière (1). Comme les saints se sentent et se comprennent, Heldric s'était attaché aux pas du saint réformateur et l'avait accompagné dans ses différents voyages, surtout dans celui qu'il fit à Rome, en 949. Souvent il avait partagé, avec son maître, le ministère de la parole. Saint Mayeul s'était même déchargé sur lui du soin de quatre monastères dans lesquels il avait rétabli l'observance régulière et dont il portait le titre d'abbé : c'était celui de Saint-Germain d'Auxerre, celui de Moutiers-Saint-Jean, le célèbre monastère de Flavigny-en-Auxois, qu'il gouvernait en 992, et celui de Saint-Léger où il était en 993. Achard, prieur de Saint-Germain, homme d'une sainte vie, remplaçait Heldric, lorsque le gouvernement de ces différentes maisons l'obligeait à s'absenter. Après avoir rempli longtemps, dans ces établissements, les fonctions d'abbé, il en fit nommer d'autres à sa place et ne conserva que celui de Saint-Germain. Il avait alors soixante ans.

Le monastère de Saint-Léger, que le duc Henri avait donné à l'abbé Heldric, à la prière de la princesse Gersinde, sa seconde femme, devint une maison conventuelle de Saint-Germain. Le roi Robert confirma cette donation la huitième année de son règne. Ce prieuré, appelé anciennement Champeaux, était situé dans le diocèse de Langres, à cinq lieues de Dijon. On lui donna le nom de Saint-Léger parce qu'il était bâti près d'une église de ce nom. Théodrade, fille de Charlemagne, et de Falostrade, sa seconde femme, abbesse d'un monastère de filles à Argenteuil, près Paris, restaura, comme on croit, celui de Saint-Léger (2),

---

(1) Dom Viole, t. 2, p. 896.
(2) Du Tillet, vie de Charlem.

qui était aussi occupé par des religieuses, et le donna, vers l'an 800, à l'abbaye de Saint-Germain.

Cet établissement, que le pape Innocent III appelait un noble prieuré, tomba, comme tant d'autres, entre les mains des laïques. L'observance régulière ne tarda pas à s'y affaiblir. Le duc Henri, touché de l'état déplorable où la domination des seigneurs l'avait réduit, le remit, en 994, entre les mains d'Heldric, pour le réformer (1). Il ne borna pas là ses bienfaits pour cet établissement; il rebâtit les lieux réguliers et lui rendit la seigneurie de Magny, que ses prédécesseurs en avaient détachée pour l'annexer au duché; mais il ne put parvenir à lui faire recouvrer ses anciennes rentes, parce qu'elles étaient perdues depuis trop longtemps.

Heldric comprit que ce monastère se soutiendrait difficilement de lui-même, qu'ainsi il était bon, pour y maintenir la discipline, qu'il dépendît d'un autre plus considérable. Après en avoir conféré avec le grand duc, ils convinrent de supprimer le titre d'abbé et d'en faire un prieuré conventuel de Saint-Germain, où l'on entretiendrait, à perpétuité, huit religieux ou davantage, si ses ressources le permettaient. Ce fut peut-être alors que les religieuses, qui y existaient lors de sa fondation, furent remplacées par des moines. Hugues Capet donna son approbation à ces changements en 996.

Le prieuré de Saint-Léger jouit longtemps d'une grande considération dans l'esprit des abbés de Saint-Germain, qui y allaient quelquefois officier pontificalement. Ils s'étaient réservé, sur ses revenus, un marc d'argent évalué depuis à dix livres. Plusieurs fiefs de sa dépendance leur rendaient une pareille somme, ainsi que l'hommage à chaque mutation de seigneur. Le nombre des frères, fixé d'abord à huit,

---

(1) Cartul. de S.-G., feuil. 28.

fut porté à douze. En 1394, le prieur Odo d'Inzenincourt les fit réduire à sept; il a été restreint depuis à six, parmi lesquels était un sacristain à la collation de l'abbé de Saint-Germain : c'est pourquoi certains prieurs se sont fait représenter sur leur tombe avec six religieux (1).

Au treizième siècle, quatorze prieurés conventuels et huit non conventuels dépendaient de l'abbaye de Saint-Germain. Au dix-huitième, sur ces vingt-deux prieurés, il ne lui en restait plus que douze; les autres avaient été supprimés successivement ou réunis à l'abbaye. Voici leurs noms : Saissy-les-Bois, Moutiers-en-Puisaye, Saint-Sauveur, Saint-Léger, Decize, Moutiers-Heraud, Saint-Florentin, Châtillon, Mazilles, Egriselle, Saint-Verain et Notre-Dame-de-la-Chapelle-aux-Catz. Quatre avaient été supprimés vers la fin du dix-septième siècle; c'étaient Beaumont, Notre-Dame-de-Pesme, Vay et Barcenay.

Ces établissements étaient souvent formés de monastères qui, venant à déchoir de leur premier état, tant au spirituel qu'au temporel, étaient incorporés à d'autres, pour éviter la ruine totale dont ils étaient menacés. L'abbaye qui s'en chargeait en supprimait le titre qu'elle remplaçait par celui de doyen ou de prieur, et y rétablissait la discipline. Hugues de Challon, évêque d'Auxerre,

(1) On pense que le premier d'entre eux a été Fulcher, qui vivait vers l'an 1000. Arnulphe ou Arnould fut son successeur. Le prieur Robert reçut beaucoup de donations : Etienne Baudet lui légua soixante livres, monnaie de Vienne. On trouve ensuite les prieurs commendataires qui en exploitent les revenus. La famille de Saulx de Tavannes en a fourni successivement trois ; celle de Charme en a donné deux ; ils se transmettaient cet établissement comme une succession de famille. En 1570, le prieur Anne de Givry payait trente-trois livres pour la pitance des religieux de Saint-Germain, cinq sous pour l'office de chantre et dix à l'abbé. Dix-sept prieurs sont cités par dom Viole : le dernier, Henri de la Motte Oudaucourt, qui était commendataire, vivait en 1668. Il n'y restait plus alors que deux prêtres et le sacristain. — Voy. dom Viole, mss., t. 2, p. 1558 et suiv. Dom Cotron, p. 775.

donna ainsi à l'abbaye de Cluny le monastère de Couches, celui de Paray-le-Monial et celui de Saint-Marcel de Châlons. Le duc Henri donna de même celui de Saint-Léger à l'abbaye de Saint-Germain. C'est afin, dit la charte de donation, que les religieux puissent continuer à vaquer à leurs devoirs et que leur monastère subisse une réforme.

D'autres prieurés appelés *Celles* n'avaient jamais eu de titulaires. Les additions aux capitulaires de Louis-le-Débonnaire permettent aux abbés d'avoir sous leur direction des celles habitées par des moines ou des chanoines, pourvu que, si ce sont des moines, il n'y en ait pas moins de six dans chacune (1).

Ces petits monastères sont quelquefois nommés *obédienceries*, parce que les religieux des grands établissements qu'on y envoyait n'y demeuraient qu'autant qu'il plaisait à l'abbé. Ils devaient se présenter tous les ans au monastère d'où ils étaient sortis, pour y exercer, pendant quelque temps, les fonctions de leur Ordre, soit de prêtre, soit de diacre, afin que l'on vît s'ils avaient conservé l'habitude des cérémonies de l'Église, de la modestie et du recueillement qu'on leur avait recommandé pendant leur noviciat. Ils ne pouvaient retourner dans leurs maisons qu'avec un nouvel ordre de l'abbé et des religieux. Les corps enseignants, soit de frères des écoles chrétiennes, soit de sœurs, que nous voyons aujourd'hui dans nos villes et dans nos campagnes, suivent le règlement des anciennes obédienceries ; l'envoi et le rappel des frères ou des sœurs est subordonné à la volonté des supérieurs, c'est ce qui maintient la discipline qui tomberait facilement dans ces établissements composés de deux ou trois membres.

(1) *Provideat ne minus de monachis ibi habitare permittat quam sex.* Dom Viole, *passim*.

Les prieurés ont aussi été fondés pour décharger une communauté trop nombreuse, ou pour donner une règle aux moines envoyés pour prendre soin des fermes éloignées. On bâtissait à ceux-ci des oratoires où ils observaient la vie régulière, autant qu'il était possible, sous la conduite d'un prieur envoyé par l'abbé.

Saint Benoît, dans sa règle, semble n'avoir eu aucune idée de ce qu'on appelle aujourd'hui congrégation religieuse; il ne s'est proposé que le gouvernement d'un monastère. L'abbé doit y commander sans dépendance, sans concours étranger. Un monastère en fondait-il un autre, le titulaire de ce dernier établissement devenait indépendant. La règle ne parle que d'une famille, d'une habitation; cependant tous suivaient le même règlement. Ce ne fut que vers le neuvième siècle que les abbés commencèrent à retenir une juridiction sur les maisons de leur filiation.

Héribert, évêque d'Auxerre, portait une affection particulière aux moines de Saint-Germain. Touché de la vie édifiante de leur abbé, il lui donna onze églises, savoir : Saint-Cyr de Perrigny, Saint-Maurice de Venoy, Saint-Germain d'Irancy, Saint-Georges d'Escamps, Saint-Pierre de Préhy, Saint-Martin de Diges, Notre-Dame de Beines, Saint-Germain d'Héry, Saint-Loup d'Auxerre, Saint-Martial de Seignelay et Saint-Pierre de Moutiers, qu'on croit être Moutiers-en-Puisaye. Le droit que conférait une semblable concession consistait à nommer ou à présenter des curés ou des vicaires perpétuels pour chacune de ces églises. Quant aux dîmes ou aux autres droits curiaux, l'abbaye n'en jouissait qu'autant que les paroisses se trouvaient sur ses terres seigneuriales.

L'évêque Jean, successeur d'Héribert, donna à Saint-Germain des vignes et des livres. Il avait demandé, par son testament, d'être enterré, non dans l'église de l'abbaye, c'eût été trop d'honneur pour un homme aussi humble, mais en dehors, sous l'égoût, ce qui eut lieu en 998. Cependant, trois siècles plus tard, lorsqu'on agrandit l'église, on leva son corps de terre et on le transporta devant l'autel de saint Pierre.

Ce vénérable prélat, étant près de mourir, fit venir Achard, prévôt de l'abbaye, et lui fit part d'une vision qui l'avait beaucoup consolé dans ses douleurs. Il vit Jésus-Christ accompagné de saint Germain et de plusieurs autres saints, tous éclatants de lumière; ils lui promirent qu'il serait admis au milieu d'eux, aussitôt qu'il aurait rompu les liens qui l'attachaient à la terre. Lorsqu'il eut raconté cette vision qui le comblait de joie, il récita quelques prières, invoqua plusieurs saints, laissa échapper quelques soupirs, les yeux élevés au ciel, et s'endormit doucement dans le Seigneur, le 21 janvier 998 (1).

A cette époque, un grand différend s'éleva entre Heldric et l'archevêque de Sens. Ce dernier avait fait construire deux moulins sur l'Armançon; comme la rivière formait la limite des propriétés seigneuriales des deux titulaires, les moulins se trouvaient par conséquent sur le territoire commun. L'abbé mit opposition à leur construction; l'archevêque éleva des prétentions sur la totalité de la rivière. Enfin on résolut de s'en rapporter au jugement de Dieu, c'est-à-dire au duel, loi barbare que la religion chrétienne n'avait pas encore pu détruire, et qui était tellement passée dans les mœurs, que des hommes recommandables croyaient pouvoir la mettre en pratique sans blesser leur conscience. Comme les moines ne pouvaient, d'après les canons, porter les armes, les lois féodales les autorisaient à choisir un champion pour combattre à leur place, et on croyait que Dieu, par un miracle, faisait triompher, dans

---

(1) Leb., hist. des évêques d'Auxerre, t. 1, p. 231. Dom Viole, hist. mss. des abbés de S.-G., t. 2, p. 206.

le combat, celui qui avait le bon droit. Déjà chacun d'eux avait choisi son champion, lorsqu'ils descendirent à un accommodement dans lequel les moulins furent déclarés communs. Heldric, craignant que ce différend ne troublât la bonne harmonie qui avait toujours régné entre lui et l'archevêque de Sens, fit don à ce prélat de quelques reliques de saint Etienne. Il y attacha tant de prix, qu'en retour il gratifia l'abbé de quatre églises qui se trouvaient sur son domaine seigneurial, savoir : Saint-Pierre du Mont-Saint-Sulpice, Saint-Pierre d'Ormoy, Notre-Dame d'Hauterive (1) et Saint-Martin de Chichy (2), ce qui lui donnait sur ces églises les mêmes droits que ceux qu'il avait déjà sur celles que lui avait octroyées l'évêque Héribert.

Les moines marchaient à grands pas dans les voies de la perfection, sous la conduite de l'abbé Heldric, lorsqu'en 1003 un grave événement vint tout-à-coup jeter la perturbation dans leur monastère. Le duc Henri avait épousé, en 965, Gerberge ou Gersinde, veuve d'Albert, marquis d'Yvrée et roi d'Italie ; cette princesse avait eu, de son premier mariage, un fils nommé Othe-Guillaume. Henri, qui n'avait pas d'enfants, voyant les plus heureuses dispositions dans ce jeune prince, l'adopta pour son fils et l'institua, par testament, héritier du duché de Bourgogne. Après sa mort, Othe-Guillaume se fit reconnaître par tous les seigneurs dont il était aimé. Il avait épousé la sœur de Brunon, évêque de Langres, prélat qui jouissait d'une grande autorité et qui s'était attaché tous les cœurs par la

---

(1) Dom Viole écrit *Haute-Rive*, se conformant au latin *Alta Ripa*. t. 2, mss., p. 897.

(2) Le texte de Guy de Munois porte *Aygriacum*, qu'on a rendu par Aigry-en-Gâtinois. C'est une erreur de copiste. Ce lieu doit être *Chichy* ou *le petit Chichy*, qui se trouve enclavé dans les trois paroisses mentionnées et dont l'église est dédiée à saint Martin. Cette commune, qui ne compte de nos jours que vingt feux, a été à peine remarquée.

sainteté de sa vie. Othe-Guillaume était encore soutenu par Landry, son gendre, comte d'Auxerre et de Nevers. Le roi Robert voulut annuler le testament de Henri, son neveu du côté paternel, et être seul héritier de la Bourgogne. Il assemble donc une armée, et, suivi de Richard, duc de Normandie, qui avait trente mille hommes sous ses ordres, il marche sur Auxerre, regardé alors comme la clef de la province. Le monastère de Saint-Germain eut à soutenir le premier choc des assiégeants. Heldric, prévoyant les maux que cette guerre allait entraîner pour son abbaye et pour la ville, se rendit à la tente du roi et le conjura, par tout ce qu'il y a de plus sacré, de ne diriger aucune attaque contre Saint-Germain, lui rappelant la sainteté du lieu, la présence de tant de reliques, celle des moines, le sang humain dont il allait le souiller. Enfin, ne pouvant rien gagner sur l'esprit du monarque, il envoya saint Odilon, abbé de Cluny, qui ne fut pas plus heureux dans ses démarches.

Le roi, désirant laisser la vie sauve à tous les moines, commanda à Heldric de les emmener dans le monastère de Moutiers-Saint-Jean, dont il était toujours abbé, et d'en laisser seulement huit pour la garde du sanctuaire. Il obéit à ces ordres. Robert attaqua d'abord la ville, que Landry défendit vaillamment. Il y avait six jours que durait le siége, lorsque le roi, l'épée à la main, parcourut les rangs de son armée, accompagné de Hugues de Challon, évêque d'Auxerre, le seul seigneur de la Bourgogne qui fut de son parti, et commanda de livrer l'assaut au château de Saint-Germain, espérant s'en servir ensuite pour battre la ville. Saint Odilon, qui était demeuré auprès du prince dans l'espoir d'amener une pacification entre lui et les seigneurs, fit un dernier effort pour le détourner de cette attaque, lui représentant qu'il allait fouler aux pieds le tombeau de saint Germain, lui qui avait arrêté la marche des rois barbares ; que Dieu pouvait donner du succès à ses armes autrement que par la profanation d'un lieu aussi saint. Le roi demeure inflexible et marche à l'assaut à la tête de son armée. Landry avait pourvu à tout : le château fit une défense aussi brillante que la ville. Glabert ajoute que le ciel combattit pour lui. Sur les neuf heures du matin, comme la bataille commençait (c'était aussi l'heure à laquelle un saint prêtre, nommé Gislebert, célébrait la messe à une chapelle de la vierge), un nuage épais, qui s'éleva tout-à-coup, déroba aux deux armées la vue l'une de l'autre. Les assiégés, profitant de l'avantage de leur position, lancèrent des traits et autres projectiles qui mirent le désordre dans l'armée royale; celle-ci, n'apercevant pas son ennemi, décochait vainement contre lui une grêle de traits. Le monarque, voyant l'inutilité de ses efforts, sonna la retraite en regrettant de n'avoir pas accepté la médiation de saint Odilon. Le lendemain, il leva le siége et, s'avançant dans la Bourgogne, ravagea le plat pays jusqu'à la Saône, ce qui indisposa toute la province contre lui; il fut obligé de s'en retourner sans avoir pris un seul château (1).

Deux ans après, Robert rentra en Bourgogne et fit encore d'inutiles tentatives pour s'emparer d'Auxerre. Il mit le siége devant Avallon, qu'il prit par famine au bout de trois mois. Il poussa ses succès jusqu'à Dijon, dont il ne put se rendre maître. Enfin il se retira de la province sans pouvoir y rien conserver. Cependant la mort de Brunon, évêque de Langres, arrivée en 1014, et celle de Landry, qui le suivit de près dans le tombeau, affaiblirent le parti d'Othe-Guillaume et préparèrent les esprits à une pacification.

Le roi se disposait à tourner de nouveau ses armes contre la Bourgogne, lorsque la paix fut conclue. Le mariage de

---

(1) Courtépée, t. 1, p. 229. Lab., bibl. mss., t. 1, p. 572.

Rainaud, fils du comte Landry, avec la fille du monarque, fut un gage de sa durée. On était en guerre depuis quatorze ans. On tint plusieurs assemblées d'évêques, d'abbés et de seigneurs pour négocier cette paix : l'une d'elles eut lieu à Héry, qui était une terre de l'abbaye de Saint-Germain. Elle prit le nom de concile. On y apporta des reliques de fort loin, comme de Sens, d'Auxerre, de Châtillon-sur-Seine et d'autres endroits. Celles de saint Germain y étaient attendues, mais l'évêque d'Auxerre ne voulut jamais consentir à les déplacer. L'acte le plus remarquable de l'assemblée fut la réconciliation des deux princes. Le roi eut la Bourgogne et Othe-Guillaume le comté de Dijon pour sa vie seulement (1).

La paix étant conclue, Auxerre ouvrit ses portes. Robert y fit son entrée, accompagné de toute sa cour. L'abbé Heldric, suivi de ses moines, alla le complimenter. Le roi l'accueillit avec bonté et se rendit à toutes ses demandes. Il confirma d'abord les priviléges que ses prédécesseurs avaient accordés à Saint-Germain dans les siècles précédents : « Et nous aussi, ajoute-t-il, nous voulons soustraire ce saint lieu à la puissance séculière; nous confirmons, par cet édit, tous les priviléges de l'abbaye et nous couvrons la congrégation entière de Saint-Germain de notre protection puissante; nous voulons qu'elle vive en paix et qu'elle se livre en liberté à ses exercices pieux, nous voulons aussi que tous les biens qui lui appartiennent soient sous notre autorité inviolable. » (2). Il entre ensuite dans le détail des faveurs qu'il lui accorde : il le fait avec une effusion de sentiments qui montre l'affection toute particulière qu'il porte au monastère; il accorde une liberté pleine et entière pour l'élection des abbés, l'exemption de la juridiction épiscopale; il renouvelle cette clause d'une

---

(1) Voy. touchant cette assemblée : *Hist. de Seignelay*, t. 1, p. 143.
(2) Cartul. de S.-G., feuil. 55.

charte du roi Louis-d'Outre-Mer : que celui des évêques qui aurait demandé ou fait demander l'abbaye, non-seulement ne l'obtiendrait point, mais encore qu'il payerait cent livres d'or. Heldric fit ajouter aux nouvelles chartes une disposition particulière qui fait honneur à son zèle et qui montre son détachement des choses de ce monde : c'était que ni l'abbé, ni aucune autre personne ne pourrait détourner les revenus du monastère de leur destination ; qu'on ne pourrait s'en servir ni pour faire des présents, ni pour nourrir les chiens ou les chevaux de qui que ce fût, à moins que l'hospitalité religieuse, qui s'exerçait dans l'abbaye, n'en fit un devoir. Le vertueux Heldric voulait aller au-devant d'un désordre de son siècle. Des évêques, des abbés, des pasteurs des ames ne craignaient pas d'abandonner leurs ouailles pour aller à la chasse. Cet exercice, avec son attirail, ne s'accordait guère avec la modestie cléricale, avec l'étude, la prière, le soin des pauvres, l'instruction des peuples, ni avec une vie réglée et mortifiée.

Une bonne œuvre, que réclamaient ces temps de guerres privées et publiques, était le soin des pauvres. Les abbés et les nobles ne se contentaient pas de quelques aumônes passagères, mais ils pourvoyaient régulièrement aux besoins d'un certain nombre d'entre eux. Le roi Robert, après la prise d'Avallon, en nourrit trois cents dans cette ville ; comme elle était peu étendue alors, ces aumônes nous donnent une idée de l'extrême misère qui y régnait. Ce prince en nourrissait autant dans Auxerre et dans quatre autres villes. Les grands et tous les gens de bien s'honoraient de remplir une sorte de culte envers les pauvres. La vieille monarchie leur garda toujours une place dans ses solennités (1) ; les riches, dans les villes, leur mettent

(1) A l'inhumation de Louis XVIII, en 1824, cent pauvres, un cierge à la main, marchaient sur deux lignes immédiatement devant la livrée des princes.

encore quelques cierges dans la main, à l'inhumation de leurs proches. La religion allait au-devant des besoins de la société. Depuis que le philosophisme a éteint la charité chrétienne et lui a enlevé ses moyens d'action en la dépouillant de ses biens, on n'a pas songé qu'il y avait là un vide qu'il fallait combler. Il est vrai que les grandes communications ouvertes avec tous les pays offrent aujourd'hui du travail et du pain à ceux qui en manquent, tandis qu'au onzième siècle, le peuple, attaché à la glèbe, vivait et mourait sous la chaumière qui l'avait vu naître, quel que fût d'ailleurs le poids de misère qui pesât sur lui. En Russie, où l'esclavage subsiste encore, les nobles vraiment dignes de ce nom, distribuent régulièrement des aumônes, deux fois par semaine, aux serfs indigents répandus dans leurs terres.

Robert, en approuvant et en étendant les priviléges du monastère, déclare qu'il le fait surtout en considération de ses glorieux oncles Henri et Othon, ducs de Bourgogne, qui ont eu une grande dévotion pour le bienheureux saint Germain, qu'ils ont regardé comme leur patron pendant leur vie, et qui ont voulu que les dépouilles de leur mortalité fussent déposées dans le monastère de son nom, auprès des siennes. L'évêque d'Auxerre, Hugues de Challon, proche parent du roi, loin de s'opposer à des concessions qui dérogeaient à son autorité, les approuva et aida, dans ce même temps, l'abbé Heldric à recouvrer le prieuré de Saissy-les-Bois, que la négligence de ses prédécesseurs avait laissé enlever au monastère de Saint-Germain.

Ce prieuré, situé à quatre lieues de Varzy, fut fondé par la reine Ingonde, surnommée Toute-Bonne, femme de Clotaire Ier. Il était dédié à saint Baudèle, apôtre de Nîmes. Dans l'origine, c'était un monastère distingué parmi ceux du diocèse d'Auxerre, et qui dépendait de celui de Saint-Germain. L'évêque saint Aunaire, qui vivait en 578, ayant ordonné des processions et des litanies dans tout son diocèse, pour détourner les fléaux de la colère de Dieu, désigna les abbés et les religieux qui y devaient faire tour à tour l'office. Le 1er novembre fut assigné au prieuré de Saissy-les-Bois. C'était aussi la coutume que les moines des principales abbayes observassent les veilles de la nuit dans la cathédrale. Ce monastère et celui de Saint-Marien furent chargés de les célébrer ensemble, le mardi de chaque semaine. L'évêque saint Tétrice prescrivit aussi aux abbayes, vers l'an 700, de réciter chacune à leur tour l'office divin dans la cathédrale. Celle de Saissy-les-Bois dut faire ce service deux fois l'année : la troisième semaine de mars et la quatrième de décembre. Wala, autre évêque d'Auxerre, choisit ce monastère pour sa sépulture, en 878.

Un ancien manuscrit, cité par Née de la Rochelle (1), attribue la fondation du monastère de Saissy à des moines de Nîmes qui se réfugièrent avec saint Romule leur abbé, dans un lieu désert, dont le fonds leur avait été donné par nos rois, et y bâtirent une église et des lieux réguliers. Un des successeurs de Romule, l'abbé Trugaud, agrandit l'église, en 878, et envoya des moines à Nîmes, qui rapportèrent des reliques de saint Baudèle, que leur donna l'archevêque de Narbonne; ce qui étendit dans tout le pays le culte de ce serviteur de Dieu.

A leur passage, les Normands détruisirent cet établissement jusqu'alors si florissant. L'église, dont ils avaient abattu les murailles, fut rebâtie par l'évêque Gaudry, qui avait été abbé de Saint-Germain. Parmi les riches ornements qu'il lui donna, on remarquait une grande croix d'argent pareille à celle de la cathédrale, un calice sans prix et une châsse couverte de lames d'argent doré, dans laquelle il avait mis des reliques de saint Baudèle. Il déposa lui-même

(1) Mém. pour l'hist. du Nivernais, p. 558.

sur l'autel deux parements très-beaux, une aube de diverses couleurs, une chasuble bleue avec l'amict et la ceinture garnie d'or. Il semblait qu'il eût pris en affection les religieux de ce monastère, à cause de leur pauvreté : il leur faisait de grandes aumônes, et leur adressait souvent de pieuses exhortations pour les animer à la pratique de la vertu (1).

Après la mort de ce digne évêque, les seigneurs du pays, auxquels son crédit et ses vertus en imposaient, s'emparèrent de cette abbaye, firent entre eux le partage de ses revenus, qu'ils transmirent à leurs enfants, et réduisirent les moines à une sorte d'esclavage. Le monastère de Saint-Germain n'était pas dans un état plus heureux. Heldric, étant parvenu à lui rendre la liberté et la régularité, avait recouvré les mêmes avantages pour Saissy-les-bois (2).

(1) Leb., mém., t. 1, p. 116.
(2) Cet affranchissement du joug des seigneurs laïques, dû à la puissante protection du duc de Bourgogne, ne fut pas de longue durée. Les barons de Donzy, qui avaient été *affriandés à ce patrimoine du crucifix*, pour nous servir des expressions de dom Viole, et qui l'avaient restitué à regret, le reprirent et le possédèrent encore longtemps. Il échut, par succession, à Geoffroy de Donzy, neveu d'Hervey, baron du lieu. Il en jouissait, en 1064, lorsque Geoffroy de Champalleman, évêque d'Auxerre, et Boson, prieur de Saint-Germain, le forcèrent à déguerpir et à le restituer à cette abbaye; il conserva seulement le droit de garde. Ce fut sous ce patronage que cette maison alla toujours en décadence, tant au spirituel qu'au temporel. On y comptait encore six religieux vers l'an 1480. Bientôt vinrent les abbés commendataires qui furent forcés par ceux de Saint-Germain de relever l'église et d'entretenir les bâtiments. Ce prieuré fut visité trois fois, par ordre de ces derniers, entre l'année 1513 et l'année 1548. Les procès-verbaux attestent qu'il était en bon état. L'église avait trois autels : les deux qui se trouvaient dans la nef étaient dédiés à sainte Geneviève et à saint Baudèle, dont le chef était conservé dans une châsse d'argent dorée et ornée de pierres précieuses. On y vénérait aussi un bras de sainte Eugénie, dans une châsse non moins riche que la précédente. Sous les abbés commendataires, la décadence de ce prieuré alla si vite que dom Viole, dans un voyage qu'il y fit vers l'an 1660, ne trouva plus qu'une petite église

La haute protection du grand duc Henri délivra aussi le prieuré de Moutiers-en-Puisaye des mains des laïques. Il sortit de ses ruines avec éclat, sous la direction habile de l'abbé Heldric. En moins de quatre ans, tous les édifices furent relevés avec magnificence, les possessions territoriales augmentées, et l'église enrichie de plusieurs vases d'or et d'argent. Hugues de Challon, évêque d'Auxerre, en fit la dédicace vers l'an 998. Théalde, moine de Saint-Germain, dont il fut depuis abbé, y ayant été envoyé comme prieur, en dirigea les travaux. Glabert, qui y demeura quelque temps, dit que la nouvelle église était aussi grande que les deux premières, qu'elle renfermait treize autels, et que les religieux y étaient en grand nombre. Le même auteur rapporte des faits merveilleux qui se débitaient parmi le peuple : lorsque les pèlerins y venaient en dévotion, les chandelles qu'ils portaient à la main s'allumaient d'elles-mêmes dès qu'ils étaient à vingt pas de l'église. Si quelqu'un touchait à une propriété du prieuré, il ressentait aussitôt le poids de la vengeance divine. Il ajoute encore qu'un esclave, nommé Robert, s'étant échappé de Moutiers, fit la connaissance de quelques juifs qui le corrompirent par argent, et l'envoyèrent au soudan de Babylone avec des lettres dans lesquelles ils lui disaient que le moyen de sauver son empire était de détruire le temple de Jérusalem. Ce crédule barbare prit ces paroles à la lettre et le détruisit en effet, en 1009. Robert, étant revenu en France, fut arrêté et brûlé vif à Orléans.

Le monastère de Saint-Germain était alors dans une grande régularité : il renfermait plusieurs frères d'une

---

servant de magasin et d'arsenal pour déposer quelques vieilles pertuisanes et un coffre de linge sale : « Voilà, ajoute-t-il, ce qu'est devenu, par nos péchés, cet ancien monastère de fondation royale, autrefois le plus bel apanage de l'abbaye de Saint-Germain. » Viole, mss., t. 2, p. 1280 et suiv.

sainteté éminente, formés à l'école de saint Mayeul et à celle de l'abbé Heldric. Parmi eux on remarquait Gislebert, Vulfran, Gaultier, et un autre moine qui faisait l'édification de la communauté par sa tendre dévotion envers la Sainte Vierge.

Après avoir gouverné le monastère pendant vingt-un ans (1), Heldric alla recevoir dans les cieux la récompense de ses travaux. On pense qu'il fut inhumé dans le chapitre. Il eut un neveu nommé Hugues, qui vécut saintement dans le monastère de Moutiers-Saint-Jean. Il mit tant de zèle à la reconstruction d'une église de Saint-Germain, auprès d'Autun, qu'on lisait dans une ancienne vie de ce saint, que les anges l'avaient aidé dans l'exécution de son entreprise.

ACHARD.

Heldric eut, dans son successeur, un digne émule de ses vertus et de son zèle, car il occupe un rang distingué parmi les hommes qui ont gouverné le monastère de Saint-Germain. Il l'avait nommé prieur à cause de sa science et de ses vertus religieuses. La prudence avec laquelle il s'acquitta de cette charge lui concilia l'affection des moines, qui l'élurent pour abbé en 1010. C'est la première fois qu'il est parlé de prieur dans le monastère.

Aussitôt que Achard eut pris les rênes du gouvernement, il s'appliqua à retracer dans sa conduite les vertus tant recommandées aux abbés par saint Benoit. Sa règle voulait que ces hauts dignitaires réunissent de grandes qualités. Celui qui est trouvé capable de conduire un monastère, y est-il dit, ne doit pas oublier un instant qu'il remplit les

(1) Les auteurs de la *Gaule chrétienne* mettent sa mort au 14 décembre de l'an 1009, t. 4, col. 661.

fonctions de Jésus-Christ même : il ne doit rien dire ni rien faire qui ne soit fondé sur la divine justice ; qu'il sache bien qu'au redoutable jugement de Dieu on discutera sa doctrine et sa conduite envers ses frères. L'abbé, pour les diriger, doit instruire par la parole et par l'exemple ; il doit développer la loi de Dieu à ceux qui ont de l'instruction, et prêcher par sa conduite aux simples et à ceux dont le cœur est dur ; que Dieu ne puisse jamais lui adresser ce reproche : pourquoi annonces-tu mes justices et as-tu mon nom à la bouche, lorsque, pour ton compte, tu hais la discipline et tu repousses mes commandements loin de toi ? Tu vois une paille dans l'œil de ton frère et tu ne vois pas une poutre dans le tien.

L'abbé ne doit faire acception de personne dans le monastère, il ne doit pas préférer un frère à un autre, à moins qu'il ne soit plus régulier, car l'esclave et l'homme libre sont égaux devant Jésus-Christ. Nous occupons une place plus distinguée dans son esprit si nous sommes plus humbles que les autres. L'abbé doit suivre l'avis de l'apôtre : reprendre à temps et à contre-temps, mêler la sévérité à la douceur, se montrer tantôt comme un maître sévère, tantôt comme un bon père, afin de porter tous les frères au bien. Il doit savoir que la conduite des ames est une chose très-difficile. Pour diriger des hommes d'un caractère si différent, il doit étudier leur inclination particulière, afin de connaître les moyens à employer pour porter chacun d'eux à la perfection. Avant tout, il doit s'occuper du salut des ames ; tout ce qui tient aux affaires du siècle ne doit entrer qu'en dernière ligne dans son gouvernement, parce que le fils de Dieu a dit : Cherchez d'abord le royaume de Dieu et sa justice, le reste vous sera donné par surcroît (1). Il serait trop long de développer les règles de

(1) *Regula s. Bened.*, cap. 11.

conduite tracées pour l'abbé dans la personne duquel chacun des frères doit trouver un ami et un père.

On ne lira pas sans intérêt ce que la règle appelle les instruments des bonnes œuvres. Ce sont de courts passages de l'Écriture sainte qui renferment toute l'économie de la perfection chrétienne. En voici quelques-uns : Avant tout aimer Dieu de tout son cœur; aimer son prochain comme soi-même ; ne faire de mal ni de tort à personne ; respecter tous les hommes; ne pas faire aux autres ce que nous ne voudrions pas qu'on nous fît; se renoncer soi-même pour suivre Jésus-Christ; châtier son corps; aimer le jeûne; loger les pauvres ; vêtir les nus ; visiter les malades; ensevelir les morts ; consoler les affligés ; ne pas s'abandonner à la colère ; dire toujours la vérité ; pardonner les injures; aimer ses ennemis et se reconcilier avec eux avant le coucher du soleil ; souffrir les persécutions pour la justice ; éviter l'orgueil, la médisance, la paresse; ne pas s'adonner au vin, à la bonne chère, au sommeil, aux murmures; si l'on remarque en soi quelque bien , l'attribuer à Dieu; s'imputer seulement le mal que l'on fait ; craindre le jugement, les peines de l'enfer; désirer la vie éternelle de toutes les puissances de son ame ; avoir tous les jours la mort devant les yeux; marcher continuellement en la présence de Dieu ; rejeter les mauvaises pensées; ouvrir son cœur à son père spirituel ; éviter de parler beaucoup ; écouter avec plaisir les lectures saintes; s'adonner à l'oraison; pleurer les péchés de sa vie passée; combattre les désirs de la chair; obéir en tout à l'abbé, ne pas souhaiter de passer pour saint, mais tâcher de le devenir ; aimer la chasteté; respecter les vieillards; aimer les jeunes gens ; enfin, espérer en Dieu et ne jamais désespérer de sa miséricorde... Voilà , ajoute saint Benoit , les instruments de l'art spirituel : observons ces choses dans l'intérieur du monastère tous les jours de la vie, nous recevrons cette belle récompense promise aux bons serviteurs, et exprimée par ces paroles : L'œil de l'homme n'a rien vu, son oreille n'a rien entendu, son cœur n'a rien ressenti qui approche de ce que Dieu prépare dans les cieux pour ceux qui l'aiment.

On a reproché, sans réflexion, aux abbés des anciens monastères, d'avoir employé des corrections trop sévères. Qu'on se rappelle la barbarie des siècles passés, époques où les novices se présentaient en foule : combien qui n'avaient rien moins qu'une vocation religieuse et qui, ne trouvant pas dans le cloître l'oisiveté et la licence qu'ils s'étaient promises, troublaient toute une communauté. Que faire alors? Ce qu'on ferait de nos jours, les chasser de la maison? Ce n'était pas remédier au mal que de renvoyer dans la société ces citoyens dangereux. S'ils persistaient à demeurer au monastère, les abbés employaient des corrections qu'on ne trouve point dans la règle de saint Benoît et que la dureté des mœurs obligea de créer, tels qu'une prison obscure, des jeûnes rigoureux et d'autres peines qu'on remarque dans la législation civile de cette époque. Les capitulaires de Charlemagne prescrivirent à ce sujet des règles. Les ennemis de la religion ont abusé de ces mesures disciplinaires pour flétrir la mémoire des moines. Qu'auraient fait, en pareil cas, ces philosophes si amis de l'humanité, si tolérants, qui ne daignent se placer ni dans les siècles, ni dans le pays dont ils prétendent écrire l'histoire; qui jugent des mœurs et des usages des anciens peuples par les nôtres? Qu'auraient-ils fait s'ils se fussent trouvés à la tête d'une foule de moines accourus de tous les coins d'une province, avec des mœurs grossières, des vices invétérés, et néanmoins réclamant l'hospitalité du monastère et une pénitence salutaire? Heureusement ces réformateurs n'existaient pas. Quand on interrogeait saint Hugues, abbé de Cluny, sur les causes de cette sévérité extrême, il répondait : « Les monastères ne sont pas déshonorés par les fautes des moines, mais par leur impunité. »

Il faudrait avoir été témoin de la physionomie que présentaient ces maisons religieuses! On y voyait des hommes d'humeur et de caractère tout différents, réunis sous la même houlette; quelque chose d'angélique dominait sur tous les visages : dans le commerce ordinaire de la vie, c'était l'abnégation la plus complète, la douceur la plus grande, l'humilité la plus touchante. On admirait le triomphe miraculeux de la religion, qui sait changer les loups en agneaux et qui fait vivre en paix, dans la même maison, les hommes du caractère le plus opposé; elle ne se contente pas de remplacer les penchants les plus bas par les sentiments les plus élevés, elle sait encore répandre sur les figures les charmes de la candeur et de la vertu. Voilà cependant quels étaient ceux que le dix-huitième siècle s'est plu à rabaisser comme si ses utopies et sa police étaient capables de former, dans la société, des hommes aussi parfaits et de les rendre aussi heureux.

Revenons au digne religieux qui occupait le siége abbatial de Saint-Germain. Il mit en ordre les affaires temporelles qui se ressentaient encore des dilapidations des abbés laïques; il assura le rang de son monastère au milieu du monde féodal, car il eut aussi sa population serve, et ses bourgeois qui lui devaient un perpétuel hommage; il maintint ces droits en attendant que des temps plus heureux permissent d'affranchir l'humanité de cette situation humiliante. Dodo, seigneur sénonais, lui donna le prieuré de Moutiers-Héraud, avec tous les droits de justice qui y étaient attachés. Cet établissement avait été fondé par un seigneur de ce nom dans le diocèse de Sens, sur l'Armançon, proche Ervy, et dédié à saint Pierre, quoiqu'on l'appelât communément le prieuré de saint Gervais. C'était, dans l'origine, un petit monastère qui, après avoir passé par les mains de plusieurs abbés séculiers, au neuvième et au dixième siècles, échut à Dodo, sous le règne du roi Robert. Il eut assez de foi pour sentir l'inconvenance d'une telle possession pour un seigneur laïque ; c'est pourquoi il en fit don à l'abbaye de Saint-Germain, qui le réduisit en prieuré. C'était entre les années 1010 et 1020. Léothérique, archevêque de Sens, approuva cette donation.

Les revenus de Moutiers-Héraud consistaient en un droit de justice et de franchise sur les sujets et sur les terres de sa dépendance ; en sept arpents de prés et en trois journaux de terre. Ils se composaient encore d'un droit de dîmes et du labourage d'une charrue attaché à une chapelle appelée *Manillé*. Le donateur avait ajouté la permission de conduire cent porcs dans le bois de *Saint-Pierre* : c'était une partie de la forêt d'Othe, qui lui appartenait ; il avait aussi donné la dîme du pacage de cette forêt. Achard réunit toutes ces possessions et en forma un revenu pour le prieuré. Plus tard, l'abbé et les religieux y joignirent la moitié des produits de l'église d'Ervy, qui leur avait été donnée, en 1186, par Guy de Noyers, archevêque de Sens, ce qui fut approuvé par le pape Urbain III (1). Ces biens s'accrurent encore par l'économie des prieurs, comme on le verra dans la suite.

L'abbé Achard fit réduire les droits de coutume et de sauvegarde que Geoffroy, baron de Donzy, levait sur les terres de Diges, de Requeneux, de Bernay et d'Orgy ; il obtint une pareille réduction du comte Landry, pour le prieuré de Mazilles, situé dans le diocèse de Nevers. On ne connaît rien sur l'origine de cet établissement, qu'on attribue à l'abbé et aux religieux de Saint-Germain ; on sait seulement que la terre, l'église et ses dépendances, leur furent données par un illustre seigneur nommé Itier. En

---

(1) Viole, mss., t. 2, p. 1560 et suiv.

886, Charles-le-Gros cite le domaine et l'église de Mazilles dans une charte de confirmation des biens de l'abbaye de Saint-Germain. Le nom de prieuré ou de monastère (car à ces époques ces deux noms étaient souvent synonimes), est donné pour la première fois à Mazilles, dans une bulle d'Eugène III, en 1151. Le pape cite en même temps cinq églises de sa dépendance, dont on retrouve les noms dans la localité : c'est, dit-il, le monastère de Mazilles, avec les églises de Champvert, de Montaron, de Thais, de Vendenesse et de Saint-Jacques (1), chapelle située dans les bois et aujourd'hui en ruines. On voit encore dans la paroisse d'Isenay, l'ancienne habitation du prieur convertie en maison particulière, et un pan de muraille de l'église. On verra plus loin, en parlant des prieurs de Mazilles, quelques particularités sur l'histoire de cet établissement.

Le comte Landry grossit encore l'apanage de l'abbaye de Saint-Germain en lui léguant le prieuré de Saint-Sauveur, auquel on donne quelquefois le nom de monastère ; sa fondation est attribuée, par les trois auteurs de la vie des évêques d'Auxerre, à Ermeneux, comte de cette ville. Il était bâti dans ses terres, à huit lieues d'Auxerre et à une demie de Moutiers-en-Puisaye. Un monastère que saint Germain avait fondé dans cette contrée, avait été détruit par les Sarrasins, en 731, et les moines qu'il renfermait incorporés à ceux de Saint-Germain. Le vénérable Morin, évêque d'Auxerre, dédia l'église du prieuré de Saint-Sauveur, et lui donna la seigneurie de Coucy, appelée depuis *Saints-en-Puisaye*. Ermeneux lui permit, vers l'an 770, de l'annexer à l'église cathédrale. Un autre évêque, nommé Engelelme, fit présent, pour la décoration du grand-autel, d'une table d'argent, et donna aussi une cloche *qui rendait un son très-harmonieux*.

(1) Dom Viole, mss., t. 2, p. 1589.

Peu après, ce monastère, par une donation de nos rois, passa aux comtes d'Auxerre, suivant l'abus de ces siècles. Landry, l'un d'eux, se voyant près de mourir, et cédant aux prières de l'abbé Achard, y renonça en faveur de l'église de Saint-Germain ; c'était environ l'an 1020. Comme on ne passa point d'écrit, le comte Renaud, son fils, le reprit après sa mort; mais, touché de repentir, il le rendit à l'abbé Odon, en 1035. Jusque-là, on ne sait si ce fut un prieuré conventuel ou un monastère. Les droits réciproques du prieur et du chapelain ou vicaire perpétuel de la paroisse de Saint-Sauveur furent réglés, en 1157, par Alain, évêque d'Auxerre (1).

Le pouvoir du prieur n'était pas moins grand dans la terre seigneuriale que dans l'église. Il prouva, en

(1) Parmi les singularités que renferme cet accord, on voit que, la nuit de Noël, on ne doit point sonner de messes, ni en dire dans l'église de la paroisse avant que les religieux n'aient achevé celle de minuit et ne soient au canon de la seconde, qui se dit à l'aurore. Aux quatre fêtes du prieuré, qui sont celle de la Trinité, les deux de saint Germain et celle de saint Nicolas, le chapelain et son clerc doivent assister à la grande messe des moines, et manger avec eux au réfectoire. Aux Rogations, le chapelain et les paroissiens sont tenus de suivre la procession des religieux. Pendant les jours d'*infirmerie*, le chapelain doit célébrer la messe conventuelle, apprêter le dîner avec les moines chargés de cette fonction, et manger ensuite avec eux. Les jours d'*infirmerie* étaient probablement les jours de jeûne.

Voici les principaux droits du prieur et du vicaire perpétuel : 1° aux fêtes de la Toussaint, de saint Etienne ou du lendemain de Noël, des Rois, de saint Jean-Baptiste, de saint Germain, de sainte Magdeleine, de saint Jacques, de saint Gille et de saint Martin, le vicaire perpétuel n'a que le sixième des oblations. Les cierges qui sont offerts aux trois premières de ces fêtes et toutes les chandelles des pèlerins sont au prieur, excepté les quatre que l'on met sur les chandeliers pour le service de l'autel. Du reste, ils partagent ensemble tous les autres émoluments de l'année. 2° Le vicaire perpétuel n'a que la sixième partie des dîmes. 3° Le prieur a seul le droit de prêcher le jour des Rameaux et celui de l'Ascension ; il peut, au reste, prêcher quand il lui plaît dans l'église de la paroisse. Le vicaire n'y peut admettre, sans le

1161, qu'il était en possession des deux tiers de la justice par une donation du comte Guillaume et par une autre de son fils; qu'il devait en nommer tous les officiers, excepté le prévôt; enfin, que les deux tiers des bois lui appartenaient. Il lui fallait le consentement des comtes d'Auxerre, comme seigneurs châtelains, pour disposer de ceux de haute futaie. On voit qu'alors *les terres de la chatellenie de Saint-Sauveur estoient délaissiées à faute de trouver qui les voulust cultiver* (1).

Jean de Bléneau fonda, vers l'an 1258, une chapelle dans l'église de Saint-Sauveur, et lui assigna une rente d'un muid d'avoine sur ses terres du Val-de-Mercy. Le prieuré obtint, dans le même temps, la restitution de l'usage des bois de Burcy. Jean de Toucy, seigneur de Saint-Fargeau, s'en était emparé, mais à sa mort, arrivée dans un voyage de la Terre-Sainte, ses exécuteurs testamentaires, l'évêque Guy de Mello et Bernard, prieur des frères prédicateurs de Sens, se hâtèrent de le rendre. L'année suivante, le comte de Bar, seigneur de Saint-Fargeau, et sa femme, fille et héritière de Jean, approuvèrent cette restitution (2).

consentement du prieur, aucun prédicateur, à moins que celui-ci n'exhibe des pouvoirs revêtus du sceau de l'évêque. 4º Toute la paroisse de Saint-Jean doit entendre la messe dans la grande église de Saint-Sauveur le jour de la Purification, le dimanche des Rameaux et le jour de l'Ascension. Le vicaire ne peut pas chanter dans son église avant que la procession ne soit terminée et que l'Evangile ne soit chanté dans l'autre. On appelait l'église du prieuré la grande église, ou l'église de Saint-Sauveur, et celle de la paroisse l'église de Saint-Jean. 5º Pendant la semaine sainte, le vicaire perpétuel et les habitants de la paroisse doivent se rendre à ténèbres dans celle de Saint-Sauveur, et y adorer la croix le vendredi saint. 6º La veille de Pâques, ils sont tenus de s'y rendre encore et d'y offrir de la cire pour faire deux cierges, dont le plus grand reste à cette église, et l'autre, étant béni, est porté, après l'Evangile, dans celle de la paroisse, où le vicaire chante la messe. Cart. de S.-G., mss., feuil. 91 et 92. Viole, mss., t. 2, p. 1523 et suiv.

(1) Viole, mss., t. 2, p. 1527.
(2) Ibid., t. 2, p. 1529.

Théalde, prieur de Moutiers, que nous allons voir monter sur le siége abbatial de Saint-Germain, demanda avec instance, au nom de tous les peuples du voisinage, qu'on transférât le corps de saint Didier dans son prieuré. Hugues de Challon, évêque d'Auxerre, l'ayant permis, on retira les ossements du sépulcre, où ils reposaient à Saint-Germain, on les mit avec respect dans une châsse d'argent, du poids de cent livres, et on les transporta à Moutiers avec une grande pompe et au milieu d'une affluence considérable. On réserva cependant pour l'abbaye quelques parcelles du corps de ce saint prélat, que l'on renferma, avec celui de saint Aunaire, dans une châsse magnifique. Cette exaltation des reliques de saint Didier eut lieu le 16 août. Ce fut comme une canonisation que fit l'évêque diocésain. Des miracles éclatants, opérés sur son tombeau, vinrent confirmer la glorification du serviteur de Dieu (1).

Achard, accoutumé à faire chaque jour à Dieu le sacrifice de lui-même, vit sans peine approcher sa dernière heure, parce qu'il avait la conscience remplie du témoignage d'une sainte vie. Cet abbé jouissait dans le monde de la réputation d'un homme très-érudit. Heldric, son prédécesseur, était peintre et poète, ce qui montre que, de leur temps, les sciences et les beaux-arts étaient cultivés à Saint-Germain.

THÉALDE.

Profitant de la paix rendue aux établissements religieux, Théalde avait restauré avec magnificence le prieuré de Moutiers-en-Puisaye. Il l'avait trouvé dans le délabrement et la pauvreté ; lorsqu'il le quitta, les bâtiments étaient relevés et agrandis, l'église pourvue de vases d'or et d'argent

(1) Leb., mém., t. 4, p. 154.

et de riches reliquaires. Un tel homme était précieux après les dévastations des derniers siècles. Les moines de Saint-Germain l'ayant élu pour abbé, l'évêque d'Auxerre et la ville applaudirent à ce choix, car Théalde jouissait d'une grande réputation de prudence et d'habileté dans les affaires. Durant les douze ans qu'il gouverna l'abbaye, il en soutint courageusement les intérêts contre l'ambition des seigneurs; il retira l'église d'Abondant des mains de quelques-uns d'entre eux, qui s'en étaient emparés par violence; il montra une grande sagesse dans la direction intérieure du monastère. Sa mort arriva le 5 mars 1032. Il emporta les regrets de la communauté et des pauvres, car c'était alors que sévissait l'horrible famine dont parlent nos historiens et en particulier Glabert, moine de Saint-Germain, témoin oculaire des scènes atroces qu'elle occasionna.

Ce fut particulièrement en Bourgogne que ce fléau exerça ses ravages : il commença en 1030 et dura trois ans. Pendant les deux premières années surtout, les campagnes ne produisirent que de mauvaises herbes et de l'ivraie, au lieu de blé. La faim engendra une sorte de rage. On égorgeait les voyageurs dont la chair servait à apprêter d'épouvantables repas. Opposons de suite à ces horreurs le dévouement du clergé et surtout celui des moines, ces immortels bienfaiteurs de l'humanité. L'auréole de sainteté qui brille sur la tête de l'abbé Théalde, mort pendant la famine, et sur celle d'Odon, son successeur, est un garant de ce qu'ils ont fait pour apaiser la faim de leurs frères. Saint Guillaume était alors abbé de Saint-Bénigne de Dijon; ce célèbre réformateur fit distribuer toutes les provisions de son monastère, rompit les vases sacrés, vendit les reliquaires et les croix d'or et d'argent, donnés autrefois par le roi Gontran, pour soulager les pauvres. Odilon, cinquième abbé de Cluny, vendit aussi les vases, les meubles les plus précieux de son monastère et jusqu'à une couronne d'or, dont l'empereur Henri II lui avait fait présent. Ardain, abbé de Tournus, racheta de la faim et de la mort une foule de personnes (1). A Avallon, trois chanoines pourvurent aux besoins des pauvres. Dieu, dit l'auteur d'un ancien nécrologe, se servit de leur ministère pour distribuer des vivres à tous les malheureux ; ensuite il ajoute : *Que ces jours furent amers* (2)! Que d'afflictions exprimées dans ces paroles! Ainsi l'Eglise rendit aux pauvres ce qu'elle avait autrefois reçu des riches. Malgré ces immenses sacrifices, on vit, la troisième année, les hommes brouter l'herbe des champs, arracher les écorces et la racine des arbres et déterrer les cadavres. La peste suivit ce terrible fléau, en sorte que les vivants ne suffisaient plus pour enterrer les morts. Elle cessa avec les pluies. Les récoltes furent si abondantes, en 1033, qu'elles surpassèrent celles de cinq années ordinaires.

Peu auparavant, c'est-à-dire le 8 mai 1118, toutes les vignes avaient été gelées ; c'est à peine si, dans tout le vignoble d'Auxerre, on put recueillir un setier de vin.

Tant de maux rendirent les peuples dociles à ce qui fut réglé dans une grande assemblée de la nation, tenue alors à Auxerre. On fit des décrets sur les vols, sur la sainteté des églises ; on ordonna qu'à perpétuité on s'abstiendrait de vin le vendredi, et qu'on ferait maigre le samedi. On ajouta que ceux qui ne pourraient observer cette pénitence nourriraient ces jours-là trois pauvres (3).

ODON.

C'était la coutume, dans les monastères, de recevoir les

---

(1) Coutépée, t. 1, p. 135. Leb., mém., t. 2. p. 60.
(2) *Amari fuerunt hi dies.* Descript. d'Avallon, tirée de Courtép., p. 25.
(3) Courtép., t. 1, p. 136.

enfants dès l'âge de cinq à six ans (1); les moines suivaient leur éducation aussi longtemps que les parents les laissaient entre leurs mains. Lorsqu'ils embrassaient la vie monastique, ils se trouvaient avoir traversé le temps orageux de la jeunesse à l'abri de la contagion du siècle et au milieu des pratiques de la vie religieuse. Telle fut l'éducation de beaucoup d'hommes vertueux qui ont conservé l'innocence du baptême jusqu'à la mort. Saint Thomas d'Aquin fut placé dans un monastère à l'âge de cinq ans. Heureux enfants ! ils n'avaient vu le monde qu'à travers le voile innocent de leurs premières années ; leur cœur ne connaissait d'autre amour que celui qu'ils avaient voué au Seigneur. Le cloître avait pour eux un charme indicible ; leur solitude était un paradis, ils se trouvaient heureux, et ne craignaient rien tant que ce qui eût pu donner à leur existence un autre avenir que celui qu'ils avaient choisi au pied des autels. Odon, qui devint abbé, entra à Saint-Germain à peine sorti de l'enfance : l'égalité de son caractère, l'innocence de ses mœurs, sa modération, tout annonçait que son ame avait été prévenue des bénédictions du ciel; ses maîtres furent étonnés de la rapidité de ses progrès. Admis bientôt au nombre des frères, il gagna tellement leur confiance, qu'après la mort de Théalde, il fut élu abbé d'une voix unanime. Les cartulaires du monastère disent que son élection fut approuvée de Henri, roi de France, de Robert, duc de Bourgogne, son frère, de la reine Constance, leur mère, de Renaud, comte d'Auxerre, et d'Adeline de France, sa femme. Elle fut aussi confirmée par Léothéric,

(1) Lorsque les nobles offraient un enfant en bas âge dans un monastère, ils mettaient leur pétition dans sa main qu'ils enveloppaient avec la nappe de l'autel et le présentaient ainsi. Ils pouvaient, à cette occasion, faire un don au monastère, mais ils ne devaient rien promettre pour l'avenir à leur enfant. Les pauvres offraient simplement les leurs en présence de témoins. *Regul. S. Bened.*, cap. 59.

archevêque de Sens, par Hugues, évêque d'Auxerre, et par d'autres prélats des diocèses voisins(1). Toutes ces approbations pour la nomination d'un abbé annoncent l'importance du monastère et l'ignorance où l'on était du droit canon. Quoique l'élu, selon les lois de l'Eglise, pût légitimement prendre le gouvernement des moines, néanmoins les évêques, les rois, les princes, les comtes, des femmes même, croyaient leur consentement nécessaire.

Nous voici arrivés à une époque non moins singulière que les précédentes. Nous allons voir des seigneurs exercer une domination arbitraire, des lois sans vigueur, l'anarchie dans les campagnes. Au milieu de ce désordre moral, la foi brille avec éclat; elle supplée à la faiblesse des lois, elle console ceux qui souffrent, classe alors si nombreuse; les grands font des dons considérables aux églises et aux abbayes; plusieurs monastères ou prieurés sont donnés à Saint-Germain ou fondés par lui, et dans chacun d'eux on observe la même règle qu'à la maison-mère. Tous ces établissements ont pour fondateurs, pour soutiens, pour bienfaiteurs, des personnages puissants, des évêques, des princes, des nobles. Nous voudrions pouvoir citer les noms de ces hommes de bien, que les moines consignaient, avec une exactitude toute de reconnaissance, sur les parchemins ou cartulaires de leurs abbayes; mais la plupart des titres ayant été perdus au milieu des révolutions, beaucoup de bienfaiteurs ne sont plus connus que de Dieu, qui a déjà couronné leurs bonnes œuvres.

A tous les prieurés dont il a été parlé viennent s'ajouter ceux de Barcenay, de Saint-Florentin, de Decize, de Châtillon, non compris différentes églises.

Mainard, évêque de Troyes, donna celle de Barcenay ou Bercenay : c'était une ancienne seigneurie du monastère

---

(1) *Labb.*, *bibl. mss.*, t. 1, p. 575.

de Saint-Germain, située dans son diocèse, sur laquelle les comtes de Troyes avaient quelques droits de garde et de coutumes, qu'ils abandonnèrent, en 1104, à l'abbé Hugues de Montaigu. Ses successeurs y érigèrent un prieuré. En 1249, l'official de Sens rendit un jugement en sa faveur, au sujet d'une partie des dîmes d'Auxon, que revendiquait le recteur de cette paroisse.

Harduin, évêque de Langres, fit don de l'église de Cariscy et de celle de Lignorelles; Helmoin, évêque d'Autun, donna celle de Lucy-le-Bois; Thibaut, comte de Champagne, fils d'Eudes, comte palatin, fit présent de deux monastères situés à Saint-Florentin, l'un dans un lieu appelé encore aujourd'hui *le Prieuré*, et l'autre à *Saint-Florentin-en-Château*. Leur fondation (1), due aux reliques du saint de ce nom, mérite d'être rapportée. Elle rentre d'ailleurs dans notre sujet, puisque ces deux établissements vont grossir l'apanage de l'abbaye de Saint-Germain.

Ce fut à Suin, en Charolais, que saint Florentin eut la tête tranchée, par ordre de Chrocus, roi des Vandales. L'histoire de son martyre rapporte qu'on lui coupa la langue, qu'on lui brisa les dents, et que saint Hilaire fut le compagnon de ses souffrances. Prosper met sa mort au 27 septembre 406. Cassiodore, Sozime et Baronius en 407. L'abbaye d'Ainay, à Lyon, une autre de bénédictins, du côté de Chartres et qui porte son nom, le prieuré de Sessieu en Dauphiné, eurent une part de ses précieux restes. Une circonstance, ménagée par la Providence, dota aussi Saint-Florentin d'une partie de ses reliques.

Deux dames d'un haut rang et cousines germaines, l'une nommée Godelaine, comtesse de Chartres, et l'autre

---

(1) Cette fondation se trouve dans deux manuscrits conservés à Saint-Florentin, l'un appelé le légendaire et l'autre le cartulaire. Voyez *Labb., bibl., mss.*, t. 1, p 575. Viole, mss., t. 2, p. 1385 et suiv.

Lemisse, comtesse du Perche, en partant pour Rome, passèrent au Château-Florentin, occupé par un de leurs parents; elles y trouvèrent une chapelle de Notre-Dame qui leur plut tellement, qu'elles se proposèrent de la faire rebâtir et d'y passer leurs jours, si Dieu leur accordait un heureux voyage. Elles se proposèrent, pendant la route, de se procurer autant de reliques qu'il leur serait possible pour en enrichir leur chapelle. A Rome, on leur fit présent d'un bras de saint Hippolyte. En revenant, elles logèrent au château de Brève, où reposait le corps de saint Florentin. Se rappelant que c'était le nom du château où elles avaient résolu de se fixer, elles demandèrent de ses reliques et firent si bien par leurs instances et par leurs présents, qu'elles obtinrent le chef et une partie du corps du saint martyr, ainsi que des reliques de saint Hilaire et celles d'un martyr nommé Aphride.

Aussitôt qu'on sut au Château-Florentin que les deux comtesses approchaient, chargées de si précieux trésors et surtout des restes vénérés de saint Florentin, le clergé et le peuple allèrent à leur rencontre avec de grands sentiments de piété; c'était le sixième jour de juillet. Un enfant nommé Alode, âgé de sept ans, était mort depuis trois jours. Sa mère, plongée dans une grande affliction, avait différé de le faire inhumer, espérant que le seul attouchement des reliques lui rendrait la vie. Sa confiance ne fut point trompée. Ce fils, qu'elle avait pleuré comme mort, lui fut rendu. Aldric, archevêque de Sens, en dressa un procès-verbal en présence de plusieurs témoins. Ce miracle est représenté sur les vitraux derrière l'autel (1). Le pieux prélat dédia aussi la nouvelle église le 7 mai 835, et la plaça sous l'invocation de la bienheureuse Marie, de saint

(1) Ces vitraux, remarquables par la pureté du coloris, renferment toute l'histoire de saint Florentin, représentée d'après de naïves légendes.

Florentin, de saint Aphride, de saint Hilaire et d'autres saints. Ce fut alors que la ville prit le nom de *Saint-Florentin*.

Les deux comtesses établirent leur demeure auprès de l'église, où elles menèrent une vie aussi retirée que des recluses. Dieu ne sépara point à la mort celles qui avaient été si unies dans leurs projets de dévotion; elles tombèrent malades presque en même temps et moururent le jour des Rois. On les inhuma devant l'autel de la Vierge. Des miracles opérés à leur tombeau attestèrent, dit la légende, qu'elles étaient allées régner dans les cieux.

On pense que c'est du vivant de ces dames que l'on fonda deux communautés, l'une de chanoines et l'autre de chanoinesses, pour le service des malades et celui des pèlerins pauvres ; la première était sur le tertre appelé *Saint-Florentin-le-Viel* (1), aujourd'hui *le Prieuré*, et la seconde à *Saint-Florentin-en-Château*, où se trouve l'église. La prospérité de ces deux établissements ne fut pas de longue durée. Le roi Charles-le-Chauve, comme on croit, pensa gagner la confiance des grands en leur laissant usurper le bien des églises. C'est ainsi qu'il souffrit ou plutôt qu'il ne put empêcher les comtes de Champagne, qui se disaient les fondateurs des monastères de Saint-Florentin, de s'emparer de leurs propriétés. Les chanoines, n'ayant plus les moyens d'exercer la charité, se retirèrent ailleurs; les chanoinesses en firent autant, de sorte qu'en 880, il n'y restait plus qu'un chantre et deux chanoines, que le vicomte était

---

(1) Le nom de *Vieux*, que l'on donnait alors à une partie de Saint-Florentin, marque l'opinion que l'on avait de son ancienneté. Il y aurait de grands souvenirs à évoquer parmi les ruines de ses châteaux, sous lesquels dorment bien des générations. L'histoire des Eburobriges ne se trouve pas écrite sur les débris de leurs monuments. Quelques noms propres sont tout ce qui nous reste des premiers temps de leurs annales.

forcé d'entretenir. Thibaut, comte de Champagne, voulant relever ces monastères de l'état déplorable dans lequel ils étaient tombés, les remit à l'abbé de Saint-Germain et à ses moines. Le comte de Troyes et de Meaux, frère de Thibaut, leur mère Ermengarde, un seigneur appelé Ilier, Walderic, chevalier, vicomte de Saint-Florentin et beau-fils de ce dernier, donnèrent leur consentement. On convint qu'il n'y aurait plus ni clercs, ni religieuses, mais seulement des moines de Saint-Germain. Cette donation eut lieu entre l'année 1037, époque à laquelle le comte Thibaut succéda à son père, et l'année 1052, qui vit mourir l'abbé Odon. Le père Labbe place ce changement en 1042, sous Etienne II, comte de Champagne. Nous verrons plus loin que cette brillante donation fut sans effet, qu'on remit des chanoines dans les deux monastères qui ne furent définitivement érigés en prieurés que sous l'abbé Gervais.

En 1139, Boson, doyen et chantre, Guillaume, Thomas et les autres chanoines de Saint-Florentin, donnèrent leur domaine de Crécy et de Duchy à l'abbaye de Pontigny, en échange des dîmes, des censives et de quelques terres que celle-ci possédait à Vergigny. Godefroi, évêque de Langres, déchargea ces biens des droits de féodalité dont ils étaient grevés envers son église, et obligea les chanoines à payer seulement, tous les ans, le jour de saint Mammès, patron de Langres, trois sous, monnaie de cette ville, à la *chaire* et à celui qui chanterait la grande messe. Par la chaire on entend sans doute celui qui prêchait ce jour-là. L'archevêque de Sens ratifia cet arrangement.

Passons aux autres prieurés. Le comte Renaud, qui avait rendu celui de Saint-Sauveur, étendit plus loin sa bienfaisance; non-seulement il approuva la restitution que son père avait faite à l'abbaye de Saint-Germain du prieuré de Decize, mais encore il lui fit remise des droits de coutume que ses prédécesseurs levaient sur les sujets qui en dépendaient. Cet établissement, situé dans la ville de son nom, au diocèse de Nevers, fut fondé, comme on croit, par les comtes de la province, qui jouirent longtemps de ses biens. Landry II le rendit à l'abbaye de Saint-Germain vers l'an 1010. En 1530, on n'y comptait plus que trois religieux et un prieur commendataire. Des chasubles, des tuniques, des chapes et des livres de prières qu'on y voyait en quantité, attestaient que les moines y avaient été nombreux; les revenus consistaient en droits de censives, en *bourdelage*, ou droits sur le raisin, en tailles, en rentes de blé et de vin sur plusieurs villages, en prés, en étangs et en une forêt de deux lieues de longueur sur une demie de largeur. Le prieuré possédait, en outre, un four banal à Decize et un clos de vigne *de l'œuvre de vingt-cinq hommes*. Nous reviendrons sur ce bel établissement qui fut longtemps l'ornement de la contrée.

Vers l'an 1040, Robert de Nevers, frère du comte Renaud, seigneur de Châtillon-en-Bazois, donna à Saint-Germain l'église de Sainte-Cécile, bâtie dans cette ville, et une grande place qui servait à supplicier les criminels, pour y construire un prieuré conventuel. L'abbé Odon envoya dans l'endroit un moine nommé Aufrède, pour faire bâtir tous les lieux réguliers. L'église fut dédiée à Notre-Dame et à saint Jean-Baptiste, selon l'intention du fondateur, qui dota aussitôt le nouvel établissement. Telle fut l'origine du prieuré de Châtillon. Une bulle du pape Eugène III, en 1151, une autre d'Anastase IV, en 1153, et une troisième d'Adrien IV, en 1155, en font une mention honorable, ainsi que des trois églises de Châtillon qui en dépendaient. La commende le ruina peu à peu, au point qu'en 1660 ses revenus suffisaient à peine à acquitter les charges (1). Les provisions des prieurs contenaient ces tristes expressions :

(1) Viole, mss., t. 2, p. 1585.

Il n'y a plus de religieux ; le prieuré ne demande ni soins ni résidence personnelle (1).

En 1033, Odon traduisit devant le tribunal du comte de Champagne, Walderic, fils de Boson, vicomte de Saint-Florentin, parce qu'il exigeait de trop fortes contributions des habitants de Villiers-Vineux, sujets du monastère de Saint-Germain, et il obtint un jugement qui régla à l'avenir les droits du seigneur. Robert, duc de Bourgogne, ratifia, entre les mains d'Odon, la remise des droits de sauvegarde et de maréchaussée faite autrefois par le duc Henri, pour les biens du monastère. Dans ce même temps, une dame, nommée Heltrude, fit donation, pour l'amour de Dieu et de saint Germain, du bois de Flacy, proche Sougères. Un chevalier de Toucy, nommé Rainaud de Narbonne, donna, du consentement du comte d'Auxerre, tout ce qu'il pouvait posséder, sans titre légitime, dans les bois voisins du bourg de Diges.

En 1039, Hugues de Challon, évêque d'Auxerre, donna un grand exemple d'humilité, et fit voir de quelle haute considération l'abbaye de Saint-Germain jouissait dans son esprit. Se sentant malade, il s'y transporte, se fait revêtir d'un habit de moine et y meurt en paix quatre jours après. L'année suivante mourut aussi le comte Rainaud, qui fut tué dans un combat à Sauvigny, en Nivernais. Son corps fut rapporté à Auxerre et enterré à Saint-Germain, comme il l'avait demandé.

Sous l'abbé Odon, cet homme orné de tant de vertus, la maison de Saint-Germain ne cessa de prospérer et de grandir. Sa réputation seule y attirait une foule de moines. Enfin, après l'avoir gouvernée pendant plus de vingt ans,

---

(1) *Curâ conventuque carentis, personalemque residentiam non requirentis.* Archiv. de la préfect.

il mourut en odeur de sainteté (1), le 9 août 1052, et fut inhumé près de l'église, au couchant. Lorsqu'on la reconstruisit, en 1277, on retrouva ses ossements, que l'on transféra dans les saintes grottes, entre l'autel de saint Martin et celui de saint Barthélemy. Ce dernier, étant détruit depuis longtemps, il serait difficile de reconnaître le lieu où reposent aujourd'hui ses restes précieux.

La mort du comte Rainaud mit Auxerre dans une grande perturbation. L'abbaye de Saint-Germain, cette Thébaïde si calme, se ressentit de la commotion générale. Robert, duc de Bourgogne, dit le Vieux, frère de Henri, roi de France, commandait en maître dans Auxerre. Son orgueil ne connaissait pas de bornes. Le comte Guillaume II voulait en vain lutter contre lui. Les moines, ayant besoin de l'assentiment de ces deux personnages pour l'élection de leur abbé, et désespérant de faire un choix qui plût aux deux partis, suspendirent sa nomination, et se mirent sous la direction de Boson, leur prieur, homme adroit et d'un esprit pénétrant (2), qui les gouverna pendant quatorze ans (3). L'évêque d'Auxerre, ne se sentant pas assez de force pour résister à l'orage qui grondait sur sa tête, désigna son successeur et se retira dans le monastère de Saint-Sauveur, proche de Bray-sur-Seine, où il mourut.

Boson se fit une réputation par sa fermeté à soutenir les droits de son abbaye. Aidé de l'évêque d'Auxerre, il obligea Geoffroy de Donzy à restituer le prieuré de Saissy-les-Bois, dont il s'était emparé à la faveur des troubles qui agitaient le comté. Il acheta d'Albert Pellé la forêt de Cussy, et obtint de Hugues, évêque de Nevers, l'église de Vandenesse.

---

(1) *Gall. chr.*, t. 12, col. 378.
(2) *Labb.*, *bibl. mss.*, t. 1, p. 574.
(3) C'est l'opinion de dom Viole. Le P. Labbe et les auteurs de la Gaule chrétienne disent que son gouvernement ne fut que de douze ans.

Une chronique, citée par dom Viole, rapporte qu'en 1058, pendant le carême, les troupes de Robert, duc de Bourgogne, et celles de Thibaut, comte de Chartres, voulurent enlever le château de Saint-Germain, c'est le nom que l'on donnait quelquefois à l'abbaye, à cause de ses fortifications ; mais que, saisies presque aussitôt d'une terreur panique, elles avaient pris la fuite. Ce fait, dont l'histoire n'a conservé que le sommaire (1), était une attaque contre le comte d'Auxerre, dont les forces se réunirent assez promptement pour repousser celles du duc et pour déjouer la surprise qu'il avait méditée.

GAULTIER.

A la noble naissance, au savoir étendu d'Odon, succéda la vertu modeste de Gaultier, dont les exemples et les exhortations pour le bien se concentrèrent dans l'intérieur du cloître. Il était religieux de Saint-Benoît-sur-Loire et prieur de Précy, dans le diocèse d'Autun, lorsqu'il fut élu abbé de Saint-Germain en 1064. La députation des moines qui lui porta cette nouvelle à Précy, où il se trouvait, revint avec lui. Un grand malheur, arrivé à cette époque, traversa les intentions qu'il avait pour le bien. Un incendie, occasionné par un cas fortuit, réduisit presque tout le monastère en cendres, en sorte qu'il ne resta rien de tous les bâtiments, qui s'étendaient depuis la Porte-Pendante jusqu'aux moulins de Chantereine, aujourd'hui les moulins Judas. Telle était l'étendue des édifices. On ne connaissait pas alors ces corporations de pompiers si habiles à arrêter les progrès du feu ; les bâtiments, presque tout en bois, donnaient beaucoup de prise à son action. L'histoire fait

---

(1) Dom Viole, t. 2, p. 918.

observer que le grenetier de Saint-Germain acheta, en 1294, une maison en pierre dans le faubourg de Saint-Loup; ce genre de construction est relaté comme un fait qui n'était pas ordinaire; la ville d'Auxerre n'a-t-elle pas encore beaucoup de bâtiments en bois? Cet incendie fit différer la bénédiction de Gaultier jusqu'au 7 juillet.

Un moine, nommé Benoît, à la suite d'une vision pendant laquelle saint Germain lui était apparu, prit un doigt du saint, passa en Angleterre, dans le diocèse d'Yorck, et bâtit, en 1069, un monastère dans un lieu fort agréable, nommé Séléby.

Gaultier mourut le 21 octobre 1074, après avoir gouverné le monastère environ dix ans. Son nom ou celui d'un de ses successeurs se trouvait écrit en marge sur un missel de l'abbaye, auprès du *memento* des morts, ce qui prouverait qu'on y lisait autrefois les diptyques.

Les auteurs de la *Gaule chrétienne* (1) parlent d'Héribert, abbé de Saint-Bertin-en-Artois, préposé à l'administration du monastère de Saint Germain par Philippe I*er*, duc de France, en 1070, et qui mourut au mois d'octobre 1081. Ce qui ferait croire que le monarque n'aurait pas approuvé le choix de Gaultier, et qu'il aurait refusé de confirmer son élection, comme c'était la coutume. L'histoire présente ici une lacune, que nous n'avons pu remplir.

ROLAND.

En 1075 (2), l'année qui suivit la prise de possession de l'abbé Roland ou Rothlan, un nouvel incendie plongea la ville d'Auxerre dans la consternation. Le feu se manifesta

---

(1) *Gall. christ.*, t. 12, col. 579.
(2) Dom Viole, mss., t. 2, p. 922. *Labb.*, *bibl. mss.*, t. 1, p. 574.

d'abord vers l'église de Saint-Pierre, près du pont, et étendit ses ravages jusqu'aux moulins de Chantereine, où il s'était arrêté onze ans auparavant. Plusieurs ornements de l'église de Saint-Germain furent perdus dans cet incendie, qui eut lieu pendant la semaine de Pâques.

Roland fit confirmer par Eudes, duc de Bourgogne, la donation du prieuré de Saint-Léger, faite autrefois par le grand duc Henri, et spécialement le droit de justice. Il obtint aussi l'abolition des droits de coutume que les officiers des ducs de Bourgogne avaient usurpés sur les terres et sur les sujets de ce prieuré. Eudes déclara en outre que cet établissement jouirait dans la suite de tous les droits de justice. Après onze ans d'administration, l'abbé Roland, sentant approcher sa fin, adressa aux frères ses dernières et touchantes paroles, et expira dans de grands sentiments de foi, le 2 novembre 1085. Il avait assisté, en 1080, à un concile tenu à Sens.

Le monastère de Saint-Germain obtint alors, pour un de ses prieurés, les reliques de saint Thibaut de la famille des comtes de Champagne. Etant décédé en Italie, son corps rapporté en France, en 1075, fut déposé d'abord dans l'église du monastère de Sainte-Colombe, près de Sens, et transporté ensuite, presque en totalité, dans le prieuré de Beaumont, dépendant de Saint-Germain, à deux lieues d'Auxerre, sur la paroisse de Pourrain. Ce qui lui a fait donner depuis le nom de Saint-Thibaut-aux-Bois. L'éminente sainteté de ce grand serviteur de Dieu rendait ses reliques très-précieuses. C'est pourquoi on ne suivra pas sans intérêt les principaux traits de sa vie. Ce fut en lisant l'histoire des pères du désert, que Thibaut se sentit touché d'un grand désir de les imiter. Il enviait le bonheur de leur solitude et de leur contemplation. Il se mit secrètement sous la conduite d'un humble solitaire, retiré dans une petite île de la Seine. Le comte Arnoult, son père, qui résidait à Provins, essaya en vain de le détourner de ses pieux projets; le jeune Thibaut lui déclara qu'il avait fait vœu d'abandonner le monde. Il entra donc, de son consentement, dans l'abbaye de Saint-Remi, de Rheims, avec un de ses amis nommé Gaultier; peu de temps après, ils en sortirent, échangèrent leurs vêtements avec ceux de deux mendiants, et se rendirent ainsi à pied en Allemagne. Ils s'arrêtèrent dans la forêt de Petingen, en Souabe, y construisirent deux cellules pour se livrer au travail des mains, à l'exemple des anciens anachorètes; ils allaient, pendant le jour, dans les villages voisins, travailler en qualité de manœuvres, et rentraient la nuit dans leurs cellules pour prier. S'apercevant que la sainteté de leur vie les trahissait et attirait sur eux les regards de tout le monde, ils quittèrent leur retraite. Les saints ont beau cacher leurs bonnes œuvres au fond des lieux les plus secrets, ce que les hommes ne disent point, les pierres elles-mêmes le révèlent et le proclament. Alors les deux solitaires firent nu-pieds le pèlerinage de Compostelle, en Espagne; ensuite ils entreprirent celui de Rome, en passant par l'Allemagne. Ayant visité les lieux de devotion qui se trouvaient en Italie, ils se fixèrent dans un désert affreux, nommé Salanigo, près de Vicence; ils s'y bâtirent une cellule, où ils se livraient à la prière et à la contemplation. Gaultier mourut au bout de deux ans, Thibaut se préparant plus que jamais à ce dernier passage, redoubla la ferveur de ses prières; du pain d'avoine, des racines et de l'eau faisaient toute sa nourriture; il parvint même à s'interdire l'usage du pain, il couchait sur une planche, portait le cilice; enfin tout en lui annonçait qu'il habitait bien plus les cieux que la terre. L'évêque de Vicence l'éleva au sacerdoce. Sous sa direction, beaucoup de fidèles marchèrent à grands pas dans la voie de la perfection.

Son père et sa mère, ayant eu connaissance de sa retraite, l'allèrent trouver ; ils furent si touchés du spectacle qui s'offrit à leurs yeux, qu'ils se prosternèrent à ses pieds, sans pouvoir lui dire un seul mot. La foi prenant le dessus, la joie fit place à la douleur ; ils sentirent la vanité du monde et résolurent de se consacrer sans réserve au service de Dieu. Arnoult, son père, retourna en Brie. Sa mère se fit bâtir une petite cellule, à quelque distance de celle de son fils, et se mit sous sa direction. Peu de temps après, le saint tomba malade, son corps se couvrit d'ulcères, sa patience fut mise à de rudes épreuves ; sentant approcher ses derniers moments, il fit venir l'abbé de Vengadice, qui lui avait donné l'habit religieux, lui recommanda sa mère et ses disciples, reçut le saint viatique, et mourut en paix le 30 juin 1066 (1). Tel était le saint dont les reliques vinrent enrichir le prieuré de Beaumont, vers l'an 1151. Il avait une telle réputation de sainteté, que l'on bâtit, à Joigny, une belle église de son nom et qui subsiste encore, sur le lieu où ses reliques avaient passé la nuit. On en éleva une autre à Sens, près du monastère de Sainte-Colombe, où elles avaient reposé. Le concours des pèlerins, le jour de sa fête, donna lieu, dans cette ville, à la création d'une foire.

La bulle du pape Eugène III, de l'an 1151, parle de tous les prieurés et ne fait pas mention de celui de Beaumont. Une autre d'Adrien IV, son successeur, de l'année 1153, lui donne le nom de monastère, ce qui fait croire que c'est l'époque de sa fondation.

Dumnois, dame de Beauche et de Chevannes, fonda, en 1208, dans l'église de Beaumont, une lampe à perpétuité, en assurant une rente de trente sous par an, ce qui donne une idée de la valeur de l'argent de ce temps-là, car il faudrait cinquante à soixante francs de rente pour acquitter

---

(1) Voy. *Vie des Saints*, de Godesc., au 1er juillet.

aujourd'hui une pareille charge. Ce prieuré eut une certaine célébrité lorsqu'il fut dépositaire des reliques de saint Thibaut, que l'on plaça sous un autel de la nef, lequel prit son nom au lieu de celui de Notre-Dame, qu'il portait auparavant. En 1399, l'abbé et les religieux de Saint-Germain, craignant que ces reliques ne fussent profanées pendant les guerres civiles qui s'allumaient en France, les transportèrent solennellement à Auxerre. Dès-lors, le prieuré de Beaumont, qui, depuis deux cent cinquante ans, était embaumé du parfum des vertus de saint Thibaut, tomba dans l'oubli. Ses biens furent annexés à la mense des religieux, spécialement le moulin de la Villotte, donné par l'abbé Renaud, en 1233. On ne connaît aucun de ses titulaires. En 1256, Godefroy contribua pour vingt livres aux charges du monastère, en prenant le titre d'administrateur général du lieu de Beaumont (1).

GUIBERT.

Le nouvel abbé oubliait insensiblement cette ferveur religieuse qui avait élevé ses prédécesseurs si haut dans l'estime des peuples. Guibert va descendre dans l'arène du siècle et prendre part à ses mœurs licencieuses. L'abbaye de Saint-Germain, hors de la juridiction de l'évêque, n'avait pour chef immédiat que le pape. Celui-ci, à cause de son éloignement, de la difficulté des relations et surtout des affaires de l'église universelle, ne pouvait ni connaître ce qui se passait dans l'intérieur du monastère, ni suppléer à la faiblesse de son gouvernement. Cependant, la chaire de Saint-Pierre était alors occupée par l'illustre Grégoire VII, qui a élevé si haut l'indépendance de l'église, et qui

(1) Dom Viole, mss., t. 2, p. 1406.

témoignait aux moines une confiance et une affection sans bornes. Guibert était d'une haute naissance ; il avait été reçu à Saint-Germain dès son bas âge et en avait été élu abbé en 1085 ; il souscrivit des lettres de Richer, archevêque de Sens, en faveur du monastère de Saint-Remi, de la même ville ; il assista au concile de Clermont, en 1095 (1) ; il fréquenta les grands et imita leur faste. Etant donc tombé dans le relâchement, il crut pouvoir mettre ses désordres à l'abri de son nom ; enfin, il alla si loin, que les moines l'accusèrent devant Humbaut, évêque d'Auxerre, d'une faute que l'histoire ne nomme pas (2), le suppliant d'y apporter remède. Le prélat, qui était un grand serviteur de Dieu, le cita à comparaître au concile de Nîmes, que devait présider Urbain II. Ce pape, issu d'une illustre famille de Châtillon-sur-Marne, avait été élevé à Auxerre ou aux environs. Il fut d'autant plus affligé d'apprendre ce scandale, qu'il connaissait l'abbaye de Saint-Germain et qu'il lui portait un intérêt particulier. Il blâma d'abord l'évêque de n'avoir pas veillé sur les écarts de l'abbé ; ensuite, prenant le bâton pastoral des mains de Guibert, il le remit à l'évêque d'Auxerre, en lui disant, avec bonté : « Ayez soin, mon fils, de pourvoir, avec plus de vigilance, au gouvernement qui vous est confié (3). Je vous conseille, ajouta-t-il, de vous adresser

---

(1) *Gall. Christ.*, t. 12, col. 379.
(2) *Contigit ut in gravis culpæ infamiam laberetur.* Labb., bibl., mss., t. 1, p. 575.
(3) Le chanoine qui a écrit la vie de l'évêque Humbaut, et après lui l'abbé Lebeuf, aussi chanoine de la cathédrale, jaloux des droits de l'évêque, prétendent que Urbain II fit rentrer sous sa juridiction le monastère de Saint-Germain, que les rois lui avaient autrefois enlevé. Dom Viole soutient le contraire et prétend qu'il fut toujours affranchi de la juridiction de l'ordinaire. Leb., t. 1, p. 259. Viole, mss., t. 2, p. 927.

au monastère de la Chaise-Dieu, en Auvergne, ou à celui de Cluny, en Bourgogne, ou à celui de Marmoutiers, en Touraine, ou enfin à tout autre plus important dans l'Eglise, pour qu'on vous donne, en toute charité, un moine affranchi de tous ses engagements antérieurs : vous l'établirez canoniquement à la tête de votre monastère; il y rétablira avec fermeté la vigueur de la discipline, en donnant le premier l'exemple de la régularité, et que jamais l'Eglise de Dieu ne soit témoin d'une pareille infamie. » A son retour, l'évêque d'Auxerre se hâta d'écrire à l'abbé de Cluny, pour le prier d'envoyer un moine affranchi de toute obédience, pour prendre la direction de l'abbaye de Saint-Germain, le suppliant surtout de laisser de côté ses intérêts particuliers et de n'agir que pour l'amour de Jésus-Christ.

L'abbé de Cluny envoya aussitôt Yves, son grand prieur, avec quinze moines qui furent bien accueillis. Le lendemain, on les introduisit au chapitre, et on leur demanda à quelles conditions ils allaient demeurer dans le monastère; ils répondirent qu'ils venaient en prendre possession au nom de leur abbé, et que désormais il lui serait assujetti. C'était contre l'intention du pape, qui voulait seulement qu'on y plaçât un saint abbé avec quelques bons religieux, pour y rétablir la discipline. Le monastère de Cluny était alors sous la direction de saint Hugues, homme recommandable par ses vertus et par son habileté dans le gouvernement. Il avait étendu la filiation de son abbaye dans toute l'Europe, par les nombreux prieurés qu'il avait fondés. On ne doutait pas que, s'il demandait le monastère de Saint-Germain au pape Urbain II, il ne l'obtînt aussitôt, car Urbain avait été son disciple; c'était lui qui l'avait envoyé à Grégoire VII, et qui lui avait ouvert le chemin pour parvenir au trône pontifical. Un cri unanime s'étant élevé contre les prétentions de l'abbé de Cluny, les moines de Saint-Germain déclarèrent aux frères nouvellement arrivés qu'ils pouvaient reprendre le chemin de leur monastère. Le clergé, l'évêque d'Auxerre et plusieurs notables de la ville, présents au chapitre, approuvèrent leur fermeté. Les envoyés de Cluny se retirèrent, sans renoncer à leurs prétentions. Leur abbé s'adressa, sans succès, à Etienne, comte de Champagne, un des principaux avoués ou gardiens du monastère de Saint-Germain, et dans lequel les moines avaient beaucoup de confiance. Pour terminer le différend, l'évêque d'Auxerre écrivit à la Chaise-Dieu et à Marmoutiers, toujours sans rien obtenir, à cause de l'opposition de l'abbé de Cluny.

Depuis trois ans que durait ce débat, le monastère était comme un vaisseau sans pilote, exposé à la tempête. Le comte de Champagne y vint lui-même, et ayant trouvé le mal plus grand que la renommée le publiait, il se sentit animé du zèle de la maison de Dieu; il alla trouver l'évêque d'Auxerre et écrivit avec lui une lettre à saint Hugues, pour le supplier de mettre de côté les intérêts temporels de son Ordre, pour ne voir que le salut du troupeau de Jésus-Christ. Ils lui représentèrent que les moines étaient disposés à se soumettre à l'abbé qu'il enverrait, pourvu qu'il respectât l'indépendance de leur monastère; ils lui rappelèrent la charité de saint Mayeul, un de ses prédécesseurs, qui y avait rétabli l'étroite observance, sans néanmoins le rendre dépendant de Cluny. Saint Hugues se rendit à leurs prières, et envoya Hugues de Montaigu, son neveu, élevé dès ses plus tendres années dans son abbaye. Celui-ci répondit aux vues de son oncle et à celles des moines. Sa présence ne tarda pas à ramener dans le monastère l'ordre et la paix.

Dans la bibliothèque de Cluny, publiée par les soins d'André Duchêne, on trouve une bulle adressée par le pape à Hugues, abbé de ce monastère, par laquelle il le nomme pour réformer celui de Saint-Germain et pour en disposer à perpétuité (1). Cette bulle a toujours été regardée comme subreptice, parce qu'elle est sans date et tout-à-fait contradictoire avec ce qu'on lit dans la chronique de Guy de Munois. Si elle a été expédiée en cour de Rome, c'est sans que les parties aient été entendues. Les abbés de Cluny ayant, dans la suite, élevé des prétentions sur le monastère de Saint-Germain, comme on le verra, le pape écarta leurs réclamations et le conserva dans son indépendance ancienne.

Malgré sa condamnation au concile de Nîmes, Guibert fit tous ses efforts, pendant trois ans, pour rentrer dans l'abbaye de Saint-Germain. Il eut beau protester de son repentir, il ne put jamais reconquérir la confiance des moines, ni celle de l'évêque. On ne lui pardonna point d'avoir laissé dépérir entre ses mains l'honneur abbatial. Sa mort arriva vers l'an 1100.

SAINT HUGUES.

Il était réservé à la prudence et à la douceur de saint Hugues de faire disparaître les traces du mal que son prédécesseur avait causé au monastère, et de le relever dans l'esprit et dans le respect des peuples. Il était fils de Dalmace, seigneur du château de Montaigu, dans le territoire de Cluny. Elevé auprès de saint Hugues, son oncle, abbé du monastère de ce nom, il prit l'habit de religion, étant encore enfant; l'aménité de son caractère, ses prévenances pour ses égaux, son respect pour les anciens, lui avaient

---

(1) **Dom Viole**, mss., t. 2, p. 934. Les auteurs de la *Gaule chrétienne* attribuent cette bulle au pape Pascal II et la rapportent à l'an 1107. *Gall., chr* , t. 12, col. 380.

attiré l'estime et la confiance de ses confrères. Son oncle, voyant en lui un modèle de l'observance régulière, le jugea propre à mettre la réforme à Saint-Germain. Il l'y envoya accompagné de plusieurs moines, parmi lesquels se trouvait le frère Gervais, son cousin, qui lui succéda dans le gouvernement de l'abbaye. Les moines l'accueillirent comme un envoyé du ciel et réunirent leurs suffrages en sa faveur. C'était l'année 1100. Hugues ne se distingua des frères que par son humilité. Voyant que la liberté est si naturelle à l'homme, qu'il est sans cesse disposé à secouer un joug qu'il a été forcé de subir, il s'appliqua à convaincre l'esprit des frères et à gagner leur confiance. Il leur montra les inconvénients de l'oisiveté, des fréquentes visites des personnes du monde ; il leur fit comprendre que, quand on avait une fois quitté le siècle, il ne fallait pas avoir de rapports avec lui ; que l'unique bonheur qu'ils pouvaient espérer en ce monde, devait venir de la paix de la conscience et de la tranquillité du cœur, et qu'ils ne jouiraient de ces avantages qu'autant qu'ils seraient attachés à l'observance de leur règle. Dieu bénit son zèle ; il rétablit la pratique des vertus intérieures, tant recommandées dans les communautés, telles que l'humilité, la charité, la retraite, l'assiduité à la prière, et l'exercice de la présence de Dieu.

En 1104, Hugues, comte de Troyes, vint, accompagné de tous les grands de sa cour, visiter les moines de Saint-Germain. Pour leur marquer de quelle haute estime il les environnait, et quelle confiance il avait en leur auguste patron, il les supplia d'inscrire son nom parmi ceux des frères du monastère, espérant, par cette agrégation, avoir une part aux mérites de leurs bonnes œuvres. Ayant ensuite été introduit dans le chapitre, il déclara que, pour l'amour de Dieu et de saint Germain, il abandonnait aux frères les droits de coutume et de sauve garde qu'il percevait, comme gardien, dans la seigneurie de Barcenay; il ajouta que, s'il s'en était déclaré le défenseur, en vue de la rétribution qu'il en retirait, il prendrait désormais sa défense avec bien plus de zèle, étant au nombre des frères. Il engagea aussi un de ses chevaliers, nommé Hugues Brise-Loup, d'abandonner quelques droits qu'il avait à Barcenay. L'un et l'autre donnèrent une confirmation de leur concession dans l'oratoire du monastère, en offrant sur le grand autel un livre couvert d'ivoire et d'argent. Milon, évêque de Troyes, Lambert, abbé de Poultiers, Geoffroy de Saint-Fidole, maître-d'hôtel, et quelques autres témoins étaient présents à cette donation. La charte dit que c'était la cinquième année après l'arrivée des frères de Cluny à Saint-Germain; elle loue la fermeté du gouvernement du comte de Troyes, et sa générosité pour augmenter le patrimoine des églises (1). Ce même comte fit aussi présent de quelques personnes de condition servile, et maintint, comme seigneur suzerain, la donation de Hugues Brise-Loup, sur laquelle ses héritiers avaient voulu revenir. Airard, comte de Brienne, fut témoin de ce nouveau bienfait, en 1114. L'abbé Hugues, pour lui témoigner sa reconnaissance, s'obligea à faire célébrer, après sa mort, un anniversaire perpétuel et un triennaire pour lui et pour sa mère Adèle. Il voulut aussi qu'au jour où l'on chanterait leur obit, les religieux fussent traités *honestement* au réfectoire, sur le revenu de Barcenay (2). Hugues obtint encore d'Hervey, évêque de Nevers, l'église de Saint-Martin de Thais, et celle de Saint-Pierre d'Alluy. Hugues, duc de Bourgogne, lui remit, avec plaisir, les droits de coutume qu'il percevait sur le prieuré de Saint-Léger.

En 1104, Richard, évêque d'Albe, envoyé en France,

---

(1) Cartul. de S.-G., feuil. 79.
(2) *Ibid.*

comme légat, par le pape Pascal II, s'arrêta au monastère de Saint-Germain. On démolit, en sa présence, le grand autel de l'église, dont on voulait changer la disposition. On y trouva des reliques du saint patron renfermées dans un cercueil de pierre. Après les avoir vénérées, on les remit décemment à la même place (1). On voit avec quelle prudence et avec quel respect on portait les mains sur les tombeaux ou sur les châsses des saints.

Le pape Pascal II confirma à Hugues la possession de l'abbaye de Saint-Germain, par une bulle datée de Souvigny, en 1107. Ensuite il associa son monastère à celui de Vézelay. Nous verrons plus loin quelles étaient ces associations fondées sur une communauté de prières et de bonnes œuvres. Le pontife fit aussi modérer les droits de coutume que les officiers du duc de Bourgogne levaient sur les serfs du prieuré de Saint-Léger. En 1109, Robert, évêque de Langres, termina un différend qui s'était élevé entre le duc de Bourgogne et le prieur de ce monastère, d'une part, et l'abbé et les moines de Bèze, de l'autre, au sujet des dîmes.

Enfin, après avoir gouverné Saint-Germain pendant quinze ans, Hugues fut élu évêque d'Auxerre. Il se montra aussi zélé et aussi mortifié sur le siége épiscopal qu'il l'avait été dans le monastère. Il portait aux moines une affection toute particulière; son plaisir était de les visiter et de les combler de bienfaits. Il vint souvent au secours de ceux de Cîteaux, dont la fondation était récente. L'abbaye de Regny, celle des Roches et celle de Bouras, fondées de son temps, furent honorées de ses fréquentes visites. Lorsqu'il se trouvait au milieu des moines, il oubliait la sollicitude épiscopale; son visage se couvrait de sérénité, il ne voulait pas qu'on le traitât comme évêque, mais comme un simple

(1) *Gall. chr.*, t. 12.

religieux, se conformant à ces paroles de l'Écriture : « Que celui qui veut être le plus grand parmi vous, soit le serviteur des autres. » Il avait souvent à la bouche ces paroles de saint Jérôme, qui fut aussi au nombre des moines et même leur docteur : « Je fais de la ville une prison et de la solitude un paradis. Si vous voulez être absolument moine, c'est-à-dire seul, que faites-vous dans les villes? » L'évêque Hugues passait aussi un temps considérable avec les religieux de la Charité. Pour ne pas leur être à charge et pour donner des secours aux frères malades, il faisait transporter, dans leur monastère, du blé et du vin de ses terres de Varzy et de Cosne. On croit qu'il eut l'esprit de prophétie. Il avait toutefois une grande connaissance des hommes, car on remarqua que les jugements qu'il avait portés sur l'avenir de certains moines, se vérifièrent (1). Après sa mort, son corps fut inhumé à Saint-Germain, comme il l'avait demandé. Il fut déposé d'abord dans le chapitre, et plus tard transféré dans l'église (2).

Quelques auteurs l'ont confondu avec Hugues, abbé de Saint-Germain-des-Prés, également moine de Cluny et neveu de saint Hugues. Des écrivains de Cîteaux l'ont

---

(1) Labb., *bibl. mss.*, t. 1, p. 461.

(2) On le plaça dans un caveau, au midi, devant l'autel de saint Nicolas. Son tombeau ne fut point visité, avec les autres, par l'évêque d'Auxerre, en 1656, mais en 1682; le caveau qui le renfermait s'étant ouvert par le déplacement d'un carreau, deux religieux y descendirent : ils trouvèrent un reste de vieille lampe et des crochets de fer attachés au mur. Les ossements étaient tous réunis dans le cercueil, sans dérangement. On remarquait un crâne entier; les os des bras, des cuisses et des jambes annonçaient, par leur grandeur, que Hugues avait été d'une haute taille. On voyait aussi des morceaux d'étoffe parmi lesquels on distinguait des tissus d'or; il s'y trouvait encore une semelle de sandale et une masse noire, apparemment les restes d'un cilice, avec un lambeau d'habit religieux. Leb., mém.. t. 1, p. 274.

aussi pris pour Hugues de Macon, premier abbé de Pontigny.

GERVAIS.

Presque tous les abbés de cette époque sont représentés par l'histoire comme des hommes de science et de vertus, et remplis de zèle pour la discipline monastique. Plusieurs ont été loués par les souverains pontifes ou mis au nombre des saints. Comme leur exemple était une seconde règle, on peut, sans avoir d'autres données, affirmer que, sous leur direction, la communauté fut dans une grande régularité.

Vers l'an 1116, Hugues, devenu évêque d'Auxerre, bénit Gervais, son cousin et son successeur dans l'abbaye de Saint-Germain. Il était aussi neveu du grand saint Hugues, abbé de Cluny. C'était dans cette abbaye, sous la direction de son oncle, qu'il avait fait sa première éducation; ses liaisons d'amitié avec ce serviteur de Dieu et avec saint Hugues, son prédécesseur, l'avaient confirmé dans les voies de la vie religieuse. Son humilité et sa piété imprimaient à toute sa conduite un air de dignité qui n'appartient qu'à la vertu, et qui est bien supérieur à celui que donnent les grandeurs humaines. Il fit beaucoup de bien, durant les trente-deux ans qu'il gouverna le monastère; le temporel reçut des accroissements considérables; le grand autel fut couvert d'une table d'argent très-massive; la sacristie fut pourvue de chapes, d'ornements de diverses couleurs et de tapisseries.

Gervais veilla, avec une attention particulière, au rétablissement des frères malades, pour se conformer à la règle de saint Benoît, qui trace, dans son inépuisable charité, les devoirs des supérieurs envers eux. L'abbé doit les servir avec autant de respect que si c'était Jésus-Christ lui-même, qui a dit : « J'ai été malade, et vous m'avez visité. Ce que vous ferez au dernier des hommes, regardez-le comme fait à moi-même. » Cette règle recommande aussi aux malades de ne point oublier que c'est pour l'amour de Dieu que l'on prend soin d'eux ; elle les engage à ne point contrister le frère infirmier par leur mauvaise humeur. Toutefois, la règle veut qu'on supporte leurs défauts avec patience, parce qu'une grande récompense est réservée à ceux qui en prendront soin. L'abbé est tenu de veiller, avec une attention scrupuleuse, à ce qu'ils ne manquent de rien. Ils doivent avoir une chambre à part, et des frères pleins de vigilance pour les servir. Comme les bains étaient en usage du temps de saint Benoît, il veut qu'on leur en fasse prendre autant de fois qu'on le jugera nécessaire, et qu'on leur permette l'usage de la viande, pendant le temps que durera leur maladie. Enfin, les règlements font peser sur l'abbé toutes les privations que les frères malades pourraient éprouver par suite de sa négligence (1). C'est pourquoi Gervais créa un infirmier en titre, destina la terre de Villiers-Vineux, celle de Carisey et celle de Sougères, pour former le revenu de l'infirmerie. Il ajouta encore les censives de Saissy, de Saint-Sauveur et de Griselles.

Cette dernière terre était un prieuré de l'abbaye de Saint-Germain, situé dans le diocèse de Langres, à quinze lieues environ d'Auxerre, et dédié à saint Valentin. On l'appelait Eglisellesetparcorruption*Griselles,*enlatin*de Ecclesiolis.* Le fondateur n'en est point connu. Il existait du temps de l'abbé Gervais, vers l'an 1120 ; car en dotant l'office de l'infirmerie, il donna vingt sous de rente à prendre sur sa censive. Quelque temps après, le comte Guy donna des lettres

---

(1) *Regul. S. Bened. de infir., cap.* 36.

d'affranchissement aux sujets de ce prieuré, pour réparer l'injure qu'il avait faite à l'abbaye, en tuant quelques habitants de Diges. Les bulles d'Eugène III, d'Anastase IV, d'Adrien IV et d'Innocent III, depuis 1151 jusqu'en 1198, en font une mention honorable, ainsi que des églises de Nicey, de Laignes et de Poinchy, sur lesquelles le prieur de Griselles avait des censives, qui s'étendaient jusques sur Beines et sur Milly. Le comte de Tonnerre avait droit de gîte chez le prieur, qui ne devait, comme on le voit par une charte de l'an 1161, l'hospitalité qu'au seigneur lui-même et à ceux de sa maison. Il était tenu, en outre, de le recevoir à sa table; mais le prévôt, les hommes de sa suite, comme ses chasseurs et autres, n'y avaient aucun droit (1). Par un accord de l'an 1293, l'abbé de Saint-Germain céda à Guillaume de Challon, comte d'Auxerre et de Tonnerre, tous les hommes mainmortables qui lui appartenaient à Griselles et à Laigne; il reçut en échange un droit d'usage dans le bois du Grand-Fey, qui s'étend depuis Nicey jusqu'à la forêt de Maune, et de là jusqu'à Pimelle, et soixante sous de rente sur la prévôté de Griselles (2). Aux censives de cette terre et de celles de Saint-Sauveur, données à l'infirmerie, venaient s'ajouter les

---

(1) En 1250, Guichard, prieur de Griselles, et Renard, curé de Poinchy, avaient des celliers à Chablis. Les moines de Régny leur payaient, pour le fermage de leur vigne de Poinchy, huit muids de vin, rendu dans ces celliers.

Ce prieuré tomba en commende, comme tant d'autres, et n'exista plus que pour satisfaire le luxe ou l'avarice de quelque riche bénéficier. Les prieurs continuèrent de payer quatorze livres tournois de rente pour la pitance des moines de Saint-Germain, et soixante et dix sous pour la menue pitance. Cette dernière somme était pour acquitter l'obit de la comtesse Agnès. On a conservé les noms de onze prieurs jusqu'en 1661. Dom Viole, mss., t. 2, p. 1394. Cart. de S.-G., feuil. 92.

(2) Archives de la préfect.

porcs, les agneaux, et quatre sous sur la rente en argent provenant des *mairies*, trois arpents de vigne, trente poules sur la seigneurie d'Héry et sur celle d'Hauterive, cinquante sur celle de Diges, avec toutes les poules dues par le fermier de Néron et par ceux de Gurgy, de Sommecaise, de Pontnaissant et de Villiers-sur-Tholon.

On appelait mairies les prévôtés des justices du monastère. On en comptait vingt-sept. Voici leurs noms, ainsi que les rentes qu'elles devaient chaque année : le Mont-Saint-Sulpice payait un sou; Néron, trois sous; Gurgy, cinq; Héry, sept; Villeneuve-Saint-Salves, neuf; Rouvray, onze; Irancy, treize; Pontnaissant, quinze; Barcenay, dix-sept; Perrigny, dix-neuf; Villemanger, vingt-un; Lucy, vingt-trois; Vaugines, vingt-cinq; Sommecaise, vingt-sept; Ormoy, deux; Bouilly, quatre; Hauterive, six; Neuilly et Guerchy, huit; Bleigny, douze; Aucep, quatorze; Venoy et Nangis, seize; Diges, dix-huit; Escamps, vingt; Cussy, vingt-deux; Beines, vingt-quatre; Coutarnoult, vingt; et N....., dix. Il faut ajouter à ces mairies celle de Saint-Germain. Le sou de ce temps-là pouvait valoir trois à quatre francs de notre monnaie.

L'évêque Hugues de Montaigu, toujours disposé à faire du bien au monastère qu'il avait dirigé, pacifia un différend qui s'était élevé, en 1121, entre son abbé et Guillaume III, comte d'Auxerre, au sujet du château de Saint-Germain (1). L'abbé Gervais fut moins heureux dans un démêlé qu'il eut avec Hugues-le-Manceau, seigneur de Saint-Vrain et de Cosne, qui avait fait bâtir un château à Annay-sur-Loire, dans la seigneurie du monastère. Après avoir épuisé tous les moyens de conciliation, il lui fit écrire par le pape. Ne pouvant rien obtenir de cet esprit altier, il le fit excommunier et mettre ses terres en interdit, jusqu'à

---

(1) Cartul. de S.-G., f. 40.

ce qu'il eût rasé son château d'Annay et réparé les dommages qu'il avait causés.

L'abbaye de Saint-Germain possédait à Saint-Vrain un prieuré fondé par les seigneurs du pays. Le baron du lieu était un des quatre qui portaient l'évêque d'Auxerre, à son joyeux avènement, depuis le monastère de Saint-Germain jusqu'à la cathédrale. Ce bourg et ses seigneurs tirent leur nom de Saint-Vrain, illustre confesseur, évêque de Cavaillon, dont les reliques reposent dans l'église de la paroisse, qui était autrefois celle du prieuré. Tous les ans, le 19 octobre, jour de sa fête, son chef était porté solennellement dans une chapelle du château, dite de saint Vrain. Une foule considérable, tant du bourg que des environs, se rendait à l'église pour implorer sa protection. L'ouragan révolutionnaire de 1789 a porté là ses ravages comme ailleurs. Il ne reste plus des reliques de saint Vrain, qu'un petit ossement; la chapelle du château est détruite et la procession abolie. Plusieurs papes ont fait mention de ce prieuré dans leurs bulles, depuis 1151 jusqu'à 1198 (1).

L'évêque Hugues était inépuisable dans ses bienfaits envers l'abbaye de Saint-Germain, il lui donna l'église de Saint-Fargeau, en 1133, et ensuite celle de Saints-en-Puisaye. Deux ans après, il concilia un différend qui s'était élevé entre Gervais et Hugues de Mâcon, abbé de Pontigny, à l'occasion des usines d'Espaillard ou de Revisy. Les deux abbés convinrent que le moulin et le foulon seraient possédés en commun; que le droit de pêche appartiendrait exclusivement à Pontigny; que si, dans la suite, une des parties élevait, au même endroit, d'autres usines, comme des moulins à tan, elles en jouiraient également en commun. L'abbé Gervais, le prieur de même nom, Robert, camérier, et un autre moine,

---

(1) Dom Viole, mss., t. 2, p. 1599. Cartul. de S.-G., f. 40.

ainsi que Hugues, abbé de Pontigny, Etienne, prieur, Gérard et Hervey, moines de ce monastère, Léger, maire (1) de Rouvray, Jean, son fils, Robert des Baudières et quinze autres laïques (2) furent présents à cet accord. En 1096, de nouvelles contestations s'étant élevées sur les droits réciproques de ces mêmes usines, Radulphe, abbé de Saint-Germain, et Mainard, abbé de Pontigny, nommèrent cinq arbitres; Milon, abbé de Quincy, Vincent, prieur de Saint-Germain, Léotheric, Bailledart et Hélie de Saint-Florentin : ils décidèrent qu'on s'en tiendrait à l'accord, passé en 1133, entre Gervais et Hugues (3). Le premier souscrivit, l'année suivante, une charte de l'évêque d'Auxerre, en faveur de l'abbaye de Crisenon.

On a vu qu'environ l'an 1050, les comtes de Champagne avaient donné à Saint-Germain les deux petits monastères de Saint-Florentin, pour y mettre des religieux; cette intention ne fut point remplie; on y plaça des chanoines qui ne répondirent pas à l'attente des fondateurs. Henri, dit Sanglier, archevêque de Sens, voulant donner à ces établissements une autre constitution, les remit à l'abbé Gervais, à condition qu'il laisserait aux chanoines leurs prébendes, tant qu'ils vivraient; ce qui fut confirmé par Innocent II, en 1138. « Notre vénérable frère Henri, archevêque de Sens, dit le pape, nous a fait connaître que la paresse des clercs avait amené le dépérissement de la discipline dans les monastères de Saint-Florentin. Nous nous reposons sur notre fils Gervais, abbé de Saint-Germain, pour y faire revivre le bon ordre, afin que le Dieu tout puissant reçoive, dans ce lieu, des louanges dignes de lui. A mesure que les chanoines décéderont,

---

(1) En latin *major* ou le plus riche.
(2) Cartul. de S.-G., f. 61.
(3) *Ibid.*, f. 62.

vous les remplacerez, continue le pontife, en s'adressant toujours à l'abbé de Saint-Germain, par des moines qui suivront la règle de saint Benoît. Vous aurez soin de conserver à l'église de Sens sa juridiction, et de ne frustrer en rien les chanoines de leurs prébendes, tant qu'ils vivront. Voulant donc procurer un bienfait à l'église de Saint-Florentin, nous la remettons entre vos mains et entre celles de vos successeurs, et, par votre entremise, nous l'attachons au monastère de Saint-Germain (1). »

Deux ans après, les chanoines de Saint-Florentin étant décédés, ou s'étant démis de leur prébendes, l'abbé de Saint-Germain changea les deux maisons en prieurés, augmenta leurs revenus en y ajoutant quelques dîmes de Vergigny, que lui donna l'évêque de Langres ; ce prélat lui remit en même temps une confirmation de toutes les églises que son abbaye possédait sur les terres de son diocèse. Nous avons rapporté ailleurs sur quelles bases reposait cette possession. Eudes, vicomte de Saint-Florentin, abolit tous les droits que ses prédécesseurs avaient perçus jusqu'alors sur les deux monastères de cette ville. Sa femme, Agnès, leurs enfants, Rahère, Hugues et Odon, Hodierne, épouse de Rahère, les enfants de ce dernier, Odon et Hugues, donnèrent leur consentement. La foi seule a pu amener le vicomte à ces larges concessions, car le temps des affranchissements ne faisait que commencer. L'acte fut passé en présence de Thibaut, comte de Blois, de Mathilde, son épouse, et de Henri, leur fils. On remarque parmi les autres témoins : Ebrard, vicomte de Chartres, seigneur de Puiseits, Gervais, prieur de Moutiers, Oger, doyen de Saint-Germain, Jean, prieur de Saint-Sauveur, Thibaut de Châtillon, Guy-le-Gros, Guillaume Doët, comte du Perche, et Hugues de Til.

(1) Cartul. de S.-G., f. 15.

Gervais plaça des religieux dans ces monastères et en fit deux prieurés, savoir : celui de Saint-Florentin-le-Vieil, où se trouvait la paroisse de la ville et des faubourgs, et celui de Saint-Florentin-en-Château. Comme le premier recevait beaucoup plus d'offrandes que le second, parce qu'il servait de paroisse, il fut décidé, dans une transaction passée en 1142, en présence de Guillaume, abbé de Pontigny, et de Philippe, prévôt de Saint-Germain, que toutes les donations seraient partagées entre les deux églises. Cependant les abbés de Saint-Germain, pensant que le tracas d'une paroisse était incompatible avec la quiétude dont les religieux bénédictins devaient faire profession, obligèrent les moines à quitter Saint-Florentin-le-Vieil pour passer à Saint-Florentin-en-Château, où se trouvaient les reliques du saint martyr et les tombeaux des deux comtesses. En effet, dès l'an 1147, il n'est plus parlé que d'un prieuré. L'autre église forma la paroisse de la ville. Ce changement fut approuvé du comte Thibaut et de Henri, son fils. Parmi les témoins, on remarque les fils et petits fils du vicomte de Saint-Florentin, dont il a été parlé plus haut. Les papes Eugène III, en 1151, Anastase IV, en 1153, et Adrien IV, en 1155, donnèrent aussi leur confirmation.

Dans ce même temps, l'abbé de Saint-Germain passa une transaction, à Saint-Florentin, avec Rahère, en présence du comte Thibaut, où il fut convenu que le vicomte avait droit de sauvegarde, à Villiers-Vineux, sur les hommes de l'abbaye, et que tous ceux qui tenaient une charrue de bœufs lui devaient, pour cet emploi, un setier d'avoine, et les autres une mine, sorte de mesure de ce temps-là. Cette redevance devait être annoncée dans l'église, la mesure livrée rase et payée, sans qu'on frappât les collecteurs, car partout ailleurs que dans ce village, dit la charte, on ne se permet pas ces violences. La maison de Saint-Germain devait, au vicomte, quarante sous pour droit de sauvegarde.

Les habitants de Villiers-Vineux devaient payer, chaque année, pendant l'espace de trois jours, un droit de bienvenue, qui consistait en neuf deniers. Ceux qui liaient des bœufs étaient tenus, pour leur corvée, à deux jours de charrois, et ceux qui n'en tenaient point en devaient trois à bras. Si le vicomte ne réclamait pas ces droits durant l'année, il ne pouvait plus les redemander dans la suivante. Il avait la haute justice pour le vol, la fausse mesure et les choses trouvées. Celle de Saint-Germain était libre de toute charge envers le seigneur. Ni lui, ni les siens n'avaient droit d'y prendre de repas, ni d'exiger quelqu'argent; mais il avait celui de chasse dans les bois de l'abbaye. Le gibier qu'on y tuait lui appartenait. Les fermiers de Saint-Germain, de leur côté, avaient droit d'y prendre du bois, pourvu qu'ils n'endommageassent point les haies ni les palissades du vicomte (1). Les hommes ou les femmes du monastère, qui passaient l'Armançon ou qui habitaient dans sa justice, devenaient sa propriété. Ceux qui demeuraient ailleurs qu'à Villiers-Vineux pouvaient passer les rivières, s'allier aux sujets de ce seigneur, sans cesser d'appartenir à l'abbaye. Si les hommes ou les femmes de cette dernière s'alliaient à ceux du chapitre de Saint-Pierre de Troyes, les uns et les autres appartenaient, avec tous leurs effets, à Saint-Germain, mais les enfants qui naissaient de ces alliances étaient au vicomte... Celui-ci, qui prétendait que l'abbaye lui devait un cheval, lorsqu'il lui rendait hommage, vit ce droit imaginaire vivement rejeté (2).

L'anarchie féodale obligea Gervais à se mettre en mesure contre les envahissements des nobles et à suppléer à l'in-

---

(1) *Excepto in haüs et firmitatibus suis.*
(2) Cartul. de S.-G., f. 86.

suffisance des lois; c'est pourquoi il fit entourer de murailles le village de Diges, et bâtit une forteresse à l'intérieur. Renaud de Narbonne, chevalier, seigneur de Toucy, s'était emparé d'un droit d'usage dans la forêt de cette ville; pour éviter toute contestation, l'abbé aima mieux le racheter. L'acte en fut passé, à Auxerre, dans la cour du comte, en 1142, en présence de Garnier, prévôt du monastère, des fils du vicomte de Saint-Florentin, savoir : Renaud, Guillaume, Gautier, Humbaud et Huguet, et devant beaucoup d'autres témoins, comme c'était alors la coutume (1).

Ces difficultés, dont la durée va être longue, n'empêcheront pas les moines de Saint-Germain de poursuivre leur tâche conciliatrice; à l'exemple de leur divin maître, ils passent en faisant du bien partout. Ils encouragent l'agriculture dans leurs terres, sans les grever d'impôts. Ils se mêlent à la politique, en établissant un gouvernement paternel dans leurs seigneuries; quand l'heure d'affranchir les serfs sera venue, ils aideront les rois à l'accomplissement de ce grand œuvre social. Si tout ce qui les entoure marchait comme eux, les temps meilleurs arriveraient vîte. Mais les guerres intestines, la misère, la confusion qui règnent de toutes parts, ne leur permettent pas de triompher de tant d'obstacles à la fois.

L'abbé Gervais fit quelques acquisitions à Bleigny et à Aucep. En 1131, Seguin de Meners, chevalier, légua à son monastère un muid d'avoine sur ses tierces des Chastelènes, près d'Avallon (2). L'acte fut passé par-devant Hugues, archidiacre de cette ville. Cette donation était pour le *remède de son ame*, de celle de son épouse Maaude, et pour faire célébrer leur anniversaire.

---

(1) Cartul. de S.-G., f. 55.
(2) *De Castellencâ apud Avalonem*. Cartul. de la pit. de S.-G., f. 20.

En 1148, Itier de Maligny, chevalier, Guillaume et Anselme, ses frères, abandonnèrent à l'abbé de Saint-Germain un droit de censives et quelques héritages, situés à Lignorelles, qui avaient déjà été donnés par Jean de Cassel, lorsqu'il entra en religion. Les conventions furent écrites au palais épiscopal, en présence de Hugues et de Geoffroy, évêques, l'un d'Auxerre, l'autre de Nevers, de Renaud, archidiacre, de Guillaume, comte de Nevers, d'Adam de la Marche, de Guillaume, prieur de Saint-Germain, et de Deimbert de Seignelay.

Le poids des années ne diminuait en rien le zèle de l'abbé Gervais pour le salut des ames qui lui étaient confiées ; il semblait même redoubler d'ardeur à mesure que sa mort approchait, afin d'amasser pour le jour des rétributions. Sentant approcher ses derniers moments, il appela la religion à son aide pour ce grand et dernier combat. Après avoir prié pour son monastère et levé ses mains chargées de bénédictions sur la tête de ses frères, il s'endormit du sommeil du juste, le 20 août 1148. On l'inhuma dans le chapitre, sans épitaphe. Le prieur Guillaume y fut aussi déposé, avec cette modeste inscription en latin : *Ici repose Guillaume de Foret, autrefois notre prieur, priez pour lui.*

Saint Bernard opéra, dans ce même temps, à Saint-Germain, un miracle qui eut beaucoup de retentissement. Une femme, percluse des pieds et réduite à se traîner sur ses genoux et sur ses mains, se transporte sous le portail de l'église, où elle attend le saint abbé, qu'elle savait y être entré pour prier. Aussitôt qu'elle le voit sortir, elle se jette à ses pieds et le supplie de la guérir. Le saint, faisant sur elle le signe de la croix, lui commande, au nom de Jésus-Christ et du confesseur saint Germain, de se lever. Elle obéit, se lève sur ses pieds, et, après avoir remercié son bienfaiteur, elle regagne sa demeure en bénissant

Dieu. Comme elle était très-connue dans la ville, personne ne douta de la vérité du miracle (1).

ARDUIN.

Arduin fut un de ces hommes fermes et courageux que la Providence suscite, dans les temps difficiles, pour soutenir les intérêts de son Église. Il naquit en Bourgogne, de famille noble. Son élection eut lieu le 15 avril 1148. Hugues de Macon, évêque d'Auxerre, le bénît avec les cérémonies accoutumées. Pierre-le-Vénérable, abbé de Cluny, surpris qu'on ne l'eût point consulté pour cette bénédiction, s'en plaignit amèrement au pape Eugène III, qui se trouvait alors à Châlons-sur-Marne, parce qu'il prétendait être le supérieur général de l'abbaye de Saint-Germain. Il accusait l'évêque d'Auxerre d'avoir profité des circonstances pour prendre, sur l'abbé et les moines, une autorité qu'il n'avait jamais eue : c'est ce qu'on apprend d'une bulle, datée de Châlons-sur-Marne et adressée à Pierre-le-Vénérable (2). Le crédit dont celui-ci jouissait à la cour de Rome, son éloquence, ses raisons, que personne ne combattait, puisqu'il était seul entendu, persuadèrent si bien le pape, qu'il délivra, sur-le-champ et sur ses instances réitérées, la bulle par laquelle il veut qu'on remette l'abbé de Cluny dans ses droits, qu'on ne procède à aucune élection sans le consulter, parce que, disait-il, la correction régulière des religieux lui appartenait. Quant à l'évêque d'Auxerre, le pontife lui attribue le pouvoir canonique d'approuver ou de désapprouver l'abbé qui aura été élu, de le bénir, de recevoir de lui le serment d'obéissance, de le déposer dans le cas et dans l'ordre prescrits par le droit, enfin d'exercer sur lui

---

(1) *De mirac., s. Bernard.*, cap. 15 et 16. Cotron, p. 860.
(2) Dom Viole, t. 2, p. 944.

et sur la personne des moines, la correction canonique. C'est lui qui doit conférer, dans l'abbaye, les ordres sacrés, procéder à la consécration des autels, du chrême et des saintes huiles (1).

Aussitôt que cette bulle fut connue à Auxerre, l'évêque et l'abbé réclamèrent contre les prétentions de Pierre-le-Vénérable. Ce débat dura, comme on le verra plus loin, près d'un siècle, et se termina à l'avantage de l'abbaye de Saint-Germain.

Depuis les premiers siècles du christianisme, quelques monastères, élevés çà et là sur le sol de la France, avaient traversé, non sans gloire, des temps difficiles. La mort de Charlemagne avait laissé l'Europe en proie à l'anarchie; le pouvoir, sans point d'appui, se fractionnait chaque jour de plus en plus. L'homme avili se rattachait à la terre, demandait au château sa défense et son salut, parce que nul lien social ne semblait exister. Dans ce dépérissement de la société, des hommes d'une piété éminente sonnent le réveil de la civilisation; mais voyant les cités et les campagnes sourdes à leurs voix, ils rassemblent les fidèles dans des cloîtres; là on trouve la règle, l'ordre et la paix. Une foule de chrétiens de tous rangs, ennemis du désordre et dégoûtés de vivre dans un état de choses trop lent à s'organiser, accourent dans ces cloîtres, les peuplent et les font fleurir. C'est alors que commencent les grandeurs de la vie monastique. En cinquante ans, à partir de l'an 1100, le seul Ordre de Cîteaux fonde près de mille établissements. Lorsque saint Bernard, alors âgé de vingt-deux ans, y entra, trente jeunes seigneurs y furent reçus en même temps. Lui-même réunit jusqu'à sept cents novices dans son monastère de Clairvaux. Cette seule filiation, la troisième de Cîteaux, fonda, de son vivant, plus de cent soixante

(1) Cart. de l'abb. Leb., mém., t. 1, p. 201.

établissements : qu'on juge, par ce seul fait, du mouvement de l'esprit religieux. Cluny créa aussi des prieurés dans toutes les parties du monde chrétien.

En 1114, commence la célèbre abbaye de Pontigny, deuxième fille de Cîteaux, fondée sur les bords du Serain, à trois lieues d'Auxerre. Un homme de bien, nommé Ancius, consacre à cette bonne œuvre les biens qu'il possède en cet endroit. Saint Etienne, abbé de Cîteaux, y envoie douze religieux sous la conduite de Hugues de Macon. On sait le retentissement que les vertus de ces moines eurent dans toute l'Europe.

Une autre colonie de religieux, partie de Clairvaux treize ans plus tard, fonde le monastère de Regny, près de Vermenton.

Un clerc de la cathédrale, nommé Itier, reconstruisit le monastère de Saint-Marien, qui avait été ruiné par les Normands sur la fin du neuvième siècle. Aidé de quelques gens de bien, il travailla avec tant de zèle à son rétablissement, qu'il en vint à bout. Les travaux touchaient à leur fin, lorsque le pape, arrivant à Auxerre, voulut bénir lui-même cette maison, qui devint si célèbre dans l'histoire de la ville, par les vertus de ses moines. Il officia pontificalement au milieu d'une foule immense à laquelle il adressa un discours où il prit pour texte ces paroles de Jacob : « Ce lieu est vraiment saint, et je ne le savais pas. » Des moines de Prémontré prirent possession de cet établissement.

En 1134, les religieux de Molême quittent le monastère de Crisenon, situé dans une île de l'Yonne, près de Bazarnes, et cèdent leur place à des religieuses de Juilly, de même Ordre. Ce monastère avait été fondé, comme on croit, avant l'an 1110, par trois frères, Itier, Hugues et Nariot, seigneurs de Toucy et de Bazarnes. Des hommes, remarquables par leur savoir et leur sainteté, président à la fondation de tous ces établissements. A leur tête, on voit saint Bernard, un des plus grands hommes de son siècle.

Le monastère de Saint-Germain, suivant paisiblement la voie tracée par son fondateur, n'eut pas cette énergie que des hommes éminents imprimèrent alors aux nouvelles congrégations, car le christianisme était devenu l'unique affaire des humains. Le monde est prosterné au pied de la croix. Les peuples entrent en foule dans les monastères. Là, tout captive l'attention. Le chef de la communauté est élu par tous les moines ; c'est le plus vertueux, le plus éclairé, le plus saint des frères, qui réunit les suffrages. On se soumet à sa direction, et encore ne gouverne-t-il pas par lui-même. La règle est écrite, il veille seulement à la faire observer. Tous les frères trouvent en lui un père, un ami, et sont heureux de le posséder et de lui obéir. La règle est en même temps une œuvre de haute politique, un code de législation, un livre de véritable économie sociale. Tous les grands mots de liberté publique, de liberté individuelle, au nom desquels, dans ces derniers temps, les peuples ont poussé des cris d'allégresse, étaient écrits, depuis mille ans, dans la règle des moines : car le catholicisme renferme ces institutions élevées, qui font la vie des grandes nations et qu'un gouvernement ne méconnaît pas impunément, témoins ces provinces de l'Asie, si florissantes sous l'empire du catholicisme, et si avilies sous l'islamisme. Qu'on ne se le dissimule pas, les moines, par leurs constitutions, publiées dans toutes les provinces où se trouvaient leurs établissements, ont contribué, pour une large part, à faire germer la civilisation sur le sol de notre patrie. Alors l'Eglise était libre et n'attendait rien du pouvoir civil, déjà trop faible pour se soutenir lui-même. Elle était forte par la foi des peuples et par la vertu de ses religieux ; elle prospérait et grandissait au milieu de cette indépendance que guidaient les canons des conciles.

Outre les motifs de paix et de tranquillité que l'on trouvait dans les monastères, un autre plus puissant, qui les dominait tous, était d'assurer son salut éternel. Les moines, à ces époques de ferveur religieuse, passaient pour autant de saints. Or, quel entraînement pour des hommes de foi d'être agrégés au nombre des saints de la terre, et de fouler aux pieds, comme eux, les biens et les jouissances du siècle.

La multiplication des maisons religieuses avait fixé l'attention du chef de l'Église. Il leur fallait, dans ces siècles d'anarchie, de puissantes protections : c'est pourquoi les papes les appuyaient de tout le poids de leur autorité. Eugène III, que l'on a vu si favorable à l'abbé de Cluny et à l'évêque d'Auxerre, étant à Vignie, en Italie, publia, en 1151, une bulle en faveur de Saint-Germain, dans laquelle il déclare qu'il place, pour toujours, l'abbé Arduin et ses moines, leurs prieurés et leurs biens sous la protection spéciale du Saint-Siége ; il ordonne que tout ce qu'ils possèdent, provenant de la libéralité des prélats, des rois, des princes et autres fidèles, ou des économies de leurs prédécesseurs, demeure au monastère en toute propriété ; il veut, en outre, que les moines nomment les curés des églises de leurs terres et des lieux qui en dépendent ; mais ils devront être approuvés de l'évêque, lui prêter serment pour le spirituel, et ne reconnaître que l'abbé et les religieux pour le temporel. Le pape Anastase IV confirma tous ces priviléges, en 1153, et Adrien IV, deux ans plus tard (1); ils y ajoutèrent celui d'enterrer, dans le monastère, toutes sortes de personnes, excepté les excommuniés et les interdits.

Une inhumation remarquable eut lieu dans le chapitre de Saint-Germain, en 1161. Ce fut celle de Guillaume III, comte d'Auxerre, qui y reçut les honneurs de la sépulture

---

(1) Les bulles expédiées à cet effet sont dans le Cartulaire de S.-G. On trouve dans chacune d'elles une récapitulation des biens du monastère.

au milieu d'un concours considérable. En exprimant la volonté d'être inhumé dans l'abbaye, il donna à Dieu et au bienheureux Germain, la moitié de la seigneurie de Villeneuve-Saint-Salve, située, dit la charte, dans le bois de Tul. Son fils Guillaume, par un titre remarquable de la même année, approuva l'aumône de son père et ajouta la renonciation au droit de gîte dans le bourg et dans la terre de Diges. « Je fais ce don, dit-il, pour l'honneur de Dieu et pour le salut de l'ame de mon père, afin que, par les mérites et par l'intercession du bienheureux Germain et des autres amis du Christ, au milieu desquels son corps repose, dans la même église, il obtienne le pardon de ses péchés et de ses négligences. Cette gratification, que je fais à l'église de Saint-Germain, et aux moines qui y servent Dieu le jour et la nuit, sera sans aucune réclamation de ma part; c'est afin qu'ils ne cessent pas d'intercéder en faveur de mon père. Je donne encore un homme, appelé Pierre Scot, ainsi que ses héritiers, et en outre, soixante sous sur ma censive de Saint-Gervais, pour qu'on distribue aux frères du monastère, le jour que l'on célébrera l'anniversaire de mon père, une très-copieuse réfection en pain, en bon vin et en poisson (1). » Hugues, archevêque de Sens, et Alain, évêque d'Auxerre, furent témoins de cette charte, à laquelle le comte apposa son sceau.

L'abbaye de Saint-Germain ne sut pas profiter du mouvement général, qui portait les hommes à entrer dans les cloîtres, pour multiplier ses prieurés. Outre ceux dont il a déjà été parlé, on en trouve seulement trois nouveaux fondés à cette époque, ce sont : Notre-Dame-de-la-Chapelle-aux-Chatz, Pesme, dans le diocèse de Besançon, et Vay,

---

(1) *Donavi..... ad largissimam monachorum inibi commorantium refectionem panis et vini generalis et pitantiæ piscium in die anniversarii.* Cartul. de S.-G., f. 55.

dans celui de Nantes. On croit que le premier a été fondé par une famille de ce nom, qui était autrefois une des plus nobles du Nivernais. Il est situé à cinq lieues de Decize et a le titre d'église dans une bulle du pape Eugène III, dans une autre d'Adrien IV et dans une troisième d'Innocent IV. En 1256, Pierre en était prieur, en même temps que de Moutiers-Héraud. Pour subvenir aux besoins du monastère de Saint-Germain, il donna cinquante livres, comme titulaire des Chatz, et quarante, comme prieur de Moutiers-Héraud. De tous ceux qui ont dirigé cet établissement, on ne connaît que lui et maître Mathurin, bachelier, en 1543(1).

Il est parlé pour la première fois du prieuré de Pesme, dans une bulle d'Anastase IV, adressée, en 1153, à l'abbé Arduin et aux religieux de Saint-Germain. Il jouissait alors d'un médique revenu, quoique la chapelle de Saint-Paul, dite des Tombes, lui fût annexée. On n'a conservé le souvenir que de deux prieurs, savoir : Jean Châtelain, qui vivait en 1480, et Jean Deschamps, présent à une visite de cet établissement, en 1540.

Le prieuré de Vay, dédié à saint Germain, était bâti entre la ville de Nantes et celle de Rennes : il est cité dans une bulle du pape Clément III, en 1188. Son revenu était, en 1540, de trois à quatre cents livres. François Boart, chanoine de Chartres, en était prieur commendataire, en 1660 (2).

C'est tout le développement que prit l'abbaye de Saint-Germain, dans un temps où d'autres étendaient, d'une manière prodigieuse, les maisons de leur filiation; le mode de son gouvernement, qui ne voulait qu'un seul abbé avec des prieurs dans les maisons de sa dépendance, nuisit à son agrandissement, parce que ces titulaires jouissaient

(1) Dom Viole, mss., t. 2, p. 1048 et suiv.
(2) Ibid., p. 1409.

d'une autorité trop secondaire. L'Ordre de Cluny, pour établir l'uniformité, ne voulut de même avoir qu'un abbé avec des prieurs. Les fondateurs de Cîteaux crurent que le relâchement de cette maison venait de l'autorité absolue de ses abbés. Pour aller au-devant d'un tel inconvénient, ils en établirent dans tous les nouveaux monastères, et voulurent qu'ils s'assemblassent, tous les ans, en chapitre général, afin de voir s'ils étaient uniformes et fidèles à observer la règle. Ils conservèrent à Cîteaux une grande autorité sur ses quatre premières filles, et laissèrent aussi à chacune d'elles beaucoup de pouvoir sur les monastères de sa filiation, en sorte que le titulaire présidait à l'élection des abbés de ses filles, et pouvait, avec le conseil de quelques-uns d'entre eux, les déposer s'ils le méritaient; par ce moyen, ils maintenaient la discipline, et les maisons qu'ils fondaient jouissaient d'une tout autre considération que les prieurés.

La misérable coutume d'accorder les différends par le duel avait toujours lieu dans nos pays. Dans ces cruels débats, le monastère de Saint-Germain sortait du droit commun. Avait-on un sujet de contestation avec l'abbé, on pouvait choisir le plus chétif esclave de la maison; s'il déposait contre lui et les religieux, il était cru sur sa parole : s'il soutenait leurs intérêts, on lui présentait le duel, et s'il venait à succomber, l'abbé et les moines étaient contraints de convenir qu'ils avaient tort. Le pape Adrien IV abrogea cette coutume, en 1156 (1). Il défendit même de soumettre les monastères à l'obligation du duel judiciaire. « Chargé, écrivait-il à l'abbé Arduin, de la sollicitude de toutes les Églises, nous devons faire tous nos efforts pour procurer la gloire de Dieu et le salut des fidèles, pour corriger avec soin les abus, arracher les ronces et les

(1) Cartul. de S.-G., feuil. 15.

épines infructueuses, afin que l'Église de Dieu brille par une heureuse fécondité de vertus. C'est pourquoi nous avons voulu abolir cette infâme et détestable coutume, qui s'est établie par la négligence de vos prédécesseurs. » Cette bulle prépara l'édit de Louis-le-Jeune, qui, en 1168, restreignit la faculté de demander le duel, et celui de saint Louis, qui, en 1260, l'extirpa, au moins de sa cour, sinon parmi ses barons. Ce ne fut que par degré que la religion chrétienne parvint à abolir la barbarie des duels, qui était passée dans les mœurs du peuple.

On remarque, parmi les bienfaiteurs de cette époque, Jobert, dit Chapeau, chevalier, qui légua une partie des dîmes de Jussy, Aganon de Narbonne, Girard et Godefroy, ses frères, chevaliers, qui donnèrent quatre hommes de condition servile. L'abbé leur paya, en reconnaissance, cinquante-cinq livres de la monnaie d'Orléans, ce qui fut considéré comme une faible partie de la valeur de ces serfs. Le chevalier Milon légua les dîmes de Bleigny et de Beine, en 1169. L'année suivante, Arduin céda à Dieu, à la bienheureuse Marie, à Ascelin, abbé de Regny et à ses moines, quatre arpents de vigne à Irancy, en retenant, pour droit de dîme, un muid de bon vin chaque année. Constance, prieur de Saint-Germain, fut un des témoins de cette concession. La bienheureuse Marie, dont il est ici parlé, était la patronne du monastère (1).

Arduin eut quelques différends avec les comtes d'Auxerre, qui finirent par reconnaître leurs torts. Guillaume III déclara que s'il avait fait des haies, des barricades et autres fortifications (2) dans les bois de Diges, d'Escamps et de

---

(1) Cartul. de S.-G., f. 17.
(2) Ces haies étaient des lignes de bois que l'on abattait, en temps de guerre, pour barrer certains passages, d'où il arrivait que les comtes et les nobles s'en attribuaient une partie, parce qu'elles avaient servi à la défense publique. On formait aussi des haies pour chasser les bêtes

Sainte-Marie-de-Mélédrat, c'était avec la permission du prieur; que d'ailleurs il y avait été forcé durant les guerres qu'il avait eues à soutenir contre Nargaud de Toucy, Guillaume de Dampierre et Gibaut de Saint-Vrain, mais qu'il n'avait pas prétendu blesser les droits du monastère (1). On a vu le don qu'il fit, avant sa mort, de la moitié de la terre de Villeneuve-Saint-Salves. Ses fils, qui lui succédèrent dans le comté d'Auxerre, confirmèrent sa donation. Guillaume IV, qui avait abandonné, en mémoire de son père, à l'abbaye, son droit de gîte dans la terre de Diges, accorda aussi plusieurs priviléges aux bourgeois du Château-de-Saint-Germain. Il déclara que lui et ses chevaliers ou soldats n'y avaient, ainsi que dans les faubourgs adjacents, aucun droit de gîte. Cette prérogative consistait à se faire donner la nourriture et le logement pour soi et pour ses troupes. Le comte convint aussi que lui et sa suite n'avaient aucun droit au logement et à la table, à Irancy, à Aucep et à Beaumont, autrement dit Saint-Thibaut. « Je confesse également, ajoute-t-il, que je ne possède dans le bourg de Diges et dans ses dépendances, ni tour, ni bâtiment, ni clôture, et que je n'ai aucun droit d'en bâtir dans cette localité (2). »

En 1169, Miles d'Auxerre avait usurpé les dîmes de la forêt de Bretelan, située sur la paroisse de Venoy et sur celle de Bleigny, dont les églises appartenaient à l'abbaye de Saint-Germain. Guillaume de Toucy, évêque d'Auxerre, se porta pour médiateur. Le chevalier confessa ses torts, restitua les dîmes de la forêt, et rendit un pré à Venoy, demandant seulement que les moines voulussent bien

---

fauves que l'on obligeait à fuir vers les issues où les chasseurs les attendaient.
(1) Lebeuf, mém., pr., p. 20 et 21; Cartul. de S.-G., f. 41.
(2) Ibid., feuil. 55 et 57.

prier pour lui, et célébrer l'anniversaire de son père et de sa mère. L'abbé lui remit encore onze livres dix sous (1).

Alain, évêque d'Auxerre, donna cent sous de rente pour fonder son anniversaire, et confirma l'abbé de Saint-Germain dans le droit de nommer à la cure de Saint-Loup et d'y recevoir les oblations à certaines fêtes (2).

Les luttes violentes qu'Arduin soutint contre Bochard, seigneur de Seignelay, et, après sa mort, contre ses enfants, parmi lesquels on remarque Deimbert, montrent la fermeté de son caractère. Godefroy de Donzy engagea aussi avec lui une lutte inégale. Après avoir épuisé envers ces seigneurs tous les moyens de conciliation, il lança un interdit sur leurs terres, excommunia leurs personnes et les contraignit, par ce moyen extrême, à respecter les propriétés du monastère. Godefroy fut, en outre, condamné à se désister de ses prétentions du droit de garde sur le fort de Diges. L'abbé fit encore rendre, en 1151, un jugement contre ces seigneurs, par Hugues, évêque d'Auxerre, assisté d'Etienne, abbé de Regny, et de Godefroy, titulaire des Roches. Ces faits font comprendre la prépondérance morale de l'abbaye de Saint-Germain, au douzième siècle, et l'ascendant de l'esprit religieux, qui tient en échec l'orgueil féodal. Nous ne prétendons pas justifier les abbés dans leur vigoureuse résistance, ni les seigneurs dans leurs projets ambitieux. L'histoire fait à chacun la part qui lui convient. Dans les uns, pas assez de charité; dans les autres, une cupidité aveugle. Hâtons-nous d'ajouter qu'il se trouvait des cas qui obligeaient les premiers à une fermeté inébranlable, par exemple, lorsque le seigneur prétendait que l'abbé était tenu de lui prêter serment d'obéissance, qu'il devait le reconnaître pour suzerain, et que ses biens relevaient

---

(1) Cartul. de S.-G., feuil. 72.
(2) Ibid., feuil. 182.

de lui. Ces prétentions étaient mises, de toutes parts, à l'ordre du jour, par des seigneurs ambitieux contre de faibles moines. Un monastère qui succombait dans une pareille lutte perdait la liberté d'élection pour ses abbés, celle du gouvernement de ses biens, et par suite la considération publique, et marchait ainsi à la décadence.

Les moines de Vézelay, placés dans une de ces situations critiques, déployèrent une fermeté étonnante. Ne pouvant lutter contre Guillaume IV, comte de Nevers, qui voulait les réduire à l'état de vassaux, environ quatre-vingts d'entre eux se détachent du monastère et prennent le chemin de Paris, pour porter en personne leurs plaintes au roi. Ils furent accueillis à l'abbaye de Saint-Germain avec beaucoup de charité. Le prieur et quelques religieux avaient pris les devants pour annoncer l'arrivée de leurs frères. Aussitôt ceux de Saint-Germain se mettent en marche pour aller au-devant. Ils les rencontrèrent à quelque distance de la ville, où ils entrèrent processionnellement le 16 novembre 1165, en chantant des psaumes. Tout le peuple, dit la chronique, se porta sur leur passage en pleurant sur leur sort et en maudissant leur persécuteur. Ils couchèrent dans le monastère. Le lendemain, ils allèrent à Joigny, et de là à Sens, où ils prirent des bateaux qui les conduisirent à Paris (1). Ils se présentèrent au roi, qui les accueillit avec bonté et leur fit rendre justice.

Toutes ces misères de l'humanité étaient relevées par le zèle religieux qui animait la société tout entière. Ce n'est pas ici le lieu de parler de la prodigieuse influence que ce zèle exerçait sur la scène du monde. N'est-ce pas la foi qui enfanta cet enthousiasme chevaleresque qui poussa l'Europe sur l'Asie, pour l'arracher des mains des infidèles? Par ce moyen, la Providence éloigna cette foule de sei-

(1) Chronique de Vézelay, par l'abbé Martin, p. 140.

gneurs, que l'oisiveté et l'ignorance auraient pu porter au mal; elle préserva l'Europe de l'envahissement des Turcs, en portant la guerre au cœur de leurs états. Le levier de la foi est si puissant, qu'il soulève et qu'il entraîne les nations. Travaillés par cette charité toujours active, ceux qui demeurent pour garder le sol de la patrie élèvent ces temples magnifiques qui, par leurs masses énormes, dominent encore nos cités, et dont la vue nous étonne et nous confond : nous voulons parler de nos cathédrales. En descendant dans la vie privée, on remarque des effets moins gigantesques, mais plus purs, de la piété de nos aïeux : ils observent, dans toute leur rigidité, ces dures pratiques de pénitence, ces expiations publiques, ces jeûnes austères, dont il ne subsiste plus que l'ombre.

En 1165, Jean, vicomte de Ligny-le-Châtel, prit pour cinq ans, et moyennant trente-cinq livres, un droit de taille que l'abbé et les religieux avaient à Rouvray : ceux-ci mirent pour condition que si la monnaie d'Auxerre venait à perdre de sa valeur, ils seraient libres de recevoir la somme convenue ou quatorze marcs d'argent. La monnaie des petites localités commençait à déchoir et inspirait assez peu de confiance pour qu'on ne voulût pas y compter, même pour cinq ans (1).

En 1170, le droit de gîte fut, à Escamps, l'occasion d'un combat sanglant (2); les soldats du comte Guy, trouvant les portes de la forteresse fermées, firent usage de leurs armes, tuèrent quelques sujets du monastère et en laissèrent d'autres à demi-morts. Le comte donna, en compensation d'un forfait aussi énorme, trois personnes de condition servile, avec leurs héritiers et tout ce qu'ils possédaient. Il fit aussi une remise du droit de mainmorte sur les terres

---

(1) Leb., mém., pr., p. 18.
(2) Ibid., p. 102.

de Diges, de Griselles, de Saint-Sauveur, et sur la forteresse d'Escamps (1). Le comte Guy était frère et héritier de Guillaume IV, mort, sans enfants, à Ptolémaïde, en 1168.

Arduin ne négligea en aucune occasion les affaires de son monastère. Il contraignit Rahère, vicomte de Saint-Florentin, à céder la moitié du four qu'il avait fait bâtir à Villiers-Vineux, parce qu'il se trouvait sur les terres de l'abbaye. Guillon, gentilhomme sénonais, devant partir pour la Terre-Sainte, restitua à Saint-Germain ce qu'il lui avait enlevé. Hugues, archevêque de Sens, apposa son sceau à l'acte qui en fut dressé en sa présence (2).

L'abbé Arduin fit de grandes constructions à Saint-Germain : il releva les bâtiments que le feu avait détruits sous ses prédécesseurs, rebâtit à neuf le dortoir et le chapitre, et environna le monastère de hautes murailles, soutenues par des tours. Cette clôture annonce le malheur des temps. L'absence de pouvoirs protecteurs était telle, que les abbés se voyaient obligés à armer des serfs et à se tenir en garde contre un coup de main qui eût mis leur vie en péril et leurs ressources au pillage, comme il arriva à Vézelay. Les grands monastères, n'attendant rien du pouvoir civil, s'associaient plusieurs ensemble pour se soutenir mutuellement dans le danger. Si l'un d'eux était victime d'une invasion ou d'un incendie, les autres venaient à son secours et lui aidaient à sortir de ses ruines; car les abbayes les mieux fondées pouvaient disparaître au milieu des conflits qui grondaient sur leurs têtes. C'est pourquoi Arduin mit son monastère en communauté de biens avec ceux de Saint-Michel de Tonnerre et de Saint-Bénigne de Dijon. Il renouvela la société déjà contractée avec l'abbaye de Mou-

---

(1) Cartul. de S.-G., f. 56.
(2) *Ibid.*, f. 42.

tier-Saint-Jean. Dès 1107, une pareille association avait été formée avec celle de Vézelay.

Outre cette alliance des monastères pour se prêter un mutuel appui, ils étaient liés entre eux par une société de bonnes œuvres, bien plus belle dans la religion : c'était celle des suffrages de leurs communautés, qui étaient sollicités avec instance par les gens de bien. Des prières publiques et particulières étaient continuellement échangées entre les moines de Saint-Germain d'Auxerre et ceux de Saint-Germain de Paris, de Corbeil, de Saint-Remi et de Saint-Théodore de Rheims, ceux de Soissons, de Chartres, de Saint-Martin d'Autun (1), de Dervy, de Seleby en Angleterre, et autres. Elle nous paraît étrange au-

---

(1) Voici l'acte d'association avec le monastère de Saint-Martin d'Autun : « A tous ceux qui verront ces présentes lettres, nous Jean, humble abbé du couvent de Saint-Germain d'Auxerre, salut en Celui qui sauve ceux qui ont le cœur droit. Nous avons cru devoir consigner par écrit les faits qui doivent durer longtemps et ne jamais tomber dans l'oubli, surtout ceux qui ont rapport au salut des ames et des corps. C'est pourquoi... nous avons contracté une société et une amitié avec l'abbé et les religieux de Saint-Martin d'Autun, et nous avons voulu que cette union entre les deux monastères fût ferme et durable.

1º Nous avons statué et ordonné dans notre chapitre général qu'aussitôt que nous aurons connaissance du décès d'un frère de Saint-Martin, nous célébrerons pour lui un office dans notre couvent. Tous les prêtres seront tenus de dire une messe à son intention. Les frères qui sont d'un ordre inférieur devront réciter cinquante psaumes. Quant aux abbés, dès qu'on nous aura informé du décès de l'un d'eux, nous célébrerons pour lui un *triennaire* ou service tous les trois mois, pendant un an, comme nous avons coutume de faire pour les nôtres.

2º Nous avons aussi décidé et ordonné que si un frère du monastère d'Autun venait à quitter sa communauté, soit de son chef, soit dans un moment d'irritation, ou pour tout autre motif raisonnable, et se soit rendu dans la nôtre, il ait la liberté d'y demeurer autant qu'il lui plaira.

3º Nous avons encore réglé et ordonné que les frères, de part et d'autre, auront droit d'assister au chapitre. »

Nous donnons par anticipation cette pièce qui est du mois d'août 1250. *Essai sur l'abb. de Saint-Martin d'Autun*, t. 2, p. 94.

jourd'hui cette vie de la foi, par laquelle les saints de la terre s'entr'aidaient pour arriver au port tant désiré du salut (1).

Jusqu'en 1789, on vit fleurir à Auxerre ces intéressantes fraternités spirituelles. Tous les ans, au mois d'octobre, les chanoines de la cathédrale célébraient un service pour le repos de l'ame des chanoines de Saint-Martin de Tours, et ceux-ci en faisaient autant pour leurs confrères d'Auxerre (2). Cette association de prières remontait au dixième siècle, alors que le corps de saint Martin reposait dans cette ville.

Arduin ajouta à la liturgie la fête de la décollation de saint Jean-Baptiste, à laquelle on devait prendre les chapes; le célérier avait ordre de traiter *honestement* ce jour-là les moines, au réfectoire, en prenant sur le revenu des dîmes de Saint-Fargeau, données à cette intention par Pierre, archiprêtre de Saint-Sauveur.

Enfin, après avoir gouverné son monastère avec prudence et avec sagesse, pendant vingt-six ans, Arduin mourut le 10 janvier 1174. Durant les dernières années de sa vie, il avait été obligé de se faire porter sur une chaise, à cause de ses infirmités et de la pesanteur de son corps. Il fut enterré dans la salle du chapitre, dans un cercueil de pierre recouvert d'une dalle (3) sur laquelle on mit, en latin, cette épitaphe aussi simple que modeste : *Ici repose dom Arduin, de bonne mémoire, abbé de l'église de Saint-Germain* (4). Robert de Saint-Marien, qui vivait de son temps, donne beaucoup d'éloges à sa piété et à sa douceur. Il ajoute que le monastère de Saint-Germain

---

(1) *Gallia christ.*, t. 12, col. 568.
(2) Hist. de l'abb. de Saint-Julien, p. 42.
(3) Guy de Munois. *Labb., bibl. mss.*, t. 1.
(4) *Hic : requiescit : bonæ : memoriæ : Dominus : Arduinus : abbas : ecclesiæ : sancti : Germani.*

fleurit, sous sa direction, par la régularité des moines, et qu'il reçut un grand nombre de donations. Son nom se trouve mêlé à ceux de toutes les célébrités que fournit la Bourgogne au douzième siècle ; sa foi vive et sa fermeté pour la justice en imposaient aux ennemis de la religion. Il avait fondé son obit ou prières qu'on devait dire pour le repos de son ame, sur un clos de vigne qu'il avait fait planter à Escamps.

Paradin rapporte que Eudes II, duc de Bourgogne, mort en 1163, combla l'abbaye de Saint-Germain de bienfaits; c'est peut-être pour cela que l'on voyait les armes de l'ancienne et de la nouvelle Bourgogne posées au haut de la fermeture du chœur, au-dessous du lieu où se trouvaient la châsse de saint Maurice et celles d'autres saints. Dom Viole dit que les connaisseurs faisaient remonter ces écussons au temps de l'abbé Arduin.

Le prieuré de Moutiers acquit aussi un accroissement considérable par le zèle de dom Martin. Non-seulement ce prieur acquitta les dettes qui s'élevaient à quatre-vingts livres, mais encore il bâtit à neuf trois côtés du cloître où se trouvaient le dortoir, le chapitre, l'infirmerie, le réfectoire et la cuisine. Il entoura ces bâtiments de nouvelles murailles, avec une grande porte fortifiée sur le devant. Outre ces importantes additions, il acheta des terres, des bois et des moulins à Saint-Amand. Il acquit aussi des hommes de mainmorte à Annay-sur-Loire. Les moines travaillaient alors à ces belles constructions dont la plupart sont parvenues jusqu'à nous, et ils imprimaient à leurs habitations ce cachet de grandeur qui révèle les magnificences de la foi dont ils étaient animés.

HUMBAUD.

Humbaud ou Humbert, né dans le Charolais, était religieux de Saint-Germain, comme on croit, lorsqu'il en fut élu abbé en 1174. On remarque en lui de la fermeté et du zèle pour le maintien de la discipline dans le monastère et pour en soutenir les intérêts au dehors. Malgré les périls incessants qui environnaient l'abbaye et ses domaines, elle était toujours en voie de prospérité. Les donations, les hommages des seigneurs, les inhumations des grands de la province, qui avaient lieu dans son enceinte, la dédommageaient de la barbarie du siècle.

En 1175, le comte Guy engagea à Humbaud, ainsi qu'aux religieux, pour la somme de cent livres, le droit qu'il avait d'être traité (1), lui et sa suite, dans leur maison d'Escamps et dans celle de Semilly (2). L'abbé mit pour condition que si la monnaie courante venait à perdre de sa valeur, il serait libre de donner quarante marcs d'argent (3). Par une autre charte de la même année, il renouvela cet acte d'abandon. Humbaud et ses moines, pour témoigner leur reconnaissance au comte, s'obligèrent à chanter, après sa mort, une messe tous les jours, à perpétuité, pour le repos de son ame, pour celle de son épouse Mathilde, et pour celles de ses ancêtres et de ses successeurs (4). La comtesse Ida, mère de Guy, Renaud, son frère, Gauthier, évêque de Langres, Guillaume, évêque d'Auxerre, et Narjaud de Toucy, étaient présents à ces concessions réciproques; Guy confirma aussi quelques donations qu'il avait faites lorsqu'il était malade à Tonnerre.

Aanor, comtesse de Boulogne, veuve de Guillaume IV,

---

(1) Un extrait en français de la charte qui rapporte ce fait, appelle ce droit *hébergement* ou droit de *comestion*. Invent. des chartes, p. 57, archives de la préfect.

(2) *Similiacus*, hameau d'Escamps, que dom Viole et Lebeuf ont pris par erreur pour Seignelay. Cartul. de S.-G., f. 56.

(3) *Ibid.*, f. 16.

(4) *Ibid.*

décédé en Palestine, approuva l'abandon des droits de sauvegarde, qu'il avait sur la terre de Diges. Hugues, archevêque de Sens, étant au château de Ligny-le-Châtel, sanctionna cette ratification (1).

Les abbés, étant parvenus à se débarrasser des protecteurs laïques, furent néanmoins obligés de recourir encore à eux. Les campagnes étaient remplies de petits seigneurs qui croyaient pouvoir s'emparer impunément des propriétés des moines. Si ces derniers portaient leurs plaintes devant les tribunaux, on les lassait à force de chicanes; c'est pourquoi Humbaud mit la terre de Diges sous la sauvegarde de Pierre de Courtenay, comte d'Auxerre; il lui promit, pour prix de ses services, trois muids d'avoine, chaque année, et l'association par moitié dans le bois de la Bruère et dans celui de Montolon. En 1193, sous Radulphe, son successeur, le comte renonça à ces avantages, parce que la garde de ces biens lui semblait sans doute trop onéreuse (2). L'abbé de Saint-Germain les céda à Dreux de Mello, seigneur de Saint-Bris, qui s'était déjà chargé de la garde du bois de Vaugermain, moyennant vingt sous de cens annuel, et *à la charge par lui de préserver la forêt de tout envahissement par autrui.* Il fut obligé, dans la suite, d'associer par moitié, dans ces bois, les seigneurs qui voulurent bien veiller à leur conservation; il associa de même, dans la seigneurie de Pontnaissant, Etienne de Sancerre, et confia la garde du domaine de Vauchassy à Henri, comte de Champagne.

Mathieu, évêque de Troyes, donna à l'abbé de Saint-Germain et aux religieux, en 1179, la moitié des offrandes des églises de Vauchassy et de Britenay, qu'ils bâtissaient sur leurs propres fonds, et en remit la collation à l'abbé.

(1) Dom Viole, t. 2, p. 957.
(2) Cartul. de S.-G., feuil. 46 et 47.

Ce prélat déclare qu'il fait ce don, en considération des vertus des religieux et à cause de la vénération qu'il professe envers saint Germain. Il demande qu'on célèbre tous les ans, dans l'église qui lui est dédiée, un service solennel pour lui, pour ses prédécesseurs et ses successeurs, et que l'on prenne sur les revenus de l'obédiencerie de Britenay, pour donner, ce jour-là, aux frères un grand repas (1), afin, ajoute-t-il, que Dieu, en considération des bienfaits temporels que nous répandons sur ses serviteurs, veuille bien nous faire la grâce d'avoir part à la résurrection glorieuse (2). Ganeric, autre évêque de Troyes, renouvela les priviléges des églises de Vauchassy et de Britenay, en 1193 (3), et s'assura de même un anniversaire à Saint-Germain pour le repos de son ame.

Le pape Alexandre III confirma la donation de l'église du château d'Ervy, c'est-à-dire du bourg fortifié de ce nom (4). Henri-Sanglier, archevêque de Sens, l'avait donnée autrefois au monastère de Saint-Germain, et Guillaume, son successeur, en avait approuvé la concession. Le pape ratifia aussi les dons du comte Guillaume, enterré au monastère, et ceux de son fils, mort en Palestine.

Au milieu de l'anarchie qui régnait dans l'Etat, le clergé séculier était tombé dans le relâchement. Les moines, au contraire, étant, la plupart, dans la première ferveur de leur institut, donnaient au monde chrétien de grands exemples de régularité et de sainteté ; c'était du milieu d'eux que l'on tirait les évêques et même les papes. Ceux-ci trouvèrent parmi ces hommes recomman-

---

(1) *Generalis refectio.* Cartul. de S.-G., f. 80.
(2) *Ibid.*
(3) *Ibid.*, f. 81. Le cartulaire contient jusqu'à douze chartes concernant ces deux églises.
(4) *Ecclesia quæ sita est in castro quod dicitur* **Hervianus.** *Ibid*, f. 16.

dables de puissants auxiliaires pour réformer l'Eglise ; ils les honoraient de tant de considération, qu'ils plaçaient leurs biens sous leur protection spéciale, qu'ils prenaient leur défense devant les tribunaux, et qu'ils en faisaient leurs ambassadeurs auprès des princes. Pour montrer aux fidèles l'estime qu'ils avaient pour eux, ils permirent à leurs abbés de porter la mître et l'anneau pastoral, aux principales fêtes de l'année, aux synodes des évêques et aux conciles généraux et provinciaux (1). Humbaud obtint cette faveur pour lui et pour ses successeurs. Le pape Urbain III dit qu'il fait cette concession, d'abord pour l'engager, lui et ses moines, à continuer de croître en vertus, à profiter de mieux en mieux dans l'observance régulière, et ensuite pour rendre hommage au corps glorieux de saint Germain, qui repose au milieu d'eux. Puis, répondant à une demande de l'abbé, le pontife déclare qu'un religieux ne pourra appeler de la pénitence qui lui aura été imposée, que du consentement de la majorité du chapitre, parce que ces appellations n'avaient lieu que pour éviter la correction régulière.

S'il arrive, ajoute le pape, que votre évêque, après avoir été prié avec tout le respect dû à son caractère, refuse de venir vous donner le saint chrême, de consacrer vos autels, de bénir vos religieux ou votre abbé, de donner les saints ordres dans votre monastère, ou de vous rendre tout autre service, qui soit du ressort de son ministère, je vous permets de vous adresser à un autre, en communion avec le Saint-Siége. Le pontife défend expressément aux évêques d'Auxerre d'exiger des rétributions pour l'absolution des excommuniés, ou de lancer des excommunications, des interdits et des suspenses

(1) Cartul. de S.-G., f. 17.
(2) *Ibid.*, f. 17.

contre les moines de Saint-Germain. Il défend également d'excommunier les sujets de l'abbaye ou les lieux qui en dépendent, à moins qu'il n'y ait des causes légitimes. Il veut que, dans ces sortes d'affaires, on observe rigoureusement les règles du droit canonique. Si les évêques agissent autrement, il déclare que leurs censures sont nulles (1).

L'abbé Humbaud ayant fait observer à Urbain III que l'évêque d'Auxerre, lorsqu'il visitait les églises du monastère, avait souvent une suite de quatre-vingts chevaux, et son archidiacre une autre de douze, qu'ainsi leur séjour obérait la communauté, qui se croyait obligée de fournir à leur subsistance, le pape déclara qu'il les déchargeait de ces réceptions toutes les fois que le prélat et son archidiacre auraient à leur suite plus de personnes et plus de chevaux que ne portaient les décrets du concile de Latran. Tous ces priviléges étaient renfermés dans cinq bulles, données à Vérone, en 1186 (2). Elles font voir la mésintelligence qui régnait entre l'abbé de Saint-Germain et l'évêque d'Auxerre, Hugues de Noyers. Une autre bulle d'Alexandre IV déclara que ces sortes d'hospitalités étaient un pur effet de la libéralité des moines, et qu'ils n'y étaient nullement obligés (3).

Les abbés de Saint-Germain, en rangeant leurs propriétés sous la protection du Saint-Siége, dont le crédit était tout-puissant, avaient mis les ravisseurs du bien d'autrui sous le poids des anathèmes de l'Eglise. Alexandre III prit leur défense contre les empiétements commis sur la sauvegarde de Villeneuve-Saint-Salves, sur celle d'Escamps et sur le logement que les soldats du comte

---

(1) Cartul. de S.-G., f. 14.
(2) *Ibid.*, f. 15.
(3) *Ibid.*, f. 14.

d'Auxerre s'arrogeaient dans cette paroisse (1). Le pape, pour rendre la propriété des moines incontestable, rappela les noms des donateurs. Urbain III dit hautement qu'il entre dans ses fonctions apostoliques de prendre la défense des maisons religieuses, afin que ceux qui en font partie s'occupent uniquement des hommages de piété qu'ils doivent au Seigneur; nous avons appris, dit-il, d'une lettre que nous a adressée notre vénérable frère Guillaume, archevêque de Sens, qu'il vous avait donné l'église d'Ervy, avec tous ses revenus, que la présentation d'un prêtre, pour la desservir, faisait aussi partie de vos droits. Il nous a également fait connaître qu'il vous avait concédé, dans le monastère de Moutier-Héraut, tous les droits dont jouissait un des deux prêtres attachés au service de l'église d'Ervy (2). Célestin III vint, en 1194, leur en assurer de nouveau la possession.

Le pape Urbain III accorda aussi, en faveur du prieuré de Decize, une bulle par laquelle il donnait à tous les fidèles la permission de s'y faire enterrer, s'ils le désiraient, pourvu toutefois qu'on respectât les droits des églises d'où les corps seraient apportés. Ces inhumations éprouvaient, sans doute, de l'opposition, car, quelques années après, Célestin III renouvela cette autorisation.

Guillaume de Toucy, évêque d'Auxerre, témoin de la sainteté et de la régularité des moines de Saint-Germain, fonda, dans leur église, son anniversaire, ainsi que celui de Hugues, son frère, archevêque de Sens. Il donna, à cette intention, cinquante sous de rente à prendre sur l'église de Bleigny (3). Ce prélat employa son crédit pour faire cesser les vexations d'un seigneur appelé Miles-Filons, qui

---

(1) Cartul. de S.-G., f. 17.
(2) *Ibid.*, f. 16.
(3) *Ibid.*, f. 73.

empêchait que l'eau de la rivière de Beauche ne vînt au moulin d'Orgy, dépendant de la propriété des moines. Le prieur fit rendre un jugement contre Etienne, seigneur de Montréal, pour l'obliger à restituer aux habitants de Coutarnoult, l'usage des bois *d'Arviau*, aujourd'hui d'Ervaux. La sentence fut rendue par Bernard de Montbéliard, bailly de l'Isle (1).

Dans le même temps, Rahère, vicomte de Saint-Florentin, donna au monastère de Saint-Germain la chapelle qu'il avait bâtie dans sa maison, en s'obligeant à fournir le luminaire, toutes les fois que les religieux y officieraient. Il fut admis, par l'abbé Humbaud, à la participation de tous les biens spirituels du monastère et des prieurés de sa dépendance; la même faveur fut accordée à son épouse Ada, à Guillaume, l'un de ses fils, à Agnès, femme de ce dernier, et à toute sa famille. Par un autre titre, sans date, adressé à Humbaud, Rahère dit que, pour le repos de l'ame de son épouse Ada, de pieuse mémoire, pour sa propre sanctification, et pour mériter, par Jésus-Christ, la vie éternelle, il donne, du consentement de son fils, à l'église du bienheureux Germain, vingt sous de cens, que lui doit un chevalier, dans la terre de Villiers-Vineux (2).

Le prieuré de Saint-Florentin recevait aussi des dons importants. Le vicomte Odon lui abandonna, en 1159, tout ce qu'il possédait dans l'église du lieu; Henri, comte palatin de Troyes, lui fit donation de tous les émoluments de la *Foire franche*, appelée aussi *le Conseil*, qui se tenait à Saint-Florentin, le second lundi de carême. Son fils ajouta le produit d'une autre foire, en 1189, et une franchise dans le débit du vin.

(1) Dom Viole, mss., t. 2, p. 1252.
(2) Cartul. de S.-G., f. 87.

Ada, dame de Pogy, et Miles de Saint-Florentin, chevalier, touchés de la vie édifiante des moines, firent aussi des legs en 1206 et en 1219.

Dans un accord de cette époque, entre le curé de Vergigny et le prieur de Saint-Florentin-en-Château (c'est le nom que lui donne la charte), il fut convenu que les menues dîmes, comme celles des pois, des fèves, du lin, du chanvre, du millet et autres, appartiendraient au prieur, et que celles des terres, c'est-à-dire les grandes dîmes, seraient au curé. En 1228, le premier échangea ce qu'il possédait dans la seigneurie de Sautour et dans la paroisse de Neuvy, pour six livres de rente, que le chevalier Guy de Sautour lui assigna sur son péage de Saint-Florentin et de Vergigny. Erard de Brenne, seigneur de Romorantin, se rendit caution envers le prieur et s'obligea à lui payer cent livres, si Guy ne pouvait faire ratifier cet échange à ses enfants à leur majorité; c'était Itier, Miles, Dromot et Agnès (1).

Bernard, curé de Saints-en-Puisaye, donna à Saint-Germain une partie des dîmes de son église, déjà engagées au monastère pour quatre-vingts livres de la monnaie de Souvigny ou de Senlis, et pour mille sous de celle de Gien. Cette concession fut autorisée par Etienne, seigneur de Chassé, et confirmée par Godefroy, baron de Saint-Vrain, duquel relevait l'objet concédé.

Après avoir gouverné le monastère de Saint-Germain avec une grande prudence, pendant quatorze ans, Humbaud se démit de ses fonctions abbatiales et passa le reste de ses jours dans l'humble condition de religieux. Cette abnégation du chef de la communauté montre que les vertus religieuses y étaient pratiquées à un haut degré.

(1) Dom Viole, mss.

RADULPHE.

Le 2 janvier 1188, les moines, réunis en chapitre, procédèrent, par voie d'élection, à la nomination d'un nouvel abbé. Les suffrages se portèrent sur Radulphe ou Rodolphe, né en Bazois, dans le diocèse de Nevers; il descendait des seigneurs de Châtillon. Hugues de Noyers, évêque d'Auxerre, le bénit le 2 février, jour de la Purification. Cet abbé se fit remarquer par son goût pour la majesté du culte et la pompe des cérémonies, persuadé que la décence et le recueillement avec lesquels on s'acquitte de ces fonctions, sont l'indice des sentiments du cœur. Ayant pris l'avis des frères, il dressa plusieurs réglements concernant la célébration des offices. Il voulut que l'Annonciation, qui se célébrait avec peu de solennité, le fût, dans la suite, comme les fêtes de second ordre, lorsqu'elle arriverait en carême, et comme une des cinq principales de l'année, lorsqu'elle se trouverait après Pâques. Il statua aussi que l'on ferait la procession en chapes et avec des aubes *parées* (1) aux fêtes du second ordre, qui tomberaient le dimanche. Celle de saint Amatre, celle des Innocents, devaient se célébrer de même. Tous les saints, dont le corps reposait dans le monastère, virent leurs fêtes solennisées avec beaucoup de pompe par les moines. Les lendemains de Pâques et de la Pentecôte étaient célébrés comme celui de Noël. Les deux octaves de saint Germain furent mises au rang des fêtes doubles. Il fut réglé que la veille de l'Assomption, les huit premières leçons de ma-

---

(1) *Cum albis paratis*, remarquables par la richesse de leur tissu en dentelle. Dom Viole, mss., p. 579.

tines seraient de saint Eusèbe et les quatre autres de la Vierge. C'est à de pareils réglements que nous sommes redevables de plusieurs de nos fêtes. On aime à voir une assemblée de religieux déployer son zèle à célébrer dignement les solennités de la religion, à étaler, aux yeux des fidèles, le spectacle de ses joies saintes, et à manifester, par la pompe des cérémonies et la gravité de ses chants, l'élévation de ses sentiments. L'abbé lui-même, la mître en tête, le bâton pastoral à la main, célébrait avec beaucoup de dignité, au milieu des splendeurs de la basilique de Saint-Germain.

Ces pieuses occupations n'empêchaient pas Radulphe de trouver du temps pour veiller à la conservation des priviléges de son monastère. Différentes bulles, délivrées à son instance, vinrent rassurer les moines contre les périls sans cesse renaissants, qui menaçaient leurs biens et leurs priviléges. Le pape Clément III en donna une très-étendue qui les maintenait dans la jouissance de leurs prérogatives (1188). Célestin III leur en expédia jusqu'à quatorze. Dans l'une, il défend à l'évêque d'Auxerre de les excommunier, eux et leurs sujets; dans une autre, il renouvelle le privilége donné aux abbés de Saint-Germain de porter la mître et l'anneau; par une troisième, il confirme les donations de l'église d'Ervy, de celles de Britenay et de Vauchassy. Les moines s'étant plaints auprès de lui que l'évêque d'Auxerre ne leur rendait pas justice lorsqu'ils formaient des réclamations contre les injures ou les torts que ses sujets causaient au monastère, il leur ordonna de s'adresser directement à l'archevêque de Sens, qu'il appelle son vénérable frère (1). Il défend, par d'autres bulles, à ce prélat et à ses suffragants, de prendre connaissance du temporel des églises dépendantes

(1) Cartul. de S.-G., f. 15 et 43.

du monastère : l'abbé et les moines sont maîtres d'en disposer ; ils peuvent citer les curés ou vicaires perpétuels à comparaître dans le chapitre, pour répondre sur la gestion des biens attachés à leur bénéfice, et leur refuser leurs honoraires, s'ils ne comparaissent pas.

Les chanoines de la cathédrale avaient coutume, de temps immémorial, de venir en procession dans l'église de Saint-Germain, six fois l'année : le jour des Rameaux, ceux de Pâques, de l'Ascension, de la Pentecôte, et aux deux fêtes de saint Germain. Ces processions tombaient en désuétude : tantôt les chanoines les omettaient, tantôt ils n'y venaient qu'en petit nombre. Célestin III, pour les remettre en vigueur, commanda de leur refuser la rétribution accoutumée, s'ils n'y assistaient pas plus régulièrement(1). Innocent III accorda aussi aux moines de Saint-Germain des faveurs particulières, comme l'exemption de payer la dîme pour les terres nouvellement défrichées, qu'ils cultiveraient de leurs mains ou à frais communs (2). Presque toutes les bulles où sont renfermés ces priviléges sont datées du palais de Latran et de l'année 1194.

Si l'on compare celle d'Eugène III, de l'an 1152, qui contient le dénombrement des biens du monastère de Saint-Germain, avec celle de Célestin III, de 1194, qui présente le nouvel état de ses propriétés, on est étonné de la quantité de dons qu'il recevait de la libéralité des fidèles ; nous allons rapporter la dernière bulle en laissant subsister quelques expressions latines dont on ne peut donner la traduction sans avoir une connaissance des localités. Elle est adressée à l'abbé Radulphe et aux frères du monastère.

« Nos chers fils dans le Seigneur, dit le pape, désirant

---

(1) Cartul. de S.-G., f. 15 et 45.
(2) *Ibid.*, f. 14.

nous rendre à vos justes demandes, nous prenons sous la protection de saint Pierre et sous la nôtre, le monastère dans lequel vous vous êtes consacrés au service du Seigneur ; nous suivons en cela l'exemple de nos prédécesseurs, d'heureuse mémoire, les papes Eugène, Adrien et Clément ; nous voulons que cette bulle soit un appui inébranlable pour votre monastère, que la règle de saint Benoit, qui sert de base à son gouvernement, y fleurisse, avec l'aide du Seigneur, jusque dans les siècles les plus reculés ; nous voulons encore que votre monastère jouisse, en toute sûreté, de tous les biens qu'il possède selon les lois de l'Église, et de tous ceux qu'il pourra acquérir par les concessions des souverains pontifes, les largesses des rois ou des princes, les aumônes des fidèles, ou par toute autre voie juste. Voici ceux que nous avons cru devoir consigner dans cette bulle : Nous plaçons en première ligne, continue le pape, l'emplacement que votre monastère occupe et toutes ses dépendances, ensuite les églises comprises dans l'évêché d'Auxerre, comme celles de Saint-Loup, de Diges, d'Escamps, de Perrigny, de Bleigny, de Beine, de Venoy, de Préhy, d'Irancy, de Seignelay, d'Héry, de Rouvray, de Saint-Fargeau, et celle de Saints-en-Puisaye, qui rapporte cinq sous ; le monastère de Moutiers, avec les églises qui en dépendent, savoir : Saint-Pierre, dans le bourg même, Sainte-Colombe, Saint-Bond ou Saint-Bonnet, dans la paroisse de Levis, Saint-Amand et celle d'Annay-sur-Loire ; le monastère de Saint-Sauveur avec l'église de Saint-Jean-Baptiste, qui lui est attachée ; celui de Saissy-les-Bois, avec les églises qui en dépendent, savoir : celles de Saint-Christophe, de Saint-Machut, et celle d'Anières, qui rapporte cinq sous ; le monastère de Beaumont ou de Saint-Thibaut ; celui de Saint-Vrain, la chapelle de Néron et celle de Sougères, dans la paroisse de Gurgy.

Dans le diocèse de Sens, les possessions de votre monastère sont : les églises d'Ervy, de Fains, de Sainte-Croix; tout ce que vous possédez dans celles de Corbeil, de Sommecaise, d'Ormoy, d'Hauterive, du Mont-Saint-Sulpice et de Bouilly. Votre abbaye a encore, dans le même diocèse, le prieuré de Saint-Florentin, la chapelle du Vicomte et leurs dépendances, le monastère d'Héraud, avec les biens qui y sont attachés, et l'église de *Crucio*. Dans celui de Troyes, vous possédez l'église de Barcenay avec la chapelle de Vauchassy.

Au diocèse de Langres, se trouve votre monastère de Saint-Léger, avec les églises qui en dépendent, savoir : celle de Sainte-Marie, dans le bourg même de Saint-Léger, l'église de *Mosteriolo* avec la chapelle d'Estivey, celles de Serigny, de Magny, de Massangy, et celle de *Besueta*; le monastère de Saint-Valentin, avec les églises de Nicey, de Laignes, de Poinchy, de Lignorelles, de Carisey, de Môlay et d'Annay.

Dans le diocèse de Besançon, votre abbaye possède le monastère de Pesme, avec les églises du lieu et celle de Tombe; dans celui d'Autun, l'église de Lucy-le-Bois, celles de Voutenay (1), de Dissangis et de *Maniaco*, qui rapporte neuf sous et une obole.

L'évêché de Nevers comprend beaucoup de vos dépendances, telles que Saint-Pierre de Decize, avec la chapelle de Sainte-Marie-Magdeleine et celle de Saint-Martin, ainsi que l'église de Saint-Maurice et celle de Saint-Léger; ajoutez les droits que vous avez sur celle de Thoury. Ce diocèse renferme encore le monastère de Mazilles, avec les églises de Champvert, de Montaron, de Thais, de Vandenesse et de Saint-Jacques; celui de Châtillon, avec les

---

(1) Dans l'interligne du cartulaire, on lit Volney-les-Baune. Dom Coteron rapporte ce nom à Voutenay.

chapelles de cette ville, qui sont celles de Sainte-Marie, de Sainte-Cécile et de Sainte-Marie-Magdeleine : l'église d'Alluy, avec la chapelle de Sainte-Marie, dans le même endroit; celles de Franay, de Chougny, de Sainte-Marie-de-la-Chapelle-aux-Catz. Le diocèse de Nantes renferme votre monastère de Saint-Germain-de-Vay.

Le pape continue et dit : Nous donnons confirmation de tous les biens que Renaud de Châtillon, cet homme noble, et Elisabeth, son épouse, vous ont donnés en aumône, comme on le voit sur le titre qu'ils vous en ont remis; nous confirmons aussi la jouissance des libertés et des immunités que vous possédez dans la ville de Saint-Pierre de Decize, que vous tenez de noble Renaud, qui vous en a donné un écrit; enfin, nous appuyons de notre autorité apostolique, votre droit de propriété sur le château de Saint-Germain, ainsi que sur le bourg qui l'environne; sur la paroisse de Diges, la grange de Requeneux, la paroisse d'Escamps, sur Orgy, sur la moitié du bois de la Bruère, tant dans la justice que dans les revenus, de quelque côté qu'ils soient; sur la paroisse de Perrigny, la grange de Villemer, celle de Néron et ses dépendances, sur tout ce que vous possédez à Sougères, dans la grange de Charmoy, dans la paroisse de Venoy, celle de Bleigny, dans la moitié de celle de Villeneuve-Saint-Salves, dans celles d'Héry, de Rouvray, d'Hauterive, d'Ormoy, du Mont-Saint-Sulpice, de Bouilly, dans les granges de Grosbois, de Villiers-Vineux, de Bétry et leurs dépendances, ainsi qu'à Irancy, à Aucep, à Coutarnoult, à Maros (1) et leurs dépendances; dans la grange de Môlay et ses dépendances; enfin, nous donnons confirmation pour tout ce que vous possédez dans les châteaux de Seignelay, de

(1) Maros ou Marault est un gros village dépendant de la paroisse de Magny, près d'Avallon.

Saint-Sauveur, de Ligny, de Maligny, de Saint-Florentin et de Saint-Vrain; pour tout ce qui vous appartient à Gurgy, à Vaux, à Champs, à Escolives, à Cravant, à Voutenay, à Cussy, à Préhy, à Nitry, à Chablis, à *Pontiaco*, à Beines, à Lignorelles, à Ouanne, à Sarry, à Jussy, à Semilly, à Chevannes, à Vallan, à Lucy, à Dissangis, à Massangis, à Moutiers, à la grange de Saint-Bond, à Aigry, à Fains, à Annay, à Saint-Amand, à Sommecaise, à Villiers-sur-Tholon, à Pontnaissant, à Saint-Léger, à Maros, à Cussy, à Balnot, à *Mainiaco*, à *Mosteriolo*, à Estival, à Serrigny, à Magny, à la grange de Saint-Martin, à celle de Barcenay et dans leurs dépendances. » Le pape ajoute la confirmation de tout ce que l'abbaye possède en serfs, domestiques, décimes, censives, moulins, fermes, fours, terres, prés, bois, eaux; enfin il comprend toutes ses propriétés.

On voit que le pontife, dans sa récapitulation, n'oublie rien, afin que sa bulle pût servir de titre aux moines contre les attaques de la chicane; il renouvelle ensuite les faveurs déjà accordées par ses prédécesseurs; il dit que dans les églises paroissiales de l'abbaye, c'est à elle de choisir les prêtres et de les présenter à l'évêque diocésain; s'ils sont trouvés capables, il leur conférera le gouvernement des ames. Le spirituel lui appartiendra et le temporel sera la propriété du monastère. « Quant aux censures ecclésiastiques, ajoute le pape, nous déclarons nulles les sentences d'excommunication, d'interdit, de suspenses qui seraient portées sur vos églises, vos chapelles, vos doyens et les hommes de vos terres, à moins que ce ne soit pour une cause raisonnable et qu'on ait suivi les règles du droit canon, ou que le crime soit tel qu'on ne puisse observer les règles ordinaires. S'il arrivait que quelques-uns des hommes qui vous appartiennent fussent sous le poids d'une excommunication, que l'évêque diocésain ne se permette pas d'exiger d'argent pour leur donner l'absolution ; et si des censures avaient été portées contre eux, parce qu'ils auraient refusé de payer ces absolutions, nous les déclarons nulles. Pour la bénédiction du chrême, de l'huile sainte, la consécration des autels ou des églises, la bénédiction des abbés, l'ordination des moines et des clercs, vous vous adresserez à l'évêque de votre diocèse, s'il est catholique et en communion avec le Saint-Siége. Il devra vous rendre tous ces services gratuitement et avec bienveillance. S'il s'y refuse, vous pourrez vous adresser à tout autre évêque catholique qui vous conviendra. Appuyé de notre autorité, il fera tout ce que vous lui demanderez.

Nous vous prévenons aussi par la présente, dit le pape, que si l'évêque diocésain ou un archidiacre visitait votre église, suivi d'un plus grand nombre de chevaux, ou d'un plus nombreux domestique que ne le permet le concile de Latran, vous ne serez pas tenu de lui donner l'hospitalité. Tous les fidèles ont la liberté de se faire inhumer dans votre monastère, pour satisfaire leur piété. Il suffit, pour qu'on leur accorde cette faveur, qu'ils l'aient demandée en mourant ; qu'ils ne soient ni excommuniés ni interdits. Toutefois, qu'on tienne compte aux églises, d'où les corps seront apportés, des droits qui leur appartiennent.

Nous approuvons aussi, continue le pape, et nous consacrons même pour l'avenir la jouissance des libertés, des dignités et des faveurs qui ont été accordées à votre monastère, ainsi que les coutumes anciennes et raisonnables qui ont été jusqu'ici en vigueur. Ensuite, il ajoute ces menaces et ces promesses qu'on trouve à la fin des bulles de cette époque, et dont la publication faisait trembler les coupables : « Si jamais une personne quelconque, religieuse ou séculière, avait la témérité d'enfreindre ce réglement avec connaissance de cause ; si, après avoir été averti une deuxième et une troisième fois, elle ne répare pas ses torts, qu'elle soit dégradée de sa puissance ou déchue des honneurs de sa dignité, que sa faute demeure sur sa tête jusqu'au jour du jugement; qu'elle soit éloignée de la participation au corps et au sang très-sacré de Jésus-Christ, notre rédempteur, et qu'à l'article de la mort, elle demeure sous le poids de la vengeance divine. Qu'au contraire, la paix de Notre-Seigneur Jésus-Christ soit dans le cœur de tous ceux qui seront justes envers le monastère de Saint-Germain, que cette paix du cœur soit, dès cette vie, la récompense de leur bonne action, et qu'au dernier jour ils trouvent, devant le juste juge, les récompenses éternelles. *Amen.* »

Le cartulaire de Saint-Germain renferme jusqu'à cinquante-quatre bulles qui ont échappé au ravage du temps, savoir : une du pape Innocent II, de l'an 1138 ; une d'Eugène III, une d'Anastase IV, deux d'Adrien IV, deux d'Alexandre III, sept d'Urbain III, deux de Clément III, quatorze de Célestin III, six d'Innocent III, une de Grégoire IX, quatre d'Innocent IV, sept d'Alexandre IV, cinq d'Honoré IV, qui mourut en 1287, et une d'Urbain V, de l'an 1370. Souvent ces bulles répètent les mêmes privilèges, donnent confirmation des mêmes biens. Il fallait à chaque contestation pouvoir exhiber un titre du pape ou du prince régnant, pour en imposer à l'ignorance ou à la mauvaise foi. Plusieurs de ces bulles ont été publiées dans différents ouvrages.

C'est sous le patronage des souverains pontifes que les monastères ont prospéré au moyen âge. L'arrivée d'une bulle était un événement ; si elle ne mettait pas fin à toutes les contestations, il est certain qu'elle déconcertait la mauvaise foi et qu'elle préparait une pacification. La puissance des papes était alors la plus ferme et la plus révérée qui fût sur la terre. Aucun trône, en effet, n'a été rempli avec plus de supériorité de génie que la chaire pontificale, parce que les papes ont presque toujours été des vieillards respectables, blanchis dans la connaissance des hommes et des affaires. Le caractère éminemment sacré dont ils sont revêtus donne une sanction à tous les actes émanés de leur autorité, qui s'étend à tous les royaumes catholiques. C'est pourquoi, au moyen âge, leurs interdits et leurs excommunications faisaient trembler les princes sur leur trône. Ces armes, toutes spirituelles, rappelaient l'homme à sa conscience, suppléaient à l'impuissance des lois, prévenaient et arrêtaient bien des maux.

Les zélateurs de l'antiquité peuvent encore voir, aux archives de la préfecture, plusieurs originaux de ces bulles sur parchemin, telles qu'on les a expédiées de Rome. Elles portent toujours le sceau du pape, qui est une médaille en plomb, représentant d'un côté la face de saint Pierre et celle de saint Paul, et de l'autre le nom du pontife régnant.

Depuis le neuvième siècle, les moines, devenus nombreux, ajoutèrent à leur réglement les modifications que comportaient leur nouvelle position et la marche du temps. Il y en eut qui entrèrent dans les saints ordres : ceux-ci étaient particulièrement livrés à la prière, au chant et à l'étude des sciences. Ceux qui n'avaient pas de teinture des lettres humaines étaient chargés des soins du ménage, comme de la cuisine, des travaux de l'intérieur du monastère et du jardin. Ces occupations domestiques ne demandaient qu'un petit nombre de frères lais, d'autres étaient envoyés dans les fermes, sous la conduite d'un prieur ; là ils pratiquaient la vie érémitique, partageant leur temps entre la prière, les travaux des champs et le soin de nombreux troupeaux. La plupart, en menant cette vie humble, sont parvenus à une haute perfection.

Les moines ont rendu un immense service à la société, en défrichant de vastes landes et en stimulant l'inaction des serfs. Les seigneurs leur abandonnaient facilement des broussailles qui ne leur rapportaient rien et qui devenaient fertiles entre leurs mains. C'est pourquoi nous les voyons disposer de richesses considérables acquises par leur pénible labeur. Ils nourrissent une foule de pauvres; ils élèvent des églises magnifiques au vrai Dieu et bâtissent pour eux-mêmes de somptueux édifices.

Pour que le service de la communauté ne fût point suspendu à l'occasion des interdits généraux, le pape Innocent III leur permit de sonner, à trois fois différentes, une cloche seulement, aux obsèques d'un frère, pourvu qu'ils sonnassent peu de temps et à des intervalles rapprochés. C'était la règle que l'on suivait à la cathédrale. L'évêque d'Auxerre avait déjà accordé un pareil privilége au monastère de Saint-Julien.

En 1189, l'abbé Radulphe renouvela avec Hervé, comte de Troyes, l'accord qu'il avait fait avec Henri, son prédécesseur. Il racheta, en 1198, de Ponce de Mont-Saint-Jean, le droit de sauvegarde et de *repüe* ou *repaire,* qu'il prétendait avoir sur la terre de Diges. Héluise, épouse de Ponce, Guillaume son frère, et Burette, femme de ce dernier, approuvèrent cette vente, dont le prix fut la moitié du village de Marrey, deux cent quarante livres de la monnaie de Provins, et quarante marcs d'argent. Le droit de *repüe* semblable au droit de gîte, consistait, pour le seigneur, à être logé et nourri avec sa suite, un certain nombre de jours. Les chartes spécifiaient quelquefois la quantité de viande et de vin qui devaient être servis.

En 1193, Pierre de Courtenay, voulant fortifier la ville d'Auxerre, pria les curés des églises et les abbés des monastères de lui envoyer les hommes de leurs terres pour l'aider dans ses travaux. Tous s'y prêtèrent avec empressement, mais ils exigèrent un écrit de sa main, qui attestât que ce service était rendu bénévolement et non pas en vertu d'un droit seigneurial.

Les évêques d'Auxerre voyaient toujours avec peine les abbés de Saint-Germain s'adresser directement au pape, dans toutes leurs affaires. Ils crurent que les priviléges qu'ils en obtenaient dérogeaient à leur autorité et à leur dignité, comme leurs exemptions et surtout le privilége de porter la mître et l'anneau pastoral. Dès-lors, leur affection pour ce monastère se refroidit; ils ne virent plus dans cette maison qu'un établissement qui voulait s'élever en bravant leur autorité. Hugues de Noyers, connu par la fermeté de son caractère (1), ne put supporter que l'abbé

---

(1) Cet évêque a été bien maltraité dans l'*Annuaire de l'Yonne*, de l'an 1846, à l'occasion de ses démêlés avec Pierre de Courtenay, comte d'Auxerre. On a détesté les prétentions et le triomphe du prélat, sans faire attention aux temps et aux lieux. On a déploré la situation misérable du comte, qui traverse la ville nu-pieds et en chemise pour faire une amende honorable, et on n'accorde à l'évêque que d'injustes épithètes et une indignation partiale. Sommes-nous bien à portée de juger Hugues de Noyers et Pierre de Courtenay? Qui peut dire que la justice n'était pas du côté de Hugues? Les officiers du vicomte poursuivent un homme de l'évêque jusque dans l'église de Notre-Dame-la-d'Hors et le tuent devant les autels. Deux faits graves: le droit du prélat méconnu et violation d'asile. Les affaires se compliquent; le comte est excommunié, et un interdit est lancé sur la ville à cause de lui. Mais bientôt il se venge en faisant dévaster les terres de l'Eglise par ses officiers et ses barons; il va jusqu'à faire enterrer un enfant dans la chambre même de l'évêque, parce que l'interdit défendait de le porter en terre sainte, ce qui n'est pas moins un trait barbare. Le prélat tient ferme: il oblige le comte à déterrer l'enfant et à le porter au cimetière, en état de pénitent, comme on l'a vu plus haut. Que serait-il arrivé si le comte fût resté vainqueur? La mission civilisatrice de l'évêque eût été suspendue, la féodalité eût pesé de tout son poids sur les populations du comté. Hugues, vainqueur, étend peut-être sa suprématie spirituelle hors de ses limites; pouvait-il en être autrement? Toutefois, les suites de sa victoire sont pacifiques.

de Saint-Germain marchât, pour ainsi dire, son égal. Il lui intenta une affaire judiciaire pour le déposséder du privilége de porter la mitre et l'anneau. Le prieur, nommé Constant, et quelques moines, qu'on croyait poussés secrètement par l'évêque, voulaient que l'abbé déposât ses insignes, plutôt que d'entreprendre un procès ruineux. Les autres religieux étaient d'avis qu'il soutînt ses priviléges : c'est ce qu'il fit. Le procès ne tarda pas à absorber toutes les ressources du monastère. Les dépenses allèrent si loin que l'abbé fut obligé d'avoir recours à l'or et aux pierreries de la châsse de Saint-Germain, de celles de saint Urbain, pape, de saint Aunaire et de saint Didier. Ces dépenses allant toujours croissantes, il vendit la forêt de Saint-Sauveur. Pour obtenir d'Hervé, seigneur suzerain, la permission de faire cette vente, il fut forcé de lui abandonner la moitié du prix. Hervey était comte de Nevers et baron de Saint-Vrain. Cette concession montre combien l'abbé avait besoin d'argent. Toutes ces ressources étant épuisées, il procéda à l'aliénation des droits de mainmorte, avec l'autorisation du pape, qui n'avait excepté que la terre de Néron. Il brava encore, en cette circonstance, l'évêque d'Auxerre qui s'y opposait. Plusieurs colons saisirent cette occasion pour se rédimer de la servitude. Radulphe imita les seigneurs qui vendaient ces mêmes droits dans un pressant besoin. Il aurait été plus honorable d'accorder ces faveurs gratuitement, pour l'amour de Dieu,

---

Qu'on n'oublie pas que, dans ces siècles orageux, le pouvoir civil et le pouvoir religieux ont eu entre eux d'inexprimables conflits pour engendrer l'ordre social moderne. Hugues et Pierre sont les deux types de l'époque : c'est l'intelligence et la matière, ce sont les idées religieuses et les intérêts temporels qui sont livrés à toutes les péripéties d'une lutte violente. La victoire demeure à l'évêque, et avec lui triomphent la science, la religion, la liberté des peuples. — Voy. Leb., mém., t. 2; p. 128 et suiv.

comme firent d'autres abbayes. Les conditions de la vente furent, que tout homme tenant feu payerait un denier de cens, chaque année, et que, s'il manquait à cet engagement, il en payerait deux ; cela ne le déchargeait pas des tailles et autres redevances dues à l'église. On remarque aussi cette clause particulière, que les successions ne devaient point passer aux plus proches parents, mais à l'église de Saint-Germain (1). L'auteur du livre des abbés ajoute que ces transactions ne répondirent point à l'attente qu'on en avait conçue, que le monastère y perdit beaucoup, et qu'en bien des endroits, elles n'eurent point d'effet. D'ailleurs, le temps des affranchissements était arrivé. De toutes parts, les peuples se libéraient de la servitude. En 1204, le chapitre de Saint-Etienne affranchit tous ses censitaires, moyennant six cents livres de la monnaie de Paris.

Le procès entre l'abbaye de Saint-Germain et l'évêque d'Auxerre ne pouvant se terminer en France, fut porté en cour de Rome. Le prélat, malgré son grand âge, n'hésita pas à s'y transporter, pour soutenir les prérogatives de son siége ; mais, dix jours après son arrivée, le 6 décembre 1206, la mort l'enleva. L'abbé Radulphe s'y étant rendu aussi, deux ans après, obtint du souverain pontife quelques audiences favorables ; il assista à la procession du jour de Noël et à celle du lendemain, à la suite du pape et des cardinaux, ayant une chape et la mitre (2). Comme il s'en revenait, il mourut à Plaisance, ville d'Italie, en 1208, et y fut inhumé. Dès-lors le procès demeura assoupi, et la paix se rétablit insensiblement. On ne conçoit pas que des hommes en qui régnait la charité, aient pris à cœur la poursuite d'une affaire qui portait sur des prérogatives

---

(1) Labb., bibl. mss., t. 2, p. 580.
(2) Cartul. de S.-G., feuil. 151.

temporelles, et l'aient soutenue avec tant de vigueur. Il est vrai que, dans notre siècle d'indifférence, où l'on a froissé toutes les opinions, on ne comprend pas l'importance qu'un abbé pouvait attacher à une faveur émanée du Saint-Siège, qui ajoutait tant d'honneurs, non pas à sa personne, mais à tout l'Ordre dont il était le représentant. Cette faveur n'était pas particulière à l'abbaye de Saint-Germain; celles de Pontigny, de Clairvaux, de Cluny et autres, avaient obtenu les mêmes honneurs et en jouissaient sans opposition. Pourquoi l'antique monastère de Saint-Germain resterait-il au-dessous de ces établissements qui touchaient encore, la plupart, à l'époque de leur fondation ? Ne pouvait-il pas arriver des suites fâcheuses de cette déconsidération ? Parce que la rencontre de l'abbé, dans les cérémonies publiques, avec les insignes de sa dignité, blessait la susceptibilité épiscopale, ce n'était pas un motif suffisant pour lui faire retirer ses priviléges. Quatre bulles furent expédiées successivement aux abbés de Saint-Germain, pour les autoriser à porter la mître et l'anneau dans les cérémonies publiques, ce qui montre l'appui qu'ils trouvaient auprès du Saint-Siège. Ces bulles sont d'Urbain III, de Célestin III et d'Alexandre IV (1). Radulphe, craignant les suites qu'une affaire aussi dispendieuse pourrait avoir pour son monastère, avait renouvelé, avant sa mort, l'association déjà formée avec l'abbaye de Saint-Michel de Tonnerre, et en avait contracté une autre avec celle de Ferrière.

Dans les monastères, en général, les honneurs du cloître, les préséances du chœur et des chapitres étaient exactement réglés, ce qui maintenait l'ordre et la paix. Napoléon, qui connaissait les hommes, attachait tant d'importance au cérémonial, qu'il fit des décrets pour

(1) Cartul. de S.-G., feuil. 17 et 18.

fixer le rang de chaque ordre, tant civil que militaire et religieux ; il détermina aussi les honneurs qu'on devait rendre à chaque dignitaire de l'Etat. Les papes seuls pouvaient dans l'origine régler, par des décrets ou des bulles, les préséances que devaient observer entre eux les évêques d'Auxerre, les abbés de Saint-Germain et les chanoines. Ils ne le firent pas; plus tard, ils ne furent plus écoutés, en sorte que le scandale de ces préséance dura des siècles entiers.

Plusieurs gens de bien vinrent au secours de Radulphe, en faisant des dons considérables. En 1189, Guillaume de Saint-Florentin, fils de Rahère, donna, pour l'amour de Dieu, pour le respect qu'il portait à saint Germain, pour l'honneur des saints qui reposaient dans le monastère de son nom, à Auxerre, et pour les frères qui y servaient Dieu, comme aussi, en considération de Guy, son fils bien-aimé, qui y avait pris l'habit de religion, une rente de cent sous, et trois muids de grains, à prendre sur son patrimoine de Villiers-Vineux. « Les cent sous, dit-il, seront employés, chaque année, à préparer un grand repas aux moines, le jour anniversaire de ma mort. Je leur donne encore neuf deniers qui me sont dus, tous les ans, par chacun de leurs hommes de Villiers-Vineux, pour mon droit de bienvenue. J'ajoute à ces dons mes coutumes en avoine, quatre septiers de froment, huit de *trémois* (1), et deux sous sur les deux moulins de Villiers-Vineux. Je prie les moines, en retour, de célébrer une messe tous les jours, à perpétuité, pour mon salut et pour le repos de l'ame de mes prédécesseurs. Mon épouse Agnès et mon fils Jean ont loué et approuvé ma donation, qui a été transmise à Radulphe. Depuis, j'ai réitéré mes conces-

---

(1) Dans le Bazois, on donne ce nom aux menus grains, tels que l'orge, l'avoine et le sarrasin.

sions, dans le monastère, en plein chapitre, et là, je l'ai mis en possession de mes biens, en lui remettant un calice d'argent (1).

Pierre Phalordiax, que l'abbé et les moines appellent leur ami, étant sur son départ pour une croisade, donna pour le remède de son ame et pour celles de ses parents, à Dieu, au bienheureux Germain et au couvent, ses tierces de la grange d'Héry, en froment et autres grains; il mit pour condition que s'il revenait de la Terre-Sainte, il reprendrait la jouissance de ses biens, pendant sa vie seulement, après laquelle ils retourneraient à l'abbaye. Les moines, de leur côté, l'associèrent à perpétuité à toutes les bonnes œuvres qui se feraient dans leur monastère, s'engageant également à célébrer son anniversaire. Le camérier Humbaud lui remit, en outre, vingt livres (2).

Hervé, comte de Troyes, se disposant aussi à partir pour une croisade, donna au monastère de Saint-Germain une maison située dans cette ville. L'acte fut passé à Corbigny, dans le monastère de Saint-Léonard, en 1190 (3). Lorsque l'abbé Radulphe vendit les bois de Saint-Sauveur, conjointement avec le comte Hervé, celui-ci avait fait insérer dans l'acte, que la forêt demeurerait dans l'état où elle était. Les seigneurs tenaient à conserver les bois pour y prendre le plaisir de la chasse, car l'art de la vénérie était alors réputé très-noble. Les moines, au contraire, les défrichaient, tant par leurs mains que par celles des serfs qu'ils tiraient de la misère. Ces sortes de stipulations sont communes au treizième siècle.

---

(1) Cartul. de S.-G., f 96.
(2) *Ibid.*, feuil. 62.
(3) *Ibid.*, feuil. 82.

GUILLAUME.

A la vie agitée de Radulphe succéda celle de Guillaume, homme de paix et de prière, qui s'occupa de remplir les devoirs de sa sublime vocation. Il avait pris naissance dans le Gâtinais, en 1208 (1). Il distingua, parmi les moines, un jeune religieux, nommé Renaud de Joceval, très-instruit et d'une vie exemplaire : il le fit prieur, quoiqu'il ne fût encore que sous-diacre, et en tira un puissant secours pour l'aider à porter le fardeau du gouvernement de son monastère, car il se passait alors de grandes choses dans les maisons claustrales ; un abbé qui réunissait la science à la sainteté devenait précieux. Les maisons religieuses se remplissaient de sujets qu'un grand dévouement y conduisait. Il fallait soutenir ces nouvelles vocations, rendre le joug de la Religion doux et léger à ces hommes de toute condition, qui abandonnaient le siècle pour embrasser la voie étroite de l'Evangile ; d'un autre côté, il fallait une grande prudence et une grande fermeté pour soutenir les intérêts du monastère contre les attaques de la chicane et contre les prétentions de la puissance seigneuriale.

Le pape Innocent III, par une bulle de l'an 1209, donna à Guillaume le droit de faire jouir l'abbé de Flavigny du pouvoir apostolique dont il jouissait lui-même. Cette faculté consistait à dispenser, lorsqu'il le jugerait convenable, les religieux de son monastère et ceux des prieurés qui en dépendaient, de tout ce qui n'était pas de la substance de la règle de saint Benoît, et de donner le même pouvoir aux prieurs de l'abbaye.

Les dons que cet abbé recevait, et les sépultures hono-

---

(1) Dom Viole, mss., t. 2., p. 975.

rables qui avaient lieu dans son monastère, le dédommageaient des oppositions qu'il éprouvait au dehors. En 1209, Guillaume, comte de Joigny, restitua entre ses mains le bois appelé la Forêt-Blanche, dont son père s'était emparé. Mabile, dame de Montigny et de Merry, femme d'Itier-Borne, chevalier, choisit sa sépulture dans le cimetière de Saint-Germain. Elle légua, à cette occasion, à l'infirmerie, soixante sous de cens, une rente de vingt bichets d'avoine, vingt-sept setiers de vin, et une famille entière, possédée en mainmorte. Tous ces legs devaient être prélevés sur la seigneurie de Montigny-le-Roy (1). Son mari et Pierre, leur fils, ratifièrent cette donation. En 1210, Gaultier, abbé de Vézelay, et ses moines reconnurent, par écrit, qu'ils ne pourraient faire à Voutenay aucune acquisition de Pierre de Courtenay, comte d'Auxerre, au préjudice des religieux de Saint-Germain. Cette mesure était dictée par la prudence pour prévenir les démêlés que les rivalités féodales faisaient naître dans un pays occupé par plusieurs seigneurs à la fois.

On trouve, dans ce même temps, un comte de Corbeil, nommé Ferry, qui vint prendre en fief, de l'abbaye, cinq arpents de vigne, proche Auxerre, pour approvisionner sa maison des vins de cette ville, alors en grande réputation.

En 1215, la moitié de la seigneurie de Coudray ou de la Coudre allait être enlevée au monastère, par la mauvaise foi, lorsque trois juges apostoliques rendirent une sentence en sa faveur (2). La fortune territoriale de l'abbaye reçut de notables accroissements sous la sage direction de Guillaume. Il bâtit une belle métairie à Requeneux, il acheta une dîme à Berny, moyennant cent soixante livres de la

---

(1) Cartul. de S.-G., feuil. 95.
(2) Dom Viole, mss., t. 2, p. 376.

monnaie de Provins. Il acquit aussi plusieurs héritages, à Diges, des chevaliers Jean de Bérard et Joscelin de Marnay. Il déchargea la terre d'Orgy d'un droit de gîte et d'*hébergement* qu'elle devait à Miles, *sieur de Noyers*, et à Guillaume des Barres. Ces seigneurs mirent pour condition que, pour les dédommager des droits qu'ils abandonnaient, ceux qui payaient deux bichets d'avoine en payeraient trois, et que ceux qui en devaient quatre en donneraient six (1).

Guillaume confia à Arnulphe, abbé de Saint-Père, et à Renaud, doyen de Saint-Étienne d'Auxerre, la pacification d'un différend qui s'était élevé entre lui et les moines de Saint-Marien. Ces arbitres décidèrent que ceux-ci étaient privilégiés pour les terres qu'ils cultiveraient de leurs mains, qu'ils ne devaient la dîme à l'abbaye de Saint-Germain qu'à raison de vingt gerbes l'une, mais qu'ils étaient tenus de lui donner cinquante livres de la monnaie d'Auxerre, pour le droit d'usage qu'ils prétendaient avoir dans la forêt de Bar (2).

Beaucoup d'affaires importantes furent réglées à l'instance de l'abbé de Saint-Germain. Se rendant aux prières de Blanche, comtesse de Troyes, il donna à Pierre, son chapelain, chantre de Brienon et vicaire perpétuel de Lignorelles, les dîmes de cette église pour le reste de sa vie (3). Une contestation s'étant élevée entre lui et Hervé, évêque de Troyes, à l'occasion des églises de Barcenay et de Vauchassy, la première fut jugée appartenir à ce prélat, et la seconde à l'abbaye. Guillaume de Seignelay, évêque d'Auxerre, soutenant la cause de ses sujets de Toucy, de Tarnes et des Bordes, eut quelques démêlés avec l'abbé de Saint-

---

(1) Cartul. de S.-G., feuil. 41.
(2) Dom Viole, t. 2, p. 997.
(3) Cartul. de S.-G., feuil. 41.

Germain au sujet du droit de *Melice*, qui concernait l'alliance des serfs et le partage de leurs enfants. Lorsque deux seigneurs mariaient leurs serfs ensemble, celui qui fournissait l'homme choisissait le premier parmi les enfants qui provenaient de cette alliance; celui qui fournissait la femme choisissait le second, à moins que des chartes particulières n'eussent statué autrement. Dom Viole, s'appuyant sur l'étymologie du mot *melice*, a cru qu'il s'agissait d'un droit sur les abeilles de la forêt. Il paraît, en effet, qu'il s'en trouvait dans les bois, car un seigneur de Saint-Bris dit, dans une charte de 1196, que le miel et la cire que l'on trouvera dans la forêt, qu'il possède conjointement avec le monastère de Saint-Germain, seront partagés entre lui et l'abbé (1).

Tirons le voile sur ces démêlés de la chicane et arrêtons-nous sur les dons que les gens de bien répandaient dans les monastères : Pierre de Courtenay, comte d'Auxerre, donna à l'église de Saint-Germain, pour son anniversaire, quarante sous de rente, sur la paroisse de Mailly. La charte est datée de Vézelay, en 1216 (2). Deux ans après, son frère Robert se déporta de ses prétentions sur la succession d'un habitant de Diges. Dans le même temps, Salot de Boisjardin fonda son obit en donnant vingt sous de cens sur la terre d'Escolives. Une dame, nommée

---

(1) Cartul. de S.-G., f. 58, 59 et 73. En 1148, Ascelin, seigneur de Châtel-Censoir, accordant un droit d'usage à l'abbaye de Regny dans ses bois au-delà de la Cure, se réserve le miel et la cire. Viole, t. 2, p. 1949.

Les abeilles devaient se trouver surtout dans le creux des chênes séculaires qui limitaient les propriétés. Ce n'est que depuis vingt ans qu'on a abattu, dans le Morvan, les arbres prodigieux qui entouraient les forêts de l'Etat et celles des anciens seigneurs : ils attiraient les regards par leur grosseur démesurée et leur caducité plus ou moins prononcée.

(2) Cartul. des biens de la pitance de S.-G., f. 1.

Laure, légua une boutique et un étal, où l'on vendait des viandes et d'autres provisions de table. En 1215, Luc donna, pour le salut de son ame (1) et de celle de ses parents, une maison à Provins, dont le revenu devait être employé pour l'infirmerie. Il demanda que, pendant sa vie et celle de son épouse, on célébrât, chaque année, une messe du Saint-Esprit, à laquelle toute la communauté assisterait, et qu'après leur mort on la continuât pour le repos de leurs ames. On devait employer trente sous pour la dépense du dîner des frères (2).

En 1220, Pierre, seigneur de Villefargeau, avait laissé, par testament, quelques biens au monastère de Saint-Germain. Le tuteur de son fils Miles voulut faire annuler sa donation, mais l'abbé Arnoult et le prieur de Saint-Père, nommés par le pape pour juger de sa validité, la firent mettre à exécution. Les titres du monastère font une mention honorable du roi Philippe II, de Miles de Saint-Florentin, seigneur en partie de Villiers-Vineux, et d'Engenulphe, chanoine de Notre-Dame de Bray-sur-Seine. Liébaud Jérémie, chevalier, qui fut enterré dans l'abbaye, donna dix sous de rente sur une maison qu'il avait à Beaune. Mathilde, comtesse de Nevers, légua, pour faire célébrer son anniversaire à perpétuité, cent sous de revenu, monnaie d'Auxerre. Elle pria l'évêque de cette ville d'excommunier ses héritiers s'ils osaient revenir sur sa donation. L'acte est daté de Coulanges-sur-Yonne (3) en 1227.

L'abbé et les religieux déclinaient toujours la juridiction de l'évêque d'Auxerre. Guillaume de Seignelay, un des hommes les plus remarquables de son temps, soutenait vivement les prérogatives de son siége. Le pape nom-

(1) *Pro remedio animæ suæ.*
(2) Cartul. de S.-G., f. 96.
(3) *Datum apud Colomgias super Yonam.* Cartul de la pitance.

ma trois juges apostoliques : Hervey, évêque de Troyes, H. S., abbé de Sainte-Colombe, de Sens, et N., abbé des Escharlis. Il ne s'agissait plus des insignes que devait porter le titulaire, mais de la visite du monastère par le prélat, et de la réforme des abus qui pouvaient s'y introduire. L'abbé et les religieux, pour se soustraire à la juridiction de l'évêque, alléguaient leurs priviléges et leurs exemptions. Les juges apostoliques les pressèrent de produire leurs titres; mais, forts de leurs droits, ils ne se crurent pas obligés de répondre : une de leurs chartes les autorisait à garder le silence en pareil cas, c'est pourquoi ils refusèrent de comparaître à quatre assignations différentes. Alors ils furent condamnés, par contumace, à reconnaître la juridiction épiscopale, pour la visite du monastère et la correction des abus; cette sentence fut rendue à Sens, au mois d'avril 1215 (1).

L'abbé et les religieux en appelèrent aussitôt au pape. Innocent III adressa à l'évêque d'Auxerre, l'année suivante, une bulle dans laquelle il dit que le procureur de Saint-Germain objecte qu'ils sont déjà soumis au monastère de Cluny. On ne conçoit pas cette réponse après les énergiques résistances des religieux pour se soustraire à la juridiction de cette maison. Le pape ajoute qu'il a entendu l'abbé de Cluny, qui lui a fait voir une bulle d'Eugène III, par laquelle le droit de visite et de correction régulière lui appartiennent. On a vu ailleurs que cette bulle était rejetée par l'abbé et les religieux de Saint-Germain comme subreptice. Enfin, le pontife, désirant concilier les deux parties, dit : « Considérant que la contestation roule sur la correction régulière et sur la correction canonique, nous statuons que la première, c'est-à-dire celle qui a rapport à l'observance de la règle des moines, comme de

(1) *Gall. chr., f. 12, instr., col. 133 et 134.*

manquer au silence, à l'obéissance, d'avoir quelque chose en propriété, d'être négligent dans le service divin, regarde uniquement l'Ordre et non l'évêque d'Auxerre ; mais s'il s'agit d'une accusation criminelle, d'une attaque en matière civile ou de choses semblables qui tombent dans le droit canonique, l'évêque d'Auxerre pourra en prendre connaissance, ainsi que l'abbé de Cluny, pour y remédier. » Nous verrons bientôt cette contestation jugée définitivement en cour de Rome : l'abbaye de Cluny sera repoussée dans toutes ses prétentions sur celle de Saint-Germain. L'évêque d'Auxerre sera aussi écarté plus tard par Urbain V. Sans doute, les questions débattues étaient délicates et épineuses, les intentions aussi étaient pures, mais le conflit n'en était pas moins désastreux pour l'Eglise.

On trouve dans la *Gaule chrétienne*, à la suite de la bulle du pape et du jugement rendu à Sens, un serment prêté par l'abbé Guillaume à l'évêque d'Auxerre (1) : il est si étendu, si circonstancié et en même temps si opposé à l'esprit qui animait les abbés de Saint-Germain, qu'on pourrait douter de son authenticité. Dom Viole et dom Cotron n'en font aucune mention.

Tandis que les anciens monastères luttent avec les puissances du siècle pour maintenir leurs priviléges et conserver leur fortune territoriale, la Providence va ranimer la ferveur des moines, et donner de rigides exemples au clergé séculier, en suscitant saint Dominique et saint François d'Assises, fondateurs, l'un des *frères prêcheurs*, et l'autre des *frères mineurs*. Ces nouveaux religieux, modèles de désintéressement pour les biens de ce monde, et de dévouement pour le salut des peuples, vont former une protestation sublime contre les richesses des vieux monastères et contre le relâchement du clergé séculier. La

(1) *Gall. chr.*, Instr., t. 12, p. 154.

comtesse Mathilde favorisa l'établissement des enfants de saint Dominique, à Auxerre, en leur donnant une maison près de la cathédrale, dans laquelle ils eurent une communauté florissante jusqu'en 1790 (1).

L'abbé Guillaume vieillit dans les travaux de la discipline monastique. Jusqu'à la fin de sa vie, il ne retrancha rien de ses jeûnes, de ses veilles, ni de ses longues méditations. Il faisait une étude approfondie de l'Écriture sainte et de la théologie scolastique. De peur que la subtilité des sciences abstraites ne lui desséchât le cœur et ne refroidît sa dévotion, il lisait tous les jours quelques pages des conférences de Cassien. Il imitait saint Dominique, à qui cette lecture fut très-utile pour s'élever à la perfection, disant qu'il ne comprenait pas comment des religieux pouvaient parler d'autres choses que de Dieu et de ce qui sert à l'édification des ames. Enfin, après treize années de travaux dans le monastère, il rendit son ame à son créateur, le 12 novembre 1220. Il avait fondé son obit sur le revenu d'un étal de boucherie, situé près de la porte Fléchelle ou Fiscale. On remarque qu'il mourut dans la chambre des hôtes, qui était devant l'ancienne chapelle de Saint-Maurice. Sa dépouille mortelle fut inhumée dans la salle du chapitre.

RENAUD DE JOCEVAL.

Guillaume avait endetté le monastère par ses acquisitions, ses travaux et surtout par le rachat du droit de gîte dont une foule de seigneurs s'étaient emparés à la faveur de l'anarchie du royaume. Plusieurs d'entre eux, voyant qu'ils n'avaient plus occasion d'exercer ce droit, le vendaient

(1) Leb., mém., t. 1, p. 168.

facilement, ou y renonçaient moyennant une augmentation en avoine sur ce qu'ils percevaient auparavant.

Après la mort de Guillaume, les moines procédèrent à l'élection d'un autre abbé: les suffrages se réunirent en faveur de Thibaud, grenetier du monastère, dont la charge était une des principales de l'abbaye; celui qui la remplissait avait l'administration de la justice, et était dépositaire des sceaux, en sorte que le bailli et les employés de toutes les terres, dépendaient de lui. Les moines, connaissant la prudence de leur grenetier, l'ordre qu'il mettait dans ses comptes, l'avaient choisi pour rétablir leurs affaires, mais il mourut avant d'avoir été béni, c'est pourquoi nous ne le rangeons pas au nombre des titulaires de Saint-Germain.

Savery ou Savaric, abbé de Vézelay, prieur de Moutiers, qui jouissait dans le monde d'une haute estime, se présenta aux suffrages des moines. Ceux-ci consentirent à les lui donner, dans l'espérance qu'il couvrirait les dettes du monastère. Comme il était déjà abbé de Vézelay, il fallut une dispense du Saint-Siége. Le prieur Renaud de Joceval fut envoyé vers Honoré III pour lui en faire la demande. Le pape, frappé du mérite et des vertus du jeune prieur, lui donna l'abbaye de Saint-Germain sans qu'il la demandât, lui laissant l'abbé de Vézelay pour coadjuteur (1). Dom Viole a mis Thibaud et Savery au nombre des abbés de Saint-Germain (2).

Cette nomination, faite en 1222, fut accueillie avec joie par la communauté de Saint-Germain. De Joceval, né en Bourgogne d'une famille noble, était parent d'Arduin,

---

(1) Savery a marqué son passage au prieuré de Moutiers par l'agrandissement du vaste étang qu'on y remarque. C'est un des plus beaux de France : ses eaux se vendent pour le canal de Briare.

(2) Dom. Viole, mss., t. 2, p. 993 et 994.

un de ses prédécesseurs. Ceux qui approchaient de sa personne se sentaient pénétrés d'un respect mêlé de confiance et d'affection. Sa vie était régulière, son esprit pénétrant. Il avait étudié avec distinction les lettres humaines. Guy de Munois, qui a écrit sa vie, dit qu'il était boiteux. A son entrée aux affaires, il trouva le monastère obéré d'une dette de trente mille livres tournois, somme considérable pour ce temps-là. Dans l'espace de quinze ans et demi qu'il en eut le gouvernement, non-seulement il acquitta cette dette, mais encore il enrichit la sacristie d'ornements précieux ; il augmenta les possessions territoriales et laissa en mourant assez d'argent pour acheter une table en vermeil pour couvrir le grand autel. On lui fut redevable de la reconstruction d'un appartement pour les hôtes et *survenants*, ainsi que d'un vaste cellier voûté; c'étaient des projets formés par son prédécesseur, que la mort ne lui avait pas permis de mettre à exécution. La prospérité que l'abbé de Joceval mit dans son monastère était moins son ouvrage que celui de son temps : le commerce et l'industrie avaient pris un nouvel essor au commencement du treizième siècle ; les croisades avaient mis toutes les nations de l'Europe en communication entre elles et avec l'Asie ; les servitudes commencent à tomber, les propriétaires se multiplient. On attache de la valeur aux champs, on s'adonne à leur exploitation ; c'est alors qu'on jette de toutes parts les fondements de nos cathédrales. Ce siècle est tellement au-dessus du nôtre par son énergie, ses sacrifices et surtout par sa foi, qui est l'ame de toutes ses entreprises, que nous ne pouvons pas même pourvoir à la conservation des monuments qu'il nous a laissés. N'a-t-il pas fallu, en 1841, que le Gouvernement votât des sommes considérables pour restaurer la cathédrale de Sens, l'église de Vézelay et autres monuments religieux dont le seul entretien effraie les populations voisines? elles dont les pères étaient parvenus à élever, de leurs mains, ces splendides monuments.

Par un résultat inattendu, mais qui était dans les desseins de la Providence, l'agitation de l'époque tourna au profit de toutes les connaissances et spécialement des arts. Les villes, les diocèses, tous ces fragments de la féodalité, se disputaient la prééminence; chacun voulait l'emporter sur ses rivaux par l'importance de ses établissements, par la beauté des œuvres de ses artistes. Les évêques, les abbés, les comtes, se faisaient de nouveaux Périclès pour honorer et encourager les beaux-arts. De là naissaient les cathédrales, les somptueux monastères, les palais des évêques et des comtes; de là l'émulation, le goût, l'ardeur passionnée pour un noble travail fait au grand jour, qui n'ambitionnait pour récompense que les suffrages publics et la plus grande gloire de Dieu. Les évêques d'Auxerre n'ont pas borné leur zèle à leur cathédrale; ils ont su communiquer leur esprit à tout leur diocèse, dans lequel un grand nombre d'églises se font remarquer par le bon goût qui a présidé à leur construction.

De graves contestations s'élèvent sur plusieurs points à la fois entre l'abbaye de Saint-Germain et divers seigneurs voisins de ses propriétés. Etienne, baron de Seignelay, et Jean son frère, chevaliers, possédaient en commun, avec le monastère, de vastes domaines. On n'apprendra pas sans étonnement qu'ils étaient maîtres de tout le territoire situé entre le ru de Sinotte et l'Armançon, et entre Chemilly et l'abbaye de Pontigny. La seule terre d'Iléry appartenait exclusivement à l'abbaye de Saint-Germain, qui partageait avec les seigneurs de Seignelay les serfs du Mont-Saint-Sulpice, d'Hauterive, d'Ormoy et de Chichy. Désirant connaître les droits respectifs de chacun d'eux, ils nommèrent des arbitres et s'obligèrent, sous de grosses amendes, à s'en tenir à leur décision. Gérard-le-Meunier, de Troyes, se chargea de la cause des moines, et Ferric, seigneur de Cudot, de celle des chevaliers. S'ils ne tombaient pas d'accord, ils devaient choisir un troisième arbitre. On prit le consentement de la comtesse d'Auxerre et celui de la comtesse de Troyes, comme dames suzeraines, et on convint que celle des parties qui refuserait de se soumettre à l'arbitrage, payerait à l'autre deux cents marcs d'argent. Les moines déposèrent leur cautionnement à Auxerre, entre les mains de plusieurs chevaliers qui en firent l'avance et qui promirent avec serment de le remettre à l'ordre des arbitres. Guillaume de Putmonnoie versa 50 marcs, Villain de Somesot en versa aussi 50, Henri de Chinot autant, Guy d'Auxerre 30, et Chardon de Tanlay 20. Le seigneur de Seignelay et son frère firent également déposer deux cents marcs d'argent, à Saint-Florentin, pour être mis à la disposition des arbitres; Geoffroy, seigneur d'Arcy, leur en fournit 50, Dudot, de Looze, 20; Geoffroy et Guillaume, de Bouilly, chacun 20; Jean, de Bouilly, 40; Henri, d'Escrinelle, 20; et Milet, d'Auxerre, 30.

Le 25 mars, fête de l'Annonciation, était le jour où les arbitres devaient rendre leur jugement. Les parties se trouvèrent réunies à *la Jonchère* (1), entre Héry et Seignelay, dans un établissement aujourd'hui détruit. L'abbé de Pontigny, celui de Saint-Martin de Troyes, Gaucher de Joigny, chevalier, et plusieurs autres nobles personnages s'y étaient rendus. Les arbitres n'étant pas tombés d'accord, on choisit un tiers, qui fut l'évêque de Langres (2). Malgré toutes les précautions que l'on prit pour terminer

---

(1) En 1852, un laboureur découvrit avec sa charrue un puits et quelques vestiges de constructions, restes de l'établissement dont il est ici parlé. C'était au-dessus du ru de la Bûche et un peu au-dessous du chemin de l'église d'Héry. Le canton se nomme *la Jonchère*.

(2 Cartul. de S. G., f. 68.

cette affaire dans un court délai, elle traîna en longueur et ne fut réglée que six ans après, en 1228, par un accord partagé en vingt-quatre articles. Voici les principaux : Les bois et les pâturages demeurèrent à peu près communs. Chacune des parties devait fournir deux gardes forestiers; les amendes furent fixées à cinq sous pour un faix de bois, à dix pour une charretée, à un denier pour une bête de somme et à autant pour une brebis. Pour une chèvre on devait donner la peau. Comme on livrait les bois au pacage dès qu'ils avaient quatre ans, les dommages que causait la chèvre étaient tels que l'on demandait sa mort. Le seigneur de Seignelay abandonna à l'abbaye la moitié du four qu'il venait de faire bâtir au Mont.

La justice fut déclarée commune, excepté pour trois crimes, savoir : le vol, l'homicide, et le rapt ou le viol. Le procès devait être instruit en cour de Saint-Germain, et le coupable, s'il était convaincu, ou s'il arrivait qu'il fût pris sur le fait ou qu'il avouât son crime, il devait être remis de suite au seigneur de Seignelay *pour en faire à sa volonté*. On peut remarquer l'attention paternelle des abbés, qui se réservent l'examen du coupable, et qui se déchargent sur le seigneur temporel pour une punition qui répugne à la sainteté de leur état. Le baron de Seignelay se réserva la justice sur les routes fréquentées par les marchands, telles que celle de Seignelay à Brienon, celle de Ligny à Cheny, et celle d'Auxerre à Brienon, par Beaumont et Ormoy. Elle resta commune sur les autres chemins. On excepta pourtant la terre de Grosbois, dont la justice continua d'appartenir exclusivement à Saint-Germain. L'eau du Serain était aussi sa propriété. Le seigneur de Seignelay et ses sujets ne pouvaient y pêcher qu'à la truble de deux pieds et à la *Jonche de Jonc*. On voit encore dans cette charte que la plupart des terres et des prés étaient bornés par des croix. On employait le signe du salut pour effrayer les ravisseurs de bien d'autrui. Ils convinrent encore de partager les enfants qui naîtraient des alliances que les sujets l'un de l'autre auraient contractées ensemble. Ils défendirent d'un commun accord de bâtir de nouveaux villages dans les bois ou dans les plaines, et ils déclarèrent qu'à l'avenir les habitants seraient libres de quitter leur localité pour aller s'établir ailleurs, s'ils le jugeaient avantageux. En terminant, Etienne et Jean son frère abandonnèrent à l'abbaye deux familles qu'ils avaient à Héry, pour faire célébrer l'anniversaire de leur père, et ils s'obligèrent à aller, tous les ans, rendre foi et hommage dans le chapitre de Saint-Germain, pour trois muids d'avoine qu'ils tenaient en fief des religieux et qu'ils prenaient chaque année dans la grange d'Héry (1). Dix ans après, l'abbé et les moines achetèrent cette redevance moyennant deux cents livres moins cent sous (2).

De vastes terrains, situés au-delà de l'Armançon, étaient aussi en litige entre l'abbaye et Thibaut, comte palatin de Champagne et de Brie. Celui-ci déclara, par une charte de l'an 1225, que les moines et leur abbé Renaud de Joceval, qu'il appelle ses amis, l'avaient associé par moitié dans leur propriété, ainsi que dans un village qu'ils faisaient construire au centre de leurs plaines et de leurs bois. Ces vastes domaines étaient limités par le ruisseau de Flogny et celui de Percey, par les rives de l'Armançon, les bois de Saint-Germain et les bords de l'Armance, et s'étendaient de la forêt du chevalier Dodon de Flogny à celle du chevalier Robert de *Mainiacum* (3) et à celle des moines qui demeuraient en ce lieu.

---

(1) Cartul. de S.-G., f. 60.
(2) *Ibid*, f. 70.
(3) *Ibid*, f. 87. Maizières ou Maroles.

Nous partageons aussi, dit le comte, les revenus, la justice, les amendes pour crime, les droits de servitude, soit qu'ils viennent de donations ou autrement. Chacune des parties pourra construire une habitation dans ces limites, si elle le juge convenable. Après avoir parlé des moulins, la charte dit que les deux parties auront chacune un prévôt; celui du comte prêtera serment devant l'abbé de Saint-Germain ou devant le prieur de Saint-Florentin. Ils ne pourront juger l'un sans l'autre.

Il fut encore convenu que ni le comte, ni l'abbé, ne pourraient détruire leur nouveau village sans leur mutuel consentement, ni contraindre les habitants du prieuré de Saint-Germain à y demeurer. « Si je fais des acquisitions à plus de trois lieues du nouveau village, dit le comte, l'abbé et les moines seront tenus de me faire compte de moitié; je leur tiendrai également compte de celles qu'ils pourraient faire à pareille distance de cet établissement. » On voit que cette immense propriété s'étendait à trois lieues autour du village qu'ils venaient de fonder pour y établir des cultivateurs. Ni mes héritiers, ni le couvent, ni moi, continue le comte, ne pourront rien détacher des biens de la communauté, pas même pour le donner en aumône. L'abbé de Saint-Germain et les religieux lui accordèrent exclusivement, dans ce village, les levées d'hommes et de chevaux pour la guerre (1). Cette localité, qui n'est désignée sous aucun nom dans la charte, est appelée ailleurs Villeneuve-la-Mauger ou Mangis (2). Dès le treizième siècle, elle était entourée de fossés, et elle portait le nom de *Motte*.

Guillaume de Bouilly donna, en 1226, à de Joceval, les hommes de mainmorte qui avaient abandonné sa terre pour

---

(1) Cartul. de S.-G., f. 87. Gall. chr., t. 12, col. 587.
(2) *Villa nova Maugeri*.

aller s'établir sur celles de l'abbaye de Saint-Germain (1); on lit ailleurs, sur le domaine du pape Grégoire IX (2), ainsi nommé parce que les moines avaient déclaré lui en faire don en se mettant sous sa protection. L'abbé racheta aussi des droits de dîmes dans beaucoup de terres.

En 1237, de Joceval fit, avec le chevalier Milon de Saint-Florentin, le partage des enfants de onze familles de Villiers-Vineux, mainmortables de corps et de biens, et qu'ils possédaient en commun. L'abbé choisissait le premier dans chaque famille; s'il se trouvait quatre enfants, il en prenait deux et le chevalier les deux autres; s'il n'y en avait qu'un, ou s'il s'en trouvait un qui fut impair, il demeurait indivis. Sur vingt-quatre enfants que comptaient ces familles, ils en partagèrent seize; huit restèrent indivis. Dans un nouvel accord fait entre eux, en 1245, il fut convenu que les enfants seraient partagés, et que néanmoins ils continueraient à demeurer en la puissance de leurs parents comme au temps passé (3); ce qui montre que ce partage servait seulement à faire connaître à quel seigneur appartenait les serfs et à qui ils devaient l'impôt.

Dans ce siècle de ferveur religieuse, il se passait peu d'années sans que les moines n'eussent à recueillir quelques donations. Mahaut-la-Grande, comtesse d'Auxerre, leur donna la permission de pêcher, trois fois l'année, dans la rivière d'Yonne, depuis le pont d'Auxerre jusqu'à Cravant. Ils pouvaient jouir de cette permission, six jours chaque fois, trois en descendant le cours de la rivière et trois en le remontant. Les époques étaient: avant

---

(1) Cartul. de S.-G., f. 65.
(2) Dom Viole, mss.
(3) Cartul. de S.-G., f. 88.

la fête de saint Urbain, le 25 mai ; avant la fête de saint Germain, au mois de juillet, et avant celle d'octobre. Cette pêche a aussi été appelée le droit de *Rissée*.

En 1219, Lora, veuve de Lebnin-le-Changeur, donna, en aumône, à l'abbaye de Saint-Germain, un étal. Félix de Sartrin lui légua vingt sous de rente pour son obit (1). En 1223, Jean Jérémie, chevalier, y choisit sa sépulture y fut inhumé. L'année précédente, il avait donné une rente de vingt bichets d'orge pour fonder son anniversaire. Guillaume de Mont-Saint-Jean y fonda aussi le sien, en donnant vingt sous de revenu, monnaie de Dijon, sur son péage de Mont-Saint-Jean, et dix bichets d'orge, sur ses coutumes de Poilly-sous-Noyers (2). Une dame de haute condition, nommée Fasche, qui y fut inhumée, avait légué au monastère quarante marcs d'argent. Ponce de Perrigny, chevalier, et sa femme furent aussi rangés au nombre des bienfaiteurs. Bure, veuve de Pierre de Courson, vicomte d'Auxerre, légua la moitié du moulin d'Aisy, en 1224. Guillaume de Fontenaille, chevalier, donna pour les besoins de son ame, et pour l'anniversaire de Robert, son frère, qui avait été clerc, six sous de rente sur le cens de sa terre (3), dont il se réserve le droit de justice. Hubert de Chevannes, chevalier, et Jean, son frère, en léguèrent une de neuf sous sur les dîmes des déserts de Melliot (4), afin que les moines priassent pour le repos de l'ame de Hugues, leur père.

Agalo de Boüy, chevalier, fonde son obit à Saint-Germain en 1227 ; maître Renaud de Toucy fait donation d'un droit de censive sur quelques terres d'Escamps, qu'il

---

(1) Cartul. de la pitance de S.-G., f. 5.
(2) Ibid., f. 105. *Polliacum sublus Noeriâ*.
(3) *De Fontenellis*. Ibid., f. 6.
(4) *De Melliato*. Ibid, f. 5.

avait achetées d'Ermeniarde, abbesse de Crisenon. Pinson, seigneur de Gurgy, et Adeline, son épouse, renoncent au droit de garde dans la terre de Néron. En 1231, Seguin de Nevers demande à être inhumé dans l'abbaye, et donne, à cette occasion, une rente d'un muid d'avoine. Jean, dit Le-Chevalier, et Marie, son épouse, lèguent en aumône sur un pré situé à Branches, une rente de cinq sous, qui, après leur mort, devait être portée à vingt-et-un quatre deniers (1229). Milon, dit Li-Manans, prêt à partir pour une croisade, donna aussi en aumône, à l'église de Saint-Germain, pour le remède de ses péchés, douze deniers de rente sur une vigne. Il mit pour condition que s'il revenait de son voyage d'outre-mer, il reprendrait la jouissance de sa propriété pendant sa vie seulement (1).

En 1239, Arnulphe Marpaux légua vingt-deux sous seize deniers de rente sur une maison qu'il possédait attenant à celle des religieux. Ce don fut fait pour fonder son anniversaire et celui de son épouse. Son intention était qu'on remît dix-huit sous à l'économe du couvent, pour la pitance des moines, et deux sous seize deniers aux sonneurs *des grandes et grosses cloches* (2), et que les deux sous restants fussent employés à l'entretien d'une lampe dans la chapelle de Sainte-Marie-Magdeleine Guillaume et Garnier donnèrent quatre sous de rente pour l'anniversaire de Gaultier, leur père, à prendre sur le revenu d'un arpent de vigne.

Godin de Fleury, fils du chevalier Dodon, avait causé de grands dommages dans la seigneurie de Bleigny, qui appartenait aux moines de Saint-Germain. Touché de repentir, il se transporte dans leur abbaye, le premier octobre, et là, en plein chapitre, il leur fait amende honorable pour les peines qu'il leur aurait causées, et offre, pour

---

(1) Cartul. de la pitance de S.-G., f. 8.
(2) *Ibid. Pulsatoribus magnorum et grossorum timpanorum.*

réparation, l'usage dans tous ses bois. Les moines, édifiés de son repentir, inscrivirent son nom au nombre de celui des confrères de l'abbaye. Girard, dit Pobète, et Adeline, son épouse, donnèrent une maison située dans le bourg de Saint-Germain (1), pour qu'on célébrât leur anniversaire. En 1237, Renard, de Dijon, légua quarante sous de rente sur ses vignes d'Augy (2). Reine, de Maligny, dame de Bonlieu, céda toutes les dîmes qui lui appartenaient sur la paroisse de Maligny, dans le canton de Chenniot, ce qui fut approuvé, en 1237, par Narbonne, dame suzeraine de Maligny, et par le chevalier Gaucher, son fils (3). Maître Jean de Saint-Loup, chanoine d'Auxerre, légua un revenu de vingt sous pour faire célébrer son anniversaire. Salo, prieur de l'abbaye, ancien grenetier, en légua quarante pour la pitance des frères (1244). Le chevalier Anselle, de Seignelay, dit le Chat, en donna dix sur la forêt de Bleigny. Ses fils Henri, clerc, et Eudes approuvèrent son aumône, en 1239 (4). L'archidiacre Hugues légua, pour le salut de son ame et pour celui de ses parents, trente-deux sous de rente (5). Les moines, de leur côté, pour lui en témoigner leur reconnaissance, s'obligèrent à célébrer tous les ans son anniversaire.

(1) *In burgo beati Germani*, c'étaient les maisons les plus rapprochées de l'abbaye. Cartul. de la pitance de S.-G., f. 6.
(2) *Ibid.*, f. 2.
(3) Cartul. de S.-G., f. 98.
(4) *Ibid.*, f. 98.
(5) Pour avoir une idée de ces dons, il faudrait connaître la valeur du sou de ce temps-là. Nous avons vu, p. 178, que Dumenois ou Dumenou, dame de Beauche et de Chevannes, légua, en 1208, trente sous de rente pour fonder une lampe à perpétuité dans l'église du prieuré de Beaumont. Or il faudrait aujourd'hui environ soixante francs pour acquitter grandement une pareille charge, comme a dû le faire la châtelaine de Beauche : ce qui met le sou de l'an 1208 à environ deux francs de notre monnaie.

Guy du Jardin, écuyer, reconnut, en 1246, que le chevalier Letar d'Hauterive, son frère, avant de partir pour la croisade où il mourut, avait donné à l'abbaye de Saint-Germain vingt sous quatre deniers de rente, à prendre sur une vigne, qu'il désigna, pour faire célébrer son anniversaire (1). Jean, habitant de la paroisse de Saint-Loup, légua, à la même intention, ses prés et ses vignes d'Escamps, s'obligeant, en outre, à donner quinze sous par an. Il prie les frères de dire, pour lui, dans le couvent, une messe du Saint-Esprit le jour qu'il fera ce payement. Après sa mort, les cinquante sous que rapportaient ses biens devaient être employés pour la pitance des frères. En 1249, André d'Orgy donna, pour son anniversaire et celui d'Armengarde, son épouse, déjà décédée, vingt sous de rente, payables, tous les ans, le jour de la Nativité de la Vierge, sur les revenus de son port, situé dans le faubourg de Saint-Loup, près des murs de la ville. Il demanda que, jusqu'à son décès, les moines célébrassent pour lui, chaque année, une messe du Saint-Esprit (2). Cessons un instant de transcrire les dons et les fondations d'anniversaires de cette foule de gens de biens qui traversaient la vie en répandant des bienfaits sur les monastères.

De Joceval fut nommé par le pape, en 1228, pour juger un différend entre l'abbé de Flavigny et Seguin, maître de l'Hôtel-Dieu de Nailly, au sujet du domaine de Villey. Il fit l'acquisition d'une métairie à Bleigny, il acheta de Jean des Barres, chevalier, et d'Agnès, son épouse, dite la comtesse, en présence de Pierre, évêque de Meaux, la moitié de la seigneurie de Saint-Georges. Guillaume, comte de Joigny, et son épouse, fille de Miles, seigneur de Noyers, lui vendirent le droit de gîte qu'ils avaient sur cette terre. En

---

(1) Cartul. de la pitance de S.-G., f. 3.
(2) *Ibid.*, f. 4.

1231, de Joceval acquit encore de Guichard, abbé de Vézelay, un domaine à Irancy. Le moulin de Rouvray lui fut vendu par Sylvain de Ligny. Jeanne, vicomtesse de la même ville, donna en aumône au monastère, pour le salut de son ame et de celle de ses parents, toute la justice du lieu (1), du consentement de Guy, comte d'Auxerre et de Nevers, duquel relevait le fief.

L'accroissement des biens, la multiplication des frères, signalaient la sage administration de l'abbé de Joceval, et néanmoins ses moments suprêmes approchaient. Odoin, prieur de Mazille, soupçonné d'hérésie, était cité par le frère Robert, jacobin de l'Ordre des frères prêcheurs et inquisiteur de la foi en France. L'abbé de Saint-Germain entreprit le voyage de Paris pour prendre sa défense. Sa mission accomplie, il se remit en route; mais exténué par la fatigue et la maladie, il fut obligé de s'arrêter à Villeneuve-la-Guyard et y mourut le 5 septembre 1238. La mort ne le surprit point, car toute sa vie avait été une préparation à ce terrible moment. Après avoir reçu les sacrements avec de grands sentiments de piété, il prit un crucifix dans ses mains, le baisa plusieurs fois et expira en prononçant le nom de Jésus. Son corps fut rapporté à Auxerre et inhumé dans l'église, au midi. On éleva peu après un autel de saint Eloi sur son tombeau. Toute la ville pleura la mort de ce bon abbé. On entendit à ses funérailles les soupirs et les sanglots des pauvres et des orphelins. De pareils éloges ne sont pas suspects.

La Providence soumit alors Auxerre et ses environs à de rudes épreuves. Le comte Pierre de Courtenay, élu empereur de Constantinople, alla prendre possession de son trône, emmenant avec lui l'élite de la population. Une

---

(1) *In totâ villâ et in parochiâ de Roureto sito inter Heriacum et Pontiniacum.* Cartul. de S.-G., f. 67.

croisade, prêchée dans le comté d'Auxerre et dans celui de Tonnerre, avait armé pour sa défense cent soixante chevaliers et cinq mille cinq cents hommes, ce qui montre la large part que prenaient nos pères à ces luttes saintes et héroïques que les souverains pontifes avaient bénies. En traversant les montagnes de l'Albanie, ses troupes, sans cesse harcelées par celles de Théodore Lascaris, son compétiteur à l'empire de Constantinople, furent défaites par ces perfides, dans des défilés, alors qu'elles marchaient sous la foi des traités. Le comte et les chevaliers furent faits prisonniers, et les soldats abandonnés sans armes et sans habits, dans des lieux déserts. On dit que Pierre de Courtenay mourut de chagrin dans sa prison.

L'absence de ce dernier, le gouvernement irrésolu de son frère, l'éloignement de Guillaume de Seignelay, évêque d'Auxerre, appelé à l'évêché de Paris, plongea le pays dans une anarchie dont les églises et les monastères eurent le plus à souffrir.

GAULTIER DE BÉRARD.

Il naquit au château d'Acriffy, dans la paroisse d'Oudan, proche Varzy. Sa taille était élevée, sa physionomie prévenante ; il était libéral, pieux et plein de compassion envers les pauvres (1). Il dormait peu et il était si appliqué à l'oraison et à la lecture des Pères de l'Eglise, qu'il devint très-éclairé dans la science des saints. Malgré son désir de mener une vie obscure et cachée en Jésus-Christ, il ne put éviter d'être promu à la première dignité de son monastère. Les suffrages des frères ayant été unanimes en sa faveur,

---

(1) Dom Viole, mss., t. 2, p 1005.

son élection fut regardée comme inspirée de Dieu. Aussitôt qu'il eut pris les rênes du gouvernement, en 1238, il montra un grand zèle pour les intérêts de l'abbaye. La décoration de l'église attira particulièrement son attention : il fonda la chapelle de saint Georges, couvrit l'autel de la Vierge d'une table d'argent (1), et fit exécuter sa statue en pareil métal ; elle était représentée tenant l'enfant Jésus entre ses bras. Un beau reliquaire aussi d'argent, dû également à son zèle, représentait le chef d'une vierge et devait renfermer une partie de celui de sainte Agnès, qui fut trouvé dans la châsse de saint Urbain. Il acheta encore plusieurs riches ornements et ordonna que chaque religieux aurait tous les ans une tunique ou soutane, outre la pelisse qu'il recevait tous les deux ans. Dom Cotron dit que ce vêtement était une robe fourrée qui couvrait la tête et descendait jusqu'aux pieds ; on la portait surtout pendant l'hiver. Il ajoute que, de son temps, les moines de Saint-Remi et ceux de Saint-Nicaise de Rheims en avaient encore qui étaient de couleur noire (2).

Le législateur avait prévu jusqu'à la couleur des couvertures des lits : elles devaient être noires ou blanches.

---

(1) Bernard de Sully, évêque d'Auxerre, légua, dans ce même temps, à sa cathédrale, cent marcs d'argent et cent livres tournois, pour faire une table d'autel. Ce qui donne une idée de la valeur de ces décorations, qui étaient quelquefois en vermeil. Leb., *mém.*, t. 1, p, 370.

(2) Dom Cotron, mss., p. 950.
Autrefois une grande partie des moines de France faisaient usage de pelisses. Un capitulaire de saint Louis en fait mention ; les moines de Sainte-Colombe de Sens en portaient en 1310, ils ne cessèrent de s'en servir qu'en 1648. Ils en avaient chacun d'eux : l'une était blanche et l'autre noire. Pierre-le-Vénérable, abbé de Cluny, dit que deux tuniques, une pelisse, un surplis, une peau ou manteau et une chape doivent suffire à un moine. La règle, qui était paternelle, avait pourvu avec un soin tout particulier aux vêtements des frères, qui passaient un temps considérable du jour et de la nuit dans leurs vastes églises.

Chaque moine devait en avoir une avec un drap de serge et un chevet pour appuyer sa tête ; surtout point de toile ni de chemises de lin. Au douzième siècle, les religieux dormaient tout habillés; s'ils avaient froid pendant la nuit, ils pouvaient s'envelopper d'une pelisse et se couvrir les pieds de bottines de peau d'agneau. Moines et abbés devaient tous coucher dans un dortoir commun, chacun dans son lit. Des gardiens y veillaient toute la nuit et une lampe y brillait continuellement. La règle ajoutait ces paroles de l'apôtre : Celui qui agit bien ne fuit pas la lumière.

Un moine ne pouvait sortir qu'avec la permission de l'abbé, et, s'il lui était possible, il devait rentrer avant la chute du jour. S'il était forcé de prendre quelque repas hors des maisons conventuelles, il ne lui était permis d'accepter ni vin, ni viande ; il ne devait jamais sortir ni voyager seul. Les frères n'avaient rien en propre : chacun recevait de l'abbé les vêtements et autres choses dont il avait besoin. Cette sévérité, sagement maintenue, fit longtemps l'admiration de l'Eglise.

En voulant soutenir leurs priviléges, les moines de Saint-Germain virent tout-à-coup la charité troublée avec les chanoines de la cathédrale et les autres communautés d'Auxerre. Chaque Ordre religieux, à raison de son ancienneté ou des faveurs qu'il avait reçues du Saint-Siége ou des évêques d'Auxerre, jouissait de certains priviléges. Aujourd'hui qu'on a abusé de tout, qu'on a créé tant de prééminences dans l'Eglise, on est étonné de la susceptibilité avec laquelle chaque Ordre exigeait la stricte observance des règles de l'étiquette, soit pour les offices ou les processions, soit pour le rang à tenir dans les grandes solennités. Voici à quelle occasion la paix fut troublée.

En 1241, le premier jour des Rogations, les chanoines

de la cathédrale vinrent en procession, selon leur coutume, dans l'église de Saint-Germain. L'un d'eux, tortrier et semi-prébendé, qui était de semaine pour célébrer l'office, se présenta pour dire la messe au grand-autel. Le sacristain de l'abbaye ne voulut point le recevoir, parce qu'il n'était pas du nombre des grands chanoines auxquels seuls appartenait cet honneur. Ceux-ci se retirèrent très-mécontents. Le lendemain, les religieux de Saint-Germain étant allés en procession à Saint-Eusèbe et à Saint-Amatre, trouvèrent les portes fermées, par un ordre secret des chanoines, car ces églises leur étaient subordonnées. Ces derniers cessèrent même tout-à-fait d'aller en procession à Saint-Germain, comme ils avaient coutume, à certaines fêtes de l'année (1).

L'abbé Gaultier ne négligea rien pour conserver les droits de son monastère et rétablir la bonne harmonie avec les chanoines. Comme ces derniers recevaient tous les ans, la veille de la translation de saint Etienne, trente-six bichets de blé (2) et trois muids de vin (3) pour les processions qu'ils faisaient à Saint-Germain, il leur déclara que la rente cesserait d'être payée tant qu'ils manqueraient à la déférence qu'ils devaient à son abbaye, selon les anciens usages. Enfin Hugues, grand prieur, et le chanoine Guillaume Bret, s'étant portés pour médiateurs, amenèrent une pacification; les chanoines consentirent à reprendre les stations accoutumées, et à faire célébrer la messe comme par le passé, quand ils iraient à Saint-Germain. Pour réparer les processions qui avaient été omises, ils en

---

(1) Cartul. de S.-G., f. 43 et 44. Dom Viole, p. 1007.

(2) Le bichet de Saint-Germain contenait deux boisseaux et pesait soixante livres.

(3) Le manuscrit de dom Cotron dit trois muids de vin ou quatre-vingt-dix seaux. Cette redevance se nommait *la vache grive*.

firent une extraordinaire le vendredi d'après les Brandons, et la concorde fut rétablie.

L'abbaye vit encore accroître ses possessions territoriales. Baudot, damoiseau, fils de Jean de Provins, donna, en 1239, beaucoup de vignes qu'il possédait à Irancy et à Vincelottes, plus la moitié du port de Rivotte et un pressoir. Il tenait tous ces biens en fief du monastère de Saint-Germain, qui lui remit, à cette occasion, trois cents livres. Gaultier acheta quelques biens à Bleigny, des deux frères Guy et Léothéric du Jardin, pour trente-cinq livres tournois. Guy, leur père, chevalier, fit des donations avant de partir pour une croisade. En 1239, Hugues, dit Bailledard, noble auxerrois, légua pour le salut de son ame, *aux religieux hommes et à l'abbé* du couvent de Saint-Germain, toutes les censives qui lui appartenaient dans la ville d'Auxerre(1). Elles étaient si considérables que, depuis ce moment, ils ont été les plus puissants seigneurs censiers de la ville. Cette même année, Agnès, dame de l'Ile-sous-Montréal, légua une rente de trois setiers de froment à la mesure d'Aisy (2), pour le repos de son ame, pour celle de feu Anseric, son mari, et celles de ses prédécesseurs. Guy, seigneur de Beines, avant son départ pour la Palestine, donna une rente de quarante sous sur sa terre. Anseau de la Porte en légua une de vingt-et-un sous quatre deniers sur sa maison de la porte Fiscale, pour fonder son obit : dix-huit sous devaient être employés pour la pitance des moines, seize deniers pour les sonneurs des grosses cloches, et deux sous pour l'entretien de la lampe de la chapelle de sainte Marie-Magdeleine. Une demoiselle de Charbuy fonda aussi son obit, en 1251, en donnant une maison sise en la paroisse de Saint-Ragnobert. Un ancien doyen

---

(1) Cartul. de la pitance, f. 20.
(2) *De Aisiaco*. Ibid., f. 2.

d'Auxerre, nommé Ilbert, légua, pour faire célébrer chaque année son anniversaire, deux arpents de pré ; il ajouta trente-deux sous de rente pour un autre en l'honneur de son père et de sa mère (1). Nulle part que dans les monastères on ne conservait autant de reconnaissance pour les bienfaiteurs. Leurs noms ainsi que leurs offrandes étaient consignés sur des chartres dont la plupart sont parvenues jusqu'à nous. Le souvenir des morts y était aussi plus honoré que partout ailleurs ; les noms des trépassés étaient inscrits sur de longues et immortelles listes mortuaires. Ces tablettes funèbres, qui recommandaient sans cesse l'ame des défunts aux prières des moines, garantissaient aux hommes qui y étaient portés un précieux souvenir.

Gaultier ne tint le siége abbatial que cinq ans. Se voyant avancé en âge et incapable de vaquer aux fonctions de sa charge, à cause de son embonpoint, il donna sa démission en 1242 : néanmoins il vécut encore dix ans qu'il employa à se préparer à la mort. Il était à Acriffy, lieu de sa naissance, lorsqu'il expira doucement dans le Seigneur, le 19 avril 1251. Son corps fut rapporté à Auxerre et inhumé dans le chapitre. Il avait fondé son obit et doté la chapelle de saint Georges sur différents biens qu'il avait acquis à Diges lorsqu'il était doyen. Il est cité comme ancien abbé de Saint-Germain dans un titre de l'an 1246, par lequel Mauger d'Ervy, chambellan de Thibault, roi de Navarre et comte de Champagne, lui abandonna, ainsi qu'à son couvent, le droit qu'il avait sur certaines places de la ville de Troyes, qu'il tenait déjà en fief de l'abbaye de Saint-Germain. Le prieur était Hémaury (2).

(1) Cartul. de la pitance, f. 3.
(2) *Ibid.*, f. 9.

JEAN DE JOCEVAL.

Il naquit d'une famille noble, dans une campagne du nom de Joceval, Joyenval ou Infeinualle, dans le diocèse d'Autun. Les moines de Saint-Germain, encore pleins de vénération pour la mémoire de son oncle Renaud de Joceval, qui avait si bien gouverné le monastère, l'élurent d'un commun consentement, quoiqu'il ne fût que sous-diacre. Malgré sa jeunesse, dit son historien (1), il était affable, chaste, simple, plein d'humilité et de bonté. C'est pourquoi Bernard de Sully, évêque d'Auxerre, d'une sainteté éminente, ne fit aucune difficulté de le bénir. Il justifia pleinement le choix des moines et montra qu'il savait porter le fardeau de sa nouvelle dignité.

La pompe des cérémonies, le culte des Saints attirèrent d'abord son attention : il ordonna qu'à l'élévation on tiendrait, tous les jours, à la messe, deux torches allumées pour honorer le Saint Sacrement. Son zèle pour le culte de la Vierge le fait comparer, par son historien, à l'apôtre saint Jean, qui mérita, par la pureté de sa vie, que Jésus-Christ lui confiât le soin de sa mère. Il voulut que chaque semaine on célébrât une messe solennelle et un office de douze leçons en son honneur. Il ordonna aussi que la fête de tous les Saints, comme autrefois celles des Tabernacles, se continuerait pendant huit jours consécutifs. Non content d'acheter lui-même plusieurs riches ornements, il prescrivit à chaque prieur et à chaque administrateur des prieurés et des obédiences dépendants du monastère, de donner à l'église de Saint-Germain une chape de soie, le jour où ils prendraient possession de leur bénéfice.

---

(1) Voy. le liv. des abbés. Labb., *bibl. mss.*, t. 2, p. 583. Viole, p. 1010.

Il serait trop long de rapporter en détail les différentes constructions qu'il éleva dans les divers prieurés du monastère. En voici qui tiennent aux mœurs du temps : Dans la plupart de ces établissements, il fit faire un pressoir et une cave. A Sommecaise, il en construisit une sous la maison pour conserver le vin frais pendant l'été. A Grosbois, il fit bâtir un cellier voûté avec une maison au-dessus, et y éleva aussi un colombier. Il ne reste aujourd'hui aucune trace de ces constructions. Les caves n'existaient alors que dans les châteaux et les monastères. C'étaient de vastes celliers voûtés où l'on entrait ordinairement de plain-pied ; au-dessus se trouvait un grenier ou une habitation. Les serfs ne connaissaient pas ces avantages. Le même abbé fit faire, à Ormoy, une belle grange en pierre. En 1760, ces sortes d'édifices étaient encore presque tous en petites solives posées à vingt centimètres environ de distance, et dont les intervalles étaient remplis de terre glaise; les pignons étaient remplacés par des croupes. Il fit construire à Héry, par le ministère du camérier Humbert, une belle maison et au-dessous un cellier, des remises (1) et une cave. On en voit encore de beaux restes.

Ces édifices se faisaient remarquer par leur grandeur et leur beauté, relativement aux misérables constructions des serfs. Tous les monastères de France étaient animés du même esprit. L'historien de l'abbé de Joceval fait cette reflexion : que la grandeur et la beauté des édifices élèvent les sentiments de l'homme et portent la joie et l'espérance dans les cœurs.

L'église de Saint-Germain n'était plus en rapport avec le rang qu'occupait l'abbaye, ni avec les nouveaux édifices religieux qui s'élevaient de toutes parts, car alors on bâtis-

---

(1) *Logias.* Labb., *bibl. mss.*, t. 2, p. 585.

sait les cathédrales. L'abbé et les religieux formèrent le projet de reconstruire leur église : mais leurs embarras financiers les obligèrent à ajourner ce vaste projet, dont l'exécution ne fut commencée que vingt ans plus tard. De Joceval avait déjà rebâti en partie le prieuré de Moutiers, détruit par un incendie, et terminé son église dont Savaric, abbé de Vézelay avait jeté les fondements.

Dès les premières années de son gouvernement, il eut à soutenir, contre l'abbaye de Cluny, un grave démêlé dont il a déjà été parlé ailleurs. La prudence qu'il montra dans cette circonstance, fit connaître aux moines tout ce qu'ils avaient à attendre de lui. Vers l'an 1244, le pape autorisa les religieux de Cluny à lever un décime sur toutes les abbayes et prieurés de leur dépendance, pour acquitter les dettes de leur monastère. Ils imposèrent celui de Saint-Germain comme faisant partie de leur filiation ; mais l'abbé et les religieux protestèrent immédiatement contre cette prétention, affirmant que pour avoir été réformés deux fois par des moines envoyés de Cluny, ils n'avaient pas cru contracter de dépendance envers cette abbaye. L'affaire fut portée à Rome et soumise à des commissaires apostoliques : les débats durèrent douze ans. Enfin, en 1256, elle fut jugée en faveur de Saint-Germain. Richard, cardinal du titre de Saint-Ange, choisi par les deux parties, déclara dans sa sentence, comme juge apostolique, que ce monastère n'était point de l'Ordre de Cluny, et que l'abbé de ce dernier n'y avait ni droit de visite, ni droit de procuration, et ne devait se mêler en rien de l'élection de ses abbés. Pour qu'on ne revînt plus sur cette question, il obligea l'abbé et les religieux de Cluny de rendre ou de déchirer tous les titres dans lesquels il était fait mention de la prétendue subjection du monastère de Saint-Germain. Cette affaire était de la dernière importance pour notre abbaye, car si elle eût succombé, elle n'eût plus été qu'un simple prieuré dont l'abbé de Cluny aurait eu la haute administration.

Pour acquitter les frais de ce procès, qui s'élevèrent à plus de sept mille livres tournois, les notabilités de l'Ordre se réunirent en chapitre et fixèrent la quote-part de chaque prieur, en lui donnant trois ans pour l'acquitter. Voici les versements de chacun d'eux : Guy, prieur de Saint-Léger, donna six cent quarante livres ; Jean Amies, de Moutiers, en versa six cents ; Amaury, de Saissy, trois cent soixante ; Guichard, de Griselles, deux cent cinquante ; Hugues, de Mazilles, deux cents ; Jacob, de Decize, trois cents ; Renaud, de Saint-Florentin, deux cents ; Robert, de Saint-Sauveur, deux cent soixante ; Symon, de Saint-Vrain, quatre-vingts, Guillaume, de Châtillon, quatre-vingts ; Pierre, de la Chapelle-aux-Chatz, cinquante ; celui de Moutiers-Héraud, quarante ; les administrateurs de différentes terres firent aussi leurs versements : Guillaume de Sougères, Geoffroy de Beaumont, Renaud de Môlay, donnèrent chacun vingt livres ; Guillaume de Villiers-Vineux, et Héric de Coutarnoult en donnèrent chacun quarante (1). On ne voit pas figurer le prieuré de Barcenay, ni ceux de Pesme et de Vay. Le prieur de Saint-Germain se nommait Guillaume.

Pour couvrir les dépenses de ce procès, on eut encore recours à la vente des droits de mainmorte. Les bourgeois d'Auxerre, tant de la ville que des faubourgs, qui étaient de la dépendance de l'abbaye de Saint-Germain, donnèrent, en 1255, mille livres parisis pour se rédimer de la servitude (2). Les habitants de Perrigny rachetèrent aussi les

---

(1) Cartul. de S.-G., f. 121.

(2) Voici un extrait de la charte : « Au nom de la saincte et non divisée Trinité, amen. A touz ces présentes leittres verronz : Jehans, humbles abbé et touz li convenz de Saint-Germain d'Auceurre..... de notre commun assentement et consoil, une coustume que main morte vulgaument est appelée à nous et à nostre moustier profitable, urgent

mêmes droits (1) moyennant soixante livres. Ces ventes furent confirmées par Henri Sanglier, archevêque de Sens, et par Marguerite, reine de Navarre, comtesse palatine de Champagne et de Brie, comme gardienne du monastère. Cette princesse fonda son anniversaire à Saint-Germain, en 1257.

L'abbé de Joceval fut aussi obligé de lutter contre la dureté des mœurs du siècle, pour faire respecter les biens et les priviléges de son monastère. La plupart des seigneurs déployaient toujours, dans les campagnes, la violence et l'arbitraire pour s'emparer des biens des moines. Anséric, sire de Montréal, vassal de l'abbaye, voulut s'approprier le domaine de Coutarnoult (2). Il alla même jusqu'à se saisir de l'administrateur, frère Girard, dit Chuart, qu'il accabla de mauvais traitements. De Joceval implora la protection de Thibaut, roi de Navarre et comte de Champagne, duquel Anséric tenait en fief son château de l'Isle. Ce prince le cita à comparaître à sa cour et, sur son refus, marcha contre lui à la tête d'une troupe de soldats, prit son château et tout ce qu'il tenait en fief de Saint-Germain, l'obligea à restituer ce qu'il lui avait enlevé et à faire

---

la nécessité de nostre moustier, à touz nos homes et fames et de nostre moustier à leurs hoirs (enfants) et à leurs successeurs de la cité, ville et suburbouiz (banlieue) d'Auxerre, havons vendue quittée dou tout en tout à touz jours mais, à iceulx pour mille livres parisis à nous paiée et en pécune nombrée..... Volanz et ottroianz que lui (tous) li dit homes et fames tant du dit moustier et de nostre seignorie comme des autres seignories, en quelque lieu que mansionaire haient este, les eschoite, (successions) de leurs pères et de leurs mères, de leurs frères et de leurs seurs, de leurs cousins et de leurs prédécesseurs, morans en la cité ville et suburbouiz d'Auxerre, haient des oir en avant, preignent e' possèdent paisiblement et sanz contredit... Cartul. de S.-G., f. 157.

(1) Leb., mém., t. 2, pr. p. 56. La charte, qui est de 1256, se trouve dans le Cartul. de S.-G., f. 158. Perrigny est appelé en latin *Paruginacum, Priginacum, Prigniacum*.

(2) En latin *Curtis Arnulphi*. Cartul. de S.-G., f. 121 et *passim*.

amende honorable pour les peines qu'il lui avait causées.

Un arrêt de la cour du parlement contraignit les officiers du comte d'Auxerre à remettre dans leur premier état les fourches patibulaires de la justice d'Irancy, qu'ils avaient abattues. L'abbé de Saint-Germain eut à braver, dans cette circonstance, l'opposition de la comtesse Mahaut. Après sa mort, arrivée vers l'an 1258, les officiers de sa petite-fille se rendirent maitres, par violence, du droit de justice de la Porte-Pendante, situé au-dessous de l'abbaye. Un procès s'ensuivit ; on passa inutilement trois ou quatre compromis : c'était la voie par laquelle se réglaient alors la plupart des difficultés. La mort de la comtesse et celle de l'abbé de Saint-Germain arrivèrent avant que l'affaire ne fût terminée.

Des procédés plus humains venaient de temps à autre consoler les moines. Les seigneurs de Grand-Puits jouissaient, depuis plus de trente ans, de la maison et du domaine de Sommecaise, dont ils s'étaient emparés sans aucun titre. Guillaume, l'un d'eux, trésorier de l'église métropolitaine de Sens, en fit restitution aussitôt qu'il fut élu évêque de Nevers. Etienne, seigneur de Champolay, renonça au droit de justice qu'il prétendait avoir sur les habitants de Vaugine. Les barons de Toucy et plusieurs autres seigneurs furent contraints de vive force à restituer à l'abbaye les biens qu'ils lui avaient enlevés.

Quelques prélats, et surtout les évêques d'Auxerre, malgré les bulles des papes, se croyaient toujours en droit d'exiger de l'abbé et des religieux non-seulement pour eux-mêmes, mais encore pour toute leur suite, l'hospitalité monastique, soit à Saint-Germain, soit dans ses prieurés, où ils se rendaient onéreux par leurs fréquentes visites. Ceux-ci portèrent de nouveau leurs plaintes au pape, qui déclara qu'ils n'étaient nullement tenus à ces sortes de réceptions. C'est pourquoi, à dater de ce moment, toutes les fois qu'on recevait au monastère ou dans les terres de sa dépendance, quelque prélat ou autre personnage de distinction, après leur avoir rendu tous les devoirs que commandait la bienséance chrétienne, on les obligeait à déclarer, par écrit, qu'il avaient été logés et traités *par pure charité et courtoisie*, ou à laisser un état de leurs dépenses. On tint cette conduite, en 1254, envers Albert, légat en France du pape Innocent IV (1), et Girard, évêque d'Autun, en 1256. Ces précautions étaient tellement nécessaires, qu'il suffisait qu'un seigneur eût été reçu une fois dans un monastère avec sa suite, pour que ses descendants crussent avoir droit aux mêmes honneurs.

Etienne, bailli de Saint-Germain, ayant dépassé son autorité et usurpé les droits du grainetier, Guy de Munois, qui remplissait alors cette fonction, arrêta son entreprise audacieuse par un coup d'autorité. Il fit jeter ce fonctionnaire dans les prisons du monastère, sans égard pour le haut rang qu'il occupait dans la ville. Ses parents, irrités de cet affront, vinrent en armes pour le délivrer. Le frère de Munois les poursuivit devant les tribunaux pour cet attentat, et déploya tant de vigueur dans cette affaire, que le bailli fut destitué et sa famille privée d'une charge dont elle jouissait de temps immémorial. L'abbé et les religieux accordèrent néanmoins à son fils une pension viagère de cent bichets de froment et autant d'orge, par reconnaissance pour les services que ses ancêtres avaient rendus au monastère.

Dans ce même temps, c'est-à-dire en 1255, Barthélemi, abbé de Saint-Père, décida, comme juge apostolique, quels étaient les droits du monastère de Saint-Germain dans l'église de Rouvray, unie alors à celle de Venouse. Il avait, dans la première, la moitié des menues dîmes et

---

(1) Cartul. de S.-G., f 71. Voy. pièces justific.

des oblations aux fêtes de la Toussaint, de Noël et de la Purification. Le prieur de Venouse avait toutes celles des fidèles de cette paroisse aux mêmes jours. Ce qui était offert à la fête de saint Georges, patron de Rouvray, même par ceux de Venouse, appartenait à l'abbaye. Quant aux offrandes qui avaient lieu la veille et pendant la nuit qui la précède, elles étaient entièrement dévolues au prieur de Venouse. Celui-ci et les religieux de Saint-Germain prenaient alternativement le vieux cierge béni la veille de Pâques (1). On voit ici que les veilles de la nuit étaient encore religieusement observées, aux grandes fêtes de l'année, dans cette partie du diocèse d'Auxerre, et que les offrandes des fidèles n'étaient pas sans importance.

Enregistrons, à mesure qu'elles se présentent, les donations faites en faveur de l'abbaye : ce sont autant de témoignages d'intérêt et de charité. Elles résument l'esprit de cette époque et font revivre des détails précieux pour l'histoire du pays.

Pierre de Méret (2), chevalier, rendit foi et hommage, en 1249, pour le fief de Perrons-de-la-Noue, attenant à l'église de Sainte-Colombe. Violette de Cerin donna la censive de Maillot, portant lots et ventes, ce qui fut ratifié par son fils Guillaume, en 1252. Herbert, doyen, et Hugues, archidiacre d'Auxerre, léguèrent plusieurs rentes et héritages. Dans ce même temps, Guy du Jardin, chevalier, Elisabeth, son épouse, Jean, leur fils, et Léothéric, frère de Guy, donnèrent des vignes. Trois ans après, la comtesse Mahaut-la-Grande légua cent sous de rente sur ses revenus de la ville d'Auxerre, pour fonder son obit (3).

---

(1) Cartul. de S.-G., f. 68.
(2) La chronique écrit *Méeret*. *Ibid.*, f. 45. Cotron, p. 974.
(3) Cette rente portait sur le droit appelé en latin *lia* et *criera*. Dom Viole pense que c'était le droit de délier et de crier les sacs de blé dans le marché. Lebeuf croit qu'il s'agit de la vente du vin à pot,

En 1260, Guillaume de Mello fit don de soixante sous de rente que son fils Guy, évêque d'Auxerre, assigna sur leur prévôté et seigneurie de Saint-Bris. Cette même année, Geoffroy-le-Vieillard, écuyer, et Marie, sa femme, fille de Landry, dit le Chat, chevalier, donnèrent leur domaine de Sainte-Colombe, sur le territoire de Mont-Maine. Guillaume de Chabot, chevalier, et Renaud de Montigny, son beau-fils, ratifièrent les donations de Mabile, femme d'Itier-Borne, chevalier, aïeul de Renaud. Hugues de Chassin, écuyer, et Laurent de Sommecaise, chanoine d'Auxerre, léguèrent au monastère une maison dans cette ville, ainsi que quatorze arpents de prés et plusieurs héritages (1261). Alise, veuve de Pierre Guenarry, donna beaucoup de biens en demandant à être inhumée au monastère et pour qu'on acquittât une messe pour elle à perpétuité dans la chapelle de sainte Marie-Magdeleine (1272). Isabelle, veuve de Pierre de Champlost, fonda son anniversaire, celui de son mari et celui de Jean, leur fils, en 1274. Thomas, trésorier de Notre-Dame de la cité, fit don de six arpents de vigne sur le territoire d'Orgy (1276). Miles de Courgy, père de Humbault, chevalier, et Reine, sa femme, laissèrent au monastère, en 1277, trois setiers d'avoine sur leurs droits de garde dans la terre de Sougères.

En 1243, une sentence arbitrale décida que le bois de la Bruère, possédé jusqu'alors en commun par Guillaume, seigneur de Saint-Bris, par Renaud, doyen, par les chanoines d'Auxerre et par le monastère de Saint-Germain, serait partagé. Jean, seigneur de Seignelay, chevalier, et Marguerite, sa femme, reconnurent, en 1249, que les

---

les sacs de blé ou autres grains qui ne pouvaient être vendus que par l'autorité des comtes. Dom Viole, mss., t. 2, p. 1050. Leb., mém., t. 2, pr. p. 56.

religieux de Saint-Germain avaient la moitié des bois de la Brosse-Gaultier et de la Saussaie, ce qui fut ratifié depuis par Geoffroy du Mont-Saint-Sulpice, frère de Jean de Seignelay, et par Guy de Champlost, leur beau-frère. Miles, abbé de Saint-Michel de Tonnerre, Herbert, archidiacre d'Auxerre, et Guy de Villiers-Vineux, chevalier, réglèrent, en qualité d'arbitres, les droits du monastère de Saint-Germain et ceux de Miles de Saint-Florentin, dans la terre de Villiers-Vineux.

Revenons à l'abbé de Joceval, qui gouvernait le monastère avec tant de sagesse et de prudence. Il était honoré de la confiance des souverains pontifes, qui l'employèrent dans des négociations importantes. Innocent IV le nomma commissaire apostolique pour faire jouir l'abbé et le prieur de Saint-Michel de Tonnerre d'un privilége qu'il avait déjà lui-même, qui consistait à pouvoir dispenser les religieux de tout ce qui n'était pas de la substance de la règle de saint Benoît. Il fut aussi chargé de contraindre, par les censures de l'église, Hugues, duc de Bourgogne, à satisfaire au traité qu'il avait fait avec l'abbé de Flavigny. On a vu que les abbés de Saint-Germain avaient droit de porter la mître et l'anneau pastoral ; le pape Innocent IV étendit ce privilége à tous les insignes ou ornements pontificaux qu'ils pouvaient porter en tous lieux. Il leur permit aussi de bénir les ornements sacerdotaux dans toutes les terres de leur juridiction.

Quelques réclamations s'étant élevées à l'occasion des sépultures qui avaient lieu dans le monastère de Saint-Germain, les moines en firent part à Alexandre IV ; il dit, dans la bulle qu'il leur adressa à cette occasion, en 1255 : « Je sais que votre conversation est dans le ciel ; c'est pourquoi je vous engage à vous rendre de plus en plus agréables à Dieu par vos vertus, et aux hommes par vos bons exemples. Ensuite il ajoute : je vous accorde avec joie la faveur que vous demandez, vous pouvez inhumer dans votre monastère, même pendant un interdit général, tous ceux qui l'auraient demandé, pourvu qu'ils ne soient pas nommément interdits, excommuniés ou reconnus pour usuriers.» Le pape recommande surtout de ne pas frustrer les églises d'où l'on amène les corps, des droits qui leur appartiennent (1). Célestin III avait déjà accordé de semblables priviléges en 1194.

L'abbé de Joceval prit un soin particulier des malades dans la personne desquels la règle commandait de révérer Jésus-Christ lui-même. On a vu que cette même règle faisait peser sur l'abbé la responsabilité de toutes les privations qu'ils auraient pu éprouver, soit par la négligence du cellerier qui fournissait les provisions, soit par la faute des infirmiers; c'est ce qui le détermina à ajouter aux revenus de l'infirmerie le four banal et les menues dîmes d'Héry; il y joignit quelques propriétés qu'il détacha du domaine de Néron et de celui de Perrigny, sur lesquels il fonda son obit. Durant tout le temps qu'il fut abbé, il sut faire régner la piété au dedans de son monastère et la prospérité au dehors. A l'époque de son élection, le nombre des frères ne s'élevait qu'à trente, à sa mort il montait à cinquante.

De fréquentes maladies avaient épuisé sa santé; néanmoins, avant de quitter la terre, il voulut jeter les fondements d'une nouvelle église plus en rapport avec le siècle et avec le rang qu'occupait son monastère. D'ailleurs l'ancienne menaçait ruine, car elle portait en plusieurs endroits les traces de deux incendies qui l'avaient tellement endommagée, que depuis un certain temps on n'osait plus célébrer la messe au grand autel. Les détails des travaux qui signalèrent cette grande construction manquent à

(1) Cartul. de S.-G., f. 15.

l'histoire; elle fut commencée en 1277. Depuis un demi-siècle, la cathédrale d'Auxerre s'élevait majestueusement et semblait défier tous les projets de l'abbé de Joceval. Cependant, plein de confiance dans le concours des prieurés et surtout dans la divine providence, il jeta les fondements d'un édifice qui fait encore un des ornements de la ville d'Auxerre. La nef de l'église de sainte Clotilde fut conservée, soit par respect pour la fondatrice, soit comme un monument que son antiquité rendait vénérable. Peut-être ajouta-t-on quelque chose au portail, car ses diverses parties annonçaient, par leur dissonnance, des constructions de plus d'une époque. On donna à la nouvelle église un peu plus de largeur qu'à l'ancienne, et à la voûte des bas-côtés la même élévation. Sa longueur totale était de quatre-vingt-dix-sept mètres, ce qui l'assimilait à l'église de l'abbaye de Vézelay et à celle de l'abbaye de Pontigny. Sa largeur, dans la nef, est de vingt mètres; et dans la croisée ou transsept de trente-deux; la hauteur des grandes voûtes, sous clef, est de vingt-cinq mètres, et celle des bas-côtés de douze seulement. Cette église, dont les toits dominent la ville d'Auxerre par leur élévation, atteste à la postérité combien étaient profonds et actifs les sentiments religieux de nos pères.

Nous reviendrons sur cette belle construction : des hommes de l'art ont donné, dans l'Annuaire de l'Yonne et dans le bulletin de la société des sciences historiques et naturelles, de savants détails sur ses tours, sur son portail et sur les différentes parties qui la composent. Tout l'honneur en revient aux moines de Saint-Germain. L'architecture était parmi eux un des arts les plus vénérés : le clergé et les abbayes occupaient toutes les voies de la science; ils étaient à la tête de l'enseignement des belles-lettres et des arts. Les abbés regardaient comme un devoir sacré de diriger eux-mêmes les constructions qu'on élevait à la gloire de Dieu dans leurs monastères, ce qui les obligeait à se livrer à des études sérieuses pour acquérir la science de l'architecture. Ceux des moines qui se sentaient appelés à cette profession en faisaient l'occupation de toute leur vie, c'étaient *les maîtres des œuvres*, comme on les appelait alors.

L'habileté de ces architectes du cloître paraît surtout dans la tour qui nous reste et dont il a été parlé plus haut. Voici le jugement qu'en porte M. Vachey, dans le bulletin de la Société des Sciences historiques (1) : « Nos moines de Saint-Germain étaient plus savants dans l'art de bâtir, qu'on ne l'était généralement ailleurs à cette époque, puisqu'ils ont bien su, eux, non-seulement faire une tour octogone, bien que la base de la tour fût quadrangulaire, mais encore ils l'ont fait avec tant d'art et de génie, de grâce et d'harmonie, avec une décoration qui se prête si bien à cette transformation, qu'en examinant cette tour, l'œil du spectateur est satisfait, et son esprit émerveillé de l'habileté avec laquelle ils ont su profiter des retraites, pour y planter de magnifiques clochetons ; et ces clochetons y sont tellement en rapport avec l'ensemble de la composition de l'édifice que, loin de faire croire qu'ils ont été placés là par nécessité, pour cacher une interruption, il semble, au contraire, qu'on ait fait cette transformation pour les y loger » (2).

---

(1) T. 2, p. 307.
(2) M. Vachey déploie beaucoup d'érudition architectonique pour démontrer que la tour de Saint-Germain fut bâtie vers l'an 1140, sous l'abbé Gervais ; comme il ne peut citer à l'appui de son sentiment aucun historien, ses raisons sont loin d'être péremptoires. L'histoire dit que l'abbé Gervais enrichit la sacristie, qu'il fortifia Diges ; que l'abbé Arduin, son successeur, rebâtit le dortoir, le chapitre, qu'il éleva autour du monastère de hautes murailles, des tours et autres fortifications. L'historien, qui entre dans ces détails, n'eût pas manqué de parler

En démolissant le grand autel pour le reporter ailleurs, pendant les travaux de construction, on découvrit dans l'intérieur un cercueil ferré, que l'on porta avec révérence, sur l'autel matutinal. C'était le 23 avril 1277, jour de saint Georges. On ouvrit ce cercueil dans lequel on trouva plusieurs saintes reliques : 1° un petit ossement qu'on crut provenir du corps de saint Germain ; 2° un morceau d'étoffe de soie semblable à son suaire avec plusieurs vêtements de soie et de laine ; 3° trois coffrets, plusieurs fragments du cercueil dans lequel le corps du saint avait été apporté de Ravenne, beaucoup de poussière qu'on crut provenir de son corps et de son premier tombeau, ainsi qu'un denier de la monnaie d'Auxerre ; 4° trois morceaux de la vraie croix dans un coffret d'ivoire, avec des cheveux de la Sainte-Vierge, une dent de saint Jean-Baptiste, un doigt de saint Amatre et plusieurs autres saintes reliques ; 5° quelques ossements de saint André, apôtre. La plupart de ces reliques apportées d'Orient, et regardées comme authentiques, furent déposées dans le trésor de l'église.

Enfin, après avoir occupé le siége abbatial environ trente-quatre ans, de Joceval sentit que sa fin approchait. Malgré l'épuisement de ses forces, il entreprit le voyage de Paris pour terminer amiablement une affaire entre son abbaye et Jean de Challon, comte d'Auxerre. En revenant, il tomba malade et fut forcé de s'arrêter dans la ville de Moret. La fièvre continuant ses progrès, il demanda à

---

de la construction de la belle tour du portail, qui eût fait plus d'honneur à un abbé que d'avoir bâti un donjon.

Si, au contraire, on rapporte l'érection de cette tour au neuvième siècle, outre que son style n'est pas en contradiction avec cette époque, on voit Conrard qui bâtit les cryptes et qui agrandit l'église. Cet homme d'une piété éminente, issu de sang royal, aura voulu laisser dans cette tour un monument digne de son rang.

recevoir les derniers sacrements; peu après, il joignit les mains, leva les yeux au ciel et rendit doucement l'esprit. C'était à trois heures du soir, le Vendredi-Saint, qui tombait cette année le vingt-troisième jour de mars 1277. Ainsi sa mort arriva le même jour et à la même heure que Jésus-Christ rendit l'esprit sur la croix. Deux jours après, son corps arriva à Auxerre et fut inhumé dans l'église de Saint-Germain, près du tombeau de l'abbé Regnaud, son oncle.

Nous voici arrivés à une époque éminemment littéraire; les sciences sont cultivées avec succès dans le monastère de Saint-Germain. On y voit des savants distingués. En 1266, de Joceval ordonna dans un chapitre, qu'on choisirait trois religieux des plus instruits pour mettre en ordre et pour transcrire dans un cartulaire tous les titres de l'abbaye. Presque tous les abbés des monastères de France prirent la même résolution, afin d'être prêts à répondre aux attaques de la chicane et en même temps pour transmettre à la postérité leurs titres de grandeur. Guy de Munois, grenetier, Guy Becon, préchantre, et Gaultier, Anglais de nation, composèrent ensemble la chronique des abbés de Saint-Germain que le père Labbe a éditée dans le premier volume de sa Bibliothèque des Manuscrits; elle est connue sous le nom de: *Gestes des abbés de Saint-Germain d'Auxerre* (1). Elle commence à l'an 989 et finit à l'an 1277. Dans ce même temps, le frère Jean Frasquet composait en latin une chronique qui commençait à la création du monde et qui finissait à l'année 1272 (2). Lebeuf s'en est servi pour rédiger ses Mémoires sur l'Histoire d'Auxerre.

---

(1) Labb., bibl. mss., t. 1, p. 570.
(2) Leb., t. 2, p 495.

GUY DE MUNOIS.

Guy, cet historien si exact, cet homme si pieux, qui occupe une place éminente parmi les plus hauts personnages de son siècle, naquit d'une famille noble dans le diocèse d'Autun, proche Flavigny, dans une terre du nom de Munois; il était cousin de l'abbé de Joceval, son prédécesseur. Il fut du nombre de ces heureux enfants qui étaient élevés dès le bas âge dans le monastère. Ayant terminé, avec distinction, ses humanités, ainsi que ses cours de philosophie et de théologie, il fut envoyé à Paris et ensuite à Orléans, où il étudia encore neuf ans. De retour dans le monastère, l'abbé de Joceval lui confia la charge de grenetier, quoiqu'il ne fût que sous-diacre. Sa conduite était si édifiante qu'on pouvait le proposer pour modèle aux anciens. Son obéissance à ses supérieurs, sa patience, sa douceur, n'étaient pas moins exemplaires. Il était plein de charité pour les pauvres et pour les malades. Ces vertus lui avaient acquis tant d'estime dans l'esprit de l'abbé qu'il l'envoya à Moutiers pour remplacer le prieur qui était absent et pour y remplir la fonction d'aumônier. Quelques variations qu'ait éprouvées la discipline à Saint-Germain, une chose qui ne varia jamais, fut l'abondance des aumônes qui sortirent du couvent. Les pauvres eurent toujours leur portion dans les revenus. La charge d'aumônier était une des principales du monastère. Ce fut à Moutier que Guy alla s'exercer dans cette honorable fonction, pour venir ensuite à Saint-Germain faire de plus larges distributions. Comme l'intelligence a aussi sa pauvreté, qui ne réclame pas moins de soins que celle du corps, lorsqu'il se faisait d'abondantes aumônes, un frère donnait une instruction que les pauvres écoutaient avant que de se retirer; aussi, à la mort des abbés, on voyait les pauvres venir sur leur tombe, mêler leurs larmes à celles des bons moines.

Après avoir passé quelque temps à Moutier, Guy fut nommé doyen de Requeneux, et plus tard, prieur de Saint-Germain. Enfin, à la mort de l'abbé, en 1277, les religieux assemblés en chapitre pour lui donner un successeur, partagèrent leurs suffrages entre lui et Jean de Thyange, prieur d'une maison d'Angleterre nommée en latin *Levenensis*. Guy fut obligé de se transporter à Rome pour faire appuyer ses droits par le Saint-Siége. Cette discussion dura huit ans et demi. Enfin, le pape Honoré IV se prononça en faveur de Guy de Munois, le 27 août 1285. Il fut béni le 9 septembre de la même année dans la ville de Tivoli, où la sentence avait été rendue (1). Avant son départ pour la France, le pape le combla de marques d'estime et lui accorda toutes les faveurs qu'il pût désirer ; il confirma par une bulle la possession des biens et des priviléges de son monastère ; il renouvela les faveurs accordées autrefois par les souverains pontifes, les rois, les princes et autres personnes pieuses, afin de soustraire les religieux et leurs propriétés aux vexations et aux exactions des séculiers. Une autre bulle sanctionne de nouveau la validité des propriétés du monastère ; elle cite les dîmes, les prés, les pâturages, les bois et autres biens. Une troisième accorde aux moines la faculté d'hériter des biens de leurs parents, comme s'ils fussent demeurés dans le siècle, elle excepte seulement les fiefs : Nous ne voulons pas, dit le pape, que ceux qui ont abandonné les vanités du monde pour se consacrer à Dieu soient privés de leurs droits civils. Le pape abroge, par une autre bulle, la coutume barbare par laquelle ceux qui croyaient avoir à se plaindre du monastère se faisaient justice eux-mêmes. Tous ces privi-

---

(1) Dom Viole, mss, t. 2, p. 1054.

léges étaient renfermés dans cinq bulles, datées de Tibur, le 29 septembre 1285. Elles se terminent par cette sentence comminatoire : « Nous appuyons vos priviléges de toute notre autorité apostolique, qu'aucun homme ne se permette d'aller contre notre défense. Si quelqu'un était assez téméraire pour pousser jusque-là son audace, qu'il sache qu'il encourra l'indignation du Dieu tout-puissant et celle des apôtres saint Pierre et saint Paul (1). »

Pendant la longue vacance du siége abbatial, le temporel du monastère avait été exposé aux dilapidations des fermiers et à l'avidité des serfs. A son retour d'Italie, Guy voulut rétablir l'ordre, mais il éprouva beaucoup d'opposition : les choses allèrent si loin que de toutes parts on lui résista en face. Fort de ses droits, l'abbé poursuivit ces rebelles avec tant de vigueur, qu'il les obligea à confesser leurs torts, et à lui demander pardon. Guy, évêque de Langres, avait pourvu aux cures de Laigne et de Carisey, qui se trouvaient dans son diocèse, et qui manquaient de pasteurs. Comme ces cures étaient à la nomination de l'abbé de Saint-Germain, Guy obligea les titulaires à donner leur démission, afin qu'il leur conférât de nouveaux pouvoirs, en son nom. Il donna également de nouvelles provisions au curé de Vauchassy, dans le diocèse de Troyes. Il obligea, en 1288, Dominique, vicaire perpétuel de Sainte-Colombe-en-Puisaye, à se rendre au chapitre de Saint-Germain pour y prêter le serment ordinaire (2).

(1) Cart. de S.-G.
(2) Pour cette cérémonie, le vicaire perpétuel, tenant sa main étendue sur le livre que lui présentait l'abbé, et ayant une étole à son cou, déclarait, en présence des moines et d'autres témoins, qu'il veillerait à la conservation des biens du monastère autant qu'il le pourrait, qu'il payerait fidèlement aux moines ce qu'il leur devait sur les revenus de l'église de Sainte-Colombe, et qu'il reconnaîtrait la justice du monastère. Leb., mém., t. 2, pr. p. 295.

En 1293, Guy fit de nouveau le voyage de Rome pour faire régler par le pape les prodigieuses dépenses que les évêques d'Auxerre occasionnaient à son abbaye lorsqu'ils prenaient possession de leur siége. On a vu ailleurs que ces évêques passaient ordinairement une semaine ou davantage en veilles et en prières auprès du tombeau de saint Germain, pour obtenir les grâces nécessaires au gouvernement de leur diocèse; ensuite, ils étaient conduits processionnellement à l'église cathédrale, portés sur les épaules de la noblesse. Guy ne put rien terminer dans ce voyage qui dura plus d'un an. En prenant congé du pape, il le supplia d'appeler sur son monastère de nouvelles bénédictions. A son retour, il mit fin avec Guillaume de Challon à un débat concernant la justice de Saint-Germain. Philippe-le-Bel confirma cet accord en 1296.

Ce fut dans ce même temps qu'une affaire, de peu d'importance en elle-même, souleva de graves difficultés entre l'abbé de Saint-Germain et l'évêque d'Auxerre. Un prêtre, nommé Guy Bocarz, vicaire du chœur de l'église cathédrale, trouva dans sa vigne un sanglier apprivoisé appartenant à l'abbé de Saint-Germain. Irrité sans doute des délits qu'il lui causait, il le tua; les religieux ne l'ont pas plutôt appris que plusieurs, dans un premier transport, courent à la maison du prêtre et brisent ses meubles. De là, ils vont dans sa vigne qu'ils saccagent; le père Viole dit qu'ils l'arrachèrent. Ce trait nous donne une peinture exacte des mœurs de l'époque : les religieux ne font que descendre un instant dans l'arène du siècle. Une charte de l'abbaye de Pontigny, du même temps, nous apprend qu'au moindre mécontentement, les serfs se soulevaient, arrachaient des plantations d'arbres, culbutaient les moulins, tuaient le bétail, mettaient le feu aux maisons, ou laissaient leur ennemi à demi-mort sur un chemin (1). C'est contre cette justice sauvage que chacun se rendait à soi-même que l'abbé Guy avait obtenu une bulle en 1285, c'est-à-dire quelques années avant cet événement.

L'évêque d'Auxerre, Pierre de Mornay, voulant punir les moines de leur acte de violence, l'abbé Guy s'y opposa en disant que la correction de ses religieux lui appartenait, d'après le droit canon et l'ancien usage de l'église. L'évêque persistant à vouloir les punir, l'abbé en appela au Saint-Siége; n'écoutant que son zèle et son amour pour ses moines, il entreprit pour la troisième fois le voyage de Rome, malgré sa vieillesse et ses infirmités. Il y séjourna près de trois ans sans pouvoir faire juger cette affaire; mais il en termina une autre qui avait occasionné son précédent voyage. Le pape Boniface VIII décida que les évêques d'Auxerre ne pourraient séjourner plus de six jours au monastère de Saint-Germain, lors de leur joyeux avénement, et qu'ils ne pourraient exiger plus de dix livres par jour, pour leur dépense : ce qui, pendant six jours, ne faisait que soixante livres; or, l'évêque Erard avait dépensé, dans cette circonstance, tant pour lui que pour sa suite, plus de six cents livres. Pierre de Mornay souscrivit, en 1304, au jugement du pape, pour ce qui concernait le séjour des évêques à Saint-Germain. Il convint aussi avec lui des cas où il pourrait connaitre des écarts des religieux.

Malgré ses grandes occupations, Guy ne laissa pas de marquer son administration par un grand nombre de constructions et d'acquisitions dans divers établissements dépendants du monastère. Il reconstruisit une partie des bâtiments de Requeneux et tous ceux de Villiers-Vineux; il bâtit deux tours à Perrigny, répara les fossés d'Escamps,

---

(1) Hist. de l'abb. de Pontigny, p. 104.

que son prédécesseur avait fait creuser, agrandit ceux de Sougères, et fit transcrire les livres d'église usés de vétusté.

On ne peut s'empêcher d'admirer l'étonnante activité de cet abbé dans les affaires graves et dans les voyages. Lorsqu'il avait accompli les missions que lui commandait le bien de son monastère, il revenait humblement se reposer et se recueillir dans sa solitude, se délassant par l'étude et par la pratique des vertus religieuses, des troubles et des mouvements de sa vie publique. Il eut aussi une grande part aux largesses que les riches de son siècle répandaient sur les monastères. Pierre de Villefargeau, chevalier, donna, pendant la vacance du siége abbatial, vingt sous de cens sur sa seigneurie de Villefargeau, pour fonder son obit, ce qui fut ratifié par Isabelle, sa femme, et par ses enfants, Guy et Nasaire (1277). Gaucher, dit Aliquant, chevalier, fut inhumé, dans ce même temps, au monastère avec une grande pompe. Etienne de Bassou et Etienne des Jardins, écuyers, ses exécuteurs testamentaires, firent des dons considérables en fondant son anniversaire (1).

Jean, comte de Joigny, et seigneur de Coulange-la-Vineuse, donna des lettres d'amortissement pour les biens que le monastère avait acquis à Escolives (1297). Jean Morel, de Ligny-le-Châtel, fonda son obit, moyennant quarante sous de rente, que ses héritiers étaient tenus d'acquitter en livrant, tous les ans, un setier de blé, quatre bichets d'orge, cinq et demi de seigle, trois mittons d'avoine, soixante-un deniers et trente-deux oboles de cens. Craignant que tout cela ne valût pas quarante sous de la monnaie de ce temps-là, il ajouta six deniers de cens et un bichet d'orge. Ces mesures prises pour payer en nature et non en argent, montrent la rareté du numéraire. Hugues

---

(1) Cartul. de la pitance de S.-G., f. 26.

de Sully, doyen de la cathédrale, fut inhumé dans l'église de Saint-Germain, devant la porte du chœur, le 6 janvier 1289. Sa tombe et son épitaphe furent enlevés lorsqu'on répara cette église. Maître Jacques de Joceval, chanoine d'Auxerre, qu'on croit parent des abbés de Saint-Germain de ce nom, fut inhumé dans le chapitre. Sa tombe portait une longue épitaphe.

On remarque encore parmi les nombreux bienfaiteurs de cette époque, Barthelemy, dit Grumillans, et Benevent, sa femme, qui donnèrent vingt sous de rente, à prendre sur les revenus de leur vigne de Charmoy (1), pour la pitance du couvent : c'est uniquement, disent-ils, pour la dévotion que nous avons envers l'église de Saint-Germain et pour la vénération que nous portons aux moines qui y servent Dieu. Nous voulons, après notre mort, être inhumés dans leur monastère, et nous demandons qu'on y célèbre, chaque année, notre anniversaire. Ces pieux époux s'obligèrent encore à donner, pendant leur vie, cinq sous par an, pour faire célébrer une messe du Saint-Esprit à leur intention. Si, après leur mort, leurs héritiers n'acquittent pas exactement leurs dernières volontés, ils autorisent les moines à prendre possession de leur vigne. Hugues, sire de Saint-Vrain et de Jussy, chevalier, fit un don en 1285 (2). Le chevalier Guy d'Estrisy donna vint sous de rente *por le remede de l'âme de Monseigneur Guillaume, son père, de bonne mémoire, et por le remede de ses devantiers et por feire touz les anz en l'église de seint Germein d'Aucerre l'anniversaire dou dit feu Monseigneur Guillaume* (1288) (3).

Pierre de Cruzy, inhumé dans le cimetière de l'abbaye, en 1294, légua vingt sous de rente à la fabrique de Saint-

---

(1) Cartul. de la pitance de S.-G., f. 47. *Vinea in Charmeto*. On lit ailleurs *de Charmeyo*.
(2) Ibid, f. 55.
(3) Ibid, f. 53.

Germain, quinze sous pour fonder son anniversaire, et soixante pour la pitance des moines, parce qu'il avait choisi sa sépulture au milieu d'eux (1). Etienne Loyset, dit de Saint-Germain, laissa, par testament, vingt sous de rente pour son anniversaire et seize deniers pour les sonneurs. Il attacha ces rentes à une vigne qu'il possédait à Lindry. Son fils approuva cette fondation en 1293 (2). Geoffroy de Mont-sur-Crain, chevalier, Robert de Marey-en-Bazois, et Guillaume, son frère, donnèrent une rente de vingt sous, d'un boisseau de froment et d'un de seigle (1296) (3); Girard, chanoine de la cathédrale, en donna une autre de quarante sous à l'hôpital de Saint-Germain. Cet établissement était différent de l'infirmerie destinée aux frères malades: il était ouvert aux étrangers que les moines soignaient à leurs frais.

On remarque encore au nombre des bienfaiteurs : Sybille, veuve de Pierre de Bony, écuyer. Elle légua, en 1299, quarante sous de rente à l'église de Saint-Germain et demanda trois anniversaires : un pour son père, Jean de Vallée, citoyen d'Auxerre, un autre pour sa mère Adeline, et le troisième pour elle-même. A chaque anniversaire, elle voulut qu'on donnât vingt-cinq sous pour la pitance des frères et vingt deniers aux sonneurs. Elle demanda même d'être enterrée dans l'église de Saint-Germain, devant l'autel de Sainte-Marie-Magdeleine, où reposait déjà sa mère ; elle voulut aussi que l'on mît une épitaphe sur le tombeau de chacune d'elles. Le jour que son inhumation aura lieu, elle veut que ses héritiers donnent cent sous pour la pitance des frères, et qu'on leur en remette cinquante pour distribuer aux pauvres (4).

(1) Cart. de la pitance de S.-G., f. 63.
(2) Ibid, f. 86.
(3) Ibid, f. 65.
(4) Ibid, f. 92.

Il serait trop long de rapporter toutes les donations que les gens de bien faisaient au monastère. Les dons les plus nombreux, au moyen-âge, étaient les fondations pour les anniversaires; il était rare, en effet, que l'on mourût sans avoir fondé son obit, c'est-à-dire sans avoir assuré une rente à une église ou à un monastère pour obtenir un certain nombre de messes ou un service, chaque année; preuve frappante de la foi qui animait les peuples et de la vénération que l'on avait pour les moines, dont tous les instants étaient, pour ainsi dire, consacrés à la prière. Pendant le treizième siècle seulement, le cartulaire des biens de la pitance de Saint-Germain renferme plus de deux cents fondations. Comme il fallait en conserver le souvenir, les moines les avaient recueillies, avec soin, dans un manuscrit en parchemin que l'on possède encore (1).

Les jours et les heures de la célébration des obits ou anniversaires étaient annoncés, chaque semaine, en plein chapitre, afin que tous les moines en eussent connaissance et prissent part aux prières pour les bienfaiteurs. La plupart d'entre eux avaient demandé que, ce jour-là,

(1) Ce manuscrit, qui a pour titre: *Cartulaire des biens de la pitance de Saint-Germain*, et un autre, plus précieux encore, appelé *Le grand Cartulaire*, où se trouvent les bulles des papes, les chartes des rois et des grands seigneurs, en faveur de l'abbaye de Saint-Germain, se voient encore à la bibliothèque de la ville d'Auxerre. On les attribue au zèle de l'abbé Guy de Munois. Ils composent ensemble deux volumes in-folio en parchemin. On admire la netteté et la régularité de l'écriture gothique avec laquelle sont écrites toutes les chartes, depuis 1150 jusqu'en 1260; le reste annonce une décadence de cette intéressante écriture. On y rencontre des abréviations à chaque mot, comme c'était l'usage avant l'invention de l'imprimerie. Ce n'est qu'à la fin du treizième siècle que l'on commence à trouver quelques chartes en français, car toutes les autres sont en latin; plusieurs ont été publiées dans les ouvrages de dom Mabillon, de Baluse et de Lebeuf.

l'abbé affranchit la table des frères de sa frugalité accoutumée. Pour mettre de l'ordre dans l'exécution de leurs dernières volontés, il décida que si le bienfaiteur avait donné depuis dix jusqu'à vingt sous de rente, on ajouterait dix-huit deniers à la dépense ordinaire de la table; que s'il en avait laissé vingt et au-dessus, les moines auraient un grand repas. Sur la fin du treizième siècle, les fondations étaient devenues nombreuses. L'abbé Guy de Munois, voyant que leur acquittement dérangeait l'ordre de la maison, à cause de leur irrégularité, décida en 1296, après avoir pris l'avis des frères, que pour remplir les intentions des donateurs, il y aurait, chaque semaine, un repas, et que ce jour-là on chanterait un office de douze leçons, à leur intention, avec une grand'messe de la Bienheureuse Vierge Marie. Pour remplacer les dix-huit deniers employés jusqu'alors en supplément à la pitance ordinaire des frères, et à l'entretien du mobilier du réfectoire, l'abbé décida encore qu'il y aurait régulièrement quatre infirmiers occupés exclusivement du soin des frères malades (1). Les révolutions des siècles suivants ont enlevé les biens des donateurs, ou mis les frères dans l'impossibilité de continuer les prières promises à perpétuité. D'autres révolutions ont fait disparaître les frères eux-mêmes de la scène du monde, mais le Dieu qui récompense un verre d'eau donné en son nom, a déjà tenu compte aux fondateurs et de leurs dons et du tribut de prières qu'ils avaient droit d'en attendre.

Ceux qui ont étudié l'histoire religieuse du moyen-âge savent que plusieurs de ces dons étaient repris par les héritiers, après la mort des bienfaiteurs, et quelquefois rendus, pour apaiser des remords de conscience; en sorte que les moines étaient loin de toucher les

---

(1) Cart. de S.-G., f. 121.

revenus de ces fondations multipliées, faites en leur faveur.

Revenons au saint abbé qui tenait les rênes du gouvernement du monastère. Il pratiquait les vertus religieuses dans un haut degré de perfection. Ses historiens s'étendent avec plaisir sur la sainteté de sa vie. Il était d'une petite taille, d'un esprit élevé, prédicateur habile, chaste, sobre, prudent, affable, très-zélé pour l'observance régulière. Dans les actes publics, il se faisait désigner sous le nom de frère Guy, humble abbé du monastère de Saint-Germain d'Auxerre. Il assistait exactement à l'office canonial du jour et de la nuit. On assure même qu'il récitait tous les jours en son particulier, le psautier, l'office de la vierge et celui des morts, en sorte qu'on le trouvait rarement sans prier. Il semblait que son oraison n'était interrompue que par ses repas et par le sommeil de la nuit. Il portait souvent le cilice ; avant de se mettre au lit, il ceignait son corps d'une ceinture de pénitence, garnie de pointes piquantes. Il prenait très-peu de nourriture, afin de mieux garder la chasteté, vertu pour laquelle il eut, toute sa vie, une prédilection particulière.

Le grand désir qu'il avait de la contemplation lui donna souvent la pensée de se démettre de ses fonctions, qu'il ne conserva que par esprit d'obéissance, se déchargeant, en quelque sorte, du fardeau du gouvernement sur un des frères qu'il retenait auprès de sa personne ; deux autres étaient chargés de la régie de la mense abbatiale. Trouvant que ces moines ne s'acquittaient pas de ces fonctions aussi bien qu'il le désirait, il résolut d'exécuter le projet qu'il avait formé depuis longtemps. Il donna sa démission, en 1309, le mardi d'après l'Ascension, ne se réservant, pour vivre, que le logement et la seigneurie de Sommecaise avec ses dépendances. Son successeur, voyant que le revenu de cette terre était trop modique, y ajouta celui de

Champs, proche Auxerre. Plus libre dans la retraite qu'il ne l'était à la tête du monastère, Guy se livra tout entier à la prière et à la contemplation. Après avoir passé cinq ans dans ces pieux exercices, il expira dans une grande paix, le 24 février 1313; les prêtres et les fidèles qui remplissaient sa chambre tombent à genoux et baisent respectueusement ses mains qui avaient reçu l'onction sacerdotale. Cette nouvelle se répand dans Auxerre et dans le diocèse : l'abbé Guy emporte les regrets et les bénédictions de ceux qui l'ont connu. Les religieux de Saint-Germain réclamèrent aussitôt son corps comme un trésor qui leur appartenait. Une députation alla le prendre jusqu'à Sommecaise. Tous les ordres que renfermait alors la ville d'Auxerre allèrent à sa rencontre en chantant des psaumes et un cierge à la main. Le concours des citoyens ne fut pas moins extraordinaire. Son corps fut déposé dans l'église auprès de ceux de ses prédécesseurs, Jean et Renaud de Joceval. Il avait fondé son anniversaire sur plusieurs héritages qu'il possédait à Diges et à Irancy. La grande part que les habitants d'Auxerre prennent au deuil de l'abbé de Saint-Germain, montre la haute considération dont il jouissait dans cette ville.

Lebeuf accorde beaucoup d'éloges aux travaux historiques de l'abbé Guy, qu'il regarde comme un des écrivains les plus exacts qui fleurirent à la fin du treizième siècle. Sa vie a été écrite par Simon des Bordes, religieux et ouvrier du monastère, vers l'an 1310 (1).

---

(1) Elle se trouve dans la bibliothèque des manuscrits du père Labbe, t. 1, p. 586, à la suite des Gestes des abbés de Saint-Germain. Aimon a aussi travaillé à l'histoire de l'abbaye. Sa mort arriva en 1313.

Guy n'a écrit la vie des abbés de Saint-Germain que depuis Heldric, en 989. Tout ce qu'il avance est fondé sur des chartes d'une authenticité incontestable; n'étant encore que grenetier de l'abbaye, il s'était appliqué à déchiffrer les anciens diplômes des rois, des princes et des

Un seigneur du nom de Munois, que l'on croit proche parent de l'abbé Guy, et né à Venarrey, fut inhumé dans ce même temps à Saint-Germain. Il était représenté avec sa cotte de maille et ses armes sur la pierre qui couvrait son tombeau, autour duquel on grava quatre vers latins, qui nous donnent une idée de la versification de cette époque (1).

Les écoles du monastère de Saint-Germain et celles de la cathédrale sont toujours entourées de la confiance publique. Les Jacobins, établis à Auxerre, en 1241, ont fondé le collége des Bons-Enfants et sont venus partager, avec les religieux de Saint-Germain, le soin de l'éducation de la jeunesse. Le siècle suivant, la ville établira le collége des Grandes-Écoles.

Le 13 octobre 1308 (2), les habitants de la ville de Provins envoyèrent en députation au monastère de Saint-Germain plusieurs chanoines de Saint-Quiriace et plusieurs citoyens des plus notables de leur ville, pour supplier l'abbé et les religieux de leur donner des reliques de saint Thibaut, leur patron, dont le corps reposait au prieuré de Beaumont. L'abbé et les moines s'étant rendus avec em-

---

seigneurs; il en fit des copies lisibles qu'il fit transcrire en beaux caractères du temps dans un cartulaire comme on vient de le voir. Leb., mém. t. 2, p. 476.

(1) *Pontius hic requiescit de Munois tumulatus.*
Virgineus natus, sit sibi vera quies.
Mundo miles erat, sic militet, annue cœlis,
O Deus! atque velis quod tua signa ferat.

Dom Viole, t. 2, p. 1041.

Sous cette tombe repose Ponce de Munois, né à Venarrey : qu'il jouisse du vrai repos! Pendant sa vie il servit son prince; faites, ô Dieu, qu'il vous serve maintenant dans les cieux! Permettez qu'il y porte votre étendard.

(2) La Gaule chrétienne met ce fait en 1581, comme cette époque est un temps de guerres civiles, il y a sans doute une erreur de date. Gall. chr., t. 12, col. 576.

pressement à leur demande, les citoyens de Provins en furent si contents qu'ils leur offrirent, par reconnaissance, un très-beau vase en vermeil, orné de pierres précieuses, pour servir de reliquaire à un bras de saint Thibaut, qui fut détaché de son corps à cette occasion. Ils les associèrent en outre à toutes les prières et à toutes les bonnes œuvres qui se feraient à Provins en l'honneur de ce grand serviteur de Dieu. Ils promirent aussi à l'abbé et aux religieux de Saint-Germain que si quelques-uns d'entre eux venaient à Provins, ils y seraient accueillis avec la même bienveillance que s'ils étaient citoyens de leur ville.

GAUCHER DIGNON ou DE CHEÜ.

Gaucher Dignon fut un des hommes les plus dignes et les plus illustres qui aient porté le sceptre abbatial. Son zèle et ses lumières répandirent beaucoup d'éclat sur son Ordre. Il descendait des seigneurs de Cheü, près de Saint-Florentin. Le chevalier Pierre Dignon, son père, et Agnès, sa mère, mirent les plus grands soins à l'élever dans les principes de la religion. Il n'avait encore que treize ans lorsque, inspiré de Dieu, il demanda, en 1277, l'habit de l'ordre de saint Benoît, à l'abbé Jean de Joceval (1). Son successeur, Guy de Munois, lui confia la charge de célérier du monastère; ensuite, il le fit administrateur de Néron, proviseur de la maison d'Aigry, puis doyen de Requeneux, qu'il gouverna pendant six mois. A cette époque, dit la chronique (2), presque tous les serfs de l'abbaye se révoltèrent, demandant leur émancipation civile. Les religieux comprirent que ce n'était pas dans une pareille circonstance qu'il fallait faire des concessions; ils

(1) Dom Viole, mss, t. 2, p. 1045.
(2) Ibid. p. 590.

résistèrent avec courage et contraignirent les plus mutins à rentrer dans l'obéissance. Mais, ajoute la chronique, ce ne fut pas sans éprouver de grandes difficultés. L'histoire ne dit pas que les serfs des seigneurs aient secoué le joug, et voici deux fois qu'il est parlé de la révolte de ceux de l'abbaye. La cause provenait de ce que les moines étaient bons et généreux : les serfs se faisaient une arme de leur tolérance et de leurs bienfaits pour se soustraire à l'obéissance. Il est malheureusement vrai que l'homme dur et au cœur toujours fermé, s'attire moins de haine que l'homme de bien qui fait son possible pour obliger tout le monde, mais que ses intérêts et sa dignité maintiennent dans de justes limites. Les moines supérieurs à l'ingratitude humaine, voyaient d'un point de vue plus élevé les misères d'ici-bas, ils s'enveloppaient de pitié et d'oubli, et continuaient, pour l'amour de Jésus-Christ, à faire du bien à tous leurs serfs. La question d'affranchissement n'était pas le seul motif de leur rébellion, car les moines marchaient avec leur siècle. Leurs serfs étaient plutôt sous un patronage que sous un servage.

Gaucher Dignon, toujours employé dans les affaires importantes de l'abbaye, fut nommé prieur de Moutiers. Son passage dans cet établissement fut marqué par ses travaux pour agrandir l'étang de Bourdon, auprès duquel il bâtit une maison. Il environna les édifices du prieuré de hautes murailles et de tours pour leur défense, il construisit aussi un colombier. L'anarchie, le gouvernement irrésolu de nos rois, mettaient les abbés des différents monastères dans la triste nécessité de se mettre en mesure pour ne pas voir leurs établissements pillés ou incendiés.

Les qualités de Gaucher et la réputation qu'il s'était acquise dans les différentes administrations qu'on lui avait confiées, l'exposèrent à devenir le jouet de l'ambition. Une partie des religieux de Moustier-Ramey, dans le diocèse de Troyes, lui donnèrent leurs suffrages et l'élurent abbé. Comme les votes avaient été partagés, ceux qui s'étaient prononcés pour lui, le pressèrent d'aller à Rome plaider sa cause et la leur. Il entreprit ce voyage, mais par une permission de la providence, qui le réservait pour Saint-Germain, il échoua dans ses démarches. A son retour, il fut élu d'une voix unanime pour remplacer l'abbé Guy de Munois, qui avait donné sa démission. Comme son élection eut lieu le 9 juin, jour de la fête des martyrs saint Prime et saint Felicien, on en conclut qu'on n'aurait qu'à se louer de son gouvernement.

En effet, dès le commencement de son administration, il acquitta toutes les dettes du monastère; ensuite, il poursuivit la grande entreprise de ses prédécesseurs, c'est-à-dire la construction de la nouvelle église, interrompue depuis plusieurs années. L'église de Sainte-Clotilde étant toujours à la disposition des religieux, ils ne souffraient pas de cette interruption des travaux. Ce bel édifice fut commencé un demi-siècle trop tard : il y avait soixante et dix ans que la première pierre de la cathédrale avait été posée. Le peuple était épuisé par les sacrifices qu'il avait faits pour élever ce prodigieux monument. C'est pourquoi les abbés ne trouvèrent pas dans le cœur des fidèles autant d'échos qu'ils auraient désiré pour seconder leur entreprise. Le désir de procurer la gloire de Dieu est si grand que des évêques, des abbés, appuyés sur la providence, jettent les fondements de ces étonnantes constructions qui effraient aujourd'hui nos gouvernements. Le zèle des simples chrétiens concourait à la création de ces pieuses merveilles. Tous voulaient contribuer à la construction de l'église. Les ouvriers eux-mêmes, chacun, selon son art, offraient une part de leur travail. Leur inépuisable charité ne connaissait point de bornes, leurs sueurs, leur argent, n'étaient rien, la maison de Dieu était tout. On n'admettait à ces travaux que ceux qui avaient confessé leurs péchés; là s'effaçaient les haines, se faisaient les restitutions. Celui qui refusait de se réconcilier avec son ennemi était chassé sans pitié, comme indigne de participer à une si sainte entreprise.

Les constructions somptueuses de l'église n'empêchèrent pas l'abbé Gaucher d'enrichir la sacristie de vases sacrés de grand prix et d'ornements fabriqués avec les plus précieuses étoffes et du travail le plus achevé. Il fit faire six chasubles avec leurs tuniques et leurs dalmatiques pour les grandes fêtes de l'année, et quatre autres chasubles d'un moindre prix, cinq parements d'autels (1), six chappes parmi lesquelles deux étaient d'une grande valeur. Il acheta deux mîtres, l'une parsemée de perles, de saphirs, de smaragdites et d'autres pierres précieuses; l'autre en fil d'argent, garnie également de perles et de pierreries. Il fit aussi l'acquisition de deux crosses pastorales en vermeil, dont l'une était d'un riche travail. Six calices en argent, remarquables par leurs ciselures, vinrent aussi enrichir le trésor de l'église, ainsi que huit chopinettes ou burettes de même prix. Ce n'est pas tout. Il fit exécuter vingt-sept reliquaires de pur argent, sept grandes statues également en argent, dont chacune renfermait beaucoup de reliques de saints. Vingt vases de même métal, dus également à son zèle, servirent de reliquaires. Depuis Lothaire de France, aucun abbé n'avait apporté autant de richesses au trésor de l'église.

D'autres constructions utiles s'élevèrent dans toutes les propriétés de l'abbaye et dans l'abbaye elle-même;

---

(1) Jusqu'en 1789, l'usage général était de couvrir le devant des autels d'une étoffe de soie plus ou moins riche, assujettie à un chassis en bois de la même dimension que le devant de l'autel. Ces parements se changeaient selon la différence des fêtes. Les devants d'autels sont généralement aujourd'hui en bois peint ou en marbre.

d'importantes acquisitions territoriales vinrent grossir son domaine et faciliter la longue administration de son abbé. Une belle chapelle décora l'intérieur des appartements du monastère; une haute tour fut bâtie avec des murs de fortifications pour y enfermer les malfaiteurs qui se trouveraient dans la justice de l'abbaye. C'est cette belle tour en pierres de taille que l'on voit à l'angle de la place de Saint-Germain et les murs élevés et bordés de créneaux qui y tiennent des deux côtés (1). L'abbé Gaucher fit encore bâtir un cellier, avec des murs très-forts, pour entourer les vignes du monastère qui s'étendaient jusqu'à la porte Saint-Siméon. Le comte d'Auxerre s'opposa d'abord à ces constructions, mais, par un arrangement particulier, il fut convenu que l'abbé de Saint-Germain pourrait continuer cette enceinte jusqu'à la porte de Villeneuve, au-dessous du monastère; qu'il pourrait élever de fortes murailles avec des tours, et renfermer les vignes qui étaient de ce côté, ce qui entraîna de grandes dépenses dans son exécution.

Gaucher bâtit à Perrigny une grange en pierre, d'une vaste étendue, une bergerie capable de contenir cent brebis, avec un logement pour les bergers, ainsi qu'une chapelle où l'évêque d'Auxerre lui permît de célébrer la messe (1321). Il éleva à Néron un bâtiment magnifique, avec une clôture, un cellier, un pressoir et une bergerie. A Grosbois, il édifia un grand bâtiment avec un pressoir. A Gurgy, la moitié d'une maison étant échue à l'abbaye, par succession, Gaucher acheta l'autre moitié moyennant deux cents livres; comme elle était fort belle, il fit faire une chapelle dans les appartements et construisit non loin de là, deux celliers, une grange et un pressoir, d'un goût différent de celui qui existait auparavant. Il releva la grange

---

(1) Leb., prise d'Auxerre, p. 40.

d'Aigry qui avait été brûlée. Comme il visitait le prieuré de Mazille, le feu y prit, pendant la nuit, par la négligence d'un domestique. Tous les bâtiments furent brûlés. L'abbé les fit relever aussitôt à ses frais. Il obtint de l'évêque d'Auxerre la permission de célébrer la messe dans les chapelles des différentes terres de l'abbaye (1).

En 1328, les habitants d'Irancy furent affranchis du droit de mainmorte, en donnant une somme d'argent. Ils sont cités dans la charte au nombre de soixante-sept; tous ont des surnoms ou sobriquets selon les mœurs du temps (2). Les dîmes, qui se payaient en vin, furent vendues aux habitants pour soixante livres de rente, la dîme des vignes fut estimée quatre sous l'arpent, et leur rachat du droit de mainmorte taxé à cinquante aussi par arpent(3). Ce sont ces affranchissements partiels, délivrés à prix d'argent, qui donnaient tant de latitude à l'abbé pour ses grandes entreprises, tant au dehors qu'au dedans du monastère. On peut lire, dans le livre des abbés, les autres acquisitions et constructions qu'on lui attribue. Le curé de Sainte-Colombe vint, dans ce même temps, prêter serment de fidélité dans le chapitre.

Un usage qui paraîtra singulier, parce qu'il s'éloigne de nos mœurs, obligeait huit prieurés à donner chaque année, un certain jour de fête, à dîner à tous les moines de Saint-Germain dans leur monastère. Ce dîner devait renfermer trois plats de poisson, entre les pois et le fromage, et plusieurs sortes de vins (4). Comme les moines faisaient

(1) Leb., mém., pr. p. 97 et 99.
(2) **En voici quelques-uns** : Pierre dit Joly, curé d'Irancy, Pierre dit Puyard, Guy, fils Jean-le-Savetier, Jean dit Coudrée, Pierre dit Richo, Pierre dit Popaille, Etienne-le-Barbu, Jacques dit Qualart, Guillaume, fils de Martin dit la None, Thebault dit Pioche, Margueron, veuve de Herbelin dit Foutereau, Jean dit le Patre, Pierre dit Papillon...
(3) Cartul. de S.-G., f. 102 jusqu'à 110.
(4) Cartul. de S.-G., f. 22.

toujours maigre, les pois et le fromage exprimaient l'entrée et la sortie d'un grand repas. Ce dîner, dû par les prieurés, devait avoir lieu après la grande messe. Le poisson était assaisonné de plusieurs manières. Saint Bernard se plaignait déjà, de son temps, que pour remplacer les viandes dont on s'abstenait, on doublait la ration des grands poissons. Les cuisiniers, dit-il, les assaisonnent, avec tant d'art, qu'en arrivant aux seconds, on croit n'avoir point goûté des précédents. Saint Bernard s'élève aussi contre les différentes sortes de vin qu'on servait, à certains jours de fête, dans les monastères.

Le prieur de Saint-Léger devait son dîner le jour de saint Maurice ; celui de Mazille, le jour de la Toussaint ; celui de Saissy-le-Bois et celui d'Egriselle se joignaient ensemble pour donner le leur le jour de l'octave de la Toussaint ; celui de Châtillon-en-Basois donnait le sien le jour de saint André ; ce dernier ne devait qu'un plat de poisson. Le prieuré de Moutier-en-Puisaye devait le même dîner que les précédents, le jour de l'octave de Noël ; celui de Saint-Sauveur, le jour de l'Epiphanie et celui de Decise, le jour des Rameaux. Ce prieuré, plus riche que les autres, devait un dîner plus splendide : c'était trois plats de poisson, entre les pois et les anchois (1).

L'abbé Gaucher, qui désirait supprimer ces repas, obtint en 1315, dans un chapitre général, où les prieurs des différentes maisons de l'Ordre se trouvaient réunis, que ces redevances se feraient désormais en argent de la monnaie courante, et que chaque prieuré paierait, savoir : Saint-Léger, dix-huit livres tournois ; Mazille, également dix-huit livres ; Saissy, seize ; Egriselles, huit ; Châtillon-en-

---

(1) .....*Generale de pisis ad aleces.* Ce dernier mot veut aussi dire hareng et une sauce que les anciens faisaient avec la saumure d'un petit poisson que l'on croit être l'anchois. Cartul., f. 22.

Basois, Moutier et Saint-Sauveur, chacun dix-huit livres, et Decize, vingt. Ces sommes devaient être payées pendant le mois qui précédait l'ancienne redevance pour le repas, sous peine de suspense, et si le prieur laissait écouler encore un mois après l'échéance, il était excommunié par le fait. Il ne pouvait être relevé de ces censures, avant qu'il n'eût payé toute la somme. Le pape Urbain V adressa, dans la suite, une bulle à l'abbé Etienne de Varennes pour confirmer cette décision du chapitre général. Il est dit, dans cette bulle, que le chapitre de Saint-Germain relève immédiatement de la cour de Rome (1).

C'est la première fois qu'il est parlé de chapitres généraux. On fixe leur établissement au treizième siècle. Créés par la force des choses, d'abord irréguliers, dépendants de la volonté de l'abbé, ils avaient fini par être périodiques et maîtres du gouvernement du monastère. C'était là que l'on discutait les affaires, que l'on débattait les condamnations et que l'on soumettait les comptes; en un mot, que l'on s'occupait de la modification des lois, propres au gouvernement de tous. Lorsque saint Benoit avait réuni toute l'autorité dans la personne de l'abbé, il n'avait pas prévu qu'il pourrait avoir un millier de moines à la fois sur les bras et qu'il aurait alors besoin d'un conseil régulier. Ce saint patriarche avait cependant ordonné à l'abbé de consulter les frères, en citant ces paroles de la Sagesse : « Faites toutes choses, avec conseil, et vous ne vous repentirez pas de les avoir faites. »

Les tables des moines ont souvent donné lieu aux diatribes des philosophes; et cependant, qui voudrait se soumettre, aujourd'hui, à la sévérité de leur régime ? La

---

(1) *Conventus monasterii sancti Germani Autissiodorensis, ad romanam ecclesiam, nullo medio, pertinentis, ordinis sancti Benedicti.* Cart. de S.-G., f. 21.

seule abstinence du carême effraie nos populations chrétiennes ; les mandements de nos évêques ne parlent que d'adoucissements à la loi ancienne. D'après leur règle, les moines font, toute leur vie, abstinence de viande ; elle ne leur est permise qu'en cas de maladie, et encore ils ne doivent user que de viande commune, c'est-à-dire de celle des quadrupèdes. Le jeûne religieux, ou celui prescrit par la règle, commençait le 14 septembre et allait jusqu'au carême ; alors venait celui de l'église, qui durait jusqu'à Pâques. Ainsi le jeûne occupait plus de la moitié de l'année ; du reste, les moines ne faisaient jamais que deux repas : on devait leur servir deux plats cuits au feu ; l'esprit paternel de la règle l'ordonnait, afin que si un frère ne pouvait manger du premier il mangeât au moins du second. S'il se trouvait des fruits à la maison, on ajoutait du dessert. De généreux bienfaiteurs fondent des anniversaires et ajoutent des dons pour adoucir la sévérité ordinaire de la table. L'abbé Gaucher tolère cet usage une fois par semaine, à condition que l'on passera un temps considérable à l'église, pour recommander à Dieu les ames des bienfaiteurs. Au treizième siècle, huit prieurés doivent chacun un dîner à leurs frères de Saint-Germain. L'abbé supprime cet autre usage.

La nécessité d'observer l'abstinence perpétuelle de la viande, et celle dans laquelle se trouvaient les abbés de recevoir des rois, des princes, de grands dignitaires de l'église, avaient créé des ragouts maigres que nous ne connaissons plus. C'était beaucoup d'avoir obtenu des nobles, qui entraient dans les monastères, qu'ils s'astreignissent au jeûne, à l'abstinence perpétuelle de la viande, c'est pourquoi les abbés permirent la variété dans les mets. Comme l'esprit humain ne sait pas rester dans la modération, on s'épuisa bientôt en raffinement pour satisfaire le goût, sans sortir des lois de l'abstinence ; on multiplia les plats. « Passant le reste sous silence, disait saint Bernard, de combien de manières ne tourmentons-nous pas les œufs? Avec quel soin on les tourne, on les retourne, on les bouillit, on les durcit, on les réduit! Tantôt on les frit, tantôt on les rôtit, tantôt on les farcit, tantôt on les sert à part et tantôt on les mélange d'autres substances. » C'était le reproche que ce grand homme faisait, de son temps, aux moines qui s'éloignaient de la sévérité de la règle, c'est-à-dire de l'esprit de mortification et de pénitence auquel ils s'étaient voués en entrant en religion.

Le régime austère de la règle ne lui empêchait pas de condescendre à tous les tempéraments pour gagner les frères à Jésus-Christ. Ainsi, les vieillards et les enfants sortaient de la loi commune, ils pouvaient user de soins particuliers et devancer les heures canoniales pour les repas : les enfants devaient être traités avec douceur, et les corrections proportionnées à leur âge (1).

L'abbé Gaucher était d'une telle activité qu'il se trouvait toujours où sa présence était nécessaire. Il célébrait régulièrement la messe trois ou quatre fois par semaine ; il donnait à la prière tout le temps que lui laissaient ses occupations. Il était plein de charité pour ses religieux, il les invitait tour-à-tour à sa table, les conduisait dans les maisons de campagne des environs pour les récréer, supportant leurs défauts avec beaucoup de patience : c'était sa vertu principale ; c'est pourquoi il la recommandait à ses amis, disant que c'était celle qui lui avait été le plus utile pendant sa vie. Si un frère du monastère, un domestique ou un étranger avait commis une faute et qu'il témoignât de l'humiliation et du repentir, il était sûr de trouver dans l'abbé un père plein de compassion. Il prêchait la pénitence autant par ses exemples que par ses

---

(1) *Regula beati Benedicti.* Cap. 36, 37, 39 et 40.

paroles, car il s'imposait des jeûnes et il portait le cilice. Les pauvres, les veuves, les orphelins, trouvaient en lui un protecteur assuré. Il répandait, tant en secret qu'en public, d'abondantes aumônes, il entretenait un certain nombre d'écoliers pauvres dans l'université d'Orléans et dans celle de Paris, c'est pourquoi on l'avait surnommé *le père des pauvres*. Selon le précepte de saint Benoît, il s'appliqua davantage à se faire aimer qu'à se faire craindre, et comme il aimait sincèrement son prochain, il était généralement aimé.

Lorsqu'il voulut fortifier de nouveau le monastère de Saint-Germain et environner de murailles le clos de vigne attenant aux fortifications, on a vu que le comte Jean de Challon et l'évêque Pierre de Grez s'étaient opposés à son entreprise, mais qu'ils avaient reconnu, en 1328, que l'abbé était dans son droit, parce que les murailles étaient sur le terrain de la justice du monastère. Le roi Philippe-le-Bel, par ses lettres patentes de l'an 1317, avait déclaré que l'abbé et les religieux n'étaient point obligés de contribuer aux fortifications de la ville, qu'ils devaient se borner à l'entretien de celles de leur abbaye (1). Depuis ce moment, le comte leur fut si attaché qu'il venait souvent loger au monastère. En se retirant, il déclara plusieurs fois, par écrit, que l'accueil qu'il avait reçu était dû à la bonne intelligence qui régnait entre lui et l'abbé. On a vu ailleurs combien cette précaution était nécessaire. L'évêque d'Auxerre permit aux religieux de Saint-Germain de n'assister aux processions générales que lorsqu'ils le jugeraient convenable (2), car dans les nécessités publiques, l'évêque obligeait les abbés, les prieurs, les curés, les chapelains, à s'y trouver avec leurs religieux et leurs paroissiens, sous peine d'excommunication.

(1) Cartul. de S.-G., f. 115 et suiv.
(2) Ibid, f. 120.

En 1320, Gaucher, accompagné d'Adam, prieur, de Guillaume de Montaigu, aumônier, d'Etienne de Chatillon, sacristain, de Guy de Tonnerre, religieux, et de Jean de Chatillon, tiers-prieur, assista l'évêque d'Auxerre lorsqu'il visita solennellement la châsse de saint Amatre.

Ajoutons quelques gratifications faites à l'abbaye, au quatorzième siècle : Protin de Naples, damoiseau, échanson de *très excellent, très puissant et redotée dame madame la royne Clémence*, donna, en 1328, tous les droits de seigneurie qu'il possédait dans la paroisse de Sommecaise, *por le remede de sa âme et por le grant deuocion que il auoit ou religieux corps saint Monsieur saint Germain d'Auceurre et por la grant fiance que li religieux de l'abbaye dou dit Monsieur saint Germain d'Auceurre, le eussent plus souuente foiz en mémoire, afin que il priassent pour l'âme de luy, de son père et de sa mère et pour pure charité et aumone, il donna et recognut soi auoir donné et en nom de loyaul don pur et parfait.., tout ce qu'il auoit pouuoit et deuoit auoir, par quelque maniere que ce fust, ou finaige ou terroour ou es appartenence de saint Caisse* (1).

En 1229, Edouard, comte de Saint-Fargeau et de Bar, donna gratuitement des lettres d'amortissement pour les acquisitions que le monastère de Saint-Germain avait faites à Sommecaise, d'Etienne d'Irouere, damoiseau, et de Jeanne de Bouilly, sa femme, parce que ces propriétés se trouvaient sur les terres de leur seigneurie. « *Fasons savoir à touz*, dit le comte, *que pour le remede des amez de nouz et de noz devantiers, havons donné et délaissié, donnons et delaissons perpetuelement, dou tout en tout, à l'église de Monsieur saint Germain d'Auceurre, toutes les choses que honorables pères en Dieu, Gauchiers, abbé de la dite église a acquises à Saint Caisse, movenz de nous en rerefiez... Donné à*

---

(1) Cartul. de S.-G., f. 151.

Saint Fergeaul soulz nostre grand seel (1). » Charles de Valois, frère du roi, comte d'Alençon, du Perche et de Joigny, accorda la même remise pour des biens de pareille valeur, moyennant soixante livres. Cette même année, 1330, un riche bourgeois d'Auxerre, maître du change, fut inhumé, dans le cimetière de Saint-Germain avec sa femme (2). L'abbé Gaucher régla aussi différentes affaires, concernant les habitants de Rouvray, avec Billelaut, chevalier, fils de Miles de Gurgy, aussi chevalier et Guyot de Champlot, revêtu du même titre.

Sentant approcher la fin de sa vie, il fonda son anniversaire, après en avoir obtenu la permission du chapitre général. Il demanda deux services, chaque année, pour lui et pour ses parents. Il voulut que ces jours-là les frères fussent traités splendidement pendant quatre jours, qu'on leur servît du pain, du bon vin et du poisson (3), comme cela avait lieu à l'anniversaire de quelques-uns de ses prédécesseurs. Il demanda d'être enterré dans le préau, c'était le lieu d'inhumation des religieux cloîtriers, c'est-à-dire des serviteurs du monastère.

Dom Cotron dit que c'était l'usage à Saint-Germain d'inhumer les abbés dans l'église, non toutefois dans le chœur ni dans les cryptes. On les enterrait aussi dans le chapitre particulièrement destiné aux prieurs et aux personnes de condition qui obtenaient d'être inhumés dans le monastère. Ceux d'entre les moines qui remplis-

---

(1) Cartul. de S.-G., f. 154. Sommecaise est toujours appelé en latin *Summa Casa*.

(2) Voici l'épitaphe qu'on lisait autour de leur tombe, sur laquelle ils étaient représentés vêtus à l'antique : *Cy gisent Robers dou Chainge et Meline sa fame, citiens d'Aucurre qui fondèrent une messe perpétuelle à l'autel de sainte Catherine et trespassa ledit Robers l'an MCCC et XXX du mois d'octobre et ladite Meline trespassa l'an MCCC*. Cotron, p. 1061.

(3) Labb., bibl. mss., t. 2, p. 595.

saient les fonctions de chantre avaient leur sépulture dans les cloîtres, ou dans quelques parties de l'église, les autres officiers du monastère étaient déposés dans des places privilégiées. Quant aux autres moines, ils avaient leur sépulture au milieu même du cloître (1). Cependant différents corps trouvés dans le chœur de l'église et ailleurs montrent que cet usage, observé au dix-septième siècle, ne l'avait pas été à des époques antérieures.

Avant sa mort, Gaucher fit venir les hommes qui étaient à son service, et les récompensa généreusement, voulant mourir pauvre, à l'exemple du sauveur. Il reçut les derniers sacrements avec de grands sentiments de foi, au milieu des frères qui fondaient en larmes; ensuite il s'endormit doucement dans le seigneur, en 1334, le dimanche avant la conversion de saint Paul. Il avait gouverné le monastère pendant vingt-cinq ans. Sous le pauvre et austère habit de moine, et dans l'impression de l'humilité chrétienne profondément sentie, Gaucher Dignon avait un esprit vaste, un jugement sûr, une sagesse agissante et féconde en bonnes œuvres. Il fut le père des frères, le protecteur des opprimés, en un mot, c'était un saint et un grand homme, attributs qui se réunissent naturellement, quand les circonstances favorisent ou provoquent les qualités du vrai chrétien.

ÉTIENNE DE CHITRY.

Au quatorzième siècle, les ordres religieux n'ont déjà plus cette importance qui avait favorisé leur développement. Les esprits sont préoccupés de graves événements; ce sont les guerres effrayantes de l'Angleterre et de la France, les guerres civiles du royaume, les affranchissements graduels

(2) Dom Cotron, mss. p. 1064

des communes et des serfs. L'Université est venue avec ses écoliers, leur tumulte, leurs priviléges. Philippe-le-Bel institue les parlements, crée les Etats-généraux; avec ces divers leviers, il abaisse la puissance pontificale, il écarte peu à peu la noblesse guerrière, sous prétexte qu'elle n'est pas assez lettrée; les évêques, « parce que le roi *fait conscience* de les empêcher de vaquer au gouvernement de la spiritualité. » La classe des légistes, peu connue jusqu'alors, s'élève puissante et dévouée à Philippe-le-Bel. Les Templiers, dont la puissance, les armes, les richesses, les affiliations, tourmentent les souverainetés royales, vont succomber sous les attaques audacieuses de Philippe. Le pape, réfugié à Avignon, donnera les mains à cette condamnation si diversement jugée par les historiens.

La puissance féodale de l'abbaye de Saint-Germain lui assurera toujours un rang éminent dans la province, elle députera soit aux Etats généraux, soit aux Etats provinciaux, mais elle n'aura plus cette prépondérance morale qui amenait des myriades de pèlerins à ses solennités, et qui rendait vénérable jusqu'au seuil de sa basilique.

Le livre des abbés, écrit par Guy de Munois, se termine à Gaucher Dignon. La vie de ce dernier et celle d'Etienne de Chitry sont dues au prieur de Vaussemain. Dom Viole a été leur continuateur. Etienne de Chitry descendait de l'ancienne famille de ce nom, en Bourgogne (1). Sous son prédécesseur, il avait été chargé de diriger les constructions qui devaient joindre le monastère à l'infirmerie. Non seulement il termina ces travaux, mais encore il mit la dernière main à l'enceinte de murailles qui renfermait le monastère.

Dans le chapitre général tenu en 1337, et dans celui de

(1) Dom Viole, mss, t. 2, p. 1058 et suiv.

1343, on s'occupa des affranchissements qui restaient à opérer. D'ailleurs, les moments de la providence étaient arrivés. Les habitants de Villiers-sur-Tholon reçurent leurs lettres d'affranchissement en 1337 (1). Six ans après, ceux de Diges et de Forêt furent déchargés des droits de coutume, de mainmorte, de quêtes, de tailles et de dîmes. Ces habitans s'imposèrent, en retour, à une rente annuelle de cent trente livres, qu'ils devaient payer à proportion de leurs facultés (2). L'acte, qui est très-long, fut passé en présence des notabilités de l'Ordre. On remarque Eudes, prieur claustral de Saint-Germain, Gaucher, de Villeneuve-Saint-Salve, prieur de Saint-Sauveur, Hugues de Mussy, prieur de Saint-Florentin, Etienne de Chatillon, aumônier et prieur de Moutiers, Robert de Blisme, doyen de Reconfort, Henri Mandre, celerier d'Irancy, Thomas Quoquaigne, curé de Saint-Fargeau, et beaucoup d'autres. Les habitants de Coutarnoult et de Massangis furent affranchis dans le même temps, en donnant trois cents francs d'or. Les autres terres de l'abbaye ne tardèrent pas à partager les mêmes avantages.

En 1335, Jeanne Duprat, mère du prieur Eudes de Vaussemain, choisit sa sépulture dans le monastère de Saint-Germain, auquel elle donna huit livres de rente, à prendre sur la censive de l'abbaye de Pontigny. La famille de Vaussemain, en Champagne, était une de ces maisons nobles qui semblent n'exister que pour honorer la religion. Elle donna un évêque à la ville de Chartres, appelé Louis; un général aux Jacobins d'Auxerre, qui fut Hugues; un prieur à Saint-Germain, nommé Eudes, qui a écrit en latin la vie de Gaucher Dignon, et celle de son successeur Etienne de Chitry. Il était religieux profès dès l'an 1325,

(1) La charte se trouve dans le cartulaire de S.-G., f. 159.
(2) Ibid, f. 162

il assista au chapitre général en 1343. Pierre de la Ferté, inhumé dans le cloître dix ans plus tard (1), l'avait remplacé dans sa charge de prieur. Cette même année mourut aussi Etienne de Chitry, entouré de l'amour et de la vénération des frères; il avait gouverné le monastère pendant dix-neuf ans.

GUILLAUME DE GRIMOALD.

Un homme appelé à exercer un immense pouvoir et destiné à être élevé à la plus haute dignité qui soit dans le monde, monta alors sur le siége abbatial de Saint-Germain, c'était Guillaume de Grimoald ou de Grimoard, réservé aussi à être la gloire et le restaurateur de cette abbaye. Il descendait de l'ancienne famille des Grisacs, dans le pays de Gévaudan. Sa mère, Félicie de Montferrand, était si appliquée aux exercices de piété, qu'elle passait généralement pour une sainte. De Grimoald naquit en 1309 (2). On dit qu'il vint au monde portant sur sa chair la forme d'un habit de bénédictin, ce qui était déjà arrivé, le siècle précédent, au pape saint Célestin.

De Grimoald entra très-jeune dans le prieuré de Chirac, en Gévaudan. Cette maison, où l'on suivait la règle de saint Benoît, dépendait du couvent de Saint-Victor de Marseille. Le jeune de Grimoald s'y fit remarquer par sa ferveur. Il se soumit à tout ce que la règle avait de plus austère. Le prieur remarquant dans cet enfant de grandes dispositions pour les sciences, le fit étudier plus tôt qu'on

---

(1) On lisait cette inscription sur sa tombe : « Cy gist frère Pierre de la Ferté qui fut jadix prieux de céans et chambrier de Ery qui trépassa l'an MCCCLIII, le mercredi xx° jour de febvrier. » Dom Viole mss, t. 2, p. 1257.

(2) Ibid. mss, t. 2, p. 1059 et suiv.

avait coutume de le faire pour ceux de son âge. Il l'envoya à Montpellier, où il fut reçu maître-ès-arts. Il passa de là à Toulouse, pour se livrer à l'étude du droit canon. Au bout de quatre ans, il fut reçu docteur dans la faculté des décrets ; ensuite il se rendit à Paris, où il prit le bonnet de docteur en théologie. Il enseigna depuis pendant vingt ans, tant à Montpellier qu'à Avignon, le droit civil et le droit canon. Il s'était aussi livré à l'enseignement dans le collége de Cluny, où les religieux de ce célèbre monastère avaient apprécié ses talents et ses vertus. L'ayant déterminé à entrer dans leur Ordre, ils l'élurent pour leur doyen et leur procureur général à la cour de Rome, qui avait alors sa résidence à Avignon. Il fut aussi grand vicaire et official de Pierre, évêque de Clermont, en Auvergne. Il montra, dans toutes ces charges, beaucoup de zèle, et retrancha un grand nombre d'abus.

La réputation des vertus de Grimoald, et l'éclat de ses rares talents, s'étaient déjà répandus au loin. Les religieux de Saint-Germain l'élurent d'une voix unanime, persuadés que ce grand homme éleverait bien haut la gloire de leur monastère, s'il en avait le gouvernement. Craignant que ceux de Cluny ne missent opposition à sa retraite, ils firent aussitôt appuyer son élection par le pape Innocent VI, qui venait de monter sur la chaire de saint Pierre. On pense que c'était environ l'an 1352. De Grimoald ne pouvant se rendre immédiatement à Saint-Germain, y envoya son frère Angélique, chanoine régulier. Cependant, il ne tarda pas à venir lui-même prendre le gouvernement de son monastère. Dom Viole a trouvé, à la bibliothèque de Corbie, une chronique manuscrite des papes, dans laquelle il est rapporté que de Grimoald s'est montré très-zélé pour défendre les droits et les priviléges de son abbaye, surtout contre l'évêque d'Auxerre et contre le chapitre de la cathédrale, ce qui lui avait attiré de grandes persécutions. En effet, désirant mettre un terme à ces débats, l'abbé de Grimoald demanda des conférences pour exposer publiquement ses raisons; l'évêque y consentit et y appela Guillaume de Melun, archevêque de Sens, son métropolitain et son parent; celui-ci, fier de sa position élevée, voulait traiter la question avec hauteur, tandis que l'abbé la développait avec science et logique. Enfin, vaincu par ses arguments, l'archevêque finit par lui donner un soufflet; puis il ajouta en riant : « Tu ne pourras te venger de cet affront à moins d'être pape » (1). De Grimoald devint pape et ne se vengea pas. Dès-lors, le séjour de Saint-Germain cessa de lui plaire, son génie semblait à l'étroit, au milieu des interminables contestations avec l'évêque et le clergé de Saint-Étienne. En 1349, il alla trouver le pape pour lui faire part des difficultés qu'il éprouvait; peut-être se démit-t-il de l'abbaye de Saint-Germain. Toutefois, il est certain que le pape lui donna celle de Saint-Victor de Marseille, et qu'il le déchargea de celle de Saint-Germain. Les religieux furent si affligés de sa retraite, qu'ils se refusèrent à procéder à une nouvelle élection, espérant toujours qu'il reviendrait au milieu d'eux; ils firent même des démarches, à ce sujet, auprès d'Innocent VI. Il leur répondit qu'il avait envoyé leur abbé (c'est le nom qu'il lui donne) en Italie, pour des affaires importantes de l'Église. Néanmoins, de Grimoald se rendit à leurs instantes prières, et continua de les gouverner par lettres. Enfin, étant monté sur le trône pontifical, en 1362, sous le nom d'Urbain V, il donna définitivement sa démission.

Nous voici arrivés à une des époques les plus désastreuses où la France se soit jamais trouvée. Qui pourrait dire les

1 Dom Viole, mss, t. 2, p. 1065

transes, les alarmes et les afflictions qui ont pesé sur nos pères? Pour nous renfermer dans notre sujet, nous ne parlerons que de ce qui a rapport à l'abbaye de Saint-Germain, car les malheurs publics absorbent toute l'attention : la guerre civile se joignit à celle des Anglais, qui se rendirent, en partie, maîtres de la France. Déjà, à la journée de Poitiers, Guillaume de Melun, archevêque de Sens, le comte de Tancarville, son frère, chambellan du roi, avaient été faits prisonniers et emmenés en Angleterre. Le château de Regennes, maison de plaisance des évêques d'Auxerre, fut enlevée de vive force et saccagée par les Anglais. L'évêque Jean d'Auxois, consumé de chagrin à cause des malheurs qui accablaient la France et son diocèse, tomba malade. Le 10 janvier, les ennemis donnèrent une si chaude alarme, que le bon évêque fut réduit à l'extrémité. Il reçut les derniers sacrements au milieu des piques et des hallebardes de quelques chanoines qui osèrent à peine abandonner la défense des murailles pour assister leur évêque mourant.

Tous les établissements religieux situés hors des murs de la ville, tels que Saint-Amatre, Saint-Julien, Saint-Gervais, Saint-Marien et jusqu'à celui des Bernardines des Isles, furent abandonnés. Les bourgeois, qui avaient pris les armes pour la défense de la ville, repoussèrent d'abord l'ennemi qui fut deux mois sans reparaître. Tandis qu'on s'endormait dans une fausse sécurité, les Anglais arrivent tout-à-coup et escaladent les murailles, au point du jour, vers la porte d'Egleny. C'était le 10 mars 1359. Les soldats, avides de sang et de pillage, se répandent dans les églises et dans les monastères, d'où ils enlèvent des richesses considérables. On évalua leur butin à six cent mille moutons d'or, ce qui égalerait sept millions de notre monnaie. Ce pillage, qui dura trois jours, fut l'ouvrage de mille hommes seulement. Le fils du comte d'Auxerre, beaucoup de noblesse, tant de cette ville que des environs, furent faits prisonniers. Les ennemis ne s'en tinrent pas là, ils assemblèrent les principaux habitants et leur déclarèrent que si on ne leur comptait, dans le plus bref délai, cinquante mille florins d'or, marqués au mouton, ils allaient brûler la ville. Payer cette somme en espèce était chose impossible; la consternation était à son comble. Dans cette cruelle extrémité, les habitants eurent recours à l'abbé et aux moines de Saint-Germain. Ils se rendirent, en grand nombre, dans leur abbaye et les supplièrent de venir à leur aide, en leur prêtant les joyaux de leur monastère et les pierres précieuses de la châsse de leur saint patron, pour la rançon de leur ville, pour la sûreté de leurs vies, et pour le rachat des captifs, leur promettant de faire amende honorable pour les peines qu'ils leur avaient causées, en violant leurs immunités; ajoutant que les évêques, le jour de leur entrée solennelle, les doyens et officiaux, le jour de la prise de possession de leur nouvelle dignité, les gouverneurs et échevins, tous les ans, à leur nouvelle création, prêteraient serment sur les saints Évangiles, devant la grande porte de l'église de Saint-Germain, de maintenir l'abbé et les religieux dans tous leurs droits, dans toutes leurs possessions, leurs libertés et leurs priviléges.

Le contrat fut signé par les députés : c'étaient l'abbé de Saint-Marien, celui de Saint-Père, le doyen, l'archidiacre, quelques chanoines de la cathédrale, et plus de cent chefs de famille, qui répondaient pour tous ceux de la ville qui n'avaient pas apposé leur signature (1).

Les moines, assemblés dans le *chanceau* (2) de l'église, écoutèrent leur demande avec bienveillance, se trouvant

(1) Vie de S.-G., par dom Viole, p. 204.
(2) Cancel ou sanctuaire.

heureux de prouver à leurs concitoyens qu'ils les regardaient comme autant de frères; ils mirent aussitôt tous leurs trésors à leur disposition; ils apportèrent d'abord la châsse de saint Germain, ensuite une croix d'or et plusieurs joyaux de grand prix, qu'ils avaient cachés dans un caveau de leur église. Les habitants promirent de leur rendre tous ces trésors, avant la fête de la Magdeleine, qui est le 22 de juillet; ajoutant que s'ils ne pouvaient tenir leur engagement, la ville leur paierait annuellement, et en deux termes, trois mille florins d'or de Florence. Cette convention eut lieu le 19 de mars de l'année 1359. Gibaud, abbé de Saint-Père et Pierre d'Etrisy, chevalier, prêtèrent serment, pour toute la ville, devant la châsse de Saint-Germain.

Ce même jour, une partie des joyaux fut remise à Robert Kanole et à d'autres capitaines Anglais et Navarrois.

Voici les articles exprimés dans l'inventaire qui en fut dressé alors : « Premièrement, une bonne croix d'or, garnie et adornée de quarante-trois pierres, esmeraudes bonnes et grosses et autres pierres.

« Item, le premier fronteaul, pris, levé et osté de la propre châsse du glorieux corps monsieur saint Germain, garni de trente-deux saphirs de prix. Item, au dit fronteaul, soixante esmeraudes grosses ou plus. Item, une escarboucle parmi, avec deux grosses communes pierres. Item, deux cents perles, cinq moins et tout le dit fronteaul qui est d'or fin.

« Item, le fronteaul de la partie de derrière, ou qu'il y a un gros camayeu et une grosse et claire pierre esquelles on ne saurait mettre prix : en icelui sont six esmeraudes grosses. Item, trente-cinq bons saphirs. Item, quatre-vingt-sept grenas et trois grosses amatistres (améthystes). Item, deux cent soixante-trois perles grosses, avec le dit fronteaul tout d'argent.

« Item, les ouvrages de la dite croix et des deux fronteaulx en la manière qu'étaient paravant.

« Item, les vaisseaux d'argent surorez (dorés), esquels reposent très-grande quantité de reliques de saints apôtres, martyrs et confesseurs et saintes vierges.

« Premièrement, un vaisseau ou quel repose le chef madame sainte Agnès, vierge et martyre, du poids environ vingt-un marcs d'argent.

« Item, cinq vaisseaux, en la forme d'apôtres, chacun du poids environ neuf marcs d'argent.

« Item, deux vaisseaux, en la forme de deux angelots, chacun du poids environ dit.

« Item, un autre petit vaisseau, en la forme Monsieur saint Thibaud, confesseur, du poids environ quatre marcs » (1).

Tous ces trésors furent acceptés en gage par les Anglais, pour la somme à laquelle ils avaient imposé la ville, c'est-à-dire celle de cinquante mille florins d'or, qui vaudraient aujourd'hui six cents soixante-quatorze mille francs. Comme les objets, donnés en gage, devaient avoir une valeur supérieure à la somme qui était due afin qu'ils fussent réclamés, il s'ensuit que la châsse de saint Germain et les autres objets livrés aux Anglais, furent estimés par eux environ un million de francs. Qui pourrait dire le prix de ces pierres précieuses dont on ne connaissait pas la valeur? Pour opérer leur recouvrement, nous verrons qu'il fallut toute l'autorité d'un souverain pontife et l'arme si puissante de l'excommunication. Si on cherche l'origine de tant de richesses accumulées, on reconnait que c'était la reconnaissance, la piété et la puissance souveraine de la foi, qui avaient détaché les diamants de la couronne des rois, les colliers du cou des princesses, les bracelets des bras

(1) Archiv. de la préfect. Dom Viole, vie de S.-G., p. 202.

des comtes, pour en faire un trophée sur le tombeau de saint Germain : ajoutons que ces sacrifices avaient été faits avec joie et avec effusion de cœur. Quels siècles et quelle foi !

L'invasion des Anglais fut fatale à tous les monastères du voisinage. Celui de Regny eut dix-huit granges brûlées. Le fort de Vermenton, où les moines de ce monastère avaient déposé ce qu'ils avaient de plus précieux, fut pris par le duc de Lancastre, qui y demeura trois jours avec ses soldats ; quelque temps après, d'autres troupes envahirent de nouveau ce même monastère et y séjournèrent pendant trois semaines. Les religieux s'étant dirigés vers la forteresse de Vermenton, pour y trouver un refuge, le capitaine leur en ferma les portes ; c'est pourquoi ils lui intentèrent dans la suite un procès. Un arrêt du 8 février 1378 déclara que les religieux de Regny et leurs familiers, c'est-à-dire les personnes attachées à leur service, avaient droit de se refugier dans cette forteresse(1).

Les Anglais, satisfaits des richesses qu'ils avaient trouvées à Auxerre, épargnèrent cette ville et transportèrent ailleurs le riche butin qu'ils venaient d'y faire.

Le temps que les habitants d'Auxerre avaient pris pour rendre les joyaux donnés en gage aux ennemis approchait : désirant faire honneur à leur promesse, ils tinrent une assemblée composée de cent cinquante citoyens. Seize d'entre eux furent chargés de faire des emprunts en engageant ce qui restait des joyaux de l'abbaye, afin de retirer des mains des Anglais d'abord les parties en or et en argent de la châsse de saint Germain, ainsi que les pierres précieuses qui y étaient attachées. Les députés partirent aussitôt, les uns pour informer le régent du royaume de ces événements, les autres pour faire des emprunts. Plusieurs

(1) Viole, mss, t. 2, p. 1918.

de ces derniers furent arrêtés par des malfaiteurs avant que d'arriver à Joigny et dépouillés des objets de prix qu'ils portaient. Deux ou trois, plus heureux dans leur voyage, rapportèrent soixante perles fines qu'ils recouvrèrent en échange de dix mille moutons d'or. Nous verrons plus loin comment fut recouvré le reste des joyaux.

En voyant les moines disposer librement de leurs trésors, on est porté à croire que leur monastère ne tomba pas au pouvoir des Anglais, car l'histoire ne parle que de la prise d'Auxerre. Le château de Saint-Germain, fortifié récemment, dans une position élevée et séparée du reste de la ville, avait pu, avec un petit nombre de défenseurs, se soustraire à la domination des ennemis.

Jean Meursaut, prieur du monastère, rendit des services importants dans ces temps difficiles, surtout pour opérer le recouvrement des joyaux et des reliquaires engagés pour la rançon de la ville. L'abbaye avait alors un prieur, un sous-prieur, un tiers et un quart-prieur. La communauté étant nombreuse, il fallait plusieurs directeurs pour présider aux divers exercices des frères.

ÉTIENNE DE VARENNES.

Il était abbé de Moutiers-Saint-Jean lorsque les suffrages des moines de Saint-Germain l'appelèrent à monter sur le siége que l'illustre de Grimoald laissait vacant. Né en Bourgogne, de famille noble, il était neveu ou seulement parent d'Etienne de Chitry, un de ses prédécesseurs. Aussitôt après son élection, il envoya Pierre de la Ferté, prieur claustral, en députation vers le nouveau pape, résidant à Avignon, pour le féliciter de son avénement au trône pontifical, pour le supplier de régler le différend qui existait toujours entre l'abbaye de Saint-Germain et les évêques d'Auxerre, et pour le prier aussi de rappeler aux habitants de cette ville l'engagement qu'ils avaient pris de restituer les joyaux et les reliquaires engagés aux Anglais. Urbain V satisfit exactement à sa demande, ensuite il confirma l'exemption accordée, en 862, par Nicolas Ier, un de ses prédécesseurs, qui autorisait les moines de Saint-Germain à ne reconnaître d'autre supérieur que le pape. Cette exemption n'était pas toujours un avantage : c'est de là, en général, qu'est venu le relâchement des maisons qui ont eu de semblables priviléges. C'est pourquoi saint Bernard s'élevait avec tant de zèle, contre les exemptions du Saint-Siége. Le pape étant très-éloigné et occupé d'une infinité d'affaires, les fautes demeuraient souvent impunies et les abus prenaient racine avant qu'on pût y remédier. Le pape déchargea aussi l'abbé et les religieux de l'obligation de fournir aux dépenses de l'évêque d'Auxerre, pendant les six jours qui précédaient sa prise de possession, mais il les obligea à payer, chaque année, un florin ou une obole d'or à l'église romaine (1), le jour de la fête des apôtres saint Pierre et saint Paul. Son intention n'était pas de grever son ancienne abbaye, car il ne cessa de la combler de bienfaits. Il réduisit à cent livres tournois les trois cents livres de décimes qu'elle payait, tous les ans, au Saint-Siége, tant pour elle que pour ses prieurés. L'annate de mille florins fut réduite à moitié, et plus tard, à la prière de l'abbé de Varennes, il fit grâce de cette rente, ainsi que de plusieurs autres, dont le monastère était chargé envers les officiers du pape et envers la chambre apostolique, il ajouta aussi que si le Saint-Siége autorisait le roi à lever des décimes sur le clergé, le monastère de Saint-Germain, ainsi que

---

(1) Leb., mém., t. 2, pr. 505. Dom. Viole, t. 2, p. 1074.

ses prieurés, ne pourraient pas être imposés à plus de cent florins (1).

Sachant que la nouvelle église, commencée par Jean de Joceval, était toujours en construction, il donna quatre mille cinq cent quarante-un florins d'or, au poids de la chambre apostolique, et treize sous trois deniers de la monnaie courante d'Avignon, que lui devait l'évêque d'Auxerre, pour la *parachever* (2). Il ajouta encore des indulgences que l'on pouvait gagner, à toutes les grandes fêtes de l'année, en visitant l'église, et en contribuant aux travaux par des aumônes (3). En reconnaissance de tant de bienfaits, l'abbé et les religieux donnèrent à Urbain V, en 1368, une partie du chef de saint Germain, pour un monastère qu'il fondait en son honneur à Montpellier (4). Ils firent aussi venir de Fleury-sur-Loire des reliques de saint Benoit qu'ils lui envoyèrent pour le même monastère. Les artistes, d'accord avec l'histoire, ont consacré le souvenir des dons d'Urbain V, en gravant ses armes sur un arc-boutant de l'église au midi.

Sachant aussi combien les moines de Saint-Germain

---

(1) Gall. chr., t. 12, col. 567.
(2) Cart. de S.-G., f. 169. Dom Viole, mss, t. 2, p. 1081.
(3) Voici un fragment de ces indulgences qui était gravé sur une pierre, derrière le grand-autel. Les Calvinistes avaient raturé, en 1567, la quantité d'indulgences que l'on gagnait en visitant l'église et en y laissant son aumône. «...et premièrement à la Nativité de Nostre Seigneur, la Circoncision, l'Apparition (l'Epiphanie), la Résurrection, l'Ascencion, la Pentecouste, la feste du Saint-Sacrement, la Nativité Notre-Dame, la Nativité saint Jehan-Baptiste, la feste saint Pierre et saint Pol, les festes de saint Germain et la feste de Tous Saincs et donne à tous vrayes contricts et repentans de   faculté des jours à tous ceux ou celles qui devotement visiteront ladite esglise et eslargiront de leurs biens, en les mettant au tronc qui est en la nef de la dite église, pour convertir l'œuvre et au soutienement d'icelle........» Dom Cotron.
(4) Cartul. de S.-G., f. 169. Dom Viole, t. 2, p. 1081.

désiraient recouvrer les joyaux et les reliquaires engagés aux Anglais, il chargea le cardinal de Cluny de négocier cette restitution. Ses démarches n'ayant obtenu aucun résultat, le pape s'adressa lui-même à Robert Kanole, qui en était le principal dépositaire, et les obtint en lui remettant les sommes d'argent, pour lesquelles ces joyaux et ces reliquaires étaient engagés (1). Le recouvrement de ces trésors fut une fête pour toute la ville d'Auxerre. Le 16 août 1366, ils furent portés solennellement dans le chapitre de Saint-Germain, au chant des psaumes et des hymnes. Le sergent d'armes du roi fit la remise des obligations des différentes pièces d'argenterie provenant de l'abbaye et la quittance, sans réserve, de Robert Kanole; on en dressa un acte, ensuite toute l'assemblée se rendit à l'église pour rendre à Dieu des actions de grâces; elle était précédée de Pierre Aymon, évêque d'Auxerre, de toute la communauté de Saint-Germain, et d'une députation du chapitre. Cette belle journée rappellait la délivrance de la ville et libérait les habitants d'Auxerre de l'engagement qu'ils avaient contracté, en présence des saints autels, envers les religieux de Saint-Germain, pour le service signalé qu'ils leur avaient rendu.

Quoiqu'on se répandit ainsi en actions de grâces, plusieurs joyaux restaient encore à recouvrer. Le pape Urbain ne se donna point de repos que la restitution ne fût complète. Sachant que ceux qui avaient volé les députés sur le chemin de Joigny, en 1360, étaient Simon de Saint-Aubin et Huguenin de Brian, de la ville de Besançon, il écrivit à leur archevêque pour qu'il les engageât à la restitution (2). Les deux chevaliers persistant dans leur

(1) Leb., mém., t. 2, pr. p. 115.
(2) Ibid, t. 2, pr. p. 112.

refus, on les excommunia en 1366. Frappés par ce coup inattendu, ils rendirent tous les joyaux qu'ils avaient en leur possession. Il n'en manquait plus qu'une faible partie, mise en gage chez un usurier hors du royaume. La somme empruntée s'élevait à mille quarante florins d'or. Ce contre-temps retarda beaucoup la libération des habitants d'Auxerre. Néanmoins on ne perdit pas courage, le clergé et les habitants députèrent Guy de Rochefort (1), sergent d'armes du roi, qui s'obligea, par une transaction, à faire les démarches nécessaires pour recouvrer le reste des joyaux, qu'il rapporta, en effet, le 18 mars 1371. Un acte fut passé entre les religieux et Jean Robiqueaul, chef de la communauté des citoyens, autorisé du gouverneur du comté, qui constatait l'acquittement de la ville envers l'abbaye.

Les bienfaits d'Urbain V ne se bornèrent point à cette restitution : trois ans après, il donnna à la fabrique de Saint-Germain mille florins d'or. Grégoire IX, son successeur, désirant aussi contribuer à l'achèvement de l'église, en donna cinq mille cinq cents. La duchesse de Bretagne devait en payer cinq cents, sous peine d'excommunication, et le prieuré de Moutiers, autant. Il paraît que la duchesse ne paya pas cette somme, dont elle était redevable envers la chambre apostolique.

La chapelle de la Vierge, derrière le maître-autel, et le sanctuaire furent d'abord seuls voûtés en pierres, le reste était en douves. Hugues de Balore, successeur de l'abbé de Varennes, continua la voûte. Enfin l'édifice fut couvert et les murs achevés. Quoiqu'il restât encore beaucoup de parties à terminer, on en fit la dédicace et on y célébra les divins mystères. Une chronique dit qu'on ajouta à l'église une voûte et une tour de plomb. La voûte pouvait être le

(1) Dom Viole, t. 2, p. 501.

pronaos qu'on voyait au frontispice du portail. On appelait tour de plomb une des anciennes tours, parce qu'elle en était couverte. On a donné jusqu'ici ce nom à une des tours de la cathédrale de Sens, parce qu'elle était aussi couverte en plomb. Il est souvent parlé de l'ouvrier du monastère, c'était le maître des œuvres, comme on l'appelait ailleurs, c'est-à-dire un moine chargé de la conduite des travaux de l'église. La cellererie d'Irancy fut supprimée en 1369, par autorité du pape, et annexée à la mense conventuelle des religieux (1).

Lorsque Nicolas d'Arcies prit possession de son siége, l'abbé et les moines prétendirent que le pape Urbain V les avait déchargés de l'obligation de recevoir les évêques d'Auxerre à leur entrée au siége épiscopal. Nicolas d'Arcies soutint que Grégoire XI, successeur d'Urbain, avait modifié ce privilége, en ordonnant que Pierre Aymé, son prédécesseur, passerait un jour dans l'abbaye et qu'il y dépenserait dix livres tournois. Enfin, en 1375, on convint de part et d'autre, que les moines recevraient *décemment* les évêques d'Auxerre, avec toute leur suite, l'espace d'un jour naturel, c'est-à-dire un jour et une nuit; et qu'ils sacrifieraient pour leur dépense un marc d'argent, ce qui faisait bien moins que dix livres tournois.

Jean de France, duc de Berry, comte d'Auvergne et de Poitou, avait fait vœu que si son château de Luzignan, occupé par les Anglais, lui était rendu à une certaine époque, il donnerait, tous les ans, un marc d'or, sur le revenu de son comté de Poitiers, pour être employé à l'entretien de la châsse de Saint-Germain et des autres reliquaires de son église. Etant rentré en possession de son château contre toute espérance, il accomplit son vœu, la première fois, en 1375. Comme il fit beaucoup de bien

(1) Dom Viole, t. 2, p. 1081.

au monastère, les moines, pour perpétuer son souvenir au milieu d'eux, firent graver son écusson au-dessus de la châsse de leur patron, à côté de celui de l'ancienne et de la nouvelle Bourgogne.

En 1370, le roi Charles V, passant à Auxerre, vint s'agenouiller dans l'église de Saint-Germain, et implorer, pour son peuple, la protection des saints qu'on y vénérait. Les moines auraient voulu le conduire dans les saintes grottes, pour l'intéresser à la reconstruction de leur église; s'en voyant empêchés par les matériaux qui les encombraient, ils en retirèrent le corps de saint Grégoire, celui de saint Félix et celui de saint Moré, martyrs, pour les exposer à sa vénération et à celle du peuple (1). Parmi les dons de ce prince, on remarque le dégrèvement de l'impôt d'une pinte de blé que les moines payaient à l'Etat pour chaque bichet qu'ils faisaient moudre à leurs moulins de Chantereine. Le roi les pria d'employer cette redevance à l'entretien de ces mêmes moulins et en aumônes pour les pauvres.

Etienne de Varennes affranchit, en 1367, plusieurs habitants de Chevannes et d'Orgy (2), hameau de cette paroisse, qui étaient toujours, dit la charte, de condition servile. Ils donnèrent, pour cette faveur, trois cent cinquante florins d'or, marqués au coin du roi. L'abbé de Varennes accorda une pareille grâce à Jean, dit le Béat, clerc, qui donna par reconnaissance vingt livres tournois (1368). Pierre de Chissey, natif d'Escamps, curé de ce même lieu, et procureur de l'abbaye de Saint-Germain en cour de Rome, demanda, en 1371, l'affranchissement de ses compatriotes et l'obtint, moyennant une somme de trois cents livres tournois et une rente annuelle de cinquante.

---

(1) Description des Saintes Grottes, p. 27.
(2) En latin *Orgium*.

Pierre de Chissey s'était aussi rendu recommandable auprès des moines par le zèle qu'il avait déployé pour la réédification de leur église. L'ouvrier du monastère de Saint-Germain exécuta alors des travaux pour Jean, abbé de Saint-Marien, et pour le prieur de Châtillon-en-Bazois, ce qui fait croire que c'était un architecte distingué (1), dont le nom n'est pas venu jusqu'à nous.

Etienne de Varennes tomba dangereusement malade ; sentant approcher ses derniers moments, il produisit ces actes de foi, d'espérance et d'amour de Dieu, par lesquels les saints se préparent à la mort, et il expira dans une grande paix, vers l'an 1375.

HUGUES DE BALORE.

Au cinquième siècle, quelques monastères ouvrent leurs portes à ces âmes d'élite que Dieu appelait à une vie plus parfaite. Au douzième, les maisons religieuses s'établissent comme par enchantement dans toutes les provinces; deux siècles plus tard, le peuple cesse d'être serf, il a moins besoin des couvents pour s'abriter contre la tyrannie. Il veut sérieusement cultiver ses champs, prendre part au gouvernement, et la religion, qui ne l'a pas abandonné un instant, applaudit à son bonheur. La noblesse, qui voit la population serve lui échapper, n'a rien perdu dans l'opinion publique, elle jouit d'une immense considération : c'est dans son sein qu'on choisit des évêques pour gouverner les diocèses, des abbés pour diriger les monastères, des magistrats pour rendre la justice. Sa présence dans les abbayes semble rehausser la vie religieuse aux yeux des peuples. Ce fut peut-être aussi une nécessité de l'époque

(1) Dom Viole, mss, t. 2. p. 1079.

pour assurer le repos des moines. Ce choix portait surtout bonheur lorsque l'abbé se recommandait plus par ses qualités personnelles que par sa naissance.

Hugues de Balore descendait d'une ancienne famille du Bourbonnais, qui a donné plusieurs chevaliers à l'ordre militaire de Rhodes. Il était bachelier en décrets et neveu de l'abbé Etienne de Varennes. La gravité de son maintien décelait la profonde impression que la pensée de l'éternité faisait sur son âme. On jugeait, en le voyant, qu'il jouissait de cette paix intérieure que les événements de la vie ne troublent jamais. Sa promotion au siége abbatial de Saint-Germain est de l'année 1375 (1). Peu après, il fut élu gouverneur ecclésiastique de l'Hôtel-de-Ville d'Auxerre. Il remplit cette charge pendant trois ans. Pour acquitter les engagements contractés envers le Saint-Siége, il paya en 1380, à la chambre apostolique, vingt florins d'or et trois pour les officiers ou serviteurs du pape. Ces sommes étaient remises à Clément VII, qui résidait à Avignon, et que reconnaissaient comme souverain pontife, la France, l'Espagne, l'Ecosse et Naples. Urbain VI régnait à Rome.

En 1371, le comté d'Auxerre fut vendu au roi Charles V, par Jean de Challon, pour trente et une mille livres, ce qui ferait de nos jours, trois cent dix mille francs. Tout le monde s'applaudit de n'avoir désormais qu'un maître au lieu de deux. On attendait du roi une administration plus forte et moins onéreuse. Après sa mort, en 1380, deux fléaux dévastateurs promenèrent la désolation et la mort dans nos contrées : la guerre civile et l'invasion des troupes étrangères. Pendant la minorité du roi Charles VI et plus tard, pendant ses accès de démence, la division éclata parmi les princes, ses oncles, qui s'arrachèrent alternati-

(1) Dom Viole, mss, t. 2, p. 1085.

vement les rênes de l'Etat. Le duc d'Orléans fut assassiné par les ordres du duc de Bourgogne, en 1407, et la guerre civile se ralluma dans les provinces. Hugues de Balore mit les principales terres de l'abbaye en état de défense. Le monastère d'Héry fut fortifié, en 1381, avec la permission du roi, comme comte d'Auxerre (1). Dom Viole lui donne le nom de château, sans doute à cause des fortifications déjà élevées autour de cette place. C'était *le principal hostel* des religieux hors de la ville d'Auxerre. Le même abbé obligea le procureur du roi à retirer les panonceaux ou étendards qu'il avait arborés, en trois endroits différents, sur les murs de la ville, depuis la porte de Saint-Siméon jusqu'à la fontaine de Saint-Germain, parce que c'était sur la justice et sur le domaine seigneurial de l'abbaye.

Le roi manda au bailli d'Auxerre, en 1387, qu'il eût à construire, aux frais des habitants de la ville, un mur pour clore l'abbaye de Saint-Germain, parce que durant les guerres on avait pris la muraille de son enceinte pour en faire celle de la ville. Les religieux avaient exposé au roi « que comme avant les guerres leur monastère feust fermé de haulx et notables murs et tellement que l'on ne pouvoit veoir, entrer ne yssir (sortir) d'iceluy monastère, si ce n'estait par les portes ordinaires, mais pour occasion des dittes guerres, à la requeste et instance des habitants de la dicte ville, partie des édifices et hostelz du dit monastère fut détruite, démolie et abattue pour avoir alée sur lesdis murs qui faisoient la closture du dit monastère, furent prins et encore font partie des murs de la forteresse de la dicte ville ; et par ce leur dit monastère fu et encor est

(1) Leb. mém., t. 2, pr. p. 119. L'église actuelle était dans l'angle de la place, au midi. Il n'y avait qu'une seule porte qui servait d'entrée pour elle et pour le château. On voit encore sur le seuil les deux crampons en fer qui supportaient autrefois le pont-levis. Archives de la préfecture.

tous descloz ; qui est contre la fondacion d'icelui et ou grant grief, préjudice et dommage desdis complaignenz..... » (1)

L'abbé de Balore n'attendit ni les infirmités de l'âge, ni une dernière maladie pour fonder son obit, il demanda qu'une messe fût dite tous les jours, à perpétuité, dans la chapelle de Saint-Nicolas, pour le repos de son âme. Il donna, pour cette fondation, quelques rentes qu'il avait acquises et cinq cents florins d'or, qui furent employés à acheter plusieurs domaines, parmi lesquels se trouvait la moitié de la terre de Gurgy, qui en coûta deux cents. Elle fut achetée, le 20 janvier 1385, de dame Guiotte de Beaumont, veuve de Simon Mariotte, écuyer (2). Les religieux, déjà propriétaires de l'autre moitié, se trouvèrent seuls possesseurs de cette terre. On voit par différents baux passés le siècle suivant, qu'une partie du sol de cette contrée était en friche. Pour encourager l'agriculture, les religieux abandonnaient des portions de terrain à ceux qui en demandaient, se réservant seulement une redevance de six deniers par arpent. En 1515, l'abbé donna à Jean de Beaujeu, par un bail perpétuel, quarante arpents de *désert et buissons* situés au Crot-Marot, sur le grand chemin d'Auxerre à Seignelay et sur celui d'Héry à Gurgy; il céda encore plusieurs autres pièces de terre également en désert, se réservant quelques deniers de cens ou de rente. Trente arpents de terre situés *aux*

---

(1) Archiv. de la préfect.

(2) En 1457, l'abbaye de Saint-Germain vendit plusieurs héritages à Gurgy, en retenant six deniers de rente par arpent. En 1480, Hugues de Tyard afferma *la terre, domaine et justice* de Gurgy à deux particuliers pour leur vie, moyennant trente livres par an. Dix ans plus tard, la même terre fut amodiée cent bichets de grains, moitié froment, moitié avoine, et dix livres en argent. Invent. des titres de l'abbaye de S.-G. Archiv. de la préf., p. 104 et 105.

chaulmes, sur la grande route d'Auxerre à Chemilly, furent affermés, en 1521, trente sous de rente, dix de bourgeoisie ou d'impôts, et à la charge d'y construire un moulin à vent et de l'entretenir.

Parmi les dépendances de Gurgy, on remarque Sougères dont le moulin était affermé, en 1405, quarante bichets de froment. La tuilerie de ce village rendait à l'abbaye dix milliers de tuiles par an ; s'il lui en fallait davantage pour l'entretien de ses bâtiments, le tuilier devait les livrer à vingt-cinq sous le millier. On remarque encore Pien, dont la haute justice dépendait de la châtellenie d'Héry (1). Les habitants devaient à l'abbaye de Saint-Germain un bichet d'avoine et huit sous par feu. Montentéaume, dont *la terre, justice et seigneurie* fut affermée avec Sougère et Pien, en 1681, cent soixante-cinq livres, faisait aussi partie de Gurgy. Tous ces détails ont leur importance dans l'histoire du pays.

De Balore affranchit les habitants d'Aucep, en 1388, moyennant cent florins d'or et ceux de Bétriot, l'année suivante. Huit ans après, il partagea des hommes *de condition servile* avec Anne de Melun, dame de Bléneau et de Champignelles, pour leur accorder la même faveur (2).

Les abbés de Saint-Germain étaient alors obligés de visiter tous les ans le Saint-Siége, s'il était en deçà des monts, c'est-à-dire des Alpes, et tous les deux ans s'il était au-delà. De Balore s'acquitta de ce devoir envers Clément VII, en 1391 et en 1392. Il avait envoyé deux religieux qui rapportèrent une attestation signée de François, archevêque de Toulouse, et de François, métropolitain de Narbonne et camérier du pape.

(1) Un juge de cette localité condamna, en 1358, un homme nommé Segault à faire amende honorable, à avoir le poing coupé et ensuite à être pendu. Invent. des titres, p. 115 et suiv.
(2) Dom Viole, t. 2, p. 1085.

Après les affranchissements, le fait historique le plus important qui puisse consacrer la mémoire de l'abbé de Balore, ce fut le zèle qu'il déploya pour l'avancement des travaux de l'église. Il fit voûter le chœur et la première travée de la nef, en 1398. Cette dépense s'éleva à neuf cents livres. *Les chaires du chœur*, c'est-à-dire les stalles, sont dues à son zèle.

Le 4 avril 1798, qui était cette année le jour de *Quasimodo*, Philippe de Savoisy, chevalier, chambellan du roi et seigneur de Seignelay, vint à l'abbaye pour faire foi et hommage pour les terres qu'il tenait en fief. Voici le cérémonial qui fut observé : Étant entré dans la salle du chapitre un peu avant la grande messe, il se mit à genoux devant l'abbé, en présence de tous les moines, joignit ses mains entre les siennes, le baisa, ensuite il se tourna vers la châsse de saint Maurice, qui était exposée sur l'autel du chapitre entre deux cierges allumés, toucha de ses mains le livre des Évangiles qui était ouvert, et fit serment de tenir et de garder *la société et accompaignement* qu'il avait avec les religieux pour différents biens situés entre le ru de Sinotte et l'Armançon. Philippe de Savoisy était accompagné de Pierre, son frère, évêque de Beauvais, de Jean de de Savoisy, écuyer, fils d'Eudes, et de Louis de Villiers, chevalier.

Malgré la difficulté des temps, les dons ne manquaient point au monastère. L'abbé lui-même fit présent au trésor de l'église d'une mitre en broderie, ornée de pierres précieuses. Vingt ans auparavant, il avait acheté des religieux de Moutiers-Saint-Jean une autre mitre du prix de cent francs d'or. Le roi Charles V avait pris l'abbaye de Saint-Germain sous sa protection spéciale, disant qu'il voulait qu'elle jouît des mêmes immunités et des mêmes priviléges que les églises qui sont de fondation royale. Charles VI la libéra, en 1388, de l'obligation d'envoyer des charriots et des *sommiers*, c'est-à-dire des chevaux de trait aux armées royales. Cette exemption fut enregistrée à la chambre des comptes. Ce prince, désirant avoir part aux prières des moines, déchargea à cette intention de toute espèce d'impôts le domaine que l'abbé se proposait d'acheter avec les six cents livres tournois que lui avait données Jean, duc de Berry, oncle du roi.

Craignant que les reliques de saint Thibaut ne subissent quelques profanations pendant les guerres civiles, les religieux les transportèrent solennellement dans l'église de Saint-Germain. Le doyen et les chanoines de la cathédrale vinrent grossir le concours qui eut lieu à cette pieuse cérémonie. L'abbé en détacha un des bras qu'il fit enchâsser dans un reliquaire de pur argent (1).

Tous ceux qui attentèrent aux droits et aux immunités du monastère, trouvèrent dans l'abbé de Balore un rude adversaire. Pendant les troubles du royaume, les membres du baillage d'Auxerre s'étaient rendus coupables d'un abus de pouvoir. Cet abbé les traduisit devant la cour du parlement et fit rendre, en 1404, un arrêt qui eut de la célébrité dans le temps. Gasselin du Bon, bailli de Sens et d'Auxerre, Jean Mauduit, son lieutenant au baillage, Regnier-le-Jeune, son lieutenant dans la capitainerie, Pierre de Cousinet, procureur du roi, Baudry, avocat, et Jean Boursier, aussi avocat et conseiller du roi, se virent condamnés à faire amende honorable à l'abbé et aux religieux (2). Louis XI, par des lettres patentes de l'an 1466, déclara que le monastère de Saint-Germain était exempt de la juridiction du bailli et du prévôt d'Auxerre; qu'il avait toute justice haute, moyenne et basse, de même que le comte l'avait dans son comté, et que cette justice s'éten-

(1) Dom Viole, t. 2, p. 1087.
(2) Ibid, p. 1090.

dait à tous ses officiers et à tous ses sujets (1). Louis XIII fit la même déclaration en 1601.

Lorsque l'évêque d'Auxerre donnait les investitures des bénéfices pour lesquels l'abbé de Saint-Germain présentait des sujets, de Balore voulait qu'on insérât dans l'acte que son monastère relevait immédiatement du Saint-Siége. Michel de Creney, évêque d'Auxerre, ayant voulu supprimer cette clause, l'abbé lui prouva par des chartes authentiques, que son indépendance était incontestable. Sa sollicitude s'étendait aussi sur tous les prieurés du monastère. Sachant que Philibert de Méry, prieur de Decize, ne menait pas une vie conforme à la sainteté de son caractère et qu'il laissait tomber en ruines les bâtiments de son prieuré, il l'obligea, sous peine d'inobédience, à changer de vie et à comparaître devant le frère Jean de Montancaulme (2), son grand vicaire et prieur de l'abbaye, pour rendre compte de sa conduite (1407). Il inspirait sans cesse aux frères une grande estime pour leur saint état, et il leur faisait sentir le bonheur qu'ils avaient d'y être appelés. Étant tombé dangereusement malade, il les fit venir près de son lit, leur annonça qu'il allait bientôt être séparé d'eux, les exhorta à observer la règle, à conserver la charité fraternelle et expira dans de grands sentiments de piété, en 1408, après avoir gouverné le monastère pendant trente-trois ans.

JEAN DE NANTON.

Issu de l'illustre famille de ce nom en Châlonnais, Jean, plein de mépris pour les choses de ce monde, abandonna sans peine la maison paternelle, et se livra au service de

1) Dom Viole, t. 2, p. 1127.
2) Appelé ailleurs Montantéaume.

Dieu avec une extrême ferveur. Il fit de rapides progrès dans les sciences; il fut reçu docteur dans le droit civil et dans le droit canon. On pense qu'il était religieux profès lorsqu'il fut appelé à monter sur le siége abbatial de Saint-Germain. Il était proche parent de Jacques de Nanton, prieur de Moutiers, en 1400, et de dom Hugues de Nanton, doyen de Requeneux (1). Les guerres civiles auxquelles le royaume de France était en proie, ne lui permirent pas de faire, pour son monastère, tout le bien que son nom et ses vertus semblaient promettre.

On voit que de son temps les abbés avaient coutume de donner régulièrement *des festins* aux religieux à la fête de Noël, à celle de Pâques et aux deux fêtes de saint Germain (2). Les archives d'Auxerre nous apprennent aussi que les gouverneurs, échevins ou maires faisaient présent, au nom de toute la ville, aux religieux et à l'abbé, le jour de sa fête, d'un muid du meilleur vin des environs. On ne sait pas si ces dons avaient lieu chaque année, ou seulement lorsque l'abbé prenait possesssion de son siége (3). Les évêques d'Auxerre recevaient fréquemment de semblables présents.

En 1412, le roi Charles VI donna ordre aux religieux de conduire à Paris un charriot et cinq chevaux pour le service de l'armée qu'on assemblait pour combattre le duc d'Orléans. L'abbé exhiba ses chartes d'exemption et le roi révoqua ses ordres.

L'année suivante, l'abbaye de Saint-Germain hérita d'un habitant d'Aucep, mort sans enfants, cent écus d'or et dix muids de vin qui suppléèrent à la nullité de ses revenus,

---

(1) Dom Viole, t. 2, p. 1091.
(2) On lit seulement dans les archives de la ville : « Donné un muid de vin aux religieux et abbé de Saint-Germain pour la fête dudit abbé. »
(3) Dom Viole, p. 1094.

car elle ressentait tout le poids des malheurs que les guerres civiles traînaient après elles. Les rentes dues dans l'Auxerrois ne se payaient plus; les travaux de l'église demeuraient suspendus; la fabrique ne pouvait plus suffire aux besoins ordinaires. Pour relever ses affaires, l'abbé de Nanton travailla à lui faire obtenir les biens du prieuré de Moutiers. Il exposa que les revenus ne suffisaient pas même à l'entretien des vastes bâtiments qui s'y trouvaient. On ne considéra pas que la détresse générale occasionnée par les guerres était la cause de cette situation fâcheuse. Sa suppression fut décidée, et ses riches domaines réunis à la fabrique de l'église de Saint-Germain. On mit cependant pour condition qu'il y aurait toujours un certain nombre de religieux. Ce prieuré était alors occupé par un ami de l'abbé, nommé Antoine, prêtre cardinal du titre de sainte Cécile, qui donna sa démission. Ce fut le dernier titulaire de Moutiers. Au lieu de créer des établissements, l'abbé travaille à les supprimer : c'était l'année 1404. La bulle attribue la décadence du prieuré de Moutiers aux guerres, aux mortalités, à la peste et aux autres calamités qui affligèrent la contrée (1). Le frère Jean Boursier, auquel on en confia l'administration, devait payer tous les ans deux cents livres pour la fabrique de l'église de Saint-Germain, vingt-sept à l'abbé et trente-trois au couvent, selon l'ancienne coutume. Il devait en outre célébrer ou faire célébrer le service divin à Moutiers et pourvoir aux besoins des religieux qui s'y trouvaient.

Ce même administrateur laissa surprendre, par sa négligence, la forteresse de ce prieuré, dans laquelle les soldats commirent des dégats considérables. On lui en retira

(1) *Propter guerras, mortalitates, pestes et alias tribulationes et calamitates plerasque, quæ partes illas diutius afflixerunt.* Cartul. de S.-G., f. 100.

aussitôt la garde et on la confia à Perrenet Gressard, seigneur de la Motte Josserand, gouverneur de la Puisaye. Comme il avait employé son crédit pour amener la suppression de cet établissement, il fut appelé à en partager les dépouilles. On lui en afferma les biens pour vingt années, moyennant cent livres par an ; il devait y entretenir trois religieux les dix premières années, et six les années suivantes. Ainsi il obtint les biens de ce prieuré à vil prix, parce qu'il devait en avoir la sauve-garde et que les religieux étaient menacés d'éprouver une perte totale de leurs revenus à cause de la guerre civile, car la Puisaye surtout était abandonnée à la violence des seigneurs du pays, qui, ayant embrassé des partis opposés, étaient continuellement en guerre les uns avec les autres. Ces derniers arrangements concernant la terre de Moutiers n'eurent lieu que sous le successeur de l'abbé de Nanton.

En 1412, on crut toucher à la fin des maux que causaient les guerres civiles. Le roi et les princes se réunirent à Auxerre pour y jurer solennellement de maintenir la paix qu'ils venaient de conclure. On y remarquait le roi Charles VI, le roi de Sicile, le prévôt de Paris, le duc de Guyenne, le duc de Bourgogne, celui de Bourbon et celui d'Orléans ; le comte de Vertus, le comte de Saint-Pol, connétable ; le chancelier du Bosc, beaucoup de grands dignitaires de l'Etat, les députés des principales villes de France, des archevêques, des évêques, des abbés, des comtes, des barons et des gentilshommes. Cette illustre assemblée se réunit dans une salle de l'abbaye de Saint-Germain, ornée de tapisseries de soies et d'étoffes d'or (1). Un trône était

---

(1) Lebeuf, dans une longue note insérée dans ses mémoires (t. 2, p. 272), s'efforce de prouver que cette assemblée eût lieu dans une salle dépendante de la cathédrale, et non à Saint-Germain. On voit que

préparé pour le roi sous un dais tissu d'or. Le chancelier déclara de sa part que le sujet de l'assemblée était de ratifier la paix conclue entre le duc de Bourgogne d'une part, le duc d'Orléans et le comte de Vertus d'autre part. Un secrétaire en ayant lu les articles, on plaça au milieu de la salle le livre des Evangiles et les reliques des saints que l'on avait apportées de l'église : alors les princes promirent par serment d'accomplir les conditions du

ce savant a cédé à un entraînement d'esprit de corps : il était chanoine de la cathédrale et, par conséquent, membre d'une congrégation en rivalité avec les moines de Saint-Germain pour les priviléges et les préséances dans les cérémonies publiques. Or, c'était un grand honneur d'avoir fourni des appartements pour tenir une assemblée aussi illustre. Voici l'opinion des historiens du temps :

Monstrelet dit qu'elle se tint hors de la ville d'Auxerre, proche une abbaye de nonains : ce qui doit se rapporter à Saint-Germain ou à Saint-Julien, également hors de la ville.

Le moine de Saint-Denis, que Lebeuf a suivi de préférence, place cette assemblée dans la plus grande salle de l'église cathédrale de Saint-Germain. Dans beaucoup d'exemplaires, le mot *cathédrale* ne se rencontre pas ; on lit seulement : dans la plus grande salle de l'église de Saint-Germain, *in ampliori curiâ ecclesiæ sancti Germani*. Le Laboureur, historien de France, dit positivement que l'assemblée se tint à Saint-Germain. Les châsses qu'on y apporta venaient plutôt de cette église que de la cathédrale, car depuis le neuvième siècle, presque toutes les reliques des églises de la ville y avaient été déposées. On sait d'ailleurs que les grandes abbayes, telles que Saint-Germain, Vézelay, Pontigny, se faisaient gloire d'avoir des salles immenses où elles pouvaient réunir jusqu'à quatre cents moines, et en outre des appartements considérables pour les hôtes illustres. En général, on ne trouvait rien de semblable dans les cathédrales. Les appartements de Fontaine-Jean, abbaye de la filiation de Pontigny, près de Montargis, étaient si spacieux, que le roi Philippe-de-Valois y logea avec toute sa cour en 1331. L'abbaye de Pontaut, autre fille de Pontigny, était si vaste, que les rois de Navarre y logèrent plusieurs fois avec toute leur suite, sans déranger les moines.

De Barante, dans son histoire des ducs de Bourgogne, qu'il a écrite sur la foi des anciens historiens, place aussi à Saint-Germain l'assemblée où fut jurée la paix de 1412.

traité. Le reste de l'assemblée fit les mêmes promesses: les princes, en mettant la main sur l'estomac, et les gentilshommes en élevant les leurs au ciel. L'enthousiasme et la bonne foi semblaient animer les esprits ; on termina par le chant du *Te Deum*, auquel toute l'assemblée assista à genoux.

La paix jurée avec tant de solennité ne tarda pas à être rompue et la guerre civile se ralluma dans les provinces. L'abbé de Nanton, qui ne partageait pas l'enthousiasme des Auxerrois pour le duc de Bourgogne, ne crut pas devoir rester au milieu d'une ville qui le regardait comme un ennemi public et où sa présence compromettait son abbaye. C'est pourquoi il se rendit à Paris, en 1414, et y demeura plusieurs années, livré à l'enseignement dans la faculté des décrets, c'est-à-dire du droit canon. Cela ne l'empêchait pas de diriger les affaires de son abbaye par le moyen d'un procureur avec lequel il était en correspondance. Il trouva même assez de crédit à Paris pour la faire décharger d'un demi-décime qu'on levait sur le clergé pour les ambassadeurs de l'église de France qu'on envoyait au concile de Constance. Il fut cependant obligé de payer au roi, en 1416, un décime entier pour le recouvrement d'Harfleur et pour d'autres places occupées par les Anglais, ce qui s'élevait à la somme de quatre-vingt-une livres tournois cinq deniers et une obole. Il se fit confirmer, à cette occasion, dans le droit de succéder aux bâtards qui décéderaient sans héritiers, tant à Irancy qu'au Mont-Saint-Sulpice.

Enfin la vie régulière de cet abbé, jointe à son savoir et à la noblesse de sa naissance, le fit élire archevêque de Sens en 1422. Il se fit sacrer à Paris, mais il ne put prendre possession de son siége. Les Anglais et les Bourguignons, persuadés que ses opinions politiques ne leur étaient pas favorables, lui fermèrent les portes de sa métropole. Son installation n'eût lieu que cinq ans plus tard, le 21 juin 1429. Les Anglais et le duc de Bourgogne, toujours persuadés qu'il favorisait secrètement Charles VII, le maltraitèrent et le reléguèrent au prieuré de Notre-Dame de Joigny, qu'ils lui assignèrent pour prison. Il eut beau dire, comme l'a répété depuis saint Vincent de Paul, que son parti était celui de Dieu, qu'il voulait rester étranger aux querelles des princes, il ne fut point écouté, parce qu'en révolution les esprits prévenus n'agissent que par passion. Il se résigna à demeurer au prieuré de Notre-Dame de Joigny, et fit même la dédicace de son église. Malgré les prévenances et les attentions qu'on avait pour lui, il était sans cesse consumé de chagrin et d'ennui en voyant son troupeau sans pasteur et son église saccagée par les gens de guerre. Tous ses moments étaient consacrés à la prière. Bientôt il devint indifférent aux choses de la terre et aux outrages des hommes; il ne songea plus qu'à se préparer au dernier des sacrifices : il tomba malade et mourut le 30 juin 1432.

Son corps fut inhumé dans l'église du prieuré de Notre-Dame, devant le grand-autel, revêtu de ses habits pontificaux. On lisait sur sa tombe deux épitaphes en latin rapportées par dom Viole; la première peut se traduire ainsi : « Moi Jean, dit de Nanton, issu de noble race et né en Bourgogne, habile dans le droit canon, j'ai été archevêque de Sens. J'ai quitté cette vallée de larmes lorsque le mois de juin comptait deux fois dix jours plus dix jours, et que s'écoulait l'an mil quatre fois cent et trente-deux. Couché dans la tombe, j'exhale une odeur fétide et je suis la proie des vers. Si vous savez lire cette épitaphe, vous qui avez été formé de poussière, qui que vous soyez, faites à Dieu de ferventes prières pour le repos de mon âme (1). »

(1) Ecclesiæ archiepiscopus eram Senonensis,
Canonicique peritus juris,

Vers l'an 1660, comme on exécutait quelques travaux dans l'église, on trouva le corps de cet archevêque qu'on laissa au même endroit, mais on transféra sa tombe dans une chapelle de la même église.

HERVÉ DE LUGNY.

Il naquit à Lugny, à quatre lieues de Mâcon, de famille noble. Il était grand prieur de Saint-Germain lorsqu'il fut appelé à prendre le timon des affaires de cette abbaye. Il se trouva à l'hôtel de ville, en 1414, avec Richard Colas, abbé de Saint-Marien, les gouverneurs du fait commun et plusieurs autres, tant du clergé que des principaux citoyens, pour vérifier les comptes de Jean Chacheray, receveur des impôts (1). On voit que les chefs des différents monastères de la ville prenaient part aux affaires publiques et qu'on avait recours à leurs lumières et à leur prudence : d'ailleurs, comme propriétaires fonciers, ils avaient intérêt à prendre connaissance du maniement des deniers publics.

Le pape Martin V permit au nouvel abbé de se faire bénir par quel évêque il voudrait, pourvu qu'il prêtât le serment de fidélité dans la forme prescrite par les bulles. Cette permission lui fut accordée, parce que l'évêque

    Defluxi lacrimarum valle,
    Johannes, cui cognomen de Nanton,
    Nobili genere procreatus,
    Et in Burgundiâ natus,
    Mille fluenti numero quadramplificatis
    Centum et triginta et dobus annis,
    Dum daret junius bis denos, diesque denos,
    Mortuus jaceo fœtens, et vermibus esca sum :
    Si hoc sis legere, terrà quicumque creatus,
    Pro me funde deo, quisquis legis ista, precatus.

(1) Dom Viole, mss, t. 2, p 1102.

d'Auxerre avait été obligé de s'éloigner du théâtre de la guerre. Hervé s'adressa à Etienne, évêque de Troyes, qui le bénit dans sa chapelle épiscopale, le 19 de mars 1423. Il était assisté de Nicolas, abbé de Celle, près de Troyes, et de Simon, abbé de Saint-Loup de la même ville. Cinq mois après, il prit possession de l'abbaye de Saint-Germain par le moyen de six procureurs à la fois, auxquels il donna un plein pouvoir de la gouverner, tant au spirituel qu'au temporel; c'étaient Jean de Courson, sous-prieur et chantre, Pierre Leroy, sacristain, Philibert de Nanton, trésorier, Liébaud de Lugny, chevalier, seigneur de Lugny et de Laisseau; Jacques de Lugny, damoiseau, seigneur de Gessey-le-Vieil, et *noble homme* Jean de Malet. L'abbé motivait son absence sur quelques affaires de l'Ordre, ne voulant pas avouer qu'il redoutait de se trouver au milieu des partisans du duc de Bourgogne. On pense que Liébaud et Jacques de Lugny étaient ses frères. Dans les actes publics, il prenait le titre d'*Hervé de Lugny, par la permission divine, abbé de Saint-Germain d'Auxerre, célérier d'Irancy et garde du scel de la dite célérerie.*

En 1425, il afferma une partie de la forêt d'Ervaux, vingt livres tournois, à Jean de Challon, chevalier, seigneur de Viteaux et de l'Isle-sous-Montréal. Voulant venir au secours des habitants de Diges, dont la plupart avaient été obligés d'abandonner leur pays pendant les guerres civiles, il leur déclara que pendant tout le temps qu'il gouvernerait les affaires de l'abbaye, leur impôt serait réduit à dix sous pour les plus riches et à une moindre somme pour les autres, selon les facultés de chacun d'eux. Une transaction passée le 16 juin 1442, entre ces habitants, l'abbé et le couvent de Saint-Germain, assura la stabilité de ces concessions. C'était une sorte d'affranchissement tel qu'on en passait communément alors.

Jean de Saulx, prieur de Saint-Léger, fut excommunié en 1448, parce qu'il avait refusé de recevoir trois religieux que l'abbé de Saint-Germain lui avait envoyé en obédience. Deux ans après, il obligea le même prieur à dépenser six cents livres pour réparer les bâtiments de son prieuré.

En 1449, lorsque Pierre de Longueil prit possession de l'évêché d'Auxerre, Hervé le reçut dans le monastère, mais il ne daigna pas lui offrir une chambre pour passer la nuit, il se contenta de lui donner deux tasses d'argent pesant un marc et estimées dix livres tournois, disant que les réglements dressés par les papes n'allaient pas au-delà. L'évêque profita de cette circonstance pour lui intenter un procès qui se compliqua encore par ce qui arriva quelque temps après. Le 15 février de l'année suivante, comme on faisait une procession par la ville au sujet des calamités publiques, l'abbé de Saint-Germain y parut la crosse à la main et la mître sur la tête, selon les priviléges de son abbaye. L'évêque prétendit qu'il ne pouvait se revêtir de ses habits pontificaux que dans l'intérieur de son monastère. L'abbé avait aussi donné la bénédiction solennelle à la fin de la grande messe qui fut célébrée dans l'église de Saint-Germain le jour de la fête patronale, par Guillaume de Leigne, prieur claustral, en présence des chanoines et de l'évêque lui-même, qui prétendit encore que l'abbé ne pouvait donner la bénédiction solennelle lorsqu'il était présent. C'est pourquoi il le cita par devant Guillaume de Touteville, cardinal légat en France, qui fit prendre des informations par Pierre Aurard, abbé de Saint-Marien. Quelque temps après, les deux contendants remirent leur différent à l'arbitrage de l'abbé de Vézelay et de celui de Saint-Martin d'Autun. Ils passèrent un compromis en 1452. La mort ne permit point à l'abbé de Saint-Germain de voir l'issue de cette contestation, car il mourut cette même année, après avoir tenu le sceptre abbatial pendant trente ans. Il avait traversé une des périodes les plus calamiteuses de notre histoire. La rudesse des procédés dont usèrent réciproquement entre eux l'abbé de Saint-Germain et l'évêque d'Auxerre, nous donnent une idée des mœurs de ce siècle, dont l'éducation avait été faite au milieu des guerres civiles.

HUGUES DE TYARD.

Hugues, licencié en droit, frère de Jean de Tyard, seigneur du Mont-Saint-Sulpice et de Villefargeau, lieutenant du gouverneur de la ville et du comté d'Auxerre, descendait d'une noble et ancienne famille de ce nom, en Chalonnais. Dom Viole conjecture qu'il était neveu ou parent de son prédécesseur, parce qu'il a trouvé les armes des de Lugny unies à celle de Tyard.

On voit que les moines de Saint-Germain tiennent toujours à avoir à leur tête un abbé sorti d'une haute noblesse, pensant que sa présence ajoutait un nouveau lustre à leur monastère. C'est pourquoi dom Viole consacre des pages entières pour démontrer leur noble origine. Il s'étend sur les alliances de leurs familles et sur les grands hommes qui en sont sortis. Les mœurs et les intérêts du siècle avaient pervertis depuis longtemps la règle de saint Benoît, qui veut que la naissance ne puisse jamais être comptée pour l'admissibilité aux honneurs ; elle défend impérieusement de rien exiger pour la réception d'un frère, si ce n'est un don purement volontaire. Toutes les charges dont disposait l'abbé devaient être accordées au plus digne : celui qui recevait de l'argent ou des présents, qui cédait à une brigue, était puni de l'excommunication. Ce caractère d'égalité chrétienne rehaussait infiniment la vie religieuse dans les siècles d'esclavage. D'ailleurs, il appartenait à une règle fondée sur la vraie doctrine de l'Église de garder intacts les droits du mérite et de la vertu.

Hugues de Tyard, plein de lumières et de bonne renommée, était en cour de Rome lorsqu'il fut nommé abbé de Saint-Germain par le pape Martin V, le 24 janvier 1453. Il prit possession le 15 avril suivant, après avoir été béni avec les cérémonies accoutumées (1). L'année suivante, l'abbé de Vézelay et celui de Saint-Martin d'Autun rendirent leur jugement sur deux points du procès intervenu entre Pierre de Longueil, évêque d'Auxerre, et Hervé de Lugny, abbé de Saint-Germain. Dans le premier cas, ils condamnèrent l'abbé et les religieux à aller, par honneur, au-devant des évêques d'Auxerre à leur joyeux avènement, et à leur offrir ensuite une chambre pour passer la nuit. Dans le second, ils déclarèrent que les évêques d'Auxerre ne pouvaient empêcher les abbés de Saint-Germain de marcher processionnellement par la ville avec la crosse et la mitre. Il n'est pas parlé de la bénédiction donnée par l'abbé en présence de l'évêque, il fut sans doute maintenu dans ce privilége.

Hugues de Tyard continua l'œuvre de ses prédécesseurs relative à la liberté des peuples, il affranchit Cussy-les-Courgis, en 1456. Cinq habitants de ce village lui présentèrent une supplique dans laquelle ils firent une peinture effrayante de leur situation. Ils exposèrent que les guerres qui avaient eu lieu en France, et surtout dans l'Auxerrois, jointes à la mainmorte, à la taille et aux autres droits de servitude, que l'abbé et les religieux avaient sur les *manans* et habitants de Cussy-les-Courgis, en avaient diminué la population. C'est ce qu'on trouve dans leur exposé: « *Icelle ville de Cussy feust et soyt demourée inhabitée et dépopulée et que long temps avait qui n'y avait*

(1) Dom Viole, t. 2, p. 1115.

demeuré ne demeuroit personne quelz conques, pourquoy les maisons et édifices estoient tous en ruynes, et les autres héritaiges ou la plus grant partie d'iceulx en désert : et pourroient encoures plus estre pourre que personne n'y queroit demorer, ne labourer (1). L'abbé et les religieux se rendant à leur prière, remirent, quittèrent et adnullèrent du tout en tout perpétuellement, *la mainmorte, ensemble la taille et coutume d'orge et d'avoine qu'ilz avoient, au dit lieu de Cussy, sur les manans et habitans d'icellui lieu, et sur les biens et héritaiges situés et assis au dit lieu justice et finaige et territoire d'illet.* En retour, les habitants s'obligèrent à payer chaque année, dix deniers tournois, par arpent de vigne ou de terre, et quinze par chaque habitant, *tenant feu, clert ou non clert*, pour droit de bourgeoisie. Ceux qui se seraient refusé au paiement, devaient demeurer mainmortables. La justice haute, moyenne et basse, continua d'appartenir aux religieux, comme auparavant.

Ces conditions d'affranchissement parurent tellement avantageuses, que, deux jours après, les principaux propriétaires forains tant de Courgis que de Chablis s'assemblèrent, au nombre de trente-six, pour ratifier la transaction d'amortissement telle qu'elle avait été passée à Cussy entre l'abbé de Saint-Germain et les cinq habitants de ce village, qui étaient, Jean Pinon, Jean Liverneau, Jean Chappotin, Guillaume Saulvage et Robin-le-Beau. Cette ratification fut passée par devant Jean La Toille, prêtre, tabellion juré de la juridiction de Cussy, et Jean Toillon, aussi prêtre, maître ès-arts, chanoine d'Auxerre, curé et chanoine de Chablis, garde du scel de la même juridiction (2).

(1) Cartul. de S.-G., f. 174 et 175.
(2) Ibid, f. 176.

Les habitants d'Héry furent affranchis, en 1459, et ceux de Bleigny-le-Carreau, en 1478. Pour donner une idée plus étendue de ces affranchissements, voici quelques détails sur ceux d'Héry et de Bleigny-le-Carreau, dont nous avons aussi les chartes.

L'abbé de Saint-Germain, après avoir réuni les habitants d'Héry dans le château de cette commune, au nombre de trente-trois : *C'étoit la plus grant et saine partie des habitans*. Il leur déclara que *avoient iceulx religieux abbé et convent de tout en tout quitté, remis, delaissé perpétuellement et promis de non pour ce plus doresnavant demander aucun droit aux manans et habitans du dit lieu d'Ery, à leurs successeurs ou autres quelz conques, ne pour raison d'icelle mainmorte, faire aucune action, querelle, ne poursuite, en aucune manière. Pour récompensation*, les habitants s'obligèrent à donner aux religieux *six vingts escus d'or*. La charte contient vingt-cinq articles. Plusieurs sont pour aller au-devant des abus qui pouvaient surgir de cette émancipation. Les religieux demandèrent que si l'un d'eux voulait vendre ses propriétés, il les en prévînt, pour leur en donner la préférence. Divers réglements ont pour but d'empêcher les délits, d'autres sont pour faciliter la rentrée de quelques impôts, auxquels les habitants se soumirent.

Chaque arpent de terre fut imposé à cinq deniers tournois, le droit de bourgeoisie devait s'élever depuis douze deniers pour la veuve jusqu'à douze sous tournois pour le plus riche. La répartition devait être faite par le procureur de l'abbaye et par quatre habitants, élus par la commune entière, afin que personne ne fut imposé au-delà de ses facultés.

Un usage singulier, c'est que chaque nouveau marié, *tant varlet que pucelle*, devait un droit appellé *mez* (1),

(1) Jusque vers 1815, pendant la nuit du premier mai, la plupart des

c'était *deux pièces de char* (1) *diverses*, ou deux morceaux de viande, *une quarte de vin* (2), un pain de chapitre (3), un pot, un plat, un tranchoir, ou trois sous tournois. Ce droit devait être payé le lendemain des noces, pendant vêpres. On appellait *varlet*, un page de chevalier. Ainsi, cette redevance n'était due, ni par les *manans* ou simples particuliers, ni par les veuves qui se remariaient.

Le droit de coutume fixé à six bichets pour certaines terres, fut réduit à trois.

La grande dîme fut taxée au douzième; le dîmeur devait prendre dans les champs de douze gerbes l'une; la dîme de la laine, des agneaux, celle des porcs et celle des veaux, fut également fixée au douzième : lorsque le dîmeur arrivera, dit la charte, le propriétaire sera libre de retirer six toisons et six agneaux et de le laisser choisir dans le reste; s'il ne se trouve que onze agneaux ou moins encore, le dîmeur se contentera d'un denier tournois par agneau. Il en sera de même des laines. La dîme du vin demeura fixée au vingtième. La menue dîme, c'est-à-dire celle des pois, des fèves, du chanvre, fut arrêtée au douzième.

Toute la rivière, depuis Hauterive jusqu'au-dessous de Rouvray, demeura en propriété aux religieux de Saint-Germain. Les habitants d'Héry pouvaient pêcher à la truble de deux pieds de large, à *latiquet* (4), à la main,

---

jeunes gens d'Héry et de Seignelay dressaient, chacun devant la porte de celle qu'ils avaient demandée en mariage, un *mez* ou *mai* : c'était un baliveau choisi dans la forêt. La surveillance des gardes forestiers a fait cesser cet usage qui remontait à des temps reculés.

(1) C'est ainsi qu'on prononce le mot *chair* à Héry et aux environs.

(2) On appelle *quart* la moitié d'une feuillette qui est le quart du muid. On nomme aussi *quarte* un demi-boisseau, qui est le quart du bichet.

(3) C'était un pain d'environ une livre et demie, tels qu'on les distribuait aux chanoines.

(4) On appelle encore *étiquet* un petit filet attaché au bout d'une

sans plunger et sans mouiller la tête (1). Ils eurent aussi, comme au temps passé, la jouissance d'un droit d'usage, entre la forêt de Montaigu, celle de Villeneuve-Saint-Salve, le rû de Sougère et les ormes de Malevaux.

Les religieux se réservèrent la liberté de reprendre les *estrennes* ou propriétés abandonnées à la suite des guerres, et d'en disposer à leur volonté. Ce passage montre que le pays avait éprouvé de grands malheurs, le siècle précédent, et que la population avait diminué.

Les habitants seront obligés, dit la charte, de faire vérifier tous les ans, leurs boisseaux, leurs aunes, leurs pintes (2), leurs poids et autres mesures.

S'il survient une guerre ou s'il y avait des gendarmes au pays ou dans les lieux voisins, ils seront tenus de faire *guet et garde* dans la forteresse d'Héry. Si l'abbaye de Saint-Germain avait besoin de secours, ou si la vie de l'abbé courait des dangers, ils devront encore prendre les armes pour leur défense d'après l'ordre du prieur et des religieux.

Toutes ces conditions acceptées par les habitants et consenties par les religieux et *le révérend père en Dieu monseigneur l'abbé*, furent scellées du sceau de Jean Odenaux, notaire juré.

On voit par le titre d'affranchissement de Bleigny-le-

---

perche que l'on traine dans l'eau pour pêcher, surtout lorsqu'elle est trouble.

(1) J'ai entendu raconter plusieurs traits de pêcheurs qui, au XVIIe siècle, plongeaient dans les fosses du Serain, d'où ils rapportaient le poisson dans leur bouche, dans leurs mains et jusque sous leurs aisselles. Cette pêche périlleuse n'entre plus dans nos mœurs.

(2) La pinte, la chopine et le demi-setier étaient des vases en étain dont on se servait dans les auberges pour mesurer les liquides. La pinte contenait un litre et demi, la chopine la moitié de la pinte, et le demi-setier la moitié de la chopine. Une loi du 2 novembre 1801 supprima ces mesures.

Carreau que l'abbé et les religieux, assemblés dans le chapitre, déclarèrent que *désirant le bien et entretenement de leurs subjetz et repopulation de leurs terres et seigneriez... quitèrent, abolirent, remirent et du tout adnullerent tout le droit de mainmorte réelle, personnelle et autres qu'ilz auoient et pouoient auoir au dit lieu, justice, perroisse, finaige et territoire de Bleigny, tant sur les personnes, héritaiges, biens, meubles, conquetz comme autrement... que leur postéritez et lignées puissent doresnauant succéder et hériter les ungs aux autres en lignée directe comme collatéralle.*

Les dignitaires de l'abbaye sont nommés dans l'ordre suivant : on trouve d'abord *révérend père en Dieu monseigneur Hugues de Tyard, licencié en décrets, par la permission divine abbé du monastère de Saint-Germain ;* ensuite, *religieuse personne et honeste,* maistre Guy Ameline, docteur en décrets, grand prieur, frère Guillaume Bailly, sous-prieur et infirmier, Jean Arnault, chantre et tiers-prieur, Jean de Houppes, prieur de Saint-Sauveur, Jean Chatelain, aumônier, Jean Pyon, trésorier, Jean Poiré, sacristain, Jacques de Richarmes, Pierre de Houppes, ouvrier, Michel le Moyne, Pierre Cousin, Guy Guerry et Philibert de Verne, *faisans la plus grant et saine partie de tous les religieux du convent de la dite esglise, assemblez au son de la clouche, en la manière et heure accoutumée, pour les besougnes et affaires de leur dite esglise.*

Les habitans de Bleigny comparurent au nombre de sept, savoir : Colas Darlot, Guillaume Quarreau, Jean Darlot, Jean Jaquot, Jean Regnault, Jean Jossot et Thomas Premery, *tous manans et habitans du village de Bleigny, appartenant aux diz religieux abbés et convent.* Ils consentirent à payer tous les ans, six deniers tournois par arpent de terre, de *concise* (1), de bois, de désert ou autre

---

(1) On appelle *concise* l'enclos qui tient à la maison. Cette dénomina-

héritage. La grande dîme, c'est-à-dire celle du blé et du vin, fut fixée à la vingt-quatrième partie des produits. La menue dîme, celle du *chamble tant masle comme de la femelle,* celle des porcs, des agneaux, de la laine, fut aussi fixée à la vingt-quatrième partie. Cette dîme est bien inférieure à celle qui avait été arrêtée pour Héry, dix-neuf ans auparavant, ce qu'on doit attribuer au sol qui est plus fertile à Héry qu'à Bleigny. Les habitants furent tenus de cuire au four banal des religieux et de donner un pain sur vingt. Ils ne purent avoir dans leurs maisons qu'un petit four propre à cuire *tartes et pâtés.* Le droit de bourgeoisie fut fixé, comme à Héry, depuis douze deniers jusqu'à dix sous tournois. Le procureur de l'abbaye devait en faire la répartition avec deux habitants de Bleigny qui auraient été élus par la commune entière. Les clercs et les mendiants étaient exempts de cette charge.

Les religieux accordèrent la faculté de conduire le gros et le menu bétail dans tous leurs bois, situés dans la justice de Bleigny, excepté pendant *le temps et la saison de grenier*, c'est-à-dire durant les derniers mois de l'année pendant lesquels la graine tombe des arbres. Cependant, dit la charte, si les habitants veulent donner, tous les ans, un bichet d'avoine par ménage, ils pourront conduire leur bétail dans les bois de l'abbaye, pendant toutes les saisons de l'année.

Les habitants de Bleigny promirent *par leur foi donnée convenablement en la main du juré Blaise Moirotte*, clerc tabellion, de garder fidèlement ces promesses et accords, et les religieux *soubz le vœu de leur religion,* promirent de ne jamais revenir sur cette manumission (1). Ces affran-

tion est aussi en usage à Héry et aux environs; au midi de l'Avallonais, on appelle cette propriété *Ouche*, en latin *Oschia*, expression que l'on rencontre fréquemment dans les titres passés à Auxerre au xII[e] siècle.

(1) Cartul. de S.-G., f. 191 et suiv.

chissements étaient accueillis avec des transports de joie par les populations, qui espéraient trouver dans leur nouvelle position une ère de bonheur et de prospérité.

En 1469, la taille de cinquante livres que le village d'Escamps payait à l'abbaye de Saint-Germain, en échange du droit de mainmorte, fut remplacée, pendant la vie de l'abbé de Tyard, par un droit de dix sous par feu pour le plus riche habitant et par de moindres sommes pour les autres. « *A cause que le dit lieu d'Escam, tant au moyen des guerres qui j'a pieça ont esté en ce royaulme, comme de la pestilence qui nagueres y a couru, est très-peu peuplé et que la pluspart des maisons et héritaiges du dit lieu d'Escam sont encore en ruyne, friche et désert.* »

Plusieurs affaires temporelles furent réglées à l'avantage du monastère par l'abbé. Il détermina, en 1457, les limites de la justice de Lucy-le-Bois, pour mettre fin aux réclamations de Jean de Challon, chevalier, seigneur de Viteaux et de l'Isle-sous-Montréal. L'année suivante, il remit entre les mains du curé d'Adom-sur-Loire, dont la paroisse dépendait de celle de Sommecaise, le corps de sainte Berthe, à la charge de le transporter avec les cérémonies convenables dans la chapelle dédiée à cette sainte, et de l'exposer sous les yeux des fidèles le jour de sa fête, afin qu'on pût rendre un hommage public à ses restes vénérés.

Le pape Calixte chargea Hugues de Tyard de se joindre à l'abbé du monastère de Sainte-Colombe, de Sens, pour lui aider à recouvrer différents biens enlevés à son monastère. Il échangea, en 1462, les censives qu'il possédait dans la baronnie de Seignelay, avec Philippe de Savoisy, qui en était seigneur, pour cinq arpents de prés. Cette propriété, située près de la Grandvaux, fut possédée par l'abbaye de Saint-Germain jusqu'en 1790.

Le 18 avril 1462, qui était le jour de Pâques, tout le prieuré de Mazilles devint la proie des flammes. Le prieur Antoine de Diou le rebâtit aussitôt dans un goût plus moderne.

La clôture de l'abbaye de Saint-Germain était considérable ; elle comprenait beaucoup de bâtiments renfermés dans une enceinte de fossés profonds et de hautes murailles crenelées et soutenues par de grosses tours. Ces fortifications protégeaient la ville au nord et au couchant ; elles s'étendaient depuis la porte de Saint-Siméon jusqu'à celle de Villeneuve, aujourd'hui la Tournelle. C'est ce qu'on appelait le château de Saint-Germain ou le Château-Saint-Germain. L'épaisseur des murs était telle qu'on avait construit au haut une suite d'appartements, appelés les salles de Saint-Germain ; quelques-unes, telle que celle de Navarre, étaient seulement appuyées sur le mur de fortification. Ces différentes pièces communiquaient entre elles par des galeries couvertes. A leur extrémité, se trouvait la tour du Satre et deux huis ou passages au bout de la grange des religieux.

Pendant les guerres, les abbés avaient été obligés de laisser un libre passage sur les murs, ainsi que par les salles et par les huis. Lorsque la tranquillité fut rétablie dans l'Etat, ils se crurent en droit de reprendre la jouissance exclusive des lieux fortifiés de l'enclos de leur monastère, car les allées et les venues des séculiers, tant le jour que la nuit, troublaient continuellement leur solitude. C'est pourquoi, en 1469, ils firent fermer l'entrée des différents passages qui donnaient vue sur leur établissement. Les auxerrois élevèrent aussitôt des réclamations ; une enquête eut lieu ; on convoqua une assemblée générale. Les religieux y parurent au nombre de seize, ayant à leur tête Hugues de Tyard, leur abbé, frère Simon de *Saint-Seigne*, licencié en décrets, grand prieur et prieur de Griselles, et Guillaume Bailli, sous-prieur et infirmier.

Les principaux habitants d'Auxerre sont cités en grand

nombre. On remarque *nobles hommes.* Jean Regnier-le-Jeune, écuyer, seigneur de Montmercy, conseiller et *écuyer d'écurie* de monseigneur le duc de Bourgogne, bailli d'Auxerre, et Jean de Tyard, seigneur du Mont-Saint-*Supplies,* frère de l'abbé de Saint-Germain, gruyer d'Auxerre et lieutenant de noble seigneur messire Tristan de Tolongeon, chevalier, gouverneur du comté. Ils dirent que les habitants de la ville jouissaient du droit de passage en cet endroit, depuis plus de cent vingt ans, et même de temps immémorial, soit en temps de paix, soit en temps de guerre, et qu'ils entretenaient eux-mêmes ces remparts. Les religieux affirmèrent, de leur côté, que les salles de la tour du Satre, les galeries qui étaient entre cette tour et la grande salle de Navarre, étaient leurs propriétés, et qu'ils pouvaient en interdire le passage, ajoutant qu'ils avaient des titres qui leur donnaient le droit d'ouvrir une porte dans cette partie de la muraille appelée la porte du cloux ou Clos Saint-Germain, et d'en avoir exclusivement la garde ; qu'ils pouvaient encore faire d'autres ouvertures et bâtir à leur volonté sur les murailles ; que leur droit sur cette partie des fortifications de la ville s'étendait depuis la porte de Saint-Siméon jusqu'à la grange du monastère, et de là, en tournant, jusqu'à la fontaine de Saint-Germain.

Les religieux voyant combien les habitants d'Auxerre tenaient à conserver la jouissance d'un passage sur les remparts, consentirent, pour le bien de la paix, à abandonner leurs droits, moyennant certaines conditions qui furent acceptées. Ils se réservèrent d'abord le droit de justice dans tous les lieux qu'ils concédaient, ils retinrent la chapelle haute de Saint-Maurice et la liberté d'aller sur les murailles. Pour donner au monastère une clôture convenable de ce côté, les habitants de la ville s'obligèrent à faire construire, dans l'espace de quatre années, un mur de dix pieds de hauteur sur deux d'épaisseur ; il devait longer les fortifications, en laissant entre elles et ce dernier, un passage de voiture; il devait commencer au coin de la grange du monastère, passer sous la chapelle de Saint-Maurice, au pied du pignon de la salle de Navarre, et de là vers un autre mur qui faisait la *fermeté de Maubrun* et du jardin, enfin vers l'*eschiffe*, où l'on faisait le guet le jour et la nuit, *par temps de division*. Les prisons, qui tenaient à la tour du Satre, devaient être démolies et les matériaux employés à en construire d'autres. La salle de Navarre fut conservée, et les autres pièces construites sur les murailles furent démolies, selon les conventions, et les matériaux remis aux religieux, comme étant leur propriété. Les habitants s'obligèrent, en outre, à leur donner huit cents livres tournois pour les dédommager, et à renoncer à leur prétentions sur certaines parties de la rivière, en aval, jusqu'à Notre-Dame-des-Isles (1).

Autrefois, le monastère, séparé de la ville, bien mieux fortifié qu'elle ne l'était elle-même, passait pour un boulevard imprenable. Des miracles avaient été opérés pour le sauver du pillage. Cette position distinguée donnait au peuple une haute idée de l'abbaye de Saint-Germain : c'était une puissance qui occupait un lieu culminant de la ville et à laquelle les citoyens reconnaissaient des droits de suzeraineté et payaient un tribut. Les moines avaient commis une faute en permettant de lier les fortifications de leur monastère à celles de la ville, à laquelle ses destinées furent désormais attachées. Dans l'accord de 1460, leurs concessions vont bien plus loin : Ils font l'abandon de leurs murailles, raccourcissent leur enceinte et se confondent avec la ville. Que les ennemis approchent, que des malveillants excitent des séditions, l'abbé ne peut plus

---

(1) Cartul. de S.-G., p. 179 et suiv.

lever ses ponts-levis ; l'expérience ne tarda pas à le prouver. Comme les citoyens finissaient la nouvelle enceinte, le bailli et quelques séditieux excitèrent une émeute contre l'abbé, parce qu'il passait dans l'opinion publique pour être attaché à Louis XI et non à Charles-le-Téméraire, duc de Bourgogne, pour lequel la ville d'Auxerre s'était prononcée. La populace courut aux armes, marcha droit au monastère, et renversa le mur de clôture ; ne trouvant pas l'abbé, elle s'acharna contre les édifices et détruisit des bâtiments. De Tyard en fut si effrayé qu'il quitta son abbaye, ne voulut plus l'habiter, et confia le gouvernement du temporel à Jean, son frère. Dans ce même temps, Guillaume Gonthier, ancien échevin, ayant voulu parler en faveur du roi, fut massacré. L'évêque d'Auxerre, qui ne partageait pas l'enthousiasme de ses diocésains pour le duc de Bourgogne, crut aussi ses jours en danger ; il s'enfuit à Varzy, où il mourut au bout de deux ans.

Comme la guerre civile était ruineuse pour la petite ville d'Irancy, parce qu'elle avait embrassé la cause du roi, le chapitre de Saint-Germain décida que Guillaume de Longueil, curé de cette ville, bachelier en décrets et archidiacre d'Auxerre, ne rendrait pour sa cure que vingt livres au lieu de quarante, tant que durerait la guerre. A l'exception de Saint-Bris, de Coulange-la-Vineuse et de Cravant, qui tenaient pour le duc de Bourgogne, tous les pays voisins d'Auxerre s'étaient déclarés pour le roi. Les représailles qui s'exerçaient de part et d'autre avaient mis la banlieue de cette ville au pillage : on ne pouvait y conduire aucunes provisions. Le sieur de Plancy et le bâtard de Seignelay, qui commandaient pour le roi, s'avancèrent jusques sous ses murs. Laissons les détails de cette guerre qui sortent de notre sujet. La misère et la consternation régnaient partout. Le clergé fit beaucoup de processions pour apaiser la colère de Dieu. De leur côté, les moines de Saint-Germain en firent aussi de fréquentes, à la prière des magistrats de la ville. On y porta solennellement les principales châsses des saints : comme celle de saint Germain, celle de saint Tiburce, ensuite celles de saint Aunaire, de saint Thibaut, de saint Romain et de saint Sébastien. Un grand concours se faisait remarquer à toutes ces processions, qui eurent lieu depuis l'année 1467 jusqu'en 1482. On priait aussi pour la cessation de la peste, fléau plus terrible que la guerre : ce qui détermina les habitants d'Auxerre à faire un vœu à saint Germain, en 1479. Ils offrirent, à cette occasion, de riches présents à son église (1). L'année suivante, ils firent hommage d'un ornement de soie pour mettre autour de sa châsse (2).

Antoine de Chabanne, seigneur de Saint-Fargeau, renouvela, en 1472, une de ces fondations que l'histoire a cessé d'offrir à notre admiration, depuis le treizième siècle. Il était comte de Dammartin, baron de Thory ou Thouxen-Champagne, de Remeyrat et de la Ginole, seigneur de Morey, de Crécy, des pays de Puisaye et de Bedeme, enfin grand maître d'hôtel de France. Il fonda à Saint-Fargeau une collégiale, composée de neuf membres, savoir : un doyen, qui était de droit curé de Saint-Fargeau, cinq chanoines, deux enfants de chœur et un sacristain. *C'est, dit-il, pour la bonne dévotion qu'avons envers notre seigneur et la ferme espérance, en l'aide de son glorieulx martir monseigneur saint Fergeau et singuliere affection a l'esglise d'icellui martir, assise et situé en notre ville de Saint-Fergeau, ès pays de Puisaye, ou diocèse d'Aucerre, affin que icellui benoist martir, soyt tousiours vray intercesseux, envers notre seigneur, pour nous, notre tres aimée compaigne, nos pré-*

---

(1) Viole, mss, t. 2.
(2) Leb., mém., t. 2, p. 471.

décesseuxs et successeuxs et aussi pour le salut et le remede de l'âme de feu prince de bonne mémoire, le feu roi Charles septièsme, que Dieu absoille, du quel avons reçu plusieurs grans biens et honneurs.

Considérans que de tout notre euvre mortel et transitoire, n'emporterons que le seul mérite devant la face du juge éternel, et aussi que, entre tous autres biens, aulmosne et charité sont à Dieu agréables aux quelz mesmement ceulx qui sont plus de prest de Dieu, sont plus obligez et plus leur profite à l'âme le bien fait en vie, que après la mort, de la quelle leure est à tous incertaine... fondons un college perpetuel du nombre de neuf personnes ecclesiastiques.

Pour assurer cette fondation, Antoine de Chabanne donna deux cents livres de rente, hypothèquées sur toute sa terre de Saint-Fargeau (1). Comme l'abbaye de Saint-Germain avait beaucoup de droits sur l'église de cette seigneurie, il fut convenu que le doyen serait présenté alternativement par l'abbé et par le seigneur de Saint-Fargeau. La nomination du sacristain et autres prérogatives de l'abbaye furent maintenues, sans préjudice de la fondation du comte de Chabanne.

---

(1) Les chanoines avaient chacun trente livres; le doyen avait davantage, à cause des oblations; le *marillier* ou sacristain recevait huit livres, et les enfants de chœur chacun quatre. Une pareille somme était destinée pour le luminaire. On devait ordinairement allumer deux cierges sur l'autel et quatre aux fêtes solennelles avec deux torches. Voici d'autres particularités de cette fondation : On devait dire, tous les jours, deux messes pour le fondateur, pour son épouse, Marguerite de Nanteuil, pour le roi Charles VII, pour les prédécesseurs et les successeurs du seigneur de Saint-Fargeau. On devait aussi chanter, dans l'église, Matines, Prime, Tierce, Midi (Sexte), Nones, Vêpres et Complies, aux heures convenables et à *haulte voix*, selon *l'eusaige de l'esglise d'Aucerre*. Les Matines devaient commencer à quatre ou cinq heures du matin. Le dimanche, la messe était en l'honneur de la Sainte Trinité; le lundi, pour les fidèles trépassés; le mardi,

L'abbé de Tyard était rentré dans son monastère en 1475. Le 5 janvier de l'année suivante, le duc de Bourgogne ayant été tué devant Nancy, aussitôt la ville d'Auxerre fit sa soumission à Louis XI, qui reçut ses députés avec bienveillance, leur déclarant qu'il pardonnait tout ce qu'on avait pu dire ou faire contre sa personne. La paix, bannie de l'Auxerrois depuis six ans, reparut comme un beau jour après la tempête.

Alors l'abbé de Saint-Germain s'adressa au parlement pour demander raison de l'insulte qu'il avait reçue et réparation des dommages que certains habitants d'Auxerre avaient causés à son abbaye, lorsque, dans une émeute, ils avaient pénétré dans son enceinte avec le dessein de lui ôter la vie. Les plus coupables furent traduits devant les tribunaux. Les débats prouvèrent que l'émeute avait été l'ouvrage du bailli et de cinq des principaux habitants de la ville. Une sentence du 13 septembre 1477 les condamna à relever les bâtiments démolis, ainsi qu'aux dépens, dommages et intérêts envers l'abbé et les religieux. Ceux-ci contents d'avoir confondu l'intrigue qui avait soulevé

on disait une messe du Saint-Esprit; le mercredi, elle était en mémoire du glorieux martyr saint Fargeau; le jeudi, c'était une messe du Saint-Sacrement; le vendredi, une de la Croix; et le samedi, une autre en l'honneur de Notre-Dame. Chacune de ces messes était annoncée par *trente cops par long traist à la grosse cloche*.

Le fondateur voulut que l'on fît, tous les dimanches, une procession autour de l'église, que l'on chantât le *De profundis* en passant devant le cimetière, et qu'en rentrant on entonnât, devant l'autel de Notre-Dame, le *Salve Regina* ou l'*Inviolata*, ou un autre répond avec l'oraison. Il voulut aussi que l'on célébrât un anniversaire chaque vendredi des quatre temps de l'année. On devait chanter aux vigiles neuf psaumes et autant de répons, et dire trois grandes messes *à notes, à dyacre et solz diacre*: la première du saint Esprit ou du jour, s'il y avait un office propre, la seconde de Notre-Dame, et la troisième des fidèles trépassés. Cart. de S.-G., f. 197, 198 et 199.

la populace contre leur monastère, se montrèrent grands et généreux envers leurs ennemis. Non-seulement ils leur firent grâce des dommages et intérêts, mais encore ils cédèrent à la ville plusieurs bâtiments qui touchaient les murailles d'enceinte et qui renfermaient de vastes salles (1).

La justice de l'abbaye de Saint-Germain ressortissait du baillage royal de Villeneuve-le-Roy et était indépendante de celui d'Auxerre, qui avait fait bien des tentatives pour la faire passer dans son ressort, mais toujours sans succès. Louis XI avait déclaré par ses lettres patentes du 20 août 1466, qu'il reconnaissait que l'abbé et les religieux étaient exempts de la juridiction du bailli et du prévôt d'Auxerre, qu'ils avaient la justice haute, moyenne et basse, comme le comte l'avait dans son district : il ajouta que cette exemption s'étendait à tous les officiers et à tous les sujets du monastère. L'abbaye avait aussi le droit exclusif de vendre le sel dans le ressort de sa justice. Trois ans plus tard, les Auxerrois s'étant rendus adjudicataires du grenier à sel de leur ville, remirent à l'abbé et aux religieux cent écus d'or pour qu'ils leur laissassent ce monopole.

En 1472, Marguerite Karoble leur rendit hommage pour le domaine de Reveillon, celui de Grangette et celui de Colangette. Une maladie survenue à l'abbé l'empêcha de mettre à exécution les lettres patentes du roi Charles VIII, pour limiter l'ancien domaine de l'abbaye. D'ailleurs, la plupart des gentilshommes intéressés dans cette affaire étaient retenus sous les drapeaux, à cause de la guerre : Il fit cependant un accord avec les enfants de Jean de Challon, seigneur de Vitteaux, et de Jeanne de la Tremoille, sa femme, pour les limites de la chatellenie de l'Isle-sous-

(1) Dom Viole, mss, t. 2, p. 1120.

Montréal. Ces enfants étaient Charles de Challon, seigneur de Pierre-Pertuis, Antoine, évêque d'Autun, le seigneur de Grignon et celui de Lorme.

En 1482, Antoine, seigneur de Bueil, comte de Sancerre, rendit hommage par procureur à l'abbé de Saint-Germain et à son église, en plein chapitre, pour la moitié de la terre de Pontnaissant. Il reconnut aussi l'obligation où il était de payer tous les ans, au monastère, vingt-une livres tournois (1).

Un trait rapporté dans la vie de l'abbé de Tyard montre combien les études étaient alors en honneur. Quoiqu'il fut d'un âge avancé, il se transporta à Paris, vers l'an 1489, se mit sur les bancs des écoles pour subir un examen, afin d'obtenir le titre de docteur en décrets : il était déjà licencié dans cette faculté. Ne pouvant supporter l'étude assidue, il tomba malade et fut obligé de revenir à Saint-Germain. Comme ses infirmités croissaient avec son âge, le roi Charles VIII l'obligea, en 1492, à prendre pour coadjuteur Claude de Charmes, abbé de Saint-Bénigne de Dijon. Le nouveau genre de vie qu'on lui imposait convenait si peu à son caractère, qu'il résigna immédiatement en faveur de Claude de Charmes, qui lui donna en échange le prieuré de Saint-Étienne de Beaune et celui de Notre-Dame de Palluau. Il retint aussi, pour sa vie seulement, six seigneuries qui étaient : Héry, Diges, Escamps, Saint-Germain, Saint-Thibaut et Bleigny. Il jouissait de ces réserves sous le nom de Claude de Charmes, car il prenait ordinairement le titre de « *Hugues de Tyard, naguère abbé de Saint-Germain, à présent prieur de Saint-Estienne de Beaulne, commendataire du prieuré de Notre-Dame de Palluau.* » Il mourut en 1502, comme on le voyait sur sa tombe placée devant l'autel de la chapelle de saint Pierre,

---

(1) Cartul. de S.-G., f. 177.

qu'il avait fondée. Ainsi il gouverna le monastère de Saint-Germain cinquante ans moins trois mois. Quoiqu'il se fût rendu recommandable par sa charité, son désintéressement et la régularité de sa vie, on a vu qu'il faillit être victime d'une émeute populaire. La mort de son frère, seigneur du Mont-Saint-Sulpice, arriva presque en même temps que la sienne. Cette famille a donné, depuis, deux évêques à la ville de Châlons.

Dom Viole parle d'un prieur, nommé Hugues de Tyard, envoyé par Claude de Charmes au prieuré de la Charité-sur-Loire, en 1495, pour demander jusqu'à six religieux, parce que les guerres et les contagions avaient décimé le monastère.

Comme on tardait à relever le mur de l'abbaye qui avait été abattu dans une émeute, le roi Charles VIII ordonna, en 1484, que dans le plus bref délai il fût remis dans son premier état. Par une autre ordonnance, il voulut que la poterne et le pont-levis fussent également rétablis ; c'est le nom que l'on donnait à une porte de communication entre le monastère et le clos, que l'on avait murée pendant les guerres. Comme on craignait encore quelque surprise de la part des ennemis, le roi exigea qu'on y plaçât une porte solide, fermant à trois clefs, que l'abbé confierait à trois notables religieux.

CLAUDE DE CHARMES.

Le pouvoir abbatial passa à Claude de Charmes. On loue la sagesse de son administration et la bonté de son caractère. Né dans le Dijonnais de famille noble, il entra au monastère de Saint-Bénigne de Dijon dès ses plus tendres années, il exerça successivement toutes les charges de la maison, telles que la soucellerie, l'aumônerie et la sacristie; enfin il en fut élu abbé en 1492. Sous sa conduite, cette abbaye acquit tant de régularité et le temporel s'accrut tellement, que les monastères voisins voulaient à l'envi se ranger sous sa direction. Il prit en commende celui de Saint-Germain par la résignation que lui en fit Hugues de Tyard, voulant bien se charger de ce nouveau fardeau, quoiqu'il fût sexagénaire : il conserva néanmoins l'abbaye de Saint-Bénigne, regardant toujours Hugues de Tyard comme titulaire de Saint-Germain. C'est ce qu'on voit dans une charte de 1492, dans laquelle il prend le titre d'abbé de l'église et du monastère de Saint-Bénigne de Dijon, et celui d'abbé commendataire et d'administrateur de Saint-Germain d'Auxerre. Dans la suite, les religieux de Saint-Seine et ceux de Moutiers-Saint-Jean l'élurent aussi pour les gouverner, mais il les remercia tous, en disant que l'abbaye de Saint-Germain suffisait pour occuper toute sa sollicitude. Il se dévoua particulièrement aux travaux de l'église qu'il parvint à achever et à mettre dans l'état où nous la voyons. Ses armes sont gravées sur un arc-boutant des basses voûtes. Ainsi, après deux cents ans environ se trouva terminé cet édifice remarquable, sur lequel la main si puissante de la foi a semé de magnifiques détails. Si on le considère au levant, même à une grande distance, il acquiert un relief incontestable de grandeur. Placé sur un sol plus élevé que la cathédrale, il rivalise avec elle en beauté et domine aussi comme elle, de sa masse brune, la ville entière.

Cette construction lourde, raccourcie depuis la démolition de la nef, laisse je ne sais quoi à désirer, c'est qu'en effet elle est aujourd'hui une anomalie avec les maisons basses qui l'environnent. Ses auteurs inspirés avaient consulté la loi suprême de l'art, et marié cette forte construction aux scènes de la nature locale; ils l'élevèrent au milieu des hautes murailles et des tours crénelées du château de Saint-Germain : sa vue ajoutait aux imposantes fortifications de la place. Aujourd'hui, tout est tombé autour de cet édifice; lui-même est mutilé, son portail et sa nef ont été emportés par les révolutions; la partie la plus moderne, la plus grandiose, est encore debout, mais seule et découverte de toutes parts, excepté du côté de la vieille abbaye : elle ressemble à un chêne antique dont le tronc vigoureux a bravé les vents et les tempêtes. Sa belle tour romane, surmontée d'une flèche en pierre, se trouve isolée depuis la destruction de la nef, et semble accuser les démolisseurs de l'avoir séparée de l'édifice qu'elle était appelée à décorer et à consolider par son poids.

La porte principale du monastère, encadrée dans un solide plein-cintre, s'ouvrait à peu de distance de la tour qui subsiste encore, au coin de la rue Saint-Germain ; c'était un morceau d'antiquité dont il a été parlé ailleurs. A gauche en entrant était le logement des hôtes; le portail de l'église se présentait en face; les niches et les statues qui le décoraient, son encadrement entre une tour pyramidale et une autre tour carrée, formaient une entrée qui ne manquait ni de grandeur, ni de majesté.

Ce n'était pas à l'extérieur, en général, que les églises abbatiales déployaient leur pompe et leur beauté, mais à l'intérieur, où s'assemblait la famille sainte pour faire monter au ciel l'encens de ses prières. C'était là, en effet, que le génie des arts déployait les ressources de sa puissance.

On entrait d'abord dans l'ancienne église attribuée à sainte Clotilde. L'étendue de ses trois nefs, la lueur sombre des fenêtres disposaient au recueillement. Du haut des degrés, on pouvait contempler le vaste plan sur lequel l'édifice avait été conçu; on croyait avoir retrouvé ce grand, ce beau, ce solennel de la cathédrale. La vue se prolongeait, comme par enchantement, jusqu'au fond de la chapelle de la Vierge, placée au chevet, et laissait un vaste champ à la contemplation. On descendait, dans l'intérieur, par un large escalier de dix-neuf degrés. Alors se développait l'immense basilique avec deux styles d'architecture très-prononcés. Dans la nef, c'était le plein-cintre surbaissé portant sur des piliers et ayant deux voûtes l'une au-dessus de l'autre dans les collatéraux. Cette antique construction se rattachait à la nouvelle et donnait à l'ensemble de l'édifice je ne sais quoi d'original et d'intéressant. La partie moderne a des formes autrement grandioses. On voit que la vue des chefs-d'œuvre du treizième siècle a inspiré *le maître des œuvres;* la régularité des voûtes, qu'on dirait d'un seul jet, leur élévation, les piliers qui sont autant de faisceaux de colonnettes, tout attire l'admiration. L'édifice présente la forme d'une croix inclinée, pour rappeler l'attitude du Sauveur au moment de sa mort.

Les deux bas côtés se lient à la grande nef par des piliers et des arceaux dans le goût de l'architecture gothique. Les connaisseurs admirent la partie septentrionale du transsept, où règne la plus belle décoration de rosaces et de feuillages qu'on puisse imaginer. Une galerie haute et étroite, du style rayonnant, s'étend sur les travées. Une des principales beautés de ce monument est encore la chapelle de saint Pierre et de saint Paul, qui se trouve à la porte du nord, travail intéressant du treizième siècle. Le rétable de l'autel vient de disparaître; la croix qui s'élevait au-dessus subsiste encore; la voûte a conservé le Christ entouré des symboles des quatre évangélistes : c'est dans cette chapelle que la paroisse de Saint-Loup célébrait son office public, avant qu'on lui eût construit une église.

Le portail du nord, qui donne sur le cloître, attire aussi vivement l'attention : sur le tympan sont des sculptures représentant quelques traits de la vie de saint Germain, et en avant se trouve une magnifique rosace qui parait du quinzième siècle : elle sépare le cloître du préau ; la partie du sud n'a pas de porte. On voit à l'extérieur, au sommet du fronton, une statue de saint Germain couronnée par un ange. Les fenêtres sont de décorations diverses : au chevet, c'est le système rayonnant dans toute sa splendeur, avec colonnes et chapiteaux de feuillages, tandis que, dans la nef, on remarque l'absence de ces travaux de l'art(1). La chapelle de la Vierge est remarquable par la ténuité effrayante de ses quatre colonnettes qu'on prendrait pour des figuiers de l'Inde ; elles supportent la voûte dont la solidité n'en parait pas compromise. Cette chapelle a seize mètres de profondeur sur huit de large. Une des clefs de voûte de la nef porte l'écusson de Hugues de Balore, qui termina cette partie de l'église vers l'an 1380. Plusieurs abbés ont ajouté leur pierre à l'édifice, en faisant travailler à sa construction ; chacun d'eux, selon qu'il était ami des arts ou qu'il rencontrait des maîtres habiles, a déployé plus ou moins de magnificence dans les décors ; c'est pourquoi on n'y remarque pas cette uniformité qui se trouve ailleurs. Les Huguenots ont brisé les vitraux où la vie de saint Germain et celles des pères du désert se dessinaient admirablement. La révolution de 1789, à son tour, a dépouillé les murs des tableaux qui les ornaient, en sorte que la basilique reste nue, mais belle encore dans sa noble simplicité.

Les décorations intérieures méritent une mention honorable : les saintes grottes, élevées de neuf marches, entourent le sanctuaire ; les grilles du chœur peuvent être comparées à celles de Saint-Etienne d'Auxerre et à celles de Clairvaux, que l'on voit dans la cathédrale de Troyes.

(1) Voyez descript. des Saintes Grottes, 2ᵉ édition, préf., p. 25.

Des mains dévastatrices ont arraché la croix et les armoiries qui brillaient au sommet de la porte d'entrée. Le maître-autel est d'une rare beauté : il se compose d'un encadrement d'un seul bloc de marbre blanc veiné de Gênes. Les panneaux sont en marbre de Sicile ; leurs veines rubanées tranchent gracieusement sur ceux de l'autel. Le tabernacle et les gradins, également en marbre, sont sculptés avec un fini d'exécution qu'on ne se lasse pas d'admirer. On juge par la richesse du travail de l'importance de sa destination. Mais laissons à de plus habiles la description d'un édifice qui a fait l'objet des études les plus sérieuses des architectes du temps.

Tandis que l'abbé de Charmes mettait la dernière main à la construction de l'église, il était secondé dans le gouvernement intérieur du monastère par maître Gérard Pron, curé de Saint-Martin de Langres, licencié en l'un et l'autre droit, comme on disait alors, qu'il avait établi son grand vicaire et dont les pouvoirs étaient très-étendus, car il conférait les doyennés, les charges de la communauté et traitait avec les fermiers. Ce même Pron était encore administrateur de la fabrique de Saint-Germain. Charles du Moret, venu de la Charité-sur-Loire, était chargé de l'instruction des novices.

La fin du quinzième siècle ne fut que misères et afflictions ; le désordre continuel des saisons amena la stérilité : de là surgirent la disette, la famine et la peste, fléaux presque inséparables. En 1500, les ravages de la peste furent si effrayants à Auxerre, que les familles aisées quittèrent la ville. Les autorités se retirèrent à Saint-Bris, après avoir supplié instamment les religieux de Saint-Germain de faire une procession solennelle et d'y porter la châsse de leur saint patron, pour obtenir la cessation du fléau qui eut un terme cette même année. On porta à cette procession non-seulement la châsse de saint Germain, mais encore celle de saint Tiburce, celle de saint Romain et celle de saint Sébastien (1).

Fatigué de sa longue administration, Claude de Charmes imita l'exemple de son prédécesseur : il résigna l'abbaye à François de Beaujeu, son parent, moyennant une pension de six cents ducats d'or de la chambre, et en se réservant le droit d'en conférer les bénéfices. Il se démit aussi de Saint-Bénigne de Dijon, ne gardant pour lui que le bénéfice de la *cuisinerie* du monastère de Saint-Seine, qui était alors très-avantageux. La bulle d'investiture de son successeur le qualifie de *cuisinier de Saint-Seine*, ayant précédemment le monastère de Saint-Germain en commende. L'auteur de la chronique de Saint-Bénigne lui donne de grands éloges, quoiqu'il vécût dans la retraite ; il paraît que son nom seul était un appui pour cette abbaye. Dijon le trouva toujours prêt à partager ses joies et ses douleurs : il entra pour mille livres dans la somme que versa le monastère de Saint-Bénigne pour obliger les Suisses à lever le siége de cette ville. Il fit exécuter dans ce même temps une châsse d'argent pour placer le corps de saint Urbain, évêque de Langres. Il mourut le 19 septembre 1513 et fut enterré dans le chœur de l'église de Saint-Bénigne, avec une épitaphe qui le compare aux abbés les plus remarquables qui aient siégé dans ce célèbre monastère (2).

FRANÇOIS DE BEAUJEU.

Cet abbé, né en Franche-Comté, tirait son origine des

---

(1) Dom Viole, mss, p. 1136. Gall. chr., t. 12, col. 590. Dom Cotron, p. 1198.

(2) Gall. chr., t. 4, col. 693.

seigneurs de ce nom. Il fut d'abord religieux de Saint-Bénigne de Dijon, chambrier de la même abbaye, ensuite prieur de Saint-Pierre de Decize, en 1506, et d'un autre prieuré du nom de Saint-Bénigne, dans le diocèse de Toul. Il fut pourvu du monastère de Saint-Germain par une bulle du pape Jules II, le 23 du mois de mai de l'an 1509, d'après la résignation que lui en avait fait Claude de Charmes, qu'on croit avoir été son oncle. Ce dernier, qui avait retenu une pension de six cents ducats d'or, dont deux cents devaient être pris sur la seigneurie d'Héry, deux cents sur la chambre de Saint-Bénigne et autant sur le prieuré du même nom, dans le diocèse de Toul, avait encore retenu la collation des bénéfices. Cette manière de transmettre à un autre tout ce qu'il y avait de pénible, de se réserver les meilleurs revenus et ce qui pouvait faire rechercher dans le monde, trouva de l'opposition dans la chambre apostolique. Le cardinal des quatre couronnés et un autre prélat que l'histoire ne nomme pas, s'élevèrent fortement contre ce trafic honteux des bénéfices. Leur voix ne put être entendue au milieu d'un siècle où toutes les charges étaient vénales. De Baujeu en fut quitte pour quelques jours de retard dans l'envoi de ses bulles. Il prit possession en 1509 et eut pour grand vicaire François de la Borde, auquel succéda le frère Philibert de Beaujeu, neveu de l'abbé.

La résignation et la commende, ces deux plaies des maisons religieuses, vont devenir l'état normal de l'abbaye de Saint-Germain. D'après les anciennes règles de l'Église, on résignait un bénéfice en le remettant entre les mains du collateur, qui pouvait refuser ou accepter cette transmission. Au quinzième siècle commencent les transactions simoniaques, telles qu'on en a vu faire à Hugues de Tyard et à Claude de Charmes. Des canonistes soutinrent que les papes pouvaient dispenser de cette espèce de simonie; ils le firent. Dès-lors, le peuple regarda les bénéfices

Histoire de l'Abbaye de Saint-Germain

Intérieur de l'Église de Saint-Germain
(Auxerre)

comme un patrimoine qu'on pouvait donner à qui l'on voulait.

La commende était, dans le principe, la garde ou l'administration d'une église vacante, en attendant qu'il y eût un titulaire. Le commendataire prenait ce qui était nécessaire pour sa subsistance, le reste était employé pour l'utilité de cette église. Sous la seconde race de nos rois, on abusa des commendes : on donna des monastères non-seulement à des évêques et à des prêtres, mais encore à des laïques et à des gens de guerre. Cet abus fut enfin retranché ; les évêques continuèrent cependant à retenir quelques monastères en commende, mais depuis le séjour des papes à Avignon, elles se multiplièrent à l'infini. La cour de Rome, privée de ses revenus d'Italie, y suppléa par les bénéfices de France. Les abbés vivaient en grands seigneurs et enrichissaient leurs parents aux dépens des moines et des pauvres. Enfin, comme nous le verrons bientôt, le concordat entre le pape Léon X et le roi François Ier mit le comble à tous ces scandales. Le prince fut autorisé à donner toutes les abbayes à ses favoris. A dater de ce moment, elles allèrent toujours en décadence : telle fut celle de Saint-Germain, qui tenta aussi, par ses richesses, la cupidité des hommes de la cour (1).

L'abbé de Saint-Germain est toujours obligé de se mêler aux affaires du siècle pour soutenir les intérêts de son monastère. Une sentence du présidial de Sens, de l'an 1511, le maintint dans le droit de justice haute, moyenne et basse dans la terre de Villiers-Vineux. Madoc Babule, écuyer, seigneur de Froidfons, qui jouissait du prieuré de Moutiers-en-Puisaye, fut obligé de s'en dessaisir en faveur de la fabrique de l'église de Saint-Germain. Alors l'abbé de Beaujeu, disposant de ce prieuré de son autorité privée,

---

(1) Voy. Fleury, institut au droit ecclés., chap. 20 et 26.

en donna le revenu à son frère. Il fit encore une échange de biens, sans le consentement des religieux, avec François de Rochechouart, chevalier, seigneur de Saint-Amand, chambellan du roi et sénéchal de Toulouse. L'histoire ne reproche à cet abbé que ces deux actes opposés à ses devoirs et aux intérêts du monastère. Dans la suite, il retira le prieuré de Moutiers des mains de ses parents, pour le remettre à la fabrique de l'église de Saint-Germain.

Le frère Charles du Moret, maître des novices, porta dans la communauté le désordre de l'orgueil et de l'ambition. Ayant gagné la confiance de Georges d'Amboise, légat du pape en France, il se fit donner l'office de grand-prieur. L'abbé, pour le punir de sa témérité, le fit enfermer dans les prisons du monastère et l'obligea à donner sa démission pour obtenir son élargissement. Ce frère ne s'en tint pas là; il obtint, en 1512, des provisions des pères du concile de Pise, pour le prieuré de Moutiers, et prit possession de ce bénéfice malgré l'abbé ; il fit même confirmer sa nomination par le pape Léon X. François de Beaujeu entreprit un procès contre lui, espérant dévoiler les intrigues à l'aide desquelles il avait trompé la confiance des pères du concile et du pape. Ce frère quitta le prieuré et obtint un arrêt du parlement qui lui assurait une pension et le monastère de Saint-Martin-des-Champs, pendant le temps que durerait le procès. Sa mort arriva avant que le jugement ne fût rendu. On voit que l'abbé de Saint-Germain, peu accoutumé aux usages de la commende, ignorait que le pape donnait jusqu'aux prieurés des grandes abbayes, c'est pourquoi du Moret trouva de l'appui jusque dans un concile.

L'abbé de Beaujeu donnait à l'étude le temps qui lui restait après avoir visité les prieurés, et vaqué aux autres devoirs de sa charge. Il avait une prédilection particulière pour les ouvrages de saint Jean-Chrysostôme, qu'il avait continuellement dans les mains. La lecture de ce père lui était si familière qu'il employait ses expressions et ses tours de phrases dans les instructions qu'il adressait aux frères ; on ajoutait même qu'il en avait tout l'esprit.

Quoique son prédécesseur eût terminé la maison du Seigneur, il ne se crut pas quitte envers elle ; il s'occupa de sa décoration ; il donna aussi ses soins à la demeure abbatiale, qu'il rebâtit presque à neuf. En 1521, il appuya le réfectoire de nouveaux arcs-boutants ; ce sont sans doute ceux qu'un imprévoyant architecte fit disparaître lors de la formation de l'hôpital. Comme la solidité de l'édifice était compromise, on en mit immédiatement d'autres en bois, que l'on supprima, en 1834, en liant les murs du dehors avec ceux de l'intérieur de la cour, par de grosses barres de fer qui passent entre la voûte et le carrelage, au-dessus du rez-de-chaussée.

Lorsque l'évêque François de Dinteville fit son entrée à Auxerre, en 1514, il se rendit à Saint-Germain, comme ses prédécesseurs. L'abbé de Beaujeu lui fit prêter serment qu'il conserverait les immunités du monastère, ajoutant que *lui et ses religieux estoient notoirement exempts de lui et de sa juridiction*. L'évêque répondit par ces paroles du Sauveur : « Je ne suis pas venu pour enfreindre la loi, mais pour l'accomplir. » La bonne intelligence ne régna pas toujours entre l'abbé et ce prélat, car un arrêt du 20 mai 1525 déclare que l'évêque d'Auxerre, son official, son promoteur et ses autres officiers, *ne peuvent entreprendre cour, juridiction, ne connaissance contre eux, ny aucun d'eux, ny décerner citations, icelles exécuter, ni autres censures ecclesiastiques contre eulx, et que les dits religieux ny sont tenus d'y répondre, sinon aux cas de droit réservé aux évêques contre les exempts* (1).

---

(1) Gall. chr., t. 2, col. 222.

En 1521, le clergé élut l'abbé de Saint-Germain pour son représentant aux Etats généraux de Bourgogne, parce qu'après l'évêque, il passait pour le personnage le plus éminent du diocèse.

L'année suivante, les craintes que le protestantisme naissant inspirait aux établissements religieux, portèrent l'abbé et ses moines à former une association avec le monastère de Saint-Julien d'Auxerre (1). Nous avons déjà vu de ces unions par lesquelles plusieurs communautés se promettaient des secours temporels, et s'accordaient une part mutuelle dans leurs prières, dans leurs messes, leurs psalmodies, leurs offices et leurs aumônes. A la mort d'un moine, on célébrait pour lui un service funèbre dans les communautés unies; s'il venait à quitter le monastère, par suite de mesures disciplinaires, on lui donnait l'hospitalité dans les maisons associées jusqu'à ce qu'il lui fût permis de rentrer en paix (2).

De Beaujeu se trouva dans la nécessité de vendre, en 1538, la forêt de Grosbois, pour payer sa quote-part de la subvention accordée à François Ier, dans la guerre qu'il soutenait contre Charles-Quint. Le prix fut de quinze cent cinquante écus d'or (3). C'était précisément la somme

---

(1) Dom Cotron, p. 1205.

(2) Des moines parcouraient les abbayes avec un rouleau de parchemin, sur lequel ils recueillaient les adhésions à l'association avec leur monastère. On voit aux archives de Dijon un de ces rouleaux appartenant autrefois à l'abbaye de Saint-Etienne de cette ville ; il est long de plus de quinze mètres et renferme les noms de plusieurs centaines d'abbayes, parmi lesquelles doit se trouver celle de Saint-Germain d'Auxerre. Chaque adhésion est à peu près conçue ainsi : « Ce rouleau a été présenté au monastère de .... ordre de...... l'an du Seigneur...... priez pour les nôtres, nous prierons pour les vôtres ; que les ames de tous les fidèles défunts reposent en paix par la miséricorde de Dieu.

(3) L'abbé Cornat, dans une notice sur le Mont-Saint-Sulpice, insérée dans l'*Annuaire* de 1850, dit qu'on vendit seulement la coupe du bois,

à laquelle l'abbaye avait été imposée. On voit, par une énumération de ses biens, faite à cette époque, que sa fortune territoriale était la même que celle des siècles précédents (1).

Un des derniers actes de l'abbé de Beaujeu fut une augmentation de la mense des moines, à laquelle il ajouta le domaine de Villiers-Vineux. Sur la fin de sa vie, il devint presque aveugle; cette infirmité, ajoutée à d'autres qu'il avait déjà, le rendait peu propre à la direction d'une communauté nombreuse. S'il eut senti son impuissance pour le gouvernement du monastère et qu'il eut donné sa démission, il eut ajouté à la somme de ses bonnes œuvres. Enfin, en 1539, Dieu content des travaux et de la résignation de son serviteur, se hâta de l'appeler à la gloire. On lui fit des funérailles aussi solennelles que le deuil était profond. Toute la ville accourut dans une douloureuse admiration, saluer ses restes mortels. Des regrets unanimes éclatèrent parmi les moines ; il semblait que le monastère comprit que l'une de ses dernières splendeurs s'éteignait; en effet, il en fut le dernier abbé régulier. Son corps fut inhumé au milieu du chœur de l'église de Saint-Germain, le 5 novembre. On grava sur sa

---

dont le prix fut de 1250 écus. Dom Viole dit que ce fut le fond et porte la vente à 1550 écus d'or. Cette somme élevée est sans doute le prix de la forêt, car il n'en est plus parlé dans l'histoire de l'abbaye. La contenance des terres et des prés était de deux cent trente arpents, qui furent affermés, en 1788, moyennant 1,800 livres et dix bichets d'avoine.

Ce fief venait d'un seigneur d'Ormoy qui, en partant pour une croisade au commencement du XIIIe siècle, en avait confié l'administration aux moines d'Héry, avec donation de la propriété s'il ne revenait pas. Etant mort dans cette expédition, son fief fut dévolu à l'abbaye de Saint-Germain. Les moines desservirent immédiatement la chapelle du château, selon l'intention du donataire.

(1) Voyez pièces justific.

tombe une épitaphe en français qui renferme son éloge (1).

Il était représenté sur sa tombe vêtu de ses habits pontificaux. On lisait ces trois mots autour de sa mitre : *Sola manent merita.* (On n'emporte que ses bonnes œuvres). Le frère de Pesselière (2), élève de théologie à Paris, a fait son éloge dans trois épîtres qu'il lui adressa pendant sa vie : il loue la noblesse de sa naissance, sa prudence dans les affaires et dans le gouvernement de l'abbaye, sa doctrine, son éloquence, ses vertus privées et publiques. On voit, par une de ces lettres, qu'on ne recevait dans le monastère que des sujets de famille noble, ou qui jouissaient d'un certain rang dans le monde.

François de Beaujeu tint le siége abbatial environ trente ans, et non trente-trois, comme le porte son épitaphe. Son neveu, Philibert de Beaujeu, licencié en décrets, fut prieur claustral, en 1520, ensuite abbé de Saint-Nicaise de Rheims, puis évêque de Bethléem-les-Clamecy.

Plusieurs membres de cette famille furent inhumés à Saint-Germain. Marie des Ulmes, dame de la Maison-Fort, veuve de Claude de Beaujeu, mort en 1541, fit l'année

---

(1) Elle était ainsi conçue : « Ci gist vén. et illustre personne frère François de Beaujeu, jadis abbé du monastère..... environ XXXIII ans, et icelui grandement enrichi, décoré et augmenté, décéda plein de âge, foy et bonnes œuvres le vᵉ jour du mois de novembre MDXXXIX. *Sola manent merita.*

Ses armes, qu'on voit dans le manuscrit de dom Cotron, étaient d'argent à quatre faces de gueules. On y trouve aussi son sceau où il est représenté debout entre six meneaux en ogive, ayant la crosse et la mître et donnant sa bénédiction. Dom Cotron, p. 1212 et 1215.

(2) Pierre de Pesselière naquit à Gurgy d'une famille plus avantagée des dons de la grâce que de ceux de la fortune. Sa docilité, jointe à ses grandes dispositions pour les sciences, le firent recevoir à Saint-Germain au nombre des frères. On l'envoya étudier dans l'Université de Paris, en 1555 : il s'y distingua par une supériorité incontestable sur tous ses égaux. L'abbé de Beaujeu, qui payait sa pension, étant mort, Louis de Lorraine, son successeur, continua cette bonne œuvre.

suivante une fondation remarquable. Elle donna treize arpents de pré, situés à l'extrémité du territoire d'Héry, dans un lieu appelé *les Isles*. Le fief de la Maison-Fort était dans ces parages, près du Serain. Le canton en a retenu le nom. Cette noble dame demanda en retour que l'on célébrât, pour elle et pour sa famille, tous les jours de l'année, à perpétuité, une messe, à l'autel de Sainte-Catherine, qui prit, peu après, le nom de Saint-Michel, et qui était à l'entrée de la nef. Catherine de Blosset, sa mère, avait reçu la sépulture dans cette chapelle. Pour remplir l'intention de la fondatrice, les moines disaient, le lundi, le mardi et le mercredi de chaque semaine, une messe des morts, le jeudi une du Saint Sacrement, le vendredi une autre de la Croix, le samedi elle était en l'honneur de la bienheureuse Marie, et le dimanche, ils disaient celle qui est propre à ce même jour. Deux anniversaires devaient être célébrés avec diacre et sous-diacre, pour sa mère et pour son mari. Parmi ceux qui signèrent l'acte de donation, en l'absence du grand-vicaire, on remarque François Desmoulins, prieur, Pierre Coiffy, sous-prieur et sacristain, Etienne Chauveau, tiers-prieur et aumônier, Hugues de Vernay, chantre, Edme Nigot, infirmier, Thomas Manance, grenetier, et Jean Revel, trésorier.

L'aumônier du monastère donna, en 1517, des lettres d'affranchissement pour le four banal à l'usage des habitants de Grangette et de Colangette, hameaux de la commune de Thury; il fait, à cette occasion, ce singulier exposé : « *Considéranz que du commencement du monde*

Il le fit prieur du monastère vers l'an 1544. Il fut successivement grand vicaire de trois abbés commendataires : Louis de Lorraine, François de Beaucaire et Pierre de Lyon. Il publia, en 1543, la vie de saint Germain, mise en vers latins par Héric, qu'il dédia à Louis de Lorraine. Il a laissé des mémoires sur les événements de son temps. Sa mort arriva le 3 juillet 1597.

toutes personnes vivoient francz et en liberté et que en icelluy temps, nulle manumission n'estoit introduite ne establie, combien que par le droit des gens depuis ce aucunes personnes et en plusieurs lieux ayant esté trovez serfs, et pour ce le dict aulmosnier luy voullant raigler et gouverner, selon les commandemens de Dieu; considéranz aussi ce que les sainctes escriptures disent que quiconque relaische et deslie la servitude de son subjetz de jub (joug) lien et charge de servitude, il dessert avoir du souverain juge relaxation de ses délictz et péchez; considéranz l'obédience et bonne intention des dictz subjectz et aussy qu'il espere faire le prouffict et augmentation de l'esglise et de la dicte seigneurie... » (1).

Les écoles de Saint-Germain, si célèbres du temps de Louis-le-Débonnaire, étaient déchues de leur splendeur; néanmoins, fidèles à cette vocation, les moines eurent toujours une école dans leur monastère. Au seizième siècle, le peuple est émancipé, la civilisation fait de rapides progrès, les études du cloître ne suffisent plus au désir de s'instruire qui anime la génération nouvelle. Les abbés de Saint-Germain ne surent pas se mettre à la tête du mouvement qui entraînait les esprits vers des études plus sérieuses. On enseigne toujours dans leur école la grammaire et la logique, ainsi que les premiers éléments de l'instruction. Les citoyens réclament des cours plus complets d'enseignement; ils appellent des maîtres du dehors. Un chanoine de la cathédrale, nommé Jean de Charmoy, légua une somme considérable pour fonder un vaste établissement. On acheta plusieurs édifices, occupés depuis par un couvent d'Ursulines, et transformés aujourd'hui en casernes, Le 20 septembre 1538, *les grandes écoles* y furent installées; c'est ainsi qu'on les appela pour les distinguer de celles de Saint-Germain que l'on nomma *les*

(1) Archives de la préfect.

petites écoles. Un principal et quatre professeurs y enseignaient la langue française, la langue latine et la langue grecque. Il n'y avait point de chaires de rhétorique ni de philosophie. Le savant Amyot, devenu évêque d'Auxerre, fut peu satisfait des grandes écoles. Il forma le projet de fonder un grand établissement, qui serait à la fois collége et séminaire, qu'il mettrait entre les mains des Jésuites. Sa mort ne lui permit pas de mettre ce projet à exécution (1).

Du fond de leur retraite, les moines de Saint-Germain avaient dirigé l'éducation de la noblesse et du peuple pendant plus de neuf cents ans, et leur avaient aidé à traverser la période la plus dure dont nos annales fassent mention ; ils avaient appris aux nobles à user avec sagesse et avec modération des pouvoirs illimités que les lois féodales mettaient entre leurs mains et au peuple à supporter, avec patience et résignation, les épreuves de la providence. Par cette œuvre morale, ils avaient puissamment contribué à l'affranchissement des peuples. Vienne maintenant la philosophie, avec ses vains sophismes, ravaler les immenses services de ces précepteurs et de ces consolateurs de l'humanité opprimée ! Que nos contemporains leur rendent la justice qui leur est due ! Quant aux moines, ils ont reçu la récompense qu'ils ambitionnaient, celle d'avoir été utiles à leurs concitoyens, et d'avoir par là mérité une couronne dans les cieux.

ABBÉS COMMENDATAIRES DONT LE RÈGNE VA DURER 250 ANS
ET NE FINIRA QU'AVEC L'ABBAYE ELLE-MÊME EN 1790,
APRÈS AVOIR DONNÉ ONZE TITULAIRES.

LOUIS DE LORRAINE.

Après la mort de François de Beaujeu, l'abbaye de

(1) **Hist. d'Auxerre,** par M. Chardon, t. 1, p. 296.

Saint-Germain commença à ressentir les suites funestes du contrat passé, en 1515, entre François Ier et Léon X, par lequel tous les monastères de France et même les évêchés furent à la nomination du roi et devinrent, le plus souvent, le partage des courtisans. La face de l'Église de France va changer ; les monastères vont se dépeupler. Les beaux siècles de l'abbaye de Saint-Germain appartiennent désormais au passé, rien dans l'avenir n'en retracera la grandeur. Il vaudrait mieux pour elle qu'elle fût décimée par la peste, troublée dans sa discipline, que de tomber dans les mains froides et indifférentes d'un pouvoir qui ne voit, dans une abbaye, qu'une affaire d'honneur et d'argent. On se relève d'une ruine, on sort d'un relâchement, mais lorsque l'abaissement est passé dans les lois de l'État, l'établissement qui en est l'objet est frappé de mort.

Louis de Lorraine, premier abbé commendataire de Saint-Germain, naquit à Joinville, le 21 octobre 1522. Son père, Claude de Lorraine, premier duc de Guise, pair de France, comte d'Aumale, était gouverneur et lieutenant-général du roi en Champagne, dans la Brie et dans la Bourgogne. Sa mère, Antoinette de Bourbon, était fille aînée de François, duc de Vendôme. La vie d'un personnage d'un si haut rang appartient à l'histoire de France et non à celle d'un monastère. Louis de Lorraine, à peine âgé de dix-huit ans, et étant encore sous la tutelle de son père et de sa mère, prit possession en 1540. A cette époque une horrible tempête ravagea Auxerre et ses environs : le vent et la grêle firent des dommages considérables. La croix du clocher de l'église de Saint-Germain fut abattue, plusieurs gros arbres de la forêt de Villeneuve-Saint-Salve, qui dépendait de l'abbaye, furent arrachés. Cet ouragan fut regardé comme le prélude des malheurs que la commende allait causer au monastère.

Les deux premières années durant lesquelles le jeune de

Lorraine fut en tutelle, se passèrent avantageusement pour l'abbaye. Son père et sa mère, qui étaient l'un et l'autre d'une grande piété, firent tout ce qui était en leur pouvoir pour y maintenir la ferveur religieuse. On lit encore avec édification les sages règlements qu'ils dressèrent pour l'avantage temporel et spirituel des religieux. Ils ne se regardèrent que comme les dépositaires des biens du monastère. Presque tous les revenus étaient consacrés aux besoins des frères et à la décoration du lieu saint. Ils donnèrent d'abord deux calices d'argent, six chasubles, vingt-et-une nappes d'autels, trente aubes, douze corporeaux, six *corporaliers* ou bourses, six missels, autant de psautiers et un dais que la duchesse d'Orléans fit faire à ses frais. En même temps, elle fit réparer le linge et les ornements de la sacristie.

Les dons des fidèles venaient ajouter à tous ces bienfaits. Claude de la Faye donna quatre chappes de satin à fleurs et à franges d'or fin. Son frère Joachim, conseiller de la prévôté, en reconnaissance de ce que son fils avait fait profession dans l'abbaye de Saint-Germain, fit présent d'un devant d'autel, de deux tuniques avec les étoles et les manipules, le tout en soie blanche à fleurs brochées et garni également de franges d'or fin.

En laissant aux rois la nomination des abbés, les souverains pontifes, non-seulement leur avaient interdit de prendre connaissance d'une règle qui ne les concernait pas, mais encore ils avaient réservé la juridiction spirituelle au grand prieur élu par la communauté. L'expérience démontra que l'influence de ce dernier était trop faible pour lutter contre les exemples fâcheux donnés par l'abbé lui-même. Ce fut en vain que pour ôter aux frères tout prétexte de sortir en ville, le prieur et les tuteurs de l'abbé pourvurent la cuisine et le réfectoire de tous les meubles et ustensiles nécessaires; qu'ils ordonnèrent aux fournisseurs d'apporter exactement au monastère le blé et les vêtements. Un nouveau règlement obligea les frères à se rendre exactement au service divin, à garder la clôture, *sans vaquer parmi la ville*, et à ne pas passer le temps, pendant les intervalles des exercices, dans les maisonnettes ou petites boutiques qui étaient en grand nombre proche la grande porte du couvent. Comme ces bâtiments appartenaient à l'abbaye, le tuteur de Louis de Lorraine les fit tous abattre, et construisit une muraille de clôture au-dessus des jardins des religieux, depuis le bas de l'église de Saint-Loup jusqu'à une autre muraille qui se trouvait entre le rempart et l'abbaye. La clôture n'était pas mieux gardée dans les autres monastères de la ville, car l'évêque d'Auxerre défendit, en 1553, aux religieuses de Saint-Julien de sortir pour tenir des enfants sur les fonts de baptême, et d'aller à la campagne (1). Les sages règlements du père et de la mère d'un abbé mineur auquel on a donné un riche bénéfice pour soutenir son rang, font peu d'impression sur l'esprit des moines. Cependant on doit tenir compte à ces vertueux laïques de leurs louables dispositions et de l'emploi consciencieux qu'ils firent des revenus de l'abbaye. Leur main prévoyante s'occupa aussi des dortoirs : ils entourèrent les lits *d'une honnête menuiserie*. On voit que jusqu'alors les moines couchaient dans un dortoir commun. Ils y placèrent vingt matelas neufs et autant de *coudiers* ou traversins.

Ces religieux, que l'histoire accuse de relâchement, seraient encore, pour notre siècle, des modèles de vertu et de pénitence. Ils font de longues méditations, ils chantent à des heures différentes tout l'office canonial ainsi que la grande messe de communauté. Sans parler des messes basses, des lectures pieuses, de l'abstinence, des jeûnes, à

---

(1) Leb., mém., t. I, p. 593.

quelle sévérité de costume, de mœurs, d'habitude n'étaient-ils pas obligés ?

Dans les monastères d'Egypte, où les hommes vivaient comme des anges, et où le don de la contemplation était une grâce ordinaire, on maintenait le travail des mains avec une discipline exacte, non pour subvenir aux besoins des frères, car la charité des fidèles y suppléait, mais pour le salut de l'ame. Quelque perfection que les moines eussent acquise, il leur était impossible de contempler sans cesse les choses divines. Ils savaient aussi que demeurer un instant dans l'inaction, c'est s'exposer à la tentation. Le travail était encore très-propre à remettre l'esprit de l'application qu'il avait apportée à la prière et à écouter les lectures. La manière de vivre de ces anciens moines se réduisait, selon Cassien, à quatre choses : la solitude, le travail, le jeûne et la prière. La grande maxime parmi eux était qu'un moine occupé devait toujours être le plus innocent.

Les religieux de Saint-Germain, sortis de familles riches et considérables, étaient tellement étrangers aux travaux manuels par leur éducation première, que depuis longtemps ce genre d'occupation avait été retranché de la règle ; c'est pourquoi les supérieurs éprouvaient tant d'embarras pour employer les loisirs des frères pendant l'intervalle des exercices ; c'est encore ce qui détermina le duc de Guise à construire une vaste bibliothèque au bout du dortoir, d'où la vue s'étendait sur la campagne et sur la rivière ; il y plaça les livres de piété dont le monastère était abondamment pourvu. A une autre époque, les moines qu'animait le génie des arts, se livraient à divers travaux pour décorer l'église et le monastère. Bien des chefs-d'œuvre de sculpture et de peinture sur bois et sur verre sont dûs à ces artistes modestes dont les noms ne sont pas sortis des murs de l'abbaye.

Les pieux tuteurs allèrent plus loin : ils résolurent d'introduire dans le monastère les constitutions et les observances de la congrégation de Chésal-Benoit, alors très-florissante. Ils envoyèrent leur demande aux définiteurs du chapitre général, en 1541, témoignant le désir d'avoir pour prieur dom Etienne du Creuset ou Crenolet, religieux de l'abbaye de Saint-Sulpice de Bourges, recommandable par ses vertus et par ses talents. Les pères de Chésal-Benoit y consentirent, à condition que le monastère de Saint-Germain ferait partie de leur congrégation et qu'il se soumettrait à la réforme qu'ils y introduiraient. L'affaire ayant été discutée au conseil du duc de Guise, on trouva que cette agrégation affaiblirait l'autorité de l'abbé et diminuerait le revenu de sa mense ; alors on décida que le duc et la duchesse se contenteraient d'établir, au nom de leur fils, un bon prieur, qui, secondé du grand-vicaire, maintiendrait les religieux dans l'observance de la règle. Voilà donc la noble abbaye de Saint-Germain entre les mains des laïques ; c'est dans une assemblée de famille qu'on discute sa réforme, qui est mise dans la balance avec la question de vaine gloire et d'intérêt temporel ; la difficulté fut bientôt levée. On se contentera d'un bon prieur que le fils, devenu majeur, pourra remplacer.

A l'exception de cette affaire de la plus haute importance, le duc et la duchesse se montrèrent partout aussi zélés que généreux. Le duc se rendit prodigue pour honorer la mémoire du dernier abbé : il paya ses dettes, récompensa ses serviteurs et ne destitua aucun de ceux qu'il avait mis en place. Il donna à son neveu Antoine de Beaujeu, religieux et ouvrier du monastère, la charge de grand-vicaire, à laquelle il attacha une rente annuelle de cent bichets de froment, une pareille en avoine, dix muids de vin et trois arpents de pré. Il établit surintendant de tout le temporel un autre parent de cet abbé, nommé Claude de Beaujeu, seigneur de la Maison-Fort. Il prit sur les revenus de sa mense pour faire réparer tous les bâtiments du monastère. A la mort d'Antoine de Beaujeu, il choisit pour grand-vicaire Pierre de Coiffy, sacristain et sous-prieur. Après lui vint Nicolas de Marconville, religieux et chantre de Molesme, qui signala son entrée dans cette charge par une visite de tous les prieurés. Enfin, le duc de Guise voulut que les pensions des jeunes religieux qui étudiaient à l'Université de Paris fussent payées, comme auparavant, ainsi que celles que le dernier titulaire, François de Beaujeu, avait fondées sur sa cassette particulière.

Le duc fit encore plusieurs règlements pour mettre en ordre les affaires temporelles de l'abbaye. Il veilla avec un soin particulier à la conservation des reliques et des chartes. L'article dix-sept portait que la chambre ou la cassette qui renfermerait le trésor, les châsses et les reliquaires, fermerait à trois clefs, dont l'une serait confiée au grand-vicaire, la seconde au grand-prieur, et la troisième au sous-prieur. On excepta les reliquaires qu'on avait coutume d'exposer dans l'église, qui étaient sous la responsabilité du trésorier. L'article dix-huit voulait qu'aucun titre concernant l'abbaye ne fût extrait du trésor sans une nécessité urgente.

Louis de Lorraine, devenu majeur, prit lui-même l'administration de son monastère. Les plus hautes dignités de l'Eglise furent bientôt à la disposition de notre abbé; il les acceptait et s'en démettait avec une égale facilité, montrant qu'il ne sentait guère le poids d'un fardeau qui faisait trembler les saints. Il fut d'abord évêque de Troyes; peu après il échangea cet évêché pour celui d'Alby. Ce dernier ne lui plaisant pas encore, il le permuta contre l'archevêché de Sens, dont il se démit en faveur de Nicolas Pellevé. Il fut aussi cardinal et abbé de Saint-Victor de

Paris et de Notre-Dame-des-Trois-Fontaines. La charge successive de ces églises n'absorbait pas tellement son temps qu'il ne s'occupât de son abbaye de Saint-Germain. On remarqua en lui du désintéressement. Il fit donner, en 1542, de forts appointements au régent qui enseignait le latin aux jeunes religieux dans le monastère. Il voulut que ceux qui étudieraient à Bourges dans la faculté des décrets pour prendre des degrés, reçussent une pension égale à ceux qui faisaient leurs études à Paris. Il recommanda expressément à son grand-vicaire et à ses autres employés de veiller au maintien de la discipline, d'empêcher les fréquentes sorties des frères, ajoutant qu'il n'était pas édifiant de les rencontrer çà et là dans les rues et au marché. Pour leur ôter tout prétexte d'aller en ville, il établit un domestique chargé d'acheter les provisions de l'abbaye et de faire toutes les commissions des moines. Un frère convert, placé à la porte, avait ordre de ne laisser sortir personne sans une permission expresse du supérieur. Son grand-vicaire, Antoine de Beaujeu, fut chargé, en 1540, de faire la visite de tous les prieurés. La mort l'ayant surpris dans le cours de cette visite, elle fut continuée par Nicolas de Marconville, bachelier ès-saints décrets. Nous allons voir en quel état se trouvaient ces établissements lorsque la commende vint étendre sur eux ses mains cupides.

La visite commença par le prieuré de Griselles, dans le diocèse de Langres, où le grand-vicaire arriva le 16 mars. Il s'informa auprès des habitants de l'ancien état de cette maison : ils déposèrent qu'elle était conventuelle et qu'ils y avaient vu six religieux. Le visiteur ne pouvant y placer un pareil nombre de frères, en mit seulement deux avec le prieur qui était tenu de célébrer trois messes par semaine, de chanter avec le curé de la paroisse les premières vêpres et matines, tous les dimanches et aux diverses solennités de l'année. Il devait, en outre, dire la messe de paroisse aux fêtes de la Vierge, à la Nativité de saint Jean-Baptiste, aux fêtes annuelles et solennelles, fournir deux cierges tous les jours sur le grand-autel, et donner tous les ans dix livres quatre sous pour la pitance du couvent de Saint-Germain. Les revenus de ce prieuré s'élevaient au-delà de deux mille livres, somme importante pour ce temps-là.

Antoine de Beaujeu mourut au milieu de ses courses apostoliques en 1542. C'est pourquoi nous suivrons de préférence les pas de Nicolas de Marconville, son successeur, qui reprit immédiatement la visite de tous les prieurés. Il se fit accompagner de deux religieux : frère Jean de Revelle, trésorier, et Guillaume Petit, secrétaire du monastère et notaire du vicomte par autorisation apostolique. Il se rendit d'abord au prieuré de Saint-Florentin, en 1543. Le titulaire, Réné Deschamps, leur déclara qu'il avait loué les biens du prieuré cinq cents livres tournois. Cet établissement avait été pillé en 1535. Les reliques, pour plus de sûreté, avaient été emportées dans l'église de la paroisse, où elles sont demeurées, à l'exception de quelques petits ossements. Réné Deschamps, que l'on croit être le premier prieur commendataire, avait obtenu un jugement contre les auteurs du pillage; mais les habitants s'étaient opposés à son exécution, soit que plusieurs d'entre eux fussent impliqués dans cette affaire, soit qu'ils favorisassent l'hérésie de Calvin, dont les fauteurs commençaient à troubler l'Eglise. L'abbaye de Pontigny avait aussi été envahie à main armée, sept ans auparavant, par Jean de la Baulme, comte de Montrevel, mais il ne put éluder le jugement sévère qui fut rendu contre lui.

De Saint-Florentin, les visiteurs passèrent à Moutiers-Héraud. Jean Fustert, qui en était le premier prieur commendataire, jouissait de quatre-vingt-huit setiers de blé de rente, de quarante arpents de prés, d'un four banal, d'un moulin, d'une maison, outre celle du prieuré, de la justice du lieu et de plusieurs dîmes à Ervy. Le grand-vicaire ne voulut pas qu'il restât seul : il l'obligea à recevoir un religieux pour l'aider à faire le service divin dans l'église. La décadence de cet établissement alla si vite sous les prieurs commendataires, qu'en 1660 les revenus étaient réduits à huit cents livres de rente.

Le grand-vicaire passa ensuite au prieuré de Griselles. Il apporta quelques changements aux ordres donnés par son prédécesseur pour la restauration des bâtiments. Le titulaire était Charles Cretin, qui venait de résigner à Jean Babute, chanoine d'Auxerre.

Le cinquième jour d'avril de la même année 1543, le visiteur et sa suite se transportèrent au prieuré de Saint-Sauveur. Ils trouvèrent l'église dans un très-mauvais état ; il n'y avait que le grand-autel qui fût couvert ; le logis du prieur et les autres bâtiments étaient inhabitables. Le prieur commendataire était Christophe Richer, qui tirait de son bénéfice un revenu net de cent quatre-vingt-dix livres. Le grand-vicaire saisit immédiatement, par autorité de justice, le tiers des revenus pour la réparation des bâtiments. Il trouva dans l'église une croix de bois, un calice d'étain, un reliquaire contenant des restes vénérés de saint Vrain et de saint Loup ; un bras en bois peint ayant une ouverture fermée par un verre, à travers lequel on voyait des reliques de saint Etienne et de saint Vrain. Comme le prieur était seul, Nicolas de Marconville l'obligea à recevoir un sacristain qui serait désigné par l'abbé de Saint-Germain.

Le 7 avril, le grand-vicaire visita l'église conventuelle de la bienheureuse Marie de Moutiers, et y trouva quatre religieux, non compris le prieur commendataire. Ils étaient dirigés par Philippe Insart, sacristain et sous-prieur. Ils menaient une vie *boîine* et *honnête* en s'acquittant avec zèle de ce qui concernait l'office divin. Le grand-vicaire, ayant remarqué qu'ils le célébraient sans capuce, leur enjoignit, sous peine de désobéissance, de ne jamais entrer dans le chœur de l'église sans en être revêtu et sans porter la soutane (1). Il leur défendit également de sortir du couvent sans la permission du supérieur, de se promener dans le bourg de Moutiers, sans un vêtement convenable à leur état (2); de jouer avec les laïques, de fréquenter les tavernes et de prendre à leur service des femmes suspectes. Il recommanda surtout au sacristain et à l'aumônier de s'acquitter exactement de leurs charges. Du reste, les visiteurs trouvèrent l'église, le dortoir, les lieux réguliers et les meubles en bon état. Parmi les reliques, ils remarquèrent un bras de saint Blaise, la tête de saint Bond (3), des ossements de sainte Luce et un vase contenant des restes vénérés de saint Benoit, de saint Loup et de saint Georges.

Poursuivant sa course, de Marconville arriva à Saint-Vrain. Le prieur était Jacques Verius, conseiller au parlement, homme vénérable et plein de savoir; il accueillit les visiteurs avec empressement, leur fit voir l'église qui était propre. Les stalles du chœur étaient neuves, les ornements plus beaux et en plus grand nombre que dans tous les prieurés qu'on avait visités jusqu'alors. Parmi les richesses de cette église, on remarquait une croix d'argent estimée cinquante livres, un calice en vermeil du prix de vingt-six, un vase d'argent en forme de soleil, dix calices d'étain, quarante-huit nappes d'autels, dix-huit aubes et plusieurs ornements de soie de diverses couleurs.

(1) *Vestis talaris.*
(2) *Sine habitu decenti.*
(3) *S. Baldus.*

Les reliques étaient enchâssées dans l'or et dans l'argent. Un vase de vermeil, d'une valeur de vingt-six livres, représentant un évêque, renfermait celles de saint Blaise; un reliquaire de bois doré contenait une côte de sainte Agathe, des ossements de sainte Radegonde, de saint Nice, évêque de Lyon, et un fragment du manteau de saint Pierre. Un autre reliquaire aussi de bois, orné de riches peintures et couvert d'argent, ayant la forme d'une chapelle, renfermait des restes précieux de soixante saints. On trouva encore dans l'église des livres de chœur, parmi lesquels on distinguait un grand légendaire en parchemin. Les visiteurs entrèrent ensuite dans la chapelle de saint Vrain, qu'ils trouvèrent dans un état convenable, ornée de plusieurs tableaux et surtout enrichie du chef de son saint patron, qui reposait dans une châsse de pur argent représentant une tête.

Le grand-vicaire fit mettre à exécution certains règlements, dressés par son prédécesseur, lors de sa visite, en 1540, tels que l'obligation de tenir un registre des revenus et des affaires qui concerneraient l'établissement. Il fit observer au prieur que pour répondre aux richesses de son église, il lui fallait un religieux pour l'aider dans le service divin et qui prélèverait le tiers des revenus du prieuré pour son entretien. Toutes ces mesures furent accueillies avec empressement (1).

Le prieur de Saissy-les-Bois reçut les visiteurs le 9 mai. C'était le *révérend père en Dieu frère François de Fontenoye*, abbé de Bellevault, qui possédait ce prieuré en commende. Les améliorations prescrites par François de Beaujeu, en 1540, n'avaient pas été mises à exécution, le prieur n'avait point tenu d'état de ses revenus ni des contrats qu'il avait passés; il n'avait point voulu recevoir de religieux

---

(1) Dom Cotron, mss, p. 1224, et dom Viole, mss, p. 1402.

pour l'aider dans le service divin et pour prendre soin de la sacristie; comme il avait vendu plus de soixante arpents de bois à la fois, sans avoir demandé de permissions ni à l'abbé de Saint-Germain, ni aux religieux, le grand-vicaire fit saisir tous les revenus par autorité royale. Le chef de saint Baudèle, patron du prieuré, fut trouvé dans une châsse d'argent, ornée de pierres précieuses. On y conservait aussi un bras de sainte Eugénie, dans une châsse non moins riche que la précédente. Les procès-verbaux de 1548 disent que cet établissement fut trouvé en bon état.

Le 12 juillet, le grand-vicaire et sa suite arrivèrent au prieuré de Saint-Léger, anciennement appelé Champeaux, dans le diocèse de Langres. Il renfermait alors six religieux, non compris le prieur commendataire qui était *révérend père en Jésus-Christ*, le cardinal de Givry, évêque de Langres. Son procureur pourvoyait avec un grand soin à tous les besoins des frères. Le grand-vicaire leur enjoignit à tous, sous peine de désobéissance, de vivre en communauté, de porter le capuce et l'habit long lorsqu'ils feraient l'office divin; il leur défendit de se promener par les rues, de fréquenter les tavernes, de jouer avec les laïques, et de prendre à leur service des domestiques trop jeunes ou ne jouissant pas d'une bonne réputation; il leur recommanda d'obéir ponctuellement au prieur ou au sous-prieur en tout ce qui ne serait pas contraire à la règle. L'un ou l'autre de ces religieux devait visiter les chambres et les dortoirs toutes les semaines, et s'il y trouvait quelque chose de répréhensible, il devait en informer le vicaire général.

Dans le trésor de l'église on trouva une croix d'argent d'un travail très-ancien, enrichie d'un fragment de la vraie croix, et un magnifique reliquaire d'argent, orné de cinquante-sept pierres précieuses, renfermant une partie du chef de saint Léger : il avait la forme d'une tête d'évêque couronnée d'une mitre. Un pareil chef en vermeil, orné de soixante-quatre pierres précieuses, mais moins grand que le premier, contenait des fragments de la tunique de saint Léger, de celle de saint Hugues et plusieurs autres objets précieux.

On remarquait encore parmi les reliquaires un bras d'argent, couvert de pierreries de diverses couleurs, renfermant des reliques de saint Christophe. Un autre bras, de même métal, recouvert d'or et d'un riche travail, en contenait de saint Martin.

On voyait aussi, dans le trésor de l'église, un couteau de saint Guillaume, deux reliquaires, en forme de cassettes, remplis d'ossements de différents saints, deux mitres, une crosse abbatiale et deux beaux calices, l'un en argent et l'autre en vermeil.

Le grand-vicaire obligea le prieur à acheter des livres neufs, pour le chœur, à faire relier les anciens, à pourvoir l'établissement de nappes et autres linges, de vases et ustensiles divers, enfin à payer au monastère de Saint-Germain la somme de trente-trois livres cinq sous.

Le 14 juillet de la même année, le visiteur se rendit à Pesme, dans le diocèse de Besançon, par des chemins périlleux. Il fit venir le prieur frère Jean Deschamps pour le blâmer de sa négligence à réparer son église, ainsi que le christ qui était au milieu, d'après l'injonction qui lui en avait été faite, trois ans auparavant, par Antoine de Beaujeu. Il répondit qu'il le ferait aussitôt que ses moyens le lui permettraient, ce qui fait croire que ce prieuré avait peu de revenus, ou que la commende l'avait déjà dépouillé de ses biens. Jean Deschamps s'était excusé, peu auparavant, de ne pouvoir se rendre au chapitre général de Saint-Germain, à cause de son grand âge.

Au commencement de septembre, les visiteurs se transportèrent à Decize, dans le diocèse de Nevers. Le prieur

Jean Trousson faisait le service de l'église, aidé d'un sacristain et d'un prêtre séculier, qui remplissait les fonctions d'un religieux : le sacristain jouissait du bénéfice de Saint-Léger-des-Vignes et de celui de Saint-Maurice, dont la présentation appartenait au prieur.

On distinguait parmi les reliquaires deux petites châsses, dont l'une renfermait la ceinture de saint Pierre et l'autre des restes de saint Eutrope et de saint Meu (1); un petit coffre d'ivoire décoré de figurines de différents saints, sculptées en relief, contenait des reliques de saint Georges, de saint Benoît, de sainte Appolline, de saint Mathieu, de saint Julien, martyr, et de beaucoup d'autres saints. Un tableau dont le fond était divisé en plusieurs cases, renfermait des reliques, parmi lesquelles on remarquait des ossements de saint Benoît, de saint Blaise, de saint Etienne, de saint Eloi, de sainte Luce, et une partie du chef d'une des onze mille vierges. Une statuette en bois de cyprès, représentant sainte Marie-Magdeleine, contenait un fragment de son chef; deux autres grands reliquaires couverts de soie jaune et bleue étaient exposés sur le grand autel. Parmi les objets d'argenterie, les regards s'arrêtaient sur un beau calice et sur une croix de pur argent. Le grand-vicaire exigea que tous ces objets précieux fussent renfermés dans une armoire fermant à deux clefs, dont l'une serait entre les mains de celui qui remplirait les fonctions de prieur, et l'autre dans celles du sacristain.

Le visiteur fut sensiblement affligé en voyant la clôture et les bâtiments du prieuré presque tombés par terre. L'église était encore debout. Comme les réparations commandées trois ans auparavant, lors de la dernière visite, n'étaient point faites, il saisit immédiatement le tiers des

---

(1) C'est le nom que l'on donne à saint Mamert dans plusieurs localités du Nivernais. Dom Viole écrit saint Men.

revenus du prieuré, par autorité de justice, pour subvenir aux réparations, et nomma un commissaire pour suivre les travaux en son absence. L'incurie des prieurs étant toujours la même, en 1623, les bâtiments, l'église, tout avait disparu (1), ce qui détermina l'abbé commendataire de Saint-Germain à faire la cession de cet établissement pour l'érection d'un couvent de frères minimes, comme on le verra.

En quittant Decize, le grand-vicaire et sa suite se rendirent au prieuré de Sainte-Marie-des-Catz, à cinq lieues de cette ville. Le titulaire, maître Mathieu, bachelier, habitait Paris. Il avait affermé les biens de son bénéfice cinquante livres tournois. L'église, où l'on voyait deux reliquaires en cuivre d'un travail remarquable, fut trouvée en bon état et assez bien ornée; mais les autres édifices tombaient en ruines. Il fit encore saisir le tiers des revenus, établit un commissaire pour en faire la perception et pour réparer les bâtiments. Il chassa le régisseur des biens du prieuré, à cause de ses scandales et de ses crimes, et en nomma un autre.

Les visiteurs passèrent ensuite au prieuré de Mazilles. Un spectacle affligeant s'offrit à leurs yeux : l'église, et tous les autres bâtiments étaient tombés en ruines. Le prieur, François de Thiange, faisait sa résidence auprès de l'évêque de Nevers. Ils s'adressèrent donc aux fermiers pour savoir quels étaient les revenus du prieuré; comme ils cherchaient à dissimuler la vérité, ils firent une enquête et reconnurent qu'ils étaient affermés deux cent soixante livres, sans comprendre les charges auxquelles les fermiers étaient tenus, telle qu'une somme de trente-trois livres quatorze sous, qu'ils devaient payer tous les ans au monastère de Saint-Germain. Le grand-vicaire voyant aussi

(1) Dom Viole, t. 2, p. 1555.

que les travaux commandés, trois ans auparavant, par son prédécesseur, n'étaient pas commencés, saisit tous les revenus du prieuré ; il se relâcha cependant de sa sévérité à la demande de Philippe Cormiot, prieur de Coulonge, et de Jacques, seigneur de Reugny, de Sauzay et du Tremblay, qui s'offrirent pour cautions et qui signèrent leur engagement en donnant une hypothèque sur leurs biens. Le grand-vicaire somma aussi le prieur de Mazilles de recevoir de suite un religieux pour célébrer avec lui le service divin.

En visitant l'église, un reliquaire attira l'attention ; il portait cette inscription en latin : « Ces reliques sont de saint Germain, de saint Fabien, de saint Sébastien, de saint Étienne, de saint Laurent et de plusieurs autres saints. » Une autre caisse avait pour inscription : « Reliques de saint Thibaut et de quelques autres saints. »

Le grand-vicaire termina sa visite, le 10 septembre, par le prieuré de Châtillon-en-Bazois. Il y trouva le prieur Jean Lambert et deux prêtres qui jouissaient de cent quarante livres pour leur entretien. Trois églises étaient à la présentation du prieur, celle d'Alluy, celle de Chougny et celle de Franay. Le grand-vicaire apprit des habitants que le service divin ne se faisait qu'à demi ; voyant aussi que les bâtiments du prieuré et les voûtes de l'église tombaient en ruines, il mit une saisie sur tous les revenus, par autorité de justice, et établit un commissaire pour veiller, en son absence, à l'exécution de ses ordres, comme il avait fait ailleurs.

A son retour, il fit une visite officielle au monastère de Saint-Germain. Tous les frères qui remplissaient quelque charge lui présentèrent l'état des affaires concernant leur administration (1) ; il en dressa un procès-verbal qu'il pro-

(1) Onze moines remplissaient dans le monastère des charges dont le nom seul indique le genre d'occupation qui leur était confié ;

mit de présenter au prochain chapitre général, ainsi que tous ceux qu'il avait faits dans le cours de sa visite (1). On voit, par ces pièces, que le sacristain de Saint-Germain était autorisé à prélever la moitié du revenu de Villeneuve-Saint-Salve et même davantage sur les censives de la ville et des environs; que l'infirmier du monastère n'était pas tenu à soigner les religieux frappés de la lèpre ou de la peste ; ceux qui en étaient atteints devaient être transportés dans la chapelle de Néron, fondée à cette intention. On y voit aussi que le grenetier avait seul le droit de rendre la justice et de la faire exercer tant à Auxerre qu'à Perrigny. Il devait connaître des causes d'appel ; il avait le droit d'exiger dix sous sur tous les décimes du froment qui se vendait à la criée, en quelque lieu que ce fût; il était aussi dépositaire des sceaux du monastère; car l'abbaye de Saint-Germain avait le sien propre qu'elle apposait à tous ses actes. Il portait l'empreinte d'un abbé revêtu d'habits sacerdotaux avec la mitre et la crosse, dont l'extrémité, recourbée en dehors, marquait sa juridiction extérieure. Il tenait ouvert le livre de la règle appuyé sur sa poitrine. Le champ du sceau était formé de petits carreaux marqués d'un point au milieu; on lisait autour, en lettres gothiques : *Sigil. conventûs S. Germani Autissiodorensis. Sceau du couvent de Saint-Germain d'Auxerre.* Les abbés eurent aussi le leur, qui était ordinairement celui de leur famille. Dom Cotron en

---

c'était le prieur, le sous-prieur, le tiers-prieur, le doyen, le sacristain, le chantre, l'infirmier, l'ouvrier, le trésorier, le grenetier et l'aumônier. Avant le dix-septième siècle, on comptait encore des religieux administrateurs dans les principales terres, comme à Villiers-Vineux, à Beaumont, à Néron, à Mólay. A cette époque, les charges de cellerier et de pitancier n'existaient plus. *Dom Cotron, p. 1337.*

(1) On conserve aux archives de la préfecture de l'Yonne les procès-verbaux de toutes ces visites ; ils sont en latin et d'une écriture très-difficile à lire.

a vu un de Sainte-Colombe de Sens, qui datait de l'an 1195. D'un côté, l'abbé était représenté agenouillé, c'était les armoiries distinctives du monastère; de l'autre, on voyait les siennes propres avec cette légende : *Sigillum capituli Sta Colombæ Senonensis* (1). *Sceau du chapitre de Sainte-Colombe de Sens.* Comme l'armoirie témoignait de la magnificence du seigneur, les abbés les plus puissants par leur mérite ou par leur naissance faisaient aussi briller leur noble écusson armorié, au milieu des devises et des couleurs blasonnées du moyen âge.

Lorsque Guillaume de Grimoald fut monté sur la chaire de saint Pierre, les abbés de Saint-Germain prirent quelquefois, avec un religieux orgueil, trois clefs d'argent pour armoiries; c'étaient les clefs de saint Pierre, sous le patronage duquel le monastère s'était placé, et un précieux souvenir d'avoir donné un pape pour le trône pontifical. Une main étrangère a écrit au bas de cet écusson, dans l'ouvrage de dom Cotron, que c'est le véritable sceau du monastère de Saint-Germain. Au dix-septième siècle, les vases, les mesures et autres objets appartenant à l'abbaye portaient pour marque un écu d'azur à la crosse d'or et à une clef d'argent mise en pal avec ces deux initiales : S. G. C'était un mélange des armoiries adoptées par l'abbaye. On retrouvait ces marques caractéristiques jusque sur les bornes des champs (2).

A cette époque, la guerre était très-animée entre François Ier et Charles-Quint, dont l'armée victorieuse s'était

---

(1) Dom Cotron, mss, p. 1215.

(2) Les bornes qui séparent les bois des Baudières, appartenant autrefois à l'abbaye de Saint-Germain, et les bois de Pontigny, dépendant, à la même époque, du monastère de ce nom, portent encore d'un côté une crosse entre ces deux initiales S. G., et de l'autre une pareille crosse entre les autres initiales S. E., qui indiquent saint Edme, patron de l'abbaye de Pontigny.

avancée jusqu'à Soissons. L'effroi était dans Paris; les bourgeois fuyaient dans les villes voisines. L'abbé de Saint-Germain ordonna, par une lettre du 2 août 1544, que si l'on voyait quelque danger, on transportât à Châteaudun les reliquaires, les joyaux et les chartes de l'abbaye. La paix qui eut lieu au mois d'octobre suivant, rendit cette mesure inutile. La ville d'Auxerre n'était cependant pas tranquille: les huguenots remuaient sourdement la population et préparaient le coup de main qui causa tant de maux en 1567.

Pour mettre les propriétés du monastère à l'abri des dévastations que pouvait occasionner la guerre, l'abbé en établit Pierre de la Lande capitaine, c'est-à-dire qu'il le chargea de la défense de ses biens. Nicolas de Marconville étant mort en 1545, il eut pour successeur Laurent Petitfou, abbé de Saint-Père, qui recevait tous les ans cent écus pour ses services. Ce zélé grand-vicaire fit, en 1548, une visite exacte de tous les prieurés du monastère; il était accompagné de Pierre de Pesselière, prieur de Saint-Germain, et de quelques autres religieux. Trois ans plus tard, il renouvela cette visite.

Philippe de Saint-Xiste, chevalier, et Jeanne Gribou, son épouse, demandèrent, en 1548, à être inhumés dans la chapelle de saint Michel, bâtie au *frontispice et portail* de l'église de Saint-Germain. Marie Regnier, mère de Saint-Xiste, et quelques-uns de ses ancêtres, y avaient déjà reçu les honneurs de la sépulture. Ces pieux époux donnèrent, à cette occasion, cent écus d'or et quelques héritages; les pauvres eurent le reste de leur succession.

L'extrême sécheresse du printemps de l'année 1554 avait plongé tout le pays dans la désolation. Le prix des grains haussant chaque jour, on se voyait menacé d'une disette. Les habitants d'Auxerre supplièrent unanimement les religieux de descendre la châsse de saint Germain et de la porter en procession. Le vingt-unième jour de mai fut choisi pour cette cérémonie. On porta solennellement cette châsse à laquelle se joignirent toutes celles de la ville et des environs. Les chanoines de la cathédrale, le clergé des différentes paroisses et les frères des ordres religieux assistèrent à cette procession, suivis d'un concours immense de fidèles ; ce qui rendit ce jour mémorable dans les fastes de l'Eglise d'Auxerre. Le lundi suivant, il tomba une grosse pluie qui fit oublier la sécheresse pour laquelle on concevait tant d'inquiétude (1).

Nous allons décrire cette procession d'après le procès-verbal qui nous en reste (2). On verra avec quel élan le peuple se portait à ces actes extérieurs du culte religieux dans les calamités publiques. Pendant le seizième et le dix-septième siècle, la dévotion des fidèles est appliquée à ces exercices ; ils sont publiés *à son de trompe* par la ville et annoncés dans toutes les églises. On y déploye la pompe des grandes solennités ; la ville entière avec ses couvents y prend la part la plus active.

Au jour et à l'heure indiqués, quatorze processions des environs de la ville, ayant chacune sa bannière, vinrent se réunir à celles de la ville. On se mit en marche. Les *nonnes*, placées quatre de front, c'est-à-dire deux d'un côté et deux de l'autre, s'avançaient les premières. Elles étaient au nombre de plus de deux mille cinq cents. Par nonnes, on doit entendre les religieuses et les filles de la ville tenant cet honorable rang par leur costume et leur maintien. Après elles venaient trois grosses torches : celle de saint Georges, celle de saint Carteau et celle de saint Jacques ; ensuite les douze apôtres et les pèlerins de saint Jacques, c'est-à-dire des hommes revêtus du costume

---

(1) Dom Viole, mss, t. 2, p. 1167.
(2) Descript. des saintes grottes, p. 55.

d'apôtres et de pèlerins ; après eux suivaient trente croix, tant de la ville que de la banlieue. On voyait venir ensuite les cordeliers, les jacobins et les prêtres ; plus loin, sur la droite, s'avançait le vénérable chapitre de Saint-Etienne avec ses *nonnains,* c'est-à-dire les chanoines, au nombre de plus de quarante. A gauche marchaient les moines de Saint-Germain. L'espace que ces différents corps religieux laissaient vide au milieu d'eux était occupé par des reliquaires que des hommes vêtus d'aubes blanches, les pieds et la tête nus, portaient sur des brancards ; un grand nombre de lévites, revêtus aussi d'aubes blanches, la tête et les pieds également nus, marchaient en ligne à côté des reliquaires, tenant une torche ou un cierge à la main.

Voici les principales reliques mentionnées dans le procès-verbal de cette procession, et l'ordre qu'elles occupaient : le chef de saint Symphorien, celui de saint Gou et celui de saint Prix précédaient toutes les autres ; ensuite venait la châsse de ce dernier et de ses compagnons, le bâton de saint Jacques, celui du nom de Jésus, les reliques de saint François, celles de sainte Barbe, de saint Jacques, de saint Fiacre, le chef de saint Renobert, celui de saint Pierre, les reliques de saint Sébastien, le bâton de saint Vincent, celui du Saint-Sacrement, la châsse de saint Eusèbe, celle de saint Vigile, le chef de saint Juste, celui de sainte Anne, la châsse de saint Gervais, le suaire de saint Germain, les reliques de saint Pierre, la châsse de saint Maurice, celle de saint Cyr et de sainte Julite, celle de saint Crisien et de sainte Darie, les reliques de sainte Anne, de saint Romain, de saint Urbain, de saint Tyburce et de saint Thibaut. La châsse de saint Amatre et celle de saint Germain s'avançaient de front et fermaient la marche. Après elles venait le révérendissime évêque d'Auxerre, revêtu de ses habits pontificaux.

L'auteur de cette relation ajoute qu'il y avait encore

d'autres reliques que portaient les cordeliers, les jacobins et des prêtres, tant de la ville que de la campagne, et qu'un grand nombre de personnes étaient préposées pour maintenir l'ordre. Les fidèles des deux sexes, qui suivaient la procession, marchaient par quatre, comme les premiers, laissant au milieu d'eux un passage pour ceux qui la dirigeaient. On se figurera mieux qu'on ne peut l'écrire quel concours prodigieux de pareilles processions devaient entraîner après elles.

Passons aux affaires publiques et privées des religieux. En 1551, Petitfou et Jacques de Hangest, prieur de Villenost, tous deux grands-vicaires de Louis de Lorraine, évêque d'Alby et abbé commendataire de Saint-Germain (c'est ainsi qu'il se qualifiait), passèrent une transaction avec François de Courtenay, seigneur de Bontain, Loup de Courtenay et le seigneur de Coquillerey, touchant le domaine de Sommecaisse. Louis d'Armes, seigneur de Villaine, de Guerchy et de Villemer, en passa une autre l'année suivante.

Par une troisième transaction de la même année, l'abbé de Saint-Germain s'était obligé à payer en nature la pension des religieux et celle des novices. Ils recevaient chacun trente bichets de blé-froment rendu au monastère : le vin était payé en argent à raison de six livres tournois le muid. On en avait porté trois pour chaque religieux-prêtre et un et demi pour chaque novice. Les deux frères convers recevaient chacun vingt-cinq bichets de blé, deux muids de vin et dix-huit livres pour le bois et le vestiaire. L'un d'eux remplissait les fonctions de portier et l'autre faisait le service des jeunes religieux. L'abbé donnait en outre cent dix sous tous les ans pour les frocs des moines et cinq pour les capotes des novices, qu'on devait renouveler deux fois l'an. Le grand-prieur, outre une pension égale à celle de deux religieux-prêtres, recevait encore dix livres pour son chauffage. Le médecin du couvent en touchait autant pour ses gages annuels. Cinquante autres étaient consacrées à la dépense de l'infirmerie pour *drogues, bois, pain et vin*; quinze pour l'entretien du linge et des chappes de l'église. Une pareille somme était destinée au luminaire ou *torches* de toute l'année, non compris, dit la charte, les charges auxquelles le sacristain, le trésorier, le chantre et les autres officiers de l'église sont tenus pour la collation des trois jours qui précèdent Pâques. Ces charges consistaient à donner à chaque religieux-prêtre, pour sa collation, deux échaudés (1) de la valeur de trois deniers tournois chacun. Les novices et les frères convers n'en recevaient qu'un de pareille valeur. On buvait du vin clairet le jeudi saint et on faisait la cène le matin avec du vin blanc.

L'abbé commendataire s'était encore obligé à payer pour les novices et pour le banquet de Noël dix-huit livres; le cuisinier et le clerc du sacristain recevaient chacun vingt-cinq bichets de blé, un muid et demi de vin, sur lequel le clerc devait fournir celui des messes célébrées dans l'abbaye. Les deux bedeaux percevaient chacun six bichets de blé et un demi-muid de vin; le barbier avait la même rétribution. Le curé de Saint-Loup recevait un demi-muid de vin, pour ses assistances à l'église de Saint-Germain à certains jours de fête. Le religieux-prêtre, chargé de l'instruction des novices, touchait dix livres; l'aumônier seize bichets de grains, moitié froment et moitié avoine. Le soin de l'horloge et l'entretien des grosses cloches étaient à la charge des religieux auxquels il était alloué, pour cet objet, une somme de cinquante livres tournois par an. Enfin le total de ce que l'abbé abandonna pour le

---

(1) On donne encore ce nom à un petit gâteau que sa confection rend sec et très-léger.

service du monastère s'élevait à huit cent quatre-vingt-dix-neuf livres dix sous un denier, et à neuf cent cinquante-un bichets de blé-froment et huit d'avoine (1).

On voit que, dans cet accord, Louis de Lorraine avait fait une large part aux religieux et à tous les employés du monastère : néanmoins ce mode de paiement ne convint ni aux uns ni aux autres, c'est pourquoi ils passèrent une nouvelle transaction en 1556. L'abbé fit insérer que le nombre des frères ne dépasserait pas vingt-un prêtres, douze novices ou non prêtres, deux frères convers, un marguillier et un cuisinier, ce qui, avec le prieur, le grand-vicaire et l'abbé, élevait le personnel du monastère à quarante.

Au lieu de blé, de vin et d'argent, il abandonna aux religieux différentes terres dont le revenu devait égaler et même dépasser ses premiers engagements : c'était la terre de Villemer avec *justice et seigneurie*, la prévôté de Brosse, le tabellionage et les censives de Vaugine et de Néron ; la prévôté de Cure et les rentes de Cussy, de Brion et de la Fressotte; la seigneurie de Villiers-sur-Tholon et ses dépendances; les cens, les coutumes et les autres droits de Poilly, de Bléneau, de Fleury, de Chassy et des Forches; la prévôté de Saint-Georges-lez-Auxerre, avec les dîmes d'un certain climat; la grange et le gagnage de Venoy, avec les prés, les terres, les rentes, les censives et les dîmes tant de Venoy que de Gimoy et de Mauperthuis, à la charge de payer la pension accoutumée au curé de Venoy; les dîmes de Corbeil en Gâtinais, celles de Mercy, les menues dîmes des grains, les rentes et autres droits de Beine, la grange, les prés et les rentes de Quennes et de Nangis, les droits de la mense abbatiale sur les dîmes de Prey, la pension de dix livres sur le prieuré de Saint-Léger, la

(1) Accords et transact., f. 8 et 9.

maison et la chapelle de Marcilly-sous-Guery, en Bourgogne, le moulin de Champs-sur-Yonne ; toutes les rentes attachées aux vignes et aux terres d'Irancy ; les étangs et le moulin de Perrigny, et soixante arpents de bois dans la forêt de Villeneuve-Saint-Salve. L'abbé prenait à sa charge les décimes qui pourraient être imposés sur le monastère, l'entretien de l'église et des autres bâtiments (1). Dans cette transaction, il est qualifié de cardinal de Guise, du titre de Saint-Thomas de Parion, d'évêque d'Alby, d'abbé de Saint-Germain d'Auxerre, de Saint-Victor de Paris et de Notre-Dame-des-Trois-Fontaines.

La noble abbaye de Saint-Germain a désormais perdu sa considération dans le monde ; ses moines pourront être des saints, mais l'indépendance dont ils étaient trop fiers leur est retirée pour jamais. Leur riche patrimoine fera l'apanage d'un courtisan ; leur nombre est limité, leur dépense est taxée. Avec un pareil système, on prévoit ce que va devenir la splendeur du culte et même l'état matériel du couvent. Le nombre des frères, déjà si restreint par les guerres civiles, ira toujours décroissant, car l'abbé commendataire n'aura aucun intérêt à ce qu'ils soient nombreux ; ceux-ci, loin d'un supérieur en qui ils voient bien plus un usufruitier qu'un directeur spirituel, se trouveront plus à l'aise dans leurs cellules, à mesure que leur nombre diminuera. Ainsi la vie monastique, réduite à des questions d'argent et de bien-être matériel, perd son élévation et sa grandeur, et ne répond plus à cet instinct du cœur de l'homme, qui cherche dans le cloître la pénitence et sa sanctification, et qui veut voir dans les religieux autant de médiateurs entre Dieu et les hommes. Les fidèles l'ont compris. Le nécrologe de l'abbaye ne se couvrira plus de demandes d'anniversaires.

(1) Accords et transact., f. 1 et suiv.

À la faveur des bruits désavantageux que les huguenots faisaient courir contre les monastères dont ils tramaient la destruction, plusieurs gentilshommes s'étaient emparés des dîmes de blé et de vin appartenant à l'abbaye de Saint-Germain, tant à Diges qu'à Escamps, et les avaient transportées à Avigneau; mais le 21 janvier de l'année 1567, l'abbé obtint une ordonnance du conseil privé du roi Charles IX, qui portait que toutes ces dîmes lui seraient restituées. Le comte de Tavannes, lieutenant du roi en Bourgogne, avait ordre, en cas de refus, de lui prêter main-forte pour qu'il rentrât en possession de ses droits. On voit par là quelle était la disposition générale des esprits envers les monastères : aussi touchons-nous à une crise politique qui va anéantir les richesses de l'abbaye de Saint-Germain, et compromettre l'avenir du premier monastère du diocèse. Il semble que la divine providence, satisfaite de l'encens des prières et des bonnes œuvres qu'elle avait reçu dans ce sanctuaire vénérable, l'eut abandonné à ses ennemis, d'abord à la commende, d'autant plus dangereuse qu'elle se couvrait du manteau de la charité, ensuite aux huguenots, qui ne voulaient rien moins que la ruine des établissements religieux et l'anéantissement du dernier des moines.

Depuis un temps immémorial, on conservait dans le trésor du monastère une croix d'or pur, haute d'environ cinquante centimètres; elle avait un crucifix au milieu et trois fleurs de lys doubles aux extrémités, elle était, en outre, enrichie de vingt-quatre perles de différentes grosseurs, de quatre diamants, deux à pointes et deux à table, avec trois autres servant de clous au crucifix. On y voyait encore neuf rubis balais, dont un oriental, et cinq saphirs. Elle renfermait par-derrière une parcelle de la vraie croix sous un verre de cristal. Pour trouver l'origine de cette croix, il faut remonter à ces temps de foi, où les princes et les rois déposaient sur le tombeau de saint Germain les diamants de leurs couronnes. La reine Catherine de Médicis, régente du royaume pendant la minorité de son fils Charles IX, connaissait cette croix et la convoitait depuis longtemps ; elle pria les religieux de la lui envoyer, de peur, disait-elle, qu'elle ne tombât entre les mains des hérétiques, ajoutant qu'elle la mettrait en sûreté dans le trésor de la Sainte-Chapelle de Paris. Ceux-ci, prévoyant qu'elle la retiendrait, se refusèrent à sa demande. La reine insista ; enfin, ne pouvant l'obtenir de bon gré, elle l'enleva de vive force par *ses officiers et députés*, promettant de la renvoyer aussitôt que les troubles du royaume seraient apaisés. Ce que les religieux avaient prévu arriva : la reine trouva cette croix si riche et si belle, qu'elle se l'appropria et donna en échange, avec promesse de plus amples dédommagements, une autre croix d'or de même dimension, ornée aussi de quelques diamants. Le grand-prieur, Pierre de Pesselière, se rendit à Paris pour la recevoir des mains de la princesse ; les moines, de leur côté, allèrent processionnellement à sa rencontre le 28 janvier 1567, et au mois de septembre suivant, elle tomba, ainsi que tous les trésors de l'abbaye, au pouvoir des huguenots ou calvinistes.

Ces hérétiques, qu'on eut dit envoyés, comme Attila, pour exercer la vengeance de Dieu contre les peuples et contre les moines, s'emparèrent d'Auxerre le 27 septembre 1567. Le monastère de Saint-Germain avait déjà été brûlé ou au moins attaqué par les Normands, en 889, assiégé par le roi Robert en 1003, incendié en 1074, assiégé par les Anglais en 1359 ; mais tous ces désastres semblaient peu de chose relativement à celui qu'il éprouva de la part des huguenots. Une fois maîtres de la ville ces forcenés sectaires en ouvrirent les portes à une foule de scélérats qui se répandirent avec eux dans tous les quartiers.

Aucune église, aucun couvent, aucune maison de prêtre ne fut à l'abri de leur brigandage. Toute porte fermée était enfoncée par eux à coups de hache, et ils s'y précipitaient comme des lions affamés. Michel Guespier, pour remplir les ordres qu'il avait reçus, se rendit promptement avec son arquebuse et quelques bourgeois sur la place qui est devant l'abbaye de Saint-Germain, afin que les religieux ne pussent rien détourner ni emporter en s'enfuyant.

Quelques instants après, les huguenots arrivent en foule dans l'église : ils descendent, avec précipitation, les six grandes châsses qui se présentent à leur vue, derrière le grand autel, c'étaient celles de saint Aunaire, de saint Urbain, pape, de saint Tiburce, de saint Thibaut, ermite, celle de saint Romain, et une autre de quelques compagnons de saint Maurice. Les reliques jetées sur le pavé de l'église sont foulées aux pieds et les châsses transportées sur des charrettes hors du monastère. Celle de Saint-Germain, qu'ils apportent des saintes grottes, enflamme leur ardeur pour le pillage. Ils en arrachent les ossements qu'ils jettent par terre.

C'est sans preuve que l'on a avancé que ces reliques avaient été brûlées dans la maison d'un huguenot. Le père Viole n'en fait qu'une conjecture (1). Aucun des dix vieillards, âgés de quatre-vingt-dix ans, que l'on interrogea en présence du lieutenant-général, en 1634, sur ce qu'ils avaient vu, comme témoins du sac de l'église de Saint-Germain, ne déposa que les reliques du saint évêque eussent été brûlées (2). L'auteur de la description des saintes grottes avance aussi que son corps fut brûlé ; il cite des relations du temps et on n'en connaît aucune (3) ; ce qui a jeté dans

---

(1) Vie de saint Germain, p. 211.
(2) Leb., prise d'Auxerre, p 144. Accords et transact. de l'abb., p. 16 et suiv. On y trouve les dépositions de chacun des vieillards.
(3) Descript. des saintes grottes, p. 106 et 107.

l'erreur, c'est qu'on crut que ce saint corps était toujours en chair et en os dans toute sa longueur. Il paraît, au contraire, que, depuis plusieurs siècles, beaucoup de ses ossements avaient été donnés successivement à différentes églises : ce qu'il en restait avait été enveloppé dans une étoffe de soie et déposé dans cette châsse magnifique dont s'emparèrent les huguenots (1) ; elle avait environ un mètre de longueur sur un demi de hauteur. Apportée en toute hâte des saintes grottes, elle aura été réunie à celles qu'on venait d'enlever, et les ossements jetés pêle-mêle parmi ceux de saint Aunaire, de saint Urbain et autres déjà profanés. Ces impies, en qui l'avarice dominait, éblouis de la richesse de cette châsse, se seront peu occupés des quelques ossements qu'elle renfermait. Ce qui le prouverait encore, c'est qu'ils ont laissé intactes les autres reliques déposées dans des cercueils de pierre, et qui n'avaient pour enveloppe qu'un cilice de fer ou de crin. Ainsi, les reliques de saint Germain auraient été ramassées, avec celles des autres châsses, par des personnes pieuses qui en auraient retenu une partie pour elles-mêmes (2), et auraient remis le reste aux religieux de Saint-Germain. Ceux-ci les déposèrent, après les troubles, dans l'armoire pratiquée dans un gros pilier entre la chapelle de saint Martin et celle de sainte Maxime. L'entrée en fut murée ; on y grava seulement une croix pour consacrer la mémoire de cet événement, comme on l'a vu ailleurs. La tradition conserva le souvenir de ce précieux dépôt ; c'est pourquoi les fidèles allaient en foule faire leur prière devant cette croix qu'ils baisaient avec respect. Ce fut l'évêque Séguier qui fit ouvrir l'entrée de cette ancienne armoire,

---

(1) Leb., prise d'Auxerre. note parmi les corrections.
(2) Leb., mém., t. 2, pr. p. 226.

un peu avant la seconde visite qu'il fit des saintes grottes, en 1636.

On est étonné que les religieux de Saint-Germain, qui n'avaient plus cette enceinte de remparts qui fit tant de fois leur salut, n'aient pas pris des mesures pour cacher soigneusement ce qu'ils avaient de plus précieux, surtout pour soustraire la châsse de saint Germain à toutes les recherches des huguenots : car ces hérétiques les surprirent comme à l'improviste et leur enlevèrent des richesses immenses, même cette châsse si riche, qui avait été jusqu'alors l'orgueil du monastère et le palladium de la ville. On a vu ailleurs les trésors considérables qu'elle renfermait : c'était une face en or fin décorée de trente-deux saphirs, de soixante émeraudes et d'un escarboucle, de deux grosses pierres communes et de deux cent quatre-vingt-quinze perles fines; une autre face, tout en argent, réunissant un gros camayeu et un diamant de grand prix, six émeraudes, trente-cinq saphirs, quatre-vingt-sept grenats, trois grosses améthystes et deux cent soixante-trois perles fines. En fallait-il davantage pour tenter les spoliateurs sacriléges des églises et des monastères ?

Ce fut le capitaine de Loron de la Maison-Blanche, près de Coulange-sur-Yonne, qui s'empara de la châsse de saint Germain et qui l'emmena chez lui renfermée dans un coffre, avec dix ou onze charretées d'argenterie enlevée dans différentes églises. Elle arriva à la Maison-Blanche sur les dix heures du soir : quatre hommes la portèrent dans une chambre haute; le capitaine lui-même et un orfèvre, venu d'Auxerre à ce sujet, se mirent en devoir de la briser pour la fondre en lingots; mais elle se trouva si forte qu'ils ne purent l'entamer. Quinze jours après, de Loron fit creuser, pendant la nuit, une fosse profonde dans son château pour la cacher, se réservant d'en tirer parti plus tard. Le maçon qui avait fait la fosse reçut vingt écus pour sa peine. Comme il s'en retournait à une heure après minuit, il fut tué à peu de distance du château par un émissaire que de Loron avait envoyé sous prétexte de le reconduire. Une jeune servante, nommée Claudine Ravier, qui les avait éclairés à l'aide d'une lumière, allait partager le même sort, sans la vive opposition de sa maîtresse. On se contenta de lui râcler la langue, ce qui occasionna une enflure qui l'empêcha de parler pendant quatre à cinq mois. Cette femme ne révéla ces atrocités qu'au bout de quarante-deux ans (1), tant son maître cruel lui avait inspiré d'effroi lorsqu'il avait voulu lui ôter la vie pour assurer son secret! Sur ses indications, on fit alors quelques fouilles qui furent sans résultats. Le souffle de la vengeance divine avait passé par le château de la Maison-Blanche : la famille de Loron avait cessé de vivre (2), et son odieux manoir, depuis le drame mystérieux et impie dont il fut le théâtre, avait disparu du sol comme ces maisons mal famées qu'on se hâte de démolir, afin que les murailles ne redisent point de sinistres secrets. Une croix devrait s'élever sur la place, comme un monument de souvenir et d'expiation.

Continuons ce qui concerne les reliques de saint Germain. La grande châsse qui fut prise par les huguenots n'en contenait qu'une modique partie. Outre celles qui avaient été données à différentes églises (3), dans la suite

---

(1) Leb., prise d'Auxerre, pièces justif., p. 15.

(2) Lebeuf rapporte que de Loron, s'étant rendu coupable d'un crime, finit ses jours sur un échafaud. Mém., t. 2, p. 595.

(3) Voici, au rapport de dom Viole, les églises qui possédaient, de son temps, des reliques du saint évêque: celle de Saint-Germain l'Auxerrois, à Paris, avait un os considérable et deux ou trois petits ossements de la main enchâssés dans un bras d'argent. Le monastère de Saint-Vanne, à Verdun, possédait l'os d'un bras. Saint-Germain

des siècles, la cathédrale en possédait dans un reliquaire et le monastère de Saint-Germain dans deux autres : l'un contenait ce qu'on avait trouvé dans le grand-autel, lors de sa démolition, en 1277, c'est-à-dire des débris de son cercueil de cyprès, un morceau d'étoffe pareil au suaire et un petit ossement; l'autre renfermait ce qu'on appelle le suaire de saint Germain : c'est une pièce d'étoffe de soie brochée d'aigles, donnée par l'impératrice Placide, pour couvrir ses dépouilles mortelles lorsqu'on les transporta de Ravennes à Auxerre. Une femme du peuple l'acheta d'un soldat huguenot et le rendit au monastère (1).

Lors de la translation du corps de saint Germain, sous Charles-le-Chauve, le bienheureux Héribalde avait donné

---

de Montfaucon en avait un autre. Saint-Germain de Miége, dans le diocèse de Besançon, possédait le cubitus du bras gauche. On voyait dans l'abbaye de Saint-Pierre de Conches, au diocèse d'Evreux, une partie du crâne ; à Chessy-sur-Loire, entre Orléans et Jargeau, quelques fragments de côte. Urbain V obtint un ossement entier du bras pour un monastère de Montpellier ; cette relique, enchâssée dans l'or et dans les pierreries, fut profanée par les huguenots. A Saint-Germain-Lambron, en Auvergne, on exposait à la vénération publique deux côtes que Dieu signalait par des miracles en faveur de ceux qui avaient mal aux yeux.

On voyait encore, au dix-septième siècle, des reliques de notre saint dans plusieurs monastères : à Saint-Julien d'Auxerre, à Saint-Rémi de Rheims, à Saint-Pierre de Corbie, dans celui de Saint-Pierre de Châlons-sur-Marne, à Saint-Corneille de Compiègne, et au Paraclet, dans le diocèse d'Amiens. L'église de Saint-Germain de Rennes en Bretagne, celle de Saint-Germain de Vitteaux, dans le diocèse de Dijon, et celle de Saint-Germain de Modéon ou Montdéon, dans le Morvan, étaient aussi enrichies de ses reliques. Lebeuf parle de deux côtes que l'on vénérait de son temps dans l'église de Gron, près de Sens. Outre ces restes précieux, qui n'ont pu être distribués qu'après l'an 840, époque de la première translation, où le corps du saint fut trouvé encore entier, plusieurs églises honoraient des vêtements et autres objets qui lui avaient servi pendant sa vie ou qui avaient touché son corps. *Dom Viole, vie de saint Germ., p. 206 et suiv.*

(1) Descript. des saintes grottes, p. 159.

à sa cathédrale une partie de ses vêtements et un morceau de son cercueil. Le reliquaire qui les contenait fut enlevé par les huguenots, mais les vénérables dépouilles qu'il renfermait furent rendues au chapitre et conservées longtemps dans une châsse de bois doré. Lorsque l'évêque Dominique Séguier fit la visite des saintes grottes, il trouva dans le sépulcre de saint Germain quelques débris qu'il crut appartenir à son cercueil, et une poussière (1) qu'il regarda comme sainte. Ces précieux restes furent déposés, avec le suaire, dans une châsse d'ébène garnie de palmes d'argent et surmontée d'une cloche de même métal d'un travail très-délicat.

En 1717, un religieux prémontré de Saint-Marien, âgé de quatre-vingts ans, déclara à l'abbé Lebeuf qu'on tenait par tradition qu'un coffre, placé dans la bibliothèque de son monastère, renfermait des reliques précieuses provenant de l'abbaye de Saint-Germain. Le docte historien trouva dans ce coffre, que l'on força faute de clefs, un grand sac de toile fine, contenant assez d'ossements pour composer la plus grande partie d'un corps humain. Un billet, cousu à ce sac, contenait ces expressions : « Ces ossements m'ont été remis en main par gens pieux, me disant être des reliques de la châsse de saint Germain, et qu'ils les avaient ramassés sur le pavé de l'église de Saint-Germain, alors que ces huguenots ruinèrent la châsse d'icelle église, en l'an 1567 — faict : 1607. » On reconnut que ce billet avait été écrit par dom Martin.

De Caylus, alors évêque d'Auxerre, fit procéder à une vérification qui eût pour résultat de démontrer que les ossements avaient appartenu à un corps embaumé. Il mourut sans s'être prononcé sur leur authenticité. On prouva, par des témoignages incontestables, que dom

(1° *Multos cineres*, beaucoup de cendres.

Mabillon s'était trompé en croyant que les ossements tirés de la châsse de saint Germain par les huguenots avaient été brûlés. Lebeuf, pour montrer la confiance qu'il avait dans ces restes précieux, et pour contribuer aux frais du reliquaire qui devait les renfermer, fit don au chapitre de sept médailles d'or qu'il avait obtenues dans plusieurs académies. Elles furent vendues dix-huit cents livres que l'on employa à faire une châsse en bois de chêne, ornée de palmes d'argent, dans laquelle on déposa des reliques de Saint-Germain, de saint Héribalde et un ossement de saint Amatre. M. de Cicé, dernier évêque d'Auxerre, poursuivit, à la prière du chapitre, la vérification commencée par l'évêque de Caylus, et ne prit point non plus de détermination.

Achevons d'esquisser le tableau des richesses que la piété des siècles précédents avait amassées à Saint-Germain et qui tombèrent entre les mains des huguenots. Outre les reliquaires dont il a été parlé, il en restait beaucoup d'autres de grand prix : d'inestimables statues avaient été dédiées aux saints personnages que l'on révérait particulièrement dans l'abbaye. Six de pur argent représentaient saint Pierre, saint Barthélemi, saint Philippe, saint Mathieu, saint Marc et saint Jacques, ce qui montre qu'on avait entrepris de réunir les statues des douze apôtres. On admirait l'ingénieuse adresse avec laquelle on avait renfermé dans chacune d'elles des reliques du saint qu'elle représentait, et en outre de celles de saint André, de saint Thadée, de saint Fabien, pape, de saint Hippolyte, martyr, de saint Ignace, de saint Thimothée, martyr, de saint Martin, de sainte Anastasie, vierge et martyre, et de beaucoup d'autres. Ce sont sans doute les statues que l'abbé Gaucher Dignon avait fait exécuter avec vingt vases également en argent pour servir de reliquaires.

On voyait encore à Saint-Germain une statue d'argent

de saint Urbain, une autre de saint Tiburce ; deux anges aussi d'argent tenaient dans leurs mains, l'un une relique de saint Jacques, apôtre, et l'autre une de saint Simon et une de saint Jude. Une tête de même métal renfermait des restes du chef de saint Agnès ; on lisait autour de la châsse ces mots en deux vers latins : O vous qui possédez dans cette châsse le chef de sainte Agnès, martyre, réjouissez-vous et louez le Seigneur (1) ! L'attention était encore attirée par une magnifique croix d'argent qui renfermait un morceau de la vraie croix et servait d'ostensoir pour exposer le Saint-Sacrement pendant l'octave de cette fête. Une autre croix aussi d'argent contenait des reliques de sainte Marguerite et un bras de même métal en renfermait de saint Thibaut.

On était épris d'admiration devant une statue de Marie, également en argent : des rubis éclataient sur sa poitrine, une couronne de vermeil, resplendissante de pierreries, ornait sa tête ; elle portait dans ses bras Jésus enfant, qui avait aussi sur sa tête une couronne enrichie de rubis et d'émeraudes (2).

Nous ne parlerons pas des chandeliers, des encensoirs, des bénitiers, des croix de procession, des lampes de pur argent qui tombèrent au pouvoir des huguenots, ainsi qu'un *évangelier* ou porte-livre et un reliquaire de même métal où était déposé le suaire de saint Germain.

Une partie de ces richesses du sanctuaire se trouve sur l'inventaire des objets engagés aux Anglais pour le rachat de la ville d'Auxerre, en 1359. Quelques joyaux de prix avaient déjà été détachés du trésor de l'abbaye pour subvenir aux frais qu'entraînèrent les guerres des derniers

---

(1) Cordibus lœtis, vos qui caput intùs habetis
  Martyris Agnetis, domino præconia detis.
(2) Archives de la préfecture.

siècles. Tant de richesses accumulées dans le lieu saint, attestaient la foi vive des religieux, qui employaient à la décoration des autels, à la majesté du culte et à honorer les restes vénérés des saints, ce qui restait du revenu monastique, après avoir prélevé ce que nécessitaient leur entretien et celui des pauvres. On n'a pas calculé les pertes qu'éprouva l'abbaye, qui ont dû s'élever à des sommes considérables, puisque la seule châsse de saint Germain vaudrait aujourd'hui plus d'un million. Ceux qui s'étonneraient en lisant que le butin que les Anglais firent dans les églises et dans les monastères, en 1359, s'éleva à sept millions de notre monnaie, en seront moins surpris s'ils se rappellent que, les siècles précédents, les dons des fidèles étaient prodigieux. Beaucoup d'églises avaient des autels couverts de tables d'argent ou de vermeil; il y en avait même qui étaient couverts de tables d'or. J'ai vu des calices d'argent du quinzième siècle dont le poids d'un seul égalait celui de trois de nos jours. Les étoffes de drap d'or et les soieries étaient moins élégantes que les nôtres, mais en retour elles étaient bien plus riches par la force et la solidité des tissus. L'abbaye de Saint-Denis n'avait-elle pas des chappes dont les broderies en fils d'or et d'argent étaient si fournis et si serrés, qu'elles se tenaient debout sans s'affaisser sur elles-mêmes? Qu'on calcule sur ce pied tant d'objets précieux dont les églises étaient abondamment pourvues.

Terminons le triste tableau du sac de l'abbaye de Saint-Germain. Les capitaines huguenots pénétrèrent dans la sacristie d'où ils enlevèrent tous les vases sacrés d'or et d'argent, les habits sacerdotaux, le linge de l'église, les meubles, ce qui restait de reliquaires, tout, en un mot, devint la proie d'une soldatesque ivre d'impiété et fut emmené sur des voitures.

La croix en or massif, échangée récemment par la reine

Catherine de Médicis, fut également enlevée. On ignore le nombre de cloches que ces hérétiques descendirent du clocher et des tours. Lebeuf parle de deux fort grosses qui étaient dans la grande tour de Saint-Germain, dont l'une fut transportée à Saint-Eusèbe, comme étant le lieu le plus élevé de toute la ville; c'est la seule qui se soit fait entendre durant tout le temps que les huguenots furent maîtres d'Auxerre. Les autres furent fondues dans la nef même de l'église pour faire des canons ; le plomb des vîtres fut converti en balles. Enfin, les huguenots brûlèrent les châsses en bois doré, les images, les sculptures, les autels; ils brisèrent les vîtres, la toiture; il ne resta dans cette église, naguère si riche et si brillante, ni couverture, ni vître, ni fer, ni plomb, ni cloches, ni ornements (1) ; elle présenta le plus déplorable spectacle de pillage et de désolation qu'on puisse imaginer. De là, les huguenots pénétrèrent dans l'abbaye où ils continuèrent leurs effroyables dégâts ; ils brûlèrent la bibliothèque, une des plus riches de l'Europe : livres, papiers, titres, bulles, chartes, terriers, furent livrés aux flammes. Que sont devenus ces manuscrits nombreux dont la perte sera toujours regrettée? ces missels enluminés, ces bibles imagiées, ces magnifiques livres d'église, ces raretés bibliographiques que les amateurs achèteraient aujourd'hui au poids de l'or, sans parler de l'éclat des fermoirs, des riches étoffes, des ornements en relief d'or, d'argent et d'ivoire, qui recouvraient ces précieux volumes, car les moines, à l'exemple des premiers chrétiens, avaient une sorte de vénération pour les livres qui renfermaient la parole de Dieu et la tradition des saints Pères. Ces grandes collections des casuistes, de tous les auteurs classiques de l'antiquité, les livres d'histoire, de droit civil, de droit-canon, de philosophie, de chronolo-

(1) Prise d'Auxerre, p. 162. Dom Cotron, p. 1240 et suiv.

gie, de médecine, que les moines recueillaient avec soin, ne voulant rester étrangers à aucune branche des connaissances humaines, tout fut consumé par le feu. De précieux manuscrits, des bulles et quelques papiers du plus haut intérêt pour l'histoire de l'abbaye, se trouvaient hors de la bibliothèque et furent conservés comme par miracle (1).

Les huguenots ne bornèrent pas là leurs dévastations : la chapelle de sainte Magdeleine, le cloître, les appartements de l'abbé, celui des hôtes, l'infirmerie, le dortoir, devinrent la proie des flammes. Enfin ils détruisirent tout de fond en comble, jusqu'aux celliers et aux étables; ils ne réservèrent, de tous les lieux réguliers, que le dortoir pour y faire de la poudre à canon.

Voulant mettre le comble à tous ces actes de barbarie, ils entreprennent d'abattre l'église; c'était, dit un historien, pour se divertir et pour passer le temps (2). Ils commencent par le clocher du chœur, qui était couvert en plomb : ils y attachent des cordes à bateau et forcent, à coups de bâton, les catholiques comme les protestants à leur aider.

(1) Dans l'enquête dressée, en 1579, par Claude Pion, *enquesteur* pour le roi au bailliage d'Auxerre, les témoins déposèrent que, « sur la fin du moys de septembre en l'année 1567, ceste ville d'Auxerre fut surprise de nuict par ceulx de la nouvelle opinion, qui occupèrent ceste dicte ville par l'espace de six à sept moys entiers, de façon que sitost que ladicte ville fut surprise, la pluspart des habitants d'icelle et signamment tous les ecclésiastiques tant religieux, prebstres et aultres furent contraintez eulx enfouyr et quicter leurs monastères et maisons, desquelles s'emparèrent lesdictz de la nouvelle opinion : lors rompirent et démolirent entièrement tant leurs maisons que esglises, signamment la dicte abbaye de Sainct-Germain, laquelle fust entièrement ruyuée et bruslée tant l'esglise que les bastiments mesme le cabinet et aultres lieux ou estoient les papiers et enseignements de la dicte abbaye, et ne demourèrent que les apparoys et murailles, et ce est encor de présent bien apparent. » *Archives de la préfect.*

(2) Prise d'Auxerre, p. 143 et 150.

Ne pouvant l'ébranler, ils emploient des chevaux et des bœufs et parviennent à le renverser par terre. Déjà ils sapent les murailles de l'église, attaquent les piliers de l'intérieur. Mais celui qui met un frein à la fureur des flots arrêta leurs projets de destruction : l'un d'eux attache une corde à un des frêles piliers de la chapelle de la Vierge, c'était le premier à droite ; tout-à-coup le pilier cède, la voûte écroule, et quatre de ces vandales disparaissent sous les décombres. Plus loin, sous les coups redoublés d'un soldat, une pierre se détache du haut du portail et, tombant avec fracas, écrase un officier huguenot. D'autres pénétrent dans les saintes grottes et portent leurs mains sacriléges au fond des tombeaux ; mais aussitôt une frayeur involontaire les saisit, ils prennent la fuite et laissent intacts les restes de soixante saints qui y reposent.

Les autres abbayes de la ville et des environs subirent les mêmes dévastations. L'église de Saint-Marien, que Barjedé cite comme une des belles de France, fut entièrement détruite par ces réligionnaires. Ils contraignirent le peuple à travailler à sa démolition, donnant à chacun cinq sous par jour. Il est déplorable que les révolutions, non contentes d'entasser des victimes, attaquent et mutilent aussi des pierres inoffensives. Les chapelles de la campagne, qui attiraient la vénération publique, furent aussi profanées et pillées. Dom Cotron cite celle de Sainte-Porcaire, près de Pontigny, qui fut dépouillée des reliques de sa sainte patronne et de tous ses ornements (1).

Enfin, Dieu résolut de mettre un terme aux funestes succès de ces incendiaires. Ce fut le jour de *Quasimodo* qui était, cette année, le 26 d'avril, qu'ils furent chassés d'Auxerre. En mémoire de cette délivrance, on institua une procession à laquelle on portait le Saint Sacrement.

(1) Dom Cotron, p. 151.

On se rendait à l'église de Saint-Germain, où la grande messe était célébrée. En entrant, un groupe de jeunes filles, vêtues de blanc, la tête couverte d'un voile, répétaient jusqu'à trois fois d'une voix plaintive et gémissante le mot *miséricorde* (1). Ce spectacle était si attendrissant qu'on ne pouvait s'empêcher de verser des larmes.

Parlerons-nous de la mort funeste que Dieu réserva aux auteurs de tant de sacriléges? Cent-cinquante d'entre eux furent massacrés à Auxerre, dans une émeute populaire, et leurs corps jetés à la rivière (2); quatre cents soldats du capitaine Laborde, qui avait commis tant d'horreurs dans cette même ville, pris dans Mirebeau, furent passés au fil de l'épée. Laborde lui-même, l'auteur de tant d'atrocités, fut réservé pour le lendemain à une mort plus ignominieuse, après laquelle son corps fut jeté à la voirie (3).

Le vandalisme des huguenots a porté à l'abbaye de Saint-Germain un coup dont elle ne se relèvera jamais. Rien ne pourra réparer les pertes immenses qu'elle a faites. Qui lui rendra ces châsses ornées de pierreries, ces parements d'autels, ces chasubles, ces chappes tissues d'or fin, si remarquables par le fini de leurs broderies; ces aubes *parées*, comme on les appelait, si riches par la beauté de leur tissu de dentelle; ces calices, ces soleils de vermeil, ces lampes d'argent, enfin ces treize charretées de riche butin enlevé tant de leur église que de leur monastère? Que sont encore toutes ces pertes temporelles que les pères de l'Eglise auraient appelées un embarras de la terre, à côté des attaques du protestantisme qui menace de détruire

---

(1) C'est probablement le *Parce Domine* que l'on chante encore dans les nécessités publiques, dont le père Viole a donné la traduction. *Viole, vie de s. Germ.*, p. 216.

(2) Dom Viole, vie de s. Germ., p. 214.

(3) Ibid, p. 215.

par leur base tous les monastères, ces monuments vivants de l'église catholique ?

Après le désastre causé par les huguenots, il fallait à Saint-Germain un homme de bien, un autre Machabée dont la main forte et inspirée put l'aider à sortir de ses ruines. La Providence vint à son secours : Louis de Lorraine, effrayé des sacrifices que demandait cette abbaye, se trouva heureux de pouvoir l'échanger avec François de Beaucaire, pour l'évêché de Metz, se réservant pendant sa vie la collation des prieurés qui deviendraient vacants. Cette permutation fut approuvée du pape Pie V, le 15 mars 1568, ainsi que la réserve pour la nomination aux bénéfices.

Cependant les religieux que la terreur avait dispersés se réunissent, font réparer à la hâte quelques appartements pour se loger, vont prier sous les voûtes de la chapelle de la Vierge (1), qui avait moins souffert de la dévastation que le reste de l'église et continuent, comme auparavant, à bénir ce Dieu qu'il faut louer alors même qu'il nous frappe. En même temps, ils s'adressent à leur abbé pour toucher le terme échu de leurs pensions et pour qu'il payât la location des maisons où ils avaient été obligés de se retirer, *par le moyen du désastre advenu ès édifices du couvent.* Celui-ci les renvoya à François de Beaucaire, auquel il avait fait cession de l'abbaye. De Beaucaire s'y refusa en disant que, n'ayant pas reçu ses bulles de Rome, il n'était pas encore titulaire de Saint-Germain. Alors intervint un jugement qui obligea Louis de Lorraine à payer aux religieux quatre cents livres pour supplément de vivres.

L'abbé-cardinal mourut en 1579 et fut enterré dans son monastère de Saint-Victor à Paris. On remarque avec peine qu'il ne vint à Saint-Germain qu'une seule fois durant les

---

(1) Dom Cotron, mss, p. 1218.

vingt-huit ans qu'il en fut titulaire. Sa visite eut lieu en 1554. Lorsque ces abbés voulaient bien se mettre en route pour visiter un monastère, c'était pour recevoir, en entrant sur leurs terres, des hommages royaux et les revenus de leurs sujets. Autrefois les moines se plaignaient que les évêques, par leur cortége rival en magnificence avec celui des hauts barons, imposaient à leur monastère une hospitalité ruineuse ; aujourd'hui, ce sont leurs abbés eux-mêmes qui déploient le faste d'un luxe oriental.

FRANÇOIS DE BEAUCAIRE.

De Beaucaire naquit dans le Bourbonnais en 1513, d'une maison noble, offrant par ses mœurs chastes et sévères le modèle de ces familles pieuses dont toutes les pensées et toutes les affections tirent leurs inspirations de l'amour de Jésus-Christ. Ses parents lui léguèrent, avec l'héritage de leurs vertus, la seigneurie de la Creste, celle de Chaumière et la baronie de Saint-Désiré. Il était surnommé Peguillon ou Puiguillon, sans doute d'une terre de ce nom. Dès l'an 1550, il était abbé commendataire de Notre-Dame de Regny; il fut ensuite évêque de Metz et assista au concile de Trente, où il prononça une *docte harangue* en latin à l'occasion de la victoire que les catholiques avaient remportée à Dreux sur les Huguenots. Son neveu, Gilbert de Beaucaire, avait perdu la vie dans cette bataille, comme il le rapporte dans son histoire de France, écrite en latin, qui s'étend du règne de Louis XI inclusivement jusqu'en 1562 (1), et où on lui reproche d'avoir manifesté

---

(1) Elle a pour titre : *Rerum Gallicarum commentaria ab anno 1461 ad annum 1562, in-fol.* Cette histoire, dont on loue la fidélité, ne parut qu'après sa mort, comme il l'avait demandé. Il a aussi laissé un traité des enfants morts dans le sein de leurs mères. 1567, in-8º.

trop d'intérêt pour la maison de Guise. C'est à la suite des relations qu'il eut avec cette famille qu'il permuta son évêché de Metz pour l'abbaye de Saint-Germain avec Louis de Lorraine, qui le convoitait depuis longtemps, pour favoriser les desseins qu'il avait formés sur le pays Messin. D'ailleurs, de Beaucaire avait été son précepteur et l'avait accompagné à Rome. On pense aussi qu'il se démit de son évêché pour être déchargé du fardeau d'un diocèse et pour se rapprocher de son château de la Creste, situé dans le Bourbonnais, à deux journées de chemin d'Auxerre. La solitude d'un monastère convenait aussi à ses goûts prononcés pour l'étude. Il espérait en profiter pour mettre la dernière main à quelques ouvrages qu'il avait composés ; mais la Providence, qui se sert des passions des hommes pour l'exécution de ses desseins, fit tomber l'abbaye de Saint-Germain entre les mains de ce prélat plein de foi et de désintéressement, afin qu'il la relevât de ses ruines : en effet, il employa non-seulement les revenus de sa mense abbatiale, pendant toute sa vie, pour contribuer à sa restauration, mais encore il y ajouta des sommes considérables prises sur ses terres patrimoniales.

De Beaucaire vint prendre possession de son bénéfice quelques années après l'expulsion des huguenots. On lui fit une réception magnifique : le doyen de la cathédrale, l'official, le plus ancien des conseillers, le procureur du roi, enfin tous les notables du clergé et des bourgeois de la ville assistèrent à son installation et prirent part à un banquet auquel il les invita, le 21 novembre 1568. Le roi donna des ordres pour faire visiter les dommages que les hérétiques avaient causés au monastère. Le procès-verbal qui en fut dressé est d'accord avec la peinture que nous en a laissée Pierre de Pesselière.

Le nouvel abbé sentit l'importance des devoirs que la Providence lui avait imposés : il ne négligea ni soins ni dépenses pour faire oublier les malheurs passés. Il commença par faire couvrir l'église en 1583. A la place de ces vitraux qui, tout en racontant les légendes des martyrs et la gloire des saints, répandaient de si riches reflets de lumière dans l'église, l'état présent des affaires ne permit que de placer du verre blanc. Huit mille livres qu'il destinait à rebâtir les cloîtres lui furent volées dans le logis abbatial. Il reconstruisit les lieux réguliers, restaura le dortoir; il fit des recherches par la ville pour recouvrer les titres et autres manuscrits que les soldats huguenots avaient vendus à divers particuliers. Comme on manquait d'ornements pour célébrer les saints mystères, il en acheta dont il fit présent. Il rebâtit presque à neuf plusieurs *maisons et châteaux* de l'abbaye. Celui de Perrigny fut restauré en 1575, celui de Diges l'année suivante, il en fit autant à Héry, à Courtarnoult et à Moutiers, en 1586. Il paya pour subvention, au roi Henri III, environ quatorze mille livres(1). Quoiqu'il fut autorisé à aliéner des terres pour couvrir ces dépenses, il se contenta de mettre en vente la seigneurie de Pontnaissant(2) et celle de Barcenay, les plus éloignées du monastère. La première fut vendue, en 1577, six mille deux cent livres, et l'autre trois mille cinq cents. Le seizième siècle est devenu fatal à toutes les abbayes. Après la dévastation des huguenots, il faut aliéner des propriétés importantes pour acquitter les dettes, satisfaire aux impôts royaux, aux cotisations ecclésiastiques et à d'indispensables réparations (3).

De Beaucaire ayant refusé de payer les dettes que les moines avaient contractées en leur nom pendant les

(1) Des lettres de Henri III et une bulle de Grégoire XIII permettaient d'aliéner des biens du clergé pour un million cinq cent mille livres tournois, afin de subvenir aux besoins de la couronne.
(2) Sur la paroisse de Saint-Martin-sur-Ocre.
(3) Dom Viole, mss, t. 2, p. 1177.

guerres, ceux-ci l'y contraignirent par autorité de justice, en 1589 (1). La position fâcheuse dans laquelle il se trouva mit à découvert les bonnes œuvres qu'il avait faites en leur faveur, car il démontra, sur présentation de pièces, que depuis vingt ans qu'il jouissait de l'abbaye, non-seulement il avait employé en réparations tout le revenu de sa mense abbatiale, mais encore qu'il y avait ajouté de son patrimoine vingt-cinq mille écus, qui vaudraient aujourd'hui plus de six cent mille francs. Il ne négligea en aucune occasion les intérêts de son monastère. A sa poursuite, Jean de la Rivière, conseiller du roi, chevalier de ses ordres, seigneur de Cheny, de Bonnard, de Pars, bailli et capitaine de Sens, rendit une sentence contre François de Coquillerey, seigneur de Pont, et contre Claude de Coucy, seigneur de Lurbigny, comme tuteurs d'Anne de Courtenay, dame de Bontain, de Louise de Jaucourt et de Françoise de Courtenay, pour les obliger à faire le terrier de Sommecaise. En 1584, il obligea aussi son neveu Rodolphe de Beaucaire à lui rendre foi et hommage pour la seigneurie de Pontnaissant, qu'il venait d'acheter. Dom de Pesselière, grand-prieur de l'abbaye, était son grand-vicaire en 1590. Cette même année, le 25 octobre, il passa un acte de *société et confraternité* avec les révérends pères cordeliers d'Auxerre. Les frayeurs continuelles que la guerre de la ligue inspirait aux maisons religieuses, dicta cette mesure de prudence.

L'abbé de Beaucaire faisait sa résidence ordinaire au château de la Creste. D'ailleurs, le séjour de la ville d'Auxerre, déchirée depuis longtemps par les factions, ne convenait ni à son grand âge, ni à ses goûts paisibles. Enfin, après une vie remplie de bonnes œuvres, il expira tranquillement en récitant le *nunc dimittis*, le 14 février

---

(1) Dom Viole, mss, t. 2, p. 1177.

1591, à l'âge de soixante-dix-huit ans. A la nouvelle de sa mort, tous les moines coururent s'agenouiller au pied des autels, pour donner l'aumône de la prière à celui qui avait sacrifié sa fortune pour restaurer leur monastère, et qui les avait édifiés en tant de rencontres. La distance qui les séparait de son château les empêcha d'aller rendre à ses restes inanimés l'hommage de leur vénération. La guerre civile ne permit pas non plus de faire transporter son corps dans la basilique de Saint-Germain.

En 1587, les religieux embrassèrent avec joie l'occasion qui se présentait d'exercer l'hospitalité envers les frères de Regny. Un corps de rètres ou troupes allemandes, qui ne vivait que de pillage, marchait au secours du roi de Navarre et se dirigeait sur leur monastère pour y passer la Cure. Les religieux, justement effrayés et encore pleins du souvenir des maux que les anglais leur avaient causés (1), se réfugièrent à Saint-Germain, où ils trouvèrent un accueil fraternel, des appartements séparés pour leurs

---

(1) Au mois de septembre 1569, toutes leurs granges, excepté une, avaient été brûlées par l'armée anglaise; tout leur mobilier renfermé dans le fort de Vermenton était tombé en son pouvoir. L'abbé lui-même, fait prisonnier, n'avait recouvré sa liberté qu'en donnant une somme considérable.

En 1378, le roi Charles V avait ordonné au bailli de Sens et d'Auxerre de maintenir les religieux de Regny dans le droit qu'on leur contestait de *retrayer* dans le fort de Vermenton, *pour ce*, dit-il, *que lesdiz religieux aient contribué à la closture, fortification et emparement de nostre forteresse de Vermenton qui est plus prochain lieu fort de leur esglise, auquel ils ont fait faire et édifier un hostel ou maison à leurs despenz pour mettre ou retraire eulx, leurs biens, familiers et serviteurs à sauveté..... Neanmoins Jehan de Lesvres, habitant de la dite ville de Vermenton, soy disant capitaine de la dite forteresse asssise en la dicte ville..... en haine d'aucuns plais et procès que lesdiz religieux soustiennent contre lesdiz habitans, à nagueres refusée et deniée ausdiz religieux l'entrée de la porte de nostre dite forteresse..... pourquoi etc.* Annuaire de l'Yonne, ann. 1850.

exercices, et la chapelle de sainte Maxime pour célébrer leurs offices. Ils y demeurèrent de quatre à cinq mois, ce qui montre que le pays n'était pas tranquille et que leur monastère avait souffert du passage des troupes. En effet, le corps d'armée traversa la Cure près de leur abbaye et se rendit à Mailly-le-Château pour y passer l'Yonne. Ces mêmes rètres pénétrèrent dans le prieuré de Moutiers, qu'ils ruinèrent de fond en comble. Saint-Sauveur et son prieuré tombèrent aussi en leur pouvoir. Une partie des habitants prit la fuite en sautant par-dessus les murailles. La grosse tour, dans laquelle les principaux d'entre eux s'étaient enfermés, fut prise comme le bourg et abandonnée au pillage. Les rètres emmenèrent dans leur camp plusieurs prisonniers qui y moururent de chagrin (1).

PIERRE DE LYON, GILBERT GÉNEBRARD
et PAUL SFONDRATE.

Au milieu des troubles occasionnés par la ligue, le monastère de Saint-Germain se trouva avoir trois abbés presque en même temps. Henri IV ayant appris au camp devant Chartres que de Beaucaire était décédé, nomma aussitôt Pierre de Lyon à sa place. Les religieux ne voulant pas recevoir un supérieur nommé par un prince hérétique, crurent que c'était le moment favorable pour se libérer de la commende. Ayant pris l'avis de Jacques Amyot, évêque d'Auxerre et grand aumônier de France, ils s'assemblèrent en chapitre, où, après avoir invoqué le Saint-Esprit, ils procédèrent à l'élection d'un abbé. C'était le lundi de Pâques qui tombait, cette année, le 15 avril, deux mois environ après la mort de François de Beaucaire.

(1) Leb., mém., t. 2, p. 404. Dom Viole.

Leur choix tomba sur Gilbert Génebrard, né à Riom en Auvergne, religieux bénédictin du monastère de Saint-Austremoine de Mauzag, à une demie lieue de cette ville. Il enseignait avec distinction la langue hébraïque dans l'Université de Paris; il était encore prieur de Saint-Denis-de-la-Chastre à Paris et de Notre-Dame de Semur-en-Auxois, qui dépendait de la célèbre abbaye de Flavigny. Maître Denis Perronet, docteur théologal de la cathédrale d'Auxerre, et Edme Blanche, vicaire de l'église de Saint-Loup, avaient été appelés comme témoins à cette élection. Le notaire apostolique avait fait trois copies sur parchemin du procès-verbal qui fut envoyé à Rome par autant de messagers, pour qu'il en arrivât au moins un à sa destination.

Grégoire XIV, au lieu de partager la joie des religieux et d'appuyer leur généreuse démarche, cassa l'élection, opposée, il est vrai, au concordat de François Ier, et donna l'abbaye à son neveu, Paul Sfondrati ou Sfondrate. Génebrard se rendit néanmoins au monastère de Saint-Germain pour remercier les frères de l'honneur qu'ils lui avaient fait. On croit que, pour faire plaisir au pape, il se démit en faveur de son neveu, et que cet acte de courtoisie, joint à ses mérites personnels, le firent nommer à l'archevêché d'Aix-en-Provence. Il reçut ses bulles le 10 mars 1591 et ne fut sacré que l'année suivante. Après avoir gouverné l'église d'Aix pendant cinq ans, un arrêt du parlement de cette ville le déclara déchu de ses droits à l'archevêché, parce qu'il était du parti de la ligue et qu'il avait obtenu cette dignité contre les lois du royaume. Par amour de la paix, il abandonna cette ville et passa dans son prieuré de Semur, où il mourut le 14 avril 1597, et fut inhumé devant le grand autel.

Paul, honoré de la pourpre romaine par Grégoire XIV, son oncle, était frère d'Hercule Sfondrate, commandant du corps d'armée que le même pape envoyait au secours de la ligue. On y comptait cinq mille italiens, trois mille suisses, mille chevau-légers et cent hommes d'armes. On pense que si Sfondrate n'obtint pas l'abbaye de son oncle ou par la cession de Génebrard, il dut sa nomination au duc de Mayenne, lieutenant-général du royaume. Son grand-vicaire, Jean de Pilles, abbé commendataire d'Orbas, afferma, en 1592, les biens de la mense abbatiale parmi lesquels on remarque le domaine d'Ormoy, celui du Mont-Saint-Sulpice, celui de Bouilly et celui de Grosbois.

Toutes les terres de l'abbaye étaient dans un état déplorable à cause de la guerre civile : elles avaient été dévastées par le passage réitéré des troupes amies et ennemies. Le monastère de Saint-Germain tenait pour la ligue ; c'était le parti que la ville d'Auxerre et en général tout le clergé avait embrassé. Différents châteaux, tel que celui de Seignelay, tenaient pour le roi.

Au mois de juillet 1591, le présidial d'Auxerre rendit à la poursuite des religieux, un jugement pour obliger le fermier de Diges à leur payer par provision six cents écus d'or, savoir : cent pour acquitter les dépenses de leur économe, deux cents pour leur boucher et trois cents pour la solde des soldats qui gardaient le château de Diges. On voit que la guerre civile et la pénurie des subsistances les avaient obligés à faire usage de la viande.

Malgré les précautions que l'on prenait de tous côtés, le château d'Héry fut surpris, le 13 mars 1792, par le seigneur de Seignelay, qui avait entretenu des intelligences avec les habitants renfermés dans la place. Les religieux portèrent leurs plaintes à Dumaine, l'un des chefs de la ligue, qui répondit que pour les aider à supporter les frais de la guerre, on leur laisserait le tiers du revenu de la terre d'Héry. Le château de Diges tomba, cette même année, au pouvoir du seigneur de Tannerre, autre capitaine royaliste, qui ordonna à son receveur dans cette terre de donner cent livres aux religieux de Saint-Germain. Leur abbé, qui avait été imposé à douze cents écus au soleil, pour l'entretien d'un escadron de cavalerie, se fit décharger de cette contribution en exhibant son titre d'exemption (1). Tandis qu'il obtenait cet avantage, ses religieux plaidaient avec lui à Paris pour avoir une augmentation de leur mense. Dom Viole cite, à cette occasion, l'extrait d'un compte fait par un moine et ainsi conçu : *Reçu l'unziesme de janvier* 1593, *de Monsieur de Reigny, facteur de Monsieur le Cardinal Sfondrat, nostre abbé nouveau, sept escuz sol* (2).

Comme la ligue triomphante avait porté Sfondrate sur le siége abbatial, il fut obligé de partager sa défaite; on pense qu'il se retira prudemment dès que la ville d'Auxerre se fut rendue au roi, ce qui eut lieu le 22 avril 1594; c'est pourquoi, depuis cette époque, il n'est plus question de lui dans les mémoires de l'abbaye.

Pierre de Lyon attendait l'issue des événements pour prendre possession de ce riche bénéfice. Il était seigneur de la Cave, maître des requêtes et conseiller du roi. Son brevet d'investiture portait ces expressions singulières : *Pour en faire pourvoir telle personne capable qu'il aviserait*, en sorte qu'il avait la liberté de donner lui-même l'abbaye de Saint-Germain à qui il aurait voulu.

Sur la fin de juillet 1593, Henri IV s'étant réconcilié avec l'église catholique, Pierre de Lyon s'approcha d'Auxerre, et, appuyé par les armes du maréchal d'Aumont, lieutenant-général des armées du roi, il s'empara des domaines d'Héry, de Diges et d'Escamps, et y plaça un

---

(1) Appelé *committimus*, titre en latin qui commençait ainsi.
(2) Dom Viole, mss, t. 2, p. 1185.

régisseur en son nom. Mais aussitôt qu'il eut appris la soumission de la ville d'Auxerre, il envoya sa procuration à maître Guillaume de Regny, chanoine de la cathédrale et depuis doyen de la même église, pour qu'il affermât de sa part toutes les terres de l'abbaye. Les officiers du siége présidial d'Auxerre lui firent savoir que s'il ne faisait pas venir ses bulles et s'il ne prenait possession, ils allaient lui retirer la jouissance de ces biens qu'il convoitait si ardemment. Alors il écrivit à Rome et ne reçut pas de réponse, parce que la conversion du roi paraissait suspecte et que le cardinal Sfondrate, qui avait ses bulles pour Saint-Germain, y mettait opposition. Pierre de Lyon gagna bientôt la confiance de l'archevêque de Sens, son métropolitain, qui lui donna des lettres favorables; il obtint même, en 1594, un arrêt du grand conseil qui l'autorisait à prendre le gouvernement du monastère, à condition qu'il ferait venir ses bulles de Rome. Appuyé de cette décision, il prit possession par procureur et se donna pour abbé de Saint-Germain. Jean Moquot de Brienon, ancien fermier de la terre d'Héry, fut son receveur général.

Pierre de Lyon, qui ne voyait dans une abbaye qu'une terre à exploiter, s'en tira avec autant d'habileté que le feraient les intrigants de nos jours. Il persuada aux religieux qu'il leur serait plus avantageux de lui abandonner tous les biens et de recevoir des pensions fixes, qu'alors ils seraient déchargés de tous les soins du dehors et qu'ils pourraient vaquer uniquement à la contemplation. Ils y consentirent sans se douter qu'il leur tendait un piége. Il fixa les pensions pour dix-neuf personnes, savoir : pour douze religieux prêtres, pour cinq non prêtres, pour un cuisinier et un portier. Il se chargea ensuite d'acquitter une dette de sept cent trente *écus sous*, que les religieux avaient contractée durant les guerres de la ligue.

Le monastère, qui se composait de cinquante religieux

sous l'abbé de Joceval, de trente-six sous Louis de Lorraine, se trouva réduit à moins de dix-neuf sous Pierre de Lyon. La commende est comme une lèpre qui consume peu à peu les plus beaux monastères de France et qui les déconsidère aux yeux des fidèles. Les moines, n'étant plus maîtres de leurs biens, ne sont capables d'aucune entreprise généreuse, ils sont à la solde. Un tel état de chose devait naturellement faire déserter les cloîtres. Louis de Lorraine avait bien fixé le nombre des frères, mais on voit qu'il procédait grandement et qu'il communiquait à son abbaye quelque part de la haute puissance dont les princes de sa famille étaient investis. Pierre de Lyon n'ajoute à sa naissance obscure qu'une basse avarice. Il étendit ses mains cupides sur tous les prieurés : celui de Moutiers fut réduit à trois religieux, auxquels il assigna pour revenus soixante et quatorze bichets de froment, douze d'avoine, cinquante-trois écus deux tiers et huit sous, comme on le voit par le bail de 1595. C'était la moitié environ de ce qui formait leur revenu sous le cardinal de Guise, en 1556, quoique la terre de Moutiers eût été affermée le double de ce qu'elle l'avait été auparavant. Il fut plus généreux envers le capitaine du fort de Digès. Pour l'encourager à veiller sur ses biens, il lui donnait tous les ans vingt livres tournois, vingt bichets de froment et autant d'avoine, outre ses émoluments de procureur du monastère. Il aliéna le fief de Grosbois, en retenant la moitié des revenus. Octave de Bellegarde, son successeur, attaqua cet acte en rescision et parvint à le faire annuler en 1610. Il voulut aussi s'emparer des menues dîmes du Mont-Saint-Sulpice, mais le curé Jean Finot lui démontra que ce droit lui appartenait exclusivement.

Parmi les spéculations de cet abbé, il y en eut une que les moines ne purent excuser : il intenta un procès aux héritiers de François de Beaucaire, affirmant qu'ils lui étaient redevables à cause des réparations du monastère qu'il prétendait avoir été négligées. Or cet homme de bien, outre les revenus de sa mense abbatiale qu'il dépensa totalement en réparations, avait encore ajouté des sommes considérables prises sur son patrimoine. Pour éviter un affront à l'honorable famille de leur ancien abbé, les religieux permirent, en 1602, à Pierre de Lyon, de vendre la terre de Perrigny pour subvenir aux dépenses des travaux que de Beaucaire n'avait pu terminer. Le prix fut de dix-neuf cent trente-un écus et vingt sous tournois, outre dix-huit écus deux tiers qui devaient être employés à acheter une chappe ou quelque autre ornement d'église. Toutes ces sommes disparurent entre ses mains, sans qu'il fit aucune réparation.

Pour en imposer aux religieux et arrêter leurs murmures, il donna à l'un d'eux, nommé Germain Thiennot, qu'il établit son grand-vicaire, le pouvoir d'excommunier, de suspendre, d'interdire et d'absoudre les moines toutes les fois que le cas s'en présenterait; il déléguait par là des pouvoirs qu'il n'avait pas lui-même, n'ayant jamais reçu de bulles de Rome. On est persuadé qu'il ne pouvait jouir en conscience de l'abbaye; on a même douté de la validité de tout ce qu'il avait fait comme abbé durant les dix-huit ans qu'il en perçut les revenus; car le pape, avant de réconcilier Henri IV, était convenu avec ses plénipotentiaires qu'il garderait le concordat, tant en la collation des bénéfices qu'en toute autre chose (1). Or, d'après le concordat, aucun bénéficier ne pouvait prendre jouissance d'une abbaye sans avoir des bulles émanées du Saint-Siége. Aussi, lorsque Paul V délivra les provisions de l'abbé de Bellegarde, dont nous allons parler, il le déclara successeur immédiat de François de Beaucaire, n'admet-

(1) Dom Viole, mss, t. 2, p. 1185.

tant pour abbés ni Pierre de Lyon, qui n'eut jamais de bulles, ni Genebrard, dont l'élection ne fut pas approuvée à Rome, ni Sfondrate, qui n'eut jamais de pouvoirs du gouvernement.

Pierre de Lyon n'attendait qu'une occasion favorable pour s'éloigner de Saint-Germain, où sa présence ne rappelait que d'affligeants souvenirs après tant de dilapidations et où il occupait une position fausse, n'ayant point de bulles d'investiture; c'est pourquoi, en 1607, il échangea cette abbaye avec Octave de Bellegarde pour celle de Saint-Mélaine de Rennes. Il mourut à Paris vers l'an 1630.

OCTAVE DE BELLEGARDE.

Le gouvernement de Pierre de Lyon fut une crise continuelle : ses dilapidations exercèrent une funeste influence sur les habitudes claustrales ; la Providence a entendu le cri de douleur des moines. Cet abbé commendataire (1) se retire ; un autre va, dans son long règne, faire fleurir la sainte observance tant recommandée par les réglements, et conserver ce qui reste du patrimoine monastique. Dieu suscita, au dix-septième siècle, une foule de pieux évêques, de prêtres zélés, de fervents religieux, de saints laïques, qui vinrent consoler l'Eglise des maux que les hérétiques lui avaient causés le siècle précédent. De ce nombre fut Octave de Bellegarde, fils posthume de César de Saint-Lary,

---

(1) Dom Viole, auteur contemporain, dit que ces abbés étaient appelés par dérision *abbés comédataires*. Ils écorchent leur troupeau, dit-il, ils n'ont d'autres soins que de s'engraisser du plus beau et du meilleur revenu des abbayes dont ils ne sont que les administrateurs. *Dom Viole, mss. t. 2, p. 1782.*

lieutenant du roi dans la province du Poitou et celle de la Saintonge. Il naquit à Brouage au mois de février 1587. Sa mère, Jeanne de Lion de Châteauneuf, d'une ancienne famille du Périgord, l'éleva avec un grand soin, le confia à des maîtres vertueux, tant à Brouage qu'à Bordeaux. De là il passa à Toulouse, où il fit son cours de philosophie sous un maître fameux, nommé Bardet; ensuite, il vint à Paris, en 1606, où il étudia la théologie pendant quatre ans, sous l'abbé Gamache et sous l'abbé Duval, célèbres professeurs de Sorbonne.

Le jeune Octave ayant manifesté son inclination pour l'état religieux, son oncle, Roger de Bellegarde, grand écuyer de France, gouverneur de Bourgogne, seigneur de Bellegarde et de Termes, marquis de Tresey et premier gentilhomme de la chambre du roi, ne tarda pas à le pousser dans les dignités ecclésiastiques. Il lui fit d'abord donner l'abbaye de Saint-Mélaine, à Rennes, qu'il échangea aussitôt pour celle de Saint-Germain d'Auxerre, dont il ne reçut les bulles que six ans après. Ce même oncle lui fit aussi donner la domerie de Notre-Dame d'Albrat ou d'Aubrac, de l'Ordre de saint Augustin, bénéfice important situé dans les montagnes du Rouergue, et l'abbaye de Nisors, de l'Ordre de Citeaux, dans l'évêché de Comminges. Le 1er février 1607, Henri IV le fit son aumônier ordinaire et lui assigna trois mille livres par an.

Le pape Paul V, en lui adressant, trois ans plus tard, ses bulles pour Saint-Germain et la domerie de Notre-Dame, l'obligea à prendre l'habit de l'Ordre de saint Benoit dans les six mois et d'y faire profession au bout de la première année de son noviciat. De Bellegarde n'avait guère que seize ans lorsqu'il fut nommé à l'abbaye de Saint-Germain, et vingt-trois lorsqu'il reçut ses bulles. Docile à l'avis du pape, il prit possession la même année, et, quatre jours après, il reçut l'habit de religion, c'est-à-dire le scapulaire seulement, des mains du frère Germain Thiennot, le plus ancien des religieux qui faisait les fonctions de prieur. Les moines, voyant qu'il mangeait au réfectoire avec eux, mirent à sa disposition les domaines de la mense conventuelle; mais, revenant sur sa première résolution, le jeune Octave se fit dispenser de prendre l'habit monastique et de faire profession. Néanmoins, il prêcha le jour de la Toussaint dans l'église du monastère. Deux ans après, Jérôme de Lingua, évêque de Conserans, le fit son coadjuteur du consentement de Louis XIII, ce qui l'obligea de prendre les ordres sacrés en 1614. Le cardinal Barberin, légat en France, les lui conféra pendant la semaine de la Pentecôte. Quelques jours après, il le sacra évêque dans une chapelle de Sainte-Geneviève-du-Mont, à Paris. Les religieux de Saint-Germain, voyant qu'il avait refusé de faire profession et qu'il avait accepté d'être coadjuteur, rompirent le traité qu'ils avaient fait avec lui l'année précédente et lui retirèrent le domaine de la mense conventuelle.

L'imposition des mains opéra dans cet évêque un heureux changement. Ce jeune homme, qui avait fait paraître quelques légèretés à Auxerre, lorsqu'il était abbé, devint grave, retiré, enfin un des prélats les plus accomplis de son temps. Son air noble et ouvert lui conciliait à la fois l'estime et l'affection. Jean Duperron, archevêque de Sens, étant mort en 1621, le roi, à la recommandation du connétable de Luynes, sollicité lui-même par le grand écuyer de Bellegarde, le nomma à cet archevêché; il reçut ses bulles l'année suivante et prit possession par procureur en 1623, après qu'on eut soustrait à la juridiction métropolitaine de Sens l'église de Paris pour l'ériger en archevêché. Le jour de l'Assomption de la même année, il fit son entrée solennelle dans sa métropole. Cette nouvelle dignité ne l'empêcha pas de conserver l'abbaye de Saint-Germain en commende.

Pendant les guerres civiles, les moines, troublés sans cesse par le cliquetis des armes et le passage des troupes sur les remparts de leur abbaye, manquant même des choses nécessaires à la vie, s'étaient écartés de leur ancienne règle : les veilles de la nuit, la psalmodie, l'abstinence de la viande avaient subi des interruptions; c'est pourquoi l'abbé-archevêque mit d'abord tous ses soins à faire revivre l'observance régulière, qui est la condition d'existence de toute communauté. Pour atteindre ce but, il s'occupa de trouver un prieur plein de l'esprit de Dieu pour lui confier cette œuvre importante. Il fit venir de Lons-le-Saunier dom Benoit Drouhin, docteur en décrets, homme plein de vertus, de zèle et de science, et le mit à la tête du monastère avec le titre de prieur. Soit qu'il ne mît pas assez de prudence dans ses réformes, soit qu'il exigeât trop à la fois des moines accoutumés à un réglement facile, il ne tarda pas à reconnaître que les efforts de son zèle étaient inutiles pour un certain nombre; alors, sans prendre congé de qui que ce fut, il quitta le monastère pendant la nuit, un an après y être entré, et le laissa comme un vaisseau sans pilote, agité par les vents et les tempêtes. Pour se soustraire à de nouveaux réglements, les religieux disaient hautement qu'Octave de Bellegarde n'était qu'un abbé commendataire et qu'il n'avait pas une pleine juridiction sur eux. Toutefois on ne tarda pas à reconnaître qu'ils n'étaient pas éloignés d'entrer dans les voies de la perfection; c'est ce qui détermina leur abbé, après avoir consulté le seigneur, à introduire parmi eux la réforme de Saint-Maur. Son entreprise fut couronnée du plus heureux succès.

Le concile de Trente avait renouvelé les anciens réglements touchant les réformes et ordonné que tous les religieux vivraient exactement selon leur règle. L'ordonnance de Blois, se conformant aux vues du saint concile, enjoignît aux évêques et aux chefs d'Ordres de rétablir la discipline monastique suivant les premières institutions. Deux célèbres congrégations s'établirent alors en France : celle de Saint-Maur pour les moines, et celle de Sainte-Geneviève pour les chanoines réguliers. La première commença en 1613 (1) et forma une congrégation qui fut confirmée, huit ans plus tard, par le pape Grégoire XV. Urbain VIII l'approuva à son tour, en 1627, et permit aux supérieurs d'y agréger les maisons religieuses qui voudraient suivre leur réforme.

L'abbé-archevêque, plein de vénération pour l'institut de Saint-Maur, assembla capitulairement les moines de Saint-Germain, le 13 décembre 1625, et leur proposa de l'embrasser. Ceux-ci lui déclarèrent sans détour qu'à raison de leur âge, des infirmités de plusieurs d'entre eux et des habitudes qu'ils avaient contractées, il leur serait impossible de supporter les austérités de la réforme qu'il leur proposait ; ils le priaient de les laisser vivre et mourir dans l'observance de leur ancienne règle ; que néanmoins, pour ne pas mettre d'entraves aux pieux et louables projets de sa Sainteté, ainsi qu'à ceux du roi et aux siens propres, ils consentaient à ce qu'on introduisît dans leur monastère des religieux réformés, ajoutant qu'ils mettraient à leur disposition l'église, le dortoir, le cloître, le chapitre, le réfectoire, la cuisine et le jardin. Ils consentaient aussi que les profès et les novices qui seraient reçus dans la suite, fussent mis au nombre des religieux réformés et non parmi eux, ce qui, au bout d'un temps peu éloigné, amènerait une réforme complète dans le monastère (2).

(1) Ses premiers religieux furent tirés de la congrégation de Saint-Vannes, qui n'était fondée elle-même que depuis dix ans.
(2) Accords et transact., mss, f. 10.

L'abbé approuva ces propositions qu'il trouva justes et raisonnables. Il déclara que les anciens religieux jouiraient de la même considération qu'auparavant et qu'ils conserveraient les charges dont ils étaient revêtus. Ils n'étaient plus qu'au nombre de onze ; voici les noms de ces nobles débris de tant de moines qui avaient illustré la vie monastique : Simon Goisot, ouvrier, Germain Drinot, chantre, André Vivant, Etienne Tanneau, Charles Leblanc, sacristain, Louis Tribolé, Christophe Lefebvre, André Montauban, Claude Espiard, Edme Bourgoin, infirmier, et Jean Dumont, aumônier, tous prêtres et religieux profès. Ces moines, si fiers autrefois de ne relever que du Saint-Siége, qui avaient repoussé si énergiquement la dépendance envers Cluny, l'obéissance à l'évêque d'Auxerre, alors que leur monastère servait de palais aux rois Carlovingiens, abandonnent sans opposition leur abbaye à l'Ordre de Saint-Maur, parce qu'ils se voient menacés d'une dissolution prochaine, tant la commende a énervé les courages.

Cet affaiblissement de la vie religieuse n'était pas particulier à Saint-Germain : c'était un mal qui menaçait l'Ordre de Saint-Benoît tout entier. Les richesses, les hérésies, les guerres civiles, la commende, l'absence de fortes études, le désœuvrement, avaient, après de longs siècles, abaissé les intelligences et amoli les cœurs. La société tombait aussi sous le poids de la même lassitude et demandait également une réforme qui ne se fit pas longtemps attendre. La Providence, qui veille à tout, suscita, pour ranimer la vie monastique, la réforme de Saint-Maur, qui n'était autre chose que la règle de saint Benoît appliquée à la marche du temps et aux besoins de l'Eglise. Cette sage constitution fut embrassée par un grand nombre de monastères, des divers points de la France ; elle rendit à la vie contemplative sa dignité et accomplit une œuvre de régénération et d'unité appelée par les vœux de tous les membres de l'Ordre.

La règle s'occupa peu des abbés commendataires qui habitaient rarement les abbayes, mais seulement des prieurs. Ils étaient élus par les définiteurs du chapitre général et ne pouvaient demeurer en charge plus de deux triennaux ou six ans. La règle exigeait, dans celui qui remplissait cette charge, une vertu éprouvée, soit qu'il fût sous un abbé régulier, soit qu'il ne dépendît que des supérieurs de l'Ordre de Saint-Maur, ce qui arrivait lorsqu'il était dans un monastère en commende. On vit dans ces prieurs d'éclatants exemples de vertus et de sainteté : la plupart étaient très-versés dans la science des saints et avaient reçu de Dieu le don de la faire goûter aux autres, car, dans tous les temps, l'Eglise a donné, pour édifier les cloîtres, de ces hommes auxquels une vive piété a inspiré dès le bas âge le goût de la solitude et le désir de s'y faire une retraite.

Les chapitres généraux se tenaient tous les trois ans, ainsi que des diètes provinciales intermédiaires. Comme il était impossible d'y réunir tous les religieux, ils s'y rendaient par députations. Le premier chapitre général paraît remonter à l'an 1630 ; ils ne devinrent bien réguliers que quinze ans plus tard. Lorsque le supérieur général en faisait la convocation, il indiquait en même temps la date de la diète où devait se trouver le visiteur de la province, le supérieur de chaque monastère et un religieux élu à la pluralité des voix, que l'on appelait conventuel. Chaque diète provinciale devait élire, pour le chapitre général, six députés, dont trois supérieurs et trois conventuels. Par ce double degré d'élection, chaque couvent, chaque religieux se trouvait représenté.

L'Ordre de Saint-Maur était dans sa première ferveur, lorsque, le 7 juillet 1629, c'est-à-dire huit ans après que cette congrégation eût été confirmée par le pape, Octave de Bellegarde passa un accord avec dom Ange Nalet, prieur du monastère des Blancs-Manteaux, et le révérend père dom Placide de Sarcus, visiteur de la congrégation et prieur de Vendôme. Celui-ci, accompagné de dom Bernard Jevaudac, procureur général, vint prendre possession du monastère de Saint-Germain, le dernier jour d'octobre de la même année, et y plaça dix religieux de chœur qu'il avait amenés avec lui, car la règle voulait qu'il n'y eût jamais moins de dix frères dans chaque établissement : c'étaient dom Joseph Bongard, dom Joseph Baldet, Alexis Partout, Adélard Mabire, revêtus du caractère sacerdotal; ensuite Etienne Poncelet et Maur Harlot, diacres. Les autres, seulement engagés dans la cléricature, étaient : Aigulphe Letourneur, Jean Langlais, Laurent Priet et Léon du Laurent. On leur donna pour prieur Augustin de Renevue.

L'abbé-archevêque, pour relever l'importance de la réforme dans le concordat passé entre lui et les pères de la congrégation de Saint-Maur, semble affaiblir les vertus religieuses du monastère de Saint-Germain. « Le seigneur archevêque, y est-il dit, aurait remontré que la dite abbaye avait été jadis grandement florissante de toute sorte de bonnes mœurs, dévotion et discipline monastique, laquelle néanmoins par le moyen des guerres civiles et parce qu'elle n'était pas agrégée ni soumise à aucune congrégation, cette ferme observance régulière s'était tellement relaschée, que s'il n'y apportait quelque efficace et prompt remède, il craignoit qu'elle ne fust en danger de s'anéantir tout-à-faict : pour à quoi obvier après avoir souvent et longuement recommandé à Dieu cette affaire très-importante à son honneur et gloire et au salut des ames, et, à cet effet, imploré l'assistance du Saint-Esprit. Sachant que le meilleur moyen de rétablir la première discipline régulière en son premier lustre et splendeur était d'unir et incorporer ladite abbaye de Saint-Germain d'Auxerre à quelque congrégation du même Ordre de saint Benoist, approuvée du Saint-Siége, du roi et des cours souveraines, il avait jeté les yeux sur la congrégation de Saint-Maur, comme la plus estroite et la plus régulière du dit Ordre qui soit en ce royaume et à laquelle quantité d'autres très-célèbres abbayes se sont déjà unies à la gloire de Dieu, ornement de l'Eglise, avancement dudit Ordre et édification publique. » (1)

De Bellegarde mit ensuite les bâtiments du monastère à la disposition des supérieurs de la congrégation de Saint-Maur, du consentement des anciens moines; leur permit d'y vivre selon leur règle, de changer les religieux de maison, s'ils le jugeaient convenable, et de remplacer ceux qui décéderaient, pourvu qu'ils les maintinssent toujours au nombre de dix-huit, tel qu'ils étaient alors. Il fut spécifié qu'on ne dérogerait en rien au titre abbatial dont jouissait l'établissement, qu'il serait toujours à la nomination du roi et qu'il jouirait de ses prieurés. Il fut encore convenu que : « s'il arrivait que la congrégation (ce que Dieu ne veuille) se relaschast formellement de l'estroite observance régulière, selon les statuts à présent gardés en icelle, soit au vivre, en mangeant de la viande, soit au vêtement, comme en portant linge ou bonnets carrés (2), soit en l'estroite observance des vœux, possédant quelque chose en propre : nonobstant tout privilége contraire obtenu ou à obtenir, sera permis aux seigneurs abbés qui

----
(1) Accords et transact., f. 11.
(2) Le bonnet carré, qui remonte au moyen âge et que les ordonnances des évêques remplacent généralement aujourd'hui par la barrette, est en carton recouvert d'étoffe noire. Sa forme est carrée et un peu en pointe; sa hauteur est d'environ vingt-cinq centimètres, compris une houppe en soie de la grosseur du poing dont il est surmonté.

pour lors seront, de poursuivre la désunion de la dite abbaye et l'union et agrégation d'icelle à une autre congrégation réformée (1). » Des religieux pris dans l'Ordre de saint Benoît et dans d'autres maisons devaient être juges en cette matière, sur l'invitation de l'abbé, et, après avoir prévenu le chapitre général, d'y remédier dans l'année.

Une rente de cinq mille cinq cents livres fut assurée par l'abbé pour l'entretien des frères. Les aumônes dont la distribution leur était confiée s'élevaient à trois boisseaux de blé par semaine, à trente bichets le jeudi-saint, *comme pareillement ce que l'aumosnier est obligé de donner à raison de son office, pour estre en tout distribué à la descharge tant du dit seigneur abbé que de l'aumosnier, en la manière accoustumée* (2). On sait que les revenus de différentes terres étaient destinés aux aumônes du monastère et perçus par l'aumônier lui-même.

Dieu bénit l'entreprise de l'abbé de Bellegarde. Les anciens religieux s'édifièrent des bons exemples qu'ils avaient sous les yeux, et dès-lors on ne reçut plus de nouveaux frères que sous la condition expresse qu'ils suivraient l'étroite observance. L'exemple donné par le monastère de Saint-Germain fut suivi par celui de Saint-Michel de Tonnerre, qui embrassa la même réforme en 1667, ainsi que Molosme, situé à trois kilomètres de cette ville. Bientôt tous les monastères de France sentirent la nécessité d'entrer dans une voie nouvelle. L'Ordre de Cîteaux se soumit à une réforme en 1666, celui de Cluny fut attaché deux fois à la congrégation de Saint-Vanne, pour subir une réforme, et deux fois il en fut détaché. On vit dans ces deux Ordres une commune et une étroite observance.

Le lendemain de l'installation des nouveaux religieux,

---

(1) Accords et transact., f. 13.
(2) Ibid.

qui était le jour de la Pentecôte 1629, l'abbé-archevêque célébra la messe pontificalement, dîna au réfectoire avec les frères tant anciens que nouveaux. Après le repas, il prêcha sur la fête de tous les saints. Etant venu à parler de la réforme introduite dans le monastère, il se répandit en actions de grâces envers le Tout-Puissant, qui prouvait par là qu'il avait encore des ames choisies qu'il voulait amener à Saint-Germain pour les élever à la plus haute perfection; ensuite il se félicita de ce que Dieu avait bien voulu se servir de lui pour cette bonne œuvre. Beaucoup de citoyens présents à ce discours, conclurent que son intention était de se démettre de l'abbaye en faveur des pères de la réforme; c'était la conséquence naturelle de sa généreuse entreprise, mais il n'en fit rien : tant il en coûte à l'homme pour se défaire des biens de la terre! Un prieur de la congrégation le remplaça dans la direction du monastère.

Comme l'entretien de l'église et des autres bâtiments était à sa charge, il plaça dans le chœur de nouvelles stalles, il couvrit les cloîtres et pratiqua, dans le grand réfectoire, qui tombait en ruine, une sorte d'appentis pour former une petite salle à manger; il meubla une douzaine de cellules, donna un calice d'argent et quelques ornements d'autel; il ajouta deux mille livres qu'il remit aux religieux pour suppléer à ce qui pouvait manquer à l'ameublement d'une nouvelle communauté. Pour couvrir ces dépenses, il vendit des bois de haute futaie pour dix mille livres; ensuite il pria les frères de ne point exiger pour le moment d'autres dépenses que celles qu'il venait de faire en leur considération. Peu après, il agrandit cependant le jardin abbatial qu'il environna de hautes murailles du côté du rempart de la ville. Il donna aussi aux religieux le prieuré de Saint-Florentin, qu'il avait refusé aux jésuites, malgré leurs instances réitérées; ceux-ci voulaient l'unir au collège d'Auxerre qu'ils dirigeaient. Cette donation, n'étant appuyée d'aucune bulle apostolique, ne tarda pas à être annulée.

Peu de temps auparavant, de Bellegarde avait détaché de l'abbaye, du consentement des religieux, le prieuré de Saint-Pierre de Decize, et l'avait annexé au couvent des révérends pères Minimes de cette ville, moyennant une rente annuelle de cent écus envers l'abbé et à la charge de chanter tous les ans une grande messe en l'honneur de saint Benoît, le 21 mars, qui est le jour de sa fête, et le lendemain un service pour le repos des ames des religieux et des bienfaiteurs du prieuré. Cet arrangement fut confirmé, en 1624, par une bulle du pape Urbain VIII (1).

Quelques années après, on fit connaître à l'abbé qu'il y avait des réparations très-urgentes à faire à l'église : le devis s'élevait à quarante mille livres. Il ajourna ces dépenses et fit seulement mettre de nouvelles portes. Comme il désirait être déchargé du fardeau des réparations et mettre fin aux plaintes des religieux qui trouvaient insuffisante la somme qu'il leur avait allouée pour cet effet, il passa, en 1637, une autre transaction par laquelle il leur remettait différentes terres dont le revenu s'élevait à cinq mille sept cent quatre-vingt-quatorze livres et six feuillettes de vin d'Irancy. Il laissa à leur charge les réparations des bâtiments de l'abbaye et de ceux des terres dont il leur cédait la jouissance, leur abandonnant, pour y subvenir, le revenu des prieurés, le bois de la Provenchère et trente livres tournois sur le fermage de Diges. Il se réserva l'institution des baillis dans les seigneuries du monastère, la présentation et la nomination aux cures et aux vicariats perpétuels, ainsi que le soin de pourvoir aux prieurés (2). Avec une modique pension et l'abandon de quelques

(1) Dom Viole, mss, t. 2, p. 1556.
(2) Accords et transact., f. 19 et 20.

terres, l'abbé laisse à la charge des religieux tous les embarras qu'entraîne l'administration des biens de la terre; c'est pourquoi nous les verrons, dans la suite, obligés de recourir aux emprunts pour acquitter leurs engagements.

La chapelle de saint Michel-Archange et de saint Jean-Baptiste, bâtie devant la tour qui subsiste encore, tomba en 1622, faute de réparations. L'abbé ne s'occupa nullement de la relever, quoiqu'elle renfermât des sépultures honorables. Le portail de l'église demeura défiguré par cette ruine. La façade que l'on voit au frontispice de cet ouvrage est celle qui existait à cette époque et dont on retrouve deux dessins dans dom Cotron. Si les religieux avaient eu la libre disposition de leurs biens, ils auraient prévenu cet éboulement ou auraient relevé la chapelle.

Un arrêt du parlement obligea alors les habitants de Villiers-Vineux à payer tous les ans, au monastère de Saint-Germain, quatre bichets d'avoine par ménage; ceux qui n'étaient pas mariés n'en devaient qu'un seul.

Pour gagner l'indulgence d'un jubilé publié en 1628, les religieux, assistés du curé ou vicaire perpétuel de Saint-Loup, ainsi que des autres prêtres et des habitants de cette paroisse, se rendirent en procession, le premier dimanche du mois d'août, à la chapelle de Notre-Dame de Lorette, pour en faire l'ouverture; ils jeûnèrent le mercredi, le vendredi et le samedi de la semaine suivante, pour se conformer à la bulle du pape.

En 1630, comme on démolissait le grand-autel pour le reporter plus loin, dans un endroit plus apparent, on trouva une croix en pierre, ayant au milieu une cavité de la grandeur et de la forme d'un boisseau. Comme elle était fermée d'une pierre plate, on présuma qu'elle renfermait quelques reliques précieuses. On fit venir le prieur et les religieux pour être témoins de l'ouverture qu'on voulait en faire : on y trouva trois petits coffres couverts de lames d'ivoire. Un seul était entier : il contenait une motte de terre qui paraissait trempée de sang et qui était enveloppée de taffetas rouge. Dans les deux autres, qui tombaient en poussière, on trouva un gros ossement de l'épine du dos, une petite côte, une dent et deux fioles carrées : dans l'une, on remarquait seulement un peu de sang desséché et attaché à la paroi du verre, et dans l'autre, on distinguait de la terre trempée de sang (1). Toutes ces reliques furent portées avec révérence à la sacristie et déposées, plus tard, dans une fenêtre de la chapelle de saint Martin, dans les saintes grottes. On les enveloppa immédiatement de damas bleu et on les plaça dans un reliquaire. L'opinion commune fut qu'elles venaient de saint Maurice et de ses compagnons, premiers patrons du monastère, et que c'était saint Germain lui-même qui les avait déposées dans cette pierre, en leur dédiant l'oratoire. Le bruit de cette découverte s'étant répandu dans la ville, une foule de peuple accourut pour en être témoin, et *revint avec grande dévotion et édification* (2). Dans les premiers siècles du christianisme, c'était l'usage de bâtir les églises sur les tombeaux des martyrs; l'autel était placé sur le tombeau même. C'est de là qu'est venue la coutume de mettre toujours des reliques dans les autels.

Comme les huguenots s'attachaient particulièrement à détruire tout ce qui attirait la piété des fidèles, on douta si les reliques qu'on voyait à Saint-Germain étaient authentiques. Dom Viole, prieur de l'abbaye, exposa à Dominique Séguier, évêque d'Auxerre, la nécessité de les vérifier afin de rassurer la confiance publique, c'est pourquoi ils convinrent que l'on ferait, à ce sujet, des recherches

(1) Il a déjà été fait mention de cette découverte, p. 89.
(2) Le procès-verbal se trouve dans dom Cotron, p. 1260.

scrupuleuses, non-seulement à Auxerre, mais encore dans le diocèse et dans la France entière, s'il était nécessaire. On commença donc à fouiller dans tous les lieux de l'abbaye où l'on croyait, d'après les épitaphes, les manuscrits et la tradition, que des saints avaient été enterrés. Le prieur et les religieux voulurent travailler à un ouvrage aussi honorable, à l'exemple de l'empereur Constantin, qui n'avait pas rougi de courber ses épaules pour fouir la terre de l'église de Saint-Pierre. Ils se livrèrent donc pendant tout l'hiver à la recherche des dépôts sacrés de leur église. En déblayant les terres, ils mirent à découvert des épitaphes et des inscriptions fort anciennes. Les tombeaux furent trouvés dans leur entier et bien fermés ; la plupart étaient toujours conformes à la description qu'en fait Héric, ce qui démontra jusqu'à l'évidence que les huguenots les avaient laissés intacts (1).

Enfin, tout étant disposé, le 2 novembre 1634, l'évêque d'Auxerre, revêtu d'un surplis et d'une étole, accompagné de l'abbé-archevêque, d'une partie de son clergé, de toute la communauté de Saint-Germain et en présence des principaux de la ville, après avoir invoqué le nom de Dieu, s'approche avec respect d'un tombeau près duquel on lisait sur la muraille : *Saint Grégoire*. On l'ouvre et on voit au-dedans un corps étendu et entouré d'un grillage en fer, ayant auprès des épaules un peu de soie qui n'était pas encore consumée. Vers les pieds se trouvait le cuir de ses sandales et cinq pièces de monnaie : la plus grande, qui était d'argent, portait, d'un côté, une croix avec ces mots : *Sit nomen Christi Benedictum*, et de l'autre un K couronné

---

(1) On ne voit pas que les huguenots aient amoncelé des décombres dans les saintes grottes : ceux que les religieux enlevèrent provenaient sans doute des derniers caveaux qu'on y avait creusés, dont les terres étaient entassées en divers endroits.

et entouré de fleurs de lys(1). De là on passa au tombeau de saint Théodose, dans lequel on trouva un corps réduit en cendres, ayant encore une partie de ses sandales. En l'ouvrant, on sentit s'exhaler une odeur si suave, qu'elle frappa d'admiration et d'étonnement tous les assistants. On lisait sur la muraille cette inscription : *Cy gist le corps de Monsieur saint Théodose, qui fust évesque de cette cité et trépassa le vingt-septième jour de juillet.* Une autre inscription en latin dit qu'il siégea huit ans et qu'il mourut à l'âge de soixante et quinze ans.

Ensuite on tira, non sans peine, le tombeau de saint Germain de la fosse profonde où il était déposé, derrière son autel, dans les saintes grottes, et on le fixa au-dessus de cette fosse. On procéda à son ouverture avec la profonde vénération que méritait le souvenir du grand homme qui y avait été inhumé. On y trouva beaucoup de cendres, un petit ossement des doigts et quelques fragments de son cercueil de cyprès. L'évêque déclara que ces restes vénérables appartenaient à saint Germain ; il prit même un morceau du cercueil pour le déposer dans une châsse particulière. On n'alla pas plus loin dans cette première visite, qui ne fut continuée que deux ans après.

Voici un miracle arrivé dans les saintes grottes pendant cet intervalle. Lorsque les huguenots pillèrent l'église de Saint-Germain, ils s'emparèrent, ainsi que nous l'avons déjà remarqué, de plusieurs châsses magnifiques, et ils jetèrent loin d'eux les ossements qu'elles contenaient. De pieux fidèles les ramassèrent et en remirent la plus grande partie aux religieux qui les renfermèrent dans une armoire

---

(1) Le maçon chargé de fermer ce tombeau prit une dent du saint qu'il cacha soigneusement. Aussitôt il fut saisi d'une agitation et d'un tremblement qui ne cessa que lorsqu'il l'eut remise aux religieux, qui la firent enchâsser dans une croix d'argent qu'on exposait sur le grand autel aux fêtes solennelles. *Description des saintes grottes*, p. 26.

pratiquée dans un pilier. Le 9 avril 1636, dom Deicole Vocelle, prêtre-sacristain de l'église du monastère, ayant un cierge à la main, faisait voir les saintes grottes à Guillaume Pirot, avocat au parlement, et à deux prêtres de la ville de Troyes. Arrivés à l'armoire où étaient les reliques profanées par les huguenots, il l'ouvre, tire un rideau de taffetas rouge, et les leur montre posées sur des degrés. Les visiteurs s'agenouillent et font leur prière. Lorsque l'armoire fut refermée, les deux prêtres auxquels le sacristain venait de raconter l'histoire de ces reliques, élevèrent des doutes sur leur authenticité, disant qu'on pouvait avoir substitué d'autres ossements à la place de ceux des saints, et qu'on ne devait pas rendre légèrement des honneurs à des reliques qui n'étaient pas authentiques. *A l'instant il se fit dans l'armoire un grand bruit comme d'un choc, fracas et cliquetis d'ossements, comme s'ils se fussent choqués et froissés les uns contre les autres, et que le tout eût été renversé.* Ce bruit dura l'espace de temps qu'il faudrait pour dire un *Ave Maria*. Tout est renversé là-dedans, dit l'un d'eux; le même bruit recommence aussitôt, mais avec plus de force et plus de durée que la première fois. Pirot et les deux prêtres se jettent à genoux pour demander pardon à Dieu et à ses saints de leur incrédulité. Avant de se retirer, ils retournèrent visiter l'armoire : loin de trouver les reliques bouleversées, comme ils s'y attendaient, ils les virent toutes dans le même ordre qu'ils les avaient trouvées la première fois (1).

Le 17 septembre 1636, on continua la visite des tombeaux. La cérémonie se prolongea durant trois jours au milieu d'une affluence considérable. L'évêque d'Auxerre et l'abbé-archevêque déclarèrent que tout ce qu'on avait

---

(1) Le procès-verbal se trouve dans les mémoires de Lebeuf, t. 2, pr. p. 236.

trouvé dans les sépulcres devait être tenu pour reliques de saints. L'archevêque de Sens remit plusieurs de ces restes vénérables à du Rollet, son grand-vicaire, pour les Carmélites de sa métropole et pour les bénédictines de Villeneuve-le-Roy. Nous n'entrerons pas dans le détail de cette longue et importante visite dont il a déjà été parlé à l'occasion de la description des saintes grottes. On peut voir d'ailleurs, à la fin de cet ouvrage, le procès-verbal qui en fut dressé. Toutes les épitaphes y sont rapportées avec soin.

L'année suivante, on ouvrit le sépulcre de saint Fraterne et celui de saint Censure. Quelques-uns de leurs ossements furent donnés à l'évêque d'Auxerre et à Pierre Séguier, son frère, chancelier de France. Les jésuites obtinrent aussi, en 1667, des reliques de quelques martyrs pour servir à la dédicace de leur église. Le prieur Dom Viole, qui était l'ame de cette cérémonie, ayant été placé dans un monastère de Paris et ensuite dans celui de Corbie, on ne dressa un procès-verbal de cet intéressant examen que huit ans après, et encore ce fut aux instances de dom Viole, pour lors prieur de Saint-Fiacre en Brie. Ce retard était aussi dû à un voyage que l'évêque d'Auxerre avait été obligé de faire à Paris, et à sa translation sur le siége de Meaux.

Cette visite solennelle réveilla la foi des fidèles envers les précieux restes des saints; on ajouta d'autres caveaux et d'autres niches dans les murs. Des dames de qualité firent présent de draperies de soie pour orner le grand-autel, la sacristie fut enrichie de chappes, de chasubles, de tuniques, de dalmatiques de couleurs blanche, noire, rouge, verte et violette, de nappes d'autels et d'autre linge nécessaire au service divin.

Le jour de la Pentecôte, en 1635, Philippe Chrétien célébrait sa première messe dans l'église de Saint-Germain;

et entrait ce même jour dans l'Ordre de Saint-Maur. Son père, riche marchand d'Auxerre, fit une offrande, selon l'usage, et donna une lampe d'argent ornée de belles ciselures et une chasuble dont le tissu était d'argent à fleurs de velours rouge. Il se disposait à faire de plus riches présents lorsque la mort l'enleva (1).

Un autre miracle, opéré dans les saintes grottes, vint encore affermir la foi des fidèles envers les reliques des saints. Dom Viole avait chargé un maçon, nommé Ejame, de faire quelques réparations à certains tombeaux et surtout à celui de saint Marien, qui avait une ouverture d'environ vingt centimètres. Ce maçon forma le projet de profiter de cette circonstance pour enlever des reliques du saint. Il arrive de grand matin, muni d'un linge très-blanc qu'il étend près de lui; mais à peine a-t-il enfoncé son bras dans le tombeau, qu'il le sent retenu. La frayeur s'empare de lui, une sueur froide coule de tout son corps, ses cheveux en sont inondés; son bras devient froid et immobile. Sur ces entrefaites, dom Viole, qui l'avait vu entrer dans l'église, arrive près de lui et se plaint de ce que l'ouvrage n'avait pas été fait les jours précédents; mais lorsqu'il vit l'embarras extrême de cet homme, il lui dit de demander pardon à saint Marien, dont il allait témérairement profaner les saintes reliques. Il ne l'eût pas plutôt fait qu'il sentit son bras repoussé du tombeau par une force invisible. Cet homme fut plus de huit jours sans pouvoir prendre de nourriture; il ne pouvait raconter ce qui lui était arrivé sans éprouver un tremblement dans tous ses membres; son bras, qu'il croyait perclus, reprit cependant ses forces, en sorte qu'il vaqua, comme auparavant, aux occupations de son état. Le procès-verbal de ce miracle est rapporté dans les mémoires de l'abbé

(1) Dom Cotron, mss, p. 1292.

Lebeuf (1). On montre encore aux visiteurs l'ouverture du tombeau que ce maçon avait commission de fermer.

Deux religieux étant allés en pèlerinage au monastère de Molesme, rapportèrent des reliques de saint Robert, patron et fondateur de cette célèbre abbaye, dont ils enrichirent l'église de Saint-Germain.

On fit, en 1635, les peintures symboliques que l'on voit à la voûte et sur les murailles des saintes grottes. A une autre époque, on eut fait des bas-reliefs pour enseigner le bien et éloigner du mal par les plus nobles scènes puisées dans les livres sacrés. Au dix-septième siècle, on se borne à de médiocres peintures que le temps et l'humidité auront bientôt détériorées. La plupart de ces fresques sont accompagnées de devises et de vers latins : c'était le goût de l'époque. Voici quelques-unes de ces devises qui paraissent plus heureuses que les autres : à côté du tombeau de saint Betton, un emblème représente un été abondant en toutes sortes de fruits, ce qui marque sa grande charité envers les pauvres. Au bas on lit ces mots : *Tellus non ditior usquàm.* Nulle part on ne trouve une terre aussi fertile. On a encore voulu marquer par là l'avantage qu'a cette église de posséder un si grand nombre de corps saints. Au-dessus du tombeau de saint Alode, on voit un aigle peint sur la muraille avec son aiglon, qu'il expose aux rayons du soleil et qu'il regarde fixement. On lit auprès : *Hæc est propria proles*, ce qui veut dire que saint Alode a été le fils spirituel de saint Germain et le digne héritier de ses vertus. A côté du portrait à fresque de sainte Maxime, représentée couverte d'un manteau royal avec une couronne d'or sur la tête, un livre à la main droite et une palme dans la gauche, se trouvent quatre vers latins

---

(1) Leb., mém., t. 2, pr. p. 258.

qui rappellent son zèle, ses services, ses voyages et son humilité jointe à ses autres vertus (1).

Au-dessus de l'armoire du gros pilier, entre la chapelle de sainte Maxime et celle de saint Martin, le père éternel est représenté à la voûte, irrité contre les pécheurs, sur lèsquels il est prêt à lancer les traits de sa colère, mais touché des prières ardentes que lui adressent les saints prosternés devant sa divine majesté, il brise les traits qu'il tient entre ses mains; c'est ce qui est exprimé par les vers qui sont au bas (2).

Beaucoup de villes ont ouvert un sanctuaire aux arts et aux sciences : c'est là que les hommes d'un véritable savoir vont examiner ce qui est beau, ce qui est rare, ce qui est précieux pour l'histoire. Que les hommes de foi, que les dignes fils de ces chrétiens de l'ancienne et sainte Eglise d'Auxerre descendent dans les catacombes de Saint-Germain, ils verront dans ce sanctuaire vénérable non de somptueux monuments de bronze ou de marbre, mais les humbles tombeaux de leurs pères dans la foi, les restes précieux de ces hommes qui ont étonné leur siècle par leur piété, leur zèle et leur désintéressement, qui ont sacrifié leur fortune, leur vie même pour faire du bien à leurs frères pour l'amour de Jésus-Christ, et qui, à ces titres, méritent une place immortelle dans les souvenirs de tous

---

(1) Quo pergis, quo te dimittis, regia virgo :
    Officiis, habitu, sorte, labore, viis,
Pontificem sequeris sanctum cui sponte ministras,
    Ipsa tibi vilis, maxima es obsequiis.

(2)   Peccatori :
Concussam vitiis mentem Deus, ore minaci
    Urget, quâ tutus sede latere potes ?
Siste, unus potuit compescere numinis iram,
    Plures excutient tela parata manu.

les siècles. Une main providentielle a sauvé de la destruction tous ces saints corps, au milieu des révolutions qui ont fait trembler le sol de la patrie. Puissent-ils durer encore autant que la ville épiscopale de Saint-Germain !

Les moines, pour ranimer les bonnes études qui avaient fleuri si longtemps dans leur abbaye, fondèrent un cours de philosophie qui eut de grands succès. L'abbé de Bellegarde, pour encourager les étudiants, assista aux examens, en 1638, et proposa des objections aux élèves qui soutinrent différentes thèses de philosophie qui lui furent dédiées. Le professeur était dom Philibert Tesson, prieur de l'abbaye.

Encouragés par ce succès, les religieux créèrent l'année suivante, sous la direction du sous-prieur dom Cursy, un cours de théologie auquel les jeunes gens de la ville furent admis comme à celui de philosophie. Gucheman, nommé prieur dans la suite, enseigna aussi la théologie avec beaucoup de distinction pendant six ans. Ces deux cours se soutinrent jusqu'en 1651, époque à laquelle le chapitre général de la congrégation de Saint-Maur les transféra à Saint-Benoît-sur-Loire, à l'instance d'un abbé commendataire, nommé de la Rivière, qui y résidait. On voit que les moines de Saint-Germain n'étaient pas étrangers au mouvement qui entraînait les esprits à l'application sérieuse aux hautes sciences. C'était le temps des fortes études qui préparaient tant de grands hommes, l'ornement du siècle de Louis XIV. Dans les colléges, les élèves se levaient à quatre heures du matin et entendaient tous les jours la messe. Il y avait environ vingt ans que le collége des jésuites, fondé à Auxerre, était en plein exercice.

Quoique l'abbé de Bellegarde eut fait de bonnes études dans sa jeunesse, il ne laissait pas d'avoir tous les jours des heures réglées pour le travail de l'esprit. On a de lui un traité en latin intitulé: *Augustin enseignant par lui-*

même (1). Il disait la messe presque tous les jours, il portait souvent la haire et usait de discipline; il visitait son diocèse, faisait des missions dans lesquelles il se mettait au confessional comme un simple prêtre, même pendant les temps de peste. Il prêchait souvent dans son église cathédrale et dans d'autres paroisses de son diocèse. Il mit la réforme dans son clergé et dans les monastères soumis à sa juridiction. Les établissements de religieuses ont été surtout l'objet de ses soins et comblés de ses libéralités, comme étant les membres les plus infirmes de l'Eglise. Les couvents auxquels il porta le plus d'intérêt furent la Pommeraye, le Lys, les Carmélites, les Bénédictines de Villeneuve-le-Roy, et les Carmélites ou petit couvent de Paris.

Il se distingua par un zèle ardent pour maintenir les libertés et les priviléges de l'Eglise; il disait que Dieu lui avait confié cette mission spéciale. Il en donna des preuves dans les diverses assemblées d'évêques qu'il présida comme archevêque de Sens et primat des Gaules, particulièrement dans celle de Fontenay-le-Comte, en 1628, et dans celle de Mantes, en 1641. Il montra tant de prudence et de fermeté au milieu des menaces et des intimidations de toutes sortes, que le roi dont on avait emprunté le nom pour ébranler son zèle, lui en témoigna sa satisfaction. Les prélats du royaume, réunis à Paris en 1645, lui adressèrent une lettre de félicitation sur la conduite qu'il avait tenue dans les assemblées dont il avait eu la présidence. Les papes lui confièrent plusieurs missions importantes : ils se reposèrent sur lui, en particulier, pour faire les informations nécessaires à la canonisation de la bienheureuse Marie de l'Incarnation de l'Ordre des Carmélites.

Sur la fin de sa vie, l'abbé de Bellegarde éprouva de

(1) *De Augustino per seipsum docente.*

longues maladies durant lesquelles il se prépara à la mort. Il fit son testament à Paris, le 15 janvier 1643. L'église métropolitaine de Sens fut son héritière universelle, sous certaines conditions. A la fin de son testament, il ajouta ces paroles remarquables : « Je prie mes parents de ne point trouver étrange que je ne leur laisse rien ; ils considéreront, s'il leur plait, que n'ayant jamais eu aucun bien que de l'Eglise, il est bien juste et raisonnable de lui rendre ce qui vient d'elle. » (1). Il mourut le 26 juillet 1646, au bourg de Montreuil, près Paris, où il s'était fait transporter pour changer d'air : il était âgé de cinquante-neuf ans. Son corps fut rapporté à Sens, et inhumé solennellement dans son église cathédrale, le 11 août de la même année. Le révérend père Vincent, prédicateur célèbre de l'Ordre de Saint-François, prononça son oraison funèbre. Comme il l'avait connu particulièrement pendant sa vie et qu'il l'avait assisté à la mort, il pouvait louer avec vérité les vertus dont il avait été témoin.

Ses grands revenus qu'il employait en bonnes œuvres, et la disposition qu'il fit de ses biens en mourant, pallient la passion qu'il eut de demeurer abbé commendataire de quatre monastères à la fois, car, outre celui de Saint-Germain, il avait encore celui de Vauluisant, celui de Saint-Michel de Tonnerre, et un quatrième à Poitiers. Les religieux de Saint-Germain ne bénirent pas sa mémoire, parce qu'il les avait totalement oubliés sur son testament, quoiqu'il leur eût donné pendant sa vie bien des marques d'affection. Il assura, en 1636, avoir dépensé pour leur abbaye soixante et dix mille livres (2), et dom Viole fait remarquer que le seul domaine de Moutiers lui rapporta le double de cette somme durant les quarante

---

(1) Dom Viole, mss, t. 2, p. 1212.
(2) Ibid, p. 1214.

ans qu'il fut abbé. Ce qui coûta le plus aux religieux, ce fut de donner au chapitre de Sens jusqu'aux meubles de la chambre qu'il occupait lorsqu'il venait au monastère.

Un incendie, arrivé le 12 juin 1638, consuma quarante maisons du bourg d'Escamps, ainsi que le grenier, le pressoir et la vinée du monastère. On attribua ce sinistre à la malveillance de quelques cavaliers poussés par messire Léon de Chastellux, baron d'Avigneau. Les religieux lui intentèrent un procès devant la cour du parlement, où il fut condamné à tous les frais, et à réparer les dommages occasionnés par cet incendie.

Pierre de Broc, évêque d'Auxerre, s'étant rendu à Saint-Germain, le Jeudi-Saint de l'année 1640, pour son installation, les religieux se réunirent dans la chapelle de saint Hubert, bâtie sur le côté de la grande porte de l'église, pour lui faire une réception officielle : ils étaient revêtus de leurs plus belles aubes et de chappes. Les céroféraires, l'acolyte qui portait l'eau bénite, le thuriféraire et le porte-croix avaient des tuniques. A son arrivée, ils se rangèrent sous le portail où, après les cérémonies d'usage, le prieur lui adressa un discours et le pria, en terminant, de conserver les droits du monastère. L'évêque l'ayant promis, un religieux, revêtu d'une chappe, lui présenta un livre d'Evangile ouvert sur lequel il prêta le serment ordinaire (1); ensuite il fut reconduit à la cathédrale par le baron fondé de pouvoir du roi et par les trois autres barons du diocèse, portant près de lui le fauteuil sur lequel il aurait pu s'asseoir s'il eut voulu. Comme il n'avait pas couché à Saint-Germain, selon l'usage, l'abbé se crut dispensé de lui donner le marc d'argent accoutumé.

Au dix-septième siècle, les prérogatives exercent un empire absolu sur les esprits des Ordres civils et religieux.

---

(1) Livre des accords et transactions, p. 70.

Les préséances donnent lieu à des scandales qui éclatent jusqu'aux pieds des autels. En 1630, le jour de la fête du Saint-Sacrement, le clergé de la cathédrale avait négligé d'avertir les moines de Saint-Germain qu'il ferait une station dans leur église. Néanmoins ceux-ci avaient dressé un autel au haut de la nef, pour qu'on y déposât le Saint-Sacrement dans le cas où l'on serait venu dans leur église pendant qu'ils chanteraient la messe : c'est ce qui arriva. La procession générale, composée des chanoines, du clergé de la cathédrale, des magistrats de la ville, et présidée par l'évêque Gilles de Souvré, qui officiait pontificalement, entra dans l'église de Saint-Germain au milieu de la grande messe que célébraient les religieux. L'évêque, trouvant les portes du chœur fermées, ne put supporter cet oubli des convenances, il les fait enfoncer, et, suivi des principaux du clergé, il marche droit au grand-autel, occupé par le prieur dom Augustin de Renevue et par ses officiers. Il ne put s'empêcher de lui reprocher son incivilité et de faire retomber sur lui tout le blâme du scandale qui avait lieu. Un bruit sourd circulait dans l'assemblée, et on parlait tout haut de toute autre chose que de ce qui devait occuper les esprits dans une cérémonie aussi sainte et aussi solennelle. Lorsque l'office fut terminé, le prieur alla trouver l'évêque pour lui présenter ses excuses, mais il ne voulut pas les recevoir. Les supérieurs généraux furent obligés de le transférer ailleurs. Il fut remplacé par dom Placide Simonet, d'un caractère plus conciliant.

Neuf ans après, à pareil jour, le clergé de la cathédrale n'était pas encore tout-à-fait sorti de l'église, que les religieux, qui le reconduisaient, reviennent sur leurs pas et rentrent au chœur. Le chantre, ancien religieux non réformé, tenait à la main son bâton d'argent et s'avançait pour commencer la messe, lorsque certains individus, croyant que les moines, par leur retraite qui leur parut précipitée, faisaient injure au clergé du dehors, reviennent sur leurs pas, arrachent le bâton d'argent des mains du chantre et le rompent en deux avec un grand scandale (1). Les religieux montrèrent, dans cette circonstance, beaucoup de prudence et de charité, persuadés que ceux qui étaient les auteurs de cette scène affligeante ne connaissaient pas les priviléges du monastère.

L'âpreté de ces procédés entrait dans les mœurs de ce siècle. Les autorités de la ville d'Auxerre étaient continuellement aux prises pour des rivalités de préséance, elles se prenaient à la gorge et elles en venaient aux mains avec des bâtons et des épées; elles portèrent même leurs débats jusqu'au pied du trône. Le conseil d'État fut appelé plusieurs fois à statuer sur ceux qui auraient le pas sur les autres. Faut-il s'étonner si les Ordres religieux s'écartent aussi de l'humilité chrétienne (2)? Les autorités civiles

---

(1) Ce bâton, d'un travail élégant, était surmonté d'une statuette de saint Germain et précédemment d'un aigle. Celui qui fut brisé en 1638 avait coûté 240 livres. *Dom Cotron, p. 1295.*

(2) Le corps municipal et le corps présidial, c'est-à-dire celui de la justice, composé de trente-six membres, eurent de vives altercations au sujet des préséances dans les cérémonies publiques. Le maire affirmait qu'il jouissait de ce droit depuis plus de cent vingt ans. Les officiers présidiaux disaient que dans leurs règlements il était expressément défendu au maire et aux échevins de les précéder ou de les *couper*, c'est-à-dire de traverser devant eux dans les cérémonies publiques.

En 1695, le maire de la ville, à la tête des officiers municipaux, précédé de la milice bourgeoise, se rendit à la cathédrale pour assister à la procession générale qu'on devait faire à Saint-Germain, le jour de *Quasimodo*. Le conseil municipal se place à gauche pour entendre la messe, et le corps du présidial à droite. Après la célébration des saints mystères et la bénédiction du Saint-Sacrement, le maire et les magistrats sortent en même temps : arrivés à la porte du chœur, le maire veut *croiser*, c'est-à-dire passer devant les deux premiers officiers du présidial, pour prendre son rang à droite. Le conseiller du présidial le saisit par la manche de sa robe et persiste à ne pas le laisser passer.

prenaient les précautions les plus minutieuses pour ne pas laisser prescrire sur leurs droits dans le cérémonial des réceptions. Lorsque, par exemple, le secrétaire du *seigneur évêque* se présentait au conseil municipal pour faire part des ordres du roi au sujet d'un *Te Deum*, le cérémonial exigeait qu'on le reçût à la porte d'entrée de la grande salle, au haut de l'escalier, et qu'on le reconduisît au même endroit. S'il arrivait, par inadvertance, qu'on le

Le maire, après un vif débat, par respect pour la sainteté du lieu, cède à son adversaire, remonte vers le chœur et fait part aux officiers municipaux de l'insulte qu'il vient de recevoir. Il se rend avec eux à l'hôtel-de-ville et ils dressent ensemble un procès-verbal. L'affaire est portée au conseil d'Etat; le roi ordonne qu'on instruise le procès, et qu'en attendant les parties en usent comme par le passé au sujet des préséances; les officiers municipaux croient leur victoire assurée. La procession de l'Assomption arrive : le maire se rend à la cathédrale, mais quel est son désappointement, le présidial s'abstient de paraître, sinon trois de ses membres.

En 1696, un jubilé universel appelle tous les corps de la ville à une procession générale : aucun des présidiaux ne paraît; ils assistent au *Te Deum* du 24 juin 1697, mais ils marchent si vîte qu'on ne peut les suivre et qu'il est impossible de les croiser. A chaque rencontre, procès-verbal déposé au greffe de la municipalité. Le 5 décembre, un nouveau *Te Deum* doit être chanté à l'occasion de la paix conclue avec plusieurs royaumes de l'Europe, et on doit allumer un feu de joie devant la cathédrale. Grand bruit parmi les autorités civiles : le maire prétend que c'est à lui à l'allumer; le lieutenant-général civil au présidial soutient que cet honneur lui appartient. Le maire croit tout concilier en déférant ce privilége à monseigneur l'évêque; toute la ville applaudit à ce choix, mais voici qu'au moment où l'évêque allait allumer le feu, une main étrangère, qu'on croit dirigée par le lieutenant-général, l'allume avant lui. Le maire accourt et le fait éteindre; la confusion est à son comble, chacun prend parti et on se retire en tumulte.

Au mois de janvier, un nouveau feu de joie est annoncé : cette fois, on se munit de bâtons et d'épées. Arrivé sur le lieu de l'assemblée, on se dispute encore à qui allumera le feu, on en vient aux mains, on se prend à la gorge, les coups de bâtons pleuvent de toutes parts. Enfin, le maire fait enlever le bois destiné au feu de joie, et on se retire en tumulte par les rues. Voyez *Annuaire de l'Yonne*, ann. 1845, p. 108 et suiv.

menât jusqu'au bas de l'escalier, on envoyait un député lui demander s'il entendait s'attribuer le droit d'être reconduit jusque là. On lui représentait en même temps que c'était contre l'usage; s'il répondait qu'il ne voulait rien innover, on enregistrait sa déclaration; s'il affirmait le contraire, on dressait de suite un procès-verbal pour y avoir recours *quand besoing serait*.

Dominique Séguier, évêque d'Auxerre, avait voulu, en 1636, obliger les religieux de Saint-Germain à assister à toutes les processions générales, spécialement à celle qu'il ordonna le lendemain de Pâques pour la réception d'une relique de saint Pélerin que lui envoyaient les moines de Saint-Denis; mais lorsqu'ils lui eurent exposé les motifs qui devaient les éloigner de ces cérémonies, il n'insista pas davantage et les exempta à l'avenir de s'y trouver. Néanmoins, en 1641, cédant aux instances réitérées des fidèles, les religieux de Saint-Germain firent quatre grandes processions pour obtenir la cessation de la sécheresse qui désolait la campagne. La première se fit à Saint-Amatre, la seconde à Saint-Médard, la troisième à Saint-Bris et la quatrième à Pontigny. Cette dernière fut accompagnée de circonstances qui méritent d'être rapportées: Deux religieux, revêtus de dalmatiques, portaient le suaire de saint Germain déployé sur un brancard. A leur arrivée, les moines de Pontigny se rangèrent sur deux lignes pour les recevoir. Les prieurs des deux monastères s'adressèrent réciproquement un petit discours, ce qui eut également lieu à leur départ. Ensuite les moines de Pontigny, faisant passer leurs confrères à droite, firent ensemble leur entrée dans l'église au son de l'orgue. Le prieur de Saint-Germain célébra la grande messe et adressa au peuple une pieuse exhortation. Ceux des moines qui n'étaient pas prêtres se présentèrent à la communion, les autres avaient dit leur messe à Saint-Germain avant le jour. On vit aussi s'approcher de la sainte table, avec de grands sentiments de piété, des jeunes filles auxerroises, revêtues d'habits blancs avec un voile sur la tête, ainsi qu'un grand nombre de fidèles des deux sexes, que la longueur du chemin n'avait pas effrayés, car ils n'avaient pas fait moins de quatre lieues pour arriver à Pontigny. Après la messe, les moines de Saint-Germain allèrent dîner à Héry, aux frais de leur abbé, et ne rentrèrent dans leur monastère qu'à sept heures du soir. Les jours suivants, une pluie abondante vint consoler les peuples que la sécheresse avait plongés dans la désolation (1).

En 1642, Pierre de Broc pria encore les religieux de Saint-Germain d'assister aux processions générales. Ils y consentirent en déclarant qu'ils voulaient continuer à demeurer libres de ne point paraître à ces solennités extérieures; ils exceptèrent deux circonstances : celle de la procession générale du corps très-sacré de Jésus-Christ et celle de l'action de grâce, après les vendanges.

Quelque temps après, les magistrats de la ville leur adressèrent aussi de très-humbles prières pour qu'ils voulussent bien se trouver à la procession qui devait se faire à Pontigny, le 31 mai. Ils promirent de s'y rendre, mais ils demandèrent un écrit qui constatât que cette démarche ne tirerait point à conséquence pour l'avenir. Voici à quelle occasion elle eut lieu : Le 12 du mois de mai 1644, au lever du soleil, tout espoir de récolte avait été anéanti : une gelée universelle, n'épargnant aucune des productions de la terre, menaçait d'une épouvantable stérilité. Dans ces temps de foi, quelque grands que fussent les maux, le peuple trouvait un adoucissement dans la prière. A la vue du territoire totalement dévasté, un vœu général

(1) Dom Cotron, p. 1504.

s'éleva dans la ville pour qu'on fît une procession extraordinaire afin d'apaiser la colère de Dieu. Le conseil municipal en fit la demande à l'évêque. Toutes les autorités civiles et religieuses se concertèrent pour le jour et l'heure de cette procession. On convint qu'on irait jusqu'à Pontigny et qu'on demanderait particulièrement l'intercession de saint Germain et celle de saint Edme, qui étaient les saints les plus révérés dans le diocèse. L'évêque, le clergé séculier et régulier, tous les corps de la ville et une grande partie de la population assistèrent à cette procession. Les religieux de Saint-Germain portaient la châsse de leur saint patron et occupaient le premier rang après les chanoines de la cathédrale; ils marchaient sur deux lignes. En arrivant à Pontigny, les religieux de ce monastère se joignirent à eux et se rangèrent à gauche. Après la célébration de la grande messe, la foule qui avait suivi la procession fut invitée à prendre des raffraîchissements dans les appartements du monastère. Les religieux de Pontigny cédèrent leur réfectoire à ceux de Saint-Germain *pour y prendre leur réfection, que le receveur de leur abbé avait préparée, suivant la coutume, en telle occurrence.* On voit que les différents corps religieux mangeaient à leurs frais. Les dignitaires de la ville acceptaient l'hospitalité monastique.

En 1646, les moines de Saint-Germain firent encore une procession très-solennelle jusqu'à Pontigny, pour obtenir de la pluie, et y portèrent le suaire de leur saint patron. Malgré les résolutions qu'ils prenaient de ne point paraître hors de leur cloître, la charité chrétienne les entraînait dans toutes les cérémonies où l'on implorait le secours du ciel pour la cessation des calamités publiques. Il semblait que leur présence était nécessaire pour que le ciel exauçât les vœux qu'on lui adressait.

ARMAND DE BOURBON.

L'abbaye de Saint-Germain jouit d'une haute considération dans l'opinion publique; ses prieurs et ses religieux sont de grands serviteurs de Dieu. Un immense tribut de prières s'élève chaque jour de leur maison pour monter jusqu'au trône de l'Eternel. Va-t-elle remplir ses nombreuses cellules que le malheur des temps a rendues vides? Cet espoir sera déçu; trop d'obstacles entravent la marche des supérieurs. Autrefois, dès que l'esprit monastique s'affaiblissait quelque part, on voyait apparaître dans un coin du pays un homme, une institution qui retrempait les ames et les ramenait au perpétuel combat. Aujourd'hui, les chefs d'Ordres ne peuvent plus, comme alors, régler souverainement les maisons de leur dépendance, former une société monastique distincte au milieu des autres sociétés politiques, ni disposer de leurs propriétés territoriales. L'abbé n'est plus libre, son pouvoir est limité, il est à la nomination des rois. Les moines eux-mêmes sont réduits à l'étroite dépendance d'une condition privée.

A une autre époque, lorsque la royauté luttait contre le désordre, l'abbaye lui avait prêté l'appui de son bras pour maintenir sa couronne chancelante : le monastère avait droit d'attendre en retour la protection de la royauté, mais il en fut autrement. Au seizième et au dix-septième siècle, l'autorité royale, assez forte pour se soutenir elle-même, ne voyant plus rien à gagner à l'alliance du monastère, n'ayant également rien à en redouter, le réduisit peu à peu à l'humble condition de joyau de la couronne. Les moines eurent beau crier à la violation de leurs chartes, la cour de Rome avait donné son adhésion à la volonté du prince, l'humiliation fut consommée.

Après Octave de Bellegarde, un grand nom se présente dans les fastes des abbés de Saint-Germain : c'est Armand de Bourbon, prince de Conti, fils de Henri de Bourbon-Condé, premier prince du sang, gouverneur de Bourgogne. Il avait fait avec distinction ses cours de philosophie et de théologie, lorsqu'il fut nommé à l'abbaye de Saint-Germain, par Louis XIV, n'étant âgé que de dix-sept ans. Il reçut ses bulles le 12 décembre 1646, mais sa vocation ne tarda pas à se démentir. Comme il était mineur, son père, Henri de Bourbon, se porta pour son tuteur. Rien ne peint plus au vif le misérable état de la distribution des faveurs ecclésiastiques à cette époque, que le traité passé entre les religieux de Cluny et ce prince, stipulant pour son fils mineur : car, outre l'abbaye de Saint-Germain, il avait encore Cluny, Saint-Seine, Saint-Léonard de Corbigny, Molesme, Granselve (1), Lérins et autres. Il faut voir avec quelles précautions ce tuteur d'un abbé mineur, dans les mains duquel sont descendus le monastère de Saint-Germain et celui de Cluny, stipule en faveur de son enfant contre de pauvres religieux, comme il leur dispute leur pitance, leurs champs, leur logis, leurs dîmes, comme il fait leur part et combien elle est mesquine. Ces forêts magnifiques, ces prés, ces étangs, ces vignes, ces vastes territoires, dont la piété des siècles passés s'était plue à enrichir les corporations monastiques, sont devenus la pâture complète des princes et des élus de la faveur. Le père de notre abbé ne daigna pas même se déplacer pour prendre possession de Saint-Germain. L'évêque d'Auxerre, son parent, fut chargé de le faire pour lui. Dans cette cérémonie, le prélat, revêtu d'un surplis et d'une étole, lut les bulles d'Armand de Bourbon en plein chapitre, ensuite il fut reçu à la grande porte de l'église par le prieur et par les moines, et

(1) *Grandis sylva.*

conduit vers le grand autel qu'il baisa, puis il tinta la petite cloche deux ou trois coups, monta dans la stalle de l'abbé, parée avec élégance, et y demeura tout le temps que dura le *Te Deum* entonné par le grand chantre et pendant lequel on sonna toutes les cloches. Il termina en disant l'oraison de la sainte Trinité, celle de saint Germain, et en donnant la bénédiction solennelle (1).

La seconde année de son installation, Armand de Bourbon, ayant été informé que des désordres se commettaient dans la cour et dans l'enclos du monastère par des personnes de la ville, défendit, sous peine d'amende et de prison, à tout individu, de quelque qualité et condition qu'il fût, d'y jouer ou d'y commettre *aucune insolence.*

Armand est encore un abbé qui, durant les sept ans qu'il jouit de cette dignité, ne vint à Saint-Germain qu'une seule fois, le 1er février 1654. Les religieux lui firent une réception officielle, ils allèrent à sa rencontre avec le dais et le complimentèrent. Il passa environ huit jours aux milieu d'eux, attendant les articles de son contrat de mariage avec la nièce du cardinal Mazarin, premier ministre d'Etat, au profit duquel il résigna l'abbaye de Saint-Germain. Fallait-il affubler de tant d'honneurs, dans l'Église, un jeune homme dont les inclinations et la vie n'étaient rien moins que cléricales, et qui n'attendait qu'une occasion pour se précipiter sans déguisement dans le siècle. En résignant, il pria le cardinal de pourvoir aux dépenses auxquelles il était tenu. Pour tranquilliser sa conscience et prévenir les réclamations, il obtint du pape une dispense particulière pour toutes les charges auxquelles il pouvait encore être obligé.

Voici un fait qui donnera une idée de la libéralité de ces princes du siècle. Comme le portail de l'église demandait

---

(1) Dom Cotron, mss, p. 1320.

d'urgentes réparations, les religieux en firent part à leur abbé, qui, après avoir pris l'avis de son conseil, écrivit au prieur (1), en 1653, de se concerter avec le sieur Crevier, sans doute son régisseur, pour faire exécuter les réparations *au meilleur prix de menage*; il veut qu'on fasse servir les vieux matériaux et qu'on ne dépense pas au-delà de cinq cents livres. Avec un pareil budget, le ciseau de l'artiste avait peu à faire pour la décoration du portail. Dix ans auparavant, on avait reconstruit les quatre côtés du cloître en pierres de taille et on avait refait le carrelage.

En 1647, de nouvelles complications surviennent entre l'évêque d'Auxerre et les religieux de Saint-Germain, à l'occasion des processions publiques. Les grands-vicaires défendirent à ceux-ci d'en faire le jour des Rogations, à moins que ce ne fut conjointement avec le clergé et le chapitre de la cathédrale, parce que, disaient-ils, l'usage de l'Ordre de Saint-Benoît et les transactions passées entre le monastère et le chapitre leur en faisaient un devoir. Les religieux soutinrent au contraire qu'ils avaient droit de faire des processions en leur particulier, avec le clergé de la paroisse de Saint-Loup, sur laquelle se trouvait leur monastère.

L'abbé et les religieux prenaient le titre de *patrons et curés primitifs* de l'église de Saint-Loup; le curé, de son côté, prenait celui de *curé et vicaire perpétuel* (2). Lorsqu'on

---

(1) La lettre est aux archives de la préfecture.

(2) On voit, par un accord de 1637, que le curé de Saint-Loup était obligé d'assister à la messe conventuelle aux deux fêtes de Saint-Germain, aux *Te Deum* chantés dans l'église, ainsi qu'aux processions que les religieux avaient coutume de faire le lendemain de *Quasimodo*, le jour de saint Marc, les trois jours des Rogations et à celles qui avaient lieu extraordinairement pour les nécessités publiques; il devait célébrer une grande messe, à sept heures du matin, dans l'église de Saint-Germain, le jour de saint Pierre, à l'autel qui lui est dédié, et se rendre

exerçait dans l'abbaye les fonctions pastorales, l'office se célébrait à l'autel de saint Pierre et saint Paul; ce ne fut qu'après l'érection de la paroisse de Saint-Loup que les moines se firent remplacer par un vicaire perpétuel, en conservant le patronage de la cure.

Au retour d'une procession du 7 janvier, les religieux célébrèrent la translation du corps de saint Germain, qui avait eu lieu à pareil jour. Le frère Lherminier fit, à cette occasion, une *docte prédication* divisée en deux points *qui ravit son auditoire*. Dans le premier, il parla de l'affection particulière que l'illustre saint Germain avait marquée à nos rois très-chrétiens depuis douze cents ans; il démontra qu'il les avait protégés dans les circonstances les plus critiques. Dans le second, il fit voir la reconnaissance et la dévotion que les trois lignées de nos rois avaient témoignées à saint Germain pour les grâces et les faveurs spéciales qu'ils avaient reçues de Dieu par ses mérites et par son intercession; qu'ils avaient aimé la ville d'Auxerre plus que toutes celles du royaume, à cause de l'honneur qu'elle a de posséder le tombeau d'un aussi grand saint. Il appuya son discours d'un grand nombre de traits historiques, citant jusqu'à la date des événements où l'on avait éprouvé les effets de la protection de saint Germain (1).

ensuite avec ses paroissiens au tombeau du dernier religieux décédé pour y chanter un *de profundis* et y dire une oraison. En 1660, il récitait le *miserere*, chantait un *libera* et jetait de l'eau bénite.

Le jour de saint Loup, fête patronale, l'abbé ou un religieux envoyé de sa part devait célébrer la grande messe de paroisse à neuf heures. Les oblations de ce jour ainsi que celles de l'Epiphanie, du Jeudi-Saint, de Noël et de la Toussaint, appartenaient aux religieux de Saint-Germain, qui les abandonnaient au vicaire perpétuel, moyennant une redevance annuelle de cinquante sous tournois, pour conserver le souvenir de leurs droits curiaux. Ces détails, aujourd'hui de peu d'intérêt, avaient leur importance auprès de la communauté de Saint-Germain. *Accords et transact., f. 150.* Dom Cotron, p. 999.

(1) Dom Viole, t. 2, p. 1237.

Le clergé d'Auxerre trouva, en 1652, l'occasion de signaler sa charité. La disette devint si grande, que la mesure de blé, qui se vendait ordinairement une livre dix sous, monta à quinze livres. Alors les abbayes, les divers membres du clergé, auxquels se joignirent plusieurs gens de bien, se partagèrent les pauvres, chacun selon ses facultés, et les nourrirent jusqu'à la moisson. La récolte qu'on fit alors fut abondante, la mesure de blé ne se vendait plus que quatre livres. Il y eut une si grande quantité de vin que l'on manqua de tonneaux (1).

Les mémoires de dom Cotron, sous-prieur de l'abbaye, finissent à l'année 1652. Il dit, dans son épître au lecteur, que son manuscrit, qui est de quatorze cents pages in-folio, ne lui a coûté que dix-huit mois de travail, et que, durant tout ce temps, il n'a manqué à aucun exercice prescrit par la règle de la communauté, ni aux fonctions particulières qui lui furent confiées (2).

En 1656, dom Georges Viole publia *la vie, les vertus et les miracles de saint Germain* (3), ouvrage qu'il dédia au duc

---

(1) Dom Cotron, mss, p. 1324.

(2) Son ouvrage, écrit en latin, se fait remarquer par l'élégance du style : il renferme de précieux renseignements et beaucoup de faits qu'on trouve aussi dans les mémoires de dom Viole, son confrère et son contemporain. On y remarque plusieurs dessins qui acquièrent aujourd'hui de l'importance, tels qu'une vue des bâtiments de l'abbaye, une autre du portail, un plan par terre de l'église, et un autre des saintes grottes. L'autel matutinal, l'intérieur de l'église de Sainte-Clotilde, ainsi que les armes du monastère et celles de plusieurs abbés s'y trouvent aussi dessinés au trait. C'est de ce manuscrit que sont tirés en partie les plans qu'on rencontre dans cet ouvrage.

(3) Cette histoire, dépourvue de critique, contient beaucoup de faits merveilleux : ce qui étonne d'autant plus que dom Viole vit poindre le siècle de Louis XIV, car il mourut le 12 avril 1669. La plupart des faits qu'il rapporte avaient été recueillis avec trop peu d'examen par Constance, au cinquième siècle, et par Héric, au huitième. Dom Viole consulta aussi Adon de Vienne, auteur du neuvième siècle, et Sigebert,

d'Epernon, qui avait visité les saintes grottes, accompagné de dom Viole lui-même.

Dom Cotron nous a conservé le souvenir des différentes confréries érigées de son temps à Saint-Germain : la principale était celle de la Vierge ; on racontait des prodiges et des apparitions qui avaient eu lieu dans sa chapelle. Le peuple auxerrois y accourait en foule pour satisfaire sa dévotion. En 1640, une confrérie de notre-Dame du Mont-Carmel y avait été érigée par le provincial des Carmélites déchaussés. Le pape Innocent XI déclara, en 1687, que l'autel de cette confrérie était privilégié en faveur des ames du purgatoire, ajoutant que cette prérogative ne serait attachée qu'à la messe qui y serait dite le jour des Trépassés, pendant l'octave de cette fête et le mardi de chaque semaine de l'année, encore fallait-il que ce jour-là sept messes fussent célébrées dans le monastère (1).

Une confrérie de saint Philibert, abbé, était établie à l'autel qui portait son nom. Celui de saint Venance (2), évêque et confesseur, de sainte Colombe et de sainte Geneviève, était le centre d'une autre confrérie très-importante.

Une célèbre confraternité était fondée à l'autel de saint Thibaut : les fidèles venaient y demander la guérison de la fièvre. Ils ramassaient avec respect la poussière qui était autour et la rapportaient après avoir recouvré la santé. L'auteur ne nous apprend pas quel usage on en faisait.

L'autel de saint Marculphe se recommandait par le con-

qui écrivait dans le même temps une chronique qui contenait, dit-on, plus de faits inventés que de faits arrivés. *Voy.* dom *Viole, vie de s. Germ.*, p. 155.

(1) La bulle originale se voit aux archives de la préfecture.
(2) On lit dans le manuscrit : Venasse.

cours de ceux qui venaient demander à Dieu la guérison des écrouelles. Il avait aussi sa confrérie.

En dehors de l'église, sous le portail, se trouvaient deux chapelles appliquées aux tours; l'une d'elles était dédiée à saint Hubert et honorée d'une confrérie très-célèbre et très-ancienne. On y disait tous les jours une messe.

L'autel matutinal, au-dessus duquel se trouvaient, avant le pillage des huguenots, plusieurs châsses précieuses, attirait aussi la vénération, ainsi que celui de saint Nicolas dans la nef, celui de saint Claude, évêque et confesseur, celui de saint Léonard et celui de sainte Agnès. Tous ces autels étaient décorés de la statue des saints sous l'invocation desquels ils étaient placés. Celui de sainte Catherine était orné d'un tableau de saint Edme et d'un autre de saint Michel-Archange. L'abbé de Beaujeu avait érigé un autel à saint Léger. L'église attribuée à sainte Clotilde en renfermait, avant l'an 1277, un de saint Etienne, un autre de saint Barthélemi et un troisième de saint Eloi (1).

Au moyen âge, les confréries étaient très-nombreuses : chaque métier, chaque genre de marchands formait une corporation religieuse qui avait ses coutumes, ses syndics, ses marguilliers ou marguillières. Les différentes églises de la ville et celles des couvents servaient de réunion à ces pieuses assemblées. Chaque associé payait un droit convenu et, en retour, obtenait un certain tribut de prières pendant sa vie et après sa mort.

Dom Cotron nous apprend encore que l'on conservait dans la sacristie des croix d'or et d'argent, que les fidèles empruntaient pour les faire toucher aux malades : elles renfermaient des fragments du cercueil de cyprès de saint Germain, dans lequel on avait beaucoup de confiance, car

(1) Dom Cotron, mss, p. 1000 et suiv.

on en trempait des parcelles dans l'eau qu'on leur faisait boire, après avoir récité l'antienne du saint évêque. En 1641, une femme en ayant bu fut guérie immédiatement d'une fièvre quarte dont elle souffrait depuis quatre mois. L'année suivante, comme dom Cotron était sacristain, un boulanger d'Auxerre, nommé Philibert Beau, saisi d'une fièvre ardente et d'une grande douleur de dents, fut également guéri en buvant de cette eau, que l'on conservait à la sacristie, et qu'il avait demandée avec de vives instances.

En 1649, *maître* Jean Boucheron, vicaire perpétuel d'Héry, passa un accord avec les religieux de Saint-Germain et Gabriel Souhin, leur prieur, touchant les droits curiaux. Il reconnut que ceux-ci, en qualité d'*infirmiers* du couvent, étaient curés primitifs d'Héry. Ce titre venait de ce que cette terre était attachée à l'infirmerie. Il reconnut aussi que les religieux avaient le droit de célébrer l'office public le jour de saint Sébastien, patron de cette paroisse, à la fête de l'Assomption de Notre-Dame, à celle de la Toussaint et à celle de Noël; que les offrandes faites ces jours-là leur appartenaient, ainsi que toutes celles *du jour et fin de Toussaint*, c'est-à-dire celles de l'office des Trépassés, excepté cependant les droits des clercs et des autres officiers de l'église. Les menues dîmes appartenaient aussi aux religieux (1).

L'abbaye de Saint-Germain reçut alors deux visites royales, l'une de la reine Christine de Suède et l'autre de Louis XIV (2), qui logea à l'évêché avec sa mère. Le prieur dom Placide Chouquet, se trouvant à Paris, Victor Cotron, accompagné de quelques religieux, alla le complimenter au nom de la communauté. Le cardinal Mazarin, qui

---

(1) Accords et transact., p. 127.
(2) C'était au mois d'avril 1652. *Dom Viole*, t. 2, p. 1239.

était à la suite du prince, logea à Saint-Germain et put connaître un monastère dont il allait devenir abbé commendataire.

La reine mère donna cent quatre-vingts livres, en se recommandant instamment, elle et son fils, aux prières des moines. Pour répondre à son intention, une messe fut célébrée tous les jours, pendant un an, pour la prospérité du royaume. L'argent donné par cette princesse servit à acheter les œuvres de saint Augustin, un calice d'argent et six chandeliers dorés pour le grand autel.

Edme Berault et son épouse, qui mettaient leur bonheur à répandre des aumônes, firent don, la même année, de deux cents livres, avec lesquelles on acheta un devant d'autel tissu d'or et d'argent d'une grande beauté. Charles de Mary, marchand de Rouen, donna au monastère, le jour que son fils, qui était religieux, célébra sa première grande messe, un calice d'argent remarquable par le fini des ciselures. Jeanne Bourgeois, veuve de Pierre Creté, prévôt des marchands, fit aussi présent d'un grand bassin d'argent à l'occasion de la profession de son fils. Le prieur acheta, dans ce même temps, pour les acolytes, deux chandeliers de même métal, du prix de trois cent quatre-vingts livres (1).

Le passage du roi fut fatal au bourg de Diges, car environ quinze jours après, le chevalier de Saint-Maurice, qui demeurait près de là, feignit d'avoir reçu un ordre de ce prince pour lever une compagnie de chevau-légers qu'il devait y réunir dans l'espace de dix jours. Son but était de tirer une somme d'argent des habitants de cette commune et surtout des religieux de Saint-Germain. Il se mit à parcourir Saint-Maurice, Poilly, Chassy, Beauvoir, Lindry, Pourrain et Vieux-Champ. Il emmena de ces diverses

---

(1) Dom Cotron, p. 1522 et suiv.

localités trois à quatre cents paysans, auxquels il joignit vingt-cinq cavaliers; ensuite, il tomba sur le bourg de Diges avec cette horde indisciplinée qu'il y cantonna. Après avoir commis des violences et des cruautés, qu'on se permettrait à peine en pays ennemi, il se saisit de Gabriel Meunier, receveur du monastère, et le renferma dans son château. Pour obtenir son élargissement, il fut obligé de promettre, au nom de toute la paroisse, une somme de quatre mille livres, qui fut depuis réduite à trois. On ne conçoit pas que, sous le grand roi, en pleine paix, et avec des abbés haut placés, un seigneur ait pu, de son autorité privée, exercer des vexations aussi inouies : il fallait que le chevalier de Saint-Maurice eût quelque autorisation secrète pour tirer de l'argent du monastère (1).

Une scène plus violente encore eut lieu à Irancy l'année suivante, 1653. Le régiment de Turenne s'y livra à des atrocités épouvantables ; le sang coula dans les rues et jusque dans l'église où les plus timides s'étaient réfugiés, tellement que l'évêque d'Auxerre ordonna qu'elle fût reconciliée. Cette seigneurie appartenait aussi au monastère de Saint-Germain. Ne croirait-on pas être encore sous l'arbitraire des temps féodaux, où les terres des abbayes étaient souvent le théâtre de pareils brigandages. On ne voit pas que l'abbé de Saint-Germain ou la justice du baillage ait informé contre ces attentats (2).

JULES MAZARIN.

Des mains d'un jeune étourdi, l'abbaye de Saint-Germain passa dans celles du cardinal Mazarin, ministre du roi. Un arrêt du grand conseil l'autorisa à prendre de

---

(1) Dom Viole, mss, p. 1259.
(2) Ibid., p. 1240.

suite possession, à la charge d'obtenir ses bulles dans les six mois et de renouveler alors sa prise de possession. Comme on les lui refusait à Rome, sans doute parce qu'il était déjà chargé de bénéfices opulents, il demanda, le 1er juin 1656, un nouvel arrêt pour ne pas être troublé dans la jouissance des dépouilles opimes du monastère de Saint-Germain, qui lui furent conservées jusqu'à sa mort, arrivée quatre ans après. Outre cette abbaye, le cardinal Mazarin possédait l'évêché de Metz, l'abbaye de Saint-Arnoult, celle de Saint-Clément et celle de Saint-Vincent de la même ville, ainsi que Saint-Denis, Cluny, Saint-Victor de Marseille, Saint-Médard de Soissons, Saint-Taurin d'Evreux, et d'autres qu'on ne nomme pas. Comme il n'avait dépensé à Saint-Germain que deux mille livres pour les réparations auxquelles il était tenu, le marquis de la Meilleraie, devenu l'héritier de sa fortune et de son nom, en épousant sa nièce, s'obligea par une transaction du 11 juin 1663 (1), à remettre aux religieux douze mille livres qu'il prit sur les revenus de Moutiers. On employait cette somme à restaurer les dortoirs et à en changer la distribution, lorsque la partie septentrionale de ce vaste bâtiment s'écroula de fond en comble; comme aucun des ouvriers n'avait été blessé, la communauté se rendit de suite à l'église pour chanter un *Te Deum* en actions de grâces de ce que Dieu les avait sauvés d'un si grand danger.

L'usage était à peu près général alors de faire deux parts inégales du revenu d'un monastère. Les deux tiers, sous le nom de mense abbatiale, appartenaient à l'abbé, l'autre tiers était consacré à la nourriture et à l'entretien des religieux. Les bulles expédiées de Rome, obligeaient, selon le style ordinaire et l'intention formelle du pape Alexandre VII, à employer tous les ans, en réparations du monastère,

(1) Accords et transact., f. 28.

en achats d'ornements d'autels et en aumônes, selon que la nécessité le demandait, le quart des revenus de la mense abbatiale ; mais, avant tout, l'abbé devait acquitter les charges auxquelles il était tenu envers les religieux.

CHARLES-FRANÇOIS DE LOMÉNIE.

Louis XIV nomma de Loménie abbé de Saint-Germain, au mois de décembre 1661. Ses bulles lui furent immédiatement expédiées de Rome. Il était bachelier en théologie de la faculté de Sorbonne. Le roi lui permit de disposer des revenus échus pendant la vacance qui avait précédé sa nomination. Il était fils de Henri-Auguste de Loménie, chevalier des ordres du roi, comte de Brienne et de Montbron, baron de Pougy et de Boussac, conseiller du roi, et ministre des affaires étrangères, et de Louise de Béon de Luxembourg. Tant de titres sur la tête d'un seul homme devaient tout naturellement mettre à sa disposition les plus riches bénéfices de France pour doter ses enfants. En effet, son fils Charles-François fut évêque de Coutances, abbé de Saint-Eloi de Noyon, de Saint-Cyprien de Poitiers et de Saint-Germain. Le 23 juin 1662, le prieur dom Clairé prit possession pour lui de cette dernière abbaye, selon la commission qu'il lui en avait donnée (1). Cependant, le 31 juillet suivant, jour de la fête de saint Germain, il se rendit au monastère, assista à la grande messe, revêtu d'un camail et d'un rochet, et se plaça vis-à-vis l'évêque d'Auxerre, qui occupait la première place à droite. Les chanoines de la cathédrale étaient du même côté, à la suite de l'évêque.

L'abbé de Loménie, cet homme déjà si riche par ses biens

(1) Accords et transact., feuil. 51 et 52.

patrimoniaux, ne rougit pas de plaider avec les religieux de Saint-Germain, disant qu'il ne voulait participer en rien aux dépenses que nécessitait la reconstruction de l'aile de leur bâtiment qui s'était écroulée. Suivant lui, les douze mille livres payées par les héritiers du cardinal Mazarin devaient acquitter pour longtemps la mense abbatiale. Prévoyant que l'issue de cette affaire ne lui serait ni honorable ni avantageuse, il transigea avec les religieux, le 17 décembre 1663, leur paya une somme de trois mille livres et abandonna en outre à la mense conventuelle la moitié de la châtellenie de Moutiers, dont le revenu était de quatre mille neuf cents livres, sous la condition expresse que la mense abbatiale serait désormais affranchie de toute contribution pour les réparations de l'église et du monastère. Cette transaction compléta le divorce entre les abbés commendataires et la communauté, qui n'auront plus de rapports d'intérêts. Quand il plaira aux abbés de visiter leur monastère, ils y viendront en équipage de princes ou d'évêques pour recevoir les honneurs dus à leur rang, et se retirer immédiatement.

Charles de Loménie mourut le 7 avril 1720. Ainsi il fut cinquante-huit ans abbé de Saint-Germain ; c'est le plus long règne bénéficier qu'on trouve dans cette histoire. On voit avec peine que sa longue vie y occupe aussi peu de place.

En 1663, les habitants d'Auxerre abandonnèrent généreusement aux religieux les tours, les remparts, les ponts-levis et le passage contigu à leur monastère, afin qu'ils pussent rétablir la clôture qu'ils avaient autrefois, ajoutant qu'ils faisaient cette concession pour leur témoigner le bon souvenir qu'ils conservaient des services rendus à leur ville en diverses circonstances ; pour leur donner des preuves de l'affection qu'ils leur portaient, et pour les engager à continuer leurs prières pour la prospérité de la ville et celle de leur communauté. Les moines s'obligèrent en retour à faire construire à leurs frais, à l'entrée et à la sortie du passage qui avait lieu par le monastère, une porte dont ils devaient remettre une clef aux autorités, pour y passer quand il serait nécessaire. Ils s'obligèrent encore à entretenir la muraille de la ville en cet endroit, sans y rien changer. Néanmoins ils attachèrent du prix à cette concession qui assurait leur tranquillité en donnant à leur établissement une clôture qu'il avait perdue durant les guerres (1). Nous avons rapporté les vaines tentatives qu'ils firent autrefois pour recouvrer ces droits.

Le 30 juillet de la même année, on fit à Saint-Germain une translation de reliques qui rappela les anciens jours. On a vu qu'après le pillage des huguenots, les reliques ramassées dans l'église avaient été remises en partie aux religieux qui les avaient déposées dans un pilier des saintes grottes, près de la chapelle de saint Martin, et dont la cavité, en forme d'armoire, avait été murée; que lorsque l'évêque d'Auxerre visita les saintes grottes, il avait fait ouvrir cette cavité, et qu'après avoir reconnu les reliques, il avait permis de les exposer à la vénération des fidèles; qu'alors on avait placé dans cette armoire et dans une autre qui se trouvait dans un pilier de la chapelle de saint Benoît, divers gradins où l'on avait déposé les reliques et devant lesquelles on avait mis un verre et un voile de taffetas rouge, avec une porte fermant à clef, afin de pouvoir satisfaire la dévotion des pèlerins qui venaient de toutes parts implorer leurs suffrages. On se proposa de les transférer plus honorablement aussitôt que les ressources de l'abbaye le permettraient.

Enfin, en 1663, le prieur dom Clairé prépara deux châsses de bois doré et fit cette translation avec une grande

(1) Accords et transact., feuil. 24.

pompe; il évita cependant de lui donner trop de publicité pour empêcher la confusion et l'irrévérence que pouvait occasionner une trop grande affluence. Il rappela dans une vive allocution ces jours néfastes durant lesquels les huguenots avaient profané les saintes reliques, et annonça que désormais, exposées sur le grand-autel, elles recevraient les honneurs qui leur étaient dus et continueraient à obtenir des bienheureux, dont elles étaient les restes vénérables, une protection qu'on n'avait jamais implorée en vain.

On descendit ensuite dans les saintes grottes, et là, en présence des fidèles, du clergé de Saint-Loup, des religieux, d'un médecin et d'un chirurgien qui constataient l'identité des ossements humains et qui désignaient le nom des plus considérables, on en déposa dans une châsse trois cents, tant entiers que fracturés, et deux cents dans une autre. On en laissa néanmoins dans les deux armoires, pour satisfaire la piété des fidèles; ensuite, on revint processionnellement et au son de toutes les cloches au maître-autel, sur les côtés duquel les châsses furent déposées.

Le prieur et les religieux déclarèrent dans le procès-verbal de cette translation, que les reliques des saints qui étaient renfermées dans des châsses d'argent ornées d'or et de diamants précieux, avant l'irruption des calvinistes, avaient été presque toutes retirées des mains de ces sectaires, par la pieuse industrie de quelques fidèles qui les avaient recueillies soigneusement et à la dérobée; que Dominique Séguier, évêque d'Auxerre, les avait reconnues et avait permis de les exposer à la vénération publique; ils ajoutèrent qu'on tenait, par une religieuse et inébranlable tradition, que, parmi toutes ces reliques, il s'en trouvait de saint Germain, leur patron, de saint Maurice et de ses compagnons, de saint Amatre, évêque d'Auxerre, de saint Germain, martyr, de saint Aunaire, de saint Marc, évangéliste, de saint Thibaut, comte, de saint Urbain, pape et martyr, de saint Prix et de ses compagnons, martyrs à Saints-en-Puisaye, de saint Robert, abbé de Molesmes, de saint Juste, enfant d'Auxerre, martyr, de saint Pavas, évêque du Mans, de sainte Christine, et qu'il s'y trouvait aussi quelques morceaux de planches de cyprès provenant du cercueil de saint Germain (1).

L'année suivante, comme on travaillait à la réparation des murs et des piliers de la terrasse du dortoir, on découvrit quatre tombeaux en pierre, rangés parallèlement les uns auprès des autres: celui du milieu, couvert d'une belle pierre, les dominait tous par sa grandeur et son élévation. Comme il était endommagé à un angle, on y introduisit une chandelle et on reconnut dans l'intérieur un corps revêtu d'un habit noir, pareil à ceux qu'on appelait alors cucules; lorsqu'on y touchait, il se réduisait en poussière. Ce vêtement recouvrait un cilice également en état de détérioration. On constata par l'histoire que c'était la manière dont se faisaient les inhumations dans l'Ordre de saint Benoît, huit cents ans auparavant. On ouvrit les autres tombeaux dans chacun desquels on trouva, comme dans le premier, un corps revêtu d'un habit de pénitence (2).

Le prieur dom Clairé, touché de cette nouvelle gloire de son abbaye, fit venir des chanoines de la cathédrale, et tous ceux qui pouvaient donner quelques renseignements historiques, car on ne trouvait aucune inscription. On visita de nouveau les tombeaux, celui du milieu laissait exhaler de l'intérieur une odeur très-suave, ce qui jeta tous les spectateurs dans la surprise et l'admiration. On n'hésita point à croire que ces cercueils ne renfermassent les corps

---

(1) Procès-verbal sur parchemin, archives de la préfect.
(2) Dom Cotron. Cartul. de S.-G., f. 214.

de saints moines ou de quelques personnages de distinction. On ajouta que, vers l'an 492, lors de la construction de l'église de Sainte-Clotilde, il avait existé un cimetière en cet endroit. On découvrit plus loin un cinquième tombeau, ainsi que des ossements mêlés avec de la terre, ce qui détermina à élever une voûte dans ce lieu même, et à y placer une inscription pour attester à la postérité la date de cette découverte et le jugement qu'on en avait porté (1).

Dom Georges Viole, présent à cette visite, mourut quelques années après, le 12 avril 1669 ; c'est pourquoi le manuscrit qu'il nous a laissé sur le monastère de Saint-Germain se termine à l'abbé de Loménie. Cet homme infatigable s'était acquis une grande réputation par son savoir. Il a laissé en sept volumes in-folio, l'histoire du diocèse et du comté d'Auxerre. Son style suranné a empêché de donner à ses ouvrages les honneurs de l'impression. On a seulement publié à Paris son histoire de saint Germain. Ses manuscrits et les ouvrages de l'abbé Lebeuf servent aujourd'hui de répertoire à ceux qui écrivent sur le comté ou sur l'ancien diocèse d'Auxerre, c'est pourquoi ces deux hommes seront toujours regardés comme les pères de notre histoire provinciale. Lebeuf avoue que, pour écrire la prise d'Auxerre par les huguenots, il s'est beaucoup servi d'un manuscrit de dom Viole, dont les copies étaient très-répandues de son temps (2). Sa publication les a fait disparaître.

Deux registres, conservés aux archives du département, l'un des *Délibérations capitulaires*, qui s'étend depuis l'année 1556 jusqu'en 1712, et l'autre des *Accords et Transactions* de la communauté de Saint-Germain, com-

---

(1) On peut voir le procès-verbal de cette découverte dans l'abbé Lebeuf, t. 2, pr. p. 245.

2) Hist. de la *Prise d'Auxerre*, p. 1.

mencé le 15 février 1682 et ne finissant qu'en 1790(1), nous mettent à portée de suivre jusqu'au bout ce que l'histoire de Saint-Germain offre d'intéressant (2).

En 1668, les religieux vendirent au ministre Colbert (3) la moitié de la seigneurie de Villeneuve-Saint-Salves, appelée la partie d'en haut; l'autre lui appartenait déjà. Le prix fut de douze mille livres, qui furent employées au rachat de la justice et seigneurie de Perrigny, engagée pour une pareille somme. L'abbaye avait à Villeneuve-Saint-Salves la haute, moyenne et basse justice, elle jouissait de droits honorifiques dans l'église, de droits de cens à raison de six deniers par arpent de prés, et de celui de bourgeoisie, qui était de deux bichets d'avoine et d'une poule par ménage. François de Loménie, alors évêque de Coutances, donna son adhésion à cet arrangement. On remit à Colbert un titre en parchemin contenant la donation de la terre par Guillaume, comte de Nevers et d'Auxerre, ainsi que la ratification de cet abandon par Guy, son fils.

(1) Presque toutes les Délibérations capitulaires roulent sur des renouvellements de baux pour les fermes, les moulins et les dîmes. On y voit avec quelle facilité on traitait avec les bons moines qui ne craignaient rien tant que de grever leurs fermiers.

Les Accords et Transactions sont des actes relatifs aux droits féodaux qui restaient sur divers bâtiments de la ville d'Auxerre, par où l'on voit jusqu'où s'étendaient leur justice et leur seigneurie.

(2) A la suite des mémoires de dom Viole sur l'abbaye de Saint-Germain, on trouve, sur une même page, les noms des six derniers abbés avec leurs titres seulement, écrits par deux mains différentes.

(3) Colbert est qualifié de chevalier, marquis de Seignelay, seigneur de Cheny, de Beaumont, d'Hauterive, d'Ormoy, de Monéteau, de Villeneuve-Saint-Salves et d'autres lieux; de conseiller ordinaire du roi en tous ses conseils, de commandeur et de grand-trésorier des finances, de surintendant et ordonnateur général des bâtiments, des arts et des manufactures de France. Son hôtel était à Paris, rue Neuve-des-Petits-Champs, sur la paroisse de Saint-Eustache. *Accords et transact.*, f. 40.

On voit par différents actes insérés dans le registre des Accords et Transactions, que les religieux de Saint-Germain étaient les plus grands seigneurs censiers de la ville. Le procès-verbal de la prise de possession du comté d'Auxerre par Nicolas de Verres, au nom du roi Charles V, en 1371, contient ce passage remarquable : *L'abbé et le couvent de Saint-Germain ont la quinte partie et plus de la ville d'Auxerre en juridiction et seigneurie, haute, basse et moyenne et bien cinq cenz que bourgoiz, que bourgoises ; et est d'ancienne coustume, à Aucerre, que quant un bourgoiz de l'Église prent une bourgoise du comte, ou une bourgoise de l'Église un bourgoiz du comte, tous les enfants qui en issent sont et demeurent bourgoiz de l'Église: et par ainsi a acquis et aquerra tousiours l'Église sur le roy* (1). Pour régler de nouveau les droits réciproques de l'abbaye et du roi, on dressa une *cédule* qui n'est point connue.

Les communautés religieuses et presque toutes les maisons situées dans la proximité du monastère, relevaient de sa justice, lui payaient un cens et lui rendaient un hommage *d'homme vivant et d'homme mourant* (2). Les

---

(1) Annuaire de l'Yonne, 1847, p. 95. Notice de M. de Bastard.

(2) Au dix-septième siècle, le droit d'homme vivant et d'homme mourant variait selon les coutumes ou usages établis. Dans l'abbaye de Pontigny, il était purement honorifique pour les comtes de Tonnerre ; chez les Bernardines, il était attaché à la supérieure, au décès de laquelle cette communauté devait trois cents livres à l'abbaye de Saint-Germain. Ce droit pouvait être attaché à une autre sœur que la supérieure, mais alors il était dû, au décès de cette dernière, cinq cents livres, outre une rente annuelle de douze deniers de cens. Les Ursulines devaient trois cents livres pour acquitter cette charge. En 1670, leur notaire présenta pour elles, comme homme vivant et homme mourant, Nicolas Torinon, son fils. D'autres communautés attachaient ce même droit au plus jeune de leurs membres qu'elles désignaient dans une transaction.

religieuses Bernardines (1), celles de la Visitation (2), les Ursulines (3), les religieux Augustins déchaussés, les

---

(1) Les Bernardines, religieuses de l'Ordre de Cîteaux, qui furent transférées des Isles à Auxerre, en 1636, étaient au nombre de quatorze en 1671, et elles avaient pour supérieure révérende mère madame Marie-Magdeleine de Lespinay. Sept ans après, elle était transférée dans l'abbaye de Labussière, à Bourges, et remplacée par Hélène Colbert. On ne verra pas sans intérêt les noms que ces sœurs prenaient en entrant au couvent. Après la supérieure, on trouve Marie de saint-Joseph, prieure, Marie de la Nativité, sous-prieure, Magdeleine de saint Paul, Marie de saint Jean, tourière, Marie de l'Incarnation, Charlotte de la Croix, maîtresse des pensionnaires, Marie de la Visitation, maîtresse des novices, Marie de l'Assomption, dépositaire, Anne de saint Charles, Anne de sainte Marie, Anne de Jésus, célérière, Marie de la Purification, *chapelaine*, et Marie de sainte Claire. *Accords et transact.*, f. 31.

(2) Les religieuses de la Visitation sont citées par leur nom de famille au nombre de vingt, dans un titre de 1671, passé au grand parloir de leur couvent. La supérieure est révérende mère Marie-Charité Lambert, assistée des sœurs dont les noms suivent : Jeanne-Séraphique Boix-Servoise, Marie-Marthe Gobineau, Marie-Marthe de Lécluse, Claude-Marie Lambert, Marie-Elisabeth de Rochouart, Marie-Catherine Hotemant, Anne-Catherine Chavureux, Claude-Agnès Collas, Marie-Thérèse Jolly, Marie-Catherine de Michau, Magdeleine Claveau, Jeanne-Françoise de Michau, Marie-Louise Pasquier, Anne-Angélique Disson, Marie-Alexis Chacheré, Marie-Agnès Foubert, Louise-Françoise Foubert, Marie-Anne Raguienne, et Louise-Magdeleine Sallé. Dans un autre titre de 1673, cinq seulement comparaissent avec le titre de conseillères du couvent. *Ibid*, f. 54.

(3) L'établissement des Ursulines réunissait, en 1641, vingt-une religieuses professes. Elles s'assemblèrent capitulairement dans la chambre de la grille de leur couvent, *à la manière accoutumée en tels actes*. On voit d'abord révérende mère Edmée de Jésus, supérieure, assistée de ses sœurs qui étaient : Marie de saint Joseph, Marie des Anges, Marie-Angélique, Marie de l'Incarnation, Edmée de sainte Ursule, Germaine de sainte Agnès, la mère de Dieu, Angelle de saint François, Jeanne du Saint-Sacrement, Anne de la Nativité, Elisabeth de la Passion, Marie de l'Assomption, Catherine de Jésus, Françoise de sainte Catherine, Marguerite Saint-Esprit, Elisabeth de sainte Marie, Magdeleine des Anges, Françoise de saint Ignace, Marie Séraphique et Edmée des Saints.

Jésuites, l'évêque d'Auxerre, le roi lui-même, pour plusieurs parties de son comté d'Auxerre, la ville pour certaines acquisitions dans la censive de Saint-Germain, devaient, soit un hommage d'homme vivant et d'homme mourant, soit un droit de cens. La fabrique de Saint-Loup, le séminaire, le grand-hôpital, devaient aussi des droits féodaux. Comme ils tombaient en désuétude par la marche du temps, des transactions passées depuis 1645 jusqu'en 1700 changèrent ces redevances en rentes foncières perpétuelles. Le maire et les échevins consentirent les premiers une rente de dix livres pour remplacer ces droits. En 1688, les religieuses de sainte Ursule se libérèrent en s'obligeant à une rente foncière et perpétuelle de douze livres par an et de douze deniers de cens. Dix ans plus tard, les Bernardines se rachetèrent par une autre rente de dix livres et deux deniers de cens, et celles de la Visitation par une de six livres et douze deniers. Les religieux Augustins déchaussés s'obligèrent, à la même époque, à une rente de sept livres dix sous et douze deniers, pour être déchargés de ce même droit d'homme vivant et d'homme mourant (1).

Ces détails donnent une idée de la puissance souveraine dont jouissaient les religieux de Saint-Germain. Faut-il s'étonner s'ils étaient si fiers de leurs prérogatives et s'ils occupaient un rang distingué dans les cérémonies publiques? Tous les trois ans, le roi leur adressait une lettre de

---

En 1670, les principales sœurs étaient: révérende mère Marie de saint Joseph, mère supérieure du couvent, Agnès de saint Alexis, assistante, Marguerite de saint François, zélatrice, Anne de la mère de Dieu, dépositaire, Marie de l'Incarnation, maîtresse des novices, Marie Séraphique, portière, et Louise de l'Ascension, maîtresse générale des classes. *Ibid, f. 47 et 48.*

(1) Accords et transact., f. 113 et suiv.

cachet pour les convoquer aux États généraux de Bourgogne, qui se tenaient à Dijon, et auxquels ils députaient leur prieur.

Le registre des assemblées capitulaires renferme un grand nombre de délibérations relatives aux baux des fermes et des moulins: on y voit que toutes les plaintes et toutes les réclamations des fermiers étaient prises en considération. On est étonné de leur condescendance, image de celle du Dieu dont ils se proclamaient les humbles imitateurs. Au milieu du dix-septième siècle, différents moulins que les abbés commendataires avaient estimés bien haut en leur en abandonnant le revenu, rapportaient à peine pour subvenir à leurs réparations. Ne pouvant les conserver plus longtemps, ils en démolirent plusieurs après avoir pris l'avis des paroisses voisines. De ce nombre fut celui de Champs, celui d'Héry et celui de Charmoy-les-Moutiers. Ils affermèrent les autres à des prix modérés, en laissant les réparations à la charge des fermiers. Combien de familles trouvaient sous ces bons moines de l'occupation et du pain ! C'est pourquoi, avec une grande fortune, ils pouvaient à peine satisfaire à leurs engagements. Les égoïstes de notre siècle, qui savent calculer le produit d'un champ, les accuseront de simplicité, et ceux-ci, contents d'avoir procuré le bien-être d'un grand nombre de familles, recommenceraient, s'ils vivaient encore, cette œuvre de désintéressement pour laquelle ils ont déjà reçu une récompense dans les cieux.

La communauté de Saint-Germain se composait, à cette époque, de huit prêtres et de onze frères laïques, ce qui portait leur nombre à dix-neuf, conformément aux dispositions des derniers abbés commendataires. Parmi eux se trouvaient deux *sénieurs* chargés de suivre les frères pendant les divers exercices de la journée et de rendre compte de la manière dont chacun s'en acquittait. Il y avait encore un architecte qui remplaçait *l'ouvrier* des siècles précédents, un bibliothécaire, un procureur, un dépositaire, se partageant ainsi les divers emplois du monastère.

Les études étaient sérieusement cultivées dans la congrégation de Saint-Maur. Ses savants se consacraient particulièrement aux recherches profondes et à l'étude de l'antiquité. Saint-Germain eut aussi ses hommes de lettres dont nous avons quelques ouvrages : dom Georges Viole a écrit l'histoire du comté et du diocèse d'Auxerre ; dom Cotron en a composé une de l'abbaye de Saint-Germain en latin ; Philippe Bastide, prieur, a fait une dissertation sur la mission de Saint-Maur ; Dominique Fournier a donné une description des saintes grottes (1) ; Gabriel de Lacodre a composé plusieurs ouvrages théologiques ; Jean Ballivet, autre prieur de Saint-Germain, est auteur de la vie de Jacques Chevreteau ou Jérôme de saint Joseph, ermite du diocèse de Langres (2).

C'est dans ce temps que dom de Rancé, abbé de la Trappe, attaqua les études des moines, prétendant qu'elles leur étaient plus nuisibles qu'utiles ; qu'ils ne devaient ni lire de livres ni en composer, parce que ce travail était contraire à la sainteté des devoirs de l'état monastique. Dom Mabillon, de la congrégation de Saint-Maur, un des plus savants religieux de son siècle, répondit à l'austère abbé de Rancé. Il démontra que non-seulement les moines pouvaient étudier, mais qu'ils le devaient ; il indiqua le genre d'étude qui leur convenait et les vues qu'ils devaient se proposer en s'appliquant aux sciences (3). Comme l'abbé de la Trappe citait l'exemple des solitaires de la Thébaïde, uni-

(1) M. Quantin en a donné une nouvelle édition, en 1846, dans laquelle il a ajouté des suppléments et supprimé la préface de l'auteur.
(2) Leb., mém., t. 2, p. 525.
(3) Voyez *Traité des études monastiques,* in-12 publié en 1691.

quement occupés du travail des mains, Mabillon répondit que le but des religieux de Saint-Maur et l'esprit de leur institution n'était pas de leur ressembler ; leur vie, dit-il, est moins une vie monastique qu'une vie cléricale ; en entrant dans le cloître, ils comptent y mener celle d'un prêtre et d'un homme d'étude, et non celle d'un laboureur. Les ouvrages littéraires et les recueils historiques dus à la plume des bénédictins de l'Ordre de Saint-Maur ont immortalisé leur congrégation et forment une des gloires de la France (1).

On lit aujourd'hui avec intérêt les écrits des anciens Pères de l'Église, les recherches scientifiques des bénédictins et jusqu'à leurs lettres. Citer Mabillon, Bouquet, d'Achery, Martenne, Montfaucon, c'est résumer en quelques noms toutes les splendeurs de cette illustre école de savoir et de sainteté, car leur érudition et leur vertu sont au-dessus de tout éloge. Chez les Pères, on remarque une connaissance exacte de l'Ecriture Sainte, une étude approfondie des sujets qu'ils traitent. Au milieu d'un style clair et net, on voit briller ces étincelles d'esprit dont nos écrivains modernes se parent avec orgueil. Combien de leurs pensées, de leurs arguments, de leurs saillies éloquentes, ne retrouverait-on pas dans ces sources antiques, si on prenait la peine de les y chercher (2)? Espérons qu'après avoir admiré les beautés de ces anciens ouvrages dans leur

---

(1) Voyez *Histoire littéraire de la Congrégation de Saint-Maur*, par Tassin, et la bibliothèque des auteurs qu'elle a produits, par Lecerf.

(2) Tout récemment, un archéologue faisait des recherches parmi les archives de Dijon. Le bibliothécaire lui dit, en montrant du doigt une suite d'in-folios, ouvrages des Saints Pères et des Bénédictins : tenez, monsieur, voilà où nos savants viennent tous les jours puiser de nouvelles connaissances. Je prends plaisir à les voir feuilleter et compiler tous ces volumes : c'est là que se trouve la science !

langue naturelle, nos savants achèveront de leur accorder les honneurs d'une version française.

Les religieux se trouvèrent obligés, en 1699, d'emprunter une somme de dix mille livres pour subvenir aux dépenses de leur communauté. Un chapitre tenu cette même année, au mois de juin, nous apprend que les récoltes précédentes avaient manqué, que le blé et le vin étaient fort chers, qu'il y avait eu des inondations, que le nombre des frères avait été porté depuis quelque temps à vingt-cinq. Le même chapitre ajoute qu'on avait toujours beaucoup de malades à l'infirmerie et qu'on recevait un nombre prodigieux d'hôtes. Pour décharger le monastère, les religieux avaient demandé au chapitre général, sans pouvoir l'obtenir, que leur nombre fût réduit à dix et que le cours de philosophie fût transféré à Moutiers-Saint-Jean. Leurs revenus ne s'élevaient qu'à huit ou neuf mille livres et les dettes montaient à sept mille. Les réparations urgentes des fermes demandaient une dépense de trois mille livres. C'est pourquoi il fut décidé que l'on ferait un emprunt, après avoir obtenu l'assentiment du père général (1).

Cette même année, les religieux de Saint-Germain renouvelèrent leur association de fraternité avec les Cordeliers : ils convinrent d'assister aux inhumations les uns des autres et de célébrer, tous les ans, un service solennel dans les deux communautés pour le repos de l'ame des frères de chacune d'elles. Le jour de saint Marc, les moines de Saint-Germain allaient processionnellement chanter la messe dans l'église des Cordeliers (2).

Le 5 juin 1677, les chanoines de Saint-Martin de Tours renouvelèrent aussi la confraternité qu'ils avaient formée

---

(1) Registre capitul., feuil. 83.
(2) Ibid, feuil. 84.

autrefois avec le chapitre de la cathédrale d'Auxerre. Nous avons vu que tous les ans, au mois d'octobre, un service avait lieu dans les deux églises pour les chanoines décédés. De Trousset d'Héricourt, diacre et abbé de Saint-Germain, assista au chœur et au chapitre des chanoines d'Auxerre, le 5 novembre 1758, comme prévôt de Saint-Martin de Tours (1).

Les processions extérieures, faites avec tant de pompe et avec un si grand concours, vont cesser à la fin du dix-septième siècle; elles n'entrent plus dans l'esprit de l'Eglise. La philosophie travaille les esprits, la foi est moins confiante. Les supérieurs des différents Ordres pensent qu'il vaut mieux demeurer dans le cloître pour y prier en silence que de se produire au dehors. Le chapitre de la cathédrale, qui, à la fête de saint Gervais et de saint Protais et à celle de saint Julien, avait coutume de se rendre processionnellement dans les églises de ce nom pour y célébrer matines et la grande messe, décida que, *pour raisons*, ces processions étaient totalement supprimées. Le même chapitre, qui assistait aussi à l'inhumation des abbesses de Saint-Julien, se contenta, en 1699, d'envoyer quatre députés à celle de dame Marie Boulé de Champlay (2).

Ces cérémonies extérieures, si louables dans leur motif, avaient dégénéré en abus. A chaque intempérie des saisons, le peuple demandait une procession à Pontigny ou ailleurs; la refuser, c'était compromettre la tranquillité publique. La piété avait fait place à la dissipation : c'est pourquoi le clergé prit la sage résolution de les supprimer insensiblement. Elles continuèrent dans les paroisses de la campagne. Outre celles qu'on faisait dans les nécessités publiques, d'autres avaient lieu tous les dimanches à la

---

(1) Hist. de l'abb. de Saint-Julien, par Frappier, p. 42.
(2) Ibid, p. 52.

messe autour de l'église, et à vêpres, depuis Pâques jusqu'à l'Ascension, à l'une des croix plantées au milieu des champs. Rien n'était plus touchant que ces religieuses pérégrinations des habitants de la campagne à travers des terres qu'ils arrosaient de leurs sueurs et sur lesquelles ils imploraient les bénédictions du ciel.

L'abbaye de Saint-Germain, qui réunissait tant de prérogatives, avait des baillis dans toutes ses terres et son ressort au bailliage royal de Sens. Lors de l'érection de celui d'Auxerre, en 1371, elle avait maintenu ses rapports avec le bailliage de Sens, malgré les efforts des officiers de la nouvelle justice pour la soustraire à son ancienne juridiction. Les religieux n'eurent qu'à s'en louer, car durant les guerres civiles qui divisèrent le comté dans les siècles suivants, ils auraient été en butte à la fureur de leurs ennemis. En 1692, voyant les factions calmées et l'union régner parmi les citoyens, ils furent les premiers à demander au roi à faire partie du bailage d'Auxerre, qui, par sa proximité, leur offrait de grands avantages. Dans la charte de concession, le monarque rappelle que l'abbaye de Saint-Germain est de fondation royale, qu'elle jouit du droit de *committimus* aux requêtes du palais ou du parlement de Paris, c'est-à-dire qu'elle avait le droit d'appeler de ses procès à ce tribunal suprême. Le roi dit encore qu'elle possède des lettres patentes de garde gardienne accordées par Louis XI en 1487, et par Louis XII en 1501 (1) : c'étaient autant de priviléges, dont jouissait la justice du monastère.

L'année 1709, si malheureuse pour la France parce que les blés avaient gelé pendant l'hiver, fit sentir la gêne jusque dans l'abbaye de Saint-Germain. Dans un chapitre tenu le 7 octobre, les religieux se plaignirent qu'ils n'a-

(1) Accords et transact., f. 120.

vaient recueilli ni blé ni vin, et que, l'année précédente, la récolte avait été très-médiocre; que les greniers manquaient de grains, tant pour les semences que pour les besoins de la communauté, et que si on ne se restreignait à manger du pain d'orge, il faudrait au moins trois ou quatre mille livres pour acheter du blé, ce qui donne une idée de sa cherté. Ils ajoutèrent que le monastère était déjà endetté de douze mille livres, qu'il fallait qu'on en empruntât trois mille pour acheter des semences (1). Par suite de l'horrible gelée qui avait eu lieu, on avait été obligé, au printemps, de labourer de nouveau les terres et d'y semer de l'orge; c'est pourquoi les religieux consentirent, pour cette année seulement, que le moulin Judas fît son payement en partie en orge, parce qu'on ne portait pas d'autres grains à ce moulin (2).

Les fondations des gens de bien venaient alléger la détresse des moines : en 1693, Nicolas Bazin avait donné une rente de vingt-cinq livres pour fonder une messe chaque semaine à perpétuité (3). En 1715, Jean Laloge en fonda aussi une chaque semaine à perpétuité, en donnant une somme de six cents livres (4). Quelques années après, Etienne de la Goute, chanoine de la cathédrale, laissa par testament sept mille trois cents livres pour la fondation d'une autre messe qui devait être dite tous les jours, à perpétuité, à l'autel de Notre-Dame de l'Assomption (5).

Avec le dix-huitième siècle, on voit naître le jansénisme qui causa tant de troubles dans l'église d'Auxerre, et qui usa en guerres intestines des talents, des vertus et une

(1) Registre capitul, p. 121.
(2) Ibid, p. 124.
(3) Ibid, p. 61.
(4) Ibid, p. 143.
(5) Ibid, p. 183.

activité au-delà de ce qu'il en faudrait pour convertir une province. En 1713, le pape condamne par sa bulle *Unigenitus* les cent-une propositions extraites des réflexions morales du père Quesnel. De Caylus, évêque d'Auxerre, semble d'abord approuver la démarche du pape; peu après il revient sur ses pas, et, dans un mandement publié quatre ans plus tard, il se prononce contre la bulle et en appelle au pape mieux informé et à un futur concile général. Il ne s'en tient pas là : il assemble un synode pour faire partager ses opinions à ses curés. Un certain nombre de fidèles et de communautés donnent successivement leur adhésion aux propositions condamnées par le Saint-Siége. Les écrits de l'évêque se succèdent sans interruption : l'entraînement devient général ; toute l'église d'Auxerre est divisée en deux camps: les Jansénistes et les *Molinistes*, pour nous servir de l'expression inventée contre les catholiques (1). L'évêque d'Auxerre travaille à introduire dans les monastères des abbés et des religieux imbus des principes de son hérésie, et, durant son long épiscopat, il ne parvient que trop à atteindre son but. Le monastère de Saint-Germain céda aussi à la funeste influence du prélat. Cette Thébaïde, si calme et si résignée, après avoir bravé les tempêtes des différents âges, vint se briser contre l'écueil du jansénisme. Une étude profonde de la théologie et un abandon à la direction des supérieurs généraux pouvaient seuls préserver les religieux de cette chute. Ces deux moyens de salut leur manquèrent à la fois.

Dès l'an 1717, ils avaient appelé de la bulle *Unigenitus*

---

(1) Ce sont les ennemis de la religion qui ont mis les sentiments catholiques de Molina en opposition avec le jansénisme, comme si les catholiques n'étaient pas d'accord. Molina, jésuite espagnol, a fait un ouvrage sur l'accord du libre arbitre et de la grâce ; pour mettre fin aux disputes que son livre soulevait dans les écoles, le pape Paul V déclara, en 1607, que ses opinions étaient celles de l'Eglise.

avec l'évêque d'Auxerre. L'année suivante, ils signèrent leur opposition à cette même bulle, en protestant, à chaque fois, de leur attachement à l'Eglise et au Saint-Siége. Pierre Thibault, supérieur général de l'Ordre de Saint-Maur, leur écrivit pour les rappeler de leur égarement. Voyant leur opiniâtreté, il en fit part au roi pour prendre avec lui les moyens d'arrêter le mal dans sa source. C'est pourquoi, après s'être concertés ensemble, ils décidèrent qu'on ne laisserait aller aux diètes des provinces, où les députés du chapitre général devaient être élus, aucun prieur, ni aucun religieux qui aurait appelé de la constitution *Unigenitus*, depuis la déclaration de 1720 (1). Par là, les moines de Saint-Germain se trouvaient exclus du gouvernement de l'Ordre, et obligés de recevoir les prieurs qu'il plairait au chapitre de leur envoyer. En leur faisant connaître cette décision, le supérieur général ajoute : « Nous ne pouvons différer de vous faire connaître des ordres aussi respectables, croyant que cela amènera de salutaires réflexions dans vos esprits. Nous ne doutons pas que vous n'y obéissiez avec toute la soumission dont vous êtes capables. » Les religieux parurent d'abord se rendre aux sages remontrances de leur supérieur ; mais bientôt, conseillés par le haut clergé de la ville, ils déclarèrent tous, sans exception, dans un chapitre du 10 avril 1727, qu'ils rejetaient la constitution *Unigenitus* et que rien au monde ne serait capable de la leur faire recevoir. La communauté se composait de quinze frères : le prieur était Gabriel de Lacodre, déjà avancé en âge.

Les supérieurs généraux, voulant employer tous les moyens possibles pour ramener ces moines à des sentiments orthodoxes, choisirent leur monastère pour tenir la diète provinciale de l'année 1729, espérant que la présence

(1) Regist. capitul., p. 195.

et la confession de foi des prieurs et des conventuels de la province de Bourgogne éclairerait leurs esprits. Le 5 mai, tandis que l'assemblée tenait ses séances, ils se réunirent en chapitre, munis des procurations des frères de la province qui partageaient leurs opinions, parmi lesquels on voit ceux de Saint-Léonard de Corbigny, dont la communauté n'était que de cinq membres. Dans cette réunion, ils écrivirent de longues et humbles remontrances qu'ils présentèrent à la diète, séante à Saint-Germain, avec prière de les faire parvenir au chapitre général qui devait se tenir à Marmoutiers.

Cette pièce, qui est fort longue, mettant à part la question de foi, roule principalement sur l'illégalité des diètes, parce qu'ils n'y sont point représentés, disant qu'ils ne manquent pas de motifs pour prouver qu'elles ne peuvent être canoniques. On y voit que la province de Bourgogne souffrait le plus de l'ordonnance du roi ; qu'elle renfermait vingt-quatre maisons, tant abbayes que prieurés, dépendantes de l'Ordre de Saint-Maur; que chacune d'elles envoyait à la diète son prieur et un conventuel, élu à la pluralité des voix. Or, en 1729, la province de Bourgogne ne fournit que quinze prieurs, parce qu'un d'eux était mort, un autre infirme, et que sept s'en trouvaient exclus par l'ordonnance du roi. L'absence de quatorze conventuels était due aux mêmes motifs, c'est-à-dire au refus d'admettre la bulle *Unigenitus*.

Le chapitre général gémit à la vue des humbles remontrances des religieux de Saint-Germain et de leurs adhérents. Il leur envoya pour prieur Placide Boguet. Etant tombé malade, la même année, en allant aux Etats-généraux, à Dijon, il fut remplacé par Léonard Le Texier. Trois ans après, André Trablaine vint prendre la direction de l'abbaye, avec le titre d'administrateur. A son arrivée, les religieux s'assemblèrent en chapitre pour protester contre sa nomination (1), disant qu'ils ne reconnaissaient pas pour canonique le chapitre dont il tenait son institution, parce qu'on n'avait pas convoqué tous les membres de l'Ordre ; que, néanmoins, pour le maintien de la paix, ils lui obéiraient, quoiqu'ils ne le reconnussent pas pour supérieur légitime. Un visiteur général s'étant présenté, la même année, ils lui firent les mêmes observations.

Dom Trablaine, désespérant de les ramener à des sentiments orthodoxes, à cause des préventions dont il était l'objet, demanda son rappel. On envoya à sa place, en 1734, Jacques Monier. A son arrivée, les religieux protestèrent aussi contre sa nomination, qu'ils ne trouvaient pas plus canonique que celle de ses prédécesseurs ; mais, plus ferme qu'eux, il opposa protestation à protestation (2), ne cessant de rappeler les frères à la foi orthodoxe dont ils s'étaient écartés. L'année suivante, on fut obligé de lui donner un successeur qui fut Jacques Peteau. A cette époque, le jansénisme était triomphant dans Auxerre : c'est pourquoi nous voyons les prieurs rester aussi peu de temps à la tête de la communauté.

Jacques Peteau sut gagner les cœurs par sa prudence et sa douceur ; il apprit aux supérieurs généraux que les religieux de Saint-Germain, égarés momentanément, n'étaient pas éloignés de rentrer dans l'ordre ; c'est pourquoi, l'année suivante, le chapitre général le conserva dans sa charge.

L'Ordre de Saint-Maur s'étendait alors dans toute la France, que les supérieurs avaient divisée en six provinces, dont chacune avait ses diètes ou assemblées pour veiller à la conservation de la discipline. En 1733, on tint six diètes provinciales : la première, à Marmoutiers-les-Tours, pour

(1) Regist. capitul., p. 199.
(2) Ibid., p. 202.

la province de Bretagne ; la seconde, au monastère de l'Adorade, pour celle de Toulouse ; la troisième, à l'abbaye de Saint-Denis, pour celle de France ; la quatrième, à Saint-Augustin de Limoges, pour celle de Chésal-Benoit ; la cinquième, à l'abbaye du Bec, pour la province de Normandie ; et la sixième, à Sainte-Colombe de Sens, pour celle de Bourgogne. Le chapitre général devait se tenir à Marmoutiers-les-Tours. La lettre circulaire, pour la convocation des frères, portait que les conventuels de chaque monastère auraient soin d'apporter les comptes des quatre années précédentes ; c'était la date de la dernière assemblée.

Enfin les religieux de Saint-Germain sont revenus à des sentiments orthodoxes. Ces mêmes hommes qui protestaient encore contre la nomination de Jacques Peteau, parce qu'elle avait eu lieu dans l'intervalle du chapitre général et sans leur participation, abjurèrent leurs erreurs. En 1736, la liberté d'élire un conventuel, pour assister à la diète, leur fut rendue (1) et leur prieur fut prorogé dans ses fonctions. Cette crise religieuse avait duré dix-huit ans. Ni l'éclat de la science, ni la pureté des plus touchantes vertus, ni une vie tout entière consacrée sans relâche au service de Dieu, ne préserveront les moines de Saint-Germain d'être traînés à la barre de la postérité pour cette inexcusable faiblesse.

En 1731, une sécheresse extraordinaire se fit sentir, et vint s'ajouter aux divisions que causait le jansénisme. Pendant les six premiers mois de l'année, il ne tomba presque point de pluie ; la terre était couverte de crevasses occasionnées par la sécheresse, les grains et même les légumes semés au printemps ne levèrent pas ou furent brûlés du soleil. Sur la fin du mois de mai, quoiqu'on

(1) Regist. capitul., p. 202.

eût déjà fait des prières publiques, on ordonna une procession générale dans laquelle toutes les paroisses de la ville se rendirent à Saint-Germain avec les châsses qu'elles possédaient. La sécheresse continuant toujours, le 18 juin, un nouveau mandement de l'évêque invita les fidèles à adresser au ciel de plus ferventes prières, chacun dans sa paroisse et les religieux dans leur couvent, et commanda, pour le samedi suivant, une procession générale à Saint-Germain, composée de tout le clergé d'Auxerre. On y devait dire la messe *pour toutes les nécessités,* en présence de l'évêque. Pendant cette même semaine, toutes les paroisses voisines de la ville s'y rendirent en procession, ainsi qu'à la cathédrale, en portant les châsses de leur église et en chantant des psaumes, de sorte que, le vendredi 16 juin, on compta jusqu'à seize paroisses qui vinrent faire une station à Saint-Germain. On remarquait celle de Saint-Bris, avec les reliques de saint Prix, son patron. Le prieur et les religieux réunis les reçurent à la porte de leur église. On célébra la messe au grand-autel, ensuite le curé de Saint-Bris fut introduit avec son clergé dans la salle des hôtes de distinction, où on leur servit du poisson frit et des cerises. Après qu'ils eurent mangé, on les reconduisit jusqu'à la porte de l'église, avec le même cérémonial qui avait été observé à leur arrivée, c'est-à-dire avec l'encens et le luminaire, au milieu des moines revêtus de chappes (1).

HENRI DE CHARPIN DES HALLES.

Cet abbé, né à Lyon, fut d'une nullité aussi complète que ses prédécesseurs. Il se démit du monastère de Saint-Germain au bout de huit mois. Il eut soin, en abdiquant,

(1) Dom Cotron, dernière page.

de transmettre cette succession abbatiale à un de ses neveux, afin de continuer le scandale d'un monastère cédé et troqué comme une marchandise vénale (1). L'état religieux, image de la fixité et de la pureté de la vie future, participe dans la personnne de ses abbés aux vicissitudes et aux intrigues de la vie du monde.

JEAN-MICHEL DE CHARPIN DES HALLES.

Il était doyen de l'église séculière et collégiale de Saint-Pierre-Hors-les-Portes de Vienne, en Dauphiné, et abbé commendataire d'un monastère appelé en latin *Sylva-Major*, lorsqu'il fut nommé à Saint-Germain par le duc d'Orléans, régent du royaume, par suite de la résignation de son oncle. Il était fils de Pierre de Charpin, seigneur de Feugerolles, en Forêt, c'est pourquoi il en prenait le titre. Ses bulles ne furent expédiées de Rome que deux ans après sa nomination, qui avait eu lieu le 5 janvier 1721. Des difficultés sans nombre vinrent déjouer ses projets ambitieux. Le clergé d'Auxerre, ayant rejeté la bulle *Unigenitus*, vit son official écarté de la commission chargée par la cour de Rome de fulminer les bulles, et remplacé par celui de Sens, qui exigea différentes pièces que de Charpin ne put produire, étant en opposition avec son archevêque avec lequel il venait d'avoir un procès. On lui demandait surtout une lettre de tonsure et une attestation de bonnes vie et mœurs. De Charpin, prétendant que son affaire ne regardait point l'official de Sens, en appela comme d'abus. De Beaumont, chargé de faire exécuter les expéditions de la cour de Rome, écrivit plusieurs lettres pour presser son installation, disant que ses bulles devaient suppléer à toutes les pièces qu'on lui

(1) Gall. christ., t. 12. Abb. de S.-G. Archiv. de la préfect.

demandait; enfin, un arrêt du parlement du 7 février 1728, investit l'official d'Auxerre du pouvoir de le mettre en possession de l'abbaye de Saint-Germain (1). Ainsi, l'affaire de son installation dura sept ans. Ne voulant point paraître à Auxerre après tant de démarches humiliantes, il envoya au prieur de Lacodre les pouvoirs nécessaires pour qu'il prît possession pour lui.

Cinq ans après, cet abbé voulut s'emparer d'une somme de six mille livres, provenant d'une coupe de bois de la mense des religieux. Ceux-ci y mirent opposition ; mais, considérant qu'ils allaient entamer un procès ruineux, ils confièrent cette affaire au prieur et au procureur du monastère, les engageant à la traiter à l'amiable, le plus avantageusement possible, ajoutant qu'ils prenaient cette mesure de prudence pour plusieurs raisons qu'ils n'osaient écrire sur le livre de leurs délibérations (2).

L'abbé de Charpin avait sa résidence à Vienne, où il mourut, le 14 novembre 1735, à cinquante-trois ans. On trouve à la suite des mémoires de Dom Viole, une longue notice sur la haute noblesse de sa famille. Sa mère, Louise de Villars, tante du fameux maréchal de ce nom, sortait de l'ancienne famille des Cuponi, de Florence, dont les ancêtres ont gouverné cette république pendant quatre cents ans, en qualité de Gonfaloniers.

Les biens que les abbés commendataires avaient laissés aux religieux de Saint-Germain étaient tellement insuffisants, qu'un relevé de leurs affaires, dressé en 1733, porte leurs dettes à la somme de quatre-vingt-dix-sept mille cent onze livres. On a cependant cessé ces grandes constructions qui immortalisaient les moines; mais, comme nous l'avons déjà fait remarquer, s'il survenait une mauvaise année,

(1) Archives de la préfect.
(2) Registre capitul., p. 177.

des fermiers insolvables ou des réparations extraordinaires, il fallait recourir aux emprunts ; c'est ainsi que le chapitre général en autorisa un de vingt mille livres, pour faire face aux besoins les plus pressants. Les religieux présentèrent aussi une requête au général de l'Ordre et aux pères assistants (1), pour les supplier de leur accorder, en entier, la remise de la taxe pour la congrégation, qui s'élevait, pour Saint-Germain, à cent quatre-vingt-dix livres par an ; ils demandaient aussi qu'ils leur fissent sentir les effets de leur charité paternelle, en tirant une forte somme du dépôt commun pour rétablir leurs affaires. C'est ce motif qui les détermina, en 1734, à vendre, conjointement avec de Charpin de Feugerolles, leur abbé, les étangs et le moulin de la châtellenie de Moutiers aux actionnaires du canal de Briare, moyennant douze cents livres de rente au principal de vingt-cinq mille livres, non compris une somme de mille livres pour achat d'ornements pour l'abbaye (2).

JEAN BOUHIER.

Il descendait d'une des premières familles de Bourgogne. Sa noblesse, jointe à son savoir, ne tardèrent pas à amonceler sur sa tête les plus hautes dignités de l'Église. Il fut d'abord chanoine, conseiller ecclésiastique au parlement, puis doyen de la Sainte-Chapelle de Dijon, et, en cette qualité, procureur général du clergé aux Etats de Bourgogne. Enfin, Louis XIV le nomma, en 1715, premier

---

(1) Registre capitul., p. 171.
(2) Cette propriété, dont les religieux jouissaient par moitié avec leur abbé, se composait du grand étang de Moutiers, d'un plus petit appelé l'étang des Trois-Croix, d'un moulin avec ses dépendances, d'un champ à faire chenevière et pâture, de cinq arpents de terres et de broussailles, et de trois arpents de prés. *Regist. capitul., p. 202.*

évêque de Dijon. L'année suivante, il eut en commende l'abbaye de Saint-Etienne de Beze, et, en 1735, celle de Saint-Romain de Blaye. La même année, il sollicita et obtint celle de Saint-Germain d'Auxerre. Dom Pierre Vidal, sous-prieur, prit possession pour lui, le 17 août 1736. Deux ans après, il échangea cette abbaye pour le prieuré de Gigny. Il se démit aussi de l'évêché de Dijon, en faveur d'un de ses parents. Il mourut dans cette ville, en 1744, à l'âge de soixante-dix-neuf ans, et fut inhumé dans la cathédrale.

FRANÇOIS DE CRUSSOL D'UZÈS.

De Crussol, conseiller du roi en tous ses conseils, fut évêque de Blois, ensuite archevêque de Toulouse. L'abbaye de Saint-Germain lui fut donnée en commende en 1738. Le brevet du roi portait qu'il prélèverait sur ses revenus une rente annuelle et viagère de deux mille livres pour le supérieur du séminaire de Blois. Toutes les pièces relatives à sa nomination, signées de la main de Louis XIV, se voient encore aux archives de la préfecture. L'abbaye de Caroffy, prise aussi en commende, vint ajouter aux revenus de cet abbé-archevêque, qui mourut en 1758, à l'âge de cinquante-cinq ans (1).

En 1743, les religieux de Saint-Germain fixèrent à onze heures du matin leur dîner, qui était auparavant à neuf. Ils donnèrent pour motifs, en demandant cette permission aux supérieurs généraux, que toutes les messes étant terminées à neuf heures, les fidèles qui se rendaient chaque jour en foule à Saint-Germain pour satisfaire leur dévotion, ne pouvaient les entendre ; que les chanoines de la cathédrale, qui y venaient aussi fréquemment en pro-

1) Gall. christ., t. 12, col. 402.

cession, obligeaient souvent à en retarder l'heure ; enfin, que les religieux en voyage, qui arrivaient à l'abbaye en grand nombre, *soit par eau, soit par terre*, entraient ordinairement lorsqu'on sortait du réfectoire (1).

Toujours disposés à se prêter aux besoins de la société, et surtout des pauvres, ils mirent, en 1746, à la disposition des autorités de la ville, les bâtiments qu'ils n'occupaient pas, pour caserner les prisonniers hollandais qu'on venait de leur envoyer : ils y restèrent deux ans et demi (2).

Depuis la commende, l'abbatiale n'était habitée que momentanément. On peut juger par ce qu'il en reste, que cet édifice n'était pas sans magnificence. Les derniers abbés réguliers y avaient introduit une somptuosité et une élégance qui répondaient au rang élevé qu'occupait leur monastère. On fait tant de changement dans l'intérieur de cet édifice, qu'on n'y verra bientôt plus de traces des appartements occupés par les abbés. Des terrasses, des jardins, dessinés dans les proportions majestueuses du grand siècle, couvraient le vaste enclos du monastère.

FRANÇOIS-BENIGNE DU TROUSSET D'HÉRICOURT.

Aussi étranger au gouvernement de l'abbaye que ses prédécesseurs, du Trousset d'Héricourt était diacre, conseiller clerc au parlement de Paris et prévôt de Saint-Martin de Tours, lorsqu'il fut pourvu de l'abbaye de Saint-Germain, le 15 juin 1758. Il eut aussi en commende Saint-Michel de Tonnerre et Saint-Martin de Molosme. Au mois d'octobre de la même année, il vint visiter tous

---

(1) Regist. capitul., p. 227.
(2) Ibid.

ces monastères. Il était encore abbé commendataire de Saint-Crespin de Soissons, dont il se démit lorsqu'il eut Saint-Germain, apparemment parce que c'était une plus riche et une plus noble dotation, et que ses biens se trouvaient contigus à ceux de Saint-Michel et à ceux de Molosme. Le chapitre général de Saint-Maur, de l'an 1741, autorisa des poursuites contre lui pour l'obliger à réparer cette dernière abbaye et à payer les pensions de ses religieux. Il se trouvait auprès de Genève, où il était allé pour améliorer sa santé, lorsque la mort l'enleva à l'âge de cinquante-sept ans (1).

Les moines de Regny venaient de rebâtir leur église. Avant d'en faire la dédicace, le prieur Jean-Baptiste Basset, envoya, le 27 février 1766, une députation à Saint-Germain afin de demander des reliques pour la consécration des autels. Le prieur Vaudrey, après en avoir obtenu la permission des supérieurs généraux, se transporta dans les saintes grottes, revêtu d'une aube et d'une étole, et accompagné de tous les religieux du monastère, il ouvrit l'armoire qui se trouve dans le mur, entre la chapelle de saint Martin et celle de sainte Maxime, et en tira plusieurs reliques qu'il remit à Zacharie Grasset, procureur de l'abbé de Regny (2).

JEAN-BAPTISTE DUPLESSIS D'ARGENTRÉ.

Cet abbé, qui devint dans la suite évêque de Séez, était

---

(1) Gall. christ., t. 2, col. 402.
(2) La pétition des religieux est signée de six d'entre eux, compris le prieur. Le cachet en cire rouge porte l'empreinte d'une vierge debout, les pieds posés sur un nuage, tenant l'enfant Jésus, dont un bras est élevé en haut. La légende qui l'entoure est : *Sigillum abbatiæ beatæ Mariæ de Rigniaco*. Sceau de l'abbaye de la bienheureuse Marie de Rigny. *Archiv. de la préfect.*, *titre original*.

lecteur des enfants de France. Sa nomination est du 1ᵉʳ décembre 1764; il est le dernier qui ait porté le sceptre abbatial de Saint-Germain.

Trois auteurs nous ont laissé la série des hommes qui ont occupé successivement ce siége illustre, les auteurs de la Gaule chrétienne, Dom Viole et Dom Cotron. Les premiers, remontant à l'abbé Winebaud, qui vivait vers l'an 590, comptent soixante-deux abbés; Dom Viole, commençant à saint Germain, porte leur nombre à soixante-douze, et Dom Cotron, partant de saint Saturne, disciple de saint Germain, à soixante-quatre. Dans cet ouvrage, leur nombre a été fixé à soixante-trois. On a pu remarquer les motifs de ces différences.

Les grands-vicaires et les prieurs qui ont porté le fardeau du gouvernement de l'abbaye, depuis la commende, en 1540, méritent aussi d'occuper une place dans les souvenirs de la postérité. Il s'est rencontré parmi eux des hommes recommandables par leur science et par leurs vertus, car tous ceux auxquels le chapitre général de l'Ordre de Saint-Maur confiait cette importante fonction étaient d'une capacité reconnue, et avaient été formés aux vertus religieuses par un long séjour dans les cloîtres. L'histoire n'a guère conservé que les noms de ces hommes de bien qui cachaient leurs vertus à la terre.

L'historien qui les juge avec tant de facilité, qu'est-il lui-même dans la balance à côté de ces généreux cénobites abîmés dans les jeûnes et dans les longues méditations? Nous avons de la peine à croire à notre témérité lorsque nous déversons le blâme sur ceux que Dieu a absous. Les actes capitulaires enregistrent une faute, un scandale, dont l'histoire s'empare, et ils passent sous silence la régularité qui forme l'état habituel de la communauté. C'est pourquoi on condamne un abbé pour une faute connue, et on ignore l'éclat des vertus qui l'ont effacée.

GRANDS VICAIRES PENDANT LA COMMENDE (1).

Maître Gérard Pron, en	1460
François de la Borde	1510
Philibert de Beaujeu	1525
Antoine de Beaujeu	1540
Pierre de Coiffy	1541
Nicolas de Marconville	1543
Laurent Petitfou	1548
Jacques de Hangest	1556
Pierre de Pesselière	1590
Jean de Pilles	1592
Guillaume de Regny	1595
Germain Thiennot	1600
Benoit Drouin	1624

PRIEURS DE LA CONGRÉGATION DE SAINT-MAUR.

Augustin de Renevue	1629
Placide Simonet	1630
Georges Viole	1632
Philibert Tesson	1636
Vulfran Henry	1639
Augustin Renevue	1642
Anselme de Gucheman	1645
Placide Chouquet	1651
Benoît Coquelin	1654
Gabriel Souhin	1657
Anselme Clairé	1660
Placide Chouquet	1663

(1) On a dû remarquer qu'il y eût souvent plusieurs grands vicaires en même temps.

Sylvestre Lepetit.	1666
Jacques Lespine.	1670
Claude de Salesse	1674
Philippe Bastide	1681
Vincent Sirou	1684
Jean Lancesseur	1690
Charles-François de Rostaing	1693
Vincent Sirou	1696
Guy Buisson	1698
Hubert Maillard	1702
Gabriel de Lacodre.	1708
Charles-François de Rostaing	1714
Jean Ballivet	1717
Gabriel de Lacodre.	1723
Placide Boguet.	1729
Léonard Le Texier	1730
André Trablaine	1733
Jacques Monier.	1734
Jacques Petau	1735
Maurice de Hautot.	1742
Guillaume de Launay	1748
Jean Archambault.	1754
Joseph-François-Xavier Jantot	1757
Jacques Vaudrey.	1763
Philippe Soulbier.	1766
Jean-Baptiste-François Delandre	1767
Pierre-Cyr Joli.	1769
Claude Dubuisson.	1771
Jean-Baptiste-François Delandre	1772
Jean-Jacques Flosceau.	1774
Henri-Antoine Rosman.	1775
Joseph-Philippe Rousseau	1778
Henri-Antoine Rosman.	1788

En 1775, une délibération des ingénieurs de la grande

route de Paris vint troubler la solitude des moines de Saint-Germain, leur enlever les abords de la rivière et une partie de leur vigne de la Chainette, car il fut décidé que la route côtoyerait la rivière et traverserait leur enclos. La providence n'anticipa que de quelques années le démembrement du monastère qui touchait, sans le savoir, à ses derniers moments.

Avant de tomber, l'illustre abbaye de Saint-Germain devait briller d'un dernier reflet de gloire. On a vu que ses écoles, vouées, pendant des siècles, à l'instruction de la jeunesse, s'étaient conciliées, sans interruption, la confiance des familles. Une ordonnance du roi, datée du 19 octobre 1775, érigea le collège d'Auxerre en école royale militaire. Deux ans après, une autre ordonnance du 1er décembre en confia la direction aux bénédictins de la congrégation de Saint-Maur, avec l'autorisation d'en charger les religieux de Saint-Germain. Pour ne pas laisser l'instruction des enfants de la ville en souffrance, les supérieurs devancèrent l'époque de la rentrée des classes. Dès le 2 juillet 1778, ils prirent possession du collège et des biens qui en dépendaient. Ils organisèrent immédiatement deux cours complets, l'un d'instruction civile et l'autre d'instruction militaire. Soixante élèves au compte de l'Etat formèrent le noyau d'un pensionnat qui ne tarda pas devenir nombreux. Les religieux réunissaient tout ce qu'on pouvait désirer pour la prospérité d'un vaste établissement d'instruction, telles que salles aérées et spacieuses, situation élevée, saine et éloignée du bruit de la ville, dont elle occupait une des extrémités, enfin réunion d'hommes versés dans les sciences.

D'après une instruction ministérielle concernant les écoles militaires, tous les trois mois, le ministre de la guerre devait recevoir un état du progrès des élèves dans leurs études. Des inspecteurs devaient se rendre au milieu d'eux pour faire l'examen des classes. L'instruction portait que ceux qui se seraient le plus distingués seraient préférés aux autres pour être placés, soit dans les troupes, soit dans tout autre emploi.

Les religieux eurent bientôt mérité l'estime, l'affection et le respect des familles, et crurent un instant voir se relever l'antique réputation de leurs écoles. Ils n'épargnèrent ni soins ni peines pour arriver à ce but constant de leurs efforts. Leur nombre pouvait suffire à tous les besoins de l'établissement. Les jeunes religieux, auxquels on faisait faire de fortes études, promettaient dans un avenir peu éloigné, des professeurs distingués. Déjà on remarquait aux différents examens, que les élèves ne démentaient pas les hautes espérances que l'on avait conçues de l'habile direction qui leur était donnée dans les sciences et dans la vertu. Davoust, depuis prince d'Eckmülh, dut sa première éducation à cette école. Le baron Joseph Fourier, orphelin sans fortune, que le chapitre avait adopté, était religieux novice à Saint-Germain lorsque l'ouragan révolutionnaire le lança dans le monde et l'obligea à embrasser une autre carrière. L'éducation solide qu'il avait reçue auprès des bons religieux en a fait un des hommes remarquables de notre époque : il devint secrétaire perpétuel de l'Académie des sciences, puis préfet de l'Isère. On lui doit la théorie analytique de la chaleur. Le 4 mai 1849, sa statue en bronze a été inaugurée avec une grande pompe, dans le Jardin public, attenant aux bâtiments de la bibliothèque, c'est-à-dire dans le jardin de l'ancien monastère de Notre-Dame-la-d'Hors. Dulong, aussi membre de l'Académie des sciences, professeur de physique à l'Ecole polytechnique, fit également ses études à Saint-Germain, ainsi que d'autres citoyens habiles et estimables qui occupent des positions élevées dans l'administration et dans la magistrature.

Tandis que les monastères de France et les institutions luttaient contre la décadence, l'abbaye de Saint-Germain semblait renaître : une ère nouvelle s'ouvrait devant elle. Dans l'enivrement de sa prospérité, elle attendait du roi, qui lui portait tant d'intérêt, la liberté d'élire ses abbés, et, avec cette prérogative, le retour des anciens jours. Au milieu de ces illusions, les religieux aimaient à se rappeler ces belles pages de leurs annales, où il est dit que leurs prédécesseurs passaient leur vie à servir Dieu et les pauvres, à chanter le jour et la nuit les louanges du Seigneur. Ils se rappelaient ces saintes ames, formées dans leur établissement à l'art de la prière, purifiées par les macérations corporelles, et élevées par la méditation aux plus sublimes vertus religieuses. Ces pieux souvenirs ne purent influer sur l'avenir de l'abbaye.

La réforme de Saint-Maur, accueillie avec tant d'empressement à son origine et qui avait fait fleurir l'observance régulière dans un si grand nombre de monastères, semblait réduite à l'impuissance. Les supérieurs éprouvaient, de toutes parts, une résistance dont ils ne pouvaient se rendre compte : c'était le signe avant-coureur de cette révolution qui couvrit l'Eglise de ruines. Ils jugèrent qu'une réforme dans la règle de l'Ordre était d'une nécessité impérieuse. Le roi en étant informé, se mit à la tête de l'entreprise, ou plutôt le pouvoir temporel voulut régler les communautés comme il réglait les affaires civiles. Un chapitre général fut indiqué à Saint-Denis, par ordre du roi, pour le mois de septembre de l'année 1783. Des députés de toutes les maisons s'y rendirent. On dressa divers réglements qui n'obtinrent pas l'assentiment de tous les membres de l'Ordre; c'est pourquoi, deux ans après, le conseil d'Etat rendit un arrêt en forme de loi, pour mettre fin à toutes les contestations. Le roi rappela ceux qui avaient été rendus les années précédentes, surtout les décisions du chapitre de Saint-Denis (1); enfin, il dit que « désirant donner une nouvelle marque de sa protection à une congrégation distinguée par les services qu'elle a rendus à l'Eglise, à l'Etat et aux lettres, et voulant assurer sa durée, par le maintien de ses constitutions, il ordonne, sans préjudice du droit d'appel comme d'abus et des droits respectifs des parties, que les constitutions de la congrégation de Saint-Maur, autorisées par lettres patentes du 24 juillet 1769, seront exécutées dans toutes les maisons de la congrégation, selon leur forme et teneur, tant par les supérieurs majeurs et locaux que par les officiers et simples religieux, sans que, sous aucun prétexte, il puisse y être dérogé; enjoint Sa Majesté à tous les religieux de ladite congrégation, de rendre aux supérieurs majeurs et locaux, visiteurs et autres officiers, nommés par le chapitre de Saint-Denis, et à ceux qui l'ont été depuis, ou le seraient à l'avenir, l'obéissance qu'ils doivent à leurs supérieurs légitimes, sous les peines portées par lesdites constitutions; enjoint à tous les religieux d'observer exactement la résidence dans leurs monastères respectifs; ordonne à tous ceux qui seraient absents, sans permission, de se rendre dans leurs maisons de résidence, dans le mois de la signification du présent arrêt, à peine d'y être contraints, fait défense à tous les religieux d'apporter aucuns troubles ni empêchement aux visiteurs des provinces, dans l'exercice de leurs fonctions; fait défense Sa Majesté aux titulaires des prieurés et bénéfices dépendants de la congrégation, de s'en attribuer personnellement la régie et d'en percevoir les fruits, leur enjoignant de se conformer à ce qui est ordonné par les constitutions; ordonne Sa Majesté que les ordonnances du chapitre de Saint-Denis, ainsi que celles des précédents chapitres, concernant les

---

(1) Regist. capit., p. 586.

taxes pour subvenir aux besoins, tant particuliers que généraux de ladite congrégation, seront exécutées, selon ce qui est prescrit par lesdites constitutions et sous les peines y portées (1). » Le roi ordonne ensuite aux visiteurs généraux et aux supérieurs locaux, d'informer le supérieur général de toutes les contraventions à cet arrêt, et à celui-ci d'en rendre compte au garde-des-sceaux *pour y être par Sa Majesté pourvu.*

Le révérend père Chevreux, supérieur général, envoya cette décision à toutes les maisons de l'Ordre, et l'accompagna d'une circulaire pleine d'onction et de sentiment, dans laquelle il exhorte les religieux à se pénétrer de la sainteté de leur état et à en remplir les devoirs. « Mes révérends pères, leur dit-il, si dans les circonstances affligeantes où se trouve la congrégation, il était un désir digne d'un cœur pénétré de la grandeur de ses maux, c'était, sans doute, celui de voir la paix ramenée dans son sein, la concorde et l'harmonie rétablies parmi les membres qui la composent, la charité revendiquer ses droits sur tous les cœurs, l'émulation pour le bien, se montrer avec toute sa force et toute son activité. Rien, mes révérends pères, ne vous paraîtra plus propre à opérer cette heureuse et consolante révolution, que l'arrêt du conseil d'Etat du roi, qu'il m'est enjoint de faire passer sous vos yeux.

« Si les détails qu'entraînent nécessairement les formes judiciaires n'ont pas permis à la justice de prononcer définitivement sur l'objet des contestations qui nous partagent, l'œil de sa sagesse ne veille pas avec moins de soin et d'attention à maintenir, au milieu de nous, les lois de la subordination, qui sont le nerf des sociétés civiles, politiques et religieuses...

(1) Regist. capitul., p. 586 et 587.

« Les éloges accordés au zèle, à la piété et aux travaux de nos pères, nous imposent aujourd'hui, plus encore que jamais, l'heureuse nécessité de marcher dignement sur leurs traces et de fournir, d'un pas toujours ferme, et toujours égal, la carrière que leurs exemples offrent à nos regards et qu'eux-mêmes nous ont ouverte, avec autant de gloire que de succès. Loin de nous, mes révérends pères, toute idée sinistre qui ne tendrait qu'à jeter dans les ames la langueur et le découragement; l'Eglise et l'Etat n'ont point abandonné le droit d'attendre de nous, l'une, des religieux instruits et fervents, qui, par leur science et leur piété, soient à jamais sa consolation et son espérance ; l'autre, des citoyens vertueux et fidèles, qui, par leurs talents et leurs travaux, concourent à sa gloire, en se prêtant à ses besoins.

« Tel est le but, seul digne de fixer et d'ennoblir nos désirs : nous y parviendrons, mes révérends pères, en rappelant toute notre conduite à cet esprit primitif, qui se perpétuant d'âge en âge, forma au milieu de nous le corps de saints et savants religieux, auxquels nous sommes redevables de notre illustration ; en rétablissant les bonnes études qui, plus que tout autre moyen, peuvent rendre à tout corps politique et religieux son énergie, sa force et sa splendeur ; en bannissant les frivolités qui, décelant un penchant pour les goûts et les inclinations du siècle, annoncent, tout à la fois, la chute des lettres et l'affaiblissement de la piété; en nous montrant, en toutes choses, dignes de l'état auquel nous sommes appelés, et consacrant tous nos efforts à conserver l'unité d'un même esprit, par le lien et le charme de la paix; en concourant, en un mot, de tout notre pouvoir, à ramener au milieu de nous cette tranquillité, cette union, dont les délices doivent faire aujourd'hui le premier et le plus cher objet de nos vœux.

« Puissent-ils reprendre leurs droits dans tous les cœurs

ces sentiments qui n'y furent jamais éteints ; la douceur, la patience, la modération, la modestie, la tendre charité et toutes les vertus sociales que l'esprit saint nous apprend lui-même être le lien de la perfection ! Puisse-t-elle reprendre son empire et triompher enfin cette aimable paix de J.-C., à laquelle nous avons été appelés, pour ne former, tous ensemble, qu'un seul corps, un seul esprit, un seul et même langage ! Que ne puis-je moi-même, mes révérends pères, au prix de tous les sacrifices, vous persuader que quand ma bouche s'ouvre pour vous porter des paroles de paix, mon cœur s'agrandit, en même temps, par la tendre et sincère affection dont il est animé pour vous tous, qui êtes mes frères et mes amis? Si je vous parle comme à des enfants chéris, étendez donc aussi pour moi votre cœur, et que de cet heureux concert de tous nos sentiments réunis, naisse, comme un astre bienfaisant, et s'élève, avec un pur éclat, cette paix de Dieu, ce don céleste qui surpasse toutes nos pensées, et dont nous ne pourrons jamais trop tôt savourer les douceurs.

« N'oublions pas, mes révérends pères, que l'accomplissement de ce vœu de mon cœur ne peut être que le fruit de l'esprit du Seigneur, et par conséquent de la prière à laquelle il est accordé. C'est pour moi un nouveau motif qui me presse de vous inviter à joindre vos prières aux miennes, pour demander au ciel l'influence de ses dons sur notre congrégation... (1) »

Tant de beaux réglements et de si pressantes exhortations ne répondant pas à l'attente des supérieurs, ils s'adressèrent au pape, espérant que la voix du chef de l'Église serait mieux entendue. C'est pourquoi Pie VI expédia, le 24 juillet 1787, un bref assez étendu où il rappelle la pratique de la sainte observance et où il indique lui-même un

(1) Regist. capit., p. 324 et suiv.

chapitre général, auquel toutes les abbayes devront envoyer leurs députés, afin de prendre de nouvelles déterminations. « Récemment, dit-il, notre très-cher fils en J.-C., Louis, roi très-chrétien des Français (1), nous a exposé que les divisions qui partagent, d'une manière affligeante, la congrégation de Saint-Maur, en sont venues à ce point que la discipline régulière est mise en oubli, et que cet Ordre, qui a tant édifié l'Eglise, est maintenant menacé de sa ruine, si on n'y apporte un remède prompt et efficace. Il est très-difficile, dans ces derniers temps, d'assembler, sans trouble, un chapitre général conforme aux statuts, et surtout sans qu'il y ait d'absents. Tous les moyens employés jusqu'ici pour amener la tranquillité n'ont pu réussir. Excités par la charité paternelle que nous portons dans le Seigneur à la congrégation de Saint-Maur, nous voulons pourvoir à sa conservation, à son accroissement, et répondre aux pieuses intentions du roi très-chrétien des Français. Après y avoir pensé mûrement et avoir pris une connaissance exacte de la position de l'Ordre, en vertu de la plénitude de notre pouvoir apostolique, nous voulons et ordonnons par les présentes, et pour cette fois seulement, sans qu'on puisse en tirer d'induction pour l'avenir, que vous convoquiez un chapitre général extraordinaire sans observer les formalités accoutumées, et que, dans chaque province de la congrégation, on assemble un chapitre provincial dans une maison que l'on désignera ; il sera composé de tous les frères prêtres qui comptent huit années de profession, et sera présidé par le plus ancien religieux profès. Dans chacune de ces réunions, il sera choisi huit députés qui devront composer le chapitre général... (2). »

(1) Louis XVI.
(2) Regist. capit., p. 557 et 558.

Nous ne suivrons pas le pape dans les mesures que dicte sa haute prudence pour assurer au chapitre une grande liberté d'action, et à ses décrets assez de force pour rétablir la discipline. Le 21 février 1788, le roi expédia des lettres patentes par lesquelles il *approuve, confirme et autorise le bref*. Il se réserva le droit d'indiquer le jour et les maisons où se tiendront les diètes des provinces. Deux mois plus tard, le conseil d'Etat rendait un arrêt pour que le bref fût exécutoire. Il ajoutait que les assemblées ou diètes seraient tenues par-devant tel commissaire qu'il plairait à Sa Majesté de nommer, pour y assister en son nom. En même temps, il fixa l'ouverture de la diète de Bretagne au monastère de Saint-Aubin d'Angers, le 22 juin; le même jour devait avoir lieu celle de la province de Normandie, au monastère du Bec; celle de Bourgogne devait se tenir dans celui de Sainte-Colombe de Sens, le 3 juillet, en même temps que celle de France au monastère de Corbie; celle de la province de Chezal-Benoit devait se réunir au monastère de Saint-Sulpice de Bourges, le 15 juin; et celle de Toulouse ou de Gascogne dans l'abbaye de l'Adorade, le même jour. L'ouverture du chapitre général devait avoir lieu à Saint-Denis, le dimanche troisième jour d'août (1).

On voit dans ces débats que le pouvoir religieux s'annule devant le pouvoir civil. Du temps de saint Bernard, lorsque les moines étaient très-nombreux, tous ressortissaient immédiatement du tribunal de l'abbé ou du chapitre général. La voix des supérieurs était entendue parmi des hommes qui vivaient de la foi. Ils trouvaient au besoin dans la règle des punitions canoniques, salutaires et efficaces. Ces efforts des supérieurs pour maintenir l'observance n'étaient pas particuliers à l'Ordre de Saint-Maur.

(1) Regist. capitul., p. 342.

Chez les Cisterciens, les chapitres généraux, les ordonnances royales et les arrêts du conseil d'Etat étaient aussi à l'ordre du jour.

Les religieux de Saint-Germain, après avoir lu en plein chapitre la bulle du pape, les lettres patentes du roi et l'arrêt du conseil d'Etat, décidèrent que tous les frères dont la présence n'était pas nécessaire pour le gouvernement du collége, se rendraient à la diète de Sainte-Colombe au jour fixé. Dom Laporte, professeur de philosophie, et trois autres religieux occupés aussi à l'enseignement, demeurèrent au monastère.

Le malaise qu'éprouvaient certaines maisons de l'Ordre ne se faisait pas sentir à Saint-Germain, parce que les religieux, entièrement livrés à l'éducation, demeuraient étrangers aux divisions qui affligeaient les supérieurs. Tandis que ceux-ci rétablissent l'harmonie parmi les frères, on voit arriver la crise épouvantable qui va fermer tous les monastères de France. L'état d'abaissement où le pouvoir civil les avait réduits ne contribuait pas peu à troubler leur discipline : ne leur avait-il pas ravi, durant les derniers siècles, leurs libres élections, leurs abbés réguliers, leur souveraineté territoriale, leur droit de justice, leurs priviléges ecclésiastiques, leur règle même? Les conditions d'existence avec lesquelles les abbayes avaient fleuri autrefois étaient détruites. Comment pourraient-elles se survivre à elles-mêmes? Il ne leur restait plus que des biens, et ces biens ne leur appartenaient pas : au lieu d'être employés à de grandes entreprises pour la gloire de Dieu, à la multiplication des frères, à la nourriture des pauvres, ils n'étaient plus que le patrimoine de l'ambition, la dot des familles nobles. Les moments marqués dans les desseins de la Providence sont arrivés : le scandale des abbayes en commende va avoir un terme; tant de maisons religieuses, déchues de leur ancien lustre, vont disparaître; les méchants exécuteurs de ces hautes œuvres serviront, sans s'en douter, la justice divine. Les peuples, égarés par la philosophie, n'ont plus foi à la vie religieuse. Plusieurs monastères même ne renferment plus que quelques moines qui semblent attendre sonner l'heure fatale pour fermer la porte de leur établissement.

Le 23 mars 1789, les religieux de Saint-Germain députèrent dom Laporte, principal du collège, à l'assemblée générale des trois États du bailliage de cette ville, pour concourir, avec les membres du clergé, à la rédaction du cahier des *plaintes, doléances et remontrances*, qui devait être remis aux députés qu'on envoyait aux États généraux et qu'on devait revêtir des pouvoirs nécessaires pour *proposer, remontrer, aviser et consentir tout ce qui pouvait concerner les besoins de l'État, la réforme des abus, l'établissement d'un ordre fixe et durable dans toutes les paroisses de l'administration, la prospérité générale du royaume et le bien de tous* (1). Dom Rosman fut aussi député à la même assemblée, en sa qualité de prieur de Saint-Sauveur.

Les religieux furent bientôt désenchantés du mouvement qui emportait les esprits vers un autre ordre de choses : ils apprennent qu'on vient de proposer, dans l'assemblée nationale, la suppression de tous les Ordres religieux. Ceux de Saint-Bénigne de Dijon, de la congrégation de Saint-Maur, pensant que leurs observations pourraient encore trouver de l'écho parmi les représentants de la nation, leur envoyèrent, le 5 septembre 1789, une longue adresse dont ils firent parvenir une copie à leurs frères de Saint-Germain, qui la transcrivirent sur leur registre capitulaire. Cette pièce, pleine de dignité, aurait produit quelqu'effet sur l'assemblée, si les membres

(1) Regist. capitul., p. 546.

qui la composaient eussent été susceptibles de conseils salutaires. En voici quelques passages : « Nos seigneurs, dirent-ils en commençant, les religieux bénédictins de la congrégation de Saint-Maur ont l'honneur de porter leurs vœux à votre auguste assemblée : leur pleine confiance en votre patriotisme ne fera qu'augmenter l'intérêt que vous prenez certainement à leur sort... Nous avons applaudi, nos seigneurs, au zèle éclairé des représentants nationaux, mais qu'il nous soit permis de ne pas vous taire que nous avons été vivement affligés de la proposition qui vous a été faite, de la suppression de toutes les maisons religieuses. Cette motion est émanée d'une intention droite ayant pour motif le soulagement des peuples, et nous nous flattons d'être aussi bons patriotes que son auteur. S'il pouvait nous convaincre que l'extinction de nos antiques monastères procurerait à nos concitoyens la prospérité qui fait l'objet de vos précieuses occupations, nous verrions sans nous plaindre le dernier jour d'un corps aussi ancien que les lys, espérant que sa splendeur serait rehaussée dans la mémoire de nos contemporains et de nos derniers neveux par un sacrifice souffert avec joie pour le bonheur commun. Le salut du peuple a servi de texte à bien des livres politiques et moraux ; il dirige les sentiments et la conduite des vrais bénédictins... » Ils rappellent les services importants qu'ils ont rendus à la société et déclarent se mettre à la disposition des représentants de la nation pour instruire le peuple des campagnes et administrer gratuitement les colléges et les paroisses. « Tout le monde sait, ajoutent-ils, que, pendant plusieurs siècles, les pasteurs du premier et du second ordre ont été avantageusement choisis parmi nos prédécesseurs qui, d'une main, défrichaient les déserts, et de l'autre conservaient le dépôt des productions littéraires qui ont éclairé les générations suivantes.

» Dans vos derniers décrets, vous ne distinguez les hommes

que par leurs talents et leurs vertus, vous ne rejeterez donc point la congrégation de Saint-Maur, qui, par son institution même et sa vie retirée, ne doit être que plus propre à recevoir la lumière et à la répandre. Elle sait qu'elle appartient à la patrie. Tous ses membres sont français ; elle n'a eu des relations hors du royaume que pour les sciences, lorsque Louis-le-Grand et Louis le Bien-Aimé lui ont ordonné d'aller feuilleter dans les régions lointaines les monuments de l'ancienne littérature. Elle vient s'offrir à ses uniques protecteurs, aux glorieux représentants de la nation. Disposez d'elle à votre gré : elle sera d'autant plus satisfaite qu'elle coopérera plus efficacement et plus gratuitement au grand œuvre de la vivification nationale... Notre général, nos seigneurs, a l'honneur d'être parmi vous ; interrogez-le : il ne pourra s'empêcher de vous répondre qu'il préside un corps capable des plus généreux efforts quand il s'agit de servir la patrie ; il vous dira que ses divisions mêmes n'ont fait que déployer ses forces et prouver le besoin qu'ont tous ses membres d'agir et d'être occupés sous les yeux des représentants de la nation. Nourrissez notre ardeur, dirigez-la vers le bien social, et vous trouverez, sur le champ, plus de mille bénédictins de Saint-Maur qui s'empresseront de travailler à l'édifice que vous allez construire......

Il nous serait trop rigoureux, nos Seigneurs, de survivre à la honte d'une suppression ; il nous serait impossible de soutenir l'idée d'avoir encouru l'animadversion de votre sagesse.... Nos pères auraient mérité l'estime de la nation par leurs vertus, et cette même nation, au moment qu'elle va briller d'un nouvel éclat, nous aurait rejetés de son sein !... En vain pour adoucir nos amertumes, accompagneriez-vous vos congés d'une pension aussi opulente que bien assurée, nous serions, malgré votre autorité, poursuivis par une opinion flétrissante.... Loin de nous ces affligeantes pensées, nos cœurs s'ouvrent à l'espérance, lorsqu'il nous est permis d'offrir nos services aux généreux représentants de la première nation de l'univers. » (1)

Le 14 novembre 1789, les religieux croient se concilier l'affection du gouvernement et de la municipalité en offrant comme don patriotique, la plus grande partie de l'argenterie de leur église, savoir : un ostensoir en vermeil sans pied, un calice également en vermeil, avec sa patène, cinq autres calices d'argent, chacun avec sa patène, une lampe, un bénitier et son goupillon, un encensoir, sa navette et sa cuillière, quatre burettes et un bassin, deux chandeliers, une coupe, un cœur et un bâton de chantre. Cette argenterie pesait soixante-neuf marcs quatre onces. Ils ne réservèrent pour le service de l'église qu'une croix de procession et une autre moins grande qui contenait des reliques, deux petits chandeliers d'acolytes, trois calices, autant de patènes, un ostensoir, un encensoir et sa navette, un vase des saintes huiles, une paire de burettes et leur bassin.

Un frère proposa d'envoyer aussi à l'assemblée nationale l'argenterie à l'usage de la maison, mais les plus sages pensèrent qu'il ne fallait pas étendre plus loin leurs dons patriotiques. Quatre mois plus tard, obligés de faire connaître le quart de leurs revenus, pour le convertir en contribution, ils portèrent leur déclaration à deux mille quatre cents livres, ce qui mettait leurs revenus à neuf mille six cents ! (2) Celui de l'abbé commendataire était de quinze mille livres.

Enfin c'en est fait des anciens monastères, le gouverne-

---

(1) Regist. capit., p. 351 et suiv. Nous ne donnons qu'un extrait de cette pièce qui est trois fois plus étendue. Elle est signée des frères du couvent de Saint-Bénigne, au nombre de vingt-deux.

(2) Regist. capit., p. 348 et 359.

ment marche, à grands pas, dans la voie de la destruction. Un décret du 19 février 1790 déclara que la loi constitutionnelle ne reconnaissait plus de vœux monastiques; elle autorisait les religieux à déserter les cloîtres, après avoir fait leur déclaration à la municipalité du lieu. Des maisons devaient être indiquées pour servir de retraite à ceux qui ne voudraient pas se séculariser. Les religieuses étaient traitées plus favorablement. Une pension devait assurer leur avenir et on les laissait libres de rester dans leurs maisons jusqu'à leur mort. L'assemblée, dans le même décret, se réserva la faculté de statuer ultérieurement sur le sort des établissements religieux consacrés à l'éducation et à la charité, ce qui laissa quelque espoir aux frères de Saint-Germain, parce que leur école était devenue un collége national.

Le 30 avril de la même année, deux délégués de la municipalité d'Auxerre se présentent à l'abbaye pour connaître les intentions des religieux; leur communauté qui était encore, l'année précédente, de dix-huit membres, venait d'être réduite par le père général à onze seulement, dont un novice qui était fourier. Neuf d'entre eux, le prieur dom Rosman à leur tête, déclarèrent énergiquement qu'ils demeuraient fidèles à leurs vœux. Les deux autres dirent que s'étant consacrés à l'éducation, ils quitteraient l'établissement si le collége leur était retiré, ce qui n'était pas une défection : ils voulaient dire qu'ils iraient ailleurs se livrer à leur vocation pour l'enseignement. On aime à rencontrer cette fermeté au moment de la tempête. Les esprits des religieux, quoique ornés de vertus, ne paraissaient pas, aux yeux du monde, doués des qualités nécessaires pour le martyre dont les temps allaient revenir; néanmoins, à la vue du danger, leur foi se réveille avec force. On reconnaît alors la puissance des institutions sur les hommes. La religion donne de nouveau ses lumières, et tous sont prêts à monter avec résolution à l'échafaud, comme de magnanimes martyrs, ou à recommencer la vie errante des catacombes. L'histoire doit dire les noms de ces généreux confesseurs de la foi, qui composaient alors la communauté de Saint-Germain. C'étaient dom Rosman, prieur, dom Latour, sous-prieur, dom Dusausoy, dom Laporte, sénieur, dom Jaudet, procureur, dom Douilly, dom Paintandre, dom Lefébure, dom Crenière et dom Lemaire.

A cette époque, la plus critique qui se rencontre dans les annales de l'abbaye, il se trouve un homme qui la gouverne avec une profonde sagesse et dont l'esprit actif espérait lui rendre son antique pureté : c'était dom Henri-Antoine Rosman, grand prieur du monastère, pour la seconde fois, depuis le 22 août 1788. Ayant été successivement procureur, sous-célérier, dépositaire, censiviste des titres, (1) il avait acquis une grande connaissance des hommes et beaucoup d'habileté dans les affaires. Il avait alors la haute administration du collége, sous le nom de principal : on loue encore la sagesse de son gouvernement. Au moment critique, il soutint la foi de ses frères. Aucun d'eux ne donna dans ces écarts dont la religion eut à gémir ailleurs. Durant la crise révolutionnaire, il sut si bien conjurer l'orage, qu'il parvint à conserver l'église et les bâtiments du monastère. Le 20 mars 1791, il présenta au gouvernement une pétition pour être autorisé à établir le collége de Saint-Germain sur une échelle plus étendue qu'il n'avait été jusqu'alors. La municipalité appuya sa pétition, dans laquelle il demandait que l'église fût

---

(1) Ces fonctions mettaient à sa charge la poursuite des affaires, le renouvellement des baux, la vente des blés, le soin de pourvoir aux dépenses de la maison et de veiller sur les domestiques. *Regist. capit.*, p. 344.

conservée, comme oratoire public et comme chapelle de collége. Il insistait aussi pour que les biens de la mense conventuelle fussent consacrés à l'entretien de l'établissement. Sa pétition fut en partie couronnée de succès, car le 31 juillet de la même année, la commission d'aliénation des biens ecclésiastiques lui accorda l'église et les bâtiments du monastère, mais elle refusa la mense conventuelle.

Bientôt, par un décret du 18 mars, tous les biens ecclésiastiques dûrent être vendus, même ceux qui appartenaient au collége de Saint-Germain. L'article 3 exceptait seulement les bâtiments et le jardin du pensionnat, ce qui comprenait l'église, l'abbaye et les jardins. Le collége n'avait pas longtemps à être sous la direction des bénédictins de Saint-Maur : la révolution faisait toujours de rapides progrès. Dom Rosman fut destitué. Dom Laporte et quelques religieux, qui partageaient avec lui les soins de l'éducation, étaient toujours à leur poste, lorsque, le 24 avril 1793, une pétition de la société populaire de la ville d'Auxerre demanda l'expulsion de tous les prêtres du collége, *attendu que* l'éducation qu'ils donnaient était *profondément immorale*. Une pétition, émanée de cette société, était une loi à laquelle toute autorité devait céder : un refus eût pu conduire à l'échafaud. Les religieux le comprirent, et, dès le lendemain, ils donnèrent leur démission. La ruine de l'illustre abbaye de Saint-Germain est consommée. Ses moines, que tant de siècles ont entourés de leur vénération et de leur amour, se retirent pour jamais. Il y avait près de quatorze cents ans que ce monastère était fondé. Période immense! Combien de grands empires et de dynasties royales n'ont pu accomplir une pareille destinée! La règle de Saint Benoît y avait fleuri plus de mille ans.

Blâmerons-nous l'œuvre de la Providence? Son souffle a renversé les rois de dessus leur trône et donné la puissance aux humbles. Des familles nobles, à l'ombre d'un grand nom, dissipaient dans le luxe et dans la débauche ces grandes fortunes entassées par le temps, tandis que les pauvres, ces êtres si nombreux, créés à l'image de Dieu, étaient si souffreteux en face de l'ingrate opulence. Si nous ne sommes meilleurs que nos pères, cette même Providence, dans le calme solennel de son éternité, tient prêtes d'autres révolutions, qui, lorsque l'heure sera venue, promèneront encore le bouleversement et la mort sur la vie des empires, sur celle des rois et des peuples.

Alors, comme aux jours de désolation prédits sur l'infortunée Jérusalem, les religieux s'enfuirent et allèrent demander la paix aux lieux déserts, abritèrent leurs espérances au fond des habitations de quelques gens de bien, sous les regards de Dieu, en attendant des jours meilleurs qui ne devaient se lever, pour plusieurs, que sur leur tombe. Qui pourra dire le deuil de ces confesseurs de la foi, lorsque du fond de leur retraite, ils purent contempler la démolition de leurs sanctuaires, et assister aux funérailles de leur Ordre, dont les membres les plus vénérés s'éteignaient dans les supplices et dans l'exil?

La conservation de l'église de Saint-Germain comme oratoire, avait fait espérer que les reliques des saints, surtout celles qui étaient dans des châsses, demeureraient à l'abri des profanations. Il n'en fut pas ainsi: un décret vint la placer, comme tant d'autres, au rang des lieux profanes. La cathédrale seule était conservée. Aussitôt dom Rosman déclare qu'il fait présent des reliques de saint Germain à cette église. Le 1er octobre 1793, celles qui avaient été tirées des armoires des saintes grottes en 1663, et déposées dans deux grandes châsses, ainsi que toutes celles qui restaient dans ces mêmes armoires, sont conduites processionnellement à la cathédrale. Les fidèles assistèrent à cette pieuse cérémonie, le visage empreint de tristesse.

L'ennemi est à leurs portes, ils se hâtent de mettre en sûreté leur plus riche butin.

Cependant les passions populaires s'exaltent : 1793 est arrivé avec ses orgies. Les impies font irruption dans la cathédrale ; ils s'emparent des châsses qu'on venait d'y apporter, et jettent les reliques çà et là : trois personnes se présentent courageusement et les ramassent dans des corbeilles, au milieu des railleries des impies ; elles les enveloppent avec les étoffes qui étaient dans les châsses, en enterrent une partie dans les caveaux du chœur et emportent le reste qu'elles cachent soigneusement ailleurs.

La persécution ayant cessé, M. Viart, vicaire général, connaît le précieux dépôt : le 2 juillet 1795, les reliques sont retirées du souterrain, en présence de ceux qui les y avaient cachées ; mais leur séjour dans la terre, pendant plus de dix huit mois, les avait détériorées, les inscriptions attachées aux ossements en étaient séparées, les étoffes de soie étaient décolorées. Malgré les ravages de l'humidité, on reconnut sur plusieurs ossements les armes de Pierre de Broc, évêque d'Auxerre.

Pendant que le grand vicaire rédigeait le procès-verbal de cette découverte, un des assistants apporta un sac entièrement cousu, dans lequel étaient renfermées les reliques qui avaient reposé dans les deux châsses portées en procession de Saint-Germain à la cathédrale, avec toutes les pièces authentiques qui les concernaient. Ces reliques étaient dans un état de parfaite conservation, étant demeurées cachées dans le tuyau d'une cheminée où l'on n'avait pas fait de feu.

On apporta aussi avec leurs authentiques, les reliques envoyées de Rome en 1650, et un os maxillaire de saint Pèlerin, premier évêque d'Auxerre, revêtu du sceau de l'évêque de Caylus qui en avait fait présent à la cathédrale ; toutes ces reliques furent déposées dans trois châsses ; la première, dite de saint Germain, renferma les morceaux de bois de son cercueil, ses ornements pontificaux, ainsi que des reliques de saint Amatre, de saint Prix et de ses compagnons; la seconde châsse, dite de saint Pélerin, parce qu'elle venait de l'église paroissiale de ce nom, servit à déposer celles de ce saint apôtre; on mit le reste dans la troisième, donnée autrefois par l'évêque Séguier.

Les vicaires généraux firent une ordonnance dans laquelle ils déclarèrent que les fidèles devaient rendre à ces précieux monuments de la foi de leurs pères, le culte dont ils avaient toujours joui. Ils ajoutèrent qu'ils avaient fait une information régulière et conforme à ce que prescrivent les saints canons, qu'ils avaient constaté l'identité des reliques par tous les moyens qui donnent la certitude et l'évidence morales et qu'ils avaient fait tout ce qu'exigent, en pareil cas, les théologiens et les canonistes.

Pour remercier Dieu de ces heureux recouvrements, les vicaires généraux indiquèrent dans un mandement, la fête de la Vénération des saintes Reliques, pour le 22 janvier 1797, quoiqu'elle se trouve dans la liturgie au 18 novembre, et ordonnèrent que tous les ans, à pareille époque, c'est-à-dire le troisième dimanche après l'Epiphanie, elles seraient exposées à la vénération publique. Le procès verbal de cette découverte, fut imprimé la même année dans une brochure de douze pages (1), dans laquelle on reprend l'histoire des reliques de Saint-Germain et de celles de la cathédrale, depuis la dévastation des huguenots. Comme on était encore sous l'impression de la terreur révolutionnaire, on ne trouve dans cet écrit ni le nom des grands vicaires, ni celui des personnes pieuses

---

(1) Elle a pour titre : *Relation historique sur les reliques de l'église cathédrale d'Auxerre et celles de l'église de Saint-Germain.* Imprim. de L. Fournier, 1797.

auxquelles on devait la conservation de ces saintes reliques.

Tandis que l'on constatait leur identité, on déposa dans une châsse de bois doré, pour la paroisse d'Irancy, quatre morceaux de cyprès provenant du cercueil de saint Germain, un pan de sa tunique, un ossement de saint Amatre, une relique de saint Prix ou de l'un de ses compagnons, une autre de saint Albert, martyr, et vingt ossements, tant entiers que fracturés, de Saints dont les noms sont inconnus. Déjà en 1776, à la prière du curé et des habitants, les religieux avaient donné des reliques de leur église à cette paroisse. Celle de Fontenoy en avait aussi obtenu de saint Marien. (1)

Plusieurs débris vénérés du corps de saint Germain disparurent pendant la tourmente révolutionnaire. Le reliquaire d'ébène, où ils étaient renfermés avec son suaire, fut dégarni de son argenterie, dont le poids s'élevait à quarante marcs (2), et servit à faire des règles. On ne sait ce que devinrent les reliques. Les impies qui les perdirent, tentés par la valeur que pouvait avoir le suaire, le conservèrent pour en tirer parti plus tard. Il passa au doyen de Saint-Eusèbe qui le laissa à son église. Comme il portait avec lui-même la preuve de son authenticité, il fut reconnu par Mgr de Cosnac, archevêque de Sens, qui en détacha un pan pour sa cathédrale. D'autres ont suivi son exemple. Ce suaire qui avait, en 1714, deux mètres vingt-cinq centimètres de longueur sur un mètre quatre vingt de largeur (3), n'a plus aujourd'hui qu'un mètre soixante centimètres sur un mètre vingt. Ce précieux reste se voit derrière un verre, dans l'intérieur du grand autel de Saint-Eusèbe. C'est un beau monument de l'industrie romaine et une

---

(1) Accords et transact., p. 255.
(2) Inventaire de l'argenterie du monastère. Archiv. de la préfect.
(3) Descript. des saintes grottes.

preuve palpable de la haute estime dont l'impératrice Placide environnait saint Germain. Il vaut le témoignage d'un historien du temps.

La cathédrale possédait, en outre, des reliques de saint Germain dans une magnifique châsse donnée par le chapitre en 1775. Les spoliateurs des églises la dégarnirent de ses ornements d'orfévrerie, et l'abandonnèrent ensuite avec dédain. M. Viart, curé de la cathédrale, s'empara des reliques qu'elle contenait, et les fit placer dans une autre châsse de bois argenté, où on les vénère. On en détacha depuis quelques fragments pour l'église de Saint-Germain, à la prière des sœurs Augustines. En 1834, M. César-Laurent, comte de Chastellux, obtint pour son église paroissiale, dédiée à saint Germain, deux fragments du cercueil de cyprès; ils sont enveloppés de soie verte et déposés dans une petite châsse de bronze doré.

La cathédrale conserve encore un petit reliquaire qui contient un fragment d'os, donné par une église qui l'avait reçu autrefois de celle de Saint-Germain. On ignore s'il renferme le titre d'authenticité.

Le coffret qui contient les ossements trouvés dans le monastère de Saint-Marien, encore scellé du sceau de l'évêque de Caylus, ainsi que la procédure dressée à cette occasion devant l'official, est dans l'église de Saint-Eusèbe. On pense qu'il s'y trouve des reliques de saint Germain. (1)

---

(1) On vénère à Saint-Germain-de-Modéon, entre Quarré-les-Tombes et la Roche-en-Brenil, une relique de saint Germain très-bien conservée : c'est un ossement long de vingt-cinq centimètres sur dix de tour ; sa teinte est brune et luisante, comme s'il avait reçu un vernis. Dom Viole en parle dans la vie de saint Germain, page 106. Cette relique, enveloppée de soie, est déposée dans un avant-bras de fer battu et placée sur une console à côté de l'autel. Pendant la révolution de 1789, le sceau du reliquaire a été brisé et le titre d'authenticité a été perdu. La paroisse étant demeurée sans pasteur, depuis 1790 jusqu'en 1834, on ignore quand cette infidélité fut commise. Les anciens du pays

Suivons l'histoire de l'abbaye, si on peut encore l'appeler de ce nom. La dévastation est dans le lieu saint, les cloches sont enlevées violemment des clochers, les croix tombent du haut des églises sous les coups d'une intolérance aussi ignorante que barbare. L'armée révolutionnaire arrive à Saint-Germain : une scène horrible vient épouvanter les ames religieuses. Les statues des saints sont brisées, les tableaux déchirés, les autels renversés; les tuyaux de l'orgue, jetés sur le pavé de l'église, deviennent des jouets d'écoliers. La sacristie est pillée. Néanmoins la présence du collége en impose. Le brigandage reste incomplet, les grilles demeurent à leur place, les saintes grottes sont respectées. Les saints qui y reposent, veillent eux-mêmes à la garde de leurs tombeaux, alors qu'aucune force humaine ne se présente pour prendre leur défense. Le marbre de l'autel est renversé, mais non détruit. Enfin la basilique, autrefois si resplendissante de tout l'éclat du culte catholique, dépouillée de ses ornements, demeure nue, mais belle encore dans sa nudité même. Il ne faut pas confondre la dilapidation révolutionnaire avec ce que l'on a vu du pillage des huguenots. Le trésor de l'abbaye n'avait jamais pu revenir à son ancienne splendeur. L'invention de l'imprimerie, au quatorzième siècle, et la renaissance de la peinture, au seizième, n'avaient pas apporté leurs chefs-d'œuvre au monastère. Les abbés commendataires étaient trop occupés des superfluités du siècle pour songer à la décoration du lieu saint.

On doit savoir gré aux autorités du jour, d'avoir sauvé presque toutes les richesses historiques de l'abbaye. Ils s'emparèrent des livres, des manuscrits et autres papiers

---

assurent que cette relique a toujours été regardée comme provenant du corps de saint Germain. On vient de dresser un procès-verbal sur leur déposition.

importants qu'ils transportèrent dans la bibliothèque de la ville. Plusieurs bulles originales, des chartes, le registre des délibérations, celui des transactions, ainsi qu'une foule de documents, concernant d'autres établissements, se trouvent aujourd'hui déposés aux archives de la préfecture, où les savants vont les consulter. La bibliothèque, qui s'était recomposée depuis le pillage des huguenots, contenait alors trois mille sept cent trente-cinq volumes et quatorze manuscrits.

Parcourons les transformations auxquelles l'abbaye fut exposée. Elle continua d'abord d'être une maison d'éducation, car les religieux n'eurent pas plutôt donné leur démission que M. Balme fut nommé principal du collége ; il conserva quelques élèves de l'école militaire, que leurs familles, dispersées par la révolution, n'avaient pu encore réclamer. Le 11 mai 1793, le ministre de la guerre demanda des renseignements sur leur patriotisme, et défendit de les rendre à leurs parents, parce qu'ils étaient de précieux otages.

Deux ans plus tard, le collége national fut remplacé par l'école centrale. Celle-ci, ouverte à toutes les matières d'enseignement, était formée sur le modèle du collége de France; des professeurs distingués occupaient toutes les chaires; mais la religion, qui en était complètement bannie, fit que cette école acheva son règne en peu d'années. Elle fut remplacée, en 1802, par un collége communal qui fut retiré trois ans après des bâtiments de l'abbaye pour être installé dans ceux de l'ancien collége bâti par l'évêque Amyot.

Cependant les religieux de Saint-Germain, qui s'étaient tenus cachés pendant les mauvais jours de la révolution, sortent de leur retraite et reçoivent de toutes parts des marques touchantes de respect et d'attachement. Dom Rosman ouvre un pensionnat à Saint-Georges et dom Laporte en fonde un autre à Augy. Presque toute la jeunesse d'Auxerre accourt pour saluer ces anciens précepteurs, et pour se ranger sur les bancs de leur école. Dom Rosman meurt en 1806, entouré des regrets de la religion et de celui des pères de famille. L'année suivante, dom Laporte est établi principal du collége d'Auxerre.

Faut-il dire la joie qui éclata parmi les fidèles lorsque les églises furent rendues au culte du vrai Dieu; ils se répandirent en actions de grâce pour la conservation des catacombes où reposaient tant d'illustres serviteurs de Dieu. La foi se trouva bien vengée des déclamations impies qui avaient retenti dans les clubs. Qu'importe après cela le mauvais vouloir de quelques individus lorsqu'on reçoit ces éclatants témoignages d'une population qui vient lier au présent les traditions de ses pères. Les blessures de la religion ne sont pas incurables : son état sur la terre, c'est d'être blessée, persécutée, opprimée; elle en souffre pour un temps, mais bientôt elle en guérit, se relève et sort de ces épreuves plus forte et plus radieuse.

Les bâtiments de l'abbaye demeurèrent sans destination jusqu'en 1810, époque à laquelle Napoléon les concéda à la ville d'Auxerre, pour en faire l'hospice des malades et celui des vieillards. L'administration vendit aussitôt au département la maison abbatiale avec ses jardins et ses dépendances; elle vendit aussi l'hospice de la Magdeleine, et avec ces ressources, elle fit des bâtiments du monastère un des beaux Hôtels-Dieu qui soient en France (1).

L'église servit provisoirement à loger un nombre considérable de prisonniers espagnols, dont la ville était surchargée. Ce fut par cet édifice que l'on commença les travaux pour la formation de l'hôpital. Au début, on démolit le vieux portail et l'ancienne nef carlovingienne,

---

(1) M. Leblanc en a donné la description dans ses recherches sur Auxerre, t. 2, p. 150.

que les amis de la religion et des arts regretteront toujours. On était tellement accoutumé, depuis 1793, à voir tomber les murailles des églises et des couvents, que cette démolition fut accordée sans difficulté par le conseil de la ville, sur la proposition d'un architecte ou d'un vieil ennemi des cloîtres. On bâtit à l'endroit où cessa la destruction, un portail qui ne fut terminé qu'en 1818 et dont la modeste architecture fait regretter l'ancienne. La tour romane resta seule, insignifiante et séparée de l'église par une distance de trente-six mètres.

En faisant des réparations autour du grand autel, on leva le corps de saint Grégoire, que le clergé transporta dans la chapelle de sainte Maxime en chantant des psaumes et des hymnes. On mit aussi à découvert beaucoup de tombes en pierres auxquelles on attacha peu d'importance et que les religieux auraient traitées avec un grand respect. En déblayant les salles du chapitre (1), on en trouva trois en grès qui attirèrent pourtant l'attention : chacune d'elles renfermait un corps couvert de lambeaux de drap d'or. On crut que c'étaient les dépouilles mortelles du comte Landry, du comte Renaud et du comte Guillaume III. Ces tombeaux furent transportés dans la chapelle de la sainte Trinité, ainsi qu'un grand nombre d'ossements trouvés dans des tombes, ou seulement dans la terre. Ces tombes, qui avaient renfermé les restes vénérables de pieux moines, de saints abbés ou de personnages de distinction, jetées pêle-mêle hors de l'église et jusque dans la basse-cour, pour servir à divers usages, ont fini par disparaître.

Les religieuses Augustines, au nombre de quinze à vingt, desservaient l'Hôtel-Dieu de la Magdeleine depuis près de deux siècles. Elles passèrent dans le nouvel établissement

---

(1) Ces salles étaient voûtées ; le grand dortoir se trouvait au-dessus.

avec les malades en 1826, et firent dédier à la Vierge, pour leurs exercices particuliers, l'ancienne chapelle de sainte Marie-Magdeleine, située au nord du transsept, près de la porte qui communique avec l'Hôtel-Dieu. En 1836, des difficultés s'élevèrent entre elles et les administrateurs, à l'occasion de l'économat qu'on leur retirait pour le confier à un laïque. Ne voulant point vivre sous le nouveau régime qu'on leur imposait, elles quittèrent l'établissement, fondèrent un pensionnat dans la ville, et furent remplacées par des sœurs de saint Vincent de Paul, qui prodiguent aujourd'hui leurs soins aux malades.

La chapelle qui répond à celle de sainte Marie-Magdeleine, au midi, est dédiée à saint Hubert : on y voit les fonts baptismaux pour les enfants trouvés et un buste représentant dom Charles-Marie Laporte : c'est un monument élevé à la mémoire de ce dernier des religieux de Saint-Germain, décédé à l'âge de soixante-et-dix-neuf ans. Durant son long séjour à la tête du collège d'Auxerre, il concourut à former à la religion et à la science plusieurs générations. Sa piété douce, ses connaissances variées, son extérieur plein de dignité, lui avaient concilié l'affection générale (1). Ainsi, le dernier religieux a obtenu une statue dans l'église de son monastère pour ses longs services dans l'instruction de la jeunesse, et le dernier des novices en a obtenu une autre pour avoir honoré Auxerre, sa ville natale, par le haut rang qu'il a occupé dans les sciences et dans les emplois civils.

Au fond du transsept, on remarque un monument élevé, en 1826, au duc de Berry, que le fer d'un lâche assassin enleva aux espérances de la patrie : c'est un bas-relief dû au sculpteur Pradier, représentant le prince au moment

---

(1) Il avait contribué pour une somme de trois mille francs à la reconstruction du nouveau portail de l'église de Saint-Germain.

où il expire entre les bras de la religion, et cherchant à éloigner la justice.

La maison abbatiale, cédée au département, fut désignée, en 1831, pour l'établissement d'une école destinée à former des instituteurs. On construisit, à ce dessein, le long corps de bâtiment que l'on voit en face.

Ainsi, l'illustre abbaye de Saint-Germain, en succombant, conserva un brillant souvenir de sa splendeur passée : aujourd'hui encore, elle renferme un hôpital. L'école normale rappelle les anciennes écoles des moines; la présence des sœurs fait ressouvenir de la vie religieuse si palpitante d'intérêt aux siècles passés. Elles semblent placées là pour prier auprès des catacombes et pour veiller comme autrefois sur le tombeau de saint Germain, car l'Église, avec cette haute intelligence qu'elle a de toutes choses, avait rapproché, dans un voisinage fraternel, la demeure des religieux et les catacombes : ici, c'est la prière qui obtient tout, là, c'est la foi encouragée par la promesse de l'immortalité future. Ne voit-on pas dans cette transformation de l'abbaye une main providentielle qui a voulu que cette demeure, sanctifiée par la présence de tant de saints, ne subît pas d'étranges profanations, comme il est arrivé ailleurs? C'est là tout ce qui reste de ce chef-lieu de la religion monastique, qui ne relevait que du Souverain-Pontife et des rois de France, qui comptait tant de prieurés, qui voyait arriver à ses solennités des myriades de pèlerins et des hôtes illustres. Sa puissance temporelle s'étendait, au moyen-âge, sur des contrées considérables; une partie de la ville d'Auxerre, le comte, l'évêque, le roi lui-même, paraissaient à sa barre pour s'entendre juger par son bailli. Cette maison, si brillante de puissance et de crédit sous Charlemagne et sous Charles-le-Chauve, est abaissée au quatorzième et au quinzième siècle par la prépondérance civile : ses résistances honorables ne l'empêchèrent pas de tomber entre les mains de François Ier, après avoir subi les désastres de la guerre des huguenots.

Nous ne parlerons pas de la chute des prieurés qui sont devenus autant de propriétés privées. Leurs églises sont tombées, leurs bâtiments conventuels sont mutilés, ce qu'il en reste s'efface rapidement, excepté le souvenir impérissable des saints qui y sont passés et qui y sont morts dans la paix de Dieu.

Plus de quatorze siècles se sont écoulés depuis que saint Germain dressa un autel au sauveur du monde dans l'oratoire de saint Maurice. Cet autel devant lequel tant de générations se sont prosternées, est encore debout. Puisse l'église qui le renferme, puisse l'habitation des moines subsister pendant de longs siècles, comme un monument de la foi des pieux cénobites qui les ont élevées! La cellule du moine abritera le pauvre, l'église sera leur oratoire. Que de pieux souvenirs se résument à la vue de ces saintes demeures! C'est là que repose une foule de corps saints, connus et honorés dans l'église; c'est là aussi que des milliers de moines se sont sanctifiés par la prière et la mortification; c'est sous les voûtes de cette église que les louanges de Dieu se sont fait entendre le jour et la nuit. Ajoutons que l'abbaye de Saint-Germain, dont les commencements furent humbles et cachés, comme tout ce qui est destiné à couvrir le monde de sa puissance, acquit rapidement une influence salutaire pour la civilisation des peuples; elle parut dans le temps où tout dans le vieux monde se disloquait: religion, pouvoirs publics, lois, mœurs. Non-seulement elle résista miraculeusement aux attaques portées contre l'élément de l'ordre social, mais encore elle devint un foyer de lumière qui contribua à la transformation de la société. Elle marcha dans une voie de progrès et de sainteté. La révolution des empires ébranla, suspendit parfois le calme habituel de ses cénobites, mais elle reprenait bientôt sa mission de charité, et brillait au milieu des populations par sa prudence et par sa sagesse. Aujourd'hui même, le peuple conserve un pieux souvenir de ses moines, et il n'en parle qu'avec le sentiment qui s'attache à la mémoire des Saints.

Les anciennes corporations religieuses avaient accompli leur destinée, d'autres temps, d'autres mœurs, réclamaient dans la société chrétienne d'autres institutions. La religion, dans son inépuisable charité, a créé dans tous les temps, lorsque le service des misères humaines l'a demandé, des congrégations spéciales. On a vu les immenses services que les moines ont rendus à différentes époques, services gratuits, services de dévouement, qui enchaînaient une chasteté absolue. Ils ne demandaient à la terre que le strict nécessaire. Par ces institutions, la religion sait pourvoir de père, de mère, tous les malheurs: elle épie, dans chaque siècle, la misère qui lui est propre, et elle lui suscite, chaque fois, des serviteurs nouveaux. Elle a fait le chevalier de Malte, la sœur de charité, le frère des écoles, l'ami du lépreux, l'ami du fou dans les hospices qui leur sont consacrés. Nous avons tous les jours des exemples où la puissance de la charité prend corps à corps la puissance de la misère, et ne lui permet pas de toucher le point le plus obscur de l'humanité, sans y porter la main après la sienne. Les corporations religieuses des derniers siècles sont tombées, et déjà nous en voyons surgir de nouvelles qui courent au-devant de nos besoins; encore dans la sève de leur première création, elles nous étonnent autant par leur dévouement que par les services importants qu'elles s'efforcent de nous rendre. C'est pourquoi l'Église a toujours regardé les Ordres religieux comme le plus beau fleuron de sa couronne. Le pape Pie IX leur a rendu le plus éclatant témoignage, dans une encyclique récente. Nos populations qui se pressent, qui s'agitent, et auxquelles la terre semble manquer, n'attendent-elles pas quelque génie providentiel, un autre saint Benoît, qui leur élève de nouveaux couvents, où elles verront s'ouvrir devant elles un large sillon de foi et d'avenir.

Qu'a-t-on vu au début des anciens monastères qu'on ne puisse voir encore aujourd'hui pour la conversion du monde? Des hommes du peuple, n'ayant ni le prestige de la puissance, ni l'éclat d'un grand nom, ne dominant pas sur les consciences, n'argumentant pas contre les vices du siècle: leur vie sainte est toute leur prédication. L'humilité, la continence, la charité, sont les mobiles avec lesquels ils évangélisent les intelligences, subjuguent les volontés et gagnent les cœurs. Rien n'est plus inexplicable, au point de vue humain, que l'attrait qui s'attache aux traces des solitaires et des cénobites. Le doigt de Dieu y est aussi visible que dans la mission des apôtres; la vie pénitente de ces autres envoyés, qui sont autant de saints que Dieu dispense avec profusion, pénètre intimement les hommes et les façonne à son image. Voyez cette foule qui se presse sur leurs pas, qui revêt la robe de bure et qui se ceint les reins d'une corde pour le travail, la prière, l'expiation, et pour tout ce qui fait de la vie un combat et une victoire; c'est le pur froment de Dieu, qu'il pétrit de ses mains pour en faire le levain de son peuple; c'est la croisade sainte qui a pour devise ces paroles du fils de Dieu: « Que celui qui m'aime prenne sa croix et me suive. » Les religieux la portent si haut qu'elle est visible à tous, et que leur exemple amène un entraînement pour la pratique des vérités évangéliques.

Tandis que nous écrivons ces lignes, un couvent de trapistes-prêcheurs, observant la règle de saint Benoît dans toute sa rigueur, est fondé à la Pierre-qui-Vire, sur la paroisse de Saint-Léger-de-Foucheret, à quatre kilomètres du chef-lieu de cette commune, et à cinq de Quarré-les-Tombes, sur les bords du Trinquelin et au sein d'une vaste forêt. Ce fut le 3 octobre 1850, que M. Jean-Baptiste Muart jeta les fondements de ce monastère, qui ne compta d'abord que cinq frères profès et autant de convers.

Nous ne partageons pas l'opinion de divers écrivains d'histoires d'abbayes sur la vie des moines des derniers siècles. C'est un parti pris chez eux de les peindre sous des couleurs très-défavorables, pour ne rien dire de plus. Sans avoir connu la vie intérieure de leur cloître, ils en font des hommes d'une vie mondaine et dissipée, amis de la table et du jeu. C'était le mot d'ordre de l'école voltairienne du dix-huitième siècle. Aujourd'hui, des auteurs copient cet ancien thème obligé, puis ils les enveloppent sous les ruines de la révolution de 1789, en disant, avec un ton suffisant, que leur existence est un passé à tout jamais éteint.

Ceux qui s'emparèrent de leurs biens, en 1793, voulant justifier leurs spoliations et empêcher leur retour, ne parlaient que de leur inutilité et de leur corruption. Il n'est sorte de calomnies qu'ils n'aient inventées contre eux. Les fades déclamations qui abondent dans la littérature de cette époque en font foi.

Après avoir fait une étude consciencieuse de l'abbaye de Saint-Germain, avoir consigné sans ménagement, dans cet ouvrage, ce qui concerne le genre de vie de ses moines, j'avoue que je n'ai pas trouvé qu'ils aient mené une vie molle. Les plaintes des supérieurs, qu'on rencontre parfois, entraient dans le principe de la vie monastique qui tend à s'identifier avec ce qu'il y a de plus parfait dans la religion et qui trouve des taches dans ses membres les plus purs. Saint Bernard, abbé de Clairvaux, prêchant devant de grands serviteurs de Dieu, parlait de relâchement pour relever le courage des tièdes. Quand on lit certains passages de ses ouvrages ou de ceux de Pierre-le-Vénérable, ces abbés réformateurs, on est étonné de la véhémence avec laquelle ils poursuivent jusqu'aux plus petites imperfections des moines. Ces grands hommes connaissaient la faiblesse humaine et sa facilité à dégénérer. C'était pour prévenir et pour combattre ces penchants funestes qu'ils écrivaient et qu'ils prêchaient. Voici ce que dit saint Bernard de l'Ordre de Cluny, dont il avait signalé les écarts qu'on eut cru scandaleux. « Qui m'a jamais entendu parler publiquement ou murmurer en secret contre l'Ordre de Cluny? Quel est le religieux de Cluny que je n'aie vu avec plaisir, accueilli avec honneur, entretenu avec respect, averti avec humilité? J'ai dit et je le répète, leur manière de vivre est sainte, honnête, remarquable par sa chasteté et sa réserve, établie par les Saint-Pères, organisée d'avance par le Saint-Esprit, elle est admirablement propre au salut des ames. » Dans une lettre à l'abbé Guillaume, il dit qu'il loue et qu'il chérit tous les Ordres religieux, qu'il les embrasse tous par la charité, quoiqu'il ne puisse suivre la règle que d'un seul.

Il est vrai que, depuis les guerres civiles du seizième siècle, bien des établissements avaient abandonné le régime austère de la règle de saint Benoit pour mener une vie commune, c'est-à-dire pareille à celle du clergé séculier de nos jours. Il est vrai aussi qu'à dater de ce moment, les moines perdirent la haute considération dont ils jouissaient dans l'esprit des peuples, parce que rien ne retraçait en eux la vie pénitente qu'on attend d'un homme qui s'est voué à la prière et à l'expiation. Néanmoins leur genre de vie avait une règle; beaucoup même n'entraient dans les monastères que dans le but avoué de partager cette vie commune. On exhume aujourd'hui les souvenirs de quelques repas donnés par eux à des hôtes qu'ils considéraient pour en faire l'état normal de leur existence, comme si l'on citait un dîner offert par un curé aux notables de sa paroisse pour sa règle de vie. Depuis le commencement du seizième siècle, les moines, dépossédés par la commende de la meilleure partie de leurs biens, étaient pour ainsi dire aux prises avec les nécessités temporelles. Ceux de Saint-Germain allaient continuellement aux emprunts pour faire honneur à leurs engagements. Les derniers abbés de Pontigny n'avaient pas moins de cent mille livres de dettes. Des affaires aussi délabrées ne permettaient pas ces splendides festins qu'on leur attribue.

Une grande partie des monastères de France embrassèrent, au dix-septième siècle, la réforme de saint Maur et reprirent avec elle, l'abstinence perpétuelle de la viande, les jeûnes et les longues veilles, prescrits par saint Benoît. Jusqu'en 1790, on vit à la tête de cet Ordre, des supérieurs d'une vertu et d'une capacité éprouvées. Les prieurs choisis dans toutes les communautés, renouvelés tous les trois ans, n'ont laissé dans leur passage que de précieux souvenirs. Les moines eux-mêmes, soumis à une surveillance active, étaient continuellement rappelés aux devoirs de leur saint état. Tandis que certains abbés commendataires donnaient prise à la malignité publique, eux menaient en général une vie sobre et pénitente (1).

Si l'on parle d'abus, ne s'en trouve-t-il pas partout où

(1) Dans une notice sur le monastère de Molosmes, insérée dans l'Annuaire de l'Yonne, l'auteur dit, pour égayer ses lecteurs, que les moines, feignant d'être malades, allaient tour à tour passer quinze jours à l'infirmerie pour y faire gras, afin d'éluder la règle de Saint-Maur, qui leur prescrivait une abstinence perpétuelle. Il faut ignorer complétement la sévère direction de cet Ordre pour croire à cette assertion mensongère. Ce trait, sur tant d'autres, peut faire juger de la fidélité avec laquelle on écrit l'histoire des moines.

Les annales de l'abbaye de Crisenon offrent une page fâcheuse au dix-huitième siècle: une abbesse oublie la sainteté de ses devoirs; qu'arrive-t-il? Dans une notice de l'Annuaire, sa faute est dessinée à longs traits, les vertus religieuses des pieuses filles de Crisenon et des

il y a des hommes? Il y en a dans les cours, aux armées, dans les hautes comme dans les basses classes de la société. Si l'on a quelques reproches à faire aux moines, n'y a-t-il pas assez de gloire derrière eux pour effacer une souillure! Leurs titres d'honneur ne sont pas seulement de compter parmi eux des saints, des hommes qui ont occupé des positions éminentes, mais encore d'avoir, par leurs travaux, acquis des droits immortels à notre reconnaissance. C'est dans leurs asiles que se sont conservées les saines doctrines et le dépôt des sciences. Ne les a-t-on pas vu évangéliser les barbares, protéger les peuples durant les temps d'esclavage, porter jusque dans la Terre-Sainte, leur zèle et leur sang? Puis, pauvres, mendiants, annoncer l'Evangile aux humbles, racheter les captifs des mains des infidèles, conquérir, par la prédication, un monde nouveau à la civilisation, à la science et au christianisme. Ne les a-t-on pas vu suffire à l'étude, à l'enseignement, à la prière, à la pénitence. Ils nous donnèrent l'exemple des vertus et du travail, car la règle de leur fondateur leur imposait les rudes travaux de la terre, non pour leur procurer des

---

dignes abbesses qui présidaient à leurs destinées, depuis six cents ans, semblent mises en oubli. A cause de l'indiscrétion d'un membre, on flétrit la longue existence d'un établissement, en sorte qu'on ne retire de cette lecture qu'une impression pénible. Un savant de la *Société Eduenne*, mu par cette notice, a aussi écrit un passage affligeant sur Crisenon.

A quelles fades plaisanteries n'est pas descendu un autre auteur, dans un écrit sur les Capucins établis à Auxerre, et inséré dans le même Annuaire? Un ouvrage consacré à venger les moines des outrages que la malignité et la calomnie déversent sur eux, serait d'une haute importance dans l'histoire. Nos auteurs, en général, ont une plume acérée lorsqu'ils écrivent sur quelque établissement religieux, parce qu'ils sont dominés par le vice d'une éducation qui leur fut donnée, lorsque la tribune, les journaux, la littérature étaient hostiles à la religion.

Vue de l'Abbaye de St Germain,
Vers l'an 1650

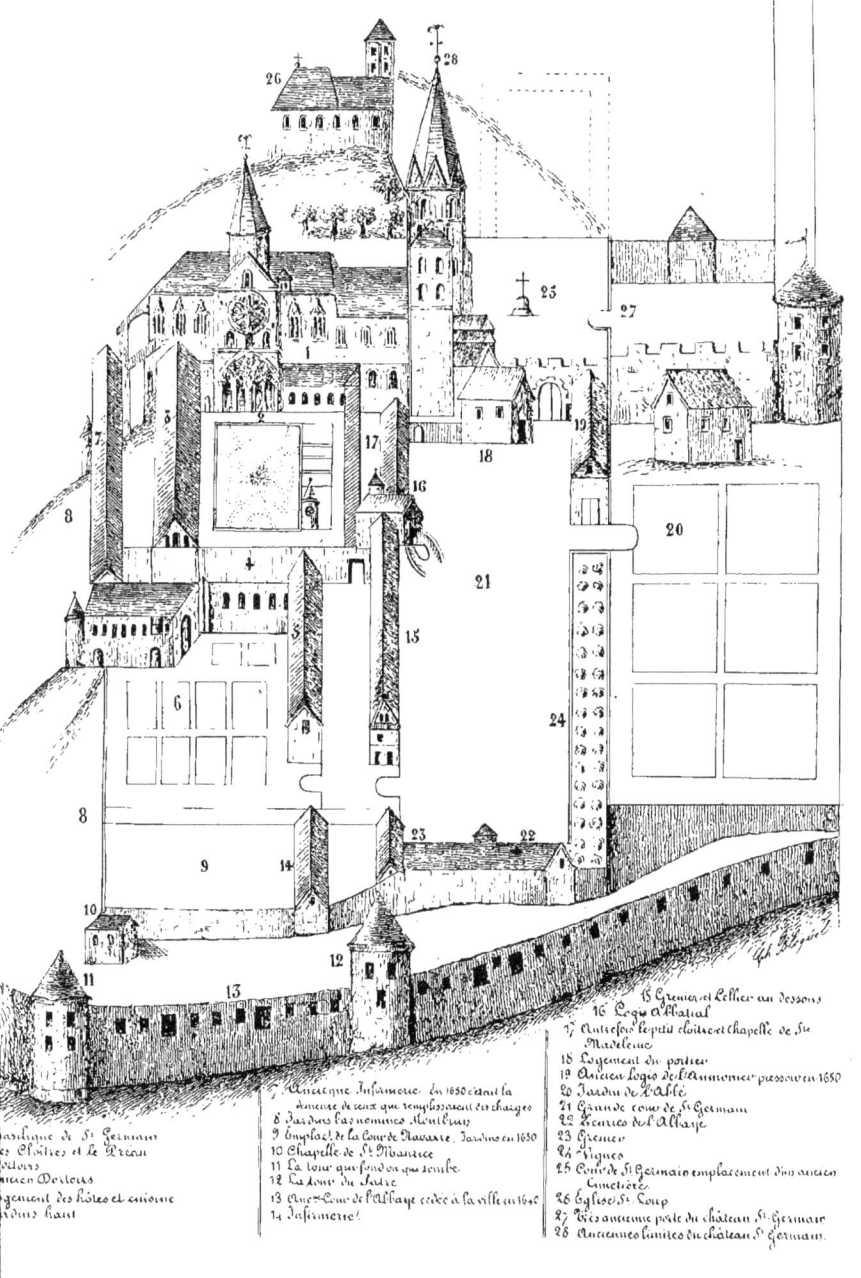

1. Basilique de St Germain
2. Les Cloîtres et le Préau
3. ...itoirs
4. ...cien Dortoirs
5. ...gement des hôtes et cuisine
6. ...dins haut
7. Ancienne Infirmerie. En 1650 c'était la
   demeure de ceux qui remplissaient les charges
8. Jardins bas nommés Montbuis
9. Emplacement de la Cour de Navarre, Jardins en 1650
10. Chapelle de St Maurice
11. La tour qui fend ou qui tombe
12. La tour du Judée
13. Ancr Cour de l'Abbaye cédée à la ville en 1646
14. Infirmerie
15. Grenier et Cellier au dessous
16. Logis abbatial
17. Autrefois le petit cloître et chapelle de Ste Madeleine
18. Logement du portier
19. Ancien Logis de l'aumônier, pressoir en 1650
20. Jardin de l'Ablé
21. Grande cour de St Germain
22. Ecuries de l'Abbaye
23. Grenier
24. Vignes
25. Cour de St Germain emplacement d'un ancien Cimetière
26. Eglise St Loup
27. Très ancienne porte du château St Germain
28. Anciennes limites du château St Germain

commodités et des délices, car leur vie sobre et pénitente se refusait à ces jouissances, mais pour nourrir les pauvres, ou bien c'était la société tout entière qui profitait de leur pénible labeur. Loin d'outrager la mémoire des hommes de Dieu qui nous ont précédés, mettons à profit leurs exemples de sagesse, de désintéressement et de dévouement, qui les protégeront à jamais dans les siècles à venir.

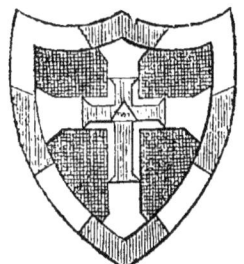

Nous ne donnerons pas les pièces justificatives de l'abbaye de Saint-Germain, quoique nous en ayons pris l'engagement en y renvoyant nos lecteurs : elles formeraient, à elles seules, un recueil d'un haut intérêt pour l'histoire de la province. Cette publication semble réservée à la *Société des sciences historiques et naturelles de l'Yonne*. Nous nous bornerons à une notice sur les prieurs et au procès-verbal de la visite des saintes grottes.

PRIEURS ET ADMINISTRATEURS

DES DIFFÉRENTS PRIEURÉS DE L'ABBAYE DE SAINT-GERMAIN

DONT LES NOMS SONT VENUS JUSQU'A NOUS (1).

PRIEURS DE MOUTIERS.

990. Théalde, restaurateur de Moutiers, élu abbé de Saint-Germain.

1145. Gervais, souscrivit aux donations que fit Eudes ou Odon, vicomte de Saint-Florentin, au monastère de Saint-Germain.

1174. Martin, fit de grandes réparations à son prieuré.

1220. Saveric ou Savaric, abbé de Vézelay, renommé par sa prudence et la haute considération dont il jouissait dans le monde. Il fut nommé par le Pape, coadjuteur de

(1) Il nous a été impossible de retrouver les noms des prieurs du dernier siècle.

Renaud, abbé de Saint-Germain. Il agrandit l'étang de Moutiers. L'abbé Renaud en créa un autre appelé *l'Etang de l'Eau-Noire*.

1256. Jean, connu pour avoir donné six cents livres pour aider à acquitter les frais du procès contre l'abbé et les religieux de Cluny.

1266. Guy de Munois, aumônier de Moutiers, où il exerça longtemps les fonctions de prieur, fut ensuite élu abbé de Saint-Germain.

1280. Gaucher Dignon ou de Chéü, environna le prieuré de hautes murailles, bâtit un colombier, planta un verger, et ne tarda pas à être élu abbé de Saint-Germain.

1373. Le pape Grégoire IX donna à la fabrique de Saint-Germain cinq cents florins d'or, que Philippe de Cloyes, prieur de Moutiers, devait à la chambre apostolique.

1414. Antoine, cardinal prêtre du titre de sainte Cécile, fut le dernier titulaire de Moutiers; ce prieuré fut réuni à la fabrique de Saint-Germain par le pape Jean XXII. La régie des biens passa à des administrateurs parmi lesquels on remarque le frère Pierre Larme, le frère Jean Boursier, Perrenet Gressard, seigneur de la Mothe-Josserand, le frère Guillaume de Mincy, dit Courte-Cornette (1450); le frère de Montentheaume (1452); Antoine du Vernoy, Jacques de Nanton (1460) et Antoine de Diou, prieur de Mazilles, habile dans la médecine (1465). Jean Babute, prieur de Saligny, et commendataire de Dammartin, fut comme son prédécesseur, amodiateur des biens de Moutiers; il s'associa Philbert Babute, son frère, seigneur de Froidefons et gouverneur de la Puisaye (1477). Le fils de ce dernier, Madoc Babute, eut ensuite l'administration des biens de Moutiers. En 1510, l'abbé de Saint-Germain, François de Beaujeu, fit rendre un jugement, pour l'obliger à remettre entre ses mains cette terre qu'il prétendait devoir lui rester pendant toute sa vie. L'abbé consentit à lui laisser la seigneurie d'Annay. Depuis ce moment, les biens de Moutiers furent régis directement par les agents des abbés de Saint-Germain. De Loménie les afferma quatre mille neuf cents livres, dont il abandonna la moitié à la fabrique de son monastère.

1662. Laurent Martin, religieux de Saint-Germain, prenait les titres d'aumônier et de sacristain, qui étaient unis à celui de prieur de Moutiers.

1677. Nicolas Bargedé, prieur par la résignation du précédent, avait aussi le titre honorifique de prieur de Moutiers. *Dom. Viol. T.* 2. *p.* 1303 *et suiv.*

PRIEURS DE SAISSY-LES-BOIS.

1244. Achers, prieur régulier, dont il est fait mention dans un petit cartulaire.

1256. Amaury, procureur en cour de Rome, pour soutenir les intérêts de l'abbaye de Saint-Germain contre l'abbé et les religieux de Cluny.

1365. Hugues de Sancy.

..... Grimon, qui fut aussi prieur de Saint-Etienne de Nevers.

1394. De Gentes.

..... Jean Raolin, archidiacre d'Autun.

..... Jean de Nevers.

1408. Regnier Caste.

..... Un fils du comte de Nevers.

..... Imbert de la Platière, doyen de Nevers, nommé évêque de cette ville en 1512.

1513. François de Fontenay-Nevers, qui était en même temps abbé de Bellevaux, jouit du prieuré de Saissy jusqu'en 1548. De son temps, le prieuré fut visité trois fois. En 1541, par Antoine de Beaujeu, grand vicaire; deux ans après, par François de Marconville, et en 1548 par Laurent

Petitfou, également grand vicaire; puis par Pierre de Pesselière, grand prieur, qui en avait été sacristain. L'établissement fut trouvé en très-bon état. Le frère Bongard, sacristain de Saissy, fut depuis abbé de Saint-Léonard.

1552. Jean Maraffin, dit le protonotaire de Garchy, proche La Charité, où il faisait sa résidence ordinaire, était abbé de Bellevaux, comme son prédécesseur.

1562. Etienne Tenon, de la famille noble de ce nom.

1579. Pierre Thevart, condamné à payer à l'abbaye de Saint-Germain, une rente de trois livres quatre sous.

..... Louis de Clèves, de la maison des ducs de Nevers, fut aussi prieur de La Charité et abbé de Bouras; il fallut un arrêt pour l'obliger à payer la rente de trois livres quatre sous, qu'il devait à l'abbaye de Saint-Germain, comme prieur de Saissy.

1629. Richer, professeur de Sorbonne.

1646. Guy Rabutin, qui fut en même temps prieur-général de l'Ordre du Val-des-Choux. — *Viole mss. T. II.*, p. 1281 *et suiv.*

PRIEURS DE SAINT-LÉGER.

1000. Fulcher, cité dans la chronique de Saint-Benigne.

1015. Arnulphe. Ses successeurs immédiats ne sont point connus.

1256. Guy, qui paya six cents livres pour sa portion des frais du procès avec l'abbaye de Cluny.

1283 et 1292. Etienne Boudet, habitant d'Auxonne, légua à Robert, prieur de Saint-Léger, soixante livres, monnaie de Vienne, avec lesquelles il acheta une rente en blé et en avoine, mesure de Mirebeau.

1394. Odo d'Inzenencourt, auquel Hugues de Balore, abbé de Saint-Germain, envoya six religieux; comme il en avait déjà six, il se plaignit de cette surcharge à la cour, et obtint un arrêt qui limitait leur nombre à sept.

1424. Odo de Charmes.

1448. Jean de Saulx, qu'Hervey de Lugny obligea à recevoir trois religieux qu'il lui envoya, outre ceux qu'il avait déjà. Le chapitre général le contraignit, en 1450, à employer deux cents livres, chaque année, durant trois ans, pour réparer son prieuré, et à fournir une caution de la promesse qu'il en fit. En 1462, il fut élu définiteur du chapitre général.

1480. Guillaume de Saulx.

1495 environ. Philibert de Charmes, qui était aussi abbé de Saint-Michel de Tonnerre.

1500. Claude de Charmes, prieur et en même temps abbé de Saint-Bénigne de Dijon.

1532. Claude de Saulx, protonotaire de Saint-Siége.

1540 environ. Philibert de Beaujeu, qui permuta le prieuré de Saint-Léger, pour d'autres bénéfices avec le suivant.

1543. Claude de Longuevie, surnommé le cardinal de Givry, évêque de Langres. Il mourut octogénaire au château de Mussy.

1569. Anne de Givry, abbé de Saint-Bénigne de Dijon et de Poitiers.

1572. François de Goinq, protonotaire du Saint-Siége, prieur commendataire de Saint-Léger. Il vendit, par bail amphytéotique, trente arpents de bois, moyennant trente sous de rente. Il fit don aux habitants de Magny, le 15 mai 1552, du bois *dudit lieu*, qui se composait de *huit à neuf vingt journaux*; ils avaient déjà le droit de vaine pâture dans cette forêt, moyennant une redevance annuelle de dix livres.

1574. Claude Bruillat, abbé de Coursan, résigna le prieuré de Saint-Léger à Henri de la Mothe, au bout d'environ quatre ans.

1645. Henri de la Mothe-Audancourt, élevé près du cardinal de Richelieu, qui l'honorait de beaucoup d'estime à cause de son esprit, fut premier aumônier de la reine, évêque de Rennes et archevêque d'Arles. Le parlement de Dijon le condamna à payer à la pitance de Saint-Germain, quatre années d'une rente de quarante-trois livres cinq sous, échue à la Toussaint; dom Viole ajoute qu'en 1668, il était une des plus fermes colonnes de l'Église.

Parmi les reliques du prieuré, on remarquait: 1° le chef de Saint-Léger renfermé dans un reliquaire de bois couvert de lames d'argent et orné d'une mitre aussi d'argent.

2' Un petit chef en vermeil, qui renfermait des vêtements de saint Léger, de saint Hugues et d'autres Saints.

3° Un bras de saint Christophe, dans un reliquaire d'argent.

4' Un bras de saint Martin.

5' Le couteau de saint Guillaume.

6° Trois autres reliquaires et une portion notable de la vraie croix, dans une châsse d'argent. *Dom Viole, mss, T. II., p. 1344 et suiv.*

PRIEURS DE MOUTIERS-HÉRAUD.

1256. Pierre, connu par sa cotisation pour couvrir les frais du procès avec l'abbaye de Cluny.

1264. Hugues Chapperon, qui fonda son obit à Saint-Germain, sur des vignes qu'il avait acquises à Escolives, du consentement de l'abbé Jean de Joceval (1270).

1398. Etienne de Buteaux.

1410. Odon de Milpont.

1473. Etienne, connu par un bail qu'il passa d'un moulin à foulon appartenant au prieuré.

548   HISTOIRE DE L'ABBAYE

1542. Jean Fustert, chanoine de Troyes, prieur commendataire de Moutiers-Héraud. Le grand vicaire, François de Marconville, lui enjoignit, lors de la visite des prieurés, de recevoir près de lui un religieux pour l'aider à célébrer le service divin.

1550. Fatinot, chanoine de Tours.

1590. Pierre de Somant, religieux.

1612. Germain Drinot.

1730. Jacques-Louis Cottet.

1750. André Trablaine, religieux de Saint-Maur, résidant à Paris. *Dom. Viol., T. II. p.* 1363 *et suiv.*

PRIEURS DE MAZILLES.

1238. Odoin, soupçonné d'hérésie.

1256. Hugues, taxé à deux cents livres pour sa cote-part dans le procès soutenu contre l'abbaye de Cluny.

1275. Guillaume de Montéran.

1452. Hugues de Tyard.

1462. Antoine de Diou, qui rebâtit le prieuré, brûlé cette même année.

1498. De Tyard, qui avait un religieux et un chapelain séculier, pour l'aider dans le service divin.

1508. Claude de Charmes, ancien abbé de Saint-Germain.

1543. François de Thianges.

1547. Edme Nigot.

1554. Jacques de Charry, religieux de Cluny. Il reconnut, pour son prieuré, l'obligation de payer à l'abbaye de Saint-Germain une rente annuelle de trente-trois livres quatre sous. Il vivait encore en 1597.

1628. Pierre de Carroble paya six années dues pour la rente ordinaire envers la pitance de cette abbaye. *Viole. Mss, T. II, p.* 1390 *et suiv.*

PRIEURS DE SAINT-FLORENTIN.

1142. Jean, prieur de Saint-Florentin-en-Château, cité dans l'accord entre les deux prieurés de la même ville, relativement aux offrandes des fidèles.

1256. Regnard.

1343. Hugues de Mussy, qui assista cette même année au chapître général de l'abbaye de Saint-Germain.

1359. Michel de Bonsielle.

1404. Jacques de Naples. Ce fut l'année suivante que la populace rasa le château de Saint-Florentin parce qu'il avait servi de retraite aux ennemis, qui sortaient de là comme d'un repaire, pour piller la campagne; le père Viole cite un manuscrit du couvent des Cordeliers d'Auxerre où ces faits étaient rapportés.

1420. Denis de la Pelote.

1480. Jean de Trachy, qui fut aussi grand vicaire de l'abbé de Saint-Germain.

1514. Parceval de Montargis. Vers l'an 1535, le prieuré fut pillé et les reliques emportées dans l'église de la paroisse.

1537. René Deschamps, qu'on croit prieur commendataire de Saint-Florentin, obtint un jugement contre ceux qui avaient pillé les reliquaires et les meubles du prieuré. On le trouve encore dans les actes en 1543.

1547. Louis de Rayneville, religieux de Saint-Germain.

1550. Julien du Bart.

1561. Bon de Souet.

1575. Marc Hubert, qui obtint des lettres royaux pour faire un terrier.

1611. François de la Goille, aumônier d'Octave de Bellegarde, abbé de Saint-Germain.

1630. Etienne Poncelet, religieux de Saint-Maur.

..... François Quarré, grand prieur de Saint-Bénigne de Dijon. *Dom. Viole. T. II., p.* 1381.

PRIEURS DE SAINT-SAUVEUR.

1150. Durand eut quelques différents avec Pierre, vicaire perpétuel de l'église de Saint-Jean, pour les droits honorifiques qu'il prétendait y avoir.

1157. Jean, qui obtint un jugement de l'évêque d'Auxerre touchant les droits respectifs du prieur de Saint-Sauveur et du vicaire perpétuel.

1256. Robert, connu pour avoir versé deux cents livres lors du procès soutenu contre l'abbé et les religieux de Cluny.

1324. Aymo, docteur en décrets, choisi pour arbitre avec Jean Tafourneau, chevalier, au sujet d'une rente de dix bichets d'orge dûs à l'abbaye de Saint-Germain par Guyot de Chanlay, sur la grange de la Morée.

1343. Gaucher de Villeneuve-Saint-Salves, présent au chapitre général tenu par l'abbé Etienne de Chitry.

1451. Guillaume de Mincy, reconnut par un écrit, le droit que les archidiacres de Puisaye avaient dans l'église paroissiale de Saint-Sauveur.

1466. Jean de Houpez, natif d'Abbeville. Il mourut à Saint-Germain, où il fut inhumé, en 1479. Il portait sur ses armes trois oiseaux appelés huppes.

1480. Pierre de Lavener, qui eut un procès avec Guillaume Bailly, grand prieur de Saint-Germain et sacristain de Moutiers, à l'occasion de certaines censives qui furent déclarées appartenir au sacristain.

1484. Guillaume de Rabutin, de la noble famille de ce nom en Bourgogne. Il était aussi prieur de Notre-Dame-du-Charnier-les-Sens. Il fit un accord avec Guyon du

Chesnay, écuyer, maître d'hôtel du roi, seigneur de Longueron, de la Morée et des Barres, et Agnès de Coquilleray, sa femme, dans lequel il déclare qu'*attendu les grandes ruines* de la terre des Barres, la rente de dix-sept livres sept sous, qu'ils doivent au prieuré, sera réduite à quatre, pendant la vie de Guyon et de son épouse, celle de leurs enfants et celle des enfants de leurs enfants.

1525. Philibert de Beaujeu, qui était aussi grand prieur de Saint-Germain.

1535. Jacques de Troges, premier prieur commendataire de Saint-Sauveur, fut condamné à payer la rente de trente-trois livres quatre sous, dont son prieuré était chargé envers la pitance de l'abbaye de Saint-Germain.

1538. François de Fayolles fut aussi contraint par voie de justice, à payer la même rente que ses prédécesseurs. La négligence de ces prieurs fut si grande, que les bâtiments, ainsi que le mobilier de la sacristie, étaient dans un état déplorable.

1541. Christophe Richer vit saisir par le grand vicaire de l'abbé de Saint-Germain, en 1543, le tiers du revenu du prieuré pour la réparation des bâtiments. Il fut ambassadeur de Henri II ; il était frère de Richer, évêque de Calcédoine et de Jean, lieutenant-général de Sens.

1550. Philippe Richer, prieur de Saint-Sauveur et religieux de Vauluisant, de l'ordre de Cîteaux.

1561. Nicolas-le-Gras. Deux jugements rendus contre lui l'obligèrent à payer deux cent quatre vingt-sept écus quatorze sous deux tiers, pour vingt-six années d'arrérage qu'il devait à la pitance de Saint-Germain.

1584. Claude-le-Gras. Comme il demeurait à Paris, le frère Pierre Delié, aumônier de Moutiers, prit possession pour lui.

1595. Nicolas-le-Gras étudiait à Paris lorsque sa famille

le pourvut du prieuré de Saint-Sauveur, qu'il résigna six ans plus tard.

1601. Louis Jauneau, chanoine de l'église collégiale de Brienon. Dans un incendie arrivé le 20 septembre 1606, tous les papiers du prieuré, qui se trouvaient chez lui, devinrent la proie des flammes. Il mourut subitement en 1636.

1636. Christophe Lefebvre, né à Paris, religieux de Saint-Germain, fut nommé prieur de Saint-Sauveur par l'abbé Octave de Bellegarde. Il décéda à Saint-Germain en 1646.

1646. Amyot, doyen de l'église cathédrale d'Auxerre, décédé à Paris.

1657. Barre. *Dom. Viole Mss. T. II., p.* 1336 *et suiv.*

PRIEURS D'EGLISELLES OU DE GRISELLES.

1250. Guichard, qui se joignit à Renaud, curé de Poinchy, pour affermer les dîmes de vin que leur devaient l'abbé et les religieux de Regny, pour les vignes qu'ils avaient à Poinchy ; ils convinrent de huit muids de vin par an, rendus dans les celliers que le prieur et le curé avaient à Chablis. Ce même prieur donna deux cent cinquante livres pour sa cote-part dans les frais du procès contre l'abbé et les religieux de Cluny.

1274. Pierre d'Auxerre, de la noble famille de ce nom, fut inhumé dans le chapitre de Saint-Germain.

1469. Simon de Saint-Seine, licencié en décrets, qui fut grand prieur de Saint-Germain en 1462 et en 1469.

1527. Guillaume de Beaujeu.

1540. Charles Cretin, de famille noble, qualifié de vénérable et scientifique personne, dans les procès-verbaux de la visite des prieurés.

1546. Jean Babute, né en Puisaye, d'une famille distinguée, chanoine et trésorier de l'église cathédrale d'Auxerre, reconnut devoir quatorze livres tournois de rente à la pitance du couvent de Saint-Germain, payables à l'octave de la Toussaint, et soixante-dix sous, pour l'obit de la comtesse Agnès, qu'il devait payer à la Purification de la Vierge.

1550. Edme le Royer.

1590. Sébastien le Royer, qualifié de noble docteur en droit, chanoine d'Auxerre. Il prenait aussi le titre de doyen du chapitre et de prieur commendataire du prieuré de Saint-Valentin de Griselles.

1607. Guillaume le Caron passa une reconnaissance de la dette de son prieuré, envers la pitance de Saint-Germain.

1608. Cosme le Caron.

1662. Guillaume Hébert, noble parisien, conseiller ecclésiastique de la grande chambre du parlement de Paris. Il était fils de Vincent Hébert, conseiller en la cour des aides. *Viole Mss. T. II, p. 1396.*

PRIEURS DE SAINT-VERAIN.

1256. Simon donna, cette même année, quatre-vingts livres pour acquitter les dettes de l'abbaye de Saint-Germain.

1398. Jean-le-Roy, prieur et garde de la prévôté de Saint-Verain.

1503. Antoine du Mas, dont la succession passa à l'abbaye de Saint-Germain.

1535. Jacques de Thyanges, qui payait, tous les ans, quatre sous au chantre de cette abbaye, parce qu'il gardait les titres de son prieuré.

1543. André Verius, qualifié de noble et scientifique personne.

1550. Jacques Verius, neveu du précédent, conseiller au parlement de Paris.

1577. Louis Thibaud, qui était aussi sous-prieur de l'abbaye de Saint-Germain.

1612. Claude Charron, auquel l'abbé Octave de Bellegarde conféra ce prieuré. Benoît Drouhin, grand prieur, prit possession pour lui. *Dom Viole Mss. T. II, p. 1400 et suiv.*

PRIEURS DE CHATILLON.

1256. Guillaume, imposé à vingt livres pour acquitter une dette du monastère.

1407. Pierre de Bussy.

1490. Cyr du Pont, décédé en 1505.

1505. Cyr du Pont, licencié ès-lois, pourvu du prieuré de Châtillon par le légat Georges d'Amboise, à la suite de la démission de son oncle. Il se retira au bout de six mois.

1506. Michel Olivier, chanoine de l'église cathédrale et grand vicaire de l'évêque de Nevers, fut aussi pourvu du prieuré par le même légat.

..... François Bourgoin.

1507. Charles de Camera.

1514. François de Beaujeu.

1522. Michel Olivier, chantre de Nevers.

1543. Jean Lambert, religieux.

1547. Edme Nigot, qui était en même temps ouvrier de Saint-Germain.

1554 et 1562. Germain Bertrand. Il fallut un jugement pour l'obliger à payer treize livres quatre sous, qu'il devait à la pitance de l'abbaye.

1575. Dom Pierre de la Baulme reconnut que cette même pitance avait droit de patronage sur son prieuré.

1596. Paul Ormeille.

1627. Edme Bertien.
1650. Barthélemi Leliepvre, clerc du diocèse d'Auxerre.
1653. Nicolas Leliepvre, également clerc. (1)
1670. Antoine d'Hollandes, religieux de Saint-Maur.
1678. Guy Deschamps, docteur en théologie.

(1) *Dom Viole Mss. T. II, p. 1386 et suiv.*

PROCÈS-VERBAUX

DE L'AN 1634 ET DE L'AN 1636,

TRADUITS DU LATIN,

CONCERNANT LA VISITE DES TOMBEAUX DES SAINTS INHUMÉS DANS LA BASILIQUE DE SAINT-GERMAIN.

Dominique Séguier, par la grâce divine et celle du Saint-Siége apostolique, évêque de Meaux, conseiller de notre roi très-chrétien, en tous ses conseils, premier aumônier de Sa Majesté et précédemment évêque d'Auxerre.

Nous faisons savoir à tous les fidèles, que lorsque nous occupions le siége de la sainte église d'Auxerre, en 1634, le deuxième jour de novembre, le prieur et les moines de Saint-Germain d'Auxerre, de l'Ordre de saint Benoît, de la congrégation de Saint-Maur, se sont présentés dévotement et humblement devant nous, pour nous supplier, qu'en notre qualité d'évêque, nous prissions connaissance d'une affaire qui avait spécialement rapport à notre dignité et à nos fonctions. Ils nous ont exposé que depuis saint Pélerin, premier évêque d'Auxerre, jusqu'à nous qui sommes le centième qui ayons siégé dans cette ville, quatre vingt-dix-neuf pontifes nous avaient précédé, et que l'opinion de tous les auteurs, tant anciens que modernes, avait toujours été que, parmi ce grand nombre d'évêques, plusieurs avaient reçu les honneurs de la sépulture dans l'église de Saint-Germain, tels que saint Germain lui-même, saint Alode, saint Fraterne, saint Censure, saint Urse, saint Théodose, saint Grégoire, saint Optat, saint Romain, saint Eleuthère, saint Ethère, saint Aunaire, saint Didier, saint Héribalde, saint Abbon, saint Géran, saint Betton, ainsi que le bienheureux Quintilien, le bienheureux Aidulphe, le bienheureux Angelelme, et d'autres évêques d'une vie très-exemplaire, tels que Chrétien, Gaudry, Jean, Hugues de Challon et Hugues de Montaigu. Ces mêmes auteurs affirment que saint Loup, autrefois évêque de la Haute-Bourgogne, a été inhumé au milieu d'eux, ainsi que saint Sanctin et saint Memorin, prêtres, Moré et Félix, enfants martyrs et la vierge Maxime. On tient aussi, de source certaine, que dans la suite des siècles beaucoup de saints corps ou reliques furent transportés à Saint-Germain de diverses parties du monde chrétien, particulièrement celui de saint Romain abbé, celui de saint Benoît, fondateur de la vie religieuse, celui de saint Urbain, pape et martyr, celui de saint Tiburce et ceux de sept frères martyrs, ainsi que les restes précieux de saint Maurice et de ses compagnons, de sainte Eugénie, vierge et martyre, de saint Thibaut, confesseur, de saint Marien, aussi confesseur, avec un grand nombre d'autres reliques de Saints, dont il serait trop long de rapporter les noms en détail. On sait aussi que les corps de ces Saints, si l'on en excepte ceux de saint Germain, de saint Didier, de saint Aunaire, de saint Romain abbé, de saint Urbain, de saint Tiburce, de saint Maurice, de sainte Eugénie et de saint Thibaut, n'ont jamais, comme on croit, été déplacés de leur humble sépulture, pour être déposés dans des châsses, quoiqu'ils aient toujours été très-honorés et très-révérés et qu'ils le soient encore de tout côté par le peuple chrétien, qui se rend en foule à leurs tombeaux le huit novembre, spécialement consacré à leur mémoire.

En 1567, la ville d'Auxerre ayant été surprise par les hérétiques qui en demeurèrent maîtres, le monastère de Saint-Germain vit mettre au pillage tous ses ornements, toutes ses richesses, ainsi que les reliques des Saints qui reposaient dans des châsses d'or et d'argent artistement travaillées. Les hérétiques enlevèrent jusqu'à la charpente et à la tuile des bâtiments, ne laissant intacts que les murs. Après cela on avait bien lieu de douter si les reliques des Saints qui n'avaient jamais été déposées dans des châsses avaient échappé à leurs mains sacriléges, tellement que la pieuse et antique confiance des fidèles commençait non-seulement à être ébranlée, mais même à s'effacer dans bien des cœurs, c'est pourquoi le prieur et les moines qui attachaient la plus haute importance à cette affaire, nous ont prié, avec instance et humilité, d'aller dans leur monastère pour visiter les tombeaux des Saints. Nous étant donc rendu à leur demande : le 2 novembre de l'année 1634, nous nous sommes transporté au monastère, accompagné d'un nombreux clergé et des principaux de la ville : après avoir invoqué le nom de Dieu et avoir fait fermer les portes de l'église, ayant à nos côtés deux religieux, revêtus d'aubes et portant des flambeaux : suivi de toute la communauté en surplis ou en rochet, nous nous sommes approché avec respect et dévotion de cet endroit de l'église, où l'on assurait, d'après une ancienne tradition, que le corps de saint Grégoire, évêque d'Auxerre, avait été déposé. Le nom de ce saint, gravé sur la muraille en vieux caractères, venait à l'appui de la tradition vulgaire. Après avoir fait enlever le pavé d'alentour et avoir écarté la terre qui faisait obstacle à nos recherches, nous avons mis à découvert une pierre fort grande qui nous a donné occasion à tous et principalement à nous, en notre qualité d'évêque, de pousser plus loin nos recherches, pour connaître ce que Dieu offrait à nos regards. Ayant fait lever cette pierre, tous les assistants virent un corps étendu dans un cercueil de grès et entouré d'un grillage de fer, il avait auprès des épaules une bande d'étoffe de soie, qui n'était pas encore consumée, et auprès des pieds, le cuir de ses souliers ou sandales. On trouva en outre, dans ce cercueil, cinq pièces de monnaie : la plus grande était d'argent, ayant d'un côté une croix avec cette inscription : *sit nomen domini Christi benedictum*, et de l'autre un K couronné, avec deux fleurs de lys aux côtés et plusieurs autres à l'entour. On ne put déchiffrer l'inscription qui les accompagnait. Après cette opération, nous avons fait fermer le tombeau.

De là, toujours accompagné du même clergé, nous nous sommes transporté vers la chapelle de saint Germain, située dans les grottes, au-dessous du maître-autel. Puis, nous nous sommes approché au sud de cette même chapelle, près d'une ancienne inscription ainsi conçue :

Cy gist le corps de monsieur s. Théodose qui fust évesque de cette cité et trépassa le vingt-septiesme jour de juillet, XX.

Ayant fait lever quelques dalles, on trouva un tombeau arrondi par-dessus en forme de voûte; lorsqu'il fut découvert, on vit un corps presque entièrement réduit en cendres à l'exception d'une partie de ses sandales, il avait environ quatre pieds et demi de longueur. Plusieurs des assistants affirmèrent qu'à l'ouverture de ce tombeau, ils avaient senti s'exhaler une odeur très-agréable et toute céleste. Après l'avoir visité, nous l'avons fait fermer; ensuite nous nous sommes approché de celui de saint Germain. A une profondeur d'environ dix pieds, sous l'autel de sa chapelle, nous avons aperçu un grand et très-ancien cercueil, d'une pierre belle et rare, couvert d'une autre pierre convexe de même nature. Ayant fait enlever cette dernière, nous avons vu au haut du cercueil et dans un coin séparé, beaucoup de cendres, un petit ossement et plusieurs fragments ou parcelles d'un autre cercueil de bois, que nous avons déclaré être de vraies reliques de saint Germain, nous avons même emporté avec nous une parcelle de ce bois, pour lui rendre un honneur convenable. Avant de nous prononcer sur l'authenticité de ces reliques, nous avons parcouru et lu plusieurs fois le livre des gestes des abbés du monastère de Saint-Germain, l'ancien martyrologe de Corbie, où il est fait mention de ce tombeau et des reliques qui y étaient renfermées.

Comme le jour avançait et que ce n'était pas le moment favorable pour visiter les autres tombeaux des saints, nous avons remis cette opération à un autre temps, engageant fortement le prieur et les moines à faire des recherches et à lire avec attention les chartes, les livres et les titres de leur monastère, afin qu'ils pussent nous donner des renseignements plus étendus sur les tombeaux que nous avions visités, et sur ceux que nous n'avions pas encore ouverts. Fait à Auxerre, dans l'église de Saint-Germain, le 2 novembre 1634.

Le 10 septembre 1636, pressé de nouveau par le prieur et les religieux, nous nous sommes rendu dans l'église de Saint-Germain, accompagné d'un clergé nombreux, et d'une foule de fidèles. Après nous être prosterné pour prier, et avoir examiné les murailles des grottes couvertes de tous côtés de peintures et d'inscriptions, nous avons fait creuser la terre en divers endroits et nous avons trouvé des tombeaux en pierre; leur ouverture a mis à découvert des corps qui répondaient à peu près aux inscriptions.

Nous avons trouvé d'abord dans la chapelle de saint Germain où est son tombeau, et celui de saint Théodose, deux autres sépulcres, l'un auprès de ce dernier, qu'on croit être celui de saint Romain, ancien évêque d'Auxerre et martyr. Son corps presque réduit en cendre était mêlé de beaucoup de poussière, qui avait pu se glisser par les fentes du tombeau, près duquel on voyait son portrait avec cette inscription : *Saint-Romain*, et cette autre :

Cy gist le corps de monsieur s. Romain, évesque et martyr, qui régna en la cité trois ans quinze jours, et fut martyrizé le sixième d'octobre du temps de Justin le dernier empereur.

De l'autre côté nous avons vu un autre tombeau dans lequel il s'est trouvé un corps d'une haute taille, dont beaucoup de parties étaient déjà réduites en cendres. Il répondait au portrait d'un évêque peint à fresque avec cette autre incription :

Hic requiescit sanctæ recordationis beatus Lupus episcopus, qvi cvm Clotechilde reginâ, de svperioribvs partibvs Burgundiæ venit, quo tempore beati Germani ædificabat ecclesiam : ibique preventvs svo fine, decimo sexto calendas Julii migravit.

Au bas se trouvait la traduction, écrite en caractères gothiques comme la précédente, la voici :

Cy gist le corps de M. s. Loup, évesque, qui vint avec la royne de France Clotechilde, des parties de Bourgogne ou temps que la dite royne édifiait cette église au glorieux ami de Dieu, saint Germain d'Auxerre, et trépassa le XVI juin.

On trouva près de ce tombeau deux pierres concaves et enfoncées dans la terre ; chacune d'elle avait environ dix pouces de longueur. On ne rencontra dans l'une, que des cendres, et dans l'autre, qu'un ossement d'une blancheur admirable.

Au fond de cette chapelle, ou de la grotte de saint Germain, nous avons remarqué six cercueils en pierre, placés deux à deux, et comme cachés dans la muraille. Le plus grand, outre qu'il contenait plus d'ossements qu'il n'en faut pour composer un corps humain, renfermait encore un petit cercueil en pierre, long de quinze pouces, dans lequel se trouvait le corps d'un enfant de quelques mois, dont les petits ossements paraissaient couverts de sang et de terre détrempée. Dans un autre des six grands tombeaux fermés par un grillage en fer, on remarquait, au milieu des ossements, une masse de la grosseur du poing, formée de poussière et de sang collés ensemble.

Nous étant avancé plus loin, nous avons vu le tombeau de saint Héribalde, évêque d'Auxerre, dont le corps repose dans un cercueil de pierre, le plus beau de tous ceux qui sont dans les cryptes, après celui de saint Germain. Le corps du saint était revêtu d'une chasuble de la même forme que celle qu'on lui voit sur la fresque de la muraille. Ce tombeau avait deux inscriptions; l'une en latin, d'une écriture très-ancienne, et l'autre, en langue vulgaire. Elles étaient ainsi conçues :

Hic requiescit sanctæ recordationis Heribaldus qui fuit abbas istius monasterii, posteà episcopus factus, rexit Autissiodorensem ecclesiam annis triginta quatuor. Obiit autem septimo calendas maii et in basilicâ sancti Germani habuit sepulturam.

Cy gist le corps de monsieur s. Héribalde, qui fut abbé de cette abbaye. Puis fut évesque de cette cité, y régna trente-quatre ans, et mourut le vingt cinquième d'avril, ayant relevé le corps de s. Germain.

On nous fit voir un peu plus bas dans les mêmes grottes, trois tombeaux; celui du milieu renfermait un corps revêtu d'un cilice, sous un habit de moine qu'on appelle aujourd'hui froc, tout-à-fait semblable à celui que portent de nos jours les pères reformés du monastère de saint Germain; les deux autres contenaient des ossements rassemblés sans ordre et qui paraissaient en trop petit nombre pour composer un corps humain. Au même endroit, on trouva une châsse ou coffre de bois, placé sur celui des trois tombeaux qu'on croit être de saint Censure. Cette châsse avait eu autrefois une clef et une serrure, mais elle se trouvait alors tellement consumée de vétusté qu'elle tombait en pièces. Il s'y trouvait une grande quantité de reliques de divers saints, enveloppées séparément dans des morceaux de soie. Nous avons fait porter cette châsse avec les ossements qu'elle renfermait, dans la fenêtre la plus proche pour y être gardée jusqu'à ce qu'on lui eût trouvé un lieu plus convenable et plus décent.

Vis-à-vis les trois tombeaux dont nous venons de parler, se trouvaient quatre portraits d'évêques peints sur la muraille avec ces inscriptions :

Hic requiescit sanctæ recordationis Abbo, qui prius abbas istius ecclesiæ, postea episcopus Autissiodorensis rexit ecclesiam Autissiodorensem, annis duobus, mensibus decem.

Cy gist le corps de monsieur saint Abbon, qui fut abbé de cette église, et après évêque de cette cité, et régna deux ans et dix mois.

Hic requiescit sanctæ recordationis Fraternus, episcopus et martyr, qui eâdem die quâ ordinatus est episcopus, à barbaris martyrio coronatus est, die tertiâ kalendarum Octobrium.

Cy gist, d'heureuse mémoire, saint Fraterne, évêque et martyr, lequel, au même jour qu'il fut élu et sacré, fut occis et martyrisé, qui fut le pénultième de septembre, inhumé dans l'église de Saint-Germain.

Hic requiescit sanctæ recordationis Censurius episcopus qui rexit ecclesiam Autissiodorensem annis triginta quinque, mensibus tribus, diebus sex.

Cy gist, d'heureuse mémoire, saint Censure, évêque, qui gouverna l'église d'Auxerre trente-cinq ans, trois mois et six jours.

Hic requiescit sanctæ recordationis Gregorius episcopus, qui rexit ecclesiam Autissiodorensem annis duodecim, mensibus sex, decimo quarto cal. Junii, humatus in ecclesiâ sancti Germani.

Cy gist d'heureuse mémoire, Grégoire, évêque, qui gou-

verna l'Église d'Auxerre douze ans six mois. Il mourut le dix-neufvième jour de may.

Voici l'inscription qu'on lisait auprès du coffre de bois dans lequel étaient déposées beaucoup de reliques de saints :

Hic continentur reliquiœ plurimorum sanctorum in quodam scrinio ligneo, quod fuit inventum quondàm retrò altare matutinale, quorum nomina solius Dei scientia novit.

Cy-dessous sont contenues en un petit coffre de bois, des reliques de plusieurs saints, de long-temps trouvez derrière l'autel matutinal, desquels Dieu seul sait les noms.

Non loin delà, près de l'autel de la petite chapelle de saint Benoît, du côté de l'épître, nous avons trouvé dans un enfoncement de la muraille qui paraissait avoir été bâti et pratiqué à dessein, plus de vingt-cinq corps, entassés confusément avec des restes de ceintures, de souliers et de cilices; ce qui nous parut remarquable, c'est que nous y avons vu quelques ossements d'une couleur noirâtre, qui imprimaient néanmoins du respect et qui paraissaient avoir passé par les flammes. Un autre ossement nous a paru comme percé d'une épée.

En allant à la chapelle de sainte Maxime, nous avons trouvé à l'entrée un sépulcre ou tombeau, enfoncé dans la terre; il renfermait un corps, ou plutôt des ossements mêlés de terre et de poussière, toutefois dans leur situation naturelle. A gauche de ce tombeau, nous avons lu sur le pilier cette épitaphe :

Hic requiescit sanctœ recordationis Marianus confessor gloriosus, juxta quem requiescit Geranus episcopus, ut epitaphia multùm antiqua supra sepulcrum ipsius attestatur; rexit autem ecclesiam Autiss. annis quatuor, mensibus sex, diebus undecim, migravit ad dominum quinto cal. Augusti verte deorsùm et videbis antiquum epitaphium B. positum.

On ne put déchiffrer l'ancienne épitaphe, dont il est ici mention, parce qu'elle était effacée par le temps, mais à la place, nous avons lu ces deux autres plus récentes :

Cy gist le corps de monsieur s. Marien, moine de céans, qui trépassa le douze may.

Cy gist le corps de monsieur s. Géranne, évesque de cette cité, le XLII, qui trépassa le 5 aout.

Le portrait de s. Geran et celui de s. Marien étaient peints sur le même côté de la muraille.

Dans la chapelle de sainte Maxime, à peu de distance de la corne de l'autel où se dit l'évangile, nous avons remarqué, outre l'image de cette sainte, trois autres fresques représentant l'une saint Optat, évêque, et les deux autres saint Sanctin et saint Mémorin, prêtres. Voici les légendes qui les accompagnaient :

Cy gist le corps madame saincte Maxime, vierge, l'une des vierges qui accompagna saint Germain, de Ravennes jusques en ce monastère, avec saincte Pallaie, saincte Magnance, saincte Camille et saincte Porcaire.

Cy gist le corps monsieur saint Optat qui fut évesque de cette cité le XIV, qui trépassa le dernier jour d'aout.

Cy gist le corps monsieur saint Sanctin qui fut presbtre.

Cy gist le corps monsieur saint Memorin qui fut presbtre.

Nous avons aussi remarqué sur la muraille une ancienne inscription et une main, tracée avec le pinceau, laquelle semblait montrer du doigt que le corps de sainte Maxime était sous l'autel ou auprès. Une autre inscription venait à l'appui de cet indice, mais elle paraissait avoir été effacée par les hérétiques en haine des saints, d'où il est résulté que nous n'avons pu rien déchiffrer qui donna un sens suivi.

Au sortir de la chapelle de sainte Maxime, nous nous sommes avancé pour visiter la muraille qui est entre cette chapelle et celle de saint Martin, autrement appelée Notre-

Dame-de-Consolation. Au milieu du mur, on remarquait une croix que le peuple d'Auxerre allait baiser très-souvent, par dévotion. Il tenait de ses ancêtres, par une tradition constante, que, derrière cette croix, il y avait beaucoup de reliques précieuses, c'est pourquoi nous donnâmes des ordres pour qu'on l'enleva : nous mîmes a découvert un espace de dix pieds de profondeur, au fond duquel était un tombeau caché et fermé de deux ou trois pierres. Les ayant fait ôter, nous avons trouvé les ossements de cinq à six corps, et nous avons appris de personnes dignes de foi, que des fidèles ayant élevé des doutes sur l'authenticité de ces reliques, et si on devait leur rendre des honneurs, on les avait entendues se heurter les unes contre les autres, sans que personne y touchât.

Jetant les yeux sur un autre mur, nous avons vu l'image de saint Alode et celle de saint Urse, évêques d'Auxerre ; elles étaient très-anciennes et paraissaient avoir été mutilées par les hérétiques : immédiatement au-dessous, se trouvaient deux tombeaux en pierre, l'un renfermait un cercueil en bois et chacun d'eux contenait un corps d'une grandeur étonnante. Des inscriptions, en caractères différents, écrites sur la muraille, répondaient à chacun de ces tombeaux. Nous en avons trouvé un troisième en pierre plus petit que les deux autres, parce que la place qu'il occupait ne permettait pas qu'il fût plus grand ; il renfermait les ossements d'un corps, enveloppés dans une cucule, ou autre vêtement du même genre. Voici les épitaphes correspondantes au tombeau de saint Urse.

... *Beatæ recordationis*
..... *Ursus episcopus*
....
....
  Beatus Ursus
.... *episcopali* ..
... *obiit tertio* .

calendas Augusti, cùm esset annorum octoginta duorum. Rexit autem Autissiodor. ecclesiam anno LXVIII, à beato Germano.

Hic requiescit sanctæ recordationis Ursus episcopus, qui rexit ecclesiam Autissiod. annis sex, mensibus quatuor.

Cy gist le corps de monsieur sainct Urse qui fut évesqve de cette ville, le dixiesme après monsieur saint Germain; régna en la dicte évesché six ans et quatre mois.

Les inscriptions répondantes au tombeau de saint Alode étaient ainsi conçues:

Hic requiescit sanctæ recordationis Alodius qui fuit Archimandrites istius ecclesiæ, postea episcopus factus; rexit ecclesiam Autissiod. annis triginta, mense uno, diebus duodecim.

Cy gist le corps de monsieur saint Alaude qui fut gouverneur de céans pour monsieur saint Germain et puis après le décès du dit saint Germain, fut élu évêque et régna trente ans, un mois et douze jours en la dite évêché et fut le VIII.

Tout près de là, vers la muraille, le tombeau de saint Betton parut à découvert. Son corps était révêtu d'une cucule ou froc, semblable à celui que l'on trouva sur le corps de saint Abbon, et par-dessous d'un cilice très-rude. On lui avait mis cette inscription:

Hic requiescit sanctæ recordationis Betto episcopus qui rexit ecclesiam Autissiodor. annis II mensibus XI diebus XIII, sepultusque in ecclesiâ beati Germani, VI calendas Martis.

Cy gist le corps de monsieur saint Betton, qui fut évesque de cette cité le XLIII, et gouverna l'Église Auxerre deux ans onze mois et quatorze jours, inhumé en l'église de Saint-Germain le XXIV jour de février.

Non loin du tombeau de saint Alode, de celui de saint Urse et de celui de saint Betton, nous avons trouvé sur la muraille une fresque ancienne qui paraissait contenir les noms de tous les saints inhumés dans l'église de Saint-Germain, et ceux des principales reliques qu'on y conservait. Les calvinistes, ennemis jurés des saints, s'étaient efforcés d'anéantir cette inscription. Parmi les noms, tant de saints que de personnes pieuses qui s'y trouvaient, on distinguait celui de Chrétien, évêque d'Auxerre.

Enfin nous arrivâmes vers la porte des grottes qui est au midi, près de laquelle nous avons vu entre la chapelle de la sainte Trinité et celle de sainte Marie-des-Anges, comme on l'appelle maintenant, l'image d'un évêque qu'une tradition populaire rapportait à saint Ethère, évêque d'Auxerre. Nous vîmes aussi, au même endroit, un petit autel d'un pied et demi, sous lequel on trouva quelques ossements, sans tombeau ni inscription. Ces mots, écrits sur la muraille, indiquaient à quels saints l'autel était dédié.

Hoc altare consecratum est in honorem sancti Laurentii et Vincentii levitarum et martyrum, et sancti Leodegarii, sanctorumque Innocentium, atque omnium sanctorum.

Le prieur et les moines nous ont fait voir une grande pierre creusée en forme de croix, qu'ils affirmèrent avoir trouvée remplie de reliques, au milieu du grand autel, lorsqu'on le restaura les années précédentes. Ils nous montrèrent même ces reliques avec une partie d'un suaire qu'on croit être celui de saint Germain et que l'on conserve avec un soin religieux dans la sacristie.

Fait dans l'église de Saint-Germain le jour et l'année indiqués plus haut.

Cette visite ainsi terminée, nous avons demandé au prieur et aux moines s'ils ne pourraient pas faire de nouvelles recherches, soit dans leurs chartes, soit dans les livres de leur monastère, soit dans tout autre ouvrage qu'ils pourraient rencontrer ailleurs, pour ajouter aux preuves que nous avions déjà sur les tombeaux et sur les reliques qui se trouvent dans leur église et pour nous donner de nouveaux éclaircissements. Ils nous présentèrent en premier lieu, un extrait du moine Héric, tiré de la bibliothèque de M. Duchêne, historiographe du roi, et conforme à l'original que l'on conserve dans l'église de Laon. Ce manuscrit était divisé en deux livres, le premier renfermait cinquante-cinq chapitres et le second dix-huit. Ils nous firent surtout remarquer le quinzième du second livre qui avait pour titre : *Cérémonie de la translation des corps saincts, et court exposé de la vie des évêques d'Auxerre.* Le chapître commençait ainsi :

« Aussitôt que la construction des saintes grottes fut terminée et que le clergé et le peuple fidèle eurent trouvé cette demeure assez pourvue d'ornements pour renfermer les précieux gages des corps saints, on y transporta d'abord les reliques des martyrs et les corps des bienheureux pontifes qui avaient gouverné l'Église d'Auxerre et qui y avaient reçu autrefois la sépulture. On les rangea autour du corps du grand saint Germain, plaçant ainsi, par une inspiration divine, sous une même voûte, ceux que le palais des cieux réunissait déjà. A droite, c'est-à-dire au midi, on plaça dans un même cercueil les ossements du bienheureux Urbain, pape, avec la tête de saint Vincent, martyr, ensuite ceux de trois saints pontifes : Urse, Romain et Théodose. A leurs pieds, c'est-à-dire à l'Orient, près de l'autel, on déposa les membres vénérables de saint Aunaire, confesseur et évêque ; les reliques du glorieux martyr Tiburce occupèrent le côté gauche ou le septentrion, avec celles de cinq pontifes savoir : saint Fraterne, évêque et martyr, saint Censure, saint Grégoire, saint Didier et saint Loup, à côté de saint Moré, qui reçut la couronne du martyr, étant encore enfant. »

Autre passage d'un manuscrit de saint Pierre-le-Vif de Sens, ainsi conçu :

« En 877, le pape Jean vint dans les Gaules, retourna

ensuite en Italie, laissant à sa place Formose, évêque de Porto, qui remit beaucoup de reliques à Ansegise, archevêque de Sens. Le même Formose étant passé à Auxerre, en déposa de très-précieuses dans l'abbaye de Saint-Germain. »

Le prieur et les religieux nous ont aussi fait voir un livre manuscrit des gestes des évêques d'Auxerre, dans lequel il est souvent fait mention des prélats, dont il a été parlé au commencement de ce procès-verbal, et qui ont obtenu les honneurs de la sépulture dans l'église de Saint-Germain, à cause de la sainteté de leur vie. Ils nous ont encore donné connaissance de plusieurs martyrologes, surtout du romain, de celui de Saint-Etienne d'Auxerre, des deux de Corbie, de l'Ordinaire, c'est-à-dire de celui du frère Nivelon, de celui de Saint-Laurent d'Aix et de celui de Saint-Jean de Réome. Nous avons aussi vu le manuscrit des gestes des abbés de Saint-Germain d'Auxerre.

Quoiqu'il soit souvent parlé, dans ces livres et dans ces manuscrits, de beaucoup de reliques apportées dans l'église de Saint-Germain d'Auxerre, on ne voit pas qu'aucun saint corps en ait été retiré pour être transporté ailleurs, si ce n'est celui de saint Didier, évêque, et celui de saint Romain, abbé. On ne voit pas non plus qu'on en ait tiré des tombeaux pour être déposés dans des châsses, à l'exception du corps de saint Didier et de celui de saint Romain, comme on vient de le voir, et auxquels il faut ajouter le corps de saint Aunaire, celui de saint Urbain et celui de saint Tiburce.

Les religieux nous ont encore donné connaissance d'un certain registre, provenant d'un marchand d'Auxerre, dans lequel, quoiqu'il soit fait mention de toutes les châsses que l'on conservait religieusement dans l'église de Saint-Germain, avant l'invasion des huguenots, il n'est pas dit un mot de s. Grégoire, de s. Optat, de s.

Romain, de s. Théodose, de s. Censure, de s. Fraterne, de s. Urse, de s. Alode, de s. Héribalde, de s. Abbon, de s. Betton, de s. Géran, de s. Moré et de s. Félix, enfants, de s. Marien moine, de s. Ethère, de s. Eleuthère, et de s. Loup, évêques. Le prieur et les religieux concluaient de là que les corps de tous ces saints reposaient encore dans leur premier tombeau, et qu'ils n'en avaient jamais été tirés pour être placés dans des châsses. Quoique le registre où se trouvent consignés les noms de toutes les châsses, soit incorrect et d'un style tout-à-fait grossier, nous allons cependant le rapporter mot pour mot.

« Mémoire de la prousesion qui fut faitte en cette ville d'Aucerre le XXIyesme may, mil cinq cent cinquante-quatre. Fure descendus touttes les chasse de ceste ville, et sont esté portez en grande dévotion pous la déposicion du tans, lequel estait ainclains à grande checeresse. En icelle prousesion, arrivez quatorze prousesion du dehors. Puis à chacune prousesion leur bannière. Estoys deux mille cinq cent nones ou plus, toutte par bon hourdre. Après yceux nones estoys trois grousses tourche. La premiese celle cinq George, celle cinq Cartau et puis celle cinq Jacques. Après yceux tourche les pellerins saint Jacques et les apoustres, tous par bon hourdre. Après les pellerins estoys trente croys tant de ycelle ville que de dehors. Puis après les croys les Cordeliers, puis les Jacobins, puis après les prestres du dehors puis les prestres de cette ville, tous par bon hourdre; et après yceux ceculiers, du couté droit, le vénérable chapistre de saint Estienne avec leur nonains. Du couté senestre, messieurs les religieux de saint Germain et par le milieu d'eux, tous les reliques cy après nommez. Le premier des reliques, le chef de saint Souferien, puis après le chef de saint Gou, le chef saint Pris, la chasse dudit saint Pris et compagne, le baston saint Jacques, le baston du nom de Jésus, les reliques saint Françoys, les reliques de sainte Barbe, puis les reliques de saint Jacques. Le relique saint Fiacre, le chef est à saint Renobert. Le chef saint Pierre, le relique saint Sebastien, le baston saint Vinsans, le baston du sacrement, la chasse saint Husebe, la chasse saint Vigille, le chef saint Juste, le chef saint Annes, la chasse saint Gervais, le sucre saint Germain, le relique saint Pierre, la chasse saint Mourice, la chasse saint Cire et sainte Julite, la chasse saint Crisien et sainte Darie, la chasse saint Annes, saint Romain, la chasse saint Urbain et saint Tyburce, la chasse saint Thibault et audroys l'une de l'autre, la chasse saint Amatre et la chasse saint Germain. Et après yceux reliques, la personne du révérent M. d'Aucerre en son pontife. Et yceux porteur de relique et chasse estoys tous en lange bians, pie nus et teste nue, en grande dévocion, avec grand nombre de luminaire, comme cierge, tourche et la plus grande partie d'yceux pourtans luminaire, a lainge bians et pie nus, avec plusieurs autres reliques que portoys les Cordeliers et Jacobins et autres prestres tans de cette ville que de dehors : puis et en ycelle prousesion, ung nombre des plus honorable, homme de cette ville, commis pour arranger le monde, comme les nones, pellerins, prestres et pourteur de relique. Et les hommes suivant cette belle prousesion estant quatre à quatre et au milieu d'eux avoys chemain pour passer les conducteurs d'ycelle prousesion, et les femmes suivant cette prousesion, par hourdre, comme les hommes. »

On nous a encore fait voir une certaine vie manuscrite de saint Germain, en langue vulgaire, à la fin de laquelle nous avons lu ce passage :

« En l'an de l'Incarnation de Notre Seigneur IIII CCCC et li regnant Théodoise-le-jeune, qui fut filz l'emperiere Archade, aucueux temps s. Martin de Tours fu mors et... l'empor Archade, auquel temps saint Jeraumiez et saint

Amatres furent mors, regnant en Occident Valentinien-le-jeune et Placide sa mère fu mors messire saint Germain, et au cinquantiesme jour de sa mort fut reçeu à Auseurre en son église que il avait fondée de saint Maurise et de ses compagnons, et au temps Charles-le-Chauve fut translaté ii fois. Il fu mis en crouttes de la nouvelle œuvre. Et pour ce que nostre sires qui en la grande compagnie de paradis avait reçeue l'ame. Il voult que li corps fut ensevelis en terre, entre grand compagnie de saint, dont vous devez savoir que à dextre du corps saint Germain, li os saint Urbain qui fut martyr et apostoles de Romme; et chef saint Innocent le martyr que le apostoles Nicolas qui lours estoit, donna à celle emperiere sont en foy. En ajoignant dans le corps saint Alaude, saint Ours, saint Romain et saint Théodose evesque d'Auseurre, saint Enterre et saint Agnaires qui furent évesque d'Auseurre. A Sénestre sont en foy les os saint Tyburcian le martyr, qui fu de la compagnie sainte Cécile, que sil apostoiles mesmes donna à cet emperour. En illec ajoignant le cor saint Fraterne, le martyr et évesque d'Auseurre et sainct Morez qui en son enfance fut martyries, saint Cesors, saint Desiriez et saint Lou, evesque d'Auseurre. De si grant hostes est honorez ci leus. Et pour n'est pas de merveilles, si tant de miracles ont été faits par ci devant en ce lieu, car ce est lieu de grant oraison ne nult qui en vraie foy ne en vraie espérance i va, sans confor ne s'en va. etc. »

Enfin, pour confirmer ce qui concerne le tombeau de saint Germain et ce qu'on y a trouvé, comme des cendres, un petit ossement, des fragments d'un cercueil en bois, avec un denier d'argent de l'ancienne monnaie d'Auxerre, les moines nous ont surtout fait voir le martyrologe écrit par le frère Nivelon, dans lequel nous avons remarqué ce qui suit : *le 8 des Ides de Janvier*. Ce même jour, translation du corps de saint Germain, évêque d'Auxerre, etc.

Ensuite. L'an donc de l'Incarnation du Seigneur dccclix, sous le règne du très-pieux Charles, fils de Louis-Auguste, avec l'aide de la divine providence, le mausolée du confesseur saint Germain fut ôté du lieu où il avait été déposé à sa première translation, et reporté dans un autre endroit.

On lit plus bas : Vers ce même temps, à peu de jours d'intervalle, effrayés par une terrible incursion des payens, les moines déposèrent le sépulchre de saint Germain dans une fosse profonde recouverte de terre fortement battue, au-dessus de laquelle ils mirent un autre tombeau qui ne contenait que des fragments du cercueil de cyprès avec lequel on avait apporté son corps de Ravenne. Cette note a été ajoutée afin que la postérité ne fût pas induite en erreur.

Nous n'avons pas à notre connaissance qu'il ait, pour ainsi dire, jamais existé de procès-verbal de la visite que nous avons faite dans l'église de Saint-Germain, nous avons surtout été empêché d'en dresser un, à cause de la grande affluence de fidèles qui s'est portée spontanément pendant trois jours à la visite des tombeaux. Très-peu de temps après, nous avons été obligé de nous rendre auprès de notre roi très-chrétien, pour quelques affaires, et surtout pour remplir notre charge de premier aumônier. L'année suivante, nous avons été transféré sur le siége de Meaux, par la volonté du monarque. Le prieur de Saint-Germain lui-même, qui nous pressait de faire la visite des corps saints et de nous prononcer sur leur identité, a été aussi transféré dans un autre monastère de son Ordre, et se trouve maintenant dans celui de Saint-Fiacre, dans notre diocèse. Enfin, les moines de Saint-Germain et dom Viole, alors leur prieur et qui est maintenant, comme nous l'avons dit, dans notre diocèse de Meaux, sont venus nous prier instamment de leur accorder des lettres patentes, pour constater la visite que nous avions faite des saints corps qui reposent dans leur église de Saint-Germain. Nous nous sommes rendu avec plaisir à cette pieuse réclamation, en leur accordant les présentes lettres (1).

Donné à Meaux, dans notre palais épiscopal, l'an du Seigneur mil six cent quarante-deux, le vingt-neuf d'avril.

Dominique SÉGUIER,

Evêque de Meaux.

Par mandemement de Mgr l'évêque de Meaux.

PETIT.

---

(1) Nous donnons le procès-verbal tel qu'il se trouve à la fin de la description des saintes grottes. *La Gaule chrétienne* y a ajouté huit passages tirés d'un ancien bréviaire, à l'octave de la Toussaint.

TABLEAU DES PRINCIPAUX SAINTS

ET AUTRES GRANDS HOMMES

Dont les corps reposent dans l'abbaye de Saint-Germain.

ÉVÊQUES D'AUXERRE.

- S. Germain.
- S. Alode.
- S. Fraterne.
- S. Censure.
- S. Urse.
- S. Théodose.
- S. Grégoire.
- S. Optat.
- S. Drouet.
- S. Eleuthère.
- S. Romain.
- S. Ethère.
- S. Aunaire.
- S. Didier.
- S. Aidulphe.
- S. Angelelme.
- S. Héribalde.
- S. Abbon.
- S. Géran.
- S. Betton.
- S. Hugues de Montaigu.
- S. Loup, évêque d'Avranche.
- B. Quintilien.

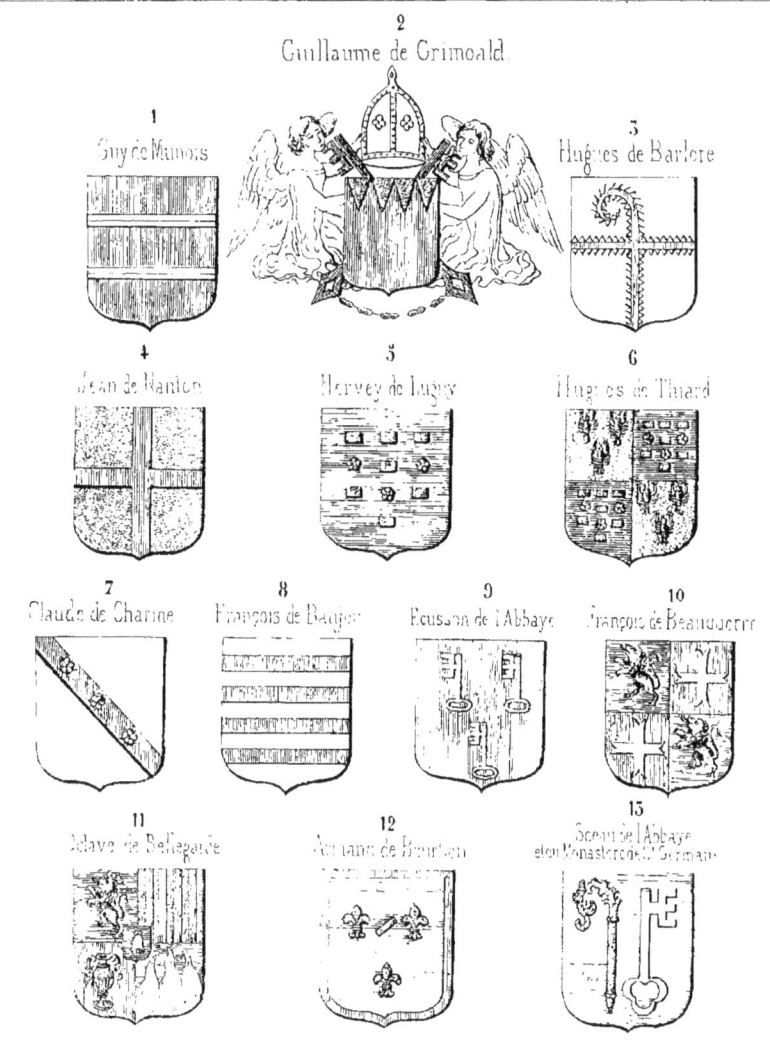

1 Guy de Manois
2 Guillaume de Grimoald, de gueules à quatre pointes jointes d'or mises en chef sommé d'une Thiarre, tenue par deux anges agenouillés derrière deux clefs en sautoir.
3 Hugues de Barlore, d'argent à la Crosse de gueules dentée à la fasce de gueules accompagnée.
4 Jean de Nanton, à une croix de gueules.
5 Hervey de Lugny, d'azur à trois quinte feuilles d'or et sept billettes de même.
6 Hugues de Thiard, écartelé au 1er et 4e d'or aux trois écrevisses de gueules, au 2e et 3e d'azur aux trois quinte feuilles d'or et sept billettes de même.

7 Claude de Charme, d'argent à la bande de gueule chargée de trois roses d'or ou quinte feuilles.
8 François de Beaujeu, d'argent aux quatre fasces de gueules
9 Ecusson de l'Abbaye, de gueule aux 3 clefs d'argent (14e S?)
10 François de Beaugerre, écartelé au 1er et 4e d'azur au Lion d'or rampant, et armé de gueules, au 2e et 3e de gueule à la Croix ancrée d'argent
11 Octave de Bellegarde, écartelé au 1er d'azur au bon courant d'or, au 2e d'or à 4 pals de gueules, au 3e de gueule au vase d'or au 4e d'azur aux 3½ pals d'arg' flamboy' part' du pied de l'écu, sur le tout d'azur à la cloche d'argent qui est de Bellegarde.
12 Armand de Bourbon, d'azur à 3 fleurs de lys d'or à bâton de gueule posé en bande ourlé de gueules
13 Sceau de l'Abbaye, d'azur à la Crosse d'or et à la clef d'arg' mises en pal (7e Siècle).

B. Chrétien.
B. Jean.
Sabaric.
Cilien.
Gaudry.
Richard.
Hugues de Challon.
Gerlan, archevêque de Sens.

MARTYRS ET CONFESSEURS.

S. Urbain, pape.
S. Tiburce et les sept frères, martyrs.
S. Maurice et ses compagnons.
S. Innocent.
S. Félix et s. Moré.
Plus de vingt-cinq religieux martyrs et autant d'autres honorés dans l'église.
S. Saturne.
S. Sanctin et s. Mémorin.
S. Romain, abbé.
S. Marien.
S. Thibaud.
Des reliques de s. Robert, abbé de Molesmes.

VIERGES.

Sainte Eugénie.
Sainte Maxime.

GRANDS HOMMES ET PERSONNAGES ILLUSTRES.

Lothaire de France, fils de l'empereur Charles-le-Chauve, abbé de Saint-Germain et disciple d'Héric.

Le comte Conrard, frère de l'impératrice Judith et oncle de Charles-le-Chauve.

Hugues-l'Abbé.

Hugues-le-Grand, duc de Bourgogne ; tous abbés de Saint-Germain.

Henri, duc de Bourgogne, oncle de Robert, roi de France.

Othon, duc de Bourgogne, frère du précédent.

Renaud, comte d'Auxerre et gendre du roi Robert.

Guillaume IV, comte d'Auxerre.

Landry, aussi comte d'Auxerre.

Autbert, comte d'Avallon.

Héric et une foule de personnages de la plus haute noblesse de la province y furent inhumés avec leurs femmes et leurs enfants.

SAVANTS

Qui ont fleuri à Saint-Germain et dont les écrits sont venus jusqu'à nous.

Héric écrivit les miracles de saint Germain en deux livres, et mit sa vie en vers latins formant six livres.

Rémi d'Auxerre, auteur de plusieurs ouvrages sur l'Écriture-Sainte.

Glabert Rodolphe, historien remarquable du neuvième siècle.

Jean Frasquier, chroniqueur de l'abbaye.

Guy de Munois, Guy Bocon et Gaultier écrivirent les gestes des abbés de Saint-Germain.

Aymé des Bordes nous a laissé la vie de Guy de Munois.

Eudes de Vaucemain, celle de l'abbé Gaucher.

Viole a écrit sept volumes in-folio sur l'histoire du diocèse et du comté d'Auxerre.

De Pesselière, savant distingué, a publié les œuvres d'Héric et de Rémi.

Cotron a laissé une histoire de l'abbaye de Saint-Germain, en latin, et une autre de celle de Saint-Pierre-le-Vif de Sens.

Des prieurs et des religieux, d'un savoir remarquable, ont donné, durant les derniers siècles, des ouvrages historiques et théologiques, et ont été les collaborateurs de ces immortels écrits dus au zèle des supérieurs de leur Ordre.

TABLEAU

Des huit fiefs et des cinquante-cinq terres seigneuriales de l'abbaye de Saint-Germain, au dix-septième siècle(1).

FIEFS.

La moitié des bois de la Bruère et de Montbolon.
La moitié de la terre de Vauchassy.
La moitié de Pontnaissant.
La moitié des bois de Vairan, donnée en partie par les seigneurs de Saint-Bris.
Les bois de Montaigu, de Malevalle, de Villeneuve-Saint-Salves, et les usages d'Héry, possédés en commun avec les seigneurs de Seignelay.
Villeneuve-la-Mauger.
Perrons et la Noue.
Sommecaise.

(1) Ce relevé est tiré de dom Cotron.

TERRES SEIGNEURIALES POSSÉDÉES EN TOUT OU EN PARTIE.

Aigry.
Annay.
Aucept.
Arton.
Barcenay.
Baugne.
Beine.
Bernay.
Bétriot.
Bleigny.
Bleury.
Boies.
Boises-Blanches.
Bordes (les).
Boyon.
Charmoy.
Coutarnoult.
Crostes.
Cussy-les-Courgis.
Diges.
Dissangy.
Escamps.
Grandchamps.
Guerchy.
Gurgy.
Hauterive.
La Cumoigne.
La Fourchette.
Largues.
Le bourg Saint-Loup.
Le château Saint-Germain.
Les bois Saint-Germain.
Lignorelles.
Lucy-le-Bois.
Massangis.
Môlay.
Moutiers.
Néron.
Orgy.
Ormoy.
Perrigny.
Pontnaissant.
Préhy.
Requeneux.
Revisy.
Rouvray.
Saint-Georges.
Saint-Maurice.
Sommecaise.
Sougères.
Villemer.
Villeneuve-Saint-Salves.
Villiers-sur-Tholon.
Villiers-Vineux.
Yrancy.

TABLEAU

DES QUATRE-VINGTS ÉGLISES ET CHAPELLES

A la Collation de l'abbé de Saint-Germain.

DANS LE DIOCÈSE D'AUXERRE :

Saint-Loup.
Diges.
Escamps.
Perrigny.
Bleigny.
Beine.
Venoy.
Préy ou Préhy.
Irancy.
Héry.
Seignelay.
Rouvray.
Saint-Fargeau. Le seigneur du lieu et l'abbé de Saint-Germain présentaient alternativement à cette église curiale et collégiale.
Saints-en-Puisaye. En 1550, ce bénéfice passa aux mains de l'évêque.
Moutiers-en-Puisaye.
Sainte-Colombe, à la nomination du sacristain de Moutiers.
Saint-Amand-en-Puisaye.
Saint-Bond, sur la paroisse de Levis.
Annay-sur-Loire.
Saint-Sauveur. En 1750, il était du patronage de l'évêque.

Saissy-les-Bois, passé également à la nomination de l'évêque.

La chapelle de Néron.
La chapelle de Saint-Thibaut.
Saint-Vrain.
Villeneuve-Saint-Salves.
La chapelle de Sougères, annexée à l'église de Gurgy.

DANS LE DIOCÈSE DE TROYES :

Barcenay.
Bretigny.
Vauchassy, dont la collation passa à l'évêque.

DANS LE DIOCÈSE DE SENS :

Aigry, dont le bénéfice appartenait à l'archevêque, en 1650.
Hervy.
Feins, près Châtillon-sur-Loing.
Sainte-Croix.
Corbeilles. L'archevêque en avait la collation en 1650.
Sommecaise.
Ormoy.
Hauterive.
Le Mont-Saint-Sulpice.
Bouilly.
La chapelle du vicomte de Saint-Florentin.
Cone, en latin *de Condo*.
Codre, passé à la nomination de l'archevêque.

DANS LE DIOCÈSE DE LANGRES :

Saint-Léger, dont le prieur présentait à cinq églises,

savoir: à Montaron ainsi qu'à la chapelle d'Estivey, à Ceris, à Saint-Médard de Magny, au Val-de-Marsilly et à Besnite.

Nicey.
Griselles.
Laigne.
Poinchy.
Lignorelles.
Carisey.
Môlay et Annay sa succursale.

DANS LE DIOCÈSE D'AUTUN :

Lucy-le-Bois.
Voutenay.
Dissangy.
Coutarnoult.
Mannay ou Mainiac, dont on ignore la position.

DANS LE DIOCÈSE DE NEVERS :

La chapelle Sainte-Marie de Decize, dont la présentation était au prieur de cette ville, ainsi que celle de la chapelle Saint-Martin.
Saint-Maurice.
Thoury.
Champvert.
Montaron.
Thais.
Vandenesse, dont la collation était passée à l'évêque en 1670.
La chapelle de Saint-Jacques.
La chapelle de la bienheureuse Marie de Châtillon.
La chapelle de sainte Cécile.

La chapelle de la bienheureuse Marie Magdeleine.

Alluy, avec la chapelle de la bienheureuse Vierge Marie, dont le prieur de Châtillon prétendait avoir la collation.

Frasnay.

Chougny.

L'église de Catz.

DANS LE DIOCÈSE DE BESANÇON :

Pesme avec la chapelle des Tombes, qui lui est annexée.

DANS CELUI DE NANTES :

Vay, prieuré.

FIN.

TABLE.

	pages.
Introduction	1
Fondation de l'abbaye de Saint-Germain	1
Précis de la vie de saint Germain	4
Sa mort à Ravennes. — Son corps est rapporté à Auxerre	8
Saint Saturne. — Sainte Clotilde bâtit l'église de Saint-Germain	17
Saint Machaire. — S. Valery et s. Blimond. — S. Marien. — Commencement de s. Benoît; sa règle	22
Winebaud	32
Saint Pallade. — Fondation de trois hôpitaux à Saint-Germain. — C'est un asile très-respecté. — Fondation de l'abbaye de Saint-Julien	33
Lupone	39
Saint Tétrique. — Il est assassiné	40
Quintilian. — On s'assemble à Saint-Germain pour élire les évêques d'Auxerre. — Honneurs rendus aux reliques. — Prieuré de Moutiers	41
Allégrecque. — Célébrité des écoles de Saint-Germain	47
Saint Héribalde	52
Dieudonné	53
Le Bienheureux Chrétien. — Charles-le-Chauve à Saint-Germain. — Translation du corps de saint Germain	55
Saint Abbon. — Monastère de Chablis. — Fondation de l'abbaye de Vézelay	59

ABBÉS LAÏQUES.

Conrad. — Ses vertus. — Miracle en sa faveur. — Il bâtit l'église. — Les cryptes. — Culte des reliques . . . 62

Hugues-l'Abbé. — Seconde translation du corps de saint Germain en présence de Charles-le-Chauve. 72

Lothaire de France. — Étendue des possessions de l'abbaye. — Reliques apportées à Saint-Germain. — Consécration des cryptes ou saintes grottes. — Leur description. — Corps saints qu'elles renferment 76

Boson. — Miracles de saint Germain. — Le corps de saint Martin déposé dans les saintes grottes. — Le monastère assiégé par les Normands. — Ils détruisent Saint-Marien 98

Hugues-l'Abbé. — Inhumations remarquables à Saint-Germain. 105

Ansheric. — Despotisme des seigneurs de la campagne. — Féodalité. 112

Richard-le-Justicier 117

Waldric. — Ses aumônes. — Le corps de s. Martin reporté à Tours 118

Raoul ou Rodolphe. 122

Hugues-le-Grand. — L'abbaye soustraite à la juridiction de l'Ordinaire. 124

Hugues-le-Noir. — Le moine Gerlan est élu archevêque de Sens. 126

Gislebert 127

Othon. — Le moine Richard élu évêque d'Auxerre . 127

Henri-le-Grand. — Rétablissement des abbés réguliers 128

Saint Mayeul, célèbre réformateur. — Ses vertus. — Celles du duc Henri. 129

ABBÉS RÉGULIERS.

Heldric. — Le prieuré de Saint-Léger donné à l'abbaye de Saint-Germain. — Duel judiciaire. — Le monastère assiégé par le roi Robert. — Soin des pauvres. — Prieuré de Saissy-les-Bois. — Restauration du prieuré de Moutiers 136
Achard. — Devoirs de l'abbé. — Prieuré de Moutiers-Héraud, — de Mazilles, — de Saint-Sauveur . . . 152
Théalde. — Famine 161
Odon. — Ses vertus. — Prieuré de Saint-Florentin, — de Châtillon. — Un évêque et un comte d'Auxerre sont inhumés à Saint-Germain 163
Gaultier. — Le monastère est incendié 173
Roland. — Vie de s. Thibaud. — Prieuré de Beaumont. 175
Guibert. — Sa déposition au concile de Nîmes. — Différend avec l'abbaye de Cluny 178
Saint Hugues. — Il rétablit l'observance. — Reliques trouvées dans le grand autel. — Saint Hugues élu évêque d'Auxerre. 182
Gervais. — Soin des malades. — Prieuré de Griselles, — de Saint-Vrain. — Mairies ou prévôtés. — Miracle de saint Bernard 187
Arduin. — Grandeur de la vie monastique. — Le comte Guillaume III inhumé à Saint-Germain. — Prieuré des Catz, — de Pesme, — de Vay. — Les moines de Vézelay logent à Saint-Germain. — Dureté des mœurs du siècle 198
Humbaud. — Faveurs du Saint-Siége. — Les abbés de Saint-Germain peuvent porter la mitre et l'anneau pastoral. 214
Radulphe. — Son zèle pour les cérémonies religieuses. — Confirmation des différents biens du mo-

nastère. — Démêlés avec l'évêque d'Auxerre. . . 223
Guillaume. — Dons faits à l'abbaye. 240
Renaud de Joceval. — Accords avec le seigneur de
    Seignelay. — Le comte de Troyes. — Donations . 247
Gaultier de Bérard. — Division avec les chanoines de
    la cathédrale. — Donations 261
Jean de Joceval. — Constructions multipliées. —
    Procès avec l'abbaye de Cluny, jugé en faveur de
    Saint-Germain. — Donations. — Reconstruction
    de l'église, commencée en 1277. 266
Guy de Munois. — Ses deux voyages à Rome. —
    Donations. — Reliques envoyées aux habitants de
    Provins. 282
Gaucher Dignon. — Ses travaux pour la construction
    de l'église et des divers établissements du monas-
    tère. — Ses prodigieuses acquisitions pour l'orne-
    mentation de l'église. — Affranchissements. —
    Repas donnés aux moines de Saint-Germain. —
    Chapitres généraux. 295
Etienne de Chitry. — Affranchissements. 308
Guillaume de Grimoald. — Son éducation. 311
    Il est élu pape. 313
    Les Anglais prennent Auxerre. — L'abbaye engage
    la châsse de s. Germain pour le rachat de la ville. 315
    Regny tombe au pouvoir des Anglais 318
Etienne de Varennes. — Le pape l'autorise de nou-
    veau à ne reconnaître d'autre supérieur que le
    Saint-Siége. — Ses largesses pour terminer l'église. 321
    Recouvrement des joyaux de l'abbaye. 322
Hugues de Balore. — Affranchissements. — Prestation
    de serments. — Fermeté de l'abbé 326
Jean de Nanton. — Suppression du prieuré de
    Moutiers 335
    Jean, élu archevêque de Sens 338

Hervé de Lugny. — Ses différends avec l'évèque d'Auxerre.	340
Hugues de Tyard. — Affranchissement de Cussy-les-Courgis	344
—D'Héry, de Bleigny-le-Carreau.	346
Emeute contre l'abbé. — Fondation d'Antoine de Chabannes	355
Claude de Charmes. — Il termine l'église	361
François de Beaujeu rebâtit la maison abbatiale	367
Il vend la forêt de Grosbois. — Sa mort. — Ecoles.	372

ABBÉS COMMENDATAIRES.

Louis de Lorraine. — Soins qu'il prend de l'église. — Dons.	377
Relâchement. — Visite des prieurés. — Sceau de l'abbaye	380
Procession. — Transaction entre l'abbé et les religieux	397
Croix d'or. — Sac de l'abbaye par les Huguenots. — Reliques de saint Germain	403
François de Beaucaire. — Il restaure l'abbaye	419
Les frères de Regny se réfugient à Saint-Germain.	423
Pierre de Lyon, Genebrard et Sfondrate, abbés presque en même temps.— Ligue.— Dilapidations de Pierre de Lyon	424
Octave de Bellegarde. — Réforme de Saint-Maur	431
Visite des saintes grottes. — Miracles. — Ecoles.— Prérogatives.	445
Processions	459
Armand de Bourbon.— Confréries.—Visites royales	462
Jules Mazarin. — Ses bénéfices.	473
Charles-François de Loménie. — Translation de reliques.	474

Mort de dom Viole. — Transactions avec les Bernardines, les sœurs de la Visitation, les Ursulines. 479
Le Jansénisme pénètre dans l'abbaye. 490
Stations à Saint-Germain pour obtenir de la pluie. 496
Henri de Charpin des Halles 496
Jean-Michel de Charpin des Halles. — Vente des étangs de Moutiers 490
Jean Bouhier 490
François de Crussol d'Uzès. 500
François-Bénigne du Troussct d'Héricourt. — Reliques données à l'abbaye de Regny 501
Jean-Baptiste Duplessis d'Argentré. — Noms des grands vicaires pendant la commende et des prieurs de la congrégation de Saint-Maur. 502
Ecole royale militaire à Saint-Germain. — Ses succès 506
On essaye d'introduire une réforme dans l'Ordre . 508
Adresse à l'assemblée nationale 516
Fermeté des religieux pendant la crise révolutionnaire. — Leur démission 520
Reliques profanées et recouvrées. — Dévastation du lieu saint. 524
Diverses transformations de l'abbaye. — On en fait un hôpital. 529
Prieurs et administrateurs des différents prieurés. . 542
Procès-verbaux de la visite des saintes grottes, en 1634 et en 1636 456
Tableau des saints et autres grands hommes inhumés à Saint-Germain. 576
Savants qui y ont fleuri 578

FIN DE LA TABLE.

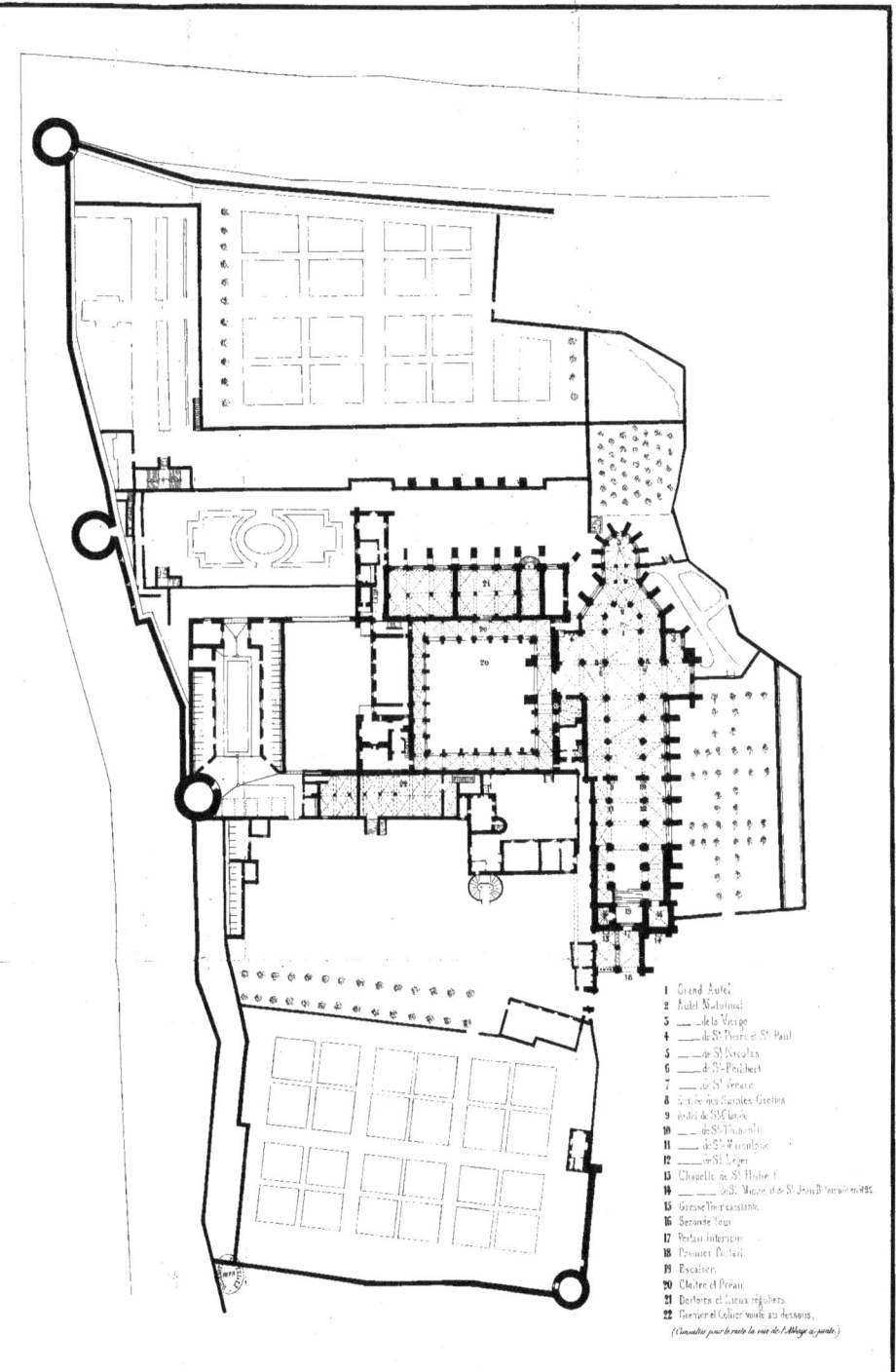

ERRATA.

Page 7, ligne 3, ses, lisez : *ces*.
— 39, ligne 17, al, lisez : *la*.
— 61, ligne 14, de pierres précieuses, lisez : *enrichie de pierreries*.
— 62 et suiv., Conrard lisez : *Conrad*.
— 74, ligne 24, se trouvait l'abbaye, lisez : *il se trouvait*.
— 101, ligne 4, sont rapportés, lisez : *sont cités*.
— 117, ligne 22, ses, lisez : *ces*.
— 347, ligne 33, les distribuait, lisez : *en distribuait*.
— 374, ligne 2, sa tombe, lisez : *cette tombe*.
— 550, ligne 9, reposaient, lisez : *reposent*.

www.ingramcontent.com/pod-product-compliance
Lightning Source LLC
Chambersburg PA
CBHW071153230426
43668CB00009B/935